3rd
edition
2024-2025

백광훈 편저

백광훈 통합 핵지총
형법총론

메가 공무원 × 경단기

박영사

2024-2025 대비 백광훈 통합 핵지총 OX 형법총론 전면개정판

독자들의 호응에 힘입어 1년 1개월만에 **백광훈 통합 핵지총 OX** 형법총론 전면개정판을 출간하게 되었습니다.

이번 개정판에도 최신 기출문제들 중에서 주목할 만한 지문들을 상당량 추가하였고, 최근 변화된 법령과 판시된 판례의 내용을 반영하였음은 물론입니다. 그 결과 본 교재는 2,200여 개의 지문을 수록하게 되어 보다 풍부한 내용을 갖추게 되었습니다.

출간을 도맡아주신 도서출판 박영사의 임직원님들에게 감사를 드리며, 자신의 목표를 향하여 정진하고 있을 수험생 여러분에게 응원의 마음을 전합니다.

2024년 3월

백광훈

학습문의 | http://cafe.daum.net/jplpexam (백광훈형사법수험연구소)

2023-2024 대비 백광훈 통합 핵지총 OX 형법총론 전면개정판

독자들의 호응에 힘입어 1년 만에 **백광훈 통합 핵지총 OX** 형법총론 전면개정판을 출간하게 되었습니다.

이번 개정판에는 최신 기출문제들 중에서 주목할 만한 지문들을 상당량 추가하였고, 최근 변화된 법령과 판시된 판례의 내용을 반영하였습니다. 그 결과 본 교재는 2,040여 개의 지문을 수록하게 되었습니다.

공부하시면서 막히는 부분에 대한 질문은 필자의 다음카페(백광훈형사법수험연구소)로 해 주시길 바랍니다.

끝으로 전판에 이어 개정판의 출간에 만전을 기해 주신 도서출판 박영사의 임직원님들에게 감사를 드리며, 조용히 자신의 목표를 향하여 정진하고 있을 전국의 독자님들에 대한 격려와 응원의 마음을 기록해 둡니다.

2023년 2월

백광훈

2022-2023 대비 백광훈 형법총론 핵지총 OX 전면개정판

독자들의 호응에 힘입어 2022~2023년 시험 대비 형법총론 핵지총 OX 전면개정판을 출간하게 되었습니다.

이번 전면개정판의 특징은 다음과 같습니다.

① 우선 필자가 가장 역점을 둔 부분은 핵지총 OX를 단순한 OX 문제집이 아니라 '기본서 회독의 연장'으로 만드는 것이었습니다. 즉, 종래의 핵지총 OX의 한 문제 한 문제를 원점에서 재검토하여 필자의 기본서 및 이론강의의 내용 구성과 일치되도록 재배치하였습니다. 이러한 개정작업에 많은 시간이 소요되었으나, 이를 통해 앞으로 독자들은 핵지총 OX의 문제를 풀면서 자연스럽게 기본서의 회독 수를 늘리는 효과를 얻을 수 있을 것이라 기대합니다.
② 2020~2021년에 시행된 각종 국가시험의 기출문제 중 기본 내용과 중복되지 않는 지문들을 수록하였습니다.
③ 최신판례들 중에서 학습이 필요한 내용을 문제로 만들어 넣었습니다.
④ 최근 개정법령의 내용을 반영하였습니다.
⑤ 그동안 발견된 오탈자 등의 오류를 바로 잡았습니다.

이러한 전면적이고 대대적인 개정작업에 의하여 새로 탄생된 본서는 필자의 이론강의의 기본교재로 사용됨과 동시에 마무리특강교재로도 사용될 것입니다.

본서의 내용에 관한 질문은 필자의 다음카페(백광훈공무원수험연구소)로 해주시길 바랍니다.

끝으로 늘 수고해주시는 우리 카페의 연구원님과 도서출판 박영사의 임직원님들에게 감사를 드리고, 목표하는 시험을 위해 최선을 다하고 있을 전국의 제자님들에게 격려와 응원의 마음을 전합니다.

2022년 2월

백광훈

2021 대비 백광훈 형법 핵지총 OX

독자들의 과분한 호응에 힘입어 형법 핵지총 오엑스 2021년 대비 개정판을 출간하게 되었습니다.

이번 개정판에서는 ① 최신 기출문제들에서 주목할 만한 지문들을 상당량 추가하였으며, ② 2019~2020년에 개정된 법령의 내용과 ③ 2020년도에 들어서 기존의 판례의 입장을 변경하는 다수의 대법원 전원합의체 판례의 내용을 충실히 반영하였습니다.

이에 따라 기존의 내용이 수정됨과 더불어 전체 분량이 일정량 증가되었습니다. 차제에 그 동안 발견된 오탈자들도 바로 잡았습니다.

2020년 11월

백광훈

2020 대비 백광훈 형법 핵지총 OX 3000

[백광훈 형법 핵지총 오엑스 3000]은 출제가 예상되는 중요지문을 최대한 반영하면서도 중복되는 지문을 최소화하여 효율성을 극대화한 핵심지문총정리집입니다.

본서는 필자가 2008년부터 2018년까지 시행된 국가직(7, 9급), 경찰, 법원직의 형법 기출문제의 지문들을 면밀히 분석함으로써, 향후에도 출제 가능한 지문들을 선별ㆍ정리한 결과물입니다.

본서의 특징은 다음과 같습니다.

1 기출지문을 분석하여 최대한 반영하였습니다.

대부분의 시험에서 기출지문은 출제위원들이 중요하다고 생각하는 부분이므로 반복적으로 출제되는 경향이 있습니다. 최근 11년간의 법원, 검찰, 경찰직의 기출지문을 분석한 결과 출제되었던 지문이 그대로 다시 출제되거나, 다른 시험에서 출제된 지문이라도 역시 반복되어 출제되었습니다. 따라서 기출지문을 최대한 반영하여 중요한 부분을 위주로 시험에 대비할 수 있도록 하였습니다.

2 출제 유력한 최신판례를 지문화 하였습니다.

모든 최신판례를 공부하는 것은 수험적으로 적합하지 않을 것입니다. 최신판례 중에서 최근에 실시된 시험에 등장한 판례를 최우선순위로 수록을 하였습니다. 출제되지 않았지만 출제가 예상되는 최신판례 역시 일부 포함시켰습니다.

3 백과사전식 지문나열을 피하고 출제유력지문을 위주로 수록하였습니다.

모든 시험의 기출지문을 모두 수록한다면 그 책에서 빠져나가는 지문은 거의 없을 수 있지만, 공부시간이 늘이니고 빠른 합격은 요원해질 것입니다. 따라서 합격에 필요한 점수를 확보하면서 빠른 시간에 중요지문들을 검토할 수 있도록 중요한 기출지문을 위주로 수록하였습니다.

4 해설을 최소화하여 책의 분량을 줄였습니다.

해설이 풍부하고 충분하다면 이해하는 데 도움은 될 수 있지만, 시험이 다가올수록 책의 두께는 부담감을 가중시킵니다. 따라서 2000개의 지문을 빠르게 반복할 수 있도록 판례나 조문이 그대로 출제된 경우는 판례번호나 조문번호만을 기재하여 페이지를 줄였습니다. 틀린 지문이라도 장황하게 해설을 하지 않고, 틀린 부분만 간단히 언급하여 해설을 읽는 데 드는 시간을 최소화하였습니다.

5 기출표시를 하였습니다.

기출지문이 언제 어느 시험에서 출제되었었는지를 표기하여 수험생의 편의를 고려하였습니다. 다만, 여러 시험에서 출제된 지문의 경우 기출표시를 모두 하는 것은 불필요하고 책만 두꺼워질 수 있으므로 대표적인 기출표시만 하기도 하였습니다.

6 중복지문을 정리하여 효율성을 극대화하였습니다.

기출지문을 분석해보면, 판례나 조문의 문구를 조금씩 수정해서 틀린 지문으로 출제하는 경우가 많았습니다. 이런 지문들을 모두 수록하는 경우 수험생의 입장에서 시간만 소비되고 효율성은 떨어지는 측면이 있습니다. 따라서 대표적인 기출지문을 수록하면서 비슷한 지문들은 삭제하고, 변형해서 출제될 수 있는 부분은 진하게 볼드체로 처리하여 대표지문만 숙지하면 어떤 변형된 출제에도 대응할 수 있도록 대비하였습니다.

7 당부의 말씀

어떤 과목이든 100점을 목표로 설정하여 공부 범위를 확장할 경우 합격에서 멀어지거나, 합격을 한다고 해도 수험기간이 길어지는 위험성이 있습니다. 본 교재는 시험에서 출제될만한 중요지문들을 선별해서 수록하였으므로, 반복해서 완벽히 숙지한다면 형법 객관식에서 '합격하기에 충분한 고득점'을 확보할 수 있을 것이라고 생각합니다. 단지 OX를 확인하는 것에 그 치는 것보다는 '단계별로 학습방법을 달리하는 것'이 필요할 것입니다. 본 교재를 1회독 하실 때는 조문과 판례를 확인하면서 완벽히 이해하면서 읽어주시고, 시험날이 다가올수록 확실히 아는 지문은 지우고 헷갈리는 부분만 남기면서 양을 줄이는 작업을 하신다면 점점 속도가 붙을 것입니다.

본서는 고득점 합격에 필요한 여러분의 무기가 될 수 있도록 최선을 다한 결과물입니다. 본 교재는 독자 여러분께서 밑줄을 긋고 색칠을 하고 삭제하고 추가하면서 보완을 한다면 더욱 완벽한 무기가 될 것입니다. 수험생활의 끝을 향하여 하루 하루 최선을 다하는 수험생 여러분께 합격의 영광이 함께 하기를 바랍니다.

2019년 1월

백광훈

이 책의 구성과 특징
OVERVIEW

04 해설의 강약조절!

틀린 지문의 해설 시 틀린 부분만을 간단히 언급하여 독해 시간을 최소화하였고, 상세한 해설이 요구되는 기출지문은 그 하단에 해설+로 보강하였습니다.

05 상세한 기출표시!

해당 기출지문이 언제 어느 시험에서 출제되었는지를 표기하여 효율적인 학습을 도모하였고, 여러 시험에서 출제된 기출지문은 대표 기출표시만을 하였습니다.

06 최신 개정법령 및 판례 반영!

기존의 기출지문 및 그 해설에 가장 최근의 개정법령과 판례변경의 내용을 반영함으로써 내용적 정확성을 담보하였습니다.

이 책의 차례
CONTENTS

PART 03 **형벌론**

2024-2025
백광훈
통합 핵지총 ○✕
형법총론

PART

01

형법의 일반이론

CHAPTER 01 | 형법의 기본 개념

대표유형

「형법」은 일정한 행위를 금지 또는 명령하는 규범으로 살인죄는 명령규범, 퇴거불응죄는 금지규범의 형식을 취하고 있다(행위규범).　　　　　[국가9급 08]

(×) '명령규범' → '금지규범', '금지규범' → '명령규범'
살인죄는 금지규범의 형식, 퇴거불응죄는 '퇴거요구'에 응하지 않는 부작위를 처벌하는 규정으로서 명령규범에 해당한다.

001 형법에 규정되어 있는 행위가 가치에 반하고 위법하다는 판단을 하게 한다는 점에서 평가규범의 성격을 가진다.　　　[국가9급 08]

001 (○)

002 형법은 법관의 사법활동을 규제하는 기능을 한다는 점에서 재판규범의 성격을 가진다.　　　[국가9급 08]

002 (○)

003 형법은 일반 국민에게 일정한 행위를 금지하거나 일정한 행위를 명령함으로써 행위의 준칙을 제시하는 행위규범이며, 법관을 수명자로 하여 법관에게 형벌권 행사의 한계를 설정함으로써 사법(司法)작용을 규제하는 재판규범이기도 하다.　　　[경찰채용 23 1차]

003 (○) 형법은 행위규범인 동시에 재판규범이므로, 일반인들의 행위의 기준이자, 법관으로 하여금 자의적 판결을 내리지 못하게 하는 등 재판의 기준으로 사용된다.

004 형법이 무가치하다고 평가한 불법을 일반 국민이 결의하지 않도록 한다는 점에서 의사결정규범의 성격을 가진다.　　　[국가9급 08]

004 (○)

005 형법은 형벌이라는 수단을 통하여 주로 '법익을 보호하는 기능'을 하며, '법익'이란 법률을 통해 보호할 가치 있는 이익을 의미한다. [경찰채용 23 1차]

> **보충** 형법의 보호적 기능에는 법익보호의 기능만 있는 것은 아니고, 사회윤리적 행위가치의 보호 기능도 있다.

005 (○) 법익이라 함은 사람이 생활을 함에 있어서 보호해야 할 이익 중에서도 특히 법률이 보호하는 이익을 말한다. 형법은 바로 이러한 생명, 신체, 재산, 명예, 공공의 안전 등의 법익을 보호하는 기능을 한다.

006 형법은 법규범으로 법공동체의 평화를 유지하기 위하여 부과된 것으로서 강제력이 수반되기 때문에 신중하게 규정되어야 한다. [경찰채용 23 1차]

006 (○) 형법은 그 법적 효과로써 형벌을 규정하고 있으므로 최후의 수단으로써만 기능해야 하고, 이를 형법의 보충성 원칙이라 한다. 형법의 보충성은 형법의 법익보호 기능과 관련된 원칙이다.

007 형법은 보호적 기능과 보장적 기능을 모두 가지며, 어느 한 기능을 강조하면 다른 한 기능도 함께 강화되는 상호 비례 관계에 있다. [경찰채용 23 1차]

> **보충** 법학은 이렇게 상반되는 이념 내지 가치들의 균형을 추구하는 것은 그 사명으로 한다.

007 (×) 형법의 보호적 기능을 강조하면 형법이 보다 적극적으로 적용하여야 하는 반면, 형법의 보장적 기능을 강조하면 형법이 적용되는 것이 자제되어야 하는 소극적 측면이 부각된다. 이렇게 형법의 보호적 기능과 보장적 기능은 상호 긴장 내지 반비례 관계에 있다.

CHAPTER 02 | 죄형법정주의

1 법률주의

🔗 대표유형

법률의 시행령이 형사처벌에 관한 사항을 규정하면서 법률의 명시적인 위임 범위를 벗어나
그 처벌 대상을 확장하는 것은 죄형법정주의의 원칙에 어긋난다. [국가9급 18]

(○) 대법원 2017.2.21, 2015도 14966

001 국가형벌권의 자의적인 행사로부터 개인의 자유와 권리를 보호하기 위하
여 원칙적으로 법률로 범죄와 형벌을 정하여야 한다. [국가9급총론 18]

001 (○)

해설+ 헌법 제12조 제1항이 규정하고 있는 죄형법정주의 원칙은, 범죄와 형벌을 입법부가 제정한
형식적 의미의 법률로 규정하는 것을 그 핵심적 내용으로 한다(대법원 2003.11.14, 2003도3600).

002 형사처벌에 관련된 모든 법규를 예외 없이 형식적 의미의 법률에 의하여
규정한다는 것은 사실상 불가능할 뿐만 아니라 실제에 적합하지도 않다.
[국가9급 21]

002 (○)

해설+ 판례는 일정한 요건을 갖추었다면 위임입법을 인정하는 입장이다. "사회현상의 복잡다기화
와 국회의 전문적·기술적 능력의 한계 및 시간적 적응능력의 한계로 인하여 형사처벌에 관련된
모든 법규를 예외 없이 형식적 의미의 법률에 의하여 규정한다는 것은 사실상 불가능할 뿐만 아니라
실제에 적합하지도 아니하기 때문에, 특히 긴급한 필요가 있거나 미리 법률로써 자세히 정할 수
없는 부득이한 사정이 있는 경우에 한하여 수권법률(위임법률)이 구성요건의 점에서는 처벌대상인
행위가 어떠한 것인지 이를 예측할 수 있을 정도로 구체적으로 정하고, 형벌의 점에서는 형벌의
종류 및 그 상한과 폭을 명확히 규정하는 것을 전제로 위임입법이 허용되며, 이러한 위임입법은
죄형법정주의에 반하지 않는다(대법원 2002.11.26, 2002도2998)."

003 범죄와 형벌은 국회가 제정한 법률에 의해 정해져야 하나, 위임입법이 불
가피한 경우 구성요건의 점에서는 처벌대상인 행위가 어떠한 것인지를 예
측할 수 있을 정도로 구체적으로 정하고, 형벌의 점에서는 형벌의 종류 및
그 상한과 폭을 명확히 규정하는 것을 전제로 위임입법이 허용된다.
[국가7급 16]

003 (○) 대법원 2002.11.26, 2002
도2998

004 헌법은 법률에서 구체적으로 범위를 정하여 위임받은 사항에 관하여 하위 법령에 규정하는 것을 허용한다.   [경찰간부 23]

해설+ 헌법 제75조 대통령은 법률에서 구체적으로 범위를 정하여 위임받은 사항과 법률을 집행하기 위하여 필요한 사항에 관하여 대통령령을 발할 수 있다.

004 (O) 개별적·구체적 위임입법은 허용된다(헌법 제75조).

005 법률의 시행령은 모법인 법률의 위임 없이 법률이 규정한 개인의 권리·의무에 관한 내용을 변경·보충하거나 법률에서 규정하지 아니한 새로운 내용을 규정할 수 없고, 특히 법률의 시행령이 형사처벌에 관한 사항을 규정하면서 법률의 명시적인 위임 범위를 벗어나 처벌의 대상을 확장하는 것은 죄형법정주의의 원칙에도 어긋나는 것이므로, 그러한 시행령은 위임입법의 한계를 벗어난 것으로서 무효이다.

005 (O) 대법원 2017.2.16, 2015도16014 전원합의체

006 법률의 시행령이나 시행규칙의 내용이 모법의 입법 취지와 관련 조항 전체를 유기적·체계적으로 살펴보아 모법의 해석상 가능한 것을 명시한 것에 지나지 아니하거나 모법 조항의 취지에 근거하여 이를 구체화하기 위한 것인 때에는 모법에 이에 관하여 직접 위임하는 규정을 두지 아니하였다고 하더라도 이를 무효라고 볼 수는 없다.   [경찰간부 23]

해설+ 법률의 시행령이나 시행규칙은 법률에 의한 위임이 없으면 개인의 권리·의무에 관한 내용을 변경·보충하거나 법률이 규정하지 아니한 새로운 내용을 정할 수는 없지만, 법률의 시행령이나 시행규칙의 내용이 모법의 입법 취지와 관련 조항 전체를 유기적·체계적으로 살펴보아 모법의 해석상 가능한 것을 명시한 것에 지나지 아니하거나 모법 조항의 취지에 근거하여 이를 구체화하기 위한 것인 때에는 모법의 규율 범위를 벗어난 것으로 볼 수 없으므로, 모법에 이에 관하여 직접 위임하는 규정을 두지 아니하였다고 하더라도 이를 무효라고 볼 수는 없다(대법원 2014.8.20, 2012두19526).

006 (O)

007 형벌법규의 위임은 특히 긴급한 필요가 있거나 미리 법률로써 자세히 정할 수 없는 부득이한 사정이 있는 경우로 한정되어야 하며, 이러한 경우에도 위임법률에서 범죄의 구성요건은 처벌대상행위가 어떠한 것일 것이라고 예측할 수 있을 정도로 구체적으로 정하여야 하며, 형벌의 종류 및 그 상한과 폭을 명백히 규정하여야 한다.
[경찰채용 23 1차]

007 (○)**헌법 제75조** 대통령은 법률에서 구체적으로 범위를 정하여 위임받은 사항과 법률을 집행하기 위하여 필요한 사항에 관하여 대통령령을 발할 수 있다.

해설+ 위임입법에 관한 헌법 제75조는 처벌법규에도 적용되는 것이지만 처벌법규의 위임은 특히 긴급한 필요가 있거나 미리 법률로써 자세히 정할 수 없는 부득이한 사정이 있는 경우에 한정되어야 하고 이 경우에도 법률에서 범죄의 구성요건은 처벌대상인 행위가 어떠한 것일 것이라고 이를 예측할 수 있을 정도로 구체적으로 정하고 형벌의 종류 및 그 상한과 폭을 명백히 규정하여야 한다(헌법재판소 1991.7.8, 91헌가4 전원합의체).

008 구 전기통신사업법 제53조 제2항에서 "제1항의 규정에 의한 공공의 안녕질서 또는 미풍양속을 해하는 것으로 인정되는 통신의 대상 등은 대통령령으로 정한다."라고 규정한 것은 포괄위임입법금지원칙에 위배된다.
[국가7급 16]

008 (○) 헌법재판소 2002.6.27, 99헌마480

009 위임명령에 규정될 내용 및 범위의 기본사항은 구체적이고 분명하게 규정되어 있어야 하므로, 법률이나 상위명령으로부터 위임명령에 규정될 내용의 대강만을 예측할 수 있는 경우에는 죄형법정주의 원칙에 반한다.
[국가9급 21]

009 (×)

해설+ 법률이나 상위명령으로부터 위임명령에 규정될 내용의 대강을 예측할 수 있다면 죄형법정주의에 반하지 아니한다. "위임명령은 법률이나 상위명령에서 구체적으로 범위를 정한 개별적인 위임이 있을 때에 가능하고, 여기에서 구체적인 위임의 범위는 규제하고자 하는 대상의 종류와 성격에 따라 달라지는 것이어서 일률적 기준을 정할 수는 없지만, 적어도 위임명령에 규정될 내용 및 범위의 기본사항이 구체적으로 규정되어 있어서 누구라도 당해 법률이나 상위명령으로부터 위임명령에 규정될 내용의 대강을 예측할 수 있어야 하나, 이 경우 그 예측가능성의 유무는 당해 위임조항 하나만을 가지고 판단할 것이 아니라 그 위임조항이 속한 법률이나 상위명령의 전반적인 체계와 취지·목적, 당해 위임조항의 규정형식과 내용 및 관련 법규를 유기적·체계적으로 종합 판단하여야 하고, 나아가 각 규제대상의 성질에 따라 구체적·개별적으로 검토함을 요한다(대법원 2004.1.29, 2003두10701)."

010 구 「근로기준법」에서 임금 · 퇴직금 청산기일의 연장합의의 한도에 관하여 아무런 제한을 두고 있지 아니함에도 불구하고, 같은 법 시행령에서 기일연장을 3월 이내로 제한한 것은 죄형법정주의의 원칙에 위배된다.

[경찰채용 23 1차]

010 (O)

해설+ 구 근로기준법 제30조 단서에서 임금 · 퇴직금 청산기일의 연장합의의 한도에 관하여 아무런 제한을 두고 있지 아니함에도 불구하고, 같은법시행령 제12조에 의하여 같은 법 제30조 단서에 따른 기일연장을 3월 이내로 제한한 것은 같은법시행령 제12조가 같은 법 제30조 단서의 내용을 변경하고 같은 법 제109조와 결합하여 형사처벌의 대상을 확장하는 결과가 된다 할 것인바, 이와 같이 법률이 정한 형사처벌의 대상을 확장하는 내용의 법규는 법률이나 법률의 구체적 위임에 의한 명령 등에 의하지 않으면 아니 된다고 할 것이므로, 결국 모법의 위임에 의하지 아니한 같은법시행령 제12조는 죄형법정주의의 원칙에 위배되고 위임입법의 한계를 벗어난 것으로서 무효이다(대법원 1998.10.15, 98도1759 전원합의체).

011 조례의 제정권자인 지방의회는 선거를 통해서 그 지역적인 민주적 정당성을 지니고 있는 주민의 대표기관이므로 지방의회가 조례로써 주민의 권리 또는 의무에 관한 사항이나 벌칙을 정할 때에 법률의 위임을 받지 않아도 된다.

[국가9급총론 23]

011 (×) 주민의 권리제한 또는 의무부과에 관한 사항이나 벌칙에 해당하는 조례를 제정할 경우에는 그 조례의 성질을 묻지 아니하고 법률의 위임이 있어야 하고 그러한 위임 없이 제정된 조례는 효력이 없다(대법원 2007.12.13, 2006추52).

012 지방자치법에 따르면, 지방자치단체는 조례를 위반한 행위에 대하여 조례로써 1천만 원 이하의 벌금을 정하여 부과할 수 있다.

[국가9급총론 23]

012 (×) 지방자치법에 따르면, 지방자치단체는 조례를 위반한 행위에 대하여 조례로써 1천만원 이하의 과태료를 정하여 부과할 수 있다.

해설+ **지방자치법 제34조【조례 위반에 대한 과태료】** ① 지방자치단체는 조례를 위반한 행위에 대하여 조례로써 1천만원 이하의 과태료를 정할 수 있다.

013 구 결혼중개업의 관리에 관한 법률 이 형사처벌의 대상인 신상정보 제공의무와 관련하여 단지 "신상정보의 제공 시기 및 절차, 입증방법 등에 필요한 사항은 대통령령으로 정한다."라고만 규정하고 있는데, 동법 시행령이 '이용자와 상대방의 만남 이전'에 신상정보를 제공할 의무를 부과하고 있다면 이는 위임입법의 한계를 일탈한 것이다.

[국가9급총론 23]

013 (×)

해설+ 결혼중개업법과 같은 법 시행령의 규정 내용과 체계에다가 국제결혼중개업자를 통한 국제결혼의 특수성과 실태 등을 관련 법리에 비추어 살펴보면, 결혼중개업법 제10조의2 제4항에 의하여 대통령령에 규정하도록 위임된 '신상정보의 제공 시기'는 적어도 이용자와 상대방의 만남 이전이 될 것임을 충분히 예측할 수 있으므로, 결혼중개업법 시행령 제3조의2 제3항이 결혼중개업법 제10조의2 제4항에서 위임한 범위를 일탈하여 위임입법의 한계를 벗어났다고 볼 수 없다(대법원 2019. 7.25, 2018도7989).

014 공공기관의 운영에 관한 법률 제53조가 공기업의 임직원으로서 공무원이 아닌 사람은 「형법」 제129조의 적용에서는 이를 공무원으로 본다고 규정하고 있을 뿐 구체적인 공기업의 지정에 관하여는 하위규범인 기획재정부장관의 고시에 의하도록 규정하였더라도 죄형법정주의에 위배되거나 위임입법의 한계를 일탈한 것이 아니다.   [국가7급 17] [법원행시 13]

015 의료법 제41조가 "환자의 진료 등에 필요한 당직 의료인을 두어야 한다."라고 규정하고 있을 뿐인데도, 이 사건 시행령 조항은 그 당직의료인의 수와 자격 등 배치기준을 규정하고 이를 위반하면 의료법 제90조에 의한 처벌의 대상이 되도록 함으로써 법률의 명시적인 위임 범위를 벗어나 처벌의 대상을 확장했으므로 죄형법정주의의 원칙에 어긋난다.   [국가7급 21]

016 의료법 제41조는 "각종 병원에는 응급환자와 입원환자의 진료 등에 필요한 당직의료인을 두어야 한다."라고 규정하는 한편, 제90조에서 제41조를 위반한 사람에 대한 처벌규정을 두었다. 의료법 제41조는 각종 병원에 응급환자와 입원환자의 진료 등에 필요한 당직의료인을 두어야 한다고만 규정하고 있을 뿐, 각종 병원에 두어야 하는 당직의료인의 수와 자격에 아무런 제한을 두고 있지 않고 이를 하위 법령에 위임하고 있지도 않다. 그런데도 의료법 시행령 제18조 제1항은 "법 제41조에 따라 각종 병원에 두어야 하는 당직의료인의 수는 입원환자 200명까지는 의사 · 치과의사 또는 한의사의 경우에는 1명, 간호사의 경우에는 2명을 두되, 입원환자 200명을 초과하는 200명마다 의사 · 치과의사 또는 한의사의 경우에는 1명, 간호사의 경우에는 2명을 추가한 인원 수로 한다."라고 규정하고 있다. 시행령 조항은 위임입법의 한계를 벗어난 것으로서 무효이다.   [경찰채용 19 2차]

017 게임산업진흥에 관한 법률 제28조 제3호에서 게임물 관련 사업자에 대하여 '경품 등의 제공을 통한 사행성 조장'을 원칙적으로 금지하면서 제공이 허용되는 경품의 종류 · 지급기준 · 제공방법 등에 관한 구체적인 내용을 하위법령에 위임한 것은 경품의 환전이나 재매입 등의 우려가 없는 등 사행성을 제거할 수 있는 방법이 될 것이라는 예측이 불가능하여 포괄위임금지의 원칙에 반한다. [경찰채용 21 2차]

017 (×)

해설+ 게임산업법 및 이 사건 의무조항의 입법목적, 관련 조항들을 유기적·체계적으로 종합하여 해석해보면, 대통령령으로 정해질 경품의 종류는 완구류·문구류 및 이와 유사한 것들이고, 현금을 비롯한 상품권 및 유가증권과 같은 환가성이 높은 물건, 청소년에게 유해한 영향을 끼치는 물건이 제외될 것이라는 점이 어렵지 않게 예측된다. 또한 이 사건 의무조항이 위임하는 '경품의 지급기준'에 관하여 대통령령으로 정하여질 내용은 게임물의 사행화는 억제하되 게임이용자의 흥미는 유발시킬 있는 정도의 최소한의 금액이 그 기준이 되고, '경품의 제공방법'은 경품의 환전이나 재매입 등의 우려가 없는 등 사행성을 제거할 수 있는 방법이 될 것이라는 점에 대한 대강의 예측이 가능하다. 따라서 이 사건 의무조항은 죄형법정주의 내지 포괄위임금지원칙에 위배되지 아니한다(헌법재판소 2020.12.23, 2017헌바463).

018 「게임산업진흥에 관한 법률」 제32조 제1항 제7호의 '환전'의 의미를 '게임결과물을 수령하고 돈을 교부하는 행위'뿐만 아니라 '게임결과물을 교부하고 돈을 수령하는 행위'도 포함되는 것으로 해석하는 것은 죄형법정주의에 위배된다. [경찰채용 23 1차]

018 (×)

해설+ '게임산업진흥에 관한 법률' 제32조 제1항 제7호는 "누구든지 게임물의 이용을 통하여 획득한 유·무형의 결과물(점수, 경품, 게임 내에서 사용되는 가상의 화폐로서 대통령령이 정하는 게임머니 및 대통령령이 정하는 이와 유사한 것을 말한다)을 환전 또는 환전알선하거나 재매입을 업으로 하는 행위를 하여서는 아니된다"고 정하고 있다. 여러 사정을 종합하여 보면, 위 조항이 정한 '환전'에는 '게임결과물을 수령하고 돈을 교부하는 행위'뿐만 아니라 '게임결과물을 교부하고 돈을 수령하는 행위'도 포함되는 것으로 해석함이 상당하고, 이를 지나친 확장해석이나 유추해석이라고 할 수 없다(대법원 2012.12.13, 2012도11505).

---

2   소급효금지원칙

 대표유형

1억원 이상의 벌금형을 선고하는 경우 노역장 유치기간의 하한을 중하게 정한 개정 「형법」 제70조 제2항을 시행일 이후 최초로 공소제기되는 경우부터 적용하도록 한 개정 「형법」 부칙 제2조 제1항은 형벌불소급의 원칙에 위반된다. [변호사 21]

(○) 헌법재판소 2017.10.26, 2015헌바239

019 형벌을 신설하거나 가중하는 형법법규는 그 시행 이후에 이루어진 행위에 대하여만 적용되고 시행 이전의 행위에까지 소급하여 적용될 수 없다는 것이 소급효금지원칙인데, 이때 소급효는 형벌에 대해서 적용되며, 자유형이든, 벌금형이든, 주형이든, 부가형이든 묻지 않는다. [경찰간부 23]

020 노역장유치는 그 실질이 신체의 자유를 박탈하는 것으로서 징역형과 유사한 형벌적 성격을 가지고 있으므로 형벌불소급의 원칙의 적용대상이 된다. [국가7급 22]

020 (O)

> **해설+** 형벌불소급원칙에서 의미하는 '처벌'은 형법에 규정되어 있는 형식적 의미의 형벌 유형에 국한되지 않으며, 범죄행위에 따른 제재의 내용이나 실제적 효과가 형벌적 성격이 강하여 신체의 자유를 박탈하거나 이에 준하는 정도로 신체의 자유를 제한하는 경우에는 형벌불소급원칙이 적용되어야 한다. 노역장유치는 그 실질이 신체의 자유를 박탈하는 것으로서 징역형과 유사한 형벌적 성격을 가지고 있으므로 형벌불소급원칙의 적용대상이 된다(헌법재판소 2017.10.26, 2015헌바239).

021 게임산업진흥에 관한 법률 시행령 제18조의3의 시행일 이전에 위 시행령 조항 각 호에 규정된 게임머니를 환전, 환전 알선, 재매입한 영업행위를 처벌하는 것은 형벌 법규의 소급효금지의 원칙에 위배된다. [경찰간부 18]

021 (O) 대법원 2009.4.23, 2008 도11017

022 가정폭력범죄의 처벌 등에 관한 특례법상 사회봉사명령을 부과하면서, 행위시법상 사회봉사명령 부과시간의 상한인 100시간을 초과하여 상한을 200시간으로 올린 신법을 적용한 것은 위법하다. [경찰채용 17 1차] [경찰채용 17 2차]

022 (O) 사회봉사명령은 형사처벌 대신 부과되는 것으로서 신체적 자유를 제한하게 된다(대법원 2008.7.24, 2008어4).

023 가정폭력범죄의 처벌 등에 관한 특례법에서 규정하고 있는 사회봉사명령은 보안처분이므로 이 명령에 형벌불소급의 원칙이 적용되지 않는다. [국가9급 18] [변호사 21]

023 (×)

024 보호관찰은 과거의 불법에 대한 책임에 기초하고 있는 제재가 아니라 장래의 위험성으로부터 행위자를 보호하고 사회를 방위하기 위한 합목적적인 조치이므로, 소급효금지의 원칙이 적용되지 아니한다. [법원9급 16]

024 (O) 대법원 1997.6.13, 97도703

025 전자장치부착명령은 전통적 의미의 형벌이 아닐 뿐 아니라 의무적 노동의 부과나 여가시간의 박탈을 내용으로 하지 않고 전자장치의 부착을 통해서 피부착자의 행동 자체를 통제하는 것도 아니라는 점에서 처벌적인 효과를 나타낸다고 보기 어려워 부착명령은 형벌과 구별되는 비형벌적 보안처분으로서 소급효금지원칙이 적용되지 아니한다. [국가9급 17 변형]

025 (O) 헌법재판소 2012.12.27, 2010헌가82,2011헌바393

026 위치추적전자장치의 부착명령은 보안처분적 성격을 가지므로 구 특정범죄자에 대한 위치추적 전자장치 부착 등에 관한 법률을 개정하여 부착명령기간을 연장하면서 개정법 시행 전에 저지른 범죄에 대하여도 적용하도록 한 것은 소급입법금지의 원칙에 위반되지 아니한다. [국가7급 17]

026 (O) 대법원 2010.12.23, 2010도11996,2010전도86

027 공개명령 제도가 시행된 2010.1.1. 이전에 범한 범죄에도 공개명령 제도를 적용하도록 아동·청소년의 성보호에 관한 법률이 2010.7.23. 개정되었다면 소급입법금지의 원칙에 반한다. [경찰채용 17 2차] [경찰간부 18]

027 (×) '반한다' → '반하지 않는다'

해설+ 공개명령 제도는 사후적 처분인 형벌이 아닌 보안처분에 해당하기 때문에 공개명령 제도가 시행되기 이전에 범한 범죄에도 공개명령 제도를 적용하도록 개정되었다 하더라도 그것이 소급입법금지의 원칙에 반한다고 볼 수 없다(대법원 2011.3.24, 2010도14393,2010전도120).

028 신상정보 공개·고지명령은 형벌과는 구분되는 비형벌적 보안처분으로서 어떠한 형벌적 효과나 신체의 자유를 박탈하는 효과를 가져오지 아니하므로 소급처벌금지원칙이 적용되지 아니한다. [국가9급 17 변형]

028 (O) 헌법재판소 2016.12.29, 2015헌바196·222·343

029 도로교통법 제148조의2 제1항 제1호에서 정하고 있는 '도로교통법 제44조 제1항을 2회 이상 위반한' 것에 개정된 도로교통법이 시행된 2011.12.9. 이전에 구 도로교통법 제44조 제1항을 위반한 음주운전 전과까지 포함되는 것으로 해석하는 것이 형벌불소급의 원칙에 위배된다고 할 수 없다.

[경찰간부 18]

029 (O) 대법원 2012.11.29, 2012도10269

해설+ 가정폭력범죄의 처벌 등에 관한 특례법이 정한 보호처분 중의 하나인 사회봉사명령은 가정폭력범죄를 범한 자에 대하여 환경의 조정과 성행의 교정을 목적으로 하는 것으로서 형벌 그 자체가 아니라 보안처분의 성격을 가지는 것이 사실이다. 그러나 한편으로 이는 가정폭력범죄행위에 대하여 형사처벌 대신 부과되는 것으로서, 가정폭력범죄를 범한 자에게 의무적 노동을 부과하고 여가시간을 박탈하여 실질적으로는 신체적 자유를 제한하게 되므로, 이에 대하여는 원칙적으로 형벌불소급의 원칙에 따라 행위시법을 적용함이 상당하다(대법원 2008.7.24, 2008어4).

030 디엔에이신원확인정보의 이용 및 보호에 관한 법률이 시행 당시 디엔에이감식시료 채취 대상 범죄로 이미 징역이나 금고 이상의 실형을 선고받아 그 형이 확정되어 수용 중인 사람에게도 적용될 수 있도록 한 위 법률 부칙 제2조 제1항은 소급입법금지원칙에 위배된다.

030 (×)

해설+ 디엔에이신원확인정보의 수집·이용은 수형인등에게 심리적 압박으로 인한 범죄예방효과를 가진다는 점에서 보안처분의 성격을 지니지만, 처벌적인 효과가 없는 비형벌적 보안처분으로서 소급입법금지원칙이 적용되지 않는다. 이 사건 법률의 소급적용으로 인한 공익적 목적이 당사자의 손실보다 더 크므로, 이 사건 부칙조항이 법률 시행 당시 디엔에이감식시료 채취 대상범죄로 실형이 확정되어 수용 중인 사람들까지 이 사건 법률을 적용한다고 하여 소급입법금지원칙에 위배되는 것은 아니다(헌법재판소 2014.8.28, 2011헌마28).

031 부진정소급입법은 원칙적으로 허용되지만, 진정소급입법은 원칙적으로 허용되지 않는다.

[국가7급 11]

031 (O) 헌법재판소 1996.2.16, 96헌가2,96헌바7,96헌바13

032 과거에 이미 행한 범죄에 대하여 공소시효를 정지시키는 법률이라고 하더라도 그 사유만으로 형벌불소급의 원칙에 언제나 위배되는 것은 아니다.

[경찰채용 19 2차] [변호사 12]

032 (O) 형벌불소급의 원칙은 형사소추가 "언제부터 어떠한 조건 하에서" 가능한가의 문제에 관한 것이고, "얼마 동안" 가능한가의 문제에 관한 것은 아니다(헌법재판소 1996.2.16, 96헌가2,96헌바7,96헌바13).

033 진정소급입법이 허용되는 예외적인 경우로는 일반적으로 국민이 소급입법을 예상할 수 있었거나, 법적 상태가 불확실하고 혼란스러웠거나 하여 보호할 만한 신뢰의 이익이 적은 경우와 소급입법에 의한 당사자의 손실이 없거나 아주 경미한 경우, 그리고 신뢰보호의 요청에 우선하는 심히 중대한 공익상의 사유가 있는 경우에는 소급입법을 허용할 수 있다.

[국가7급 13 변형]

033 (○) 헌법재판소 1996.2.16, 96헌가2,96헌바7,96헌바13

034 2014.1.14. 법률 제12232호로 개정되기 전의 군형법('구 군형법') 제94조는 '정치관여'라는 표제 아래 "정치단체에 가입하거나 연설, 문서 또는 그 밖의 방법으로 정치적 의견을 공표하거나 그 밖의 정치운동을 한 자는 2년 이하의 금고에 처한다."라고 규정하였다. 그런데 2014.1.14. 법률 제12232호로 개정된 군형법('개정 군형법') 제94조 제1항에서는 동일한 행위를 한 사람을 5년 이하의 징역과 5년 이하의 자격정지에 처한다고 규정하고, 제2항에서는 "제1항에 규정된 죄에 대한 공소시효의 기간은 군사법원법 제291조 제1항에도 불구하고 10년으로 한다."라고 규정하였다. 이 경우 위 개정 군형법 제94조 제2항에 따른 10년의 공소시효 기간은 구 군형법 시행 시에 행해진 정치관여 범죄에도 소급적용된다.

> **보충** 원심은 위 법리와 같은 취지에서 구 군형법 시행 당시에 행해진 공소사실에 대하여 개정 군형법 제94조 제2항이 아닌 군사법원법 제291조 제1항에서 정한 공소시효 기간(5년)에 따라 그 공소시효가 완성되었다고 보아 이유에서 면소로 판단하였고, 대법원은 원심의 위와 같은 판단을 수긍한 사례이다.

034 (×) 군형법상 정치관여죄는 2014.1.14. 법률 개정을 통해 구성요건이 세분화되고 법정형이 높아짐으로써 그 실질이 달라졌다고 평가할 수 있고, 공소시효 기간에 관한 특례 규정인 개정 군형법 제94조 제2항은 개정 군형법상의 정치관여죄에 대하여 규정하고 있음이 분명하다. 따라서 개정 군형법 제94조 제2항에 따른 10년의 공소시효 기간은 개정 군형법 시행 후에 행해진 정치관여 범죄에만 적용된다(대법원 2021.9.9, 2019도5371).

035 행위 당시의 판례에 의하면 처벌대상이 되지 아니하는 것으로 해석되었던 행위를 판례의 변경에 따라 처벌하는 것은 형벌불소급의 원칙에 반하여 허용되지 아니한다.

[경찰채용 18 1차] [국가9급총론 18] [법원승진 16]

> **해설+** 형사처벌의 근거가 되는 것은 법률이지 판례가 아니고, 형법 조항에 관한 판례의 변경은 그 법률조항의 내용을 확인하는 것에 지나지 아니하여 이로써 그 법률조항 자체가 변경된 것이라고 볼 수는 없다(대법원 1999.9.17, 97도3349).

035 (×) '반하여 허용되지 아니한다' → '반하지 않는다'

036 대법원 양형위원회의 양형기준은 법관이 합리적인 양형을 정하는 데 참고할 수 있는 구체적이고 객관적인 기준으로 마련된 것으로 법적 구속력을 가지지 아니하나, 법관의 양형에 있어서 그 존중이 요구되는 것이므로, 대법원 양형위원회가 설정한 '양형기준'이 발효하기 전에 공소가 제기된 범죄에 대하여 위 '양형기준'을 참고하여 형을 양정함으로써 결과적으로 형이 더 무거워졌다면 피고인에게 불리한 법률을 소급하여 적용한 위법이 있다고 할 수 있다. [경찰간부 18] [법원9급 16]

036 (×) '있다' → '없다'
피고인에게 불리한 법률을 소급하여 적용한 위법이 있다고 할 수 없다(대법원 2009.12.10, 2009도11448).

3 명확성원칙

🔗 대표유형

법규범의 문언은 어느 정도 가치개념을 포함할 수밖에 없지만 가급적 일반적 · 규범적 개념을 사용하지 않는 것이 바람직하다는 의미에서, 명확성의 원칙이란 기본적으로 최대한의 명확성을 요구하는 것으로 볼 수 있다. [경찰채용 22 1차] [국가9급 20] [국가9급총론 20]

(×) 법규범의 문언은 어느 정도 가치개념을 포함한 일반적, 규범적 개념을 사용하지 않을 수 없는 것이기 때문에 '명확성의 원칙이란 기본적으로 최대한이 아닌 최소한의 명확성을 요구하는 것'이다(헌법재판소 1998.4.30, 95헌가16; 2005.12.22, 2004헌바45).

037 형벌법규를 하위법령에 위임할 때 처벌법규의 기본사항에 관하여 구체적 기준이나 범위를 정함이 없이 포괄적으로 하위법령에 위임하였다면 명확성의 원칙에 위배되어 죄형법정주의에 반한다. [국가9급 17]

037 (○) 위임입법이 허용되는 요건과 범위를 보다 엄격하고 제한적으로 적용하여야 한다(헌법재판소 2016.3.31, 2014헌바382).

038 처벌법규의 입법목적이나 그 전체적 내용, 구조 등을 살펴보아 사물의 변별능력을 제대로 갖춘 일반인의 이해와 판단으로서 그의 구성요건 요소에 해당하는 행위유형을 정형화하거나 한정할 합리적 해석기준을 찾을 수 있다면 죄형법정주의가 요구하는 형벌법규의 명확성의 원칙에 반하지 않는다. [경찰간부 23]

038 (○)

해설+ 처벌법규의 입법목적이나 그 전체적 내용, 구조 등을 살펴보아 사물의 변별능력을 제대로 갖춘 일반인의 이해와 판단으로서 그의 구성요건 요소에 해당하는 행위유형을 정형화하거나 한정할 합리적 해석기준을 찾을 수 있다면 죄형법정주의가 요구하는 형벌법규의 명확성의 원칙에 반하는 것이 아니다(대법원 2000.11.16, 98도3665 전원합의체).

039 「형법」 제243조, 제244조에서 규정하는 "음란"은 평가적, 정서적 판단을 요하는 규범적 구성요건 요소이고, "음란"이란 개념이 일반 보통인의 성욕을 자극하여 성적 흥분을 유발하고 정상적인 성적 수치심을 해하여 성적 도의관념에 반하는 것이라고 풀이되고 있으므로 이를 불명확하다고 볼 수 없기 때문에, 「형법」 제243조와 제244조의 규정이 죄형법정주의에 반하는 것이라고 할 수 없다.

[법원행시 10]

039 (O) 대법원 1995.6.16, 94 도2413

040 '음란'은 언론·출판의 자유에 의한 보장을 받지 않는 반면, '저속'은 이러한 정도에 이르지 않는 성표현 등을 의미하는 것으로서 헌법적인 보호영역 안에 있다.

[경찰특공대 22]

보충 다만 언론·출판의 자유라는 기본권의 보호영역 내에 있다고 하더라도 법률에 의한 제한은 가능하며, 형법상 음란물 관련 범죄 구성요건으로 처벌될 수도 있다.

보충 이 사건 법률조항의 음란표현은 헌법 제21조가 규정하는 언론·출판의 자유의 보호영역 내에 있다고 볼 것인바, 종전에 이와 견해를 달리하여 음란표현은 헌법 제21조가 규정하는 언론·출판의 자유의 보호영역에 해당하지 아니한다는 취지로 판시한 우리 재판소의 의견(헌재 1998.4.30. 95헌가16)을 변경한다. 이 사건 법률조항의 '음란' 개념은, 비록 보다 구체화하는 것이 바람직스럽다고 볼 여지가 있으나, 현 상태로도 수범자와 법집행자에게 적정한 판단기준 또는 해석기준을 제시하고 있다고 볼 수 있고, 이와 같은 기준에 따라 어떤 표현이 '음란' 표현에 해당하는지 여부에 관한 자의적인 법해석이나 법집행을 배제할 수 있다 할 것이므로, 결국 이 사건 법률조항의 '음란' 개념은 명확성의 원칙에 위반되지 않는다고 할 것이다(엄격한 의미의 음란표현은 헌법 제21조가 규정하는 언론·출판의 자유의 보호영역에 해당하지 아니한다는 취지로 판시한 선례를 변경한 사례, 헌법재판소 2009.5.28, 2006헌바109).

040 (×) 음란표현이 언론·출판의 자유의 보호영역에 해당하지 아니한다고 해석할 경우 음란표현에 대하여는 언론·출판의 자유의 제한에 대한 헌법상의 기본원칙이 적용되지 않게 됨으로써 결국 음란표현에 대한 최소한의 헌법상 보호마저도 부인하게 될 위험성이 농후하게 된다는 점을 간과할 수 없다(헌법재판소 2009.5.28, 2006헌바109).

041 「청소년보호법」 제30조 제8호 소정의 "풍기를 문란하게 하는 영업행위를 하거나 그를 목적으로 장소를 제공하는 행위"라는 문구는 "청소년에 대하여 이성혼숙을 하게 하거나 그를 목적으로 장소를 제공하는 행위" 등이라고 볼 수 있으므로 명확성 원칙에 반하지 않는다.

[경찰채용 19 2차]

041 (O) 대법원 2003.12.26, 2003 도598

042 폭력행위 등 처벌에 관한 법률 제4조 제1항에서 규정하고 있는 범죄단체 구성원으로서의 '활동'의 개념은 추상적이고 포괄적이므로 명확성의 원칙에 위배된다.

[경찰채용 17 2차]

042 (×) '위배된다' → '위배된다고 할 수 없다'(대법원 2008.5.29, 2008도1857)

043 건설공사의 수주 및 시공과 관련하여 발주자, 수급인, 하수급인 또는 이해 관계인이 부정한 청탁에 의한 금품을 수수하는 것을 금지하고 형사처벌하는 건설산업기본법 제38조의2와 제95조의2 규정에서 '이해관계인'이라는 표현은 명확성의 원칙에 위배된다. [사시 11]

044 국가공무원법 제66조(집단행위의 금지) 제1항에서 '공무 외의 일을 위한 집단행위'로 포괄적이고 광범위하게 규정하고 있는 것은 명확성의 원칙에 반한다. [국가7급 17]

045 「형법」 제125조의 구성요건 중 '그 직무를 행함에 당하여'라 함을 '경찰 등이 그 직무를 행하는 기회'라는 뜻으로 해석한다면, 이런 해석은 다소 포괄적이며 불명확하여 처벌범위를 자의적으로 확장시킨다고 볼 여지가 있어 죄형법정주의 명확성 원칙에 위반된다. [국가7급 21]

> **해설+** '그 직무를 행함에 당하여'라 함은 '경찰 등이 그 직무를 행하는 기회'라는 뜻으로 해석되는바, 이런 해석이 다소 포괄적이라도 경찰 등의 직무와 폭행 사이에 객관적 관련성을 요구하는 것으로 해석되므로 그 내용이 불명확하여 처벌범위를 자의적으로 확장시킨다고 볼 수도 없다. … 따라서 이 사건 법률조항은 죄형법정주의 명확성원칙에 위반되지 않는다(헌법재판소 2015.3.26, 2013헌바140).

046 「형법」상 내란선동죄에서 '선동'은 단지 언어적인 표현행위일 뿐이므로 그 행위에 대한 평가 여하에 따라서는 적용범위가 무한히 확장될 가능성이 있어 죄형법정주의 원칙에 반한다. [국가9급 21]

> **해설+** 판례는 내란선동이 주로 표현행위의 단계에서 문제되는 것이므로 죄형법정주의의 기본정신에 따라 엄격하게 해석하여야 한다는 입장이지, 내란선동죄가 죄형법정주의에 반한다는 입장은 아니다. "내란선동이란 내란이 실행되는 것을 목표로 하여 피선동자들에게 내란행위를 결의, 실행하도록 충동하고 격려하는 일체의 행위를 말한다. 내란선동은 주로 언동, 문서, 도화 등에 의한 표현행위의 단계에서 문제되는 것이므로 내란선동죄의 구성요건을 해석함에 있어서는 국민의 기본권인 표현의 자유가 위축되거나 본질이 침해되지 아니하도록 죄형법정주의의 기본정신에 따라 엄격하게 해석하여야 한다. 따라서 내란을 실행시킬 목표를 가지고 있다 하여도 단순히 특정한 정치적 사상이나 추상적인 원리를 옹호하거나 교시하는 것만으로는 내란선동이 될 수 없고, 그 내용이 내란에 이를 수 있을 정도의 폭력적인 행위를 선동하는 것이어야 하고, 나아가 피선동자의 구성 및 성향, 선동자와 피선동자의 관계 등에 비추어 피선동자에게 내란 결의를 유발하거나 증대시킬 위험성이 인정되어야만 내란선동으로 볼 수 있다. 언어적 표현행위는 매우 추상적이고 다의적일 수 있으므로 그 표현행위가 위와 같은 내란선동에 해당하는지를 가림에 있어서는 선동행위 당시의 객관적 상황, 발언 등의 장소와 기회, 표현 방식과 전체적인 맥락 등을 종합하여 신중하게 판단하여야 한다(대법원 2015.1.22, 2014도10978 전원합의체)."

047 구 「정보통신망 이용촉진 및 정보보호 등에 관한 법률」에서 규정하는 '불안감'은 평가적 · 정서적 판단을 요하는 규범적 구성요건요소이고, '불안감'이란 개념이 사전적으로 '마음이 편하지 아니하고 조마조마한 느낌'이라고 풀이되고 있어 이를 불명확하다고 볼 수는 없으므로, 위 규정 자체가 죄형법정주의에 반한다고 볼 수 없다.   [경찰채용 23 1차]

> **해설+** 구 정보통신망 이용촉진 및 정보보호 등에 관한 법률(2007. 1. 26. 법률 제8289호로 개정되기 전의 것) 제65조 제1항 제3호에서 규정하는 "불안감"은 평가적·정서적 판단을 요하는 규범적 구성요건요소이고, "불안감"이란 개념이 사전적으로 "마음이 편하지 아니하고 조마조마한 느낌"이라고 풀이되고 있어 이를 불명확하다고 볼 수는 없으므로, 위 규정 자체가 죄형법정주의 및 여기에서 파생된 명확성의 원칙에 반한다고 볼 수 없다(대법원 2008.12.24, 2008도9581).

048 「형법」 제349조(부당이득)에서 정하는 '현저하게 부당한 이익'은 그 비교 기준이 되는 정당한 이익 내지는 원래의 급부가치는 무엇인지에 대한 규정이 없어 일반 국민들로서는 해당 법률조항으로는 어느 정도가 정당한 이익인지를 예측하기 어렵고, 수사기관으로서도 객관적이고 구속적인 해석 및 집행의 기준을 제공받지 못하므로 자의적 · 선별적인 법집행에로 이끌리기 쉬워 해당 법률조항은 죄형법정주의의 명확성의 원칙에 반한다.
                                                        [경찰채용 23 2차]

> **해설+** '궁박'이나 '현저하게 부당한 이익'이라는 개념도 형법상의 '지려천박(知慮淺薄)', '기망', '임무에 위배' 등과 같이 범죄구성요건을 형성하는 개념 중 구체적 사안에 있어서 일정한 해석을 통하여 적용할 수 있는 일반적, 규범적 개념의 하나로서, …… 이 사건 법률조항이 지니는 약간의 불명확성은 법관의 통상적인 해석 작용에 의하여 충분히 보완될 수 있고 건전한 상식과 통상적인 법감정을 가진 일반인이라면 금지되는 행위가 무엇인지를 예측할 수 있으므로 이 사건 법률조항은 죄형법정주의에서 요구되는 명확성의 원칙에 위배되지 아니한다(헌법재판소 2006.7.27, 2005헌바19).

049 문신시술은, 치료목적 행위가 아닌 점에서 여타의 무면허의료행위와 구분되고, 최근 문신시술에 대한 사회적 인식의 변화로 그 수요가 증가하여, 선례와 달리 새로운 관점에서 판단할 필요가 있으므로 비의료인이 위생적이고 안정한 방식으로 시술하는 한 의료법위반에 해당하지 않는다.   [군무원9급 22]

> **해설+** 문신시술은, 바늘을 이용하여 피부의 완전성을 침해하는 방식으로 색소를 주입하는 것으로, 감염과 염료 주입으로 인한 부작용 등 위험을 수반한다. 이러한 시술 방식으로 인한 잠재적 위험성은 피시술자뿐 아니라 공중위생에 영향을 미칠 우려가 있고, 문신시술을 이용한 반영구화장의 경우라고 하여 반드시 감소된다고 볼 수도 없다. 심판대상조항은 의료인만이 문신시술을 할 수 있도록 하여 그 안전성을 담보하고 있다. 즉 문신시술을 비의료인이 했다면 의료법위반에 해당하며 심판대상조항은 명확성원칙에 위반되지 않으며 과잉금지원칙에도 위반되지 않아 청구인들의 직업선택의 자유를 침해한다고 보기 어렵다(헌법재판소 2022.3.31, 2017헌마343등).

4 유추해석금지원칙

🔗 대표유형

형벌법규의 해석은 엄격하여야 하고 명문규정의 의미를 피고인에게 불리한 방향으로 지나치게 확장해석하거나 유추해석하는 것은 죄형법정주의의 원칙에 어긋나는 것으로서 허용되지 않으며, 이러한 법해석의 원리는 그 형벌법규의 적용대상이 행정법규가 규정한 사항을 내용으로 하고 있는 경우에 그 행정법규의 규정을 해석하는 데에도 마찬가지로 적용된다.

[국가9급총론 18]

(○) 대법원 1990.11.27, 90도1516 전원합의체; 2007.6.29, 2006도4582

🔗 대표유형

위법성 및 책임의 조각사유나 소추조건, 또는 처벌조각사유인 형면제 사유에 관하여 그 범위를 제한적으로 유추적용하는 것은 유추해석금지의 원칙에 반하지 않는다.

[경찰채용 17 2차]

(✕) '반하지 않는다' → '반한다'
가능한 문언의 의미를 넘어 범죄구성요건을 유추적용하는 것과 같은 결과가 초래된다(대법원 1997.3.20, 96도1167 전원합의체).

🔗 대표유형

「형법」 제231조(사문서 위조·변조)의 경우 유형위조만을 처벌하므로 「형법」 제232조의2(사전자기록위작·변작)에서의 '위작'은 유형위조만을 의미하는 것으로 해석하여야 하며, 이에 무형위조도 포함한다고 해석하는 것은 문언의 의미를 확장하여 처벌범위를 지나치게 넓히는 것으로 죄형법정주의에 반한다.

[국가7급 21]

(✕)

해설+ 시스템을 설치·운영하는 주체와의 관계에서 전자기록의 생성에 관여할 권한이 없는 사람이 전자기록을 작출하거나 전자기록의 생성에 필요한 단위정보의 입력을 하는 경우는 물론 시스템의 설치·운영 주체로부터 각자의 직무 범위에서 개개의 단위정보의 입력 권한을 부여받은 사람이 그 권한을 남용하여 허위의 정보를 입력함으로써 시스템 설치·운영 주체의 의사에 반하는 전자기록을 생성하는 경우도 형법 제227조의2의 공전자기록등위작죄에서 말하는 전자기록의 '위작'에 포함되고, 위 법리는 형법 제232조의2의 사전자기록등위작죄에서 행위의 태양으로 규정한 '위작'에 대해서도 마찬가지로 적용된다(대법원 2020.8.27, 2019도11294 전원합의체).

050 유추해석금지의 원칙은 형벌법규의 구성요건과 가벌성에 관한 규정에 준용되므로 형벌법규의 적용대상이 행정법규가 규정한 사항을 내용으로 하고 있는 경우에 그 행정법규의 규정을 해석하는 데에도 마찬가지로 적용된다.

[경찰채용 22 1차]

050 (○) 행정형법도 형법에 적용되는 원칙의 통제를 받아야 한다. 죄형법정주의도 이에 포함됨은 물론이다(대법원 2017.3.15, 2016도17691).

051   형벌법규의 해석은 엄격하여야 하고, 명문규정의 의미를 피고인에게 불리한 방향으로 지나치게 확장해석하거나 유추해석하는 것은 죄형법정주의의 원칙에 어긋나는 것으로서 허용되지 않는다.   [법원9급 11]

051 (O) 대법원 2003.1.10, 2002도2363

052   유추해석은 피고인에게 유리한 경우에는 가능한 것이나, 문리를 넘어서는 이러한 해석은 그렇게 해석하지 아니하면 그 결과가 현저히 형평과 정의에 반하거나 심각한 불합리가 초래되는 경우에 한하여 가능하다.   [경찰채용 22 2차]

052 (O)

해설+ 형벌법규의 해석에 있어서 유추해석이나 확장해석도 피고인에게 유리한 경우에는 가능한 것이나, 문리를 넘어서는 이러한 해석은 그렇게 해석하지 아니하면 그 결과가 현저히 형평과 정의에 반하거나 심각한 불합리가 초래되는 경우에 한하여야 할 것이고, 그렇지 아니하는 한 입법자가 그 나름대로의 근거와 합리성을 가지고 입법한 경우에는 입법자의 재량을 존중하여야 하는 것이다(대법원 2004.11.11, 2004도4049).

053   처벌규정의 소극적 구성요건을 문언의 가능한 의미를 벗어나 지나치게 좁게 해석하게 되면 피고인에 대한 가벌성의 범위를 넓히게 되어 죄형법정주의의 파생원칙인 유추해석금지원칙에 어긋날 우려가 있으므로 법률문언의 통상적인 의미를 벗어나지 않는 범위 내에서 합리적으로 해석할 필요가 있다.   [경찰승진 23]

053 (O)

해설+ 청탁금지법은 제2조 제2호에서 '공직자등'에 관한 정의 규정을 두고 있을 뿐 '상급 공직자등'의 정의에 관하여는 명문 규정을 두고 있지 않고, '상급'은 사전적으로 '보다 높은 등급이나 계급'을 의미할 뿐 직무상 명령·복종관계에서의 등급이나 계급으로 한정되지 아니한다. 처벌규정의 소극적 구성요건(피고인에게 유리한 규정)을 문언의 가능한 의미를 벗어나 지나치게 좁게 해석하게 되면 피고인에 대한 가벌성의 범위를 넓히게 되어 죄형법정주의의 파생원칙인 유추해석금지원칙에 어긋날 우려가 있으므로 법률문언의 통상적인 의미를 벗어나지 않는 범위 내에서 합리적으로 해석할 필요가 있다(대법원 2018.10.25, 2018도7041).

054   「형법」 제225조의 공문서변조나 위조죄의 주체인 공무원 또는 공무소에는 「형법」 또는 기타 특별법에 의하여 공무원 등으로 의제되는 경우뿐만 아니라 계약 등에 의하여 공무와 관련되는 업무를 일부 대행하는 경우도 포함된다고 해석하더라도 죄형법정주의에 반하는 해석이라 할 수 없다.   [법원행시 10]

054 (X) '해석이라 할 수 없다' → '해석이다'
형벌법규의 구성요건을 법률의 규정도 없이 유추 확대해석하는 것은 죄형법정주의원칙에 반한다(대법원 1996.3.26, 95도3073).

055 법률에 특별한 규정이 없음에도 형법 제227조의2(공전자기록위작·변작)의 행위주체에 공무원, 공무소와 계약 등에 의하여 공무와 관련되는 업무를 일부 대행하는 경우까지 포함된다고 해석하는 것은 죄형법정주의 원칙에 반한다.   [경찰간부 22]

055 (○) 대법원 2020.3.12, 2016도19170

056 군형법 제74조에서 규정하는 군용물분실죄는 과실범에 적용되는 것으로, 행위자가 자신의 의사에 의한 재산적 처분행위를 함으로써 군용물의 소지를 상실한 경우에도 동 규정을 적용하는 것은 유추해석금지원칙에 반한다.   [사시 16]

056 (○) 대법원 1999.7.9, 98도1719

057 공무원에 대해 허위신고를 하여 공정증서원본에 부실의 사실을 기재하게 하고 그 문서를 행사하는 것을 처벌하는 「형법」 제229조를 부실의 사실이 기재된 공정증서정본을 그 정을 모르는 법원 직원에게 교부한 행위에 적용하는 것은 유추해석금지원칙에 반하지 않는다.   [사시 16]

057 (×) '반하지 않는다' → '반한다' '공정증서원본'에는 공정증서의 정본이 포함되지 않는다(대법원 2002.3.26, 2001도6503).

058 지방공기업법이 「형법」 제129조 내지 제132조의 적용에 있어서 지방공사와 지방공단의 임원 및 직원을 공무원으로 본다고 규정함으로써 「형법」상 뇌물죄의 적용범위를 임의적으로 확대하는 것은 죄형법정주의에 위배된다.   [사시 10]

058 (×) '위배된다' → '위배되지 않는다'

해설+ 지방공사와 지방공단의 직원을 특정범 죄가중처벌 등에 관한 법률 제4조 제1항 소정의 간부 직원, 즉 과장대리급 이상의 직원으로 한정하여 해석할 수도 없다(대법원 2002.7.26, 2001도6721).

059 상관에게 전화를 통하여 모욕하는 경우가 군형법 제64조 제1항의 상관면전모욕죄의 구성요건요소인 '상관을 그 면전에서 모욕하는' 것에 포함된다고 해석하는 것은 허용되지 않는다.   [사시 11]

059 (○) 대법원 2002.12.27, 2002도2539

060 약사법 제5조 제3항에서 면허증의 대여를 금지한 취지는 약사 자격이 없는 자가 타인의 면허증을 빌려 영업을 하게 되는 경우 국민의 건강에 위험이 초래된다는 데에 있다 할 것이므로, 약사 자격이 있는 자에게 빌려주는 행위까지 금지되는 것으로 보는 것은 유추적용에 해당한다. [사시 10]

061 강제통용력을 가지지 아니하는 지폐는 그것이 비록 일반인의 관점에서 통용할 것이라고 오인할 가능성이 있다고 하더라도 「형법」 제207조 제3항에서 정한 외국에서 통용하는 외국의 지폐에 해당한다고 할 수 없다. [국가9급 12]

062 타인에 의해 이미 생성된 주민등록번호를 단순히 사용한 것을 허위의 주민등록번호를 생성하여 자기 또는 다른 사람의 재물이나 재산상의 이익을 위해 사용한 것으로 보는 경우에는 유추해석금지원칙에 위반된다. [경찰간부 17]

해설+ 주민등록번호 부여방법으로 허위의 주민등록번호를 생성하여 자기 또는 다른 사람의 재물이나 재산상의 이익을 위하여 이를 사용한 자를 처벌한다고 규정하고 있으므로, 구성요건을 충족시켰다고 할 수 없다(대법원 2004.2.27, 2003도6535).

063 "지방세에 관한 범칙행위에 대하여는 조세범처벌법령을 준용한다."는 지방세법 제84조 제1항의 '조세범처벌법령'에 특정범죄 가중처벌 등에 관한 법률도 포함된다고 해석하는 것은 죄형법정주의에 반하여 허용되지 않는다. [경찰간부 17] [사시 11]

064 구 항만운송사업법 시행령(2008.2.29, 대통령령 제20722호로 개정되기 전의 것) 제2조 제3호에서 규정하는 "선박용 연료유를 공급하는 사업"이라 함은 "선박의 운항을 위한 용도로 사용되는 연료유를 선박에 공급하는 사업"이라고 해석함이 상당하고, 나아가 선박의 운항을 위한 용도와는 무관하게 단지 "선박에 연료유를 공급하는 사업"에까지 확장하여 해석하는 것은 형벌법규를 지나치게 유추 또는 확장해석하여 죄형법정주의의 원칙에 어긋나는 것으로서 허용될 수 없다. [법원승진 10]

065 '블로그', '미니홈페이지', '카페' 등의 이름으로 개설된 사적 인터넷 게시공간의 운영자가 게시공간에 게시된 타인의 글을 삭제할 권한이 있는데도 이를 삭제하지 아니한 경우를 국가보안법 제7조 제5항의 '소지' 행위로 보는 것은 유추해석금지원칙에 반한다. [사시 14]

065 (○) 대법원 2012.1.27, 2010 도8336

066 '약국 개설자가 아니면 의약품을 판매하거나 판매 목적으로 취득할 수 없다'고 규정한 구 약사법 제44조 제1항의 '판매'에 무상으로 의약품을 양도하는 '수여'를 포함시키는 해석은 죄형법정주의에 위배된다고 볼 수 없다. [경찰채용 17 2차] [경찰채용 18 1차]

066 (○) 구 약사법 제44조 제1항의 '판매에 포함된다(대법원 2011.10.13, 2011도6287).

067 원동기장치자전거의 무면허운전죄와 관련한 도로교통법 제154조 제2호, 제43조의 해석상 '운전면허를 받지 아니하거나'라는 법률문언의 통상적인 의미에 '운전면허를 받았으나 그 후 운전면허의 효력이 정지된 경우'를 당연히 포함하여 해석하는 것은 유추해석금지원칙에 반하지 않는다. [사시 16]

067 (×) '반하지 않는다' → '반한다' '운전면허를 받지 아니하고'라는 법률 문언의 통상적인 의미에 '운전면허를 받았으나 그 후 운전면허의 효력이 정지된 경우'가 당연히 포함된다고는 해석할 수 없다(대법원 2011.8.25, 2011도7725).

068 특정범죄자에 대한 보호관찰 및 위치추적 전자장치부착 등에 관한 법률 제5조 제1항 제3호는 검사가 전자장치 부착명령을 법원에 청구할 수 있는 경우 중의 하나로 '성폭력범죄를 2회 이상 범하여(유죄의 확정판결을 받은 경우를 포함한다) 그 습벽이 인정된 때'라고 규정하고 있는데, 피부착명령청구자가 2회 이상 성폭력범죄를 범하였는지를 판단할 때 소년법에 의한 보호처분을 받은 전력을 고려하는 것은 죄형법정주의에 위반되므로 허용되지 아니한다. [법원9급 15] [변호사 17]

068 (○)

> **해설+** 소년법에 의한 보호처분(이하 '소년보호처분'이라고 한다)을 받은 전력은 유죄의 확정판결을 받은 경우에 해당하지 아니함이 명백하므로, 피부착명령청구자가 2회 이상 성폭력범죄를 범하였는지를 판단할 때 소년보호처분을 받은 전력을 고려하지 않는다(대법원 2012.3.22, 2011도15057, 2011전도249 전원합의체).

069 죄형법정주의 원칙 중 유추해석금지의 원칙은 특정 범죄자에 대한 위치추적 전자장치 부착 명령의 요건을 해석할 때에도 적용된다. [군무원9급 23]

> **보충** '특정 범죄자에 대한 위치추적 전자장치 부착 등에 관한 법률'(이하 '전자장치부착법'이라 한다) 제5조 제1항 제3호는 검사가 전자장치 부착명령을 법원에 청구할 수 있는 경우 중의 하나로 '성폭력범죄를 2회 이상 범하여(유죄의 확정판결을 받은 경우를 포함한다) 그 습벽이 인정된 때'라고 규정하고 있는데, 이 규정 전단은 문언상 '유죄의 확정판결을 받은 전과사실을 포함하여 성폭력범죄를 2회 이상 범한 경우'를 의미한다고 해석된다. 따라서 피부착명령청구자가 소년법에 의한 보호처분(이하 '소년보호처분'이라고 한다)을 받은 전력이 있다고 하더라도, 이는 유죄의 확정판결을 받은 경우에 해당하지 아니함이 명백하므로, 피부착명령청구자가 2회 이상 성폭력범죄를 범하였는지를 판단할 때 소년보호처분을 받은 전력을 고려할 것이 아니다(위 판례).

069 (○) 죄형법정주의 원칙상 형벌법규는 문언에 따라 엄격하게 해석·적용하여야 하고 피고인에게 불리한 방향으로 지나치게 확장해석하거나 유추해석하여서는 안 되는 것이 원칙이고, 이는 특정 범죄자에 대한 위치추적 전자장치 부착명령의 요건을 해석할 때에도 마찬가지이다(대법원 2012.3.22, 2011도15057, 2011전도249 전원합의체).

070 국내에서 출생한 소가 그 출생지 외의 지역에서 사육되다가 도축되었는데, 당해 소가 어느 정도의 기간 동안 사육되면 비로소 그 사육지 등을 원산지로 표시할 수 있는지에 관하여 관계 법령에 아무런 규정이 없더라도 특정 지역에서 2개월밖에 사육되지 않은 소의 경우 그 쇠고기에 해당 시·군·구명을 그 원산지로 표시하여 판매하였다면 이를 원산지표시 규정 위반행위에 해당한다고 해석하는 것은 죄형법정주의의 원칙에 위배되지 아니한다. [법원행시 13]

070 (×) '위배되지 아니한다' → '위배된다'(대법원 2012.10.25, 2012도3575)

071 피고인이 피해자 갑(여, 14세)과 인터넷 화상채팅 등을 하면서 카메라 기능이 내재되어 있는 피고인의 휴대전화를 이용하여 갑의 유방, 음부 등 신체 부위를 갑의 의사에 반하여 촬영하였다면 구 성폭력범죄의 처벌 등에 관한 특례법 위반(카메라등이용촬영)죄가 성립한다.

071 (×) 다른 사람의 신체 이미지가 담긴 영상도 위 규정의 '다른 사람의 신체'에 포함된다고 해석하는 것은 법률문언의 통상적인 의미를 벗어나는 것이므로 죄형법정주의 원칙상 허용될 수 없다(대법원 2013.6.27, 2013도4279).

072 외국환거래법 제30조가 규정하는 몰수·추징의 대상은 범인이 해당 행위로 인하여 취득한 외국환 기타 지급수단 등을 뜻하고, 이는 범인이 외국환거래법에서 규제하는 행위로 인하여 취득한 외국환 등이 있을 때 이를 몰수하거나 추징한다는 취지이나, 여기서 취득이란 해당 범죄행위로 인하여 결과적으로 이를 취득한 때를 말한다고 제한적으로 해석할 필요는 없다. [경찰채용 17 1차] [경찰채용 17 2차]

072 (×) '해석할 필요는 없다' → '해석함이 타당하다' 취득이란 해당 범죄행위로 인하여 결과적으로 이를 취득한 때를 말한다고 제한적으로 해석함이 타당하다(대법원 2017.5.31, 2013도8389).

073 항공보안법 제42조의 '항로'를 '항공기가 통행하는 공로'보다 넓게 해석하여 '항공기가 지상에서 이동하는 경로'도 '항로'에 포함하는 것은 문언의 가능한 의미를 벗어난다. [경찰채용 18 1차] [국가9급총론 18]

073 (O) 대법원 2017.12.21, 2015도8335 전원합의체

074 성폭력범죄의 처벌 등에 관한 특례법 제13조의 통신매체이용음란죄에서 통신매체를 이용하지 아니한 채 '직접' 상대방에게 물건 등을 도달하게 하는 행위까지 포함하여 위 규정으로 처벌할 수 있다고 보는 것은 유추해석금지의 원칙에 위반된다. [국가9급 18]

074 (O) 법문의 가능한 의미의 범위를 벗어난 해석으로서 실정법 이상으로 처벌 범위를 확대하는 것이다(대법원 2016.3.10, 2015도17847).

075 도로교통법 제2조 제26호가 '술이 취한 상태에서의 운전' 등 일정한 경우에 한하여 예외적으로 도로 외의 곳에서 운전한 경우를 운전에 포함한다고 명시하고 있는 반면, 무면허운전에 관해서는 이러한 예외를 명시하고 있지 않지만, 무면허운전을 처벌하는 입법취지와 목적, 입법연혁 등을 고려하면, 도로가 아닌 곳에서 운전면허 없이 운전한 경우에도 무면허운전으로 처벌하는 것은 허용되는 목적론적 해석이다. [법원행시 20]

075 (×)

해설+ 도로교통법 제2조 제26호가 '술이 취한 상태에서의 운전' 등 일정한 경우에 한하여 예외적으로 도로 외의 곳에서 운전한 경우를 운전에 포함한다고 명시하고 있는 반면, 무면허운전에 관해서는 이러한 예외를 정하고 있지 않다. 따라서 도로교통법 제152조, 제43조를 위반한 무면허운전이 성립하기 위해서는 운전면허를 받지 않고 자동차 등을 운전한 곳이 도로교통법 제2조 제1호에서 정한 도로, 즉 '도로법에 따른 도로', '유료도로법에 따른 유료도로', '농어촌도로 정비법에 따른 농어촌도로', '그 밖에 현실적으로 불특정 다수의 사람 또는 차마가 통행할 수 있도록 공개된 장소로서 안전하고 원활한 교통을 확보할 필요가 있는 장소' 중 하나에 해당해야 한다. 위에서 본 도로가 아닌 곳에서 운전면허 없이 운전한 경우에는 무면허운전에 해당하지 않는다. 도로에서 운전하지 않았는데도 무면허운전으로 처벌하는 것은 유추해석이나 확장해석에 해당하여 죄형법정주의에 비추어 허용되지 않는다(대법원 2017.12.28, 2017도17762).

076 도로교통법상 도로가 아닌 곳에서 운전면허 없이 운전한 행위를 무면허운전으로 처벌하는 것은 유추해석금지원칙에 반하지 않는다. [경찰채용 19 2차]

076 (×) '반하지 않는다' → '반한다' (대법원 2017.12.28, 2017도17762)

077 피고인이 자동차의 시동을 걸지 못한 상태에서 차량을 운전하려는 의도로 제동장치를 조작하여 차량이 뒤로 진행하게 된 경우 자동차를 '운전'했다고 볼 수 있다.

해설+ 도로교통법 제2조 제26호는 '운전'이란 차마 또는 노면전차를 본래의 사용방법에 따라 사용하는 것을 말한다고 정하고 있다. 그중 자동차를 본래의 사용방법에 따라 사용했다고 하기 위해서는 엔진을 걸고 발진조작을 해야 한다(대법원 1999.11.12, 98다30834; 2009.5.28, 2009다9294,9300 참조). 피고인이 이 사건 차량에 장착된 STOP&GO 기능 조작 미숙으로 시동을 걸지 못한 상태에서 제동장치를 조작하다 차량이 뒤로 밀려 추돌사고를 야기한 경우, 피고인이 운전하려는 의사로 제동장치를 조작했어도 시동을 걸지 못한 이상 발진조작을 했다고 볼 수 없으므로, 자동차를 본래의 사용방법에 따라 사용했다고 보기 어렵다(대법원 2020.12.30, 2020도9994).

078 대통령에 대한 보고절차에 사용한 원본 문서가 아니라 컴퓨터에 저장된 문서파일을 이용하여 별도로 출력하거나 사본한 문건을 유출한 행위는 대통령기록물 관리에 관한 법률에 의하여 규율되는 대통령기록물 유출행위에 해당한다.

078 (×)

해설+ 대통령기록물법은 대통령기록물의 효율적 관리를 통한 국정운영의 투명성과 책임성 강화를 목적으로 입법된 것으로 사본 자체를 원본과 별도로 보존할 필요가 있다는 등의 특별한 사정이 없는 이상 원본 문서나 전자파일 이외에 그 사본이나 추가 출력물까지 모두 대통령기록물로 보존할 필요는 없는 점, 대통령기록물법은 대통령기록물 자체를 파기, 손상, 유출하는 등의 행위와 그 내용을 누설하는 행위를 구별하여 규정하고 있는 점 등을 종합적으로 고려하면, 대통령기록물법 제30조 제2항 제1호, 제14조에 의해 유출이 금지되는 대통령기록물에 원본 문서나 전자파일 이외에 그 사본이나 추가 출력물까지 포함된다고 해석하는 것은 죄형법정주의 원칙상 허용되지 아니한다(대법원 2021.1.14, 2016도7104).

079 대출금 및 이자를 상환하기 위해 필요하다는 성명불상자의 기망에 속아 접근매체를 교부한 경우 전자금융거래법에서 정한 접근매체의 대여에 해당한다.

079 (×)

해설+ 전자금융거래법 제6조 제3항 제2호에서 정한 '접근매체의 대여'란 대가를 수수·요구 또는 약속하면서 일시적으로 다른 사람으로 히여금 접근매체 이용자의 관리·감독 없이 접근매체를 사용해서 전자금융거래를 할 수 있도록 접근매체를 빌려주는 행위를 말하고(대법원 2017.8.18, 2016도8957), 여기에서 '대가'란 접근매체의 대여에 대응하는 관계에 있는 경제적 이익을 말한다(대법원 2019.6.27, 2017도16946). 이때 접근매체를 대여하는 자는 접근매체 대여에 대응하는 경제적 이익을 수수·요구 또는 약속하면서 접근매체를 대여한다는 인식을 가져야 한다(대법원 2021.4.15, 2020도16468).

080 의사가 직접 직찰을 하지 않은 채 존재하지 않는 허무인(虛無人)에 대한 처방전을 작성하여 제3자에게 교부한 행위는 의료법위반에 해당한다.

080 (○)

> **해설+** 구 의료법 제17조 제1항은 '의료업에 종사하고 직접 진찰하거나 검안한 의사, 치과의사, 한의사(이하 '의사 등')가 아니면 진단서·검안서·증명서 또는 처방전(전자처방전을 포함한다)을 작성하여 환자(환자가 사망한 경우에는 배우자, 직계존비속 또는 배우자의 직계존속을 말한다) 또는 형사소송법 제222조 제1항에 따라 검시를 하는 지방검찰청 검사(검안서에 한한다)에게 교부하거나 발송(전자처방전에 한한다)하지 못한다'고 규정하고, 같은 법 제89조는 제17조 제1항을 위반한 자를 처벌하고 있다. 이는 진단서·검안서·증명서 또는 처방전이 의사 등이 환자를 직접 진찰하거나 검안한 결과를 바탕으로 의료인으로서의 판단을 표시하는 것으로서 사람의 건강상태 등을 증명하고 민·형사책임을 판단하는 증거가 되는 등 중요한 사회적 기능을 담당하고 있어 그 정확성과 신뢰성을 담보하기 위하여 직접 진찰·검안한 의사 등만이 이를 작성·교부할 수 있도록 하는 데 그 취지가 있다. 따라서 의사 등이 구 의료법 제17조 제1항에 따라 직접 진찰하여야 할 환자를 진찰하지 않은 채 그 환자를 대상자로 표시하여 진단서·증명서 또는 처방전을 작성·교부하였다면 구 의료법 제17조 제1항을 위반한 것으로 보아야 하고, 이는 환자가 실제 존재하지 않는 허무인(虛無人)인 경우에도 마찬가지이다(대법원 2021.2.4, 2020도13899).

081 '분리형 캠퍼'를 화물자동차 적재함에 설치한 것은 자동차관리법상 승인이 필요한 '자동차의 튜닝'에 해당한다.

081 (×)

> **해설+** 자동차관리법 제2조 제11호는 "자동차의 튜닝"을 "자동차의 구조·장치의 일부를 변경하거나 자동차에 부착물을 추가하는 것"으로 정의하고 있고 … 자동차관리법 제81조 제19호는 시장·군수·구청장의 승인을 받지 않고 자동차에 튜닝을 한 자에 대하여 1년 이하의 징역 또는 1,000만 원 이하의 벌금에 처하도록 규정하고 있다. 위와 같은 관련 규정과 그 입법취지 및 형벌법규의 명확성이나 그 엄격해석을 요구하는 죄형법정주의 원칙에 비추어, 자동차관리법상 승인이 필요한 '자동차의 튜닝'은 '자동차의 안전운행에 필요한 성능과 기준이 설정되어 있는 자동차의 구조·장치가 일부 변경되거나 자동차에 부착물을 추가함으로써 그러한 자동차 구조·장치의 일부 변경에 이르게 된 경우'를 의미한다고 해석함이 타당하다(대법원 2018.7.12, 2017도1589; 헌법재판소 2019. 11.28, 2017헌가23 등; 2021.6.24, 2019도110).

082 「형법」 제48조의 몰수·추징의 대상인 범죄행위로 인하여 취득한 물건에서 '취득'이란 해당 범죄행위로 인하여 결과적으로 이를 취득한 때를 말한다고 제한적으로 해석할 필요는 없다.

082 (×)

> **해설+** 형벌법규의 해석은 엄격하여야 하고 명문규정의 의미를 피고인에게 불리한 방향으로 지나치게 확장해석하거나 유추해석하는 것은 죄형법정주의의 원칙에 어긋나는 것으로서 허용되지 아니한다(대법원 2002.2.8, 2001도5410). 형법 제48조가 규정하는 몰수·추징의 대상은 범인이 범죄행위로 인하여 취득한 물건을 뜻하고, 여기서 '취득'이란 해당 범죄행위로 인하여 결과적으로 이를 취득한 때를 말한다고 제한적으로 해석함이 타당하다(대법원 1979.9.25, 79도1309; 2021.7.21, 2020도10970).

> **보충** ㉠ **원심의 판단:** 피고인들이 사업장폐기물배출업체로부터 인수받은 폐기물을 폐기물관리법에 따라 허가 또는 승인을 받거나 신고한 폐기물처리시설이 아닌 곳에 매립하였다는 점을 유죄로 인정하면서 사업장폐기물배출업체로부터 받은 돈을 형법 제48조 소정의 몰수·추징의 대상으로 보았음. ㉡ **대법원의 판단:** 형법 제48조 소정의 몰수·추징 대상이 해당하려면 위 돈이 피고인들과 사업장폐기물배출업체 사이에 피고인들의 범죄행위를 전제로 수수되었다는 점이 인정되어야 하는데, 이에 대한 심리가 미진하므로 원심을 파기함.

083 약사 또는 한약사가 아닌 자가 약사 명의를 빌려 약국을 개설·운영하거나 약사가 기존에 개설하여 운영하던 약국을 인수하여 실질적으로 운영한 경우, 약사 또는 한약사가 아닌 자에 의한 약국 개설행위에 해당하지 않는다.

083 (×)

해설+ 약사법 제20조 제1항은 "약사 또는 한약사가 아니면 약국을 개설할 수 없다."라고 정하고 있다. 이 조항에 따라 금지되는 약국 개설행위는 약사 또는 한약사(이하 '약사 등') 자격이 없는 일반인이 약국의 시설 및 인력의 충원·관리, 개설신고, 의약품 제조 및 판매업의 시행, 필요한 자금의 조달, 그 운영성과의 귀속 등을 주도적으로 처리하는 것을 뜻한다(의료법 위반죄에 관한 대법원 2008.11.13, 2008도7388 등). 약사 등이 아닌 사람이 이미 개설된 약국의 시설과 인력을 인수하고 그 운영을 지배·관리하는 등 종전 개설자의 약국 개설·운영행위와 단절되는 새로운 개설·운영행위를 한 것으로 볼 수 있는 경우에도 약사법에서 금지하는 약사 등이 아닌 사람의 약국 개설행위에 해당한다(의료법 위반죄에 관한 대법원 2011.10.27, 2009도2629 등; 2021.7.29, 2021도6092).

084 '농업기계'는 무면허운전 처벌규정의 적용대상인 '자동차'에 해당한다.

084 (×)

해설+ 구 자동차관리법 제2조 제1호는 '자동차란 원동기에 의하여 육상에서 이동할 목적으로 제작한 용구 또는 이에 견인되어 육상을 이동할 목적으로 제작한 용구를 말한다. 다만 대통령령으로 정하는 것은 제외한다.'고 정하고 있고, 자동차관리법 시행령 제2조 제2호는 구 자동차관리법 제2조 제1호 단서의 위임에 따라 자동차에서 제외되는 것 중 하나로 '농업기계화 촉진법에 따른 농업기계'를 정하고 있다. … 구 도로교통법 제152조 제1호, 제43조의 무면허운전 처벌규정의 적용대상인 구 도로교통법 제2조 제18호에서 정한 자동차는 구 자동차관리법 제2조 제1호에서 정한 자동차로서 같은 법 제3조에서 정한 각종 자동차에 해당하는 것에 한정된다고 보아야 한다(대법원 1993. 2.23, 92도3126). … 피고인이 운전한 차량은 농업기계화법에 따른 농업기계로서 구 자동차관리법 제2조 제1호에서 정한 자동차나 이를 전제로 하는 구 자동차관리법 제3조에서 정한 각종 자동차에 해당하지 않으므로 무면허운전 처벌규정의 적용대상인 구 도로교통법 제2조 제18호에 정한 자동차에도 해당하지 않는다(대법원 2021.9.30, 2017도13182).

085 위법성 및 책임의 조각사유나 소추조건 또는 처벌조각사유인 형면제 사유에 관하여도 그 범위를 제한적으로 유추적용하게 되면 행위자의 가벌성의 범위는 확대되어 행위자에게 불리하게 되는바, 이는 가능한 문언의 의미를 넘어 범죄구성요건을 유추 적용하는 것과 같은 결과가 초래되므로 죄형법정주의의 파생원칙인 유추해석금지의 원칙에 위반하여 허용될 수 없다.

[국가7급 14] [법원행시 15]

085 (○) 대법원 1997.3.20, 96도1167 전원합의체

086 반의사불벌죄에서 처벌을 희망하지 않는다는 의사표시 또는 처벌희망 의사표시의 철회는 이른바 소극적 소송조건에 해당하고, 소송조건에는 유추해석금지의 원칙이 적용되지 않는다.

[국가9급 18]

086 (×) '적용되지 않는다' → '적용된다'
소송조건에는 죄형법정주의의 파생 원칙인 유추해석금지의 원칙이 적용된다(대법원 2009.11.19, 2009도6058 전원합의체).

087 친고죄에 관한 고소의 주관적 불가분원칙을 규정하고 있는 형사소송법 제233조가 공정거래위원회의 고발에도 유추적용된다고 해석하는 경우에는 유추해석금지원칙에 위반된다. [경찰간부 17]

> **해설+** 친고죄에 관한 고소의 주관적 불가분원칙을 규정하고 있는 형사소송법 제233조가 공정거래위원회의 고발에도 유추적용된다고 해석한다면 이는 공정거래위원회의 고발이 없는 행위자에 대해서까지 형사처벌의 범위를 확장하는 것이다(대법원 2010.9.30, 2008도4762).

087 (O)

088 처벌을 희망하지 않는다는 의사표시 또는 처벌희망 의사표시의 철회는 이른바 소극적 소송조건에 해당하고, 소송조건에는 죄형법정주의의 파생원칙인 유추해석금지의 원칙이 적용된다고 할 것인데, 명문의 근거없이 그 의사표시에 법정대리인의 동의가 필요하다고 보는 것은 유추해석에 의하여 소극적 소송조건의 요건을 제한하고 피고인 또는 피의자에 대한 처벌가능성의 범위를 확대하는 결과가 되어 죄형법정주의 내지 유추해석금지의 원칙에도 반한다. [법원행시 15]

088 (O) 대법원 2009.11.19, 2009도6058 전원합의체

089 「형법」이나 국가보안법의 '자수'에는 범행이 발각되고 지명수배된 후의 자진출두도 포함되는 것으로 해석하고 있으므로 공직선거법의 '자수'를 '범행발각 전에 자수한 경우'로 한정하는 해석은 유추해석금지의 원칙에 위반된다. [경찰채용 18 1차] [국가7급 17]

089 (O) 범행발각이나 지명수배 여부와 관계없이 체포 전에만 자수하면 공직선거및선거부정방지법 제262조의 자수에 해당한다(대법원 1997.3.20, 96도1167 전원합의체).

090 알 수 없는 경위로 가상자산을 이체받은 자가 가상자산을 사용·처분한 경우 이를 형사처벌하는 명문의 규정이 없다고 하더라도 착오송금 시 횡령죄 성립을 긍정한 판례를 유추하여 신의칙을 근거로 배임죄로 처벌하는 것은 죄형법정주의에 반하지 않는다. [경찰채용 22 1차]

> **해설+** 원인불명으로 재산상 이익인 가상자산을 이체받은 자가 가상자산을 사용·처분한 경우 이를 형사처벌하는 명문의 규정이 없는 현재의 상황에서 착오송금 시 횡령죄 성립을 긍정한 판례를 유추하여 신의칙을 근거로 피고인을 배임죄로 처벌하는 것은 죄형법정주의에 반한다(대법원 2021.12.16, 2020도9789).

> **보충** 착오송금 시 계좌명의인의 인출행위는 횡령죄가 성립하나, 착오 가상자산 이체 시 계좌명의인의 인출행위는 배임죄가 성립하지 않는다.

090 (X) '반하지 않는다' → '반한다'

091 형벌법규를 해석함에 있어 법률문언의 통상적인 의미를 벗어나지 않는 한 그 법률의 입법취지와 목적, 입법연혁 등을 고려한 목적론적 해석도 허용된다.

[법원9급 11]

091 (O) 대법원 2003.1.10, 2002도2363

092 형벌법규에 대한 체계적·논리적 해석방법은 그 규정의 본질적 내용에 가장 접근한 해석을 위한 것으로서 죄형법정주의의 원칙에 부합한다.

[국가9급 12]

092 (O) 대법원 2011.10.13, 2011도6287

093 형벌법규의 해석에서도 문언의 가능한 의미 안에서 입법 취지와 목적 등을 고려한 법률 규정의 체계적 연관성에 따라 문언의 논리적 의미를 분명히 밝히는 체계적·논리적 해석방법은 규정의 본질적 내용에 가장 접근한 해석을 위한 것으로서 죄형법정주의의 원칙에 부합한다.

[법원행시 20]

093 (O) 대법원 2018.10.25, 2016도11429

094 「형법」 제170조 제2항의 '자기의 소유에 속하는 제166조 또는 제167조에 기재한 물건'에 '타인의 소유에 속하는 제167조에 기재한 물건'을 포함시키는 것은 법규정의 가능한 의미를 벗어난 것으로 유추해석금지원칙에 반한다.

[사시 16]

094 (X) '반한다' → '반하지 않는다' 죄형법정주의의 원칙상 금지되는 유추해석이나 확장해석에 해당한다고 볼 수는 없을 것이다(대법원 1994.12.20, 94모32 전원합의체).

095 노래방에서 고객들로 하여금 노래방 기기에 녹음 또는 녹화된 음악저작물을 재생하는 방식으로 이용하게 하는 것을 구 저작권법 제2조 제3호 소정의 '공연'에 해당한다고 해석하는 것은 유추해석이라고 할 수 없다.

[사시 11]

095 (O) 대법원 2001.9.28, 2001도4100

096 미성년자의제강간·강제추행죄의 규정은 "… 제297조, 제298조, 제301조 또는 제301조의2의 예에 의한다."로 되어 있어 강간죄와 강제추행죄의 미수범의 처벌에 관한 「형법」 제300조를 명시적으로 인용하고 있지 아니하므로, 미성년자의제강간·강제추행죄의 미수범에 관하여 강간죄와 강제추행죄의 예에 따른다는 취지로 해석하는 것은 금지되는 확장해석이나 유추해석에 해당한다.

[사시 11]

096 (X) '해당한다' → '해당하지 않는다'(대법원 2007.3.15, 2006도9453)

097 "누구든지 정보통신망에 의하여 처리·보관 또는 전송되는 타인의 정보를 훼손하거나 타인의 비밀을 침해·도용 또는 누설하여서는 아니 된다."는 정보통신망 이용촉진 및 정보보호 등에 관한 법률 제49조의 '타인'에는 생존하는 개인뿐만 아니라 이미 사망한 자도 포함된다고 해석할 수 있다.

[사시 11]

097 (○) 대법원 2007.6.14, 2007도2162

098 자동차등록원부에 등록하지 않은 전기자동차를 운행한 행위는 자동차관리법 제80조 제1호 위반죄에 해당하지 않는다.

[법원승진 10]

098 (✕) '해당하지 않는다' → '해당한다'(대법원 2009.8.20, 2008도8034)

099 관광진흥법이 전용영업장(전문영업장) 등 엄격한 시설과 기구를 갖춘 경우에만 카지노업을 허가할 수 있도록 하면서 무허가로 카지노업을 경영한 행위에 대하여 도박개장죄보다 중한 형에 처하도록 규정하고 있는 것은, 같은 법 및 그 시행 규칙이 요구하는 제반요건을 모두 갖춘 경우는 물론 이러한 요건을 모두 갖추지는 못하였다고 하더라도 사실상 전용영업장에 준하는 시설과 기구를 갖추고서 허가를 받지 아니한 채 카지노영업을 한 경우에는 관광진흥법위반죄로 처벌하려는 취지인 것으로 해석함이 상당하다.

[법원승진 10]

099 (○) 대법원 2009.12.10, 2009도11151

100 버스여객자동차의 정류지임을 표시하는 기둥이나 표지판 또는 선이 당해 도로를 관리하는 관리주체의 의사에 반하여 설치되었다는 등의 특별한 사정이 없는 한, 유상으로 운행되는 버스여객자동차뿐만 아니라 무상으로 운행되는 버스여객자동차의 정류지임을 표시하는 기둥이나 표지판 또는 선이 설치된 곳으로부터 10m 이내인 곳에 차를 정차하거나 주차하는 경우에도 금지조항을 위반한 것이라고 봄이 타당하다.

> **보충** 도로교통법 제32조 제4호(이하 '금지조항'이라 한다)는 '버스여객자동차의 정류지임을 표시하는 기둥이나 표지판 또는 선이 설치된 곳으로부터 10m 이내인 곳'에는 차를 정차하거나 주차하여서는 아니 된다고 규정하고 있다.

100 (○) 금지조항은 대중교통수단인 버스의 정류지 근처에 다른 차량이 주차나 정차를 함으로써 버스를 이용하는 승객에게 발생할 수 있는 불편이나 위험을 방지하고 이를 통하여 버스가 원활하게 운행할 수 있도록 하는 것에 입법목적이 있으므로, 유상으로 운행되는 버스여객자동차와 무상으로 운행되는 버스여객자동차를 달리 취급할 이유가 없고, 문언상으로도 '버스여객자동차의 정류지'라고만 표현한다(대법원 2017.6.29, 2015도12137).

101 피고인은 법무부장관이 발급한 사증 없이 입국심사를 받지 않고 국내에 입국한 후 1년 이내에 자동차를 운전하였고, 운전을 하기 전에 외국에서 국제운전면허증을 발급 받은 경우, 피고인이 출입국관리법에 따른 정상적인 입국심사절차를 거치지 아니하고 불법으로 입국한 이상 도로교통법 제96조 제1항이 예외적으로 허용하는 국제운전면허증에 의한 운전에 해당하지 않는다.

101 (O) 외국인인 피고인이 운전면허 없이 도로에서 자동차를 운전하였다고 하여 도로교통법 위반(무면허 운전)으로 기소된 사안이다(대법원 2017.10.31, 2017도9230).

102 분대장은 분대원에 대한 관계에서 군형법상 상관모욕죄에서의 상관에 해당하고, 이는 분대장과 분대원이 모두 병(兵)이어도 마찬가지이다.

[법원행시 21]

102 (O) 대법원 2021.3.11, 2018도12270

103 헌법재판소의 헌법재판은 법정이 아닌 심판정에서 이루어지므로 법정소동죄 등을 규정한 「형법」 제138조에서의 '법원의 재판'에 헌법재판소의 심판이 포함된다고 해석하는 것은 피고인에게 불리한 확장해석임과 동시에 유추해석이다.

[경찰간부 22]

103 (×)

해설+ 본조에서의 법원의 재판에 헌법재판소의 심판이 포함된다고 보는 해석론은 문언이 가지는 가능한 의미의 범위 안에서 그 입법 취지와 목적 등을 고려하여 문언의 논리적 의미를 분명히 밝히는 체계적 해석에 해당할 뿐, 피고인에게 불리한 확장해석이나 유추해석이 아니라고 볼 수 있다(대법원 2021.8.26, 2020도12017).

104 형법 제232조의2(사전자기록위작·변작)에서 정한 '위작'에 권한 있는 사람이 그 권한을 남용하여 허위의 정보를 입력함으로써 전자기록을 생성하는 행위까지도 포함하여 해석하는 것은 유추해석금지의 원칙에 반한다.

[경찰간부 22]

104 (×)

해설+ 형법 제232조의2에서 정한 '위작'의 포섭 범위에 권한 있는 사람이 그 권한을 남용하여 허위의 정보를 입력함으로써 시스템 설치·운영 주체의 의사에 반하는 전자기록을 생성하는 행위를 포함하는 것으로 보더라도, 이러한 해석이 '위작'이란 낱말이 가지는 문언의 가능한 의미를 벗어났다거나, 피고인에게 불리한 유추해석 또는 확장해석을 한 것이라고 볼 수 없다(대법원 2020.8.27, 2019도11294 전원합의체).

105 강도상해죄의 법정최저형이 살인죄의 그것보다 높으나 살인죄에 있어서는 그 행위의 태양이나 동기가 극히 다양하므로 그 죄질 또는 비난가능성의 정도가 매우 가변적인 점 등에 비추어 강도상해죄의 법정형의 하한이 살인죄의 그것보다 높다고 하여 바로 과잉금지의 원칙에 위배된다고 할 수 없다.

[사시 10]

105 (O) 헌법재판소 1997.8.21, 96헌바9

106 특정강력범죄로 형을 선고받아 그 집행을 종료하거나 면제받은 후 비교적 짧은 기간이라 할 수 있는 3년 이내에 다시 특정강력범죄를 범한 경우 그 죄에 정한 형의 장기뿐 아니라 단기의 2배까지 가중하여 처벌하도록 규정한 특례법이 적정성의 원칙에 위반하는 것은 아니다.

[군무원9급 23]

106 (O)

> **해설+** 이전 판결의 경고기능에 비추어 누범에 대한 비난가능성이 큰 점, 특강법의 입법목적, 특가법상 상습특수강도죄를 범한 누범자의 반사회성과 위험성, 재범예방이라는 형사정책의 측면 등을 종합적으로 고려하여 보면, 심판대상조항이 특강법에서 정한 특정강력범죄로 형을 선고받고 그 집행이 끝나거나 면제된 후 비교적 짧은 기간이라 할 수 있는 3년 이내에 다시 특정강력범죄인 특가법상 상습특수강도죄를 범한 경우에 그 죄에 정한 형의 장기뿐만 아니라, 단기의 2배까지 가중하여 처벌하도록 한 것은, 책임에 비해 지나치게 가혹한 형벌을 규정하여 책임과 형벌 간의 비례성을 갖추지 못하였다고 볼 수 없다(헌법재판소 2015.4.30, 2013헌바103).

107 법률이 다양한 동기와 행위태양의 범죄를 동일하게 평가하여 사형만을 유일한 법정형으로 규정하고 있더라도 군대 내 명령체계유지 및 국가방위의 이유로 인하여 형벌체계상 정당성을 상실한 것은 아니다.

[군무원9급 23]

107 (X)

> **해설+** 법정형의 종류와 범위를 정하는 것이 기본적으로 입법자의 권한에 속하는 것이라고 하더라도, 형벌은 죄질과 책임에 상응하도록 적절한 비례성이 지켜져야 하는바, 군대 내 명령체계유지 및 국가방위라는 이유만으로 가해자와 상관 사이에 명령복종관계가 있는지 여부를 불문하고 전시와 평시를 구분하지 아니한 채 다양한 동기와 행위태양의 범죄를 동일하게 평가하여 사형만을 유일한 법정형으로 규정하고 있는 이 사건 법률조항(상관을 살해한 경우 사형만을 유일한 법정형으로 규정하고 있는 군형법 제53조 제1항)은, 범죄의 중대성 정도에 비하여 심각하게 불균형적인 과중한 형벌을 규정함으로써 죄질과 그에 따른 행위자의 책임 사이에 비례관계가 준수되지 않아 인간의 존엄과 가치를 존중하고 보호하려는 실질적 법치국가의 이념에 어긋나고, 형벌체계상 정당성을 상실한 것이다(헌법재판소 2007.11.29, 2006헌가13).

108 구 도로교통법 제148조의2 제1항은 "제44조 제1항 또는 제2항을 2회 이상 위반한 사람(자동차등 또는 노면전차를 운전한 사람으로 한정한다)은 2년 이상 5년 이하의 징역이나 1천만원 이상 2천만원 이하의 벌금에 처한다."고 규정하고 있는데, 이 규정은 책임과 형벌의 비례의 원칙에 위반되는 것은 아니다.

108 (×)

> **해설+** 형사법상 책임원칙은 형벌은 범행의 경중과 행위자의 책임 사이에 비례성을 갖추어야 하고, 특별한 이유로 형을 가중하는 경우에도 형벌의 양은 행위자의 책임의 정도를 초과해서는 안 된다는 것을 의미한다(헌법재판소 2004.12.16, 2003헌가12 참조). 또한 형사법상 범죄행위의 유형이 다양한 경우에는 그 다양한 행위 중에서 특히 죄질이 불량한 범죄를 무겁게 처벌해야 한다는 것은 책임주의의 원칙상 당연히 요청되지만, 그 다양한 행위 유형을 하나의 구성요건으로 포섭하면서 법정형의 하한을 무겁게 책정하여 죄질이 가벼운 행위까지를 모두 엄히 처벌하는 것은 책임주의에 반한다. … 심판대상조항은 음주운전 금지규정 위반 전력을 가중요건으로 삼으면서 해당 전력과 관련하여 형의 선고나 유죄의 확정판결을 받을 것을 요구하지 않는데다 아무런 시간적 제한도 두지 않은 채 재범에 해당하는 음주운전행위를 가중처벌하도록 하고 있어, 예컨대 10년 이상의 세월이 지난 과거 위반행위를 근거로 재범으로 분류되는 음주운전 행위자에 대해서는 책임에 비해 과도한 형벌을 규정하고 있다고 하지 않을 수 없다. … 따라서 심판대상조항이 구성요건과 관련하여 아무런 제한도 두지 않은 채 법정형의 하한을 징역 2년, 벌금 1천만원으로 정한 것은, 음주운전 금지의무 위반 전력이나 혈중알코올농도 수준 등을 고려할 때 비난가능성이 상대적으로 낮은 음주운전 재범 행위까지 가중처벌 대상으로 하면서 법정형의 하한을 과도하게 높게 책정하여 죄질이 비교적 가벼운 행위까지 지나치게 엄히 처벌하도록 한 것이므로, 책임과 형벌 사이의 비례성을 인정하기 어렵다. … 그러므로 심판대상조항은 책임과 형벌 간의 비례원칙에 위반된다(헌법재판소 2021.11.25, 2019헌바446,2020헌가17,2021헌바77).

109 타인의 주거에 침입하여 강제추행한 경우, 성폭력범죄의 처벌 등에 관한 특례법 제3조 제1항에 따라 주거침입강제추행죄로 가중처벌된다.

109 (×) 성폭력처벌법 제3조 제1항의 주거침입강제추행죄 및 주거침입준강제추행죄에 대한 헌법재판소의 위헌결정에 의하여 주거침입강제추행죄는 현재 실효된 상태이므로, 위 경우에는 형법상 주거침입죄와 강제추행죄의 실체적 경합이 될 뿐이다.

> **판례** 성폭력범죄의 처벌 등에 관한 특례법(2020. 5. 19. 법률 제17264호로 개정된 것) 제3조 제1항 중 '형법 제319조 제1항(주거침입)의 죄를 범한 사람이 같은 법 제298조(강제추행), 제299조(준강제추행) 가운데 제298조의 예에 의하는 부분의 죄를 범한 경우에는 무기징역 또는 7년 이상의 징역에 처한다.'는 부분은 헌법에 위반된다(헌법재판소 2023.2.23, 2021헌가9).

> **이유** 심판대상조항은 법정형의 하한을 '징역 5년'으로 정하였던 2020. 5. 19. 개정 이전의 구 성폭력처벌법 제3조 제1항과 달리 그 하한을 '징역 7년'으로 정함으로써, 주거침입의 기회에 행해진 강제추행 및 준강제추행의 경우에는 다른 법률상 감경사유가 없는 한 법관이 정상참작감경을 하더라도 집행유예를 선고할 수 없도록 하였다. …… 위와 같이 법정형의 '하한'을 일률적으로 높게 책정하여 경미한 강제추행 또는 준강제추행의 경우까지 모두 엄하게 처벌하는 것은 책임주의에 반한다.

> **참조조문** 성폭력범죄의 처벌 등에 관한 특례법 제3조 【특수강도강간 등】 ① 「형법」 제319조 제1항(주거침입), 제330조(야간주거침입절도), 제331조(특수절도) 또는 제342조(미수범. 다만, 제330조 및 제331조의 미수범으로 한정한다)의 죄를 범한 사람이 같은 법 제297조(강간), 제297조의2(유사강간), 제298조(강제추행) 및 제299조(준강간, 준강제추행)의 죄를 범한 경우에는 무기징역 또는 7년 이상의 징역에 처한다.

CHAPTER 03 | 형법의 적용범위

1 시간적 적용범위

 대표유형

포괄일죄로 되는 개개의 범죄행위가 법 개정의 전후에 걸쳐서 행하여진 경우에는 신구법의 법정형에 대한 경중을 비교할 필요도 없이 포괄일죄를 구성하는 최종의 범죄실행종료시의 법이 제1조 제1항의 행위시법이므로 행위시법인 신법을 적용하여 포괄일죄로 처단해야 한다.

[국가9급총론 18] [법원9급 18] [법원승진 12] [변호사 15 변형]

(○) 대법원 1998.2.24, 97도183

---

001 범죄의 성립은 행위시의 법률에 의하고, 처벌은 재판시의 법률에 의한다.

[법원9급 08·18]

001 (✕) '재판시' → '행위시'
범죄의 성립과 처벌은 행위시의 법률에 의한다(제1조 제1항).

---

002 「형법」 제1조 제1항 "범죄의 성립과 처벌은 행위 시의 법률에 따른다."라고 할 때의 '행위시'라 함은 범죄행위 종료시를 의미하므로 구법 시행시 행위가 종료하였으나 결과는 신법 시행시에 발생한 경우에는 신법이 적용된다.

[법원9급 11 변형] [변호사 23]

002 (✕)

해설+ 「형법」 제1조 제1항 "범죄의 성립과 처벌은 행위시의 법률에 따른다."라고 할 때의 '행위시'라 함은 범죄행위 종료시를 말하며, 결과범에서도 결과발생시가 아니라 행위종료시를 말한다. 따라서 위 지문에서는 행위시법인 구법이 적용된다.

보충 만일 신법이 구법보다 경하다면 신법이 적용된다(형법 제1조 제2항).

---

003 체포, 감금 등 계속범의 실행행위 중 법률의 변경이 있으면 행위시법의 원칙에 따라 신법이 적용된다.

[법원행시 13]

003 (○) 이는 '범죄 후' 법률의 변경에 해당하지 아니하므로, 제1조 제1항에 의하여 신법이 적용된다.

004 허가받지 아니한 업체와 건설폐기물의 처리를 위한 도급계약을 체결한 자가 무허가 건설폐기물 처리업체에 위탁하여 건설폐기물을 처리하는 행위를 처벌하는 법률이 신설된 후에도 그 도급계약에 따른 건설폐기물의 처리행위를 계속하였다면, 처벌규정 신설 후에 이루어진 무허가 처리업체에 의한 건설폐기물의 위탁처리에 대하여 위 법률 조항이 적용된다. [변호사 14]

004 (O) 계속적으로 이루어진 이상, 처벌규정 신설 후에 이루어진 무허가 처리업체에 의한 건설폐기물의 위탁처리에 대하여 위 법률조항이 적용된다(대법원 2009.1.30, 2008도8607).

005 1개의 행위가 현행 형법 시행 전후에 걸쳐 이루어지고, 그에 대한 현행「형법」의 처벌이 구법에 비하여 중한 경우 현행 형법을 적용하여야 한다. [법원행시 14]

005 (O) 어떠한 행위 사이에 법률의 변경이 있어서 신법의 법정형이 무거워졌다 하더라도 '신법'에 의한다(대법원 1986.7.22, 86도1012 전원합의체).

006 뇌물수수죄에 대하여 수뢰액의 2배 이상 5배 이하의 벌금을 병과하는 규정이 신설된 경우, 위 신설규정의 시행 전후에 걸쳐 행하여진 뇌물수수 범행이 포괄일죄에 해당하면 수수한 뇌물수수액 전체를 벌금형 산정기준이 되는 수뢰액으로 보아야 한다. [법원행시 12]

006 (×) '수수한 뇌물수수액 전체' → '규정이 신설된 이후에 수수한 금액을'
벌금형 산정기준이 되는 수뢰액은 위 규정이 신설된 2008.12.26. 이후에 수수한 금액으로 한정된다(대법원 2011.6.10, 2011도4260).

007 구성요건이 신설된 상습강제추행죄가 시행되기 이전의 범행은 상습강제추행죄로는 처벌할 수 없고 행위시법에 기초하여 강제추행죄로 처벌할 수 있을 뿐이며, 이 경우 그 소추요건도 상습강제추행죄에 관한 것이 아니라 강제추행죄에 관한 것이 구비되어야 한다.
[경찰채용 17 1차] [경찰채용 17 2차] [경찰간부 18]

007 (O)

해설+ 애초에 죄가 되지 아니하던 행위를 구성요건의 신설로 포괄일죄의 처벌대상으로 삼는 경우에는 신설된 포괄일죄 처벌법규가 시행되기 이전의 행위에 대하여는 신설된 법규를 적용하여 처벌할 수 없다(형법 제1조 제1항). 이는 신설된 처벌법규가 상습범을 처벌하는 구성요건인 경우에도 마찬가지다(대법원 2016.1.28, 2015도15669).

008 개정 전후를 통하여 형의 경중에 차이가 없는 경우에는 행위시법을 적용하여야 한다. [변호사 15]

008 (O) 대법원 2010.6.10, 2010도4416

009 범죄 후 법률의 변경에 의하여 그 행위가 범죄를 구성하지 아니하여도 구법에 의하여 처벌한다.

[법원9급 08]

010 범죄 후 법률의 변경이 있더라도 형이 중하게 변경되는 경우나 형의 변경이 없는 경우에는 행위시법을 적용하여서는 안 된다.

[변호사 23]

011 범죄 후 형벌법규의 위임을 받은 법령의 변경에 따라 범죄를 구성하지 아니하게 된 경우, 종전 법령이 범죄로 정하여 처벌한 것이 부당하였다는 반성적 고려에 따라 변경된 경우에 한하여 형법 제1조 제2항이 적용된다.

[국가9급 23]

해설+ 범죄의 성립과 처벌에 관하여 규정한 형벌법규 자체 또는 그로부터 수권 내지 위임을 받은 법령의 변경에 따라 범죄를 구성하지 아니하게 되거나 형이 가벼워진 경우에는, 종전 법령이 범죄로 정하여 처벌한 것이 부당하였다거나 과형이 과중하였다는 반성적 고려에 따라 변경된 것인지 여부를 따지지 않고 원칙적으로 형법 제1조 제2항과 형사소송법 제326조 제4호가 적용된다(대법원 2022.12.22, 2020도16420).

012 범죄 후 제1심판결 선고 전에 법령의 개폐로 인하여 형이 폐지된 경우에는 형사소송법 제326조 제4호에 의하여 면소판결을 선고하여야 한다.

[법원9급 08]

009 (×) '구법' → '신법'
범죄 후 법률의 변경에 의하여 그 행위가 범죄를 구성하지 아니하거나 형이 구법(舊法)보다 가벼워진 경우에는 신법(新法)에 따른다(제1조 제2항).

010 (×) 범죄 후 법률의 변경이 있더라도 형이 중하게 변경되는 경우나 형의 변경이 없는 경우에는 형법 제1조 제1항에 따라 행위시법을 적용하여야 할 것이다(대법원 2020.11.12, 2016도8627).

011 (×)

012 (○) 형법 제1조 제2항, 형사소송법 제326조 제4호

013 행위시 양벌규정에는 법인에 대한 면책규정이 없었으나 법률 개정으로 면책규정이 추가된 경우, 법원은 형법 제1조 제2항에 따라 피고인에게 개정된 양벌규정을 적용해야 한다. [경찰승진 23]

013 (○)

> **해설+** 한편 구 정보통신망 이용촉진 및 정보보호 등에 관한 법률(2007. 1. 26. 법률 제8289호로 개정되어 2007. 7. 27. 시행되기 전의 것) 제66조의 양벌규정은 법인에 대한 면책규정을 두지 아니하였는데, 같은 법률이 2007. 12. 21. 법률 제8778호로 개정되면서 위 양벌규정이 제75조로 대체된 후 다시 2010. 3. 17. 법률 제10138호로 개정되면서 같은 조 단서에 법인이 그 대리인, 사용인, 그 밖의 종업원의 위반행위를 방지하기 위하여 해당 업무에 관하여 상당한 주의와 감독을 게을리하지 아니한 경우에는 법인을 처벌하지 아니하도록 하는 면책규정이 추가되었는바, 이는 범죄 후 법률의 변경에 의하여 그 행위가 범죄를 구성하지 아니하거나 형이 구법보다 경한 경우에 해당한다고 할 것이어서 형법 제1조 제2항에 따라 피고인에게는 위와 같이 개정된 정보통신망 이용촉진 및 정보보호 등에 관한 법률의 양벌규정이 적용되어야 할 것이다(대법원 2012.5.9, 2011도11264).

014 재판이 확정된 후 법률이 변경되어 그 행위가 범죄를 구성하지 아니하는 때에는 형의 선고를 무효로 한다. [해경채용 2차 23] [법원9급 08 변형]

014 (×) 제1조 제3항

> **해설+** 제1조 【범죄의 성립과 처벌】③ 재판이 확정된 후 법률이 변경되어 그 행위가 범죄를 구성하지 아니하게 된 경우에는 형의 집행을 면제한다.

015 재판이 확정된 후 법률이 변경되어 형이 구법보다 가벼워진 경우에는 형의 집행을 면제한다. [국가9급총론 22]

015 (×)

> **해설+** 재판이 확정된 후에는 법률이 변경되어 '그 행위가 범죄를 구성하지 아니하게 된 경우'에 형의 집행을 면제한다(제1조 제3항). 위 지문처럼 형이 구법보다 가벼워진 경우에는 이를 고려함이 없이 구법의 형을 그대로 집행한다.

016 구 「형법」(2005.7.29. 개정되기 전의 것) 시행 중 범한 범죄에 대하여 형을 선고함에 있어, 종전의 「형법」을 적용하면 형의 집행을 종료한 후 이미 5년이 경과되어 집행유예 결격사유에 해당하지 않지만, 현행 「형법」을 적용하면 형의 집행을 종료한 후 3년까지의 기간 중에 범한 죄이어서 집행유예 결격사유에 해당하는 경우 피고인에게는 종전 「형법」을 적용하는 것이 유리하므로 그 법률을 적용하여야 한다. [사시 14]

016 (○) 대법원 2008.3.27, 2007도7874

017 범죄 후 법령의 개폐로 형이 폐지되었을 때에는 무죄판결을 선고한다.

[법원행시 11]

018 「형법」 제1조 제2항을 적용함에 있어 형의 경중의 비교는 원칙적으로 법정형을 표준으로 할 것이고 처단형이나 선고형에 의할 것이 아니다. [법원9급 11]

019 형의 경중의 비교는 원칙적으로 법정형을 표준으로 할 것이고 처단형이나 선고형에 의할 것이 아니며, 법정형의 경중을 비교함에 있어서 법정형 중 병과형 또는 선택형이 있을 때에는 이 중 가장 중한 형을 기준으로 하여 비교함이 원칙이다.

[국가9급 11]

020 구법에 규정된 형이 '3년 이하의 징역'이고 신법에 규정된 형이 '5년 이하의 징역 또는 1천만원 이하의 벌금'이라면 벌금형이 병과되었다는 점에서 형이 경하게 변경된 것이므로 「형법」 제1조 제2항에 따라 신법을 적용하여야 한다.

[경찰채용 22 1차]

> **해설+** 행위시법인 구 변호사법(1982.12.31. 개정 전의 법률) 제54조에 규정된 형은 징역 3년이고 재판시법인 현행 변호사법 제78조에 규정된 형은 5년 이하의 징역 또는 1천만원 이하의 벌금으로서 신법에서는 벌금형의 선택이 가능하다 하더라도 법정형의 경중은 병과형 또는 선택형 중 가장 중한 형을 기준으로 하여 다른 형과 경중을 정하는 것이므로 행위시법인 구법의 형이 더 경하다(대법원 1983.11.8, 83도2499).

021 범죄 행위시와 재판시 사이에 수차 법률이 개정되어 형이 변경된 경우 그 전부의 법률을 비교하여 가장 형이 가벼운 법률을 적용하여야 한다.

[법원9급 18] [변호사 15]

022 행위시와 재판시 사이에 법률이 수차례 변경된 때에는 언제나 가장 최근의 신법을 적용해야 한다. [경찰채용 19 2차]

022 (×)

> **해설+** 특강법 제2조 제1항 제3호는 2011.3.7. 개정됨으로써 2010.3.31. 개정되기 전과 같이 단순 강간행위에 의한 상해·치상죄도 '특정강력범죄'의 범위에 포함시켰으나, 특강법 개정 전에 이루어진 단순 강간행위에 의한 상해·치상의 죄는 2011.3.7.의 개정에도 불구하고 여전히 '특정강력범죄'에 해당하지 않는다. 범죄행위 시와 재판 시 사이에 여러 차례 법령이 개정되어 형의 변경이 있는 경우에는 이 점에 관한 당사자의 주장이 없더라도 형법 제1조 제2항에 의하여 직권으로 그 전부의 법령을 비교하여 그 중 가장 형이 가벼운 법령을 적용하여야 한다(대법원 2012.9.13, 2012도7760).

023 범죄 행위시와 재판시 사이에 여러 차례 법령이 개정되어 형의 변경이 있는 경우에는 「형법」 제1조 제2항에 의하여 신법을 적용한다. [경찰간부 22]

023 (×)

> **해설+** 범죄행위 시와 재판 시 사이에 여러 차례 법령이 개정되어 형의 변경이 있는 경우에는 이 점에 관한 당사자의 주장이 없더라도 형법 제1조 제2항에 의하여 직권으로 그 전부의 법령을 비교하여 그 중 가장 형이 가벼운 법령을 적용하여야 한다(대법원 2012.9.13, 2012도7760).

024 범죄 후 법률의 개정에 의하여 법정형이 가벼워진 경우에는 「형법」 제1조 제2항에 의하여 당해 범죄사실에 적용될 가벼운 법정형(신법의 법정형)이 공소시효기간의 기준이 된다. [법원승진 16]

024 (○) 대법원 2008.12.11, 2008도4376

025 행위시와 재판시 사이에 수차 법령의 변경이 있는 경우에는 이 점에 관한 당사자의 주장이 없더라도 직권으로 형의 경중을 비교하여 그중 가장 형이 경한 법규정을 적용하여야 한다. [법원행시 13]

025 (○) 대법원 1968.12.17, 68도1324

026 형을 종전보다 가볍게 형벌법규를 개정하면서 그 부칙으로 개정된 법의 시행 전의 범죄에 대하여 종전의 형벌법규를 적용하도록 규정한다 하여 헌법상의 형벌불소급의 원칙이나 신법우선주의에 반한다고 할 수 없다. [법원행시 10]

026 (○) 대법원 1995.1.24, 94도2787

027 신법에 경과규정을 두어 재판시법주의의 적용을 배제할 수 있다.

[변호사 15]

027 (O) 대법원 2011.7.14, 2011도1303

028 법원이 인정하는 범죄사실이 공소사실과 차이가 없이 동일한 경우에는 비록 검사가 재판시법인 신법의 적용을 구하였더라도 그 범행에 대한 형의 경중의 차이가 없으면 공소장 변경절차를 거치지 않아도 구법을 적용할 수 있다.

[경찰채용 22 1차]

028 (O)

> **해설+** 법원이 인정하는 범죄사실이 공소사실과 차이가 없이 동일한 경우에는 비록 검사가 재판시법인 개정 후 신법의 적용을 구하였더라도 그 범행에 대한 형의 경중의 차이가 없으면 피고인의 방어권 행사에 실질적으로 불이익을 초래할 우려도 없어 공소장 변경절차를 거치지 않고도 정당하게 적용되어야 할 행위시법인 구법을 적용할 수 있다(대법원 2002.4.12, 2000도3350).

029 계속범의 경우 실행행위가 종료되는 시점의 법률이 적용되어야 하므로, 법률이 개정되면서 그 부칙에 '개정된 법 시행 전의 행위에 대한 벌칙의 적용에 있어서는 종전의 규정에 의한다'는 경과규정을 두고 있는 경우에도 행위 전체에 대해 개정된 법을 적용하여야 한다.

[변호사 14]

029 (X) '행위 전체에 대해 개정된 법을 적용하여야 한다' → '개정된 법이 시행되기 전의 행위에 대해서는 개정 전의 법을, 그 이후의 행위에 대해서는 개정된 법을 각각 적용한다'(대법원 2001.9.25, 2001도3990)

030 '1개의 죄가 본법 시행 전후에 걸쳐서 행하여진 때에는 본법 시행 전에 범한 것으로 간주한다'고 규정한 「형법」 부칙 제4조 제1항은 신·구「형법」 사이의 관계가 아닌 다른 법률 사이의 관계에서는 적용되거나 유추적용되지 않는다.

[국가9급총론 20] [법원행시 13]

030 (O)

> **해설+** 형법 부칙 제4조 제1항은 경과규정으로서 "본법 총칙"에 해당되지 않을 뿐만 아니라, 형법 제1조 제1항의 해석으로서도 행위가 종료된 때 시행되는 법률의 적용을 배제한 점에서 타당한 것이 아니다(대법원 1992.12.8, 92도407).

031 형벌법규에 대하여 헌법재판소가 위헌결정을 내린 경우 당해 조항을 적용하여 기소한 피고사건은 범죄 후 법령의 개폐로 형이 폐지된 경우에 해당하므로 무죄를 선고하여야 한다.

[법원승진 16] [법원행시 14]

031 (X) '해당하므로' → '해당하지 않고'
소급하여 범죄로 되지 아니하는 때에 해당하므로 무죄가 된다(대법원 1992.5.8, 91도2825).

032 헌법재판소가 법률조항에 대해 헌법불합치결정을 선고하면서 개정시한을 정하여 입법개선을 촉구하였는데도 위 시한까지 법률 개정이 이루어지지 않은 경우 위 법률조항은 소급하여 효력을 상실하므로 이를 적용하여 공소가 제기된 피고사건에 대하여 면소판결을 선고하여야 한다.

[국가7급 14] [법원9급 18]

032 (×) '면소판결' → '무죄판결' 위 법률조항은 소급하여 효력을 상실하므로 이를 적용하여 공소가 제기된 피고사건에 대하여 무죄를 선고하여야 한다(대법원 2011.6.23, 2008도7562 전원합의체).

033 헌법불합치결정을 선고하면서 개정시한을 정하여 입법을 촉구하였는데도 위 시한까지 개선입법이 이루어지지 않아 법률조항이 소급하여 효력을 상실한 경우에 무죄를 선고하여야 한다. [군무원9급 23]

033 (O)

해설+ 원심판결 선고 후 헌법재판소가 위 법률조항에 대해 헌법불합치결정을 선고하면서 개정시한을 정하여 입법개선을 촉구하였는데도 위 시한까지 법률 개정이 이루어지지 않은 경우, 위 법률조항은 소급하여 효력을 상실하므로 이를 적용하여 공소가 제기된 위 피고사건에 대하여 형사소송법 제325조 전단에 따라 무죄를 선고하여야 한다(대법원 2011.6.23, 2008도7562 전원합의체).

034 형벌에 관한 법률 또는 법률조항은 헌법재판소의 위헌결정으로 소급하여 그 효력을 상실하지만, 해당 법률 또는 법률의 조항에 대하여 종전에 합헌으로 결정한 사건이 있는 경우에는 그 합헌결정이 있는 날의 다음 날로 소급하여 효력을 상실한다. [변호사 15]

034 (O) 헌법재판소법 제47조 제3항이 신설되어 위헌결정 이전에 합헌결정이 있었던 경우, 위헌결정의 소급효의 범위가 제한되게 되었다.

035 특정범죄 가중처벌 등에 관한 법률 위반(도주차량)으로 운전면허취소처분을 받은 자가 자동차를 운전한 경우 그 후 피의사실에 대하여 무혐의 처분을 받고 이를 근거로 행정청이 운전면허 취소처분을 철회하였다고 하더라도, 위 운전행위는 무면허운전에 해당한다. [법원행시 12]

035 (×) '해당한다' → '해당하지 않는다' 운전면허 취소처분은 행정쟁송절차에 의하여 취소된 경우와 마찬가지로 그 처분시에 소급하여 효력을 잃게 된다(대법원 2008.1.31, 2007도9220).

036 「형법」 제37조 후단의 '판결이 확정된 죄'가 '금고 이상의 형에 처한 판결이 확정된 죄'로 개정된 경우에는 구법의 추급효는 부정된다. [경찰간부 17]

036 (O)

해설+ 특별한 사정이 없는 한 형법 제1조 제2항을 유추 적용하여 위 개정법률 시행 당시 법원에 계속 중인 사건 중 위 개정법률 시행 전에 벌금형 및 그보다 가벼운 형에 처한 판결이 확정된 경우에도 적용되는 것으로 보아야 할 것이다(대법원 2004.6.25, 2003도7124).

037 형벌법규 제정의 이유가 된 법률이념의 변경에 따라 종래의 처벌 자체가 부당하였다거나 또는 과형이 과중하였다는 반성적 고려에서 법령을 변경하였을 경우에만 형법 제1조 제2항과 형사소송법 제326조 제4호가 적용된다.

037 (×)

해설+ 종래 대법원은 이러한 쟁점의 해결을 위하여 법령의 변경에 관한 입법자의 동기를 고려하여 형법 제1조 제2항과 형사소송법 제326조 제4호의 적용 범위를 제한적으로 해석하는 입장을 견지해 왔다. 즉 형벌법규 제정의 이유가 된 법률이념의 변경에 따라 종래의 처벌 자체가 부당하였다거나 또는 과형이 과중하였다는 반성적 고려에서 법령을 변경하였을 경우에만 형법 제1조 제2항과 형사소송법 제326조 제4호가 적용된다고 해석하여, 이러한 경우가 아니라 그때그때의 특수한 필요에 대처하기 위하여 법령을 변경한 것에 불과한 때에는 이를 적용하지 아니하고 행위 당시의 형벌법규에 따라 위반행위를 처벌하여야 한다는 판례 법리를 확립하여 오랜 기간 유지하여 왔다(대법원 1963.1.31, 62도257; 1978.2.28, 77도1280; 1980.7.22, 79도2953; 1982.10.26, 82도1861; 1984.12.11, 84도413; 1997.12.9, 97도2682; 2003.10.10, 2003도2770; 2010.3.11, 2009도12930; 2013.7.11, 2013도4862,2013전도101; 2016.10.27, 2016도9954 등, 이하 '종래 대법원 판례'라고 한다). 이러한 종래 대법원판례를 비롯한 같은 취지의 대법원판결들은 이 판결의 견해에 배치되는 범위 내에서 모두 변경하기로 한다(대법원 2022.12.22, 2020도16420 전원합의체).

보충 피고인은 도로교통법위반(음주운전)죄로 4회 처벌받은 전력이 있음에도 2020.1.5. 혈중알코올농도 0.209%의 술에 취한 상태로 전동킥보드를 운전하였다. 원심은 구 도로교통법(2020.6.9. 법률 제17371호로 개정되어 2020.12.10. 시행되기 전의 것, 이하 같다) 제148조의2 제1항, 도로교통법 제44조 제1항을 적용하여 이 부분 공소사실을 유죄로 판단하였다. 구 도로교통법이 2020.6.9. 법률 제17371호로 개정되어 원심판결 선고 후인 2020.12.10. 개정 도로교통법이 시행되면서 제2조 제19호의2 및 제21호의2에서 이 사건 전동킥보드와 같은 '개인형 이동장치'와 이를 포함하는 '자전거등'에 관한 정의규정을 신설하였다. 이에 따라 개인형 이동장치는 자전거등에 해당하게 되었으므로, 자동차등 음주운전 행위를 처벌하는 제148조의2의 적용 대상에서 개인형 이동장치를 운전하는 경우를 제외하는 한편, 개인형 이동장치 음주운전 행위에 대하여 자전거등 음주운전 행위를 처벌하는 제156조 제11호를 적용하도록 규정하였다(이하 '이 사건 법률 개정'이라고 한다). 그 결과 이 부분 공소사실과 같이 도로교통법 제44조 제1항 위반 전력이 있는 사람이 다시 술에 취한 상태로 전동킥보드를 운전한 행위에 대하여, 이 사건 법률 개정 전에는 구 도로교통법 제148조의2 제1항을 적용하여 2년 이상 5년 이하의 징역이나 1천만원 이상 2천만원 이하의 벌금으로 처벌하였으나, 이 사건 법률 개정 후에는 도로교통법 제156조 제11호를 적용하여 20만원 이하의 벌금이나 구류 또는 과료로 처벌하게 되었다. 이 사건 법률 개정은 이러한 내용의 신법 시행 전에 이루어진 구 도로교통법 제148조의2 제1항 위반행위에 대하여 종전 법령을 그대로 적용할 것인지에 관하여 별도의 경과규정을 두고 있지 아니하였다(위 판례).

038 형법 제1조 제2항과 형사소송법 제326조 제4호의 규정은 입법자가 법령의 변경 이후에도 종전 법령 위반행위에 대한 형사처벌을 유지한다는 내용의 경과규정을 따로 두지 않는 한 그대로 적용된다.

038 (○)

해설+ 범죄 후 법률이 변경되어 그 행위가 범죄를 구성하지 아니하게 되거나 형이 구법보다 가벼워진 경우에는 신법에 따라야 하고(형법 제1조 제2항), 범죄 후의 법령 개폐로 형이 폐지되었을 때는 판결로써 면소의 선고를 하여야 한다(형사소송법 제326조 제4호). 이러한 형법 제1조 제2항과 형사소송법 제326조 제4호의 규정은 입법자가 법령의 변경 이후에도 종전 법령 위반행위에 대한 형사처벌을 유지한다는 내용의 경과규정을 따로 두지 않는 한 그대로 적용되어야 한다(대법원 2022.12.22, 2020도16420 전원합의체).

039 범죄의 성립과 처벌에 관하여 규정한 형벌법규 자체 또는 그로부터 수권 내지 위임을 받은 법령의 변경에 따라 범죄를 구성하지 아니하게 되거나 형이 가벼워진 경우에는, 종전 법령이 범죄로 정하여 처벌한 것이 부당하였다거나 과형이 과중하였다는 반성적 고려에 따라 변경된 것인지 여부를 따지지 않고 원칙적으로 형법 제1조 제2항과 형사소송법 제326조 제4호가 적용된다.

[경찰채용 23 2차]

> **해설+** (위 문제 해설에 이어서) (따라서) 범죄의 성립과 처벌에 관하여 규정한 형벌법규 자체 또는 그로부터 수권 내지 위임을 받은 법령의 변경에 따라 범죄를 구성하지 아니하게 되거나 형이 가벼워진 경우에는, 종전 법령이 범죄로 정하여 처벌한 것이 부당하였다거나 과형이 과중하였다는 반성적 고려에 따라 변경된 것인지 여부를 따지지 않고 원칙적으로 형법 제1조 제2항과 형사소송법 제326조 제4호가 적용된다. 형벌법규가 대통령령, 총리령, 부령과 같은 법규명령이 아닌 고시 등 행정규칙·행정명령, 조례 등(이하 '고시 등 규정'이라고 한다)에 구성요건의 일부를 수권 내지 위임한 경우에도 이러한 고시 등 규정이 위임입법의 한계를 벗어나지 않는 한 형벌법규와 결합하여 법령을 보충하는 기능을 하는 것이므로, 그 변경에 따라 범죄를 구성하지 아니하게 되거나 형이 가벼워졌다면 마찬가지로 형법 제1조 제2항과 형사소송법 제326조 제4호가 적용된다(대법원 2022.12.22, 2020도16420 전원합의체).

040 형벌법규가 대통령령, 총리령, 부령과 같은 법규명령이 아닌 고시 등 행정규칙·행정명령, 조례 등에 구성요건의 일부를 수권 내지 위임한 경우에는, 이러한 고시 등 규정이 위임입법의 한계를 벗어나지 않고 그 변경에 따라 범죄를 구성하지 아니하게 되거나 형이 가벼워졌다 하더라도 형법 제1조 제2항이 규정한 법률이 변경된 경우에 해당하지 아니한다.

[경찰채용 23 2차]

> **해설+** 범죄의 성립과 처벌에 관하여 규정한 형벌법규 자체 또는 그로부터 수권 내지 위임을 받은 법령의 변경에 따라 범죄를 구성하지 아니하게 되거나 형이 가벼워진 경우에는, 종전 법령이 범죄로 정하여 처벌한 것이 부당하였다거나 과형이 과중하였다는 반성적 고려에 따라 변경된 것인지 여부를 따지지 않고 원칙적으로 형법 제1조 제2항과 형사소송법 제326조 제4호가 적용된다. 형벌법규가 대통령령, 총리령, 부령과 같은 법규명령이 아닌 고시 등 행정규칙·행정명령, 조례 등(이하 '고시 등 규정'이라고 한다)에 구성요건의 일부를 수권 내지 위임한 경우에도 이러한 고시 등 규정이 위임입법의 한계를 벗어나지 않는 한 형벌법규와 결합하여 법령을 보충하는 기능을 하는 것이므로, 그 변경에 따라 범죄를 구성하지 아니하게 되거나 형이 가벼워졌다면 마찬가지로 형법 제1조 제2항과 형사소송법 제326조 제4호가 적용된다(대법원 2022.12.22, 2020도16420 전원합의체).

041 형벌법규 자체 또는 그로부터 수권 내지 위임을 받은 법령이 아닌 다른 법령이 변경된 경우 형법 제1조 제2항과 형사소송법 제326조 제4호를 적용하려면, 해당 형벌법규에 따른 범죄의 성립 및 처벌과 직접적으로 관련된 형사법적 관점의 변화를 주된 근거로 하는 법령의 변경에 해당하여야 한다.

[경찰채용 23 2차]

해설+ 형법 제1조 제1항은 "범죄의 성립과 처벌은 행위 시의 법률에 따른다."라고 하여 행위시법주의의 원칙을 규정하고, 형법 제1조 제2항은 "범죄 후 법률이 변경되어 그 행위가 범죄를 구성하지 아니하게 되거나 형이 구법보다 가벼워진 경우에는 신법에 따른다."라고 하여 행위시법주의의 예외로 재판시법주의를 규정하고 있다. 이러한 형법 제1조의 문언과 입법취지 등을 종합하여 보면, 형법 제1조 제2항과 형사소송법 제326조 제4호에서 말하는 법령의 변경은 해당 형벌법규에 따른 범죄의 성립 및 처벌과 직접 관련된 것이어야 하고, 이는 결국 해당 형벌법규의 가벌성에 관한 형사법적 관점의 변화를 전제로 한 법령의 변경을 의미하는 것이다. (따라서) 구성요건을 규정한 형벌법규 자체 또는 그로부터 수권 내지 위임을 받은 법령의 변경에 따라 범죄를 구성하지 아니하게 되거나 형이 가벼워진 경우에는, 당연히 해당 형벌법규에 따른 범죄의 성립 및 처벌과 직접적으로 관련된 형사법적 관점의 변화에 근거한 것으로 인정할 수 있으므로, 형법 제1조 제2항과 형사소송법 제326조 제4호가 그대로 적용된다. (마찬가지로) 형벌법규가 헌법상 열거된 법규명령이 아닌 고시 등 규정에 구성요건의 일부를 수권 내지 위임한 경우에도 그 고시 등 규정이 위임입법의 한계를 벗어나지 않는 한 모법인 형벌법규와 결합하여 형사처벌의 근거가 되는 것이므로, 고시 등 규정이 변경되는 경우에도 마찬가지로 형법 제1조 제2항과 형사소송법 제326조 제4호에서 말하는 법령의 변경에 해당한다. 그러나 해당 형벌법규 자체 또는 그로부터 수권 내지 위임을 받은 법령이 아닌 다른 법령이 변경되어 결과적으로 해당 형벌법규에 따른 범죄가 성립하지 아니하게 되거나 형이 가벼워진 경우에는, 문제된 법령의 변경이 해당 형벌법규에 따른 범죄의 성립 및 처벌과 직접적으로 관련된 형사법적 관점의 변화를 주된 근거로 하는 것인지 여부를 면밀히 따져 보아야 한다. 해당 형벌법규의 가벌성과 직접적으로 관련된 형사법적 관점의 변화가 있는지 여부는 종래 대법원판례가 기준으로 삼은 반성적 고려 유무와는 구별되는 것이다. 이는 입법자에게 과거의 처벌이 부당하였다는 반성적 고려가 있었는지 여부를 추단하는 것이 아니라, 법령의 변경이 향후 문제된 형사처벌을 더 이상 하지 않겠다는 취지의 규범적 가치판단을 기초로 한 것인지 여부를 판단하는 것이다. 이는 입법자의 내심의 동기를 탐지하는 것이 아니라, 객관적으로 드러난 사정을 기초로 한 법령해석을 의미한다. 즉 해당 형벌법규에 따른 범죄 성립의 요건과 구조, 형벌법규와 변경된 법령과의 관계, 법령 변경의 내용·경위·보호목적·입법취지 등을 종합적으로 고려하여, 법령의 변경이 해당 형벌법규에 따른 범죄의 성립 및 처벌과 직접적으로 관련된 형사법적 관점의 변화를 주된 근거로 한다고 해석할 수 있을 때 형법 제1조 제2항과 형사소송법 제326조 제4호를 적용할 수 있다. 따라서 해당 형벌법규와 수권 내지 위임관계에 있지 않고 보호목적과 입법취지를 달리하는 민사적·행정적 규율의 변경이나, 형사처벌에 관한 규범적 가치판단의 요소가 배제된 극히 기술적인 규율의 변경 등에 따라 간접적인 영향을 받는 것에 불과한 경우는 형법 제1조 제2항과 형사소송법 제326조 제4호에서 말하는 법령의 변경에 해당한다고 볼 수 없다. 한편 입법자는 해당 형벌법규와 직접 관련이 없는 다른 법령을 변경할 때에도 해당 형벌법규에 따른 범죄의 성립 및 처벌에 대하여 신법을 적용한다는 취지의 경과규정을 둘 수 있다. 이로써 법령의 변경이 해당 형벌법규에 관한 형사법적 관점의 변화에 근거하는 것이라는 취지를 분명하게 밝혀 신법에 따르도록 할 수 있으므로, 입법자는 그 스스로도 입법목적을 얼마든지 관철시킬 수 있다(대법원 2022.12.22, 2020도16420 전원합의체).

042 형벌법규 자체 또는 그로부터 수권 내지 위임을 받은 법령이 아닌 다른 법령이 변경되어 결과적으로 해당 형벌법규에 따른 범죄가 성립하지 아니하게 되거나 형이 가벼워진 경우에는, 입법자의 내심의 동기를 탐지하는 방법에 의하여 입법자에게 과거의 처벌이 부당하였다는 반성적 고려가 있었다고 해석될 수 있을 때 형법 제1조 제2항과 형사소송법 제326조 제4호를 적용할 수 있다.

> **해설+** 해당 형벌법규 자체 또는 그로부터 수권 내지 위임을 받은 법령이 아닌 다른 법령이 변경되어 결과적으로 해당 형벌법규에 따른 범죄가 성립하지 아니하게 되거나 형이 가벼워진 경우에는, 문제된 법령의 변경이 해당 형벌법규에 따른 범죄의 성립 및 처벌과 직접적으로 관련된 형사법적 관점의 변화를 주된 근거로 하는 것인지 여부를 면밀히 따져 보아야 한다. 해당 형벌법규의 가벌성과 직접적으로 관련된 형사법적 관점의 변화가 있는지 여부는 종래 대법원판례가 기준으로 삼은 반성적 고려 유무와는 구별되는 것이다. 이는 입법자에게 과거의 처벌이 부당하였다는 반성적 고려가 있었는지 여부를 추단하는 것이 아니라, 법령의 변경이 향후 문제된 형사처벌을 더 이상 하지 않겠다는 취지의 규범적 가치판단을 기초로 한 것인지 여부를 판단하는 것이다. 이는 입법자의 내심의 동기를 탐지하는 것이 아니라, 객관적으로 드러난 사정을 기초로 한 법령해석을 의미한다. 즉 해당 형벌법규에 따른 범죄 성립의 요건과 구조, 형벌법규와 변경된 법령과의 관계, 법령 변경의 내용·경위·보호목적·입법취지 등을 종합적으로 고려하여, 법령의 변경이 해당 형벌법규에 따른 범죄의 성립 및 처벌과 직접적으로 관련된 형사법적 관점의 변화를 주된 근거로 한다고 해석할 수 있을 때 형법 제1조 제2항과 형사소송법 제326조 제4호를 적용할 수 있다(대법원 2022.12.22, 2020도16420 전원합의체).

043 형벌법규와 수권 내지 위임관계에 있지 않고 보호목적과 입법취지를 달리하는 민사적·행정적 규율의 변경이나, 형사처벌에 관한 규범적 가치판단의 요소가 배제된 극히 기술적인 규율의 변경 등에 따라 간접적인 영향을 받는 경우라 하더라도 형법 제1조 제2항과 형사소송법 제326조 제4호에서 말하는 법령의 변경에 해당하지 아니한다고 볼 수는 없다.

> **해설+** 해당 형벌법규에 따른 범죄 성립의 요건과 구조, 형벌법규와 변경된 법령과의 관계, 법령 변경의 내용·경위·보호목적·입법취지 등을 종합적으로 고려하여, 법령의 변경이 해당 형벌법규에 따른 범죄의 성립 및 처벌과 직접적으로 관련된 형사법적 관점의 변화를 주된 근거로 한다고 해석할 수 있을 때 형법 제1조 제2항과 형사소송법 제326조 제4호를 적용할 수 있다. 따라서 해당 형벌법규와 수권 내지 위임관계에 있지 않고 보호목적과 입법취지를 달리하는 민사적·행정적 규율의 변경이나, 형사처벌에 관한 규범적 가치판단이 요소기 배제된 극히 기술석인 규율의 변경 등에 따라 간접적인 영향을 받는 것에 불과한 경우는 형법 제1조 제2항과 형사소송법 제326조 제4호에서 말하는 법령의 변경에 해당한다고 볼 수 없다(대법원 2022.12.22, 2020도16420 전원합의체).

CHAPTER 03 형법의 적용범위 **61**

044 법령이 개정 내지 폐지된 경우가 아니라, 스스로 유효기간을 구체적인 일자
나 기간으로 특정하여 효력의 상실을 예정하고 있던 법령이 그 유효기간을
경과함으로써 더 이상 효력을 갖지 않게 된 경우도 형법 제1조 제2항과 형사
소송법 제326조 제4호에서 말하는 법령의 변경에 해당한다. [경찰채용 23 2차]

044 (×)

> **해설+** 해당 형벌법규 자체 또는 그로부터 수권 내지 위임을 받은 법령이 아닌 다른 법령이 변경된
> 경우 형법 제1조 제2항과 형사소송법 제326조 제4호를 적용하려면, 해당 형벌법규에 따른 범죄의
> 성립 및 처벌과 직접적으로 관련된 형사법적 관점의 변화를 주된 근거로 하는 법령의 변경에 해당하
> 여야 하므로, 이와 관련이 없는 법령의 변경으로 인하여 해당 형벌법규의 가벌성에 영향을 미치게
> 되는 경우에는 형법 제1조 제2항과 형사소송법 제326조 제4호가 적용되지 않는다. 한편 법령이
> 개정 내지 폐지된 경우가 아니라, 스스로 유효기간을 구체적인 일자나 기간으로 특정하여 효력의
> 상실을 예정하고 있던 법령이 그 유효기간을 경과함으로써 더 이상 효력을 갖지 않게 된 경우도
> 형법 제1조 제2항과 형사소송법 제326조 제4호에서 말하는 법령의 변경에 해당한다고 볼 수 없다
> (대법원 2022.12.22. 2020도16420 전원합의체).

> **보충** (판결이유) 이러한 법령 자체가 명시적으로 예정한 유효기간의 경과에 따른 효력 상실은
> 일반적인 법령의 개정이나 폐지 등과 같이 애초의 법령이 변경되었다고 보기 어렵고, 어떠한 형사법
> 적 관점의 변화 내지 형사처벌에 관한 규범적 가치판단의 변경에 근거하였다고 볼 수도 없다. 유효
> 기간을 명시한 입법자의 의사를 보더라도 유효기간 경과 후에 형사처벌 등의 제재가 유지되지 않는
> 다면 유효기간 내에도 법령의 규범력과 실효성을 확보하기 어려울 것이므로, 특별한 사정이 없는
> 한 유효기간 경과 전의 법령 위반행위는 유효기간 경과 후에도 그대로 처벌하려는 취지라고 보는
> 것이 합리적이다(위 판례).

> **보충** 협의의 한시법에 대한 추급효는 긍정된다는 내용이다.

045 법무사인 甲이 개인파산·회생사건 관련 법률사무를 위임받아 취급하여 비
변호사의 법률사무취급을 금지하는 「변호사법」 제109조 제1호 위반으로 기
소되었는데 범행 이후에 개정된 「법무사법」 제2조 제1항 제6호에 의하여 '개
인의 파산사건 및 개인회생사건 신청의 대리'가 법무사의 업무로 추가되었
다면, 위 「법무사법」 개정은 형사법적 관점의 변화를 주된 근거로 하는 법령
의 변경에 해당하므로 「형법」 제1조 제2항이 적용된다. [경찰경채 23]

045 (×)

> **해설+** 법무사인 피고인이 개인파산·회생사건 관련 법률사무를 위임받아 취급하여 변호사법 제
> 109조 제1호 위반으로 기소되었는데, 범행 이후인 2020.2.4. 법률 제16911호로 개정된 법무사법
> 제2조 제1항 제6호에 의하여 '개인의 파산사건 및 개인회생사건 신청의 대리'가 법무사의 업무로
> 추가된 경우, 위 법무사법 개정은 범죄사실의 해당 형벌법규 자체인 변호사법 제109조 제1호 또는
> 그로부터 수권 내지 위임을 받은 법령이 아닌 별개의 다른 법령의 개정에 불과하고, 변호사법 제109
> 조 제1호 위반죄의 성립 요건과 구조를 살펴보더라도 법무사법 제2조의 규정이 보충규범으로서
> 기능하고 있다고 보기 어려운 점, 법무사법 제2조는 법무사의 업무범위에 관한 규정으로서 기본적
> 으로 형사법과 무관한 행정적 규율에 관한 내용이므로, 그 변경은 문제된 형벌법규의 가벌성에 간접
> 적인 영향을 미치는 경우에 해당할 뿐인 점, 법무사법 제2조가 변호사법 제109조 제1호 위반죄와
> 불가분적으로 결합되어 보호목적과 입법 취지 등을 같이한다고 볼 만한 특별한 사정도 없는 점 등을
> 종합하면, 위 법무사법 개정은 형사법적 관점의 변화를 주된 근거로 하는 법령의 변경에 해당하지
> 않는다는 이유로, 원심이 형법 제1조 제2항과 형사소송법 제326조 제4호를 적용하지 아니하고 변
> 호사법 제109조 제1호 위반의 유죄를 인정한 것은 정당하다(대법원 2023.2.23. 2022도4610).

046 피고인은, '2020.10.9. 음주의 영향으로 정상적인 운전이 곤란한 상태에서 전동킥보드를 운전하여 사람을 상해에 이르게 하였다'는 특정범죄 가중처벌 등에 관한 법률 위반(위험운전치상) 등의 공소사실로 기소되었다. 피고인의 위 범행 이후인 (2020.6.9. 개정되어) 2020.12.10. 시행된 개정 도로교통법은 전동킥보드와 같은 '개인형 이동장치'에 관한 규정을 신설하면서, 이를 원동기장치자전거가 포함된 제2조 제21호의 '자동차 등'이 아닌 동조 제21호의2의 '자전거 등'으로 분류하였다. 이렇게 개정 도로교통법이 전동킥보드와 같은 '개인형 이동장치'를 '자동차 등'이 아닌 '자전거 등'으로 분류하였는데, 이는 특가법상 위험운전치사상죄에 관하여 형법 제1조 제2항의 '범죄 후 법률이 변경되어 그 행위가 범죄를 구성하지 아니하게 된 경우'로 볼 수 있다.

참조조문 구 특가법(2022. 12. 27. 법률 제19104호로 개정되기 전의 것) 제5조의11(위험운전 등 치사상) ① 음주 또는 약물의 영향으로 정상적인 운전이 곤란한 상태에서 자동차(원동기장치자전거를 포함한다)를 운전하여 사람을 상해에 이르게 한 사람은 1년 이상 15년 이하의 징역 또는 1천만 원 이상 3천만 원 이하의 벌금에 처하고, 사망에 이르게 한 사람은 무기 또는 3년 이상의 징역에 처한다. 〈개정 2018. 12. 18, 2020. 2. 4.〉

비교 전동킥보드 음주운전행위에 대한 개인형 이동장치와 이를 포함하는 자전거등 음주운전죄의 신설에 있어서 적용법률 (소위 동기설 폐지 판례)
피고인은 도로교통법위반(음주운전)죄로 4회 처벌받은 전력이 있음에도 2020. 1. 5. 혈중알코올농도 0.209%의 술에 취한 상태로 전동킥보드를 운전하였다. 원심은 구 도로교통법(2020. 6. 9. 법률 제17371호로 개정되어 2020. 12. 10. 시행되기 전의 것, 이하 같다) 제148조의2 제1항, 도로교통법 제44조 제1항을 적용하여 이 부분 공소사실을 유죄로 판단하였는데, 구 도로교통법이 2020. 6. 9. 법률 제17371호로 개정되어 원심판결 선고 후인 2020. 12. 10. 개정 도로교통법이 시행되면서 제2조 제19호의2 및 제21호의2에서 이 사건 전동킥보드와 같은 '개인형 이동장치'와 이를 포함하는 '자전거등'에 관한 정의규정을 신설하였고 이에 따라 개인형 이동장치는 자전거등에 해당하게 되었으므로, 자동차등 음주운전 행위를 처벌하는 제148조의2의 적용 대상에서 개인형 이동장치를 운전하는 경우를 제외하는 한편, 개인형 이동장치 음주운전 행위에 대하여 자전거등 음주운전 행위를 처벌하는 제156조 제11호를 적용하도록 규정하였다(이하 '이 사건 법률 개정'이라고 한다).
그 결과 이 부분 공소사실과 같이 도로교통법 제44조 제1항 위반 전력이 있는 사람이 다시 술에 취한 상태로 전동킥보드를 운전한 행위에 대하여, 이 사건 법률 개정 전에는 구 도로교통법 제148조의2 제1항을 적용하여 2년 이상 5년 이하의 징역이나 1천만 원 이상 2천만 원 이하의 벌금으로 처벌하였으나, 이 사건 법률 개정 후에는 도로교통법 제156조 제11호를 적용하여 20만 원 이하의 벌금이나 구류 또는 과료로 처벌하게 되었다. 이 사건 법률 개정은 이러한 내용의 신법 시행 전에 이루어진 구 도로교통법 제148조의2 제1항 위반행위에 대하여 종전 법령을 그대로 적용할 것인지에 관하여 별도의 경과규정을 두고 있지 아니하다.
…… 이러한 이 사건 법률 개정은 구성요건을 규정한 형벌법규 자체의 개정에 따라 형이 가벼워진 경우에 해당함이 명백하므로, 종전 법령이 반성적 고려에 따라 변경된 것인지 여부를 따지지 않고 형법 제1조 제2항을 적용하여야 한다. 결국 이 부분 공소사실 기재 행위는 형법 제1조 제2항에 따라 행위시법인 구 도로교통법 제148조의2 제1항, 도로교통법 제44조 제1항으로 처벌할 수 없고, 원심판결 후 시행된 이 사건 법률 개정을 반영하여 신법인 도로교통법 제156조 제11호, 제44조 제1항으로 처벌할 수 있을 뿐이므로, 원심판결 중 이 부분 공소사실에 관한 부분은 형사소송법 제383조 제2호의 "판결 후 형의 변경이 있는 때"에 해당하여 더 이상 유지될 수 없다(대법원 2022.12.22. 2020도16420 전원합의체).

046 (×) (전동킥보드와 같은 개인형 이동장치는 도로교통법의 개정에도 불구하고 특가법상 위험운전치사상죄의 '원동기장치자전거에 해당함) 개정 도로교통법이 개인형 이동장치에 관한 규정을 신설하면서 이를 '자전거 등'으로 분류하였다고 하여 이를 형법 제1조 제2항의 '범죄 후 법률이 변경되어 그 행위가 범죄를 구성하지 아니하게 된 경우'라고 볼 수는 없다(대법원 2023.6.29, 2022도13430).

2 장소적 적용범위

🔗 **대표유형**

「형법」제6조 본문에서 정한 '대한민국 또는 대한민국 국민에 대하여 죄를 범한 때'란 대한민국 또는 대한민국 국민의 법익이 직접적으로 침해되는 결과를 야기하는 죄를 범한 경우를 의미한다.　　　　　　　　　　　　　　　　　　　　　　　　　　[변호사 21]

(○) 대법원 2011.8.25, 2011도6507

047 「형법」제2조를 적용함에 있어 공모공동정범의 경우 공모지도 범죄지로 보아야 한다.　　　　　　　　　　　　　　　[국가9급 18] [법원승진 11]

047 (○) 대법원 1998.11.27, 98도2734

048 한국인과 중국인이 미국인을 살해하기로 국내에서 공모하고 미국에서 실행행위를 한 경우 우리 「형법」이 적용되지 않는다.　　　　[국가9급 15]

048 (×) '적용되지 않는다' → '적용된다'
공모지도 범죄지에 해당하므로, 제2조에 따라 우리 형법에 의하여 처벌된다.

049 도박죄를 처벌하지 않는 미국 라스베가스에 있는 호텔 도박장에서 상습적으로 도박한 대한민국 국민의 경우 속인주의에 의하여 「형법」이 적용된다.　　　　　　　　　　　　　　　　　　　　　　[변호사 15]

049 (○) 대법원 2001.9.25, 99도3337

050 필리핀국에서 카지노의 외국인 출입이 허용되어 있으므로, 필리핀국에서 도박을 한 우리나라 피고인에게 우리나라 「형법」을 적용할 수 없다.　　　　　　　　　　　　　　　　　　[법원9급 09] [법원행시 12]

050 (×) '을 적용할 수 없다' → '이 당연히 적용된다'

해설+ 필리핀국에서 카지노의 외국인 출입이 허용되어 있다 하여도, 속인주의(제3조)에 따라, 필리핀국에서 도박을 한 피고인에게 우리나라 형법이 당연히 적용된다(대법원 2001.9.25, 99도3337).

051 의료법은 '의료인이 아니면 누구든지 의료행위를 할 수 없다.'라고 규정하고 그 위반자를 처벌하도록 규정하고 있으므로, 보건복지부장관의 의사, 치과의사, 한의사, 조산사, 간호사에 관한 면허를 받지 아니한 내국인이 대한민국 영역 외에서 의료행위를 하는 경우에도 당연히 의료법위반죄로 처벌된다. [법원9급 23]

051 (×)

> **해설+** 의료법상 의료제도는 대한민국 영역 내에서 이루어지는 의료행위를 규율하기 위하여 체계화된 것으로 이해된다. 그렇다면 구 의료법 제87조 제1항 제2호, 제27조 제1항이 대한민국 영역 외에서 의료행위를 하려는 사람에게까지 보건복지부장관의 면허를 받을 의무를 부과하고 나아가 이를 위반한 자를 처벌하는 규정이라고 보기는 어렵다. 따라서 내국인이 대한민국 영역 외에서 의료행위를 하는 경우에는 구 의료법 제87조 제1항 제2호, 제27조 제1항의 구성요건 해당성이 없다(대법원 2020.4.29, 2019도19130).

052 속지주의를 규정한 「형법」 제2조에서 '죄를 범한'이란 범죄의 행위 또는 결과 어느 것이라도 대한민국 영역 내에서 발생한 것을 의미하며, 기국주의를 규정한 「형법」 제4조 또한 이러한 속지주의의 확장으로 이해될 수 있다. [국가9급 14]

052 (○) 선반과 항공기를 대한민국 영역으로 간주하므로, 제4조 또한 속지주의의 연장으로 이해할 수 있다(대법원 2000.4.21, 99도3403).

053 외국인 甲이 공해상을 운항 중인 우리나라 배에서 다른 외국인 선원의 지갑을 훔친 경우 우리나라 「형법」을 적용할 수 있다. [경찰간부 18]

053 (○) 형법은 대한민국 영역 외에 있는 대한민국의 선박 내에서 죄를 범한 외국인에게 적용한다(기국주의, 제4조).

054 영국인이 뉴욕항에 정박 중인 대한민국 국적의 화물선에서 미국인을 살해한 경우 우리 「형법」이 적용되지 않는다. [국가9급 15]

054 (×) '적용되지 않는다' → '적용된다'
제4조 기국주의에 따라 우리 형법에 의하여 처벌된다.

055 외국인이 대한민국 영역 외에서 외교상기밀누설죄를 범한 경우 우리 「형법」을 적용할 수 없다. [법원9급 14]

055 (○) 외교상 기밀누설죄는 제4장 국교에 관한 죄 중 제113조이며, 이러한 국교에 관한 죄는 국가보호주의의 대상이 아니다.

056 외국인이 대한민국 영역 외에서 전시군수계약불이행죄를 범한 경우 우리 「형법」을 적용할 수 없다. [법원9급 14]

057 외국인이 대한민국 영역 외에서 국기비방죄를 범한 경우 우리 「형법」을 적용할 수 없다. [법원9급 14]

058 외국인이 대한민국 영역 외에서 소인말소죄를 범한 경우 우리 「형법」을 적용할 수 없다. [법원9급 14]

059 외국인이 한국인과 공모하여 행사할 목적으로 외국에서 외국정부가 발행하는 우표를 위조하였다면 우리 「형법」에 의하여 처벌할 수 있다. [법원행시 14]

060 독일인이 프랑스에서 대한민국 국민의 주민등록증을 위조한 경우 우리 「형법」이 적용되지 않는다. [국가9급 15]

061 미국인이 행사할 목적으로 미국에서 일본화폐인 엔화를 위조한 경우에는 대한민국 「형법」을 적용하여 처벌할 수 없다. [경찰채용 18 2차]

해설+ 제5조 【외국인의 국외범】 본법은 대한민국 영역 외에서 다음에 기재한 죄를 범한 외국인에게 적용한다.
4. 통화에 관한 죄

제207조 【통화의 위조 등】 ③ 행사할 목적으로 외국에서 통용하는 외국의 화폐, 지폐 또는 은행권을 위조 또는 변조한 자는 10년 이하의 징역에 처한다.

---

056 (×) '없다' → '있다'
제2장 외환의 죄 중 제103조(제5조 제2호)

057 (×) '없다' → '있다'
제3장 국기에 관한 죄 중 제106조 (제5조 제3호)

058 (×) '없다' → '있다'
제19장 유가증권, 우표와 인지에 관한 죄 중 제221조(제5조 제5호)

059 (○) 외국의 통화·유가증권·우표·인지를 위조·변조하는 행위는, 우리 형법상 국가보호주의의 대상 범죄이므로 우리나라에 재판권이 있다.

060 (×) '적용되지 않는다' → '적용된다'
공문서 위조에 해당하므로 제5조 제6호에 의하여 우리 형법으로 처벌된다.

061 (×) 외국인의 국외범은 처벌하지 않는 것이 원칙이지만, 통화에 관한 죄는 제5조 제4호에 의하여 예외적으로 처벌된다.

062 중국인이 한국으로 입국하기 위하여 중국에 소재한 대한민국 영사관에서 그곳에 비치된 여권발급신청서를 위조한 경우 보호주의에 의하여 「형법」이 적용된다. [변호사 15]

해설+ 외국인의 국외범이고, 사문서위조죄이어서 형법 제5조 제6호에 해당하지 않고, 문서죄는 사회적 법익에 관한 죄이어서 형법 제6조 본문에도 해당하지 않아 피고인에 대한 재판권이 없다(대법원 2006.9.22, 2006도5010).

063 피고인이 뉴질랜드 시민권을 취득함으로써 우리나라 국적을 상실한 후 뉴질랜드에서 대한민국 국민에 대해 사기죄를 범한 경우, 행위지의 법률에 의하여 범죄를 구성하고 그에 대한 소추나 형의 집행이 면제되지 않은 경우에 한하여 「형법」 제6조(보호주의)에 따라 우리 「형법」을 적용할 수 있다. [경찰채용 19 2차]

063 (O)

해설+ 피고인이 뉴질랜드 시민권을 취득함으로써 우리나라 국적을 상실하였으므로, 형법 제6조 본문에 의하여 외국인이 대한민국 영역 외에서 대한민국 국민에 대하여 범죄를 저지른 경우에도 우리 형법이 적용되지만, 같은 조 단서에 의하여 행위지의 법률에 의하여 범죄를 구성하지 아니하거나 소추 또는 형의 집행을 면제할 경우에는 우리 형법을 적용하여 처벌할 수 없다고 할 것이다(대법원 2008.7.24, 2008도4085).

064 중국 국적자가 중국에서 대한민국 국적 주식회사의 인장을 위조한 경우 이에 대해서는 우리 「형법」이 적용되지 않는다. [국가9급 18] [법원승진 11]

064 (O) 외국인의 국외범이고, 사인위조죄이어서 그에 대하여 재판권이 없다(대법원 2002.11.26, 2002도4929).

065 중국인이 일본 국적의 원양어선에서 한국인 선원을 살해한 경우 우리 「형법」이 적용된다. [국가9급 15]

065 (O) 피해자가 우리나라 국민인 경우, 제6조 보호주의에 의하여 처벌할 수 있다.

066 법인 소유의 자금에 대한 사실상 또는 법률상 지배·처분 권한을 가지고 있는 대표자 등은 법인에 대한 관계에서 자금의 보관자 지위에 있으므로, 법인이 특정 사업의 명목상의 주체로 특수목적법인을 설립하여 그 명의로 자금 집행 등 사업진행을 하면서도 자금의 관리·처분에 관하여는 실질적 사업주체인 법인이 의사결정권한을 행사하면서 특수목적법인 명의로 보유한 자금에 대하여 현실적 지배를 하고 있는 경우에는, 사업주체인 법인의 대표자 등이 특수목적법인의 보유 자금을 정해진 목적과 용도 외에 임의로 사용하면 위탁자인 법인에 대하여 횡령죄가 성립할 수 있다.

067 내국 법인의 대표자인 외국인이 내국 법인이 외국에 설립한 특수목적법인에 위탁해둔 자금을 정해진 목적과 용도 외에 임의로 사용한 데 따른 횡령죄의 피해자는 당해 금전을 위탁한 내국 법인이다. 따라서 그 행위가 외국에서 이루어진 경우에도 행위지의 법률에 의하여 범죄를 구성하지 아니하거나 소추 또는 형의 집행을 면제할 경우가 아니라면 그 외국인에 대해서도 우리 「형법」이 적용되어(「형법」 제6조), 우리 법원에 재판권이 있다.

068 대한민국 국민이 아닌 사람이 외국에 거주하다가 그곳을 떠나 반국가단체의 지배하에 있는 지역으로 들어간 경우 외국인의 국외범에 해당하여 국가보안법이 적용되지 않는다. [국가9급 15] [변호사 15] [사시 15]

보충 제6조 단서에 따라 행위지의 법률에 의하여 범죄를 구성하지 않는 경우에 해당하므로, 우리 법이 적용될 수 없다.

069 「형법」은 적용범위와 관련하여 속인주의, 속지주의, 보호주의를 채택하고 있으나 세계주의는 아직 채택하고 있지 아니하다.

해설+ 제296조의2의 세계주의는 약취, 유인 및 인신매매의 죄에 대하여 규정하고 있다. 총칙상 원칙으로 규정되어 있지는 아니하나, 각칙상 일부 범죄에 대하여는 규정되어 있는 것이다.

070 「형법」은 범인의 국적과 범죄지 여하를 불문하고 우리나라 형벌법규를 적용하는 세계주의에 관한 조항을 두고 있다. [경찰간부 22]

070 (O)

> **해설+** 제296조의2는 세계주의라는 표제하에 "제287조부터 제292조까지 및 제294조는 대한민국 영역 밖에서 죄를 범한 외국인에게도 적용한다."는 규정을 두고 있다.

071 인신매매죄는 대한민국 영역 밖에서 죄를 범한 외국인에게도 적용된다. [국가9급총론 22]

071 (O) 약취, 유인 및 인신매매의 죄에 대하여는 세계주의 규정이 적용된다.

> **해설+** 제296조의2【세계주의】제287조부터 제292조까지 및 제294조는 대한민국 영역 밖에서 죄를 범한 외국인에게도 적용한다.

072 대한민국 영역 외에서 「형법」 제289조 제1항의 구성요건인 사람을 매매한 행위를 한 외국인에 대해서는 우리나라 「형법」이 적용된다. [국가9급 15 변형]

072 (O) 제296조의2

073 외국인 甲은 노동력 착취를 위해 자신의 나라에서 외국인 乙을 약취·유인하였다. 그 후 甲이 한국으로 들어와 여행을 하던 중 이 사실이 발각된 경우 우리나라 「형법」이 적용된다. [경찰간부 18]

073 (O) 노동력 착취 목적 약취·유인을 처벌하는 제288조 제2항은, 대한민국 영역 밖에서 죄를 범한 외국인에게도 적용한다(세계주의, 제296조의2).

074 외국인 甲이 외국에서 장기적출을 목적으로 외국인 A를 매매한 경우 대한민국 「형법」이 적용될 수 있다. [국가9급 18]

074 (O) 제289조 제3항, 제296조의2

075 한국인 甲이 외국에서 외국인 乙을 살해한 경우, 甲에게 행위지의 「형법」과 우리나라 「형법」이 모두 적용될 수 있고, 이는 이중처벌 금지의 원칙에 위반되지 아니한다. [경찰간부 18]

075 (O)

> **해설+** 피고인이 동일한 행위에 관하여 외국에서 형사처벌을 과하는 확정판결을 받았다 하더라도 이런 외국판결은 우리나라에서는 기판력이 없으므로 여기에 일사부재리의 원칙이 적용될 수 없다 (대법원 1983.10.25, 83도2366).

076 형사사건으로 외국 법원에 기소되었다가 무죄판결을 받은 사람은, 설령 그가 무죄판결을 받기까지 상당 기간 미결구금되었더라도 이를 유죄판결에 의하여 형이 실제로 집행된 것으로 볼 수는 없으므로, '외국에서 형의 전부 또는 일부가 집행된 사람'에 해당한다고 볼 수 없고, 그 미결구금 기간은 「형법」 제7조에 의한 산입의 대상이 될 수 없다. [국가9급 18] [변호사 18 변형]

076 (O) 대법원 2017.8.24, 2017도5977 전원합의체

077 외국에서 집행된 형은 그것이 형의 전부집행이든 형의 일부집행이든 우리나라 법원이 선고하는 형에 반드시 산입하여야 한다. [경찰간부 22]

077 (O) 제7조

해설+ 제7조【외국에서 집행된 형의 산입】죄를 지어 외국에서 형의 전부 또는 일부가 집행된 사람에 대해서는 그 집행된 형의 전부 또는 일부를 선고하는 형에 산입한다.

078 죄를 지어 외국에서 형의 전부 또는 일부가 집행된 사람에 대하여 법관은 재량으로 그 집행된 형의 전부 또는 일부를 선고하는 형에 산입하지 않을 수 있다. [국가9급총론 22]

078 (×)

해설+ 죄를 지어 외국에서 형의 전부 또는 일부가 집행된 사람에 대해서는 그 집행된 형의 전부 또는 일부를 선고하는 형에 산입하는데(제7조), 이는 형집행에 있어서 필요적 감면의 의미를 가진다.

3 인적 적용범위

079 국회의원의 면책특권의 대상이 되는 행위는 직무상의 발언과 표결이라는 의사표현행위 자체에 국한된다. [군무원9급 23]

079 (×)

해설+ 국회의원의 면책특권의 대상이 되는 행위는 직무상의 발언과 표결이라는 의사표현행위 자체에 국한되지 아니하고 이에 통상적으로 부수하여 행하여지는 행위까지 포함하고, 그와 같은 부수행위인지 여부는 결국 구체적인 행위의 목적, 장소, 태양 등을 종합하여 개별적으로 판단할 수밖에 없다(대법원 1992.9.22, 91도3317).

080 한반도의 평시상태에서 미군의 군속 중 '통상적으로 대한민국에 거주하고 있는 자'는 '대한민국과 아메리카합중국 간의 상호방위조약 제4조에 의한 시설과 구역 및 대한민국에서의 합중국 군대의 지위에 관한 협정'(SOFA)이 적용되는 군속의 개념에서 배제되므로 우리나라 법원에 재판권이 있다. [국가9급 15]

080 (O) 미합중국 군대의 군속이 대한민국 영역 안에서 저지른 범죄로서 대한민국 법령에 의하여 처벌할 수 있는 범죄에 대한 형사재판권을 바로 행사할 수 있다(대법원 2006.5.11, 2005도798).

081 「형법」의 총칙은 다른 법령에 정한 죄에 적용되지만, 그 법령에 특별한 규정이 있는 때에는 예외로 한다. [경찰채용 1차 19][해경채용 2차 23]

081 (○) 제8조

해설+ 제8조【총칙의 적용】 본법 총칙은 타 법령에 정한 죄에 적용한다. 단, 그 법령에 특별한 규정이 있는 때에는 예외로 한다.

CHAPTER 04 | 형법이론

형벌론은 국가형벌권이 어떻게 정당화될 수 있으며 그 목적이 어디에 있는지를 찾는 이론이다.

[국가9급 14]

(○) 형벌론은 범죄에 대하여 형벌을 부과하는 이유, 즉 형벌의 본질과 목적에 대한 이론이다.

001 형벌을 과거의 범죄행위에 대한 책임의 상쇄로 이해하는 응보형주의는 인간의 자기 결정능력을 신뢰하는 자유주의 사상의 산물로서 국가형벌권 행사를 확대하는 데 기여하고 있다. [국가9급 14]

해설+ 응보형주의는 오늘날 책임주의의 의미로 이해되는데, 범죄에 대한 책임 이상으로 형벌이 부과되어야 할 어떠한 이유도 없으므로, 국가형벌권 행사를 제한한다는 점에서 범죄인의 부당한 인권침해를 방지할 수 있다는 장점이 있다.

001 (×) '있다' → '있다고 할 수 없다'

002 장래의 범죄를 예방하는 데 형벌의 목적이 있다고 이해하는 일반예방주의는 심리강제설의 영향을 받고 있다. [국가9급 14]

002 (○) 일반인은 잠재적으로 범죄를 저지르고 싶어 하지만, 형벌로 인한 고통을 강조함으로써 인간의 심리가 강제된다고 본다.

003 선고유예제도, 집행유예제도, 가석방제도, 보호관찰제도 등은 특별예방주의의 산물로 볼 수 있다. [국가9급 14]

003 (○) 선고유예제도, 집행유예제도, 가석방제도 및 보호관찰제도 모두 범죄자의 재사회화를 목적으로 하는 치료적 기능을 중시하는 제도이다.

004 객관주의는 미수범의 처벌근거를 구성요건적 결과 실현에 근접한 위험에 있다고 주장하고, 주관주의는 행위자의 법적대적(法敵對的) 의사에 있다고 주장한다. [경찰채용 22 2차]

004 (○) 미수범의 처벌근거와 관련하여 객관주의는 법익침해에 대한 위험에, 주관주의는 행위자의 기수의 고의 등과 같은 법적대적 의사에 있다고 본다.

005 객관주의는 공동정범의 본질을 행위 속에 표현된 의식적인 공동작용이라고 주장하고, 주관주의는 공동정범이 각자 최소한 하나의 객관적 구성요건 실현에 스스로 참여한 것이라고 주장한다. [경찰채용 22 2차]

해설+ 서로 뒤바뀌어 있다. 공동정범의 본질과 관련하여 객관주의는 각자 최소한 하나의 객관적 구성요건 실현에 스스로 참여한 것으로(범죄공동설), 주관주의는 행위 속에 표현된 의식(반사회적 성격)적인 공동작용으로 본다(행위공동설).

005 (×)

006 객관주의는 책임의 근거를 행위자의 반사회적 성격에 기인해 행위자가 사회방위처분을 받아야 하는 지위가 책임이라 주장하고, 주관주의는 행위자가 적법행위를 할 수 있었음에도 불구하고 위법행위를 했기 때문에 가해지는 도의적 비난이라 주장한다. [경찰채용 22 2차]

006 (×) 서로 뒤바뀌어 있다. 책임의 근거와 관련하여 객관주의는 도의적 책임론을, 주관주의는 사회적 책임론을 취한다.

007 객관주의는 공범의 종속성에 대해 타인으로 하여금 죄를 범하게 하려는 의사 자체가 외부로 표명되는 이상 정범의 실행행위와 상관없이 독자적으로 가벌성이 인정된다고 주장하고, 주관주의는 정범의 실행행위가 있어야 그 정범의 실행행위에 종속해서만 공범이 성립할 수 있다고 주장한다. [경찰채용 22 2차]

해설+ 서로 뒤바뀌어 있다. 공범의 종속성 여부와 관련하여 객관주의는 정범의 객관적·외부적 실행행위가 있어야 여기에 종속하여 공범이 성립한다는 공범종속성설을, 주관주의는 정범의 실행행위가 없다고 하더라도 공범의 교사행위나 방조행위 자체에 나타난 반사회적 성격과 위험성만 있어도 독자적으로 공범이 성립한다는 공범독립성설을 취한다.

007 (×)

2024 - 2025
백광훈
통합 핵지총 ○×
형법총론

PART

02

범죄론

CHAPTER 01 | 범죄론의 일반이론

1 범죄론의 기초

동생 甲이 누나 乙의 책상에서 연애편지를 발견하고는 이를 훔쳐보려고 봉투를 뜯었으나 마침 누나가 들어오는 바람에 그 내용을 읽지 못한 경우 甲은 고소 없이도 처벌된다.
[국가7급 14]

(×) '고소 없이도' → '고소가 있어야'
제316조 제1항의 비밀침해죄에 해당하여 내용을 인지하지 못하였다 하더라도 기수가 성립하고, 친고죄에 해당한다.

001 목적적 범죄체계론에 의하면 고의는 책임의 요소에 속한다.

해설+ 목적적 범죄체계론에 의하면 고의는 인적 불법의 핵심요소로서 주관적 구성요건요소에 해당한다.

001 (×) '속한다' → '속하지 않는다'

002 甲이 이웃 사람들이 있는 자리에서 피해자가 듣는 가운데 구청직원에게 피해자를 가리키면서 "저 망할 년 저기 오네."라고 경멸하는 욕설 섞인 표현을 한 경우 甲은 고소 없이도 처벌된다.
[국가7급 14]

002 (×) '고소 없이도' → '고소가 있어야'
모욕죄에 해당한다. 모욕죄는 친고죄로서 피해자의 고소가 있어야 처벌할 수 있다(대법원 1990.9.25, 90도873).

003 평소 乙에게 원한을 가지고 있던 甲이, 乙의 사망한 부친이 일제강점기에 친일행위에 앞장섰다는 허위사실을 불특정 다수인에게 말한 경우 甲은 고소 없이도 처벌된다.
[국가7급 14]

003 (×) '고소 없이도' → '고소가 있어야'
사자명예훼손죄는 친고죄로서 乙의 고소가 있어야 甲을 처벌할 수 있다.

004 이웃에 사는 형의 집에 놀러 갔던 친동생 甲이 형과 다툰 후 홧김에 형이 아끼는 도자기를 바닥에 내리쳐 깨뜨린 경우 甲은 고소 없이도 처벌된다.
[국가7급 14]

004 (○) 손괴죄에는 적용되지 않으므로 형의 고소 여부를 불문하고 동생 甲을 처벌할 수 있다.

005 조세범처벌법이나 관세법 등 일부 특별법의 경우 해당 기관장의 고발이 소추조건이 되는 경우도 있다.   [국가9급총론 21]

006 폭행죄, 협박죄 등 반의사불벌죄에 있어서 피해자의 처벌불원 의사는 인적 처벌조각사유에 해당한다.   [국가9급총론 21]

006 (×)

> **해설+** 인적 처벌조각사유란, 이미 성립한 범죄에 대해 행위 당시 존재하는 행위자의 특별한 신분관계로 인해 처벌만 되지 않는 경우를 말한다. 반의사불벌죄의 피해자의 처벌불원의사는 여기에 해당하지 않고, 범죄의 소추조건으로 소극적 소송조건에 해당한다.

007 존속협박죄는 반의사불벌죄에 해당한다.   [경찰간부 17]

007 (O) 제283조 제2항·제3항

008 2인 이상이 공동으로 폭행죄를 범하여 폭력행위등처벌에관한법률위반(공동폭행)죄로 처벌되는 경우 피해자의 명시한 의사에 반하여 공소를 제기할 수 없다는 「형법」 제260조 제3항은 적용되지 않는다.   [변호사 13]

008 (O) 폭력행위처벌법 제2조 제4항

009 군인이 군사기지 및 군사시설 보호법 제2조 제1호의 군사기지에서 군인을 폭행 또는 협박한 경우에는 피해자의 명시한 의사에 반하여 공소를 제기할 수 없다.

009 (×)

> **해설+** 군형법 제60조의6에서 군사기지 및 군사시설 등에서 군인을 폭행한 경우에는 폭행죄에서의 반의사불벌죄 규정인 형법 제260조 제3항을 적용하지 않는 특례를 규정하고 있으므로, 이 사건 공소사실 중 폭행 부분의 공소를 기각할 수 없다(대법원 2020.3.12, 2019도15117).

010 폭행죄의 피해자가 의사능력 있는 미성년자인 경우, 그 미성년자가 가해자에 대한 처벌을 원하지 않는다는 의사표시를 명백히 하면 공소를 제기할 수 없다.   [변호사 13]

010 (O) 법정대리인의 동의가 없었더라도 그 철회의 의사표시는 유효하다(대법원 2009.11.19, 2009도6058 전원합의체).

011 거동범은 행위자가 직접 거동을 하여야 하는 범죄로 간접정범의 형태로 범할 수 없는 범죄이다. [국가9급 17]

012 구체적 위험범은 법익침해의 결과 발생을 요하지는 않지만 법익침해의 현실적 위험이 발생하여야 하는 범죄이다. [국가9급 17]

013 협박죄는 사람의 의사결정의 자유를 보호법익으로 하는 침해범이다. [국가9급 14 변형]

해설+ 협박죄가 성립하려면 고지된 해악의 내용이 … 여러 사정을 종합하여 볼 때에 일반적으로 사람으로 하여금 공포심을 일으키게 하기에 충분한 것이어야 하지만, 상대방이 그에 의하여 현실적으로 공포심을 일으킬 것까지 요구하는 것은 아니며, 그와 같은 정도의 해악을 고지함으로써 상대방이 그 의미를 인식한 이상, 상대방이 현실적으로 공포심을 일으켰는지 여부와 관계없이 그로써 구성요건은 충족되어 협박죄의 기수에 이르는 것으로 해석하여야 한다. 결국, 협박죄는 사람의 의사결정의 자유를 보호법익으로 하는 위험범이라 봄이 상당하고, 협박죄의 미수범 처벌조항은 해악의 고지가 현실적으로 상대방에게 도달하지 아니한 경우나, 도달은 하였으나 상대방이 이를 지각하지 못하였거나 고지된 해악의 의미를 인식하지 못한 경우 등에 적용될 뿐이다(대법원 2007.9.28, 2007도606 전원합의체).

014 협박죄는 사람의 의사결정의 자유를 보호법익으로 하는 위험범이고, 해악의 고지가 상대방에게 도달은 하였으나 상대방이 이를 지각하지 못하였거나 고지된 해악의 의미를 인식하지 못한 경우에도 협박죄는 기수에 이르렀다고 해야 한다. [변호사 20]

015 「형법」의 중손괴죄는 구성요건의 충족을 위해 구체적 위험의 발생을 요구하는 범죄이다. [경찰채용 19 1차]

해설+ 중손괴죄는 사람의 생명 또는 신체에 대한 위험을 발생하게 함으로써 성립하는 범죄로(제368조), 법익침해의 현실적 위험의 발생을 구성요건해당성의 요건으로 하는 구체적 위험범이다.

016 「형법」의 중감금죄는 구성요건의 충족을 위해 구체적 위험의 발생을 요구하는 범죄이다. [경찰채용 19 1차]

016 (×)

해설+ 중체포 · 중감금죄는 사람을 체포 · 감금하고 다시 그에게 가혹한 행위를 가함으로써 성립하는 범죄로(제277조), 구체적 위험범은 아니다.

017 폭력행위 등 처벌에 관한 법률 제4조 소정의 '단체 등의 조직'죄는 같은 법에 규정된 범죄를 목적으로 한 단체 또는 집단을 구성함으로써 즉시 성립하고 그와 동시에 완성되는 즉시범이지 계속범이 아니다. [국가9급 20] [국가9급총론 20]

017 (○) 대법원 1992.11.24, 92도1931

018 군형법 제79조에 규정된 무단이탈죄는 허가 없이 근무장소 또는 지정장소를 일시 이탈한 기간 동안 행위가 지속된다는 점에서 계속범에 해당한다. [국가9급 20] [국가9급총론 20]

018 (×) 무단이탈죄는 즉시범으로서 허가 없이 근무장소 또는 지정장소를 일시 이탈함과 동시에 완성되고 그 후의 사정인 이탈 기간의 장단 등은 무단이탈죄의 성립에 아무런 영향이 없다(대법원 1983.11.8, 83도2450).

019 상태범은 행위자의 행위가 위법상태를 한 번 야기함으로 기수가 되고 동시에 종료되는 범죄로, 이미 야기한 위법상태에 포섭되는 기수 후의 행위는 불가벌적 사후행위가 된다. [국가9급 17]

019 (○) 상태범의 경우에 기수시기와 종료시기는 일치하지만, 행위의 계속과 위법상태의 계속은 불일치한다.

020 내란죄는 국토를 참절하거나 국헌을 문란할 목적으로 폭동한 행위로서, 다수인이 결합하여 위와 같은 목적으로 한 지방의 평온을 해할 정도의 폭행 · 협박행위를 하면 기수가 되고, 그 목적의 달성 여부는 이와 무관한 것으로 해석되므로, 다수인이 한 지방의 평온을 해할 정도의 폭동을 하였을 때 이미 내란의 구성요건은 완전히 충족된다고 할 것이어서 계속범이 아니라 상태범에 해당한다. [국가9급 20] [변호사 14]

020 (○) 다수인이 한 지방의 평온을 해할 정도의 폭동을 하였을 때 이미 내란의 구성요건은 완전히 충족된다고 할 것이어서 상태범이다(대법원 1997.4.17, 96도3376 전원합의체).

021   학대죄는 자기의 보호·감독을 받는 사람에게 육체적 고통을 주거나 정신적으로 차별대우를 하는 행위가 있음과 동시에 완성되는 상태범이다.

[국가9급 14]

021 (O) 대법원 1986.7.8, 84도2922

022   구 「국가공무원법」 제84조, 제65조 제1항에서 규정하는 공무원이 정당 그 밖의 정치단체에 가입한 죄는 공무원이 정당 등에 가입함으로써 즉시 성립하고 그와 동시에 완성되는 즉시범이므로 그 범죄성립과 동시에 공소시효가 진행한다.

[경찰승진 23]

022 (O)

해설+ 구 국가공무원법 제84조, 제65조 제1항에서 규정하는 국가공무원이 정당 그 밖의 정치단체에 가입한 죄는 국가공무원이나 사립학교 교원 등이 정당 등에 가입함으로써 즉시 성립하고 그와 동시에 완성되는 즉시범이므로 그 범죄성립과 동시에 공소시효가 진행한다(대법원 2014.5.16, 2013도929).

023   계속범의 경우 기수에 이르렀어도 범죄가 종료되지 않은 경우에는 그 범죄에 대한 방조와 정당방위의 성립이 가능하다.

[국가9급 17]

023 (O)

해설+ 공범자의 범인도피행위 도중에 그 범행을 인식하면서 그와 공동의 범의를 가지고 기왕의 범인도피상태를 이용하여 스스로 범인도피 행위를 계속한 경우에는 범인도피죄의 공동정범이 성립하고, 이는 공범자의 범행을 방조한 종범의 경우도 마찬가지이다(대법원 2012.8.30, 2012도6027).

024   공익법인이 주무관청의 승인을 받지 않은 채 수익사업을 하는 행위는 시간적 계속성이 구성요건적 행위의 요소로 되어 있다는 점에서 계속범에 해당한다고 보아야 할 것이므로, 승인을 받지 않은 수익사업이 계속되고 있는 동안에는 아직 공소시효가 진행하지 않는다.

[변호사 14]

024 (O) 대법원 2006.9.22, 2004도4751

025   부설주차장을 주차장 외의 용도로 사용하여 주차장법을 위반한 죄는 계속범이므로, 종전에 용도 외 사용행위에 대하여 처벌받은 일이 있다고 하더라도, 그 후에도 계속하여 용도 외로 사용하고 있는 이상 종전 재판 후의 사용에 대하여 다시 처벌할 수 있다.

[변호사 14]

025 (O) 대법원 2006.1.26, 2005도7283

026 부진정신분범은 신분이 범죄의 성립에 영향을 미치지 않지만 형의 경중에 영향을 미치는 범죄이다. [국가9급 17]

027 부진정신분범은 신분이 없어도 범할 수 있지만 신분이 있으면 형이 가중 또는 감경되는 범죄를 말하는데, 「형법」상 존속살해죄는 보통살인죄와 비교하여 형이 가중되는 부진정신분범이다. [국가7급 17]

028 목적범의 성립에 필요한 목적에 대한 인식의 정도는 확정적 인식임을 요한다. [국가9급총론 21]

해설+ 국가보안법 제7조 제5항 위반의 죄는 그 제1항 내지 제4항의 행위를 할 목적으로 문서 등 이적표현물을 취득, 소지, 제작, 반포 등의 행위를 하는 것으로서 이른바 목적범이기는 하나 그 목적은 그 행위에 대한 적극적 의욕이나 확정적 인식까지는 필요 없고 미필적 인식으로 족한 것이다 (대법원 1992.7.14, 91도41).

029 목적범에서의 목적은 목적내용에 대한 적극적 의욕이나 확정적 인식까지는 요하지 않고 미필적 인식으로도 족하다. [국가9급 17]

030 회사의 노동조합 홍보이사가 노조 사무실에서 '새벽 6호'라는 책자를 집에 가져와 보관하고 있다가 「국가보안법」 제7조 제5항의 이적표현물소지죄로 체포된 경우, 그 홍보이사에게 목적범인 이적표현물소지죄가 성립하기 위해서는 이적행위를 하려는 목적의 확정적 인식이 있어야 한다. [경찰채용 22 2차]

해설+ 같은 법 제7조 제5항 위반의 죄는, 그 법문이 표현하고 있는 바와 같이 제1항 내지 제4항의 행위를 할 목적으로 문서 등 이적표현물을 취득·소지·제작·반포 등의 행위를 하는 것으로서 이른바 목적범임이 명백하므로 고의 외에 별도로 초과주관적 위법요소인 목적이 요구되는 것이고, 행위자가 표현물에 대한 이적성을 인식하고 위와 같은 행위를 하였다고 하더라도 같은 조 제1항 내지 제4항의 이적행위를 할 목적이 인정되지 아니하면 그 구성요건은 충족되지 않는 것이다. "나"항의 목적은 같은 법 제1항 내지 제4항의 행위에 대한 적극적 의욕이나 확정적 인식까지는 필요없고 미필적 인식으로 족한 것이므로 표현물의 내용이 객관적으로 보아 반국가단체인 북한의 대남선전, 선동 등의 활동에 동조하는 등의 이적성을 담고 있는 것임을 인식하고, 나아가 그와 같은 이적행위가 될지도 모른다는 미필적 인식이 있으면 위 조항의 구성요건은 충족된다(대법원 1992.3.31, 90도2033 전원합의체).

031 위조통화취득죄(「형법」 제208조), 자격모용에 의한 유가증권작성죄(「형법」 제215조), 허위진단서 등의 작성죄(「형법」 제233조), 사전자기록위작·변작죄(「형법」 제232조의2)는 모두 목적범에 해당한다. [국가9급 12 변형]

032 모해위증죄(「형법」 제152조 제2항), 무고죄(「형법」 제156조), 공정증서원본부실기재죄(「형법」 제228조 제1항), 사문서 부정행사죄(「형법」 제236조), 도박개장죄(「형법」 제247조), 음행매개죄(「형법」 제242조)는 모두 목적범에 해당한다. [법원9급 12 변형]

033 허위진단서작성죄(제233조), 도박개장죄(제247조), 사문서위조죄(제231조), 무고죄(제156조), 음행매개죄(제242조), 명예훼손죄(제307조), 국기·국장모독죄(제105조), 강제집행면탈죄(제327조)는 모두 목적범이다. [법원행시 10 변형]

034 준강도죄는 목적범으로서 재물탈환 항거, 체포면탈이나 죄적인멸의 목적이외 다른 목적으로 폭행 또는 협박한 때에는 본죄가 성립하지 않는다. [해경채용 2차 23 변형] [군무원9급 22]

해설+ 제335조【준강도】절도가 재물의 탈환에 항거하거나 체포를 면탈하거나 범죄의 흔적을 인멸할 목적으로 폭행 또는 협박한 때에는 제333조 및 제334조의 예에 따른다.

035 위조통화 취득 후 지정행사죄(제210조), 통화위조죄(제207조), 위조통화취득죄(제208조), 통화유사물제조 등 죄(제211조)는 모두 목적범이다. [법원9급 09 변형]

036 부진정목적범은 목적이 없어도 범할 수 있지만 목적이 있으면 형이 가중 또는 감경되는 범죄를 말하는데, 「형법」상 결혼목적약취유인죄는 미성년 자약취유인죄와 비교하여 형이 감경되는 부진정목적범이다.　　[국가7급 17]

037 출판물에 의한 명예훼손죄는 진정목적범이다.　　[경찰간부 17]

2　행위론

038 범죄는 행위의 존재를 전제로 하나, 과실범은 행위 외에 사실과 같이 행위가 아닌 경우에도 성립할 수 있다.

039 자연적·인과적 행위론은 의사에 따라 수행되는 신체활동 또는 인간에 의해 야기된 외부세계의 인과적 변화를 행위로 보는데, 미수범, 부작위범을 잘 설명해 줄 수 있다는 평가를 받았다.　　[법원9급 07]

　해설+ 부작위는 거동성이 없기 때문에 행위에서 배제되고, 미수범은 외부세계의 변화를 일으키지 못했다는 점에서 행위개념에 포함시킬 수 없다.

040 목적적 행위론은 고의·과실을 주관적 구성요건요소로 보게 되는데, 고의는 잘 설명할 수 있으나 과실은 잘 설명해주지 못한다는 평가를 받는다.　　[법원9급 07]

041 행위론은 형법적 판단의 대상이 될 수 없는 거동을 형법적 고찰에서 제외하는 기능, 즉 한계기능을 가지고 있는데, 사회적 행위론은 이러한 한계기능을 잘 충족시켰다는 평가를 받는다.　　[법원9급 07]

3 행위의 주체와 객체

대표유형

S회사의 대표이사인 甲은 전임 대표이사가 A와 B에게 회사소유의 상가를 분양하여 대금전액을 완납 받았음을 알면서도 乙과 공모하여 이중분양하기로 하고 乙에게 위 상가의 소유권이전등기를 해주었다. 배임죄에 있어서 타인의 사무를 처리할 의무의 주체가 법인이 되는 경우라도 법인이 처리할 의무를 지는 타인의 사무에 관하여는 법인은 사법상의 의무주체가 될 뿐 범죄능력이 없으므로 배임죄의 주체가 될 수 없고 그 법인을 대표하여 사무를 처리하는 자연인인 대표기관이 배임죄의 주체가 된다. [국가9급 13] [국가9급총론 18]

(O) 대법원 1984.10.10, 82도2595 전원합의체

042 회사의 대표이사인 甲은 전임 대표이사가 A와 B에게 회사소유의 상가를 분양하여 대금전액을 완납 받았음을 알면서도 乙과 공모하여 이중분양하기로 하고 乙에게 위 상가의 소유권이전등기를 해주었다.「형법」은 배임죄에 관하여 양벌규정을 두고 있으므로 대표이사 甲 이외에 S회사에 대해서도 벌금형을 부과할 수 있다. (다툼이 있는 경우 판례에 의함) [국가9급 13]

042 (×) '있으므로' → '없으므로', '있다' → '없다'
행정형법상 양벌규정으로 특별히 규정하고 있는 경우에만 행위자를 벌하는 외에 법률효과가 귀속되는 법인에 대하여도 벌금형을 과할 수 있을 뿐이다(대법원 1994.2.8, 93도1483). 형법에는 양벌규정과 같은 규정이 없다.

043 S회사의 대표이사인 甲은 전임 대표이사가 A와 B에게 회사소유의 상가를 분양하여 대금전액을 완납 받았음을 알면서도 乙과 공모하여 이중분양하기로 하고 乙에게 위 상가의 소유권이전등기를 해주었다. 乙이 상가가 A와 B에 매도된 사실을 알고 있으면서 甲과 공모하여 자기명의로 소유권이전등기를 경료함으로써 甲의 배임행위에 적극 가담한 경우 乙은 배임죄의 공동정범으로 처벌될 수 있다. [국가9급 13]

043 (O) 배임죄의 공동정범이 인정되기 위해서는 실행행위자의 배임행위를 교사하거나 또는 배임행위의 전 과정에 관여하는 등 배임행위에 적극 가담할 것을 필요로 한다(대법원 2008.7.24, 2008도287).

044 '법인의 대표자나 법인 또는 개인의 대리인·사용인 기타의 종업원이 그 법인 또는 개인의 업무에 관하여 제○○조의 규정에 의한 위반행위를 한 때에는 행위자를 벌하는 외에 그 법인 또는 개인에 대하여도 해당 조문의 벌금형을 과한다'는 내용의 양벌규정은 법치국가의 원리 및 죄형법정주의로부터 도출되는 책임주의원칙에 반한다. [변호사 21]

044 (O) 헌법재판소 2009.7.30, 2008헌가16

045 '법인의 대표자나 법인 또는 개인의 대리인, 사용인, 그 밖의 종업원이 그 법인 또는 개인의 업무에 관하여' 위반행위를 한 경우의 양벌규정과 관련하여, '법인 또는 개인'은 단지 형식상의 사업주가 아니라 자기의 계산으로 사업을 경영하는 실질적인 사업주를 말한다. [사시 16]

045 (○) 대법원 2000.10.27, 2000 도3570

046 양벌규정에서 법인처벌의 요건으로 규정된 '법인의 업무에 관하여' 행한 것으로 보기 위해서는 객관적으로 법인의 업무를 위하여 하는 것으로 인정할 수 있는 행위가 있어야 하고, 주관적으로는 피용자 등이 법인의 업무를 위하여 한다는 의사를 가지고 행위하여야 한다. [국가7급 23]

046 (○)

해설+ 신용정보의 이용 및 보호에 관한 법률 제34조에 법인을 처벌하기 위한 요건으로서 규정한 '법인의 업무에 관하여' 행한 것으로 보기 위해서는 객관적으로 법인의 업무를 위하여 하는 것으로 인정할 수 있는 행위가 있어야 하고, 주관적으로는 피용자 등이 법인의 업무를 위하여 한다는 의사를 가지고 행위함을 요한다(대법원 2006.6.15, 2004도1639).

047 양벌규정의 '법인의 대표자'는 그 명칭 여하를 불문하고 당해 법인을 실질적으로 경영하면서 사실상 대표하고 있는 자를 포함한다. [변호사 21]

047 (○) 대법원 1997.6.13, 96 도1703

048 법인이 아닌 약국을 실질적으로 경영하는 약사가 고용한 종업원의 위반행위에 대한 양벌규정상의 형사책임은 명의상의 개설약사가 아니라 실질적으로 경영하는 약사에게 있다. [국가7급 12]

048 (○) 대법원 2000.10.27, 2000 도3570

049 법인이 설립되기 이전에 자연인이 한 행위에 대하여는 특별한 근거규정이 없는 한 양벌규정을 적용하여 법인을 처벌할 수 없다.

[경찰승진 22] [국가7급 20]

049 (○) 대법원 2018.8.1, 2015 도10388

050 합병으로 인하여 소멸한 법인이 그 종업원 등의 위법행위에 대해 양벌규정에 따라 부담하던 형사책임은 그 성질상 이전을 허용하지 않는 것으로서 합병으로 인하여 존속하는 법인에 승계되지 않는다.

[국가7급 12] [국가9급총론 18] [사시 16]

050 (○) 대법원 2007.8.23, 2005 도4471

051 지방자치단체가 그 고유의 자치사무를 처리하는 경우 지방자치단체는 국가기관의 일부가 아니라 국가기관과는 별도의 독립한 공법인으로서 양벌규정에 의한 처벌대상이 되는 법인에 해당한다. [국가7급 12] [국가9급총론 18]

051 (○) 대법원 2005.11.10, 2004도2657

052 지방자치단체의 장이 국가사무의 일부를 위임받아 사무를 처리하는 기관위임사무뿐만 아니라, 지방자치단체 고유의 자치사무를 처리하는 경우에도 지방자치단체는 국가기관과는 별도의 독립한 공법인이므로 양벌규정에 따라 처벌대상이 되는 법인에 해당한다. [경찰승진 23]

052 (×) '기관위임사무뿐만 아니라' 부분이 틀린 지문이다.

> **해설+** 국가가 본래 그의 사무의 일부를 지방자치단체의 장에게 위임하여 처리하게 하는 기관위임사무의 경우 지방자치단체는 국가기관의 일부로 볼 수 있고, 지방자치단체가 그 고유의 자치사무를 처리하는 경우 지방자치단체는 국가기관의 일부가 아니라 국가기관과는 별도의 독립한 공법인으로서 양벌규정에 의한 처벌대상이 되는 법인에 해당한다. 지방자치단체 소속 공무원이 지정항만순찰 등의 업무를 위해 관할관청의 승인 없이 개조한 승합차를 운행함으로써 구 자동차관리법을 위반한 경우, 지방자치법, 구 항만법, 구 항만법 시행령 등에 비추어 위 항만순찰 등의 업무는 지방자치단체의 장이 국가로부터 위임받은 기관위임사무에 해당하므로 해당 지방자치단체는 구 자동차관리법 제83조의 양벌규정에 따른 처벌대상이 될 수 없다(대법원 2009.6.11, 2008도6530).

053 지방자치단체 소속 공무원이 압축트럭 청소차를 운전하여 고속도로를 운행하던 중 제한축중을 초과 적재 운행함으로써 도로관리청의 차량운행제한을 위반한 경우, 해당 지방자치단체는 구 도로법 제86조의 양벌규정에 따른 처벌대상이 아니다. [경찰승진 22]

053 (×)

> **해설+** 지방자치단체 소속 공무원이 압축트럭 청소차를 운전하여 고속도로를 운행하던 중 제한축중을 초과 적재 운행함으로써 도로관리청의 차량운행제한을 위반한 경우, 해당 지방자치단체는 도로법 제86조의 양벌규정에 따른 처벌대상인 공법인에 해당한다(대법원 2005.11.10, 2004도2657).

054 법인격 없는 사단에 대하여 양벌규정의 적용에 관하여 아무런 명문의 규정을 두고 있지 아니한 경우 이를 처벌하는 것은 죄형법정주의에 반한다. [국가7급 12] [국가9급총론 18]

054 (○) 대법원 1995.7.28, 94도3325

055 양벌규정에 법인격 없는 사단이나 재단이 명시되어 있지 않더라도 그 양벌규정을 근거로 법인격 없는 사단이나 재단을 처벌할 수 있다. [경찰승진 22]

해설+ 자동차운수사업법 제72조 제5호는 같은 법 제58조의 규정에 의한 허가를 받지 아니하고 자가용자동차를 유상으로 운송용에 제공하거나 임대한 자를 처벌한다고 규정하고, 같은 법 제74조는 이른바 양벌규정으로서 "법인의 대표자나 법인 또는 개인의 대리인, 사용인 기타의 종업원이 그 법인 또는 개인의 업무와 관련하여 같은 법 제72조의 위반행위를 한 때에는 행위자를 벌하는 외에 그 법인 또는 개인에 대하여도 각 해당 조항의 벌금형에 처한다"고 규정하고 있을 뿐이고 법인격 없는 사단에 대하여서도 위 양벌규정을 적용할 것인가에 관하여는 아무런 명문의 규정을 두고 있지 아니하므로, 죄형법정주의의 원칙상 법인격 없는 사단에 대하여는 같은 법 제74조에 의하여 처벌할 수 없고, 나아가 법인격 없는 사단에 고용된 사람이 유상운송행위를 하였다 하여 법인격 없는 사단의 구성원 개개인이 위 법 제74조 소정의 "개인"의 지위에 있다하여 처벌할 수도 없다(대법원 1995.7.28, 94도3325).

056 구 건축법(2015.7.24. 법률 제13433호로 개정되기 전의 것) 제108조 제1항은 같은 법 제11조 제1항에 의한 허가를 받지 아니하고 건축물을 건축한 건축주를 처벌한다고 규정하고, 같은 법 제112조 제4항은 양벌규정으로서 "개인의 대리인, 사용인, 그 밖의 종업원이 그 개인의 업무에 관하여 제107조부터 제111조까지의 규정에 따른 위반행위를 하면 행위자를 벌할 뿐만 아니라 그 개인에게도 해당 조문의 벌금형을 과한다."라고 규정하고 있다. 甲 교회의 총회 건설부장인 피고인이 관할시청의 허가 없이 건물 옥상층에 창고시설을 건축하는 방법으로 건물을 불법 증축한 경우, 甲 교회는 乙을 대표자로 한 법인격 없는 사단이고, 피고인은 甲 교회에 고용된 사람이므로, 乙을 구 건축법 제112조 제4항 양벌규정의 '개인'의 지위에 있다고 보아 피고인을 같은 조항에 의하여 처벌할 수 있다. [법원행시 20]

해설+ 구 건축법(2015.7.24. 법률 제13433호로 개정되기 전의 것) 제108조 제1항은 같은 법 제11조 제1항에 의한 허가를 받지 아니하고 건축물을 건축한 건축주를 처벌한다고 규정하고, 같은 법 제112조 제4항은 양벌규정으로서 "개인의 대리인, 사용인, 그 밖의 종업원이 그 개인의 업무에 관하여 제107조부터 제111조까지의 규정에 따른 위반행위를 하면 행위자를 벌할 뿐만 아니라 그 개인에게도 해당 조문의 벌금형을 과한다."라고 규정하고 있다. 그러나 법인격 없는 사단에 고용된 사람이 위반행위를 하였더라도 법인격 없는 사단의 구성원 개개인이 위 법 제112조에서 정한 '개인'의 지위에 있다 하여 그를 처벌할 수는 없다(대법원 2017.12.28, 2017도13982).

057 판례는 양벌규정의 적용대상자를 업무주가 아니면서 당해 업무를 실제 집행하는 자에게까지 확장하고 있어, 법인격 없는 공공기관도 「개인정보 보호법」상 양벌규정에 의해 처벌될 수 있고, 해당 업무를 실제로 담당하는 소속 공무원도 양벌규정에 의해 처벌받을 수 있다. [경찰채용 22 2차]

057 (×)

> **해설+** 개인정보 보호법은 제2조 제5호, 제6호에서 공공기관 중 법인격이 없는 '중앙행정기관 및 그 소속 기관' 등을 개인정보처리자 중 하나로 규정하고 있으면서도, 양벌규정에 의하여 처벌되는 개인정보처리자로는 같은 법 제74조 제2항에서 '법인 또는 개인'만을 규정하고 있을 뿐이고, 법인격 없는 공공기관에 대하여도 위 양벌규정을 적용할 것인지 여부에 대하여는 명문의 규정을 두고 있지 않으므로, 죄형법정주의의 원칙상 '법인격 없는 공공기관'을 위 양벌규정에 의하여 처벌할 수 없고, 그 경우 행위자 역시 위 양벌규정으로 처벌할 수 없다고 봄이 타당하다(대법원 2021.10.28, 2020도1942).

058 법률의 벌칙규정의 적용대상자가 일정한 '업무주'로 한정되어 있는 경우, 업무주가 아니면서 그 업무를 실제로 집행하는 자가 그 벌칙규정의 위반행위를 하였다면, 그 집행하는 자는 그 벌칙규정을 적용대상으로 하고 있는 '양벌규정'에 의해 처벌될 수 있다. [변호사 21]

058 (○) 대법원 1999.7.15, 95도2870 전원합의체

059 형벌의 자기책임원칙에 비추어 보면, 종업원의 위반행위가 발생한 그 업무와 관련하여 법인이 상당한 주의 또는 관리감독 의무를 게을리한 때에 한하여 양벌규정을 적용한다. [사시 16]

059 (○) 대법원 2010.2.25, 2009도5824

060 양벌규정에 의해서 법인 또는 개인을 처벌하는 경우 그 처벌은 직접 법률을 위반한 행위자에 대한 처벌에 종속하며, 행위자에 대한 선임감독상의 과실로 인하여 처벌되는 것이므로, 행위자에 대한 처벌이 법인 또는 개인에 대한 처벌의 전제조건이 된다. [변호사 13]

060 (×) '하며' → '하는 것이 아니라', '된다' → '되는 것은 아니다'

> **해설+** 독립하여 그 자신의 종업원에 대한 선임감독상의 과실로 인하여 처벌되는 것이므로 종업원의 범죄성립이나 처벌이 영업주 처벌의 전제조건이 될 필요는 없다(대법원 2006.2.24, 2005도7673).

061 양벌규정은 법인의 대표자 등 행위자가 법규위반행위를 저지른 경우, 일정 요건하에 행위자가 아닌 법인이 직접 법규위반행위를 저지른 것으로 평가하여 행위자와 같이 처벌하도록 규정한 것으로 이때의 법인의 처벌은 행위자의 처벌에 종속되는 것이다. [경찰승진 23]

해설+ 양벌규정은 법인의 대표자나 법인 또는 개인의 대리인, 사용인, 그 밖의 종업원 등 행위자가 법규위반행위를 저지른 경우, 일정 요건하에 이를 행위자가 아닌 법인 또는 개인이 직접 법규위반행위를 저지른 것으로 평가하여 행위자와 같이 처벌하도록 규정한 것으로서, 이때의 법인 또는 개인의 처벌은 행위자의 처벌에 종속되는 것이 아니라 법인 또는 개인의 직접책임 내지 자기책임에 기초하는 것이다(대법원 2020.6.11, 2016도9367).

062 법인 대표자의 법규위반행위에 대한 법인의 책임은 법인 자신의 법규위반행위로 평가될 수 있는 행위에 대한 법인의 직접책임으로서의 성격을 가지지만, 대표자의 과실에 의한 위반행위에 대하여는 법인 자신의 과실에 의한 책임이라고 할 수 없다. [경찰승진 22]

해설+ 법인은 기관을 통하여 행위하므로 법인이 대표자를 선임한 이상 그의 행위로 인한 법률효과는 법인에게 귀속되어야 하고 법인 대표자의 범죄행위에 대하여는 법인 자신이 자신의 행위에 대한 책임을 부담하여야 하는바, 법인 대표자의 법규위반행위에 대한 법인의 책임은 법인 자신의 법규위반행위로 평가될 수 있는 행위에 대한 법인의 직접책임으로서, 대표자의 고의에 의한 위반행위에 대하여는 법인 자신의 고의에 의한 책임을, 대표자의 과실에 의한 위반행위에 대하여는 법인 자신의 과실에 의한 책임을 부담하는 것이다(2011.10.25, 2010헌바307).

063 양벌규정 중 법인 대표자의 법규위반행위에 대한 법인의 책임은 법인 자신의 법규위반행위로 평가될 수 있는 행위에 대한 법인의 직접책임이지만, 대표자의 고의·과실에 의한 위반행위에 대하여는 법인도 고의·과실책임을 부담하므로 법인의 처벌은 그 대표자의 처벌을 요건으로 한다. [국가7급 23]

해설+ 양벌규정을 따로 둔 취지는, 법인은 기관을 통하여 행위하므로 법인의 대표자의 행위로 인한 법률효과와 이익은 법인에 귀속되어야 하고, 법인 대표자의 범죄행위에 대하여는 법인 자신이 책임을 져야 하는바, 법인 대표자의 법규위반행위에 대한 법인의 책임은 법인 자신의 법규위반행위로 평가될 수 있는 행위에 대한 법인의 직접책임이기 때문이다. 따라서 대표자의 고의에 의한 위반행위에 대하여는 법인 자신의 고의에 의한 책임을, 대표자의 과실에 의한 위반행위에 대하여는 법인 자신의 과실에 의한 책임을 져야 한다. 이처럼 양벌규정 중 법인의 대표자 관련 부분은 대표자의 책임을 요건으로 하여 법인을 처벌하는 것이지 그 대표자의 처벌까지 전제조건이 되는 것은 아니다(대법원 2022.11.17, 2021도701).

064 행위자에 대하여 부과되는 형량을 작량감경하는 경우 양벌규정에 의하여 법인을 처벌함에 있어서도 이와 동일한 조치를 취하여야 한다. [변호사 13]

> **해설+** 양벌규정에 따라 그 회사를 처단함에 있어서도 행위자와 같은 조치를 취하여야 한다는 논지는 받아들일 수 없다(대법원 1995.12.12, 95도1893).

064 (×) '한다' → '하는 것은 아니다'

065 회사 대표자의 위반행위에 대하여 징역형의 형량을 작량감경하고 병과하는 벌금형에 대하여 선고유예를 한 이상 양벌규정에 따라 그 회사를 처단함에 있어서도 같은 조치를 취하여야 한다. [변호사 21]

> **해설+** 회사 대표자의 위반행위에 대하여 징역형의 형량을 작량감경하고 병과하는 벌금형에 대하여 선고유예를 한 이상 양벌규정에 따라 그 회사를 처단함에 있어서도 같은 조치를 취하여야 한다는 논지는 독자적인 견해에 지나지 아니하여 받아들일 수 없다(대법원 1995.12.12, 95도1893).

065 (×)

066 양벌규정에 의하여 법인이 처벌받는 경우, 법인에게 자수감경에 관한 「형법」 제52조 제1항의 규정을 적용하기 위해서는 법인의 이사 기타 대표자가 자수한 경우에 한하고, 그 위반행위를 한 직원 또는 사용인이 자수한 것만으로는 위 규정을 적용할 수 없다. [사시 16]

066 (○) 대법원 1995.7.25, 95도391

067 양벌규정이 적용되는 친고죄의 공소제기에는 직접행위자 외에 양벌규정으로 처벌받는 자에 대한 별도의 고소를 요한다. [국가9급총론 20]

067 (×) '요한다' → '요하지 않는다'(대법원 1996.3.12, 94도2423)

CHAPTER 02 | 구성요건론

1 구성요건이론

001 소극적 구성요건표지이론에 따르면 범죄의 성립단계는 총체적 불법구성요건(불법)과 책임으로 나누어지고, 위법성조각사유의 전제사실에 관한 착오는 구성요건착오가 되어 고의가 부정되고 과실범 성립의 문제만 남는다.

[국가9급 13]

001 (○) 위법성조각사유의 전제사실에 관한 착오는 구성요건착오가 되고, 구성요건적 고의 자체가 부정되므로 과실범 성립의 문제만 남는다.

002 소극적 구성요건표지이론은 구성요건해당성이 없는 행위와 구성요건에는 해당하나 위법성이 조각되는 행위 사이에 존재하는 가치 차이를 무시한다.

[경찰간부 18]

002 (○)

해설+ 소극적 구성요건표지이론은 범죄성립요건을 총체적 불법구성요건과 책임의 2단계 범죄체계로 파악한다. 따라서 소극적 구성요건표지이론에 따르면, 처음부터 구성요건해당성이 없는 경우(모기를 죽이는 행위)와 구성요건에는 해당하나 위법성이 조각되는 경우(사람을 살해하였으나 정당방위에 해당하는 행위) 모두 구성요건에 해당하지 않는다고 보게 된다.

003 허용구성요건착오에 대하여 소극적 구성요건요소이론은 사실의 착오 규정이 직접 적용되어 구성요건적 고의가 조각된다고 보나, 이에 대해서는 구성요건 해당성과 위법성의 차이를 인정하지 않는다는 비판이 가해진다.

[국가7급 20]

003 (○)

해설+ 소극적 구성요건요소이론은 2단계 범죄체계를 취하여 구성요건해당성과 책임을 갖추면 범죄가 성립된다는 입장의 구성요건이론으로, 이에 의하면 위법성조각사유는 소극적 구성요건에 불과하므로, 위법성조각사유의 전제사실의 착오인 오상방위의 경우 구성요건적 착오가 되어 구성요건적 고의가 조각된다고 보게 된다. 이에 대해서는 위법성조각사유의 독자적 기능을 무시하였다는 등의 비판이 있는 바, 위 지문은 이를 출제한 것이다.

004 병역법 제88조 제1항은 국방의 의무를 실현하기 위하여 현역입영 또는 소집통지서를 받고도 정당한 사유 없이 이에 응하지 않은 사람을 처벌하는데, 피고인에게 정당한 사유가 있는 경우 병역법상 입영 등 기피죄의 구성요건해당성이 조각된다. [경찰채용 20 1차]

004 (O) 대법원 2018.11.1, 2016 도10912 전원합의체

005 '정당한 사유' 없이 입영에 불응하는 사람을 처벌하는 「병역법」 제88조의 범죄에서 '정당한 사유'는 위법성조각사유이다. [경찰채용 19 1차]

005 (×)

> **해설+** 병역법 제88조 제1항은 국방의 의무를 실현하기 위하여 현역입영 또는 소집통지서를 받고도 정당한 사유 없이 이에 응하지 않은 사람을 처벌함으로써 입영기피를 억제하고 병력구성을 확보하기 위한 규정이다. 위 조항에 따르면 정당한 사유가 있는 경우에는 피고인을 벌할 수 없는데, 여기에서 정당한 사유는 구성요건해당성을 조각하는 사유이다(대법원 2018.11.1, 2016도10912 전원합의체).

---

2 **결과반가치와 행위반가치**

006 고의범의 위법성조각사유에는 주관적 정당화요소가 필요하다는 입장은 구성요건 해당 행위의 결과반가치와 행위반가치 모두가 상쇄되어야 위법성이 조각될 수 있다는 점을 근거로 한다. [국가7급 20]

006 (O) 이원적·인적 불법론에 대한 내용으로, 옳은 설명이다.

---

3 **인과관계와 객관적 귀속**

 대표유형

甲이 야간에 차량의 왕래가 빈번한 편도 2차선 도로에서 오토바이를 운전하다가 전방좌우의 주시를 게을리하여 그 도로를 무단횡단하던 A를 충격하여 A를 위 도로에 넘어지게 한 후 약 1분 동안 그대로 있게 하여 다른 사람이 운전하던 트럭이 도로 위에 넘어져 있던 A를 역과하여 사망하게 한 경우 甲의 행위와 A의 사망 사이에는 인과관계가 인정된다. [사시 14]

(O) 甲의 과실행위는 A의 사망에 대한 직접적 원인을 이루는 것이어서 양자 간에는 상당인과관계가 인정된다(대법원 1990.5.22, 90도580).

대표유형

피고인이 피해자를 유인하여 호텔 객실에 감금한 후 강간하려 하자 피해자가 완강히 반항하던 중 예약된 대실시간이 끝나감에 따라 피고인이 대실시간 연장을 위하여 프론트에 전화를 하는 사이 피해자가 객실창문을 통해 탈출하려다가 지상에 추락하여 사망한 경우, 피고인의 강간미수행위와 피해자의 사망 사이에 상당인과관계가 인정된다. [법원9급 15]

(O) 대법원 1995.5.12, 95도425

007 어떤 행위라도 죄의 요소되는 위험발생에 연결되지 아니한 때에는 그 결과로 인하여 벌하지 아니한다. [경찰채용 17 2차]

007 (○) 제17조

008 결과범의 경우 행위와 결과 사이에 인과관계가 있어야 기수범이 성립할 수 있다. [국가7급 11]

008 (○) 인과관계가 없으면 고의범은 미수, 과실범은 무죄가 될 뿐이다.

009 고의의 결과범에서 실행행위와 결과발생 간에 인과관계가 없는 경우 행위자를 기수범으로 처벌할 수 없다. [변호사 23]

> **보충** 고의의 결과범에서 인과관계가 없으면 기수범이 아니라 미수범이 성립한다.

009 (○) 결과범의 경우 행위와 결과 사이에 인과관계가 있어야 기수범이 성립할 수 있다.

010 고의범의 경우에는 인과관계가 인정되면 범죄기수가 되고 인정되지 않으면 불가벌로 된다. [국가7급 11]

> **해설+** 행위와 결과 간의 인과관계가 인정되지 않으면, 과실범은 무죄가 되나 고의범은 미수가 된다.

010 (×) '불가벌' → '미수'

011 조건설은 인과관계 판단의 출발점을 제시한다는 의의가 있으나, 인과관계의 범위가 무한히 확장될 우려가 있다는 비판을 받고 있다. [경찰채용 19 2차]

> **해설+** 조건설의 경우, 절대적 제약관계의 공식(c.s.q.n)을 만족시키는 모든 조건은 동등하게 인과관계가 인정된다. 예컨대, 살인범의 모(母)가 살인범을 출산하지 아니하였다면 피해자도 사망하지 아니하였을 것이므로, 모의 출산행위도 인과관계가 있다는 소위 논리적 인과관계의 개념이 되어 버린다.

011 (○)

012 '그러한 행위가 없었더라면 그러한 결과도 발생하지 않았을 것'이라는 자연과학적 인과관계를 판단의 척도로 삼는 조건설은 각 조건들을 결과에 대한 동등한 원인으로 간주하여 인과관계의 범위가 지나치게 확장된다는 비판을 받는다. [경찰간부 22]

012 (O)

> **해설+** 조건설에 의하면, 만일 행위(조건)가 없었더라면 그러한 결과도 없었으리라고 생각되는 경우에 그러한 모든 조건을 결과발생의 원인으로 보는데, 이를 절대적 제약관계라고 한다. 조건설은 절대적 제약관계에 해당하는 한 조건의 중요성 여부를 묻지 않으므로, 이를 등가설이라고도 한다. 이는 자연과학에서 쓰이는 인과관계의 개념과 거의 유사한 것으로, 조건설에 의하면 인과관계의 인정범위를 상당히 폭넓게 보게 된다.

013 어느 행위로부터 어느 결과가 발생하는 것이 경험칙상 상당하다고 판단될 때 인과관계가 인정되는 상당인과관계설은 인과관계를 일상적인 생활경험으로 제한하여 형사처벌의 확장을 방지하는 장점이 있으나 '상당성'의 판단이 모호하여 법적 안정성을 해칠 우려가 있다는 비판을 받는다. [경찰간부 22]

013 (O)

> **해설+** 상당인과관계설이란, 사회생활상의 일반적인 생활경험 내지 경험법칙에 비추어 그러한 행위로부터 그러한 결과가 발생하는 것이 상당하다고 인정될 때 그 행위와 결과 사이의 인과관계를 인정하는 견해로, 상당성의 개념 자체가 모호하다는 비판을 받는다.

014 폭행이나 협박을 가하여 간음을 하려는 행위와 이에 극도의 흥분을 느끼고 공포심에 사로잡혀 이를 피하려다 사상에 이르게 된 사실과는 이른바 상당인과관계가 있어 강간치사상죄로 다스릴 수 있다. [법원9급 13]

014 (O) 대법원 1978.7.11, 78도1331

015 피해자가 평소 병약한 상태에 있었고 피고인의 폭행으로 그가 사망함에 있어서 지병이 또한 사망 결과에 영향을 주었다고 하여 폭행과 사망 간에 인과관계가 없다고 할 수 없다. [법원행시 11]

015 (O) 대법원 1979.10.10, 79도2040

016 甲이 살인의 고의로 A의 하복부에 칼로 심한 자상을 입힌 것이 A를 사망하게 한 직접적 원인이 아니었다면, 이로부터 발생된 다른 간접적 원인이 결합되어 사망의 결과가 발생하였더라도 甲에게는 살인죄가 성립하지 않는다. [국가9급총론 18]

016 (×) '하지 않는다' → '한다'

해설+ 피고인의 행위가 피해자를 사망하게 한 직접적 원인은 아니었다 하더라도 이로부터 발생된 다른 간접적 원인이 결합되어 사망의 결과를 발생하게 한 경우 그 행위와 사망 사이에는 인과관계가 있다(대법원 1982.12.28, 82도2525).

017 피고인의 자상행위가 사망의 유일한 원인이거나 직접적 원인은 아니지만 이로부터 발생한 다른 간접적 원인이 결합되어 사망결과가 발생한 경우 피고인의 행위와 피해자의 사망 사이는 인과관계가 인정된다. [국가7급 16]

017 (○) 대법원 1982.12.28, 82도2525

018 甲이 주먹으로 A의 복부를 1회 강타하였는데, 이로 인하여 A는 장파열이 되어 병원에 입원하였다. 그런데 의사 乙의 과실에 의한 수술지연이 공동원인이 되어 A가 사망한 경우 甲의 상해행위와 A의 사망 사이에는 인과관계가 인정된다. [경찰채용 17 2차] [사시 14]

018 (○)

해설+ 비록 의사 乙의 수술지연 등의 과실이 A의 사망의 공동원인이 되었다 하더라도 역시 甲의 행위가 사망의 결과에 대한 유력한 원인이 된 이상, 그 폭행행위와 치사의 결과 사이에 인과관계는 있다(대법원 1984.6.26, 84도831,84감도129).

019 수술 후 의사 甲의 복막염에 대한 진단과 처치 지연 등의 과실로 A가 제때 필요한 조치를 받지 못하였다면, 비록 A가 甲의 지시를 일부 따르지 않거나 퇴원한 사실이 있더라도, 甲의 과실과 A의 사망 사이에는 인과관계가 단절된다고 볼 수 없다. [경찰승진 22]

019 (○) 대법원 2018.5.11, 2018도2844

보충 피고인은 주의의무를 게을리하여 피해자가 수술 후 보인 증상을 통상적인 통증으로 안일하게 판단하여 피해자에게 지연성 천공 등 예상되는 합병증에 대한 위험을 제대로 고지·설명하지 않았고, 퇴원 조건을 갖추지 못한 피해자에 대한 퇴원을 허락하였다. 나아가 피고인은 피해자가 재차 병원을 방문하였을 때에도 복막염이 아니라고 속단한 채 피해자에게 필요한 적절한 검사나 치료를 하지 않고, 피해자가 마지막으로 병원에 온 이후에도 허혈성 심질환으로만 의심하여 이에 대한 조치만 취하였을 뿐이다. 그 결과 심장 전문의 등과의 협진을 통한 정확한 원인 규명과 이에 따른 필요한 처치나 전원을 지체하는 등으로 피해자로 하여금 제때에 필요한 조치를 받지 못하게 한 과실이 있다(동 판례).

020 甲이 운행하던 자동차에 치여 반대차선의 1차선상에 넘어진 도로횡단자 乙이 그 직후 반대차선을 운행하던 화물차에 역과되어 사망한 경우 甲의 행위와 乙의 사망 사이에 인과관계가 인정된다.　　　　　　　　[국가7급 13]

020 (○) 甲은 그와 같은 사고를 충분히 예견할 수 있었고 또한 甲의 과실과 乙의 사망 사이에는 인과관계가 있다(대법원 1988.11.8, 88도928).

021 피고인들이 공동하여 피해자를 폭행하여 당구장 3층에 있는 화장실에 숨어 있던 피해자를 다시 폭행하려고 피고인 甲은 화장실을 지키고, 피고인 乙은 당구치는 기구로 문을 내려쳐 부수자 위협을 느낀 피해자가 화장실 창문 밖으로 숨으려다가 실족하여 떨어짐으로써 사망한 경우 피고인들에 대하여 폭행치사죄의 공동정범이 성립된다.
　　　　　　　　[법원행시 13] [사시 14] [법원승진 14] [경찰채용 17 2차]

021 (○) 피고인들의 위 폭행행위와 피해자의 사망 사이에는 인과관계가 있다(대법원 1990.10.16, 90도1786).

022 연탄가스 중독환자가 퇴원시 자신의 병명을 물었으나 의사가 아무런 요양방법을 지도하여 주지 아니하여 병명을 알지 못해 퇴원 즉시 재차 연탄가스에 중독된 경우, 의사의 업무상과실과 재차 연탄가스에 중독된 것과의 사이에는 인과관계가 인정된다.　　　　　　　　[경찰간부 18]

022 (○) 대법원 1991.2.12, 90도2547

023 피고인이 동거녀인 피해자가 술집에 나가 일을 하겠다고 한다는 이유로 아파트 안방에 피해자를 감금한 후 옷을 벗기고 가위로 모발을 자르는 등 가혹행위를 하여 피해자가 이를 피하기 위하여 피고인이 인터폰을 받으려 잠시 한눈을 파는 사이에 안방 창문을 통하여 아파트 아래 잔디밭에 뛰어내리다가 사망한 경우 피고인은 중감금치사죄의 죄책을 진다.　[법원행시 13]

023 (○) 피고인의 중감금행위와 피해자의 사망 사이에는 인과관계가 있어 피고인은 중감금치사죄의 죄책을 진다(대법원 1991.10.25, 91도2085).

024 살인의 실행행위가 피해자의 사망이라는 결과를 발생하게 한 유일한 원인일 필요는 없으나 직접적인 원인이어야만 하므로, 살인의 실행행위와 피해자의 사망 사이에 다른 사실이 개재되어 그 사실이 치사의 직접적인 원인이 되었다면, 그와 같은 사실이 통상 예견할 수 있는지를 불문하고 살인의 실행행위와 피해자의 사망 사이에 인과관계가 있는 것으로 보아야 한다.

[법원행시 11 변형] [변호사 18 변형] [경찰채용 18 2차 변형] [경찰승진 23]

해설+ 살인의 실행행위가 피해자의 사망이라는 결과를 발생하게 한 유일한 원인이거나 직접적인 원인이어야만 되는 것은 아니므로, 살인의 실행행위와 피해자의 사망과의 사이에 다른 사실이 개재되어 그 사실이 치사의 직접적인 원인이 되었다고 하더라도 그와 같은 사실이 통상 예견할 수 있는 것에 지나지 않는다면 살인의 실행행위와 피해자의 사망과의 사이에 인과관계가 있는 것으로 보아야 한다(대법원 1994.3.22, 93도3612).

025 甲이 입힌 자상(刺傷)으로 인하여 급성신부전증이 발생되어 치료를 받게 된 乙이 음식과 수분의 섭취를 억제해야 하는 사실을 모르고 콜라와 김밥 등을 함부로 먹은 탓에 패혈증 등 합병증이 발생하여 사망한 경우 甲의 행위와 乙의 사망 사이에 인과관계가 인정된다.

[국가7급 13]

025 (○) 대법원 1994.3.22, 93도3612

026 甲이 야간에 2차선의 굽은 도로 위에 미등 및 차폭등을 켜지 않은 채 화물차를 주차시켜 놓은 후에 그것을 미처 보지 못한 乙이 운전하던 오토바이가 그 화물차에 추돌하여 乙이 사망한 경우 甲의 행위와 乙의 사망 사이에 인과관계가 인정된다.

[국가7급 13]

026 (○) 대법원 1996.12.20, 96도2030

027 교제를 거절한다는 이유로 甲이 A의 배를 발로 차고 얼굴을 주먹으로 때리자 A가 계속되는 甲의 상해행위를 피하려고 도로를 건너 도주하다가 차량에 치여 사망한 경우 甲에게는 상해치사죄가 성립한다.

[국가9급총론 18] [법원행시 11]

027 (○) 상해행위를 피하려고 하다가 차량에 치어 사망한 경우 상해행위와 피해자의 사망 사이에 상당인과관계가 있어 상해치사죄가 성립한다(대법원 1996.5.10, 96도529).

CHAPTER 02 구성요건론 97

028 임차인이 자신의 비용으로 설치·사용하던 가스설비의 휴즈콕크를 아무런 조치 없이 제거하고 이사를 간 후 주밸브가 열려져 가스가 유입되어 폭발사고가 발생한 경우 임차인의 과실과 가스폭발사고 사이에 상당인과관계가 인정되지 않는다. [국가9급 12] [경찰간부 18]

029 판례는 승용차로 피해자를 가로막아 승차하게 한 후 피해자의 하차요구를 무시한 채 시속 60~70km의 속도로 진행하는 도중 피해자가 차량을 빠져나오려다가 길바닥에 떨어져 상해를 입고 그 결과 사망하게 된 경우, 감금행위와 피해자의 사망 사이에 인과관계를 인정하였다. [국가7급 11]

030 선행차량에 이어 甲의 운전 차량이 피해자를 연속하여 역과하는 과정에서 피해자가 사망한 경우에 甲 운전 차량의 역과와 피해자의 사망 사이에 인과관계가 인정된다. [국가9급 12]

031 4일 가량 물조차 제대로 마시지 못하고 잠도 자지 아니하여 거의 탈진상태에 이른 피해자의 손과 발을 17시간 이상 묶어 두고 좁은 차량 속에서 움직이지 못하게 감금한 행위와 묶인 부위의 혈액 순환에 장애가 발생하여 혈전이 형성되고 그 혈전이 폐동맥을 막아 사망에 이르게 된 결과 사이에는 인과관계가 인정된다. [경찰간부 18] [국가9급총론 18]

032 甲이 의도적으로 A를 술에 취하도록 유도하고 수차례 강간한 후 의식불명에 빠진 A를 비닐창고로 옮겨 놓아 A가 저체온증으로 사망한 경우 甲에게는 강간치사죄가 성립한다.

033 甲은 A의 뺨을 1회 때리고 오른손으로 목을 쳐 A로 하여금 뒤로 넘어지면서 머리를 아스팔트 바닥에 부딪히게 하여 두개골 골절, 외상성 지주막하출혈 등의 상해를 가하였지만, A가 병원에서 입원치료를 받다가 합병증인 폐렴으로 인한 패혈증 등으로 사망한 경우 甲의 상해행위와 A의 사망 사이에는 인과관계가 인정된다. [사시 14]

033 (○) 인과관계를 부정할 수 없고, 사망 결과에 대한 예견가능성이 있기 때문에 甲에게는 상해치사의 죄책이 인정된다(대법원 2012.3.15, 2011도17648).

034 甲은 乙의 임신 사실을 알고 수회에 걸쳐 낙태를 권유하였다가 거절당하였음에도 계속 乙에게 "출산 여부는 알아서 하되 아이에 대한 친권을 행사할 의사가 없다."라고 하면서 낙태할 병원을 물색해 주기도 하였다. 그 후 乙은 甲에게 알리지 않고 자신이 알아본 병원에서 낙태시술을 받았다면 甲의 낙태교사행위와 乙의 낙태행위 사이에는 인과관계가 인정되지 않는다. [사시 14]

034 (×) '사이에는 인과관계가 인정되지 않는다' → '사이에 인과관계가 단절되었다고 볼 것은 아니다' 甲은 乙에게 직접 낙태를 권유할 당시뿐만 아니라 출산 여부는 알아서 하라고 통보한 이후에도 계속하여 낙태를 교사하였고, 乙은 이로 인하여 낙태를 결의·실행하게 되었다고 봄이 타당하다(대법원 2013. 9.12, 2012도2744).

035 甲이 고속도로 2차로를 따라 자동차를 운전하다가 1차로를 진행하던 乙의 차량 앞에 급하게 끼어든 후 곧바로 정차하여 乙의 차량은 급정차하였고 그 뒤를 따라오던 丙의 차량이 乙의 차량과 추돌하여 丙이 사망한 경우, 丙에게 안전거리 미확보의 과실이 인정된다면 甲의 정차행위와 丙의 사망 사이에는 인과관계가 없다. [국가9급 17]

035 (×) '없다' → '있다' 주의의무를 완전하게 다하지 않을 수도 있다는 점을 알았거나 충분히 알 수 있었으므로, 피고인의 정차행위와 사상의 결과 발생 사이에 상당인과관계가 있다(대법원 2014.7.24, 2014도6206).

036 자동차가 횡단보도에 먼저 진입한 경우로서 그대로 진행하더라도 보행자의 횡단을 방해하거나 통행에 아무런 위험을 초래하지 아니할 상황이라면 보행자 신호가 녹색으로 바뀐 경우라도 그대로 진행할 수 있다고 보이야 하므로, 피고인이 운전하는 차량이 이미 횡단보도에 먼저 진입한 뒤에 보행자 신호가 녹색으로 바뀌었고, 바뀐 신호만을 보고 횡단보도에 진입한 피해자를 피고인이 그대로 충격하여 피해자에게 상해를 입힌 경우에는 피고인의 과실과 피해자가 입은 상해 사이에는 상당인과관계가 인정되지 않는다. [경찰채용 19 2차]

036 (×) '인정되지 않는다' → '인정된다'(대법원 2017.3.15, 2016도17442)

037 청산가리를 먹고 신음 중인 A를 본 甲이 보호의무가 있음에도 이를 방치한 결과 A가 사망한 경우 만약 甲이 즉시 병원으로 후송했더라도 의학기술상 치료가 불가능하다는 것이 판명되었다면, 甲에 대해서는 유기치사죄가 성립하지 않는다.

[사시 11]

038 운전사가 시동을 끄고 시동열쇠는 꽂아 둔 채로 하차한 동안에 조수가 이를 운전하다가 사고를 낸 경우에 시동열쇠를 그대로 꽂아 둔 행위와 상해의 결과발생 사이에는 특별한 사정이 없는 한 인과관계가 없다.

[법원9급 13]

039 강간을 당한 피해자가 집에 돌아가 음독자살하기에 이르른 원인이 강간을 당함으로 인하여 생긴 수치심과 장래에 대한 절망감 등에 있었다 하더라도 그 자살행위가 바로 강간행위로 인하여 생긴 당연의 결과라고 볼 수는 없으므로 강간행위와 피해자의 자살행위 사이에 인과관계를 인정할 수는 없다.

[법원행시 11]

040 전매사실을 숨기고 지주명의로 위장하여 대지에 관한 매매계약을 체결하였으나, 그 이행에 아무런 영향이 없는 경우에 기망행위와 처분행위 사이는 인과관계가 인정된다.

[국가7급 16]

041 甲은 부동산 대지에 대한 전매사실을 숨기고 지주명의로 위장하여 乙과 대지에 관한 매매계약을 체결하였으나 그 이행에 아무런 영향이 없었던 경우, 乙이 전매사실을 알았더라면 매매계약을 맺지 않았으리라는 등 특별한 사정이 없는 한 甲의 위 기망행위와 위 乙의 처분행위 사이에는 인과관계를 인정할 수 없다.

[경찰채용 18 2차]

042 초지조성공사를 도급받은 수급인이 불경운작업(산불작업)을 하도급 준 이후 계속하여 감독하지 않은 과실과 산림실화의 사이는 인과관계가 인정된다.

[경찰채용 17 2차] [국가7급 16]

해설+ 도급계약상의 책임이지 위 하수급인의 과실로 인하여 발생한 산림실화에 상당인과관계가 있는 과실이라고는 할 수 없다(대법원 1987.4.28, 87도297).

042 (×) '인정된다' → '부정된다'

043 甲은 선단 책임선의 선장으로서 종선의 선장에게 조업상의 지시만 할 수 있을 뿐 선박의 안전관리는 각 선박의 선장이 책임지도록 되어 있었던 경우, 甲이 풍랑 중에 종선에 조업지시를 한 것과 종선의 풍랑으로 인한 매몰사고와의 사이에는 인과관계가 인정된다.

[경찰채용 18 2차] [경찰간부 18]

해설+ 피고인으로서는 종선(從船)의 선장에게 조업상의 지시만 할 수 있을 뿐 선박의 안전관리는 각 선박의 선장이 책임지도록 되어 있었다면 피고인이 풍랑 중에 종선에 조업지시를 하였다는 것만으로는 인과관계가 성립할 수 없다(대법원 1989.9.12, 89도1084).

043 (×) '인정된다' → '인정되지 않는다'

044 'ㅏ'자형 삼거리의 교차로를 녹색신호에 따라 과속으로 통과할 무렵 중앙선을 침범하여 좌회전하는 차와 충돌한 경우 과속한 과실과 교통사고의 발생 사이는 인과관계가 인정된다.

[국가7급 16]

044 (×) '인정된다' → '부정된다' 위 직진차량 운전자가 사고지점을 통과할 무렵 제한속도를 위반하여 과속 운전한 잘못이 있었다 하더라도 상당인과관계가 있다고 볼 수 없다(대법원 1993.1.15, 92도2579).

045 피고인이 좌회전 금지구역에서 좌회전하는데 50미터 후방에서 따라오던 후행차량이 중앙선을 넘어 피고인 운전차량의 좌측으로 돌진하여 사고가 발생한 경우, 피고인이 좌회전 금지구역에서 좌회전한 행위와 사고발생 사이에 상당인과관계가 인정된다.

[법원9급 15]

045 (×) '인정된다' → '인정되지 않는다' 극히 비정상적인 방법으로 진행할 것까지를 예상하여 사고발생 방지 조치를 취하여야 할 업무상주의의무가 있다고 할 수는 없다(대법원 1996.5.28, 95도1200).

046 농배양을 하지 않은 의사의 과실과 피해자의 사망 사이에 인과관계를 인정하려면, 농배양을 하였더라면 피고인이 투약해 온 항생제와 다른 어떤 항생제를 사용하게 되었을 것이라거나 어떤 다른 조치를 취할 수 있었을 것이고, 따라서 피해자가 사망하지 않았을 것이라는 점이 인정되어야 한다.

[경찰채용 21 1차]

046 (○) 대법원 1996.11.8, 95도2710

047 　전문적으로 대출을 취급하면서 차용인에 대한 체계적인 신용조사를 행하는 금융기관이 금원을 대출한 경우에는, 비록 대출 신청 당시 차용인에게 변제기 안에 대출금을 변제할 능력이 없었고, 자체 신용조사 결과에는 관계없이 '변제기 안에 대출금을 변제하겠다'는 취지의 차용인 말만을 그대로 믿고 대출하였다고 하더라도, 차용인의 이러한 기망행위와 금융기관의 대출행위 사이에 인과관계를 인정할 수는 없다.　　　　　　[변호사 18]

047 (○) 대법원 2000.6.27. 2000도1155

048 　자동차의 운전자가 통상 예견되는 상황에 대비하여 결과를 회피할 수 있는 정도의 주의의무를 다하지 못한 것이 교통사고 발생의 직접적인 원인이 되었다면, 비록 자동차가 보행자를 직접 충격한 것이 아니고 보행자가 자동차의 급정거에 놀라 도로에 넘어져 상해를 입은 경우라고 할지라도, 업무상 주의의무 위반과 교통사고 발생 사이에 상당인과관계를 인정할 수 있다.　　　　　　[경찰간부 23]

048 (○)

해설+ 　자동차의 운전자가 통상 예견되는 상황에 대비하여 결과를 회피할 수 있는 정도의 주의의무를 다하지 못한 것이 교통사고 발생의 직접적인 원인이 되었다면, 비록 자동차가 보행자를 직접 충격한 것이 아니고 보행자가 자동차의 급정거에 놀라 도로에 넘어져 상해를 입은 경우라고 할지라도, 업무상 주의의무 위반과 교통사고 발생 사이에 상당인과관계를 인정할 수 있다(대법원 2022. 6.16. 2022도1401).

유사 　자동차의 운전자가 그 운전상의 주의의무를 게을리하여 열차건널목을 그대로 건너는 바람에 그 자동차가 열차좌측 모서리와 충돌하여 20여미터쯤 열차 진행방향으로 끌려가면서 튕겨나갔고 피해자는 타고가던 자전거에서 내려 위 자동차 왼쪽에서 열차가 지나가기를 기다리고 있다가 위 충돌사고로 놀라 넘어져 상처를 입었다면 비록 위 자동차와 피해자가 직접 충돌하지는 아니하였더라도 자동차운전자의 위 과실과 피해자가 입은 상처 사이에는 상당한 인과관계가 있다(사고차량에 직접 충돌되지 않은 피해자의 부상에 대해 운전자의 과실을 인정한 사례, 대법원 1989.9.12. 89도866).

049 　운전자가 고속도로 제한속도를 초과하여 운행하다가 상당한 거리에서 보행자의 무단횡단을 미리 예상할 수 없는 야간에 고속도로를 무단횡단하는 보행자를 충격하여 사망에 이르게 한 운전자의 과속운전의 과실과 사고 사이에는 상당인과관계가 인정되지 않는다.　　　　　　[국가9급 12 변형]

049 (○) 대법원 2000.9.5. 2000도2671

050 선행 교통사고와 후행 교통사고 중 어느 쪽이 원인이 되어 피해자가 사망에 이르게 되었는지 밝혀지지 않은 경우, 후행 교통사고를 일으킨 사람의 과실과 피해자의 사망 사이에 인과관계가 인정되기 위해서는 후행 교통사고를 일으킨 사람이 주의의무를 게을리하지 않았다면 피해자가 사망에 이르지 않았을 것이라는 사실이 증명되어야 한다. [법원9급 15] [법원행시 11]

050 (○) 그 증명책임은 검사에게 있다(대법원 2007.10.26, 2005도8822).

051 甲에 의한 선행 교통사고와 乙에 의한 후행 교통사고로 A가 사망하였으나 사망의 원인된 행위가 밝혀지지 않은 경우, 乙의 과실과 A의 사망 간에 인과관계가 인정되기 위해서는 乙이 주의의무를 게을리하지 않았다면 A가 사망하지 않았을 것이라는 사실이 증명되어야 하고, 그 증명책임은 乙에게 있다. [경찰간부 22]

051 (×)

> **해설+** 선행 교통사고와 후행 교통사고 중 어느 쪽이 원인이 되어 피해자가 사망에 이르게 되었는지 밝혀지지 않은 경우 후행 교통사고를 일으킨 사람의 과실과 피해자의 사망 사이에 인과관계가 인정되기 위해서는 후행 교통사고를 일으킨 사람이 주의의무를 게을리하지 않았다면 피해자가 사망에 이르지 않았을 것이라는 사실이 증명되어야 하고, 그 증명책임은 검사에게 있다(대법원 2007. 10.26, 2005도8822).

052 주점 도우미인 피해자와의 윤락행위 도중 시비 끝에 피해자를 이불로 덮어 씌우고 폭행한 후 이불 속에 들어 있는 피해자를 두고 나가다가 우발적으로 탁자 위의 피해자 손가방 안에서 현금을 가져간 경우, 폭행행위와 현금 취득 사이에 인과관계를 인정할 수 있으므로 강도죄가 성립한다. [경찰간부 19 변형] [사시 14]

052 (×) 비록 위 재물의 취득이 피해자에 대한 폭행 직후에 이루어지긴 했지만 위 폭행이 피해자의 재물 탈취를 위한 피해자의 반항억압의 수단으로 이루어졌다고 단정할 수 없어 양자 사이에 인과관계가 존재한다고 보기 어렵다(대법원 2009.1.30, 2008도10308).

053 한의사인 甲이 乙에게 문진하여 과거 봉침을 맞고도 별다른 이상반응이 없었다는 답변을 듣고 부작용에 대한 충분한 사전 설명 없이 환부에 봉침시술을 하였는데 乙이 위 시술 직후 쇼크반응을 나타내는 등 상해를 입은 경우, 설명의무를 다하였다 하더라도 乙이 반드시 봉침시술을 거부하였을 것이라고 볼 수 없다면 甲의 설명의무 위반과 乙의 상해 사이에 상당인과관계를 인정하기는 어렵다. [국가9급 17]

053 (○) 대법원 2011.4.14, 2010도10104

054 甲은 주식회사를 운영하면서 발주처로부터 공사완성의 대가로 공사대금을 지급받았으나, 법인 인수 과정에서 법인 등록요건 중 인력요건을 외형상 갖추기 위해 관련 자격증 소지자들로부터 자격증을 대여받은 사실을 발주처에 숨기는 행위를 하였다면, 그 기망행위와 공사대금 지급 사이에 상당인과관계가 인정된다. [경찰간부 23]

해설+ 산림사업법인 설립 또는 법인 인수 과정에서 자격증 대여가 있었다는 사정만으로는 피고인에게 병해충 방제 또는 숲가꾸기 공사를 완성할 의사나 능력이 없었다고 단정하기 어렵다. 또한 피고인이 운영하는 한국임업은 이러한 공사 완성의 대가로 발주처로부터 공사대금을 지급받은 것이므로, 설령 피고인이 발주처에 대하여 기술자격증 대여 사실을 숨기는 등의 행위를 하였다고 하더라도 그 행위와 공사대금 지급 사이에 상당인과관계를 인정하기도 어렵다(대법원 2022.7.14, 2017도20911).

054 (×)

4 고의

 대표유형

미필적 고의가 인정되려면 결과발생의 가능성에 대한 인식이 있으면 족하고 결과발생을 용인하는 내심의 의사가 있을 것까지 요하는 것은 아니다. [국가9급총론 21]

보충 이는 다수설인 인용설의 입장이기도 하다. 다만, 판례의 입장 중에는 가능성설로 보이는 판시도 있어 일관된 표현이 사용되는 것은 아니다.

(×) 미필적 고의라 함은 결과의 발생이 불확실한 경우, 즉 행위자에 있어서 그 결과발생에 대한 확실한 예견은 없으나 그 가능성은 인정하는 것으로, 이러한 미필적 고의가 있었다고 하려면 결과발생의 가능성에 대한 인식이 있음은 물론 나아가 결과발생을 용인하는 내심의 의사가 있음을 요한다(대법원 1987.2.10, 86도2338).

대표유형

존속살해죄가 성립하기 위해서는 존속을 살해한다는 인식이 있어야 한다. [국가9급총론 21]

(○) 가중적 구성요건요소도 구성요건적 고의의 인식대상에 속한다(제15조 제1항).

055 고의는 객관적 구성요건요소에 관한 인식과 구성요건실현을 위한 의사를 의미하고, 「형법」 제13조에 의하면 고의가 인정되지 않은 경우 원칙적으로 처벌되지 않는다. [경찰간부 23]

해설+ 제13조 【범의】 죄의 성립요소인 사실을 인식하지 못한 행위는 벌하지 아니한다. 단, 법률에 특별한 규정이 있는 경우에는 예외로 한다.

055 (○) 형법은 고의가 없으면 벌하지 아니하는 것을 원칙으로 하고, 과실범 처벌은 예외로 한다.

056 행정상의 단속을 주안으로 하는 법규라 하더라도 명문규정이 있거나 해석상 과실범도 벌할 뜻이 명확한 경우를 제외하고는 고의가 있어야 벌할 수 있다. [국가9급 17] [법원행시 16]

056 (○) 대법원 2010.2.11, 2009도9807

057 고의는 행위 당시에 존재해야 하므로 사후고의는 「형법」의 고의에 속하지 않는다. [국가9급총론 22]

057 (○)

> **해설+** 사후고의는 구성요건적 결과가 발생한 이후에 행위자가 비로소 사실에 대한 인식을 갖게 된 경우이고, 고의는 언제나 구성요건요소에 대한 행위 당시의 인식을 전제로 하므로, 사후고의는 형법적인 의미를 갖는 고의가 아니다.

058 고의의 본질에 관한 용인설(인용설)에 따르면 구성요건적 결과를 용인하는 의사만으로도 고의가 인정되어 미필적 고의는 고의에 포함되나, 인식 있는 과실은 고의에 포함되지 않는다. [경찰채용 22 2차]

058 (○)

> **해설+** 인용설이라 함은, 미필적 고의와 인식 있는 과실이 구성요건적 결과발생의 가능성을 인식하였다는 점에서는 일치하지만, 고의의 의욕적 측면에서는 차이가 있다고 보는 입장이다. 즉, 결과발생의 가능성을 인식하고 동시에 결과발생을 내심으로 받아들이거나 수긍하는 용인 혹은 승낙이 있을 경우에는 미필적 고의가 인정되지만, 이것이 없을 경우에는 과실에 불과하므로 인식 있는 과실은 고의로 인정되지 못하고 과실에 불과하게 된다.

059 "결과가 발생할지도 몰라. 하지만 그래도 할 수 없지."라고 생각했으면 미필적 고의가 인정되지만, "결과가 발생할지도 몰라. 그러나 괜찮을 거야."라고 생각한 경우는 인식 없는 과실에 해당한다. [국가9급 23]

059 (×)

> **해설+** 고의와 과실을 구분하는 기준으로 다수설과 판례는 인용설(=용인설)의 입장을 취한다. 인용설이란 고의가 성립하기 위해 구성요건적 결과에 대한 인식이 필요하지만 결과발생을 확정적으로 의욕할 필요까지는 없고, 그에 대한 최소한의 인식, 인용 내지 감수만 있으면 미필적 고의에 해당한다고 본다. "결과가 발생할지도 몰라. 하지만 그래도 할 수 없지."라고 생각했으면 미필적 고의가 인정되지만, "결과가 발생할지도 몰라. 그러나 괜찮을 거야."라고 생각한 경우는 인식 있는 과실에 해당한다.

060 범행의 미수에 그치고사 하는 내심의 상태를 가지고 행위를 한 경우, 고의가 인정될 수 있다. [국가9급총론 22]

060 (×)

> **해설+** 고의는 객관적 구성요건요소에 관한 인식과 구성요건 실현을 위한 의사로써 범행의 기수에 이르게 하겠다는 소위 기수의 고의를 의미한다. 따라서 범행의 미수에 그치고자 하는 내심의 상태인 소위 미수의 고의는 형법상 고의로서 인정되지 않는다.

061 「형법」 제347조 사기죄에서의 기망행위는 고의의 인식대상에 해당한다.

[국가9급 18]

061 (○) 객관적 구성요건으로서 고의의 인식대상에 해당한다.

062 「형법」 제262조 폭행치사죄에서의 사망의 결과는 고의의 인식대상에 해당한다.

[국가9급 18]

해설+ 폭행치사죄는 결과적 가중범으로서 폭행과 사망의 결과 사이에 인과관계가 있는 외에 사망의 결과에 대한 예견가능성, 즉 과실이 있어야 한다(대법원 1990.9.25, 90도1596).

062 (×) '해당한다' → '해당하지 않는다'

063 「형법」 제245조 공연음란죄에서의 공연성은 고의의 인식대상에 해당한다.

[국가9급 18]

063 (○) 객관적 구성요건으로서 고의의 인식대상에 해당한다.

064 「형법」 제129조 제1항 수뢰죄에서의 공무원 또는 중재인이라는 신분은 고의의 인식대상에 해당한다.

[국가9급 18]

064 (○) 객관적 구성요건으로서 고의의 인식대상에 해당한다.

065 존속살해죄에 있어서의 직계존속인 사실, 명예훼손죄에 있어서의 공연성, 범죄자 자신이 14세 이상이라는 사실은 고의의 인식대상에 해당한다.

[사시 13 변형]

해설+ 범죄자 자신이 14세 이상이라는 사실은 '책임능력'에 관한 사실로서 객관적 구성요건에 해당하는 사실이 아니므로, 고의의 인식대상이 아니다.

065 (×) '범죄자 자신이 14세 이상이라는 사실' → 삭제

066 수뢰죄(「형법」 제129조 제1항)에 있어서 '공무원'이라는 신분, 사전수뢰죄 (「형법」 제129조 제2항)에 있어서 '공무원이 된 때', 자기소유건조물방화죄 (「형법」 제166조 제2항)에 있어서 '공공의 위험의 발생', 야간주거침입절도 죄(「형법」 제330조)에 있어서 '야간'이라는 상황은 모두 고의의 인식대상에 해당한다.

[국가7급 12 변형]

066 (×) 사전수뢰죄(「형법」 제129조 제2항)에 있어서 '공무원이 된 때' → 삭제
고의의 인식대상은 객관적 구성요건요소인데, '공무원이 된 때'는 객관적 처벌조건에 불과하다(사전수뢰죄의 공무원·중재인이 된 사실).

067 일반물건방화죄에 있어서의 공공의 위험, 문서위조죄에서 행사할 목적, 친족상도례에서 친족이라는 신분은 고의의 인식대상에 해당한다.

[사시 13 변형]

067 (×)

> **해설+** 일반물건방화죄는 구체적 위험범으로서 공공의 위험이 객관적 구성요건요소이자 고의의 인식대상이 된다. 반면, 문서위조죄에서 행사할 목적은 초과주관적 구성요건요소, 친족상도례에서 친족이라는 신분은 인적 처벌조각사유로서 '처벌조건'에 불과하므로, 고의의 인식대상이 아니다.

068 구체적 위험범은 현실적 위험의 발생을 객관적 구성요건요소로 하지만 그 위험은 고의의 인식대상이 아니다.

[국가9급 13]

068 (×) '이 아니다' → '이다'

> **해설+** 구체적 위험범은 법익침해의 현실적 위험의 발생을 구성요건해당성의 요건으로 하고, 위험은 객관적 구성요건요소로서 고의의 인식대상이 된다.

069 「형법」 제167조 제1항의 일반물건방화죄에서 '공공의 위험발생'은 고의의 인식대상이 아니다.

[경찰채용 22 1차]

069 (×)

> **해설+** 구체적 위험범에서의 위험발생은 객관적 구성요건으로서 고의의 인식대상이다. 따라서 구체적 위험범인 일반물건방화죄에서 '공공의 위험'은 고의의 인식대상이다.

070 친족상도례가 적용되기 위해서는 행위 시에 행위자는 해당 친족관계가 존재함을 인식하여야 한다.

[사시 12]

070 (×) '한다' → '하는 것은 아니다'

> **해설+** 친족상도례는 인적 처벌조각사유 내지 소추조건에 불과하여 구성요건적 고의의 인식대상에 해당하지 않으므로, 친족상도례 적용 시 친족관계의 존재에 대한 인식은 요구되지 않는다.

071 친족상도례가 적용되기 위하여는 친족관계가 객관적으로 존재하여야 하나, 행위자가 이를 인식할 필요는 없다.

[경찰채용 22 1차]

071 (○)

> **해설+** 친족상도례에서의 친족관계는 처벌조건 내지 소추조건에 불과하므로 구성요건적 고의의 인식대상이 아니다. 따라서 이는 행위 시에 객관적으로 존재하면 되고 범인이 그에 대하여 인식하였는지 여부는 문제되지 않는다.

072 친족상도례가 적용되는 범죄에 있어서 '친족관계'와 특수폭행죄에 있어서 '위험한 물건을 휴대한다는 사실'은 고의의 인식 대상이다. [경찰승진 23]

해설+ 친족상도례가 적용되는 범죄에 있어서 '친족관계'는 인적 처벌조각사유 내지 소추조건이므로 고의의 대상이 아니고, 특수폭행죄에 있어서 '위험한 물건을 휴대한다는 사실은 객관적 구성요건요소에 해당하는 행위의 태양이므로 고의의 인식 대상이다.

073 甲은 자신의 아버지인 A의 지갑을 훔친다고 생각하고 지갑을 훔쳤으나, 사실 그 지갑은 아버지 친구인 B의 것이라면 甲의 행위는 과실행위이므로 절도죄로 처벌되지 않는다. [경찰채용 23 2차]

해설+ 구성요건적 고의의 인식대상은 객관적 구성요건요소에 한하므로 친족상도례와 같은 인적 처벌조각사유 내지 소추조건에 관한 착오는 범죄의 성립에 영향을 주지 못한다. 甲이 아버지 친구인 B의 지갑을 훔쳤고 타인의 재물을 절취한다는 인식이 있는 이상 절도죄가 성립하고 그 형으로 처벌받는다. "피고인이 본가의 소유물로 오신하여 이를 절취하였다 하더라도 그 오신은 형의 면제사유에 관한 것으로서 이에 범죄의 구성요건 사실에 관한 형법 제15조 제1항은 적용되지 않는 것이므로 그 오신은 범죄의 성립이나 처벌에 아무런 영향도 미치지 아니한다(대법원 1966.6.28, 66도104)."

074 고의 또는 범의는 반드시 어떤 목적이나 의도를 지녀야 인정되는 것은 아니고 자기 행위로 인하여 구성요건적 결과가 발생할 가능성 또는 위험이 있음을 인식하거나 예견하면 족하다. [국가9급 11]

075 미필적 고의가 인정되려면 결과발생의 가능성에 대한 인식이 있음은 물론 결과발생을 용인하는 내심의 의사가 있어야 한다. [경찰간부 18] [국가9급 11]

076 미필적 고의는 범죄사실의 발생가능성을 불확실한 것으로 표상하면서 이를 용인하고 있는 경우를 말하고, 미필적 고의가 있었다고 하려면 범죄사실의 발생가능성에 대한 인식이 있음은 물론 나아가 범죄사실이 발생할 위험을 용인하는 내심의 의사가 있어야 한다. [변호사 18] [사시 16]

077 행위자가 범죄사실이 발생할 가능성을 용인하고 있었는지는 행위자의 진술에 의존하지 않고 외부에 나타난 행위의 형태와 행위의 상황 등 구체적인 사정을 기초로 일반인이라면 범죄사실이 발생할 가능성을 어떻게 평가할 것인지를 고려하면서 객관적 제3자의 입장에서 그 심리상태를 추인하여야 한다. [법원9급 08 변형] [경찰승진 22 변형] [군무원9급 23 변형] [국가9급 23]

해설+ 범죄구성요건의 주관적 요소로서 미필적 고의라 함은 범죄사실의 발생가능성을 불확실한 것으로 표상하면서 이를 용인하고 있는 경우를 말하고, 미필적 고의가 있었다고 하려면 범죄사실의 발생가능성에 대한 인식이 있음은 물론, 나아가 범죄사실이 발생할 위험을 용인하는 내심의 의사가 있어야 한다. 그 행위자가 범죄사실이 발생할 가능성을 용인하고 있었는지는 행위자의 진술에 의존하지 아니하고, 외부에 나타난 행위의 형태와 행위의 상황 등 구체적인 사정을 기초로 하여 일반인이라면 당해 범죄사실이 발생할 가능성을 어떻게 평가할 것인가를 고려하면서 행위자의 입장에서 그 심리상태를 추인하여야 한다(대법원 2016.4.28, 2015도4264).

078 甲은 아파트 창밖으로 화분을 던지면서 혹시 누군가 맞을 수도 있다는 점을 인식하였고, 그 화분에 맞아 행인이 즉사하였다. 어떠한 견해에 따르더라도 甲을 고의범으로 처벌해야 한다. [국가7급 11]

079 피고인이 고의를 부인하는 경우에는 그 내심과 상당한 관련이 있는 간접사실을 증명하는 방법에 의하여 이를 입증할 수 있다. [국가9급 14]

080 피고인이 범죄구성요건의 주관적 요소인 고의를 부인하는 경우, 사물의 성질상 범의와 관련성이 있는 간접사실 또는 정황사실을 증명하는 방법으로 범의 자체를 객관적으로 증명할 수 있다. 이때 무엇이 관련성이 있는 간접사실 또는 정황사실에 해당하는지는 정상적인 경험칙에 바탕을 두고 치밀한 관찰력이나 분석력으로 사실의 연결상태를 합리적으로 판단하는 방법에 의하여 판단하여야 한다. [국가7급 21]

---

077 (×)

078 (×) '한다' → '하는 것은 아니다'
미필적 고의가 인정되는지가 문제이다. 인식설에 의하면 고의가 인정되나, 의사설에 의하면 고의가 부정된다.

079 (○) 대법원 2002.8.23, 2000도329

080 (×) 피고인이 범죄구성요건의 주관적 요소인 고의를 부인하는 경우, 범의 자체를 객관적으로 증명할 수는 없으므로 사물의 성질상 범의와 관련성이 있는 간접사실 또는 정황사실을 증명하는 방법으로 이를 증명할 수밖에 없다(대법원 2017.1.12, 2016도15470).

081 공소가 제기된 범죄사실의 주관적 요소인 미필적 고의의 부존재에 대한 입증책임은 피고인에게 있다. [법원9급 08]

해설+ 거증책임은 대부분 검사가 부담하는 것이므로, 미필적 고의의 존재에 대한 입증책임은 검사에게 있는 것이다(대법원 2004.5.14, 2004도74).

081 (×) '피고인' → '검사'

082 살인죄의 범의는 자기의 행위로 인하여 피해자가 사망할 수도 있다는 사실을 인식, 예견하는 것으로 족하지 피해자의 사망을 희망하거나 목적으로 할 필요는 없다. [사시 16]

082 (○) 대법원 1994.12.22, 94도2511

083 피고인에게 범행 당시 살인의 범의가 있었는지 여부는 피고인이 범행에 이르게 된 경위, 범행의 동기, 준비된 흉기의 유무·종류·용법, 공격의 부위와 반복성, 사망의 결과발생가능성 정도, 범행 후에 있어서의 결과회피행동의 유무 등 범행 전후의 객관적인 사정을 종합하여 판단한다. [사시 06]

083 (○) 대법원 2000.8.18, 2000도2231

084 피해자의 양 손목과 발목을 노끈으로 묶고, 입에는 반창고를 두 겹으로 붙인 다음, 얼굴에는 모포를 씌워 포박·감금한 후 수차례 그 방을 출입하던 중 어느 시점에서 이미 피해자가 탈진상태에 있어 피로회복제를 먹여 보려해도 입에서 흘러버릴 뿐 마시지 못하기에 얼굴에 모포를 다시 덮어씌워 놓고 그대로 위 아파트에서 나와 버린 경우 살인죄에 대한 미필적 고의가 있다. [국가7급 11]

084 (○) 대법원 1982.11.23, 82도2024

085 예리한 식도로 타인의 하복부를 찔러 직경 5센티미터, 깊이 15센티미터 이상의 자상을 입힌 결과 그 타인이 내장파열 및 다량의 출혈뿐만 아니라 자창의 감염으로 인해 사망에 이른 경우에는 행위자에게 고의에 의한 살인의 죄책을 물을 수 없다. [변호사 18]

085 (×) '없다' → '있다'
사망의 결과를 발생하게 하리라는 점을 경험상 예견할 수 있는 것이므로 피고인에게 살인의 결과에 대한 확정적 고의는 없다 치더라도 미필적 인식은 있었다(대법원 1982.12.28, 82도2525).

086 건장한 체격의 군인이 왜소한 체격인 피해자의 목을 15초 내지 20초 동안 세게 졸라 설골이 부러질 정도로 폭력을 행사하였다면, 피해자가 실신하자 피해자에게 인공호흡을 실시하였다 하여도 살인의 미필적 고의가 인정된다.

[국가9급 11] [변호사 18]

086 (O) 대법원 2001.3.9, 2000 도5590

087 강도가 베개로 피해자의 머리 부분을 약 3분간 누르던 중 피해자가 저항을 멈추고 사지가 늘어졌음에도 계속하여 누른 경우 살해의 고의가 인정된다.

[국가7급 14]

087 (O) 대법원 2002.2.8, 2001 도6425

088 피고인이 피해자의 머리나 가슴 등 치명적인 부위가 아닌 허벅지와 종아리 부위 등을 20여 회 힘껏 찔러 피해자가 과다실혈로 사망한 경우에 살인에 대한 미필적 고의를 인정할 수 없다. [국가9급 20] [국가 9급총론 20 변형]

088 (X) '인정할 수 없다' → '인정 할 수 있다'(대법원 2002.10.25, 2002도4089)

089 부작위에 의한 살인의 경우에는 생명의 침해를 방지할 법적 작위의무를 가지고 있는 자가 의무를 이행함으로써 생명의 침해를 쉽게 방지할 수 있었음을 예견하고도 생명의 침해를 용인하고 이를 방관한 채 의무를 이행하지 아니한다는 인식이 있었다면 살인의 고의가 인정된다. [변호사 18]

089 (O) 이러한 작위의무자의 예견 또는 인식 등은 확정적인 경우는 물론 불확정적인 경우이더라도 미필적 고의로 인정될 수 있다(대법원 2015.11.12, 2015도6809 전원합의체).

090 상해죄의 성립에는 상해의 원인인 폭행에 관한 인식이 있는 것으로 충분하지 않고 상해를 가할 의사의 존재가 필요하다. [국가7급 17]

해설+ 상해죄의 성립에는 상해의 원인인 폭행에 대한 인식이 있으면 충분하고 상해를 가할 의사의 존재 까지는 필요하지 않다(대법원 2000.7.4, 99도4311).

090 (X) '필요하다' → '필요하지 않다'

091 아동 · 청소년의 성을 사는 행위를 알선하는 행위를 업으로 하는 사람이 알선의 대상이 아동 · 청소년임을 인식하면서 알선행위를 하였다면, 알선행위로 아동 · 청소년의 성을 사는 행위를 한 사람이 행위의 상대방이 아동 · 청소년임을 인식하고 있었는지는 알선행위를 한 사람의 책임에 영향을 미칠 이유가 없다. [변호사 18 변형]

091 (O) 대법원 2016.2.18, 2015 도15664

092 허위사실 적시에 의한 명예훼손죄 및 사자명예훼손죄는 미필적 고의에 의해서도 성립하므로 허위사실에 대한 인식은 확정적일 필요가 없다.

[국가7급 17]

092 (O) 대법원 2014.3.13, 2013도12430

093 업무방해죄의 고의는 반드시 업무방해의 목적이나 계획적인 업무방해의 의도가 있어야만 하는 것은 아니고 자기의 행위로 인하여 타인의 업무가 방해될 가능성 또는 위험에 대한 인식이나 예견으로 충분하다. [사시 16]

093 (O) 대법원 2012.5.24, 2009도4141

094 야간에 신체의 일부만이 집 안으로 들어간다는 인식하에 타인의 집의 창문을 열고 집 안으로 얼굴을 들이미는 행위를 하였다면 주거침입죄의 범의는 인정되지 않는다. [국가9급 11] [법원9급 18]

094 (×) '인정되지 않는다' → '인정된다'

> **해설+** 주거침입죄의 기수시점에 관한 일부침입설(보호법익기준설, 판례)에 의하면, 주거침입죄의 기수가 되고 따라서 그 고의도 인정된다(대법원 1995.9.15, 94도2561).

095 자신이 흉기를 휴대한 사실을 알지 못하고 타인의 집에 들어가 절도한 경우, 흉기휴대의 고의가 인정되지 않으므로 특수(흉기휴대)절도로 처벌할 수 없다. [변호사 18]

095 (O) 흉기휴대의 고의가 없어 특수(흉기휴대)절도로 처벌할 수 없다.

096 피고인이 경영하던 기업이 과다한 금융채무부담, 덤핑판매로 인한 재무구조 악화 등으로 특별한 금융혜택을 받지 않는 한 도산이 불가피한 상황에 이르렀는데 피고인이 특별한 금융혜택을 받을 수 없음에도 위 상황을 숨기고 대금지급이 불가능하게 될 가능성을 충분히 인식하면서 피해자로부터 생산자재용 물품을 납품받은 경우 사기죄에 대한 미필적 고의가 있다.

[국가7급 11]

096 (O) 대법원 1983.5.10, 83도340 전원합의체

097 이미 과다한 부채의 누적 등으로 신용카드사용으로 인한 대출금채무를 변제할 의사나 능력이 없는 상황에 처하였음에도 불구하고 신용카드를 사용하였다면 편취의 고의를 인정할 수 있다. [법원행시 14]

097 (O) 대법원 2005.8.19, 2004도6859

098 기업의 경영자에게 배임의 고의가 있었는지 여부를 판단함에 있어서는 경영상 판단에 이르게 된 경위와 동기, 판단대상인 사업의 내용, 기업이 처한 경제적 상황, 손실 발생의 개연성과 이익획득의 개연성 등 제반사정에 비추어 자기 또는 제3자가 재산상 이익을 취득한다는 인식과 본인에게 손해를 가한다는 인식하의 의도적 행위임이 인정되는 경우에 한하여 배임죄의 고의를 인정하는 엄격한 해석기준이 유지되어야 할 것이지만, 미필적 인식이 있었다면 고의성립을 인정할 수 있다. [사시 06]

098 (O) 대법원 2004.7.22, 2002도4229

099 장물의 인식은 확정적 인식임을 요하지 않으며 장물일지도 모른다는 의심을 가지는 정도의 미필적 인식으로서도 충분하고, 또한 장물인 정을 알고 있었느냐의 여부는 장물 소지자의 신분, 재물의 성질, 거래의 대가 기타 상황을 참작하여 이를 인정할 수밖에 없다고 할 것이다. [국가7급 14 변형]

099 (O) 대법원 1995.1.20, 94도1968

100 공무집행방해죄에 있어서의 범의는 상대방이 직무를 집행하는 공무원이라는 사실, 그리고 이에 대하여 폭행 또는 협박을 가한다는 사실에 대한 인식과 그 직무집행을 방해할 의사가 있어야 인정할 수 있다. [사시 06]

100 (×) '과 그 직무집행을 방해할 의사가' → '이'

해설+ 직무집행을 방해한다는 의사까지는 필요 없다. 공무집행방해죄는 추상적 위험범이라는 점에서 법익에 대한 위험은 고의의 인식대상이 아니기 때문이다.

101 의무경찰이 직진하여 오는 택시의 운전자에게 좌회전을 지시하고 불과 30cm 앞에서 그 이유를 설명하고 있는데, 택시 운전자인 피고인이 신경질적으로 갑자기 좌회전하는 바람에 택시 우측 범퍼로 의무경찰의 무릎을 충격하였다면, 공무집행방해의 미필적 고의가 있다. [법원승진 15]

101 (O) 대법원 1995.1.24, 94도1949

보충 다만, 특수공무집행방해죄는 인정되지 않는다.

102 진실한 객관적인 사실들에 근거하여 고소인이 피고소인의 주관적인 의사에 관하여 갖게 된 의심을 고소장에 기재하였을 경우에 법률전문가가 아닌 일반인의 입장에서 볼 때 그와 같은 의심을 갖는 것이 충분히 합리적인 근거가 있다고 할지라도, 그 의심이 나중에 진실하지 않은 것으로 밝혀졌다면 고소인에게 무고의 미필적 고의가 인정된다. [사시 14]

102 (×) 대법원 1996.3.26, 95도2998

103 신고자가 진실하다는 확신 없는 사실을 신고하였더라도 고소를 한 목적이 시비를 가려달라는 데에 있었다면 무고죄의 범의를 인정할 수 없다. [법원행시 14]

103 (×) '없다' → '있다'
결과의 발생을 희망할 필요까지는 없다 할 것이므로, 고소인이 고소장을 수사기관에 제출한 이상 그러한 인식은 있다(대법원 1995.12.12, 94도3271).

104 무고죄에서 고의는 반드시 확정적 고의임을 요하지 않고 미필적 고의로도 충분하므로 신고자가 진실하다는 확신이 없는 사실을 신고해도 무고죄가 성립한다. [국가7급 14]

해설+ 신고자가 진실하다는 확신 없는 사실을 신고함으로써 무고죄는 성립하고 그 신고사실이 허위라는 것을 확신할 것까지는 없다(대법원 2006.5.25, 2005도4642).

104 (○)

105 이성혼숙하려는 자의 외모나 차림 등을 보아 청소년이라고 의심할 만한 사정이 있을 때 그들이 신분증을 가지고 있지 않다는 말을 듣고는 구두로 연령을 확인하여 이성혼숙을 하게 되었다면, 이 경우 청소년 이성혼숙에 관한 고의가 없다고 할 것이다. [법원9급 07]

105 (×) '없다' → '있다'
적어도 청소년 이성혼숙에 관한 미필적 고의가 있다(대법원 2001.8.21, 2001도3295).

106 유흥업소 업주가 고용대상자가 성인이라는 말만 믿고, 타인의 건강진단결과서만 확인한 채 청소년을 청소년유해업소에 고용한 경우 청소년 고용에 관한 미필적 고의가 있다. [국가7급 11]

106 (○) 대법원 2002.6.28, 2002도2425

107 청소년출입금지업소의 업주 및 종사자가 연령확인의무를 위배하여 연령확인을 위한 아무런 조치를 취하지 아니함으로써 청소년이 그 업소에 출입한 것이라면, 특별한 사정이 없는 한 업주 및 종사자에게 최소한 청소년보호법위반죄의 미필적 고의는 인정된다고 할 것이다.   [사시 14]

107 (○) 대법원 2004.4.23, 2003도8039

108 공직선거법상 허위사실공표죄에서는 공표된 사실이 허위라는 것이 구성요건의 내용을 이루는 것이기 때문에, 행위자의 고의의 내용으로서 그 사항이 허위라는 것의 인식이 필요하나 어떠한 소문을 듣고 그 진실성에 강한 의문을 품고서도 공표한 경우에는 적어도 미필적 고의가 인정될 수 있다.   [사시 14]

108 (○) "어떠한 소문이 있다."라고 공표한 경우 그 소문의 내용이 허위이면 소문이 있다는 사실 자체는 진실이라 하더라도 허위사실공표죄가 성립된다(대법원 2002.4.10, 2001모193).

109 제1종 운전면허증 소지자인 피고인이 운전면허증만 꺼내보아도 쉽게 알 수 있는 정도의 노력조차 기울이지 않는 것은 적성검사기간 내에 적성검사를 받지 못하게 되는 결과에 대한 방임이나 용인의 의사가 존재한다고 봄이 타당한 점 등에 비추어 볼 때, 피고인이 적성검사기간 도래 여부에 관한 확인을 게을리하여 기간이 도래하였음을 알지 못하였더라도 적성검사기간 내에 적성검사를 받지 않는 데 대한 미필적 고의는 있다.   [법원승진 15]

109 (○) 대법원 2014.4.10, 2012도8374

110 피고인이 만 12세의 피해자를 강간할 당시 피해자가 자신을 중학교 1학년이라 14세라고 하였고, 피해자는 키와 체중이 동급생보다 큰 편이었으며, 이들이 모텔에 들어갈 때 특별한 제지도 받지 아니한 경우 성폭력범죄의 처벌 등에 관한 특례법 위반(13세 미만 미성년자 강간 등의 죄)에 대한 미필적 고의를 인정할 수 없다.   [국가9급 20] [국가9급총론 20 변형]

110 (○) 대법원 2012.8.30, 2012도7377

111 새로 목사로 부임한 자가 전임목사에 관한 교회 내의 불미스러운 소문의 진위를 확인하기 위하여 이를 교회집사들에게 물어본 경우 명예훼손에 대한 미필적 고의가 있다.   [국가7급 11]

111 (×) '있다' → '없다'

해설+ 명예훼손의 고의 없는 단순한 확인에 지나지 아니하여 사실의 적시라고 할 수 없다 할 것이므로 명예훼손의 고의 또는 미필적 고의가 있을 수 없다(대법원 1985.5.28, 85도588).

112 절도죄에서 재물의 타인성을 잘못 알아 그 재물이 자기가 가져갈 수 있는 물건과 같은 것으로 잘못 생각하고 그 물건을 가져왔다면, 이 경우 범죄사실에 대한 인식이 있다고 할 수 없으므로 범의가 조각되어 절도죄가 성립하지 않는다.
[법원9급 07]

113 절도죄에 있어서 재물의 타인성은 고의의 인식대상이다.
[변호사 23]

113 (O)

해설+ 재물의 타인성이란 재물이 타인의 소유라는 것이며 이는 절도죄의 객관적 구성요건요소이므로 구성요건적 고의의 인식대상에 해당한다. 따라서 타인의 재물임을 인식하지 못한 경우에는 절도죄의 구성요건적 고의가 인정되지 않아 절도죄가 성립하지 않는다.

보충 다만, 재물의 타인성은 규범적 구성요건요소이므로 그 타인의 소유의 대상인지를 인식하지 못한 경우는 구성요건적 고의가 조각되나(넓은 의미의 사실의 착오), 타인의 소유의 의미 내지 포섭을 잘못 한 경우는 위법성의 인식이 없으므로 그 정당한 이유의 유무를 따져 책임 조각 여부를 결정한다(법률의 착오). 요컨대, 규범적 구성요건요소에 관한 착오는 사실의 착오인 경우와 법률의 착오인 경우가 있는 것이다.

114 평소 주의가 산만한 甲은 식당에서 다른 사람의 우산을 자기 것인 줄 알고 가지고 나왔다면 이 경우 甲에게는 절도죄의 고의가 없으므로 절도죄로 처벌하지 못한다.
[변호사 13]

114 (O) 절도죄에서 '재물의 타인성'은 규범적 구성요건요소로서 고의의 대상이므로, 타인의 소유임을 인식하지 못한 경우에는 고의가 조각된다.

115 채권자가 채무자의 신용상태를 인식하고 있어 장래의 변제지체 또는 변제불능에 대한 위험을 예상하고 있거나 예상할 수 있었다면, 채무자가 구체적인 변제의사·변제 능력·거래조건 등 거래 여부를 결정할 수 있는 중요한 사항을 허위로 말하였다는 등의 사정이 없는 한, 채무자가 그 후 제대로 변제하지 못하였다는 사실만 가지고 사기죄의 고의가 있었다고 단정할 수 없다.
[국가7급 17]

115 (O) 대법원 2016.4.28, 2012도14516

116 공무원이 여러 차례의 출장반복의 번거로움을 회피하고 민원사무를 신속히 처리한다는 방침에 따라 사전에 출장조사한 다음 출장조사내용이 변동 없다는 확신하에 출장복명서를 작성하고 다만 그 출장일자를 작성일자로 기재한 것이라면 허위공문서작성의 범의가 있었다고 볼 수 없다.
[법원행시 14]

116 (O) 대법원 1983.12.27, 82도3141

117 관할 경찰당국이 운전면허취소통지에 갈음하여 적법한 공고를 거쳤다면 무면허운전의 고의가 인정된다. [법원행시 14]

> **해설+** 공고만으로 운전면허가 취소된 사실을 알게 되었다고 볼 수 없다(대법원 1993.3.23, 92도3045).

117 (×) '인정된다' → '인정되지 않는다'

118 운전면허증 앞면에 적성검사기간이 기재되어 있고, 뒷면 하단에 경고 문구가 있다는 점만으로 피고인이 정기적성검사 미필로 면허가 취소된 사실을 미필적으로나마 인식하였다고 추단하기 어렵다. [사시 14]

118 (○) 대법원 2004.12.10, 2004도6480

119 운전면허가 취소된 상태에서 운전자가 면허가 취소되었다는 사실을 인식하지 못하고 자동차를 운전한 경우 도로교통법상 무면허운전죄에 해당하지 않는다. [국가9급 17]

119 (○) 대법원 2004.12.10, 2004도6480

120 甲은 A를 살해할 의사로 돌로 내리쳐 정신을 잃고 늘어지자 A가 죽었다고 생각하고 A를 웅덩이에 묻었으나 사실은 A가 매장으로 인하여 질식사한 경우 판례에 따르면 A에 대한 살인미수죄와 과실치사죄의 상상적 경합이 성립한다. [국가9급 18]

120 (×) '살인미수죄와 과실치사죄의 상상적 경합이 성립한다' → '살인죄의 죄책을 면할 수 없다'

> **해설+** 피해자가 죄적을 인멸할 목적으로 행한 매장행위에 의하여 사망하게 되었다 하더라도 전 과정을 개괄적으로 보면 피해자의 살해라는 처음에 예견된 사실이 결국은 실현된 것으로서 피고인들은 살인죄의 죄책을 면할 수 없다(대법원 1988.6.28, 88도650).

121 甲이 살인의 고의로 친구 A의 머리를 내리쳐 A가 실신하자(제1행위), 그가 죽은 것으로 오인하여 웅덩이에 파묻었는데(제2행위) 실제로는 질식사한 것으로 밝혀진 경우, 판례는 제1행위에 의한 살인미수와 제2행위에 의한 과실치사죄의 실체적 경합을 인정한다. [경찰채용 21 1차]

121 (×) 살인의 고의가 행위의 처음부터 끝까지 이어지는 개괄적 고의가 인정되어 甲은 살인죄의 죄책을 면할 수 없다(대법원 1988.6.28, 88도650).

122 丙은 C가 자신의 처 D를 희롱하는 것을 보고 격분하여 C를 살해하기로 마음먹고 C의 머리를 돌로 내리쳤다. C가 정신을 잃고 쓰러지자 丙은 C가 사망한 것으로 오인하고 인근 개울가에 웅덩이를 파고 C를 파묻었는데, 사실 그때까지 살아 있었던 C는 이로 인하여 질식하여 사망하였다. - 판례에 의하면 丙은 살인죄의 기수범 (「형법」 제161조(사체 등의 영득) 위반 여부는 논외로 함)
[사시 12]

123 甲은 자기 부인을 희롱하는 乙을 살해의 고의로 돌로 내리쳤다. 乙이 뇌진탕 등으로 인하여 정신을 잃고 축 늘어지자 甲은 乙이 죽은 것으로 오인하고 증거를 인멸할 목적으로 乙을 개울가로 끌고 가 웅덩이를 파고 땅에 파묻었다. 이른바 '개괄적 고의'의 개념을 이용하여 사례를 해결하려는 견해에 의하면, 제1행위와 제2행위를 개괄하는 단일한 고의가 인정되어 甲에게는 살인기수죄가 인정된다.
[국가9급 14]

124 甲은 자기 부인을 희롱하는 乙을 살해의 고의로 돌로 내리쳤다. 乙이 뇌진탕 등으로 인하여 정신을 잃고 축 늘어지자 甲은 乙이 죽은 것으로 오인하고 증거를 인멸할 목적으로 乙을 개울가로 끌고 가 웅덩이를 파고 땅에 파묻었다. 이 경우를 인과관계착오의 한 형태로 보는 견해에 의하면, 인과과정의 차이가 본질적이지 않다고 인정되는 경우 甲에게는 살인기수죄가 인정된다.
[국가9급 14]

보충 인과관계착오설의 내용으로서 다수설에 속한다.

125 甲은 자기 부인을 희롱하는 乙을 살해의 고의로 돌로 내리쳤다. 乙이 뇌진탕 등으로 인하여 정신을 잃고 축 늘어지자 甲은 乙이 죽은 것으로 오인하고 증거를 인멸할 목적으로 乙을 개울가로 끌고 가 웅덩이를 파고 땅에 파묻었다. 제1행위와 제2행위의 독립적 성격을 강조하는 견해에 의하면, 甲에게는 살인미수죄와 사체유기죄의 경합범이 인정된다.
[국가9급 14]

126 甲은 乙을 살해하기 위해 몽둥이로 머리를 내리쳤고, 이후 쓰러져 있는 乙을 땅에 파묻었는데 실제로 乙은 몽둥이에 맞아 사망한 것이 아니라 땅에 묻혀 질식사하였다. 어떠한 견해에 따르더라도 甲을 고의범으로 처벌해야 한다.
[국가7급 11]

126 (×) '한다' → '하는 것은 아니다'
인과관계에 대한 착오의 해결에 관하여 미수설에 의하면 甲은 살인미수와 과실치사의 경합범이 되나, 나머지 학설에 의하면 甲은 살인기수가 될 것이다.

127 甲은 A를 죽이려고 목을 졸랐는데 기절한 모습을 보고 사망한 것으로 알고 모래에 파묻었으나 부검 결과 A는 목이 졸려 사망한 것이 아니라 모래에 묻혀 질식사한 것으로 판명되었다. 甲의 행위를 개괄적 고의로 파악하는 견해에 의하면 살인죄로 처벌된다.
[변호사 13]

127 (○) 개괄적 고의설(판례, 대법원 1988.6.28, 88도650)에 의하면 살인기수죄가 성립한다.

128 乙은 B와 호텔방에서 다투던 중 상해의 고의로 B의 머리를 주먹으로 가격하였다. B가 정신을 잃고 쓰러지자 당황한 乙은 B가 사망한 것으로 오인하고 B가 자살한 것으로 가장하기 위하여 호텔방 베란다에서 B를 밖으로 집어던졌다. 이에 B는 땅에 떨어질 때의 충격으로 뇌진탕을 일으켜 현장에서 사망하였다. - 판례에 의하면 乙은 상해죄와 과실치사죄의 경합범(「형법」 제161조(사체 등의 영득) 위반 여부는 논외로 함)이 성립한다.
[사시 12]

보충 인과관계의 착오가 비본질적인 경우로서 개괄적 과실의 사례로 설명되기도 한다.

128 (×) '상해죄와 과실치사죄의 경합범' → '상해치사죄'
피고인의 행위는 포괄하여 단일의 상해치사죄에 해당한다(대법원 1994.11.4, 94도2361).

129 甲은 호텔에 함께 투숙한 A에게 상해를 가하고 A가 정신을 잃자 사망한 것으로 오인하고 자살한 것처럼 위장하기 위하여 베란다 아래로 A를 떨어뜨려 두개골 골절로 사망케 하였다. 甲의 행위는 포괄하여 단일의 상해치사죄로 처벌된다.
[변호사 13]

129 (○) 대법원 1994.11.4, 94도2361

130 甲이 상해의 고의로 A의 머리를 벽돌로 내리쳐 A가 바닥에 쓰러진 채 실신하자 A가 사망한 것으로 오인하여 범행을 은폐하고 A가 자살한 것처럼 위장하기 위하여 A를 절벽 아래로 떨어뜨려 사망에 이르게 하였다면, 甲의 상해행위는 A에 대한 살인에 흡수되어 단일의 살인죄만 인정된다.

[경찰간부 22]

130 (×)

> **해설+** 甲의 상해행위는 포괄하여 단일의 상해치사죄에 해당한다. "피고인이 피해자에게 우측 흉골골절 및 늑골골절상과 이로 인한 우측 심장벽좌상과 심낭내출혈 등의 상해를 가함으로써, 피해자가 바닥에 쓰러진 채 정신을 잃고 빈사상태에 빠지자, 피해자가 사망한 것으로 오인하고, 피고인의 행위를 은폐하고 피해자가 자살한 것처럼 가장하기 위하여 피해자를 베란다로 옮긴 후 베란다 밑 약 13m 아래의 바닥으로 떨어뜨려 피해자로 하여금 현장에서 좌측 측두부 분쇄함몰골절에 의한 뇌손상 및 뇌출혈 등으로 사망에 이르게 하였다면, 피고인의 행위는 포괄하여 단일의 상해치사죄에 해당한다(대법원 1994.11.4, 94도2361)."

5 구성요건적 착오

🔗 대표유형

甲은 평소 乙의 심한 괴롭힘을 참을 수 없어서 늦은 밤에 乙을 뒤따라가 등을 칼로 찔렀으나 실제로는 乙과 비슷한 외모의 丙이 살해되었다. 어떠한 견해에 따르더라도 甲을 고의범으로 처벌해야 한다.

[국가7급 11]

(○) 구체적 사실의 착오 중 객체의 착오로, 이 경우 발생한 사실에 대한 고의·기수가 인정된다.

🔗 대표유형

甲은 A를 상해할 의사로 깨진 유리를 A에게 휘둘렀으나 甲을 말리려던 B가 끼어들며 유리에 찔려 부상을 입은 경우 구체적 부합설에 따르면 A에 대한 상해미수죄와 B에 대한 과실치상죄의 상상적 경합이 성립한다.

[국가9급 18]

(○) 구체적 부합설에 따른 올바른 해결이다.

131 「형법」에는 사실의 착오에 관한 규정이 없어, 사실의 착오 문제를 해결하는 것은 오롯이 학설에 위임되어 있다.

[경찰채용 19 2차]

131 (×) 제15조(사실의 착오)에 사실의 착오에 관한 규정이 있다.

132 「형법」 제15조는 중한 범죄사실을 인식하고 경한 범죄사실을 발생시킨 경우에 대하여는 규정하고 있지 않다.

[경찰간부 12 변형]

132 (○)

> **해설+** 제15조 제1항에는 "특별히 무거운 죄가 되는 사실을 인식하지 못한 행위는 무거운 죄로 벌하지 아니한다."라고 규정되어 있고, 동 제2항에는 "결과 때문에 형이 무거워지는 죄의 경우에 그 결과의 발생을 예견할 수 없었을 때에는 무거운 죄로 벌하지 아니한다."라고 규정되어 있다. 이는 모두 가벼운 사실은 인식하고 무거운 결과가 발생한 경우에 해당한다.

133 「형법」 제15조 제1항에 따르면 특별히 무거운 죄가 되는 사실을 인식하지 못한 행위는 그 오인에 정당한 이유가 있는 때에 한하여 벌하지 아니한다.

[경찰채용 23 2차]

133 (×)

해설+ 「형법」 제15조 제1항에 따르면 특별히 무거운 죄가 되는 사실을 인식하지 못한 행위는 무거운 죄로 벌하지 아니한다.

보충 위 지문의 술어 부분은 형법 제16조의 법률의 착오에 대한 것이다.

134 甲이 살해의 고의로 자신의 형 A를 향해 총을 쏘았으나 알고 보니 아버지 B가 맞아 죽은 경우, 법정적 부합설에 따르면 A에 대한 보통살인미수와 B에 대한 과실치사죄가 성립한다.

[국가7급 21] [국가9급 15·16]

134 (×) 'A에 대한 보통살인미수와 B에 대한 과실치사죄' → 'B에 대한 보통살인죄의 기수' 제15조 제1항이 적용되는 경우로서 B에 대한 보통살인죄만 성립한다(대법원 1977.1.11, 76도3871).

135 자수를 권유하기 위해 뒤따라오는 자신의 장모를 자신을 추적하는 경찰관으로 착각하여 살해한 경우에는 자신의 장모에 대한 보통(일반)살인죄의 책임을 진다.

[국가9급 12]

135 (○) 특별히 무거운 죄가 되는 사실을 인식하지 못한 경우로, 무거운 죄로 벌하지 않는다(제15조 제1항).

136 甲을 살해한다는 것이 비슷한 외모에 착오를 일으켜 丙을 甲으로 오인하여 살해한 경우에는 丙에 대한 살인기수의 책임을 진다.

[국가9급 12·16]

136 (○) 구체적 사실에 대한 객체의 착오이므로 구체적 부합설, 법정적 부합설 및 추상적 부합설 중 어떠한 학설에 의하더라도, 발생한 사실에 대한 고의·기수의 죄책을 진다.

137 구체적 사실에 관한 착오 중 객체의 착오의 경우, 구체적 부합설과 법정적 부합설은 발생한 결과에 대한 고의인정 여부에 대해 결론의 차이가 없다.

[사시 12]

137 (○)

138 甲이 친구 A를 친구 B로 착각하여 살해한 경우, 구체적 부합설의 입장에서는 B에 대한 살인미수와 A에 대한 과실치사죄의 상상적 경합이 된다고 본다.

[경찰채용 21 1차]

해설+ 구체적 사실의 착오 중 객체의 착오로, 구체적 부합설에 의하더라도 A에 대한 살인기수가 성립한다.

139 甲이 A라고 생각하고 전화를 하여 협박하였는데 사실은 A가 아닌 B가 그 협박전화를 받은 경우 법정적 부합설에 따르면 B에 대한 협박죄가 성립한다.

[국가9급 16]

140 甲이 A를 살해하려는 고의로 어둠 속에서 B를 A로 오인하여 총을 쏘아 살해하였다면, 甲의 죄책에 대하여 구체적 부합설과 법정적 부합설의 결론은 서로 다르다.

[경찰승진 22]

141 甲은 절취의 의사로 A의 지갑을 몰래 가지고 왔으나 알고 보니 그 지갑이 B의 지갑이었던 경우 법정적 부합설에 따르면 A에 대한 절도미수죄가 성립한다.

[국가9급 18]

142 고의가 현실로 발생한 사실과 어느 정도 부합하여야 고의범의 기수로 처벌할 수 있느냐에 관하여 이른바 '법정적 부합설'에 따를 경우, 甲을 살해할 의사로 전방에 있는 사람을 甲이라고 생각하고 사살하였는데 사실은 피해자가 乙이었던 경우에는 고의가 조각되지 않고 살인죄가 성립한다.

[법원9급 10]

143 甲을 살해하려고 발사한 총탄이 甲을 빗나가 乙에 명중하여 乙이 사망한 경우 구체적 부합설에 의하면 甲에 대한 살인미수와 乙에 대한 과실치사의 상상적 경합으로 논하게 된다. [경찰간부 12 변형] [국가9급 16]

143 (O) 구체적 부합설에 의하면, 이와 같은 구체적 사실에 대한 방법의 착오에 있어서 인식한 사실의 미수범과 발생한 사실의 과실범의 상상적 경합이 인정된다.

144 甲이 친구 B를 살해할 목적으로 발사한 총탄이 이를 제지하려고 甲 앞으로 뛰어들던 B의 아들 A에게 명중되어 A가 사망한 경우, 구체적 부합설에 따르면 A에 대한 살인죄의 고의가 인정되지 않는다. [국가7급 22]

144 (O) 구체적 부합설에 의하면 A에 대한 살인미수와 B에 대한 과실치사죄의 상상적 경합이 성립한다.

145 甲이 상해의 고의로 A를 향해 돌을 던졌으나 빗나가서 옆에 있던 B가 맞은 경우, 법정적 부합설에 따르면 B에 대한 상해기수죄가 성립한다. [국가9급 15]

145 (O) 구체적 사실의 착오 중 방법의 착오로, 법정적 부합설에 따르면 발생사실에 대한 고의·기수가 인정된다.

146 甲이 친구 A를 살해하려고 독약을 놓아두었으나 친구 B가 이를 마시게 되어 사망한 경우, 구체적 부합설과 법정적 부합설 모두 B에 대한 살인죄를 인정한다. [경찰채용 21 1차]

해설+ 구체적 사실의 착오 중 방법의 착오로, 법정적 부합설에 따르면 발생사실에 대한 고의기수가 인정되어 B에 대한 살인죄가 성립하나, 구체적 부합설에 따르면 인식사실의 미수와 발생사실의 과실이 인정되어 A에 대한 살인미수와 B에 대한 과실치사의 상상적 경합이 성립한다.

146 (X)

147 甲이 A를 살해할 의사로 농약 1포를 숭늉 그릇에 넣어서 A의 식당에 놓아두었는데, 그 정을 알지 못한 A의 장녀 B가 마시고 사망하였다. 판례에 의하면 甲은 B에 대한 살인죄로 처벌된다. [변호사 13]

147 (O) 구체적 사실의 착오 중 방법의 착오에 해당하고, 판례는 법정적 부합설을 따르므로 B에 대한 살인기수가 인정된다.

148 甲은 같이 사냥을 하던 동료 乙을 살해하려고 총을 쏘았는데 사격이 미숙하여 옆자리의 丙이 총알에 맞아 사망하였다. 어떠한 견해에 따르더라도 甲을 고의범으로 처벌해야 한다. [국가7급 11]

해설+ 구체적 사실의 착오 중 방법의 착오로, 구체적 부합설에 의하면 乙에 대한 살인미수와 丙에 대한 과실치사의 경합범이 되나, 법정적 부합설 내지 추상적 부합설에 의하면 丙에 대한 살인기수가 된다.

148 (×) '한다' → '하는 것은 아니다'

149 고의가 현실로 발생한 사실과 어느 정도 부합하여야 고의범의 기수로 처벌할 수 있느냐에 관하여 이른바 '법정적 부합설'에 따를 경우, 甲을 살해할 의사로 甲을 향하여 저격하였는데 甲에게 맞지 않고 그 옆에 있던 乙이 맞아 사망한 경우, 甲에 대한 살인미수와 乙에 대한 과실치사의 상상적 경합범에 해당한다. [법원9급 10]

149 (×) '甲에 대한 살인미수와 乙에 대한 과실치사의 상상적 경합범' → '乙에 대한 살인기수죄' 구체적 사실의 착오 중 방법의 착오로, 법정적 부합설에 의하면 乙에 대한 살인기수죄의 죄책이 인정된다.

150 법정적 부합설은 사람을 살해할 의사로 사람을 살해했음에도 불구하고 살인미수라고 하는 것은 일반인의 법감정에 반한다는 비판을 받는다. [경찰채용 19 2차]

150 (×) 법정적 부합설과 관련해서는 고의의 본질에 반한다는 비판이 있고, 지문의 내용은 구체적 부합설에 대한 비판이다.

151 고의가 현실로 발생한 사실과 어느 정도 부합하여야 고의범의 기수로 처벌할 수 있느냐에 관하여 이른바 '법정적 부합설'에 따를 경우, 개라고 생각하고 사살하였는데 개가 아니라 사람이 사망한 경우, 재물손괴의 미수와 과실치사의 상상적 경합범에 해당한다. [법원9급 10]

151 (○) 추상적 사실의 착오 중 객체의 착오로, 구체적 부합설과 법정적 부합설에 의한 결론이다.

152 甲이 마당에 있는 乙의 도자기를 손괴하려고 돌을 던졌으나 빗나가 옆에 있던 乙에게 상해를 입힌 경우, 법정적 부합설에 따르면 甲은 상해죄로 처벌된다. [변호사 14]

해설+ 추상적 사실의 착오 중 방법의 착오로, 법정적 부합설에 따르면 인식사실에 대한 미수(손괴미수)와 발생사실에 대한 과실(과실치상)의 상상적 경합이 성립한다.

152 (×) '상해죄로 처벌된다' → '손괴미수와 과실치상의 상상적 경합이 성립한다'

153 甲은 옆집 개가 평소 시끄럽게 짖어 그 개에게 손괴의 고의로 돌을 던졌으나 마침 개가 있는 쪽으로 뛰어나온 어린아이를 맞춰 전치 2주의 상해를 입힌 경우, 구체적 부합설에 의하면 손괴죄의 미수범과 과실치상죄의 상상적 경합이 성립한다. [경찰간부 22]

> **보충** 법정적 부합설도 이에 대하여는 같은 입장이다.

153 (○) 구체적 부합설에 의하면, 추상적 사실의 착오 중 방법의 착오는 인식사실에 대한 미수와 발생사실에 대한 과실의 상상적 경합이 성립한다.

154 甲은 A를 살해할 의사로 A의 물병에 독약을 탔으나 A의 개가 이 물을 마시고 죽은 경우 구체적 부합설에 따르면 살인미수죄와 손괴죄의 상상적 경합이 성립한다. [국가9급 18]

> **해설+** 추상적 사실의 착오 중 방법의 착오에 해당하는데, 손괴의 고의가 없어 손괴죄는 성립하지 않고 과실재물손괴에 불과한데 과실손괴를 처벌하는 규정이 없으므로, 살인미수죄만 성립한다.

154 (✕) '와 손괴죄의 상상적 경합이' → '가'

155 甲이 A를 살해하기 위하여 총을 발사하였으나 빗나가 주차되어 있는 자동차 유리창만 깨뜨린 경우 구체적 부합설에 따르면 甲에게 A에 대한 살인미수죄가 성립한다. [경찰채용 18 3차]

> **해설+** 추상적 사실의 착오 중 방법의 착오로, 구체적 부합설에 따르면 A에 대한 살인미수와 과실손괴가 문제되나, 현행법상 과실손괴에 대한 처벌규정이 없어 A에 대한 살인미수죄만 성립한다.

155 (○)

156 甲이 상해의 고의로 A를 향해 돌을 던졌으나 빗나가서 옆에 있던 A의 자동차 유리창을 깨뜨린 경우, 구체적 부합설에 따르면 A에 대한 상해미수죄가 성립한다. [국가9급 15]

156 (○) 추상적 사실의 착오 중 방법의 착오로, 구체적 부합설에 따르면 A에 대한 상해미수와 과실손괴가 성립하나, 현행법상 과실손괴에 대한 처벌규정은 없다.

157 고의가 현실로 발생한 사실과 어느 정도 부합하여야 고의범의 기수로 처벌할 수 있느냐에 관하여 이른바 '법정적 부합설'에 따를 경우, 甲을 살해할 의사로 甲을 향하여 저격하였는데 甲에게 맞지 않고 그 옆에 있던 개가 맞아 죽은 경우, 행위자는 살인죄의 미수범으로 처벌된다. [법원9급 10]

157 (○) 추상적 사실의 착오 중 방법의 착오로서 법정적 부합설에 의할 때 살인미수와 과실손괴로서 과실손괴는 처벌되지 않으므로 살인미수죄만 성립하게 된다.

158 甲은 상해의 고의로 사람에게 돌을 던졌으나 빗나가서 그 옆에 있던 마을 주민이 세운 장승에 맞았고, 장승의 일부가 손괴되었다. 甲의 행위는 추상적 사실의 착오에 해당하여 상해미수죄와 과실재물손괴죄의 상상적 경합으로 처벌된다.

[변호사 13]

158 (×) '와 과실재물손괴죄의 상상적 경합으' → 삭제
과실재물손괴죄는 형법상 규정이 존재하지 않아 상해미수죄로 처벌될 뿐이다(대법원 2007.3.15, 2007도291).

⊘ 사례

[159-1~4] 甲은 乙에게 A를 살해하라고 교사하였다. 甲의 청부를 받아들인 乙은 A라고 생각되는 사람이 골목길에 들어서는 것을 보고 그가 집에 들어가려는 순간을 기다려 총을 쏘았다. 사망을 확인하기 위하여 다가가서 보니 죽은 사람은 A가 아니라 A와 꼭 닮은 동생 B였다.

159-1 乙의 착오를 객체의 착오로 보고 구체적 부합설을 따르는 견해에 의하면 乙에게는 살인미수죄와 과실치사죄의 상상적 경합이 인정된다.

[경찰채용 22 1차]

159-1 (×) 구체적 부합설에 의하면 乙은 살인기수의 책임을 진다.

159-2 만일 乙이 A가 오는 것을 보고 총을 쏘았으나 빗나가서 그 옆에 있던 C 소유의 자전거에 맞고 자전거의 일부가 손괴된 경우, 乙의 행위는 발생사실인 과실재물손괴죄로 처벌된다.

[경찰채용 22 1차]

159-2 (×)

해설+ 판례(법정적 부합설)에 따르면 A에 대한 살인미수로 처벌된다. 과실손괴는 처벌규정이 없으므로 별도로 성립하지 않는다.

159-3 乙의 착오를 객체의 착오로 보고 이에 기반을 둔 甲의 착오도 객체의 착오로 보는 경우, 구체적 부합설을 따르는 견해에 의하면 甲에게는 살인미수죄와 과실치사죄의 상상적 경합이 인정된다.

[경찰채용 22 1차]

159-3 (×)

해설+ 피교사자의 구체적 사실에 대한 객체의 착오가 교사자에게도 동일한 객체의 착오가 된다고 보는 입장에 의하면, 구체적 사실의 착오 중 객체의 착오의 해결에 대하여는 학설의 대립이 없으므로, 구체적 부합설에 의하더라도 甲은 살인기수의 교사범이 인정된다.

159-4 乙의 착오를 객체의 착오로 보고 이에 기반을 둔 甲의 착오를 방법의 착오로 보는 경우, 법정적 부합설을 따르는 견해에 의하면 甲은 살인죄의 교사범으로 처벌된다. [경찰채용 22 1차]

해설+ 피교사자의 구체적 사실에 대한 객체의 착오가 교사자에게도 구체적 사실에 대한 방법의 착오가 된다는 견해(다수설)에 의하고 이를 법정적 부합설에 의하여 해결한다면, 발생사실에 대한 고의·기수의 교사범이 된다. 따라서 甲은 살인기수의 교사범으로 처벌된다.

159-4 (O)

CHAPTER 03 | 위법성론

1 위법성의 일반이론

대표유형

위법성을 규범에 대한 형식적 위반으로 보는 견해(형식적 위법성론)에 의하면 구성요건해당행위는 위법성조각사유가 없는 한 위법성이 인정된다. [사시 10]

(○)

대표유형

정당방위 상황은 존재하지만 방위의사 없이 행위한 경우, 위법성조각사유의 요건에 있어 주관적 정당화요소가 필요 없다고 보는 견해에서는 여전히 행위반가치는 존재하므로 이를 불능미수범으로 취급하여야 한다고 본다. [경찰채용 21 1차]

(×) 객관적 정당화상황만 존재하면 위법성이 조각된다는 주관적 정당화요소 불요설(순수한 결과반가치론)에 따르면, 우연방위도 정당방위가 되어 위법성이 조각된다.

001 위법성의 본질을 권리침해, 법익침해, 사회질서 위반 등에서 찾는 견해(실질적 위법성론)에 의하면 초법규적 위법성조각사유를 인정할 수 있는 이론적 근거가 된다. [사시 10]

001 (○)

002 위법성을 의사결정규범 위반으로 보는 견해(주관적 위법성론)에 의하면 책임무능력자의 행위는 책임이 조각되는 것이 아니라 위법하지 않은 행위이다. [사시 10]

002 (○) 법의 의사결정규범 기능을 중시하는 주관적 위법성론에 의하면, 수범자가 법규범에 따라 의사를 결정할 능력이 있는 책임능력자이어야 하고, 그러한 자의 행위만이 위법할 수 있다고 보게 된다.

003 위법성을 평가규범 위반으로 보는 견해(객관적 위법성론)에 의하면 심신상실자의 공격에 대해서 정당방위를 할 수 있다. [사시 10]

003 (○) 객관적 위법성론은 법을 평가규범으로 이해하고, 위법성의 판단표준을 일반인으로 보고 있으므로, 책임무능력자의 법익침해행위도 위법하다고 보게 된다.

004 어떠한 행위가 위법성조각사유로서 정당행위나 정당방위가 되는지 여부는 구체적인 경우에 따라 합목적적·합리적으로 가려야 하고, 또 행위의 적법 여부는 국가질서를 벗어나서 이를 가릴 수 없는 것이다. [법원행시 20]

004 (O)

> **해설+** 위법성조각사유의 일반원리에 대해서는 일원론과 다원론(통설)이 제시되고 있다. 여하튼 위법성이란 전체적 법질서에 위반되는 성질을 말하는바, 전체적 법질서란 어느 나라의 국가질서를 벗어나서 판단될 수는 없는 것이다(대법원 1992.9.25, 92도1520).

005 위법성이 조각되면 행위의 가벌성이 탈락하므로 행위자는 형벌을 받지 않을 뿐만 아니라 보안처분의 대상이 되지 않는다. [국가7급 11]

005 (O) 일정한 위법행위가 있어야 형사사건이 되고, 그래야만 형사제재인 보안처분의 대상이 될 수 있다.

006 판례는 피난의사가 없는 경우 긴급피난의 성립을 인정할 수 없다고 하여 위법성이 조각되기 위해 주관적 정당화요소가 필요하다는 입장을 취하였다. [국가7급 11]

006 (O) 정당방위·과잉방위나 긴급피난·과잉피난이 성립하기 위하여는 방위의사 또는 피난의사가 있어야 한다(대법원 1997.4.17, 96도3376 전원합의체).

007 판례는 위법성조각을 위해 방위의사나 피난의사와 같은 주관적 정당화요소가 요구된다고 본다. [국가9급 23]

007 (O) 위법성이 조각되기 위해서는 통설 및 판례가 주관적 정당화요소의 필요성을 긍정하는 입장이다(주관적 정당화요소 필요설).

> **해설+** 정당행위를 인정하려면 첫째 그 행위의 동기나 목적의 정당성, 둘째 행위의 수단이나 방법의 상당성, 셋째 보호이익과 침해이익과의 법익균형성, 넷째 긴급성, 다섯째 그 행위 외에 다른 수단이나 방법이 없다는 보충성 등의 요건을 갖추어야 한다(대법원 2000.4.25, 98도2389).

008 판례에 의하면, 정당방위·과잉방위나 긴급피난·과잉피난이 성립하기 위해서는 방위의사나 피난의사가 있어야 한다. [국가9급총론 21]

008 (O) 판례는 수관적 정당화요소 필요설의 입장이다(대법원 2000.4.25, 98도2389 등).

009 위법성이 조각되기 위해서는 객관적 정당화상황과 더불어 주관적 정당화요소가 필요하다는 견해에 의하면 우연방위는 위법성이 조각되지 않는다. [국가9급 12]

009 (O) 필요설(통설·판례)에 의하면, 주관적 정당화요소가 결여된 우연방위는 정당방위로 인정되지 않아 위법성이 조각될 수 없다.

010 위법성조각을 위해 주관적 정당화요소가 필요 없다고 보는 견해에 의하면, 행위자가 행위 당시 존재하는 객관적 정당화사정을 인식하지 못한 채 범죄의 고의만으로 행위를 한 경우 고의기수범이 성립한다. [국가9급 23]

010 (×)

해설+ 위법성조각을 위해 주관적 정당화요소가 필요 없다고 보는 견해에 의하면, 행위자가 행위 당시 존재하는 객관적 정당화사정을 인식하지 못한 채 범죄의 고의만으로 행위를 한 경우 위법성이 조각된다(주관적 정당화요소 불요설, 순수한 결과반가치론).

011 집으로 돌아온 甲은 홧김에 평소 층간소음으로 다툼이 있던 B의 원룸을 향해 돌을 던져 창문을 깨버렸다. 그런데 마침 B는 주식투자 실패로 자살하려고 번개탄을 피워둔 채 실신해 있다가 창문이 깨지는 바람에 생명을 구하게 되었다. 甲에게 무죄가 성립한다는 견해에 대해서는 주관적 정당화요소가 있는 경우와 없는 경우를 모두 똑같이 취급한다는 비판이 제기된다. [경찰간부 22]

011 (O) 우연방위에 있어서 위법성조각설(주관적 정당화요소 불요설, 순수한 결과반가치론)은 객관적 정당화상황만 있으면 위법성이 조각된다는 입장이다. 따라서 이에 대해서는 주관적 정당화요소가 있는 경우와 없는 경우를 모두 똑같이 취급한다는 비판이 제기된다.

012 우연방위에 관한 불능미수범설은 우연방위의 경우 객관적으로 존재하는 정당화상황으로 인해 결과반가치는 불능미수의 수준으로 낮아지므로 불능미수에 관한 규정을 유추적용해야 한다고 주장한다. [국가9급 12]

012 (O) 우연방위는 방위의사가 없어 행위반가치는 존재하나, 객관적 정당화상황이 있어 결과반가치는 현저히 약화된다고 보아 (불능)미수범 정도로 처리한다.

013 주관적 정당화요소 필요설에 따르면 우연한 정당방위를 하는 자에게는 주관적 정당화 요소가 결여되어 정당방위가 될 수 없어 위법한 행위로 평가받고 상대방인 제3자는 긴급피난과 정당방위를 모두 할 수 있다. [국가7급 14]

013 (O)

해설+ 주관적 정당화요소 필요설에 따르면 우연한 정당방위행위는 불능미수 또는 기수로 취급되어 위법한 행위에 해당하게 된다. 따라서 우연적 방위에 의해 야기된 현재의 위난에 대해서 제3자는 긴급피난을 할 수 있는 것은 물론이고, 그 자를 향해 직접 정당방위도 할 수 있다.

014 위법성조각을 위해 주관적 정당화요소가 필요하다고 보는 견해에 의하면, 형법 제21조 제1항에서 '방위하기 위하여 한'은 정당방위의 주관적 정당화요소를 규정한 것으로 해석된다. [국가9급 23]

014 (O) 주관적 정당화요소라 함은 객관적 정당화상황이 존재한다는 것과 이에 근거하여 행위한다는 행위자의 인식을 말하며, 정당방위의 '방위하기 위한' 방위의사가 주관적 정당화요소의 예이다.

015 순수한 결과반가치론에 의하면 위법성이 조각되기 위해서는 객관적 정당화상황만 있으면 족하고 주관적 정당화요소는 불필요하다고 보기 때문에 우연방위는 위법성이 조각된다. [국가9급 12]

015 (O) 우연방위도 위법성이 조각된다.

✓ **사례**

[016-1~3] 甲은 A를 골탕 먹일 생각으로 A의 집 창문을 향해 돌을 던져 창문을 깨뜨렸다. 하지만 마침 연탄가스에 중독되어 위험한 상태였던 A는 甲이 창문을 깨뜨리는 바람에 생명을 구할 수 있었다.

016-1 위법성조각사유를 검토함에 있어 주관적 정당화요소가 필요하지 않다는 입장에 따르면 甲의 행위는 불가벌이다. [국가7급 20]

016-1 (O) 주관적 정당화요소 불요설(위법성조각설, 순수한 결과반가치론)에 의하면 긴급피난이 인정되어 甲의 행위는 불가벌이다.

016-2 주관적 정당화요소가 없어 행위반가치는 인정되나 객관적 정당화상황의 존재로 인해 결과반가치가 인정되지 않으므로 불능미수 규정을 유추적용하자는 견해에 따르는 경우 甲의 행위는 불가벌이다. [국가7급 20]

016-2 (X) 행위반가치는 인정되고 결과반가치는 인정되지 않는 경우, 甲에게 불능미수 규정을 유추적용하자는 견해(이원적·인적 불법론 내 불능미수범설, 다수설)에 의하면 우연적 피난이나 우연적 방위는 해당 범죄의 불능미수로 처벌될 수 있다.

016-3 우연적 피난의 경우에도 구성요건적 결과가 발생한 이상 결과반가치가 인정되므로 기수범을 인정해야 한다는 입장에 대해서는 객관적 정당화상황이 존재함에도 존재하지 않는 경우와 동일하게 평가하는 것은 문제라는 비판이 있다. [국가7급 20]

016-3 (O) 이원적·인적 불법론 내에서 주장되는 기수범설의 내용인데, 이에 대한 비판으로 옳은 설명이다.

사례

[017-1~2] 甲은 층간소음문제로 평소 다툼이 있던 아파트 위층에 앙갚음을 할 마음으로 돌을 던져 유리창을 깨트렸다. 그런데 위층에 살던 A는 빚 독촉에 시달리다 자살하기로 마음먹고 창문을 닫은 채 연탄불을 피운 결과, 연탄가스에 중독되어 쓰러져 있던 상태였다. 유리창을 깨트린 甲의 행위로 인하여 A는 구조되었다.

017-1 甲이 무죄라는 견해는 범죄성립에 있어서 결과반가치만을 고려하는 입장에서 주장될 수 있다. [경찰채용 22 1차]

017-1 (○)

> **해설+** 순수한 결과반가치론 내지 결과반가치 일원론에 의하면 객관적 정당화상황만 있으면 위법성이 조각되고, 별도로 주관적 정당화요소는 필요 없다고 보게 된다. 따라서 우연적 피난의 경우, 객관적 정당화상황의 존재만 고려되므로 위법성이 조각되어 무죄가 된다.

017-2 甲이 무죄라는 견해는 객관적으로 존재하는 정당화요건은 기수범 처벌에 대한 감경가능성으로만 고려될 수 있다고 주장한다. [경찰채용 22 1차]

017-2 (×)

> **해설+** 타인의 생명에 대한 현재의 위난이 존재하지만(객관적 정당화상황은 존재), 행위자는 위난을 피하게 해 주겠다는 의사가 없는(주관적 정당화요소인 피난의사는 부존재) 우연적 피난의 경우이다. 甲이 무죄라는 견해는 객관적 정당화상황의 존재만으로 위법성이 조각된다는 입장이므로, 감경사유라는 설명은 틀린 것이다.

> **보충** 이에 반해 주관적 정당화요소의 부존재로 인하여 행위반가치는 인정되고, 객관적 정당화상황의 존재로 인하여 결과반가치가 없어지거나 감소된다고 보는 불능미수설(다수설)에 의하면, 객관적으로 존재하는 정당화요건이 임의적 감면사유로 작용하게 된다.

2 정당방위

대표유형

현행범인 체포행위가 적법한 공무집행을 벗어나 불법인 경우, 현행범이 체포를 면하려고 반항하는 과정에서 경찰관에게 상해를 가한 것은 불법체포로 인한 신체에 대한 현재의 부당한 침해에서 벗어나기 위한 행위로서 정당방위에 해당하여 위법성이 조각된다. [법원9급 13]

(○) 대법원 2002.5.10, 2001도 300

018 절도범이 물건을 훔쳐서 도망가는 것을 발견하고 제3자가 현장에서 그를 추격하여 체포하는 행위는 정당방위가 될 수 있다. [사시 10]

018 (○) 침해의 현재성이 인정되므로 정당방위가 될 수 있다.

019 정당방위에서 '침해의 현재성'이란 침해행위가 형식적으로 기수에 이르렀는지에 따라 결정되는 것이 아니라 자기 또는 타인의 법익에 대한 침해상황이 종료되기 전까지를 의미한다. [경찰간부 23]

> **해설+** '침해의 현재성'이란 침해행위가 형식적으로 기수에 이르렀는지에 따라 결정되는 것이 아니라 자기 또는 타인의 법익에 대한 침해상황이 종료되기 전까지를 의미하는 것이므로 일련의 연속되는 행위로 인해 침해상황이 중단되지 아니하거나 일시 중단되더라도 추가 침해가 곧바로 발생할 객관적인 사유가 있는 경우에는 그중 일부 행위가 범죄의 기수에 이르렀더라도 전체적으로 침해상황이 종료되지 않은 것으로 볼 수 있다(대법원 2023.4.27, 2020도6874).

019 (○)

020 甲은 강도침입을 막기 위하여 미리 전류장치를 해 놓았고, 그 이후 강도가 침입하다가 그 전류장치를 만져서 상해를 입은 경우 甲의 행위는 침해의 현재성이 인정되지 않기 때문에 정당방위가 인정될 수 없다. [국가7급 14]

020 (×) '되지 않기' → '되기', '없다' → '있다'
자동보안장치는 침해와 동시에 작동되므로 침해의 현재성이 인정된다.

021 부작위나 과실에 의한 침해에도 정당방위가 가능하다. [국가7급 11]

> **해설+** 부작위에 의한 침해나 과실에 의한 침해도 위법한 침해로 파악되는 경우라면, 이에 대한 정당방위는 가능하다.

021 (○)

022 어떠한 행위가 정당방위로 인정되려면 그 행위가 자기 또는 타인의 법익에 대한 현재의 부당한 침해를 방어하기 위한 것으로서 상당성이 있어야 하므로, 위법하지 않은 정당한 침해에 대한 정당방위는 인정되지 아니한다. [법원9급 08]

022 (○) 적법한 강제집행에 대한 정당방위나 자구행위는 인정될 수 없다(대법원 1962.8.23, 62도93).

023 위법하지 않은 정당한 침해에 대한 정당방위는 인정되지 않는다. [경찰채용 21 1차]

023 (○) 대법원 2017.3.15, 2013도2168

024 긴급피난에 대한 정당방위는 인정되지만 정당방위에 대한 정당방위는 인정되지 않는다. [국가7급 12]

> **해설+** 정당방위는 '부정 vs 정'의 관계이므로 긴급피난에 대한 정당방위는 인정되지 않고, 정당방위에 대한 정당방위도 인정되지 않는다.

024 (×) '인정되지만' → '인정되지 않고'

025 임대차 기간이 만료되었다 하더라도 임차인이 가옥을 명도하지 않고 있던 중에 임대인이 강제로 침입하는 행위에 대해서 임차인은 정당방위를 할 수 있다. [사시 10]

025 (O) 임차인의 주거에 대한 점유(사실상의 평온)도 보호받아야 한다는 점에서 정당방위를 인정할 수 있게 된다.

026 사용자 甲의 회사에서 정리해고된 乙이 적법하게 단행된 직장폐쇄기간 중 일방적으로 업무에 복귀하겠다고 하면서 甲의 퇴거요구에 불응한 채 계속해서 사업장 내로 진입을 시도하자 甲이 이에 대응하여 乙을 폭행·협박한 행위는 정당방위에 해당한다. [사시 15]

026 (O) 정당방위 내지 정당행위에 해당한다(대법원 2005.6.9, 2004도7218).

027 사용자가 적법한 직장폐쇄 기간 중임에도 불구하고 일방적으로 업무에 복귀하겠다고 하면서 자신의 퇴거요구에 불응한 채 계속하여 사업장 내로 진입을 시도하는 해고 근로자를 폭행, 협박하였다면 이는 사업장 내의 평온과 노동조합의 업무방해행위를 방지하기 위한 정당방위 내지 정당행위에 해당한다. [법원9급 22]

027 (O)

해설+ 사용자가, 적법한 직장폐쇄 기간 중 일방적으로 업무에 복귀하겠다고 하면서 자신의 퇴거요구에 불응한 채 계속하여 사업장 내로 진입을 시도하는 해고 근로자를 폭행, 협박한 것은 사업장 내의 평온과 노동조합의 업무방해행위를 방지하기 위한 정당방위 내지 정당행위에 해당한다(대법원 2005.6.9, 2004도7218).

028 절취해 온 물건을 점유하여 사용하고 있는 사람이라도 그 물건을 훔쳐가려는 제3자에 대해서 정당방위를 할 수 있다. [사시 10]

028 (O)

해설+ 절취해 온 물건을 점유하여 사용하고 있는 사람이라도 절도죄의 침해대상인 '점유'를 하고 있는 자에 해당하고, 이를 훔쳐 가려고 하는 제3자의 행위도 위법한 침해에 해당하므로, 이에 대하여 정당방위를 할 수 있다.

029 처벌조건이 결여되어 벌할 수 없는 행위라도 이에 대한 정당방위는 가능하다. [국가9급총론 21]

029 (O) 처벌조건이 결여되어 벌할 수 없는 행위라 하더라도, 위법한 행위라면 이에 대한 정당방위는 가능하다.

030 甲이 경찰관의 불법한 체포를 면하려고 소극적으로 반항하는 과정에서 경찰관에게 경미한 상해를 가한 행위는 정당방위로 인정된다. [국가9급 18]

030 (O) 대법원 1999.12.28, 98도138

031 경찰관이 임의동행을 요구하며 손목을 잡고 뒤로 꺾어올리는 등으로 제압하자, 거기에서 벗어나려고 몸싸움을 하는 과정에서 경찰관에게 경미한 상해를 입힌 경우에는 위법성이 결여된 행위로서 정당방위에 해당한다. [국가7급 13] [국가9급 18] [법원승진 16]

031 (O) 대법원 1999.12.28, 98도138

032 경찰관의 행위가 적법한 공무집행을 벗어나 불법하게 체포한 것으로 볼 수밖에 없다면, 그 체포를 면하려고 반항하는 과정에서 경찰관에게 상해를 가한 것은 불법체포로 인한 신체에 대한 현재의 부당한 침해에서 벗어나기 위한 행위로서 정당방위에 해당한다. [국가7급 14] [국가9급 13] [법원9급 08] [변호사 18]

032 (O) 불법한 체포를 면하려고 반항하는 과정에서 경찰관에게 상해를 가한 것은 불법체포로 인한 신체에 대한 현재의 부당한 침해에서 벗어나기 위한 행위로서 정당방위에 해당하여 위법성이 조각된다(대법원 2000.7.4, 99도4341; 2011.5.26, 2011도3682).

033 검사가 참고인 조사를 받는 줄 알고 검찰청에 자진출석한 변호사사무실 사무장을 합리적 근거 없이 긴급체포하자 그 변호사가 이를 제지하는 과정에서 위 검사에게 상해를 가한 것은 정당방위에 해당할 수 있다. [경찰채용 18 1차] [경찰간부 18] [법원9급 08]

033 (O) 대법원 2006.9.8, 2006도148

034 甲이 경찰관의 불심검문을 받아 운전면허증을 교부한 후 인근 주민들이 있는 가운데 경찰관에게 큰 소리로 욕설을 하였는데, 이를 이유로 경찰관이 모욕죄의 현행범으로 체포하려고 하자 반항하면서 경찰관에게 상해를 가한 경우 정당방위에 해당한다. [국가9급 18]

034 (O) 경찰관의 현행범체포는 체포의 필요성이 없음에도 행해진 것으로 위법한 체포에 해당하므로 이에 대한 정당방위가 가능하다(대법원 2011.5.26, 2011도3682).

035 검문 중이던 경찰관이 자전거를 이용한 날치기 사건 범인과 흡사한 인상착의로 자전거를 타고 다가오는 甲을 발견하고 그에게 성명과 신분 및 사유를 고지하며 정지를 요구하자 불응하였고, 이에 따라가서 재차 앞을 막고 검문에 응하라고 요구하자 甲이 경찰관의 멱살을 잡아 밀치는 등의 항의를 한 경우, 甲의 행위는 위법성이 조각된다. [국가7급 16]

036 공직선거후보자 甲은 다른 후보자 乙이 연설 중 자신의 부친의 과거행적과 학력기재를 언급하면서 후보자의 자질에 관한 사실을 적시하자 물리력으로 연설을 중단시켰다면 정당방위에 해당되지 아니한다. [법원행시 10]

037 정당방위의 성립요건으로서의 방어행위는 순수한 수비적 방어뿐만 아니라 적극적 반격을 포함하는 반격방어의 형태도 포함된다.
[경찰채용 18 1차] [변호사 12]

038 고의에 의한 방위행위가 위법성이 조각되기 위해서는 정당방위상황과 방위행위의 상당한 이유가 있으면 되고 방위의사까지 존재해야 할 필요는 없다.

해설+ 주관적 정당화요소가 인정되기 위해서는 객관적 정당화상황에 대한 인식이 있음은 물론, 나아가 이를 방위하거나 피하기 위하는 등의 의사적 요소까지 존재해야 한다는 것이 통설·판례이다(대법원 1997.4.17, 96도3376 전원합의체 등).

039 침해행위에 대하여 자기의 법익침해를 방위하기 위한 부득이한 행위가 아니고, 그 침해행위에서 벗어난 후 분풀이 목적에서 나온 공격행위는 정당방위에 해당하지 않는다. [사시 10]

040 피고인이 피해자로부터 뺨을 맞고 손톱깎이 칼에 찔려 1cm 정도의 상처를 입게 되자 20cm의 과도로 피고인의 복부를 찌른 것은 정당방위에 해당되지 않는다. [국가7급 13]

040 (○) 대법원 1968.12.24, 68 도1229

041 고의에 의한 방위행위가 위법성이 조각되기 위해서는 정당방위상황뿐 아니라 행위자에게 방위의사도 인정되어야 한다. [변호사 12]

041 (○) 대법원 1997.4.17, 96 도3376 전원합의체

042 절도범으로 오인받은 자가 야간에 군중들로부터 무차별 구타를 당하자 이를 방위하기 위하여 소지하고 있던 손톱깎이에 달린 줄칼을 휘둘러 상해를 입힌 행위는 정당방위에 해당한다. [법원9급 15]

042 (○) 대법원 1970.9.17, 70 도1473

⊘ 사례

[043-1~4] 甲은 자기 집 2층에서 아래를 내려다보던 중 乙이 자신의 집 정원에서 어슬렁거리는 것을 보았다. 甲은 乙과 원수지간으로 그렇지 않아도 乙을 살해할 생각을 가지고 있던 터라 옆에 있던 사냥용 엽총으로 정조준하여 乙을 향해 발사하여 즉사케 하였다. 그런데 나중에 알고 보니 乙도 甲을 살해하기 위해 甲의 집에 폭탄을 설치하고 폭발시키려던 순간이었다.

043-1 정당방위의 성립요건 중 방위의사 필요설에 따르면 甲에게는 방위의사가 없었으므로 정당방위가 성립하지 않고 과실치사죄가 성립한다. [국가9급총론 17]

043-1 (✗) '과실치사죄' → '살인 죄 또는 살인죄의 불능미수' 학설에 따라 살인죄(기수범설) 또는 살인죄의 불능미수(불능미수범설, 다수설)가 성립한다.

043-2 정당방위의 성립요건 중 현재성을 갖추고 있지 못하므로 甲은 살인죄로 처벌된다. [국가9급총론 17]

해설+ 甲에게 방위의사가 없었다고 하더라도, 사례에서 乙은 폭탄을 설치하고 폭발시키려는 순간이었으므로 현재성을 갖추고 있다고 보아야 한다.

043-2 (✗) '있지 못하므로 甲은 살인죄로 처벌된다' → '있다'

043-3 정당방위의 성립요건 중 방위의사 불요설에 따르면 甲에게는 방위의사가 없었더라도 정당방위는 성립하여 위법성이 조각된다.

[국가9급총론 17]

043-3 (○) 甲에게 방위의사가 없었더라도 정당방위에 해당하여 위법성이 조각된다.

043-4 [사례]의 구조를 불능미수와 유사하다고 보는 입장에서는 甲의 행위는 위험성이 없는 것으로 보아 불가벌로 취급한다. [국가9급총론 17]

043-4 (×) '불가벌' → '살인미수죄' 불능미수범설에 의하면, 결과반가치는 배제되나 행위반가치는 그대로 존재하므로, 甲은 살인죄의 불능미수로 처벌된다.

044 甲과 乙이 공동으로 인적이 드문 심야에 혼자 귀가 중인 丙女에게 뒤에서 느닷없이 달려들어 양팔을 붙잡고 어두운 골목길로 끌고 들어가 담벽에 쓰러뜨린 후, 甲이 丙女의 음부를 만지고 이에 반항하는 丙女의 옆구리를 무릎으로 차고 억지로 키스를 하므로, 丙女가 정조와 신체를 지키려는 일념에서 엉겁결에 甲의 혀를 깨물어 설(舌) 절단상을 입힌 행위는 방위행위의 한도를 넘어선 것으로서 정당방위에 해당하지 않는다. [법원9급 13]

044 (×) '서' → '보이지 않아', '해당하지 않는다' → '해당한다' 행위에 이르게 된 경위와 그 목적 및 수단, 행위자의 의사 등 제반사정에 비추어 위법성이 결여된 행위이며 방위행위의 한도를 넘어선 것으로 보이지 않아 정당방위에 해당한다(대법원 1989.8.8, 89도358).

045 피고인의 아들이 평소 부모에게 행패를 부려오던 중 만취상태로 집에 들어와서는 저녁식사를 하는 피고인의 입에 소주병을 들어부으면서 밥상을 차엎고, 식도를 들고 행패를 부려 피고인은 밖으로 나왔으나, 아들이 밖으로 따라 나와 피고인에게 달려들므로 주먹으로 아들의 후두부를 1회 강타하였는데, 돌이 많은 지면에 넘어져 두개골파열상으로 사망한 경우 정당방위가 성립한다. [법원행시 11]

045 (○) 대법원 1974.5.14, 73도2401

046 甲은 야간에 술에 취한 자가 자신이 운전 중인 차량에 뛰어들어 함부로 타려 하자 이에 항의하면서 주취자와 몸싸움을 하게 되었다. 주취자가 甲의 바지춤을 잡아당겨 바지가 찢어졌으며 甲을 잡아끌고 가다 넘어져, 甲이 주취자의 배 위쪽에서 그의 양 손목을 잡아 약 3분 가량 눌렀다면, 이러한 甲의 행위는 정당방위에 해당한다. [사시 15]

046 (○) 대법원 1999.6.11, 99도943

047 甲회사가 乙이 점유하던 공사현장에 실력을 행사하여 들어와 현수막 및 간판을 설치하고 담장에 글씨를 쓴 행위는 乙의 시공 및 공사현장의 점유를 방해하는 것으로서 乙의 법익에 대한 현재의 부당한 침해라고 할 수 있으므로 乙이 현수막을 찢고 간판 및 담장에 쓰인 글씨를 지운 것은 그 침해를 방어하기 위한 행위로서 상당한 이유가 있다.   [법원행시 11]

047 (○) 대법원 1989.3.14, 87도3674

048 경찰관 甲과 乙이 'A가 사람을 칼로 위협한다'는 신고를 받고 출동한 상황에서, A가 乙을 지속적으로 폭행하며 그의 총기를 빼앗으려 하자, 甲은 A가 칼로 자신과 乙을 공격할 수 있다고 생각하고 乙을 구출하기 위하여 A에게 실탄을 발사하여 흉부관통상으로 A를 사망케 한 경우 정당방위의 상당성이 인정될 수 없다.   [국가7급 21]

048 (×) 피고인의 권총사용이 경찰관직무집행법 제10조의4 제1항의 허용범위를 벗어난 위법한 행위라거나 피고인에게 업무상과실치사의 죄책을 지울 만한 행위라고 선뜻 단정할 수는 없다(대법원 2004.3.25, 2003도3842).

049 공격행위를 피하기 위하여 관련 없는 제3자의 법익을 침해하는 행위도 정당방위로 허용된다.   [국가7급 12]

049 (×) '정당방위로' → '긴급피난으로'
정당방위에 해당하는 것이 아니라 긴급피난에 해당한다.

050 A와 B가 차량 통행 문제로 다투던 중에 A가 차를 몰고 대문 안으로 운전해 들어가려 하자 B가 양팔을 벌리고 제지하였음에도 A가 차를 약 3미터가량 B의 앞쪽으로 급진시키자, 이때 그 차 운전석 옆에 서 있던 B의 아들 甲이 B를 구하려고 차를 정지시키기 위하여 운전석 옆 창문을 통해 A의 머리카락을 잡아당겨 A의 흉부가 차의 창문틀에 부딪혀 약간의 상처를 입게 하였다면, 甲의 행위는 정당방위에 해당한다.   [변호사 23]

050 (○)

해설+ 차량통행문제를 둘러싸고 피고인의 부와 다툼이 있던 피해자가 그 소유의 차량에 올라타 문안으로 운전해 들어가려 하자 피고인의 부가 양팔을 벌리고 이를 제지하였으나 위 피해자가 이에 불응하고 그대로 그 차를 피고인의 부 앞쪽으로 약 3미터가량 전진시키자 위 차의 운전석 부근 옆에 서 있던 피고인이 부가 위 차에 다치겠으므로 이에 당황하여 위 차를 정지시키기 위하여 운전석 옆 창문을 통하여 피해자의 머리털을 잡아당겨 그의 흉부가 위 차의 창문틀에 부딪혀 약간의 상처를 입게 한 행위는 부의 생명, 신체에 대한 현재의 부당한 침해를 방위하기 위한 행위로서 정당방위에 해당한다(대법원 1986.10.14, 86도1091).

051 A가 칼을 들고 甲을 찌르자 甲이 그 칼을 뺏어 도망가는 A를 찔러 A에게 상해를 가하였다. 이때 A에 대한 상해행위는 현재의 부당한 침해에 대한 상당성 있는 방어행위에 해당하여 위법성이 조각된다. [사시 11]

051 (×) '해당하여 위법성이 조각된다' → '해당한다고 할 수 없다'
피고인에 대한 현재의 부당한 침해를 방위하기 위한 행위로서 상당한 이유가 있는 경우에 해당하지 않는다(대법원 1984.1.24, 83도1873).

052 정당방위의 상당성 판단에는 상대적 최소침해의 원칙 이외에 보충성의 원칙이 필수적으로 요구된다. [해경승진 23]

052 (×) 보충성원칙은 긴급피난과 달리 정당방위의 성립에 있어서 요구되지 않는다.

053 피해자와 말다툼을 하다가 피해자가 낫을 들고 반항하자 그 낫을 빼앗아 피해자의 가슴과 배 등을 10여 차례 찔러 사망케 한 경우는 처벌되지 않는다. [사시 14]

053 (×) '처벌되지 않는다' → '처벌된다'
정당방위 또한 성립할 수 없으므로 살인죄의 기수가 인정된다(대법원 2007.4.26, 2007도1794).

054 甲이 乙과 말다툼을 하다가 낫을 들고 반항하는 乙로부터 낫을 빼앗아 乙의 가슴, 배, 목 등을 10여 차례 찔러 乙로 하여금 자상으로 사망하게 한 경우, 甲의 행위는 그 정도를 초과한 것으로서 형법 제21조 제2항의 과잉방위에 해당한다. [변호사 22]

054 (×)

해설+ 피고인이 피해자와 말다툼을 하다가 건초더미에 있던 낫을 들고 반항하는 피해자로부터 낫을 빼앗아 그 낫으로 피해자의 가슴, 배, 등, 뒤통수, 목, 왼쪽 허벅지 부위 등을 10여 차례 찔러 피해자로 하여금 다발성 자상에 의한 기흉 등으로 사망하게 하였다면, 피고인의 이 사건 범행행위는 방위행위가 그 정도를 초과한 때에 해당하거나 정도를 초과한 방위행위가 야간 기타 불안스러운 상태하에서 공포, 경악, 흥분 또는 당황으로 인한 때에 해당한다고 볼 수도 없다(대법원 2007.4.26, 2007도1794).

055 이혼소송 중인 남편이 찾아와 가위로 폭행하고 변태적 성행위를 강요하는 데에 격분하여 처가 칼로 남편의 복부를 찔러 사망에 이르게 한 경우, 그 행위는 방위행위로서의 한도를 넘어선 것으로 사회통념상 용인될 수 없다는 이유로 정당방위나 과잉방위에 해당하지 않는다. [법원9급 13]

055 (○) 대법원 2001.5.15, 2001도1089

056 피고인이 피해자로부터 먼저 폭행 · 협박을 당하다가 이를 피하기 위하여 피해자를 칼로 찔러 즉사케 한 경우, 그 행위가 피해자의 폭행 · 협박의 정도에 비추어 방위행위로서의 한도를 넘어선 것으로서 사회통념상 용인될 수 없다고 판단될 때에는 「형법」 제21조 제2항의 과잉방위가 성립한다.

[경찰채용 18 2차]

> **해설+** 이혼소송 중인 남편이 찾아와 가위로 폭행하고 변태적 성행위를 강요하는 데에 격분하여 처가 칼로 남편의 복부를 찔러 사망에 이르게 한 경우, 그 행위는 방위행위로서의 한도를 넘어선 것으로 사회통념상 용인될 수 없어 정당방위나 과잉방위에 해당하지 않는다(대법원 2001.5.15, 2001도1089).

057 의붓아버지로부터 강간을 당한 후 계속해서 성관계를 강요받아 온 甲이 乙과 사전에 공모하여 범행을 준비하고 의붓아버지가 제대로 반항할 수 없는 상태에서 식칼로 심장을 찔러 살해한 행위는 「형법」 제21조 소정의 과잉방위에 해당한다.

[국가7급 22]

> **해설+** 피고인 D가 약 12살 때부터 의붓아버지인 피해자의 강간행위에 의하여 정조를 유린당한 후 계속적으로 이 사건 범행무렵까지 피해자와의 성관계를 강요받아 왔고, 그 밖에 피해자로부터 행동의 자유를 간섭받아 왔으며, 또한 그러한 침해행위가 그 후에도 반복하여 계속될 염려가 있었다면, 피고인들의 이 사건 범행 당시 피고인 D의 신체나 자유등에 대한 현재의 부당한 침해상태가 있었다고 볼 여지가 없는 것은 아니나, 그렇다고 하여도 판시와 같은 경위로 이루어진 피고인들의 이 사건 살인행위가 형법 제21조 소정의 정당방위나 과잉방위에 해당한다고 하기는 어렵다(대법원 1992.12.22, 92도2540).

058 의붓아버지의 강간행위에 의하여 정조를 유린당한 후 계속적으로 성관계를 강요받아 온 피고인이 사전에 범행을 준비하고 의붓아버지가 제대로 반항할 수 없는 상태에서 식칼로 심장을 찔러 살해한 행위는 사회통념상 상당성을 결여하여 정당방위가 성립하지 않는다.

[법원행시 11]

059 운전자가 자신의 차를 가로막고 서서 통행을 방해하는 피해자를 향해 차를 조금씩 전진시키고 피해자가 뒤로 물러나면 다시 차를 전진시키는 방식의 운행을 반복한 경우, 정당방위에 해당하여 폭행죄가 성립하지 아니한다.

[국가7급 17]

060 甲이 자신의 밤나무단지에서 밤 13개를 자루에 몰래 주워 담는 A의 자루를 빼앗으려다가 반항하는 A의 뺨과 팔목을 때려 상처를 입힌 경우, 甲의 행위는 정당방위에 해당하지 않는다. [사시 11]

060 (○) 대법원 1984.9.25, 84도1611

061 서로 격투를 하는 자 상호간에는 공격행위와 방어행위가 연속적으로 교차되고 방어행위는 동시에 공격행위가 되는 양면적 성격을 띠는 것이므로 어느 한쪽 당사자의 행위만을 가려내어 방어를 위한 정당행위라거나 정당방위에 해당한다고 보기 어려운 것이 보통이다. [법원9급 20]

061 (○) 대법원 1999.10.12, 99도3377

062 정당방위 상황을 이용할 목적으로 처음부터 공격자의 공격행위를 유발하는 의도적 도발의 경우라 하더라도 그 공격행위에 대해서는 방위행위를 인정할 수 있어 정당방위가 성립한다. [경찰간부 23]

정리 의도적 도발행위의 경우 정당방위가 금지되고, 유책한 도발행위의 경우 정당방위가 제한된다.

판례 피고인이 피해자를 살해하려고 먼저 가격한 이상 피해자의 반격이 있었더라도 피해자를 살해한 소위가 정당방위에 해당한다고 볼 수 없다(대법원 1983.9.13, 83도1467).

062 (×) 상대방을 해치기 위해 의도적으로 도발하고 상대방의 반격을 유발하고 이에 대응하는 것처럼 행한 침해행위는 정당방위로 인정될 수 없다.

063 외관상 서로 싸움을 하는 것처럼 보이지만 실제로는 한쪽 당사자가 일방적으로 불법한 공격을 하는 경우 상대방의 방어행위가 불법한 공격으로부터 자신을 보호하고 이를 벗어나기 위한 것으로 소극적인 방어의 한도를 벗어나지 않는 한 정당방위에 해당한다. [사시 10]

063 (○) 대법원 1999.10.12, 99도3377

064 불륜관계를 의심받아 집단폭행을 당하게 된 甲이 이를 벗어나기 위해 손을 휘저으며 발버둥치는 과정에서 A에게 약 14일간의 치료를 요하는 뇌진탕의 상해를 가한 경우 사회적 상당성이 인정되는 방어행위라고 할 수 있다. [국가7급 21]

064 (○) 대법원 2010.2.11, 2009도12958

065 가해자의 행위가 피해자의 부당한 공격을 방위하기 위한 것이라기보다는 서로 공격할 의사로 싸우다가 먼저 공격을 받고 이에 대항하여 가해하게 된 것이라고 봄이 상당한 경우, 그 가해행위는 방어행위인 동시에 공격행위의 성격을 가지므로 정당방위 또는 과잉방위행위라고 볼 수 없다.

[법원9급 08·13]

065 (O) 대법원 2000.3.28, 2000도228

066 가해자의 행위가 피해자의 부당한 공격을 방위하기 위한 것이라기보다는 서로 공격할 의사로 싸우다가 먼저 공격을 받고 이에 대항하여 가해하게 된 것인 경우에는 「형법」 제21조 제2항의 과잉방위가 성립한다.

[경찰채용 18 2차]

066 (×)

해설+ 가해자의 행위가 피해자의 부당한 공격을 방위하기 위한 것이라기보다는 서로 공격할 의사로 싸우다가 먼저 공격을 받고 이에 대항하여 가해하게 된 것이라고 봄이 상당한 경우, 그 가해행위는 방어행위인 동시에 공격행위의 성격을 가지므로 정당방위 또는 과잉방위행위라고 볼 수 없다(대법원 2000.3.28, 2000도228).

067 피고인이 피해자와 싸움 중 피해자를 가격하여 중상해를 입힌 행위는 정당방위에 해당하지 않고 과잉방위에 해당한다.

067 (×)

해설+ 가해자의 행위가 피해자의 부당한 공격을 방위하기 위한 것이라기보다는 서로 공격할 의사로 싸우다가 먼저 공격을 받고 이에 대항하여 가해를 한 경우 가해행위는 방어행위인 동시에 공격행위의 성격을 가지므로 과잉방위행위라고 볼 수 없다(대법원 2000.3.28, 2000도228 등; 2021.6.10, 2021도4278).

보충 피고인이 피해자와 싸움 중 피해자를 가격하여 피해자에게 언어장애 및 우측 반신마비 등의 중상해를 입힌 사안에서, 피고인의 행위가 과잉방위에 해당한다는 주장을 배척하고 중상해 공소사실을 유죄로 판단한 원심을 수긍한 사례이다.

068 A녀가 자신의 남편과 이웃집 여자 甲이 불륜관계를 맺은 것으로 의심하고 자신의 아들들과 함께 甲의 아파트에 찾아간 다음 거실에서 아들들과 함께 甲을 폭행하기 시작하자 甲은 이를 벗어나기 위하여 손을 휘저으며 발버둥치는 과정에서 A녀에게 상해를 가하게 되었다. 위법한 공격으로부터 자신을 보호하고 이를 벗어나기 위한 상당성 있는 방어행위로서 위법성이 조각된다.

[경찰간부 18] [사시 11]

068 (O) 대법원 2010.2.11, 2009도12958

069 행위가 정당방위 또는 정당행위에 해당한다는 점은 피고인이 입증하여야 하나, 그 증명은 법관으로 하여금 의심할 여지가 없을 정도의 확신을 가지게 하는 증명력을 가진 엄격한 증거에 의하여야 하는 것은 아니다.

[변호사 20 변형]

> **보충** 다만, 위 지문의 내용이 제310조의 위법성조각사유에 대한 설명이라면 판례의 입장과 부합된다.

069 (×) 구성요건해당성이 인정되면 위법성은 사실상 추정되나, 사실상의 추정은 피고인이 이를 다투면 깨지므로, 위법성조각사유의 부존재에 대하여 '검사가 엄격한 증명'을 하여야만 유죄의 판결을 구할 수 있다는 것이 통설의 입장이다.

070 방위행위가 야간에 공포로 인해 그 정도를 초과한 경우는 처벌되지 않는다.

[사시 14]

070 (○) 적법행위의 기대가능성이 없기 때문에 책임이 조각된다고 보아 무죄를 선고하여야 한다.

071 방위행위, 피난행위, 자구행위가 그 정도를 초과한 경우에는 정황(情況)에 따라 그 형을 감경하거나 면제한다.

[경찰채용 23 2차]

> **정리** 과잉방위·과잉피난·과잉자구행위는 임의적 감면사유

> **해설+** 제21조 【정당방위】 ② 방위행위가 그 정도를 초과한 경우에는 정황(情況)에 따라 그 형을 감경하거나 면제할 수 있다.
> 제22조 【긴급피난】 ③ 전조 제2항과 제3항의 규정은 본조에 준용한다.
> 제23조 【자구행위】 ② 제1항의 행위가 그 정도를 초과한 경우에는 정황에 따라 그 형을 감경하거나 면제할 수 있다.

071 (×) 방위행위, 피난행위, 자구행위가 그 정도를 초과한 경우에는 정황(情況)에 따라 그 형을 감경하거나 면제할 수 있다.

072 방위행위가 그 정도를 초과한 경우에 야간이나 그 밖의 불안한 상태에서 공포를 느끼거나 경악하거나 흥분하거나 당황하였기 때문에 그 행위를 하였을 때에는 그 형을 감경하거나 면제할 수 있다.

[경찰승진 23]

> **해설+** 제21조 【정당방위】 ② 방위행위가 그 정도를 초과한 경우에는 정황(情況)에 따라 그 형을 감경하거나 면제할 수 있다.
> ③ 제2항의 경우에 야간이나 그 밖의 불안한 상태에서 공포를 느끼거나 경악(驚愕)하거나 흥분하거나 당황하였기 때문에 그 행위를 하였을 때에는 벌하지 아니한다.

072 (×) 면책적 과잉방위의 경우로서 벌하지 아니한다(형법상 책임조각사유, 제21조 제3항).

073 「형법」의 규정에 의하면 우연방위행위가 야간 기타 불안스러운 상태하에서 공포, 경악, 흥분 또는 당황으로 인한 때에는 벌하지 아니한다.

[경찰간부 17] [국가9급 12]

073 (×) '우연' → '과잉'
면책적 과잉방위에 대한 조문이다(제21조 제3항). 우연적 방위의 처리에 대하여 정한 조문은 없다.

074 제1방위행위는 상당성이 인정되는 방위행위이고 제2방위행위는 상당성을 결여한 방위행위인 경우, 제1행위와 제2행위가 극히 짧은 시간 내에 계속하여 행하여졌다 하더라도 이를 전체로서 하나의 행위로 보아서는 안 되고 각 행위를 분리하여 정당방위 여부를 판단하여야 한다.

074 (×)

해설+ [제1방위행위인 정당방위와 제2방위행위인 과잉방위가 극히 짧은 시간 내에 계속되어 이를 전체로서 하나의 과잉방위로 보아 제21조 제3항에 의하여 무죄로 본 사례, 소위 정신이상 오빠 사건] 평소 흉포한 성격인데다가 술까지 몹시 취한 피해자(남, 33세)가 심하게 행패를 부리던 끝에 피고인들을 모두 죽여버리겠다면서 식칼을 들고 어머니 공소외 1에게 달려들어 찌르듯이 면전에 칼을 들이대다가 남동생 공소외 2로부터 제지를 받자, 다시 공소외 2의 목을 손으로 졸라 숨쉬기를 어렵게 한 위급한 상황에서 여동생인 피고인이 순간적으로 공소외 2를 구하기 위하여 피해자에게 달려들어 그의 목을 조르면서 뒤로 넘어뜨린 행위는 공소외 1, 2의 생명, 신체에 대한 현재의 부당한 침해를 방위하기 위한 상당한 행위라 할 것이고, 나아가 위 사건 당시 피해자가 피고인의 위와 같은 방위행위로 말미암아 뒤로 넘어져 피고인의 몸아래 깔려 더 이상 침해행위를 계속하는 것이 불가능하거나 또는 적어도 현저히 곤란한 상태에 빠졌음에도 피고인이 피해자의 몸 위에 타고앉아 그의 목을 계속하여 졸라 누름으로써 결국 피해자로 하여금 질식하여 사망에 이르게 한 행위는 정당방위의 요건인 상당성을 결여한 행위라고 보아야 할 것이나, 극히 짧은 시간 내에 계속하여 행하여진 피고인의 위와 같은 일련의 행위는 이를 전체로서 하나의 행위로 보아야 할 것이므로, 방위의사에서 비롯된 피고인의 위와 같이 연속된 전후행위는 하나로서 형법 제21조 제2항 소정의 과잉방위에 해당한다 할 것이고, 당시 야간에 흉포한 성격에 술까지 취한 피해자가 식칼을 들고 피고인을 포함한 가족들의 생명, 신체를 위협하는 불의의 행패와 폭행을 하여 온 불안스러운 상태 하에서 공포, 경악, 흥분 또는 당황 등으로 말미암아 저질러진 것이라고 보아야 할 것이다(과잉방위이나 제21조 제3항에 의하여 무죄, 대법원 1986.11.11, 86도1862).

유사 [제1방위행위는 정당방위이나 이어진 제2행위는 방위의사를 인정할 수 없어 전체가 정당방위·과잉방위에 해당하지 않는다는 사례, 소위 도둑 뇌사 사건] 정당방위나 과잉방위는 모두 침해상황이 있고 이를 방어하려는 의사(방위의사)가 인정되어야 하는바, 피고인이 도둑의 주거침입과 물건을 훔치려는 행위를 막기 위해 한 최초 폭행과 달리 이어진 2차 폭행은 단지 도망치지 못하게 하려는 의사만 있을 뿐이어서 침해상황과 방위의사를 인정할 수 없어 정당방위 및 과잉방위에 해당하지 않는다(대법원 2016.5.12, 2016도2794).

보충 강원도 원주시에 사는 A씨는 2014년 3월 친구들과 술을 마시다 새벽 3시가 넘어 귀가했다가 자신의 집 거실에서 서랍장을 뒤지던 도둑 B(당시 55세)씨를 발견하고 주먹으로 얼굴을 수차례 때려 넘어뜨렸다. A씨는 B씨가 넘어진 상태에서 도망치려 하자 B씨의 뒤통수를 수차례 발로 걷어찼고, 빨래 건조대와 차고 있던 벨트를 풀어 B씨의 등을 수 차례 때렸다. A씨의 폭행으로 B씨는 의식불명 상태에 빠졌고 같은 해 12월 치료를 받던 중 폐렴으로 사망했다(법률신문, 2016.5.12.).

075 제1방위행위는 상당성이 인정되는 방위행위이고 제2방위행위는 상당성을 결여한 방위행위인 경우, 제1행위와 제2행위가 극히 짧은 시간 내에 계속하여 행하여지면 이를 전체로서 하나의 행위로 보아야 한다. [국가7급 21]

075 (○) 대법원 1986.11.11, 86도1862

보충 정신이상 오빠 사건 참조.

076 생명·신체에 대한 현재의 부당한 침해를 방위하기 위한 상당한 행위가 있고, 이어서 정당방위의 요건인 상당성을 결여한 행위가 연속적으로 이루어진 경우 극히 짧은 시간 내에 계속하여 행하여진 가해자의 이와 같은 일련의 행위는 이를 전체로서 하나의 행위라고 보아 「형법」 제21조 제2항의 과잉방위가 성립한다고 볼 여지가 있다. [경찰채용 18 2차]

076 (O) 대법원 1986.11.11, 86도1862

> **보충** 정신이상 오빠 사건 참조.

3 긴급피난

> **🔗 대표유형**
>
> 아파트 입주자대표회의 회장이 다수 입주민들의 민원에 따라 위성방송 수신을 방해하는 케이블TV방송의 시험방송 송출을 중단시키기 위하여 위 케이블TV방송의 방송안테나를 절단하도록 지시한 행위는 긴급피난에 해당한다고 볼 수 없다. [법원9급 14] [변호사 18]

(O) 긴급피난 내지는 정당행위에 해당한다고 볼 수 없다(대법원 2006. 4.13, 2005도9396).

077 형법 제22조 제1항의 긴급피난이란 자기 또는 타인의 법익에 대한 현재의 위난을 피하기 위한 상당한 이유 있는 행위를 말하고, 여기서 '상당한 이유 있는 행위'에 해당하려면, 첫째 피난행위는 위난에 처한 법익을 보호하기 위한 유일한 수단이어야 하고, 둘째 피해자에게 가장 경미한 손해를 주는 방법을 택하여야 하며, 셋째 피난행위에 의하여 보전되는 이익은 이로 인하여 침해되는 이익보다 우월해야 하고, 넷째 피난행위는 그 자체가 사회윤리나 법질서 전체의 정신에 비추어 적합한 수단일 것을 요하는 등의 요건을 갖추어야 한다. [법원9급 22]

077 (O) 대법원 2006.4.13, 2005도9396

078 긴급피난에 관하여 이분설에서는 「형법」 제22조 제1항을 정당화적(위법조각적) 긴급피난의 근거로 파악하고 있다. [국가7급 17]

078 (O) 이분설에 따르면, 긴급피난의 근거인 제22조 제1항은 위법성조각사유와 책임조각사유를 모두 규정한 것으로 파악되므로, 옳은 지문이다.

079 긴급피난에 관하여 위법성조각설에서는 생명과 생명의 법익이 충돌하는 경우와 같이 이익형량이 불가능한 경우의 불처벌 근거를 적법행위에 대한 기대불가능성에서 찾는다. [국가7급 17]

> **해설+** 위법성조각사유설에서는 이익형량이 가능하고 우월한 이익을 보호하는 행위만 긴급피난으로 본다. 따라서 위법성조각설은 위와 같이 이익형량이 불가능한 경우의 불가피한 피난행위(소위 면책적 긴급피난)에 대해서는 긴급피난으로 파악하지 않고, '기대불가능성에 근거한 초법규적 책임조각사유'에 해당하는 것으로 분류한다.

079 (○)

080 긴급피난에 관하여 위법성조각설에 대하여는 "자기에게 닥친, 불법하지 아니한 위난을 타인에게 전가시켜 같은 가치의 법익을 침해하는 행위는 사회윤리적 규범에 반하는 것이므로 위법하다고 해야 한다."는 비판이 있다. [국가7급 17]

080 (○) 위법성조각설에 대한 비판으로 옳은 지문이다.

081 긴급피난에 관하여 책임조각설은 '자신을 위한 긴급피난'의 경우에 비하여 '타인을 위한 긴급피난'의 경우의 불처벌 근거를 설명하는 데 보다 적합하다. [국가7급 17]

> **해설+** 긴급피난의 본질에 관한 책임조각사유설은 긴급피난을 자기보호본능과 기대불가능성에 기초한 책임조각사유로 파악하므로, 타인을 위한 긴급피난이 아닌 <u>자신을 위한 긴급피난</u>에 대한 불처벌 근거를 설명하기에 더 적합하다.

> **보충** 형법에는 타인을 위한 긴급피난도 규정되어 있다는 점에서 책임조각사유설은 타당하지 않은 것이다.

081 (×) '자신을 위한 긴급피난' → '타인을 위한 긴급피난', '타인을 위한 긴급피난' → '자신을 위한 긴급피난'

082 정당방위는 부당한 침해에 대한 방어행위인 데 반해 긴급피난은 부당한 침해가 아닌 위난에 대해서도 가능하다. [국가9급 13]

> **보충** 정당방위는 부정 vs 정, 긴급피난은 정 vs 정(또는 부정 vs 정 가능)

082 (○) 긴급피난은 '위난'(제22조 제1항)으로 규정되어 있을 뿐이고, 여기서 위난은 위법할 것을 요하지 아니한다.

083 긴급피난의 본질을 위법성조각사유라고 볼 경우, 긴급피난행위에 대해서 정당방위는 인정되지 아니하나 긴급피난은 인정된다.　　　　　[경찰채용 19 1차]

083 (○)

> **해설+** 피난행위로 인하여 보호받은 이익과 침해된 이익을 형량하여 보호받은 이익의 우월성이 인정되는 경우에는 그 피난행위는 위법성이 조각된다는 위법성조각사유설에 의하면 긴급피난은 위법성이 조각되므로, 부정 대 정의 구조를 가지는 정당방위는 이에 대해 인정되지 않지만, 정 대 정(혹은 부정 대 정)의 구조를 가지는 긴급피난은 이에 대해 인정된다. 요컨대 긴급피난을 위법성조각사유로 보면, 긴급피난에 대한 정당방위는 불가하고, 긴급피난에 대한 긴급피난은 가능하다.

084 정당방위행위에 대한 긴급피난은 인정될 수 있지만, 긴급피난행위에 대한 긴급피난은 인정될 수 없다.　　　　　[사시 13]

084 (×) '없다' → '있다'
정당방위·긴급피난에 대한 긴급피난은 인정된다.

085 국가정보기관 직원 甲이 동료직원 A가 특정정당과 연계하여 정보기관의 비리를 폭로한다는 첩보를 입수하고, 이를 제지하기 위하여 A를 정보기관에 감금하고 변호인과의 접촉을 차단한 경우, 甲의 행위는 그 정도가 초과된 과잉피난에 해당한다.　　　　　[사시 11]

085 (×) '해당한다' → '해당하지 않는다'
정보기관의 비리를 폭로하는 것은 궁극적으로 해당 정보기관을 위한 것이므로, 해당 정보기관에 대한 위난이 있다고 보기 어렵다.

086 피고인이 스스로 야기한 강간범행의 와중에서 피해자가 피고인의 손가락을 깨물며 반항하자 물린 손가락을 비틀며 잡아 뽑다가 피해자에게 치아결손의 상해를 입힌 경우 피고인의 행위는 긴급피난에 해당하지 않는다.　　　　　[국가7급 14] [국가9급 18]

086 (○) 대법원 1995.1.12, 94도2781

087 정당방위와 달리 긴급피난에 있어 피난행위는 위난에 처한 법익을 보호하기 위한 유일한 수단일 필요는 없다.　　　　　[국가9급 13]

087 (×) '는 없다' → '가 있다'

> **해설+** 긴급피난에서의 보충성(최후수단성)원칙이란 긴급피난이 아니더라도 달리 피할 방법이 있는 상황에서는 긴급피난이 인정되지 않음을 뜻한다(대법원 1990.8.14, 90도870).

088 母가 갑자기 기절을 하여 이를 치료하기 위하여 군무를 이탈하였다면 이는 긴급피난에 해당한다. [법원9급 14]

088 (×) '해당한다' → '해당하지 않는다'
긴급피난의 상당성에는 보충성(최후수단성)이 요구된다(대법원 1969. 6.10, 69도690).

089 신고된 甲대학교에서의 집회가 집회장소 사용 승낙을 하지 아니한 甲대학교 측의 요청으로 경찰관들에 의하여 저지되자, 신고 없이 乙대학교로 옮겨 집회를 한 것은 긴급피난에 해당한다고 볼 수 없다. [법원9급 14] [사시 11]

089 (○) 대법원 1990.8.14, 90도870

090 선박의 이동에도 새로운 공유수면점용허가가 있어야 하고 휴지선을 이동하는 데는 예인선이 따로 필요한 관계로 비용이 많이 들어 다른 해상으로 이동을 하지 못하고 있는 사이에 태풍을 만나게 되고, 그와 같은 위급한 상황에서 선박과 선원들의 안전을 위한 조치를 취한 결과 인근 양식장에 피해를 준 경우 긴급피난에 해당한다. [변호사 14·18]

090 (○) 미리 선박을 이동시켜 놓아야 할 책임을 다하지 아니함으로써 위와 같은 긴급한 위난을 당하였다는 점만으로는 긴급피난을 인정하는 데 아무런 방해가 되지 아니한다(대법원 1987.1.20, 85도221).

091 임신의 지속이 모체의 건강을 해칠 우려가 현저할 뿐더러 기형아 내지 불구아를 출산할 가능성마저도 없지 않다는 판단하에 부득이 취하게 된 산부인과 의사의 낙태수술행위는 긴급피난에 해당한다. [법원9급 14]

091 (○) 우월한 이익 보호의 원칙을 준수한 행위로서 (정당행위 내지) 긴급피난에 해당되어 위법성이 없는 경우에 해당된다(대법원 1976. 7.13, 75도1205).

092 의사인 피고인이 임신의 지속이 모체의 건강을 해칠 우려가 있고 기형아를 출산할 가능성도 있다고 판단하여 임부의 승낙을 받아 부득이 낙태수술을 하였으나, 수술 후 임부는 사망한 경우 긴급피난에 해당한다. [해경채용 2차 22]

092 (○)

해설+ 임신의 지속이 모체의 건강을 해칠 우려가 현저할 뿐더러 기형아 내지는 불구아를 출산할 가능성마저도 없지 않다고 판단한 아래 부득이 취하게 된 조처로 인정된다 하여 이는 정당행위 내지 긴급피난에 해당되어 그 위법성이 없는 경우에 해당된다(대법원 1976.7.13, 75도1205).

093 자기의 생명에 대한 현재의 위난을 피하기 위하여 타인의 생명을 침해하는 행위는 상당한 이유가 있으면 긴급피난으로서 위법성이 조각된다.

[국가7급 21]

해설+ 생명은 교량할 수 있는 법익이 아니다. 따라서 아무리 자기 또는 타인의 생명을 보호하기 위함이었다 하더라도, 긴급피난에 의해 사람을 살해하는 것은 우월한 이익을 보호한 것으로 볼 수 없어 위법성이 조각되지 않는다.

094 자신의 진돗개를 물어뜯는 공격을 하였다는 이유로 소지하고 있던 기계톱으로 타인의 개를 내리쳐 등 부분을 절개하여 죽인 경우 긴급피난에 해당하지 않는다.

[경찰간부 18] [변호사 18]

해설+ 동물보호법 제8조 제1항 제1호에 의하여 금지되는 '목을 매다는 등의 잔인한 방법으로 죽이는 행위'에 해당한다고 봄이 상당할 뿐 아니라, 나아가 피고인의 행위에 위법성조각사유(긴급피난의 보충성 등 결여) 또는 책임조각사유가 있다고 보기도 어렵다(대법원 2016.1.28, 2014도2477).

095 정당 당직자가 국회 외교통상 상임위원회 회의장 앞 복도에서 출입이 봉쇄된 회의장 출입구를 뚫을 목적으로 회의장 출입문 및 그 안쪽에 쌓여있던 집기를 손상하거나 국회 심의를 방해할 목적으로 회의장 내에 물을 분사한 경우 긴급피난에 해당하지 않는다.

[변호사 18]

096 경찰관인 피고인이 순순히 손을 들고 나오다가 그대로 도주하는 범인을 뒤따라 추격하면서 권총을 발사하여 사망케 한 행위는 긴급피난에 해당한다.

[해경채용 2차 22]

해설+ 타인의 집 대문 앞에 은신하고 있다가 경찰관의 명령에 따라 순순히 손을 들고 나오면서 그대로 도주하는 범인을 경찰관이 뒤따라 추격하면서 등부위에 권총을 발사하여 사망케 한 경우, 위와 같은 총기사용은 현재의 부당한 침해를 방지하거나 현재의 위난을 피하기 위한 상당성 있는 행위라고 볼 수 없는 것으로서 범인의 체포를 위하여 필요한 한도를 넘어 무기를 사용한 것으로 긴급피난에 해당하지 아니한다(대법원 1991.5.28, 91다10084).

097 환자의 생명과 자기결정권을 비교형량하기 어려운 특별한 사정이 있다고 인정되는 경우 의사가 자신의 직업적 양심에 따라 환자의 양립할 수 없는 두 개의 가치 중 어느 하나를 존중하는 방향으로 행위하였다면 이러한 행위는 처벌할 수 없다.

097 (O)

> **해설+** 환자의 생명과 자기결정권을 비교형량하기 어려운 특별한 사정이 있다고 인정되는 경우에 의사가 자신의 직업적 양심에 따라 환자의 양립할 수 없는 두 개의 가치 중 어느 하나를 존중하는 방향으로 행위하였다면, 이러한 행위는 처벌할 수 없다(대법원 2014.6.26, 2009도14407).

098 수술 전 환자가 수혈을 거부하더라도 환자의 생명을 보호해야 하는 의사의 의무는 절대적인 것이므로 환자의 생명과 자기결정권을 비교형량하기 어려운 특별한 사정이 있다고 하더라도 환자의 수혈거부라는 자기결정권을 존중하여 수혈을 하지 않음으로써 환자가 사망하게 되었다면 의사는 업무상 과실치사죄 등의 형사책임을 면할 수 없다.

098 (×)

> **해설+** 피고인의 무수혈 방식의 수술 및 그 위험성에 관한 수술 전의 설명 내용, 망인의 나이, 가족관계, 망인이 이 사건 수술에 이르게 된 경위, 망인이 타가수혈 거부라는 자기결정권을 행사하게 된 배경, 수혈 거부에 대한 망인의 확고한 종교적 신념, 책임면제각서를 통한 망인의 진지한 의사결정, 수술 도중 타가수혈이 필요한 상황에서의 가족 등의 의사 재확인 등에 관한 사정들을 종합적으로 고려하여 보면, 이 사건에서는 망인의 생명과 자기결정권을 비교형량하기 어려운 특별한 사정이 있으므로, 타가수혈하지 아니한 사정만을 가지고 피고인이 의사로서 진료상의 주의의무를 다하지 아니하였다고 할 수 없다. 따라서 피고인이 자신의 직업적 양심에 따라 망인의 자기결정권을 존중하여 망인에게 타가수혈하지 아니하고 이 사건 인공고관절 수술을 시행한 행위에 대하여 업무상과실치사에 관한 범죄의 증명이 없는 경우에 해당한다(대법원 2014.6.26, 2009도14407).

4 자구행위

🔗 대표유형

인근 상가의 통행로로 이용되고 있는 토지의 사실상 지배권자가 위 토지에 철주와 철망을 설치하고 포장된 아스팔트를 걷어냄으로써 통행로로 이용하지 못하게 한 경우 자구행위에 해당하지 않는다.

[변호사 14]

(O) 대법원 2007.12.28, 2007도7717

099 자구행위는 사후적 긴급행위이므로 과거의 침해에 대해서만 가능하다.

[경찰채용 23 1차]

099 (O) 자구행위는 과거의 청구권 침해에 대한 '사후적 보전행위'라는 점에서 현재의 침해나 현재의 위난에 대한 정당방위·긴급피난과는 다르다.

100 자구행위에서 청구권 보전의 불가능이란 시간적·장소적 관계로 국가기관의 구제를 기다릴 여유가 없거나 후일 공적 수단에 의한다면 그 실효를 거두지 못할 긴급한 사정이 있는 경우를 말한다. [경찰채용 23 1차]

101 재물을 절취하고자 물색하던 중에 발각된 자가 빈손으로 도망가는 것을 알면서도 추적하여 그의 멱살을 잡고 붙잡은 행위는 자구행위에 해당한다. [사시 13]

102 甲이 A에게 석고를 납품한 대금을 받지 못하고 있던 중 A가 화랑을 폐쇄하고 도주하자, 甲이 야간에 폐쇄된 화랑의 베니어판 문을 미리 준비한 드라이버로 뜯어내고 자신이 납품한 석고를 몰래 가지고 나온 경우 자구행위로 위법성이 조각되지 않는다. [사시 11]

103 임대인의 승낙 없이 건물을 전차한 전차인은 비록 불법 침탈 등의 방법에 의하여 건물의 점유를 개시한 것이 아니고 그동안 평온하게 음식점 영업을 하면서 점유를 계속하여 왔더라도 그 전대차로써 임대인에게 대항할 수 없기 때문에, 임대인이 그 건물의 열쇠를 새로 만들어 잠근 행위는 업무방해죄의 위법성을 조각하는 자구행위에 해당한다. [변호사 23]

해설+ 건물의 전차인이 임대인의 승낙 없이 전차하였다고 하더라도 전차인이 불법침탈 등의 방법에 의하여 위 건물의 점유를 개시한 것이 아니고 그동안 평온하게 음식점등 영업을 하면서 점유를 계속하여 온 이상 위 전차인의 업무를 업무방해죄에 의하여 보호받지 못하는 권리라고 단정할 수 없다. …… 피고인으로서는 마땅히 정당한 소송절차에 의하여 점유를 회복하여야 하고 위력으로 그 권리를 행사할 수 없다(대법원 1986.12.23, 86도1372).

104 소유권의 귀속에 관한 분쟁이 있어 민사소송이 계속 중인 건조물의 자물쇠를 쇠톱으로 절단하고 그 안에 들어간 경우는 위법성이 조각된다. [사시 12]

해설+ 법정절차에 의하여 그 권리를 보전하기가 곤란하고 그 권리의 실행불능이나 현저한 실행곤란을 피하기 위해 상당한 이유가 있는 행위라고 할 수 없다(대법원 1985.7.9, 85도707).

105 채무자가 부도를 낸 후 도피하였고 다른 채권자들이 채권확보를 위하여 피해자의 물건들을 취거해 갈 수도 있다는 사정만으로는 피고인들이 법정절차에 의하여 자신들의 피해자에 대한 청구권을 보전하는 것이 불가능한 경우에 해당한다고 볼 수 없을 뿐만 아니라, 또한 피해자 소유의 가구점에 관리종업원이 있음에도 불구하고 위 가구점의 시정장치를 쇠톱으로 절단하고 들어가 가구들을 무단으로 취거한 행위가 피고인들의 피해자에 대한 청구권의 실행불능이나 현저한 실행곤란을 피하기 위한 상당한 이유가 있는 행위라고도 할 수 없다. [사시 12 변형]

105 (○) 대법원 2006.3.24, 2005도8081

106 토지에 대하여 사실상의 지배권을 가지고 소유자를 대신하여 실질적으로 관리하고 있던 자가 소유권에 대한 방해를 배제하기 위하여 토지에 철주를 세우고 철망을 설치하고 포장된 아스팔트를 걷어내는 등의 방법으로, 그 토지를 그에 인접한 상가건물의 통행로로 이용하지 못하게 한 것은 위법성이 조각되는 자구행위에 해당한다.

> **해설+** 사실상의 지배권을 가지고 그 소유자를 대신하여 이 사건 토지를 실질적으로 관리하고 있던 피고인이 토지에 철주를 세우고 철망을 설치하고 포장된 아스팔트를 걷어내는 등의 방법으로 통행로로 이용하지 못하게 하는 등 상가임대업무 및 상가영업업무를 방해함과 동시에 육로를 막아 일반교통을 방해하였다고 판단한다(대법원 2007.12.28, 2007도7717).

> **보충** 토지에 인접하여 있는 상가건물에 건축법상 위법요소가 존재하고 그와 같은 위법요소를 방치 내지 조장하고 있다 하더라도, 그러한 사정만으로는 이 사건에 있어서 피고인이 이 사건 토지의 소유자를 대위 또는 대리하여 법정절차에 의하여 토지의 소유권을 방해하는 사람들에 대한 방해배제 등 청구권을 보전하는 것이 불가능하였거나 현저하게 곤란하였다고 볼 수 없을 뿐만 아니라, 피고인의 이 사건 행위가 그 청구권의 실행불능 또는 현저한 실행곤란을 피하기 위한 상당한 행위라고 볼 수도 없다(위 판례).

106 (×)

107 「형법」은 과잉방위행위, 과잉피난행위, 과잉자구행위가 야간 기타 불안스러운 상태하에서 공포, 경악, 흥분 또는 당황으로 인한 때에는 벌하지 아니한다고 규정하고 있다. [사시 12]

> **보충** 제21조 제3항은 과잉피난에만 준용규정을 두고 있다(제22조 제3항). 즉, 과잉방위·과잉피난에만 있는 규정이다.

107 (×) '과잉자구행위' → 삭제 제23조 제2항의 과잉자구행위의 경우, '야간이나 그 밖의 불안한 상태에서 공포를 느끼거나 경악하거나 흥분하거나 당황하였기 때문에 그 행위를 하였을 때'와 관련한 규정은 두고 있지 않다.

108 정당방위, 긴급피난, 자구행위의 성립요건으로 '상당한 이유가 있을 것'이 요구된다. [경찰채용 23 2차]

> **해설+** **제21조【정당방위】** ① 현재의 부당한 침해로부터 자기 또는 타인의 법익(法益)을 방위하기 위하여 한 행위는 상당한 이유가 있는 경우에는 벌하지 아니한다.
> **제22조【긴급피난】** ①자기 또는 타인의 법익에 대한 현재의 위난을 피하기 위한 행위는 상당한 이유가 있는 때에는 벌하지 아니한다.
> **제23조【자구행위】** ① 법률에서 정한 절차에 따라서는 청구권을 보전(保全)할 수 없는 경우에 그 청구권의 실행이 불가능해지거나 현저히 곤란해지는 상황을 피하기 위하여 한 행위는 상당한 이유가 있는 때에는 벌하지 아니한다.

> **비교** 피해자의 승낙은 '상당한 이유가 있을 것'이 명문의 요건은 아니다(제24조). 다만 통설·판례는 피해자의 승낙에 의한 행위가 위법성이 조각되기 위해서는 사회상규에 어긋나지 않을 것을 필요로 한다는 입장이다.

> **비교** **제24조【피해자의 승낙】** 처분할 수 있는 자의 승낙에 의하여 그 법익을 훼손한 행위는 법률에 특별한 규정이 없는 한 벌하지 아니한다.

108 (○) 제21조 제1항, 제22조 제1항, 제23조 제1항

---

5 **피해자의 승낙**

> 🔗 **대표유형**
>
> 행위의 위법성을 조각하는 피해자의 승낙은 개인적 법익을 훼손하는 경우에 법률상 이를 처분할 수 있는 사람의 승낙을 말할 뿐만 아니라 윤리적, 도덕적으로 사회상규에 반하는 것이 아니어야 한다. [법원행시 10]

(○) 대법원 1985.12.10, 85도1892

109 처분할 수 있는 자의 승낙에 의하여 그 법익을 훼손한 행위는 법률에 특별한 규정이 있는 경우에만 벌하지 아니한다. [경찰채용 19 1차]

> **해설+** **제24조【피해자의 승낙】** 처분할 수 있는 자의 승낙에 의하여 그 법익을 훼손한 행위는 법률에 특별한 규정이 없는 한 벌하지 아니한다.

109 (✕) 법률에 특별한 규정이 없는 한 벌하지 아니한다(제24조). 즉, 피해자의 승낙에 의한 행위는 원칙적으로 처벌하지 않는다.

110 피해자의 승낙은 형사불법의 귀속에 관하여 피해자에게 처분권을 부여해 주는 규정으로서, 형법이론적으로 피해자 고려, 형법의 보충성 실현, 형법의 민사화 등의 의미를 갖는다. [변호사 16]

110 (○)

111 甲이 동거 중인 乙의 지갑에서 현금을 꺼내가는 것을 乙이 현장에서 목격하고 만류하지 아니하였더라도 乙이 甲에게 허용의 의사를 명시적으로 표현하지 않았다면 甲의 행위는 원칙적으로 절도죄에 해당한다.

[경찰채용 20 1차 변형] [국가9급총론 23]

111 (×) 피고인이 동거중인 피해자의 지갑에서 현금을 꺼내가는 것을 피해자가 현장에서 목격하고도 만류하지 아니하였다면 피해자가 이를 허용하는 묵시적 의사가 있었다고 봄이 상당하여 이는 절도죄를 구성하지 않는다(대법원 1985. 11.26, 85도1487).

112 피고인이 피해자 소유인 어느 물건에 대하여 자기에게 권리가 있다고 주장하여 피해자의 묵시적인 동의 아래 이를 가져간 경우 나중에 그 권리 주장의 근거가 허위로 밝혀졌다고 하더라도 피해자가 일단 묵시적 동의를 한 이상 절도죄는 성립할 수 없다.

[법원행시 10]

112 (○) 대법원 1990.8.10, 90도1211

113 피고인이 피해자 소유의 물건에 관한 권리가 자기에게 있다고 주장하면서 이를 가져간 데 대하여 피해자의 묵시적인 동의가 있었다면, 피고인의 주장이 후에 허위임이 밝혀졌더라도 절도죄의 절취행위에는 해당하지 않는다.

[국가9급 22 변형] [국가7급 23]

113 (○)

해설+ 기망에 의한 양해도 구성요건해당성 조각사유인 양해로 인정된다. "피고인이 피해자에게 이 사건 밍크 45마리에 관하여 자기에게 그 권리가 있다고 주장하면서 이를 가져간 데 대하여 피해자의 묵시적인 동의가 있었다면 피고인의 주장이 후에 허위임이 밝혀졌더라도 피고인의 행위는 절도죄의 절취행위에는 해당하지 않는다(대법원 1990.8.10, 90도1211)."

114 타인의 인장을 조각할 당시에 명의자로부터 명시적이거나 묵시적인 승낙 내지 위임을 받은 경우, 인장위조죄가 성립하지 아니한다. [국가7급 17]

114 (○) 작성권한 있는 자의 승낙 내지 위임이 있었다면 위조행위에 해당하지 아니한다(대법원 2014.9.26, 2014도9213).

115 피고인이 피해자가 사용 중인 공중화장실의 용변칸에 노크하여 남편으로 오인한 피해자가 용변칸 문을 열자 강간할 의도로 용변칸에 들어간 경우 주거침입죄가 성립하고 피해자의 명시적 또는 묵시적 승낙을 인정할 수 없다.

[사시 13]

115 (○) 대법원 2003.5.30, 2003도1256

116 행위자가 거주자의 승낙을 받아 주거에 들어갔더라도 범죄 등을 목적으로 한 출입이거나 거주자가 행위자의 실제 출입 목적을 알았더라면 출입을 승낙하지 않았을 것이라는 사정이 인정되는 경우라면 주거침입죄가 성립한다.

[군무원9급 22]

해설+ 일반인의 출입이 허용된 음식점에 영업주의 승낙을 받아 통상적인 출입방법으로 들어갔다면 특별한 사정이 없는 한 주거침입죄에서 규정하는 침입행위에 해당하지 않는다. 설령 행위자가 범죄 등을 목적으로 음식점에 출입하였거나 영업주가 행위자의 실제 출입 목적을 알았더라면 출입을 승낙하지 않았을 것이라는 사정이 인정되더라도 그러한 사정만으로는 출입 당시 객관적·외형적으로 드러난 행위 태양에 비추어 사실상의 평온상태를 해치는 방법으로 음식점에 들어갔다고 평가할 수 없으므로 침입행위에 해당하지 않는다(대법원 2022.3.24, 2017도18272 전원합의체).

117 甲노조는 대학 당국이 집회를 허가하지 않았지만 학생회가 동의하였으므로 위법하지 않다고 생각하고 집회를 목적으로 대학 내 학생회관에 들어간 경우 정당행위로서 위법성이 조각된다.

[경찰간부 17]

해설+ 학생회관의 관리권은 그 대학 당국에 귀속되는 것으로, 학생회의 동의가 있어 그 침입이 위법하지 않다고 믿었다 하더라도 주거침입죄를 구성한다(대법원 1995.9.5, 95도12).

118 「형법」 제24조에 따르면 처분할 수 있는 자의 승낙에 의하여 그 법익을 훼손한 행위는 법률에 특별한 규정이 있는 경우에 한하여 벌하지 아니한다.

[국가7급 14]

해설+ **제24조【피해자의 승낙】** 처분할 수 있는 자의 승낙에 의하여 그 법익을 훼손한 행위는 법률에 특별한 규정이 없는 한 벌하지 아니한다.

119 피해자의 승낙은 승낙의 의미와 내용을 이해할 수 있는 자의 자유로운 의사에 의한 진지한 것이어야 하며, 행위 전이나 행위 시에 있어야 한다.

[법원9급 09]

120 묵시적 승낙이 있는 경우에도 피해자의 승낙에 의해 위법성이 조각될 수 있다.

[변호사 21]

121 피해자의 승낙은 언제든지 자유롭게 철회될 수 있다. [경찰간부 18 변형]

121 (○) 그 철회의 방법에는 아무런 제한이 없다(대법원 2011.5.13, 2010도9962).

122 법익이 침해된 이후의 사후의 승낙으로도 위법성은 조각될 수 있다. [경찰간부 18]

122 (×) '도 → '는, '있다 → '없다 법익이 침해된 이후의 사후승낙으로는 위법성이 조각될 수 없다(대법원 2007.6.28, 2007도2714).

123 의사가 정밀한 진단방법을 실시하지 않은 채 환자의 병명이 자궁외임신인 것을 자궁근종으로 오진하고 환자인 피해자에게 자궁적출수술의 불가피성만을 설명하고 자궁외임신에 관한 설명을 하지 않은 채 피해자의 승낙을 받아 자궁적출수술을 한 경우에는 위 승낙은 부정확한 설명을 근거로 이루어진 것이므로, 업무상과실치상죄에 관한 한 수술의 위법성을 조각할 승낙으로 볼 수 없다. [경찰간부 18] [법원행시 10]

123 (○) 대법원 1993.7.27, 92도2345

124 피해자의 승낙에 의한 행위가 위법성이 조각되기 위해서는 그 승낙이 유효해야 할 뿐 아니라 그 승낙에 기한 행위가 사회상규에 위배되지 아니한 경우이어야 한다. [변호사 12]

124 (○) 대법원 2008.12.11, 2008도9606

125 「형법」 제24조 피해자의 승낙은 정당방위, 긴급피난, 자구행위와 같이 '상당한 이유'라는 명문의 규정을 두고 있다. [경찰채용 22 2차]

> **보충** 다만, 피해자의 승낙에 의한 행위가 위법성이 조각되기 위해서는 사회상규에 위배되지 아니할 것(상당한 이유가 있을 것)이 요구된다는 점은 통설·판례가 인정하고 있다.

125 (×) 제24조 피해자의 승낙은 '상당한 이유'를 명문으로 규정하고 있지 않다. 따라서 틀린 지문이다.

126 甲과 乙이 교통사고를 가장하여 보험금을 편취할 것을 공모한 후 乙의 승낙을 받은 甲이 乙에게 상해를 가한 경우, 乙의 승낙이 위법한 목적에 이용하기 위한 것이었다고 할지라도 甲의 행위는 상해죄의 위법성이 조각된다.

[사시 13] [경찰간부 18] [국가9급 18] [변호사 23]

126 (×)

해설+ 형법 제24조의 규정에 의하여 위법성이 조각되는 피해자의 승낙은 개인적 법익을 훼손하는 경우에 법률상 이를 처분할 수 있는 사람의 승낙이어야 할 뿐만 아니라 그 승낙이 윤리적·도덕적으로 사회상규에 반하는 것이 아니어야 한다. 피고인이 피해자와 공모하여 교통사고를 가장하여 보험금을 편취할 목적으로 피해자에게 상해를 가하였다면 피해자의 승낙이 있었다고 하더라도 이는 위법한 목적에 이용하기 위한 것이므로 피고인의 행위가 피해자의 승낙에 의하여 위법성이 조각된다고 할 수 없다(대법원 2008.12.11, 2008도9606).

127 사채업자 A의 채무변제 독촉을 받고 있던 甲은 아들 B(20세)의 상해보험금을 타서 이를 변제하기로 하고 B의 진지한 승낙을 받아 B의 새끼손가락을 절단한 경우, 甲의 상해행위는 위법성이 조각되지 않는다. [변호사 22]

127 (○)

해설+ 형법 제24조의 규정에 의하여 위법성이 조각되는 피해자의 승낙은 개인적 법익을 훼손하는 경우에 법률상 이를 처분할 수 있는 사람의 승낙이어야 할 뿐만 아니라 그 승낙이 윤리적·도덕적으로 사회상규에 반하는 것이 아니어야 한다. 피고인이 피해자와 공모하여 교통사고를 가장하여 보험금을 편취할 목적으로 피해자에게 상해를 가하였다면 피해자의 승낙이 있었다고 하더라도 이는 위법한 목적에 이용하기 위한 것이므로 피고인의 행위가 피해자의 승낙에 의하여 위법성이 조각된다고 할 수 없다(대법원 2008.12.11, 2008도9606).

128 「형법」은 승낙이 있는 경우에도 이를 처벌하는 특별한 규정을 두고 있다.

[국가9급 11]

128 (○) 제252조 제1항, 제269조 제2항, 제270조 제1항 등

129 「형법」은 살인, 낙태에 대해서 피해자의 승낙이 있더라도 처벌하는 특별한 규정을 두고 있다. [경찰간부 18]

129 (○) 제252조 제1항, 제269조 제2항, 제270조 제1항

130 13세 미만 또는 16세 미만의 미성년자에 대한 간음죄는 폭행이나 협박의 방법에 의하지 않고 피해자인 미성년자의 승낙이 있었다고 하더라도 성립한다. [국가7급 16 변형]

130 (O) 대법원 1975.5.13, 75도855

131 피구금자간음죄(「형법」제303조 제2항)는 피해자의 승낙이 있어도 범죄성립에 아무런 영향이 없다. [경찰경채 23]

131 (O) 준강간죄(제299조), 피구금자간음죄(제303조), 미성년자의제강간·강제추행죄(제305조) 등은 피해자의 승낙이 범죄성립과 무관한 범죄들이다.

132 형법 제305조 제2항에 의하면 13세 이상 16세 미만의 사람에 대하여 간음 또는 추행을 한 19세 이상의 자는 상대방의 동의 유무를 불문하고 형법 제297조(강간), 제297조의2(유사강간), 제298조(강제추행), 제301조(강간등상해·치상) 또는 제301조의2 (강간등살인·치사)의 예에 의하여 처벌된다. [국가7급 23]

132 (O) 제305조 제2항

> **해설+** 제305조【미성년자에 대한 간음, 추행】② 13세 이상 16세 미만의 사람에 대하여 간음 또는 추행을 한 19세 이상의 자는 제297조, 제297조의2, 제298조, 제301조 또는 제301조의2의 예에 의한다.

133 피해자의 승낙이 객관적으로 존재하지 않음에도 불구하고 행위자는 그것이 존재한다고 오신한 때에는 위법성조각사유의 전제사실에 관한 착오의 문제가 된다. [국가9급 21]

133 (O)

> **해설+** 승낙이 객관적으로 존재하지 않음에도 불구하고 행위자는 그것이 존재한다고 오신한 때에는 위법성조각사유의 전제사실에 관한 착오가 된다(피해자의 승낙이 있으면 위법성이 조각되는 경우를 선제하고 출제한 문제이다. 원래는 이를 정확히 밝혀야 올바른 출제이다).

> **보충** 승낙이 객관적으로 존재하는데도 불구하고 행위자가 그것을 알지 못한 때에는 주관적 정당화요소가 결여된 경우가 된다.

CHAPTER 03 위법성론 **159**

134 피해자의 승낙이 객관적으로 존재하는데도 불구하고 행위자가 이를 알지 못하고 행위한 경우에는 위법성조각사유의 전제사실의 착오가 되어 위법성이 조각되지 않는다. [변호사 21]

> **해설+** 승낙이 객관적으로 존재하는데 이를 알지 못하고 행위한 경우, 이는 위법성조각사유의 전제사실에 대한 착오가 아니라 주관적 정당화요소를 결한 경우이다. 따라서 우연적 승낙행위의 경우로서 통설에 의하면 위법성이 조각되지 않는다.

134 (×)

135 추정적 승낙이란 피해자의 현실적인 승낙이 없었다고 하더라도 행위 당시의 모든 객관적 사정에 비추어 볼 때 만일 피해자가 행위의 내용을 알았더라면 당연히 승낙하였을 것으로 예견되는 경우를 말한다. [변호사 12]

135 (○) 대법원 2006.3.24, 2005 도8081

136 승낙의 추정은 행위 시에 있어야 하며, 사후승낙은 인정되지 않는다. [국가7급 20]

> **해설+** (양해, 피해자의 승낙과 마찬가지로) 추정적 승낙의 요건인 승낙의 추정도 행위 시에 존재하여야 한다. 따라서 사후승낙이 있다고 하여 행위 시 승낙이 추정된다고는 할 수 없다.

136 (○)

137 주인의 장기간 여행으로 비어 있는 옆집에 수도관이 파열된 것을 발견하고서 이웃 주민이 이를 고치기 위해 옆집의 문을 열고 들어간 경우에는 추정적 승낙이 있다고 할 수 없다. [사시 10]

137 (×) '없다' → '있다'
피해자의 보다 큰 이익을 보호하기 위한 유형으로, 추정적 승낙이 인정된다.

138 친지의 집을 방문하여 응접실에서 기다리던 중 마침 탁자 위에 놓인 담배를 허락 없이 피운 경우 추정적 승낙을 인정할 수 있다. [사시 10]

138 (○)

139 피해자의 현실적 승낙이 가능하면 추정적 승낙은 인정되지 않는다. [사시 10]

139 (○) 추정적 승낙의 보충성

140 사문서를 작성·수정할 당시 명의자의 현실적인 승낙은 없었지만 행위 당시의 모든 객관적 사정을 종합하여 명의자가 행위 당시 그 사실을 알았다면 당연히 승낙했을 것이라고 추정되는 경우 사문서위·변조죄가 성립하지 않는다. [경찰간부 18] [사시 13]

140 (O) 대법원 2003.5.30, 2002도235

141 사문서 명의자의 명시적인 승낙이나 동의가 없다는 것을 알고 있으면서 명의자 이외의 자의 의뢰로 문서를 작성하는 경우라 하더라도, 명의자가 문서작성 사실을 알았다면 승낙하였을 것이라고 기대하거나 예측하였다면 그 승낙이 추정된다. [국가7급 20]

141 (×)

해설+ 명의자의 명시적인 승낙이나 동의가 없다는 것을 알고 있으면서도 명의자 이외의 자의 의뢰로 문서를 작성하는 경우 명의자가 문서작성 사실을 알았다면 승낙하였을 것이라고 기대하거나 예측한 것만으로는 그 승낙이 추정된다고 단정할 수 없다(대법원 2008.4.10, 2007도9987).

142 사자 명의로 된 약속어음을 작성함에 있어 사망자의 처로부터 사망자의 인장을 교부받아 생존 당시 작성한 것처럼 약속어음의 발행일자를 그 명의자의 생존 중의 일자로 소급하여 작성한 때에는 발행명의인의 추정적 승낙이 있었다고 볼 수 없다. [사시 13]

142 (O) 대법원 2009.10.29, 2009도2658; 2011.7.14, 2010도1025

143 문서명의인이 이미 사망하였는데도 문서명의인이 생존하고 있다는 점이 문서의 중요한 내용을 이루거나 그 점을 전제로 문서가 작성되었다면 이미 그 문서에 관한 공공의 신용을 해할 위험이 발생하였다 할 것이므로, 그러한 내용의 문서에 관하여 사망한 명의자의 승낙이 추정된다는 이유로 사문서 위조죄의 성립을 부정할 수는 없다. [국가7급 16·20]

143 (O)

해설+ 사망한 사람 명의 사문서에 대하여도 문서에 대한 공공의 신용을 보호할 필요가 있다는 점을 고려하면, 문서명의인이 이미 사망하였는데도 문서명의인이 생존하고 있다는 점이 문서의 중요한 내용을 이루거나 그 점을 전제로 문서가 작성되었다면 이미 문서에 관한 공공의 신용을 해할 위험이 발생하였다 할 것이므로, 그러한 내용의 문서에 관하여 사망한 명의자의 승낙이 추정된다는 이유로 사문서위조죄의 성립을 부정할 수는 없다(대법원 2011.9.29, 2011도6223).

144 甲이 자신의 부(父) 乙에게서 乙 소유의 부동산 매매에 관한 권한 일체를 위임받아 이를 매도하였는데, 그 후 乙이 갑자기 사망하자 소유권 이전에 사용할 목적으로 乙이 甲에게 인감증명서 발급을 위임한다는 취지의 인감증명 위임장을 작성한 경우 乙의 추정적 승낙이 인정되므로 사문서위조죄가 성립하지 않는다. 　　　　　　　　　　　　　　　　　[국가9급 18] [변호사 14]

> **해설+** 문서에 관한 공공의 신용을 해할 위험성이 발생하였다 할 것이고, 피고인이 명의자 乙이 승낙하였을 것이라고 기대하거나 예측한 것만으로는 사망한 乙의 승낙이 추정된다고 단정할 수 없다(대법원 2011.9.29, 2011도6223).

145 자기의 소유인 가옥이라고 하더라도 피해자가 점유관리하고 있고 피해자와 사이에서 그 가옥의 소유권에 대한 분쟁이 계속되고 있다면, 그 가옥에 침입하는 것에 대한 피해자의 추정적 승낙이 있었다고 할 수 없다. 　　　　　　　　　　　　　　　　　　　　　　　　[법원행시 10]

146 추정적 승낙이란 피해자의 현실적인 승낙이 없었다고 하더라도 행위 당시의 모든 객관적 사정에 비추어 볼 때 만일 피해자가 행위의 내용을 알았더라면 당연히 승낙하였을 것으로 예견되는 경우를 말하는 것으로, 피해자에 대한 물품대금 채권을 다른 채권자들보다 우선적으로 확보할 목적으로 피해자의 현실적인 승낙을 받지 아니한 채 피해자의 가구점의 시정장치를 쇠톱으로 절단하고 침입하여 가구들을 화물차에 싣고 갔다면 피해자의 추정적 승낙이 있다고 볼 수 없다. 　　　　　　　　　　　　　　　[법원9급 09]

> **보충** 또한 법정절차에 의하여 자신들의 피해자에 대한 청구권을 보전하는 것이 불가능한 경우에 해당하지 않고 피해자에 대한 청구권의 실행불능이나 현저한 실행곤란을 피하기 위한 상당한 이유가 있는 행위라 할 수 없으므로 자구행위에도 해당하지 않는다(동 판례).

대표유형

피해자가 양손으로 피고인의 넥타이를 잡고 늘어져 후경부피하출혈상을 입을 정도로 목이 졸리게 된 피고인이 피해자를 떼어놓기 위하여 자신의 목 부근 넥타이를 잡은 상태에서 오른손으로 피해자의 손을 잡아 비틀면서 서로 밀고 당기고 하였다면, 피고인의 그와 같은 행위는 목이 졸린 상태에서 벗어나기 위한 소극적인 저항행위에 불과하여 정당행위에 해당하여 죄가 되지 아니한다. [법원9급 16]

(○) 대법원 1996.5.28, 96도979

대표유형

택시운전사가 고객인 가정주부들에게 입에 담지 못할 욕설을 퍼부어 가정주부들로부터 핸드백과 하이힐로 얻어맞게 되자, 그들을 고발하기 위해 파출소로 끌고 가는 것을 빙자하여 손목을 비틀어 상해를 입힌 경우는 위법성이 조각된다. [사시 12]

(×) '조각된다' → '조각되지 않는다' 사회통념상 용인될 만한 상당성이 있는 정당행위라고 볼 수는 없다 (대법원 1991.12.27, 91도1169).

147 구성요건에 해당하는 행위가 「형법」 제20조에 따라 위법성이 조각되려면, 첫째 그 행위의 동기나 목적의 정당성, 둘째 행위의 수단이나 방법의 상당성, 셋째 보호법익과 침해법익의 균형성, 넷째 긴급성, 다섯째 그 행위 이외의 다른 수단이나 방법이 없다는 보충성의 요건을 모두 갖추어야 한다. [경찰간부 22]

147 (○) 대법원 2004.3.26, 2003 도7878

148 정당행위를 인정하려면 그 행위의 동기나 목적의 정당성, 행위의 수단이나 방법의 상당성, 법익균형성, 긴급성의 요건을 갖추어야 하며, 이러한 요건이 갖추어진 경우 그 행위의 보충성은 요구되지 않음이 원칙이다. [경찰특공대 22]

148 (×)

해설+ 형법 제20조는 '사회상규에 위배되지 아니하는 행위'를 정당행위로서 위법성이 조각되는 사유로 규정하고 있다. 위 규정에 따라 사회상규에 의합 정당행위를 인정하려면, 첫째 그 행위의 동기나 목적의 정당성, 둘째 행위의 수단이나 방법의 상당성, 셋째 보호이익과 침해이익과의 법익균형성, 넷째 긴급성, 다섯째로 그 행위 외에 다른 수단이나 방법이 없다는 보충성 등의 요건을 갖추어야 하는데, 위 '목적·동기', '수단', '법익균형', '긴급성', '보충성'은 불가분적으로 연관되어 하나의 행위를 이루는 요소들로 종합적으로 평가되어야 한다(대법원 2023.5.18, 2017도2760).

보충 행위의 긴급성과 보충성은 수단의 상당성을 판단할 때 고려요소의 하나로 참작하여야 하고 이를 넘어 독립적인 요건으로 요구할 것은 아니다. 또한 그 내용 역시 다른 실효성 있는 적법한 수단이 없는 경우를 의미하고 '일체의 법률적인 적법한 수단이 존재하지 않을 것'을 의미하는 것은 아니라고 보아야 한다(위 판례).

149 「형법」 제20조가 정한 '사회상규에 위배되지 아니하는 행위'는 행위의 수
단이나 방법의 상당성뿐만 아니라 그 행위의 동기나 목적의 정당성도 필요
로 한다.   [국가7급 22]

해설+ 어떠한 행위가 위법성 조각사유로서의 정당행위가 되는지의 여부는 구체적인 경우에 따라
합목적적, 합리적으로 가려져야 할 것인바, 정당행위를 인정하려면 첫째 그 행위의 동기나 목적의
정당성, 둘째 행위의 수단이나 방법의 상당성, 셋째 보호법익과 침해법익의 균형성, 넷째 긴급성,
다섯째 그 행위 이외의 다른 수단이나 방법이 없다는 보충성의 요건을 모두 갖추어야 할 것이다(대
법원 1999.1.26, 98도3029).

149 (○)

150 집행관 甲이 강제집행을 하기 위해 채무자의 주거에 들어가려 하였으나,
채무자의 아들인 A가 집행력 있는 판결정본과 신분증을 확인하고도 甲을
밀쳐내며 못 들어오게 하자 이를 배제하고 안으로 들어가는 과정에서 A를
떠밀면서 몸싸움을 하게 되어 A에게 전치 2주의 두부타박상을 입혔다면,
甲의 상해행위는 통상의 사회통념상 허용될 수 있는 상당성이 있는 행위라
고 볼 수 없다.   [사시 15]

150 (×) '없다' → '있다'
집달관이 압류집행을 위하여 채무
자의 주거에 들어가는 과정에서 상
해를 가한 것은 상당성이 있는 행
위로서 위법성이 조각된다(대법원
1993.10.12, 93도875).

151 공무원은 직무수행에 있어 소속상관의 적법한 명령에 복종할 의무는 있으
나 그 명령이 명백히 위법 내지 불법한 명령인 때에는 이에 따라야 할 의
무가 없다.   [사시 15·16]

151 (○) 대법원 1999.4.23, 99
도636

152 중대장의 지시에 따라 관사를 지키고 있던 당번병인 피고인이 중대장의 처
가 마중 나오라는 지시를 정당한 명령으로 오인하고 관사를 무단이탈하였
는데 당번병으로서의 그 임무범위 내에 속하는 일로 오인하고, 그 오인에
정당한 이유가 있는 경우 군형법상 무단이탈죄의 위법성이 조각된다.
                                                            [경찰채용 20 1차]

152 (○) 대법원 1986.10.28, 86
도1406

153 교사의 학생에 대한 폭행·욕설에 해당되는 지도행위는 학생의 잘못된 언행을 교정하려는 목적에서 나온 것이었으며 다른 교육적 수단으로는 교정이 불가능하였던 경우로서 그 방법과 정도에서 사회통념상 용인될 수 있을 만한 객관적 타당성을 갖추었던 경우에는 기타 사회상규에 위배되지 아니하는 정당행위로 볼 수 있다. [국가7급 11]

153 (×) '기타 사회상규에 위배되지 아니하는 정당행위' → '법령에 의한 행위'
판례는 교사의 징계행위를 법령에 의한 행위로 접근한다(대법원 2004. 6.10, 2001도5380).

154 쟁의행위에서 추구되는 목적이 여러 가지이고 그 중 일부가 정당하지 못한 경우에는 주된 목적 내지 진정한 목적의 당부에 의하여 그 쟁의목적의 당부를 판단하여야 할 것이고, 부당한 요구사항을 뺐더라면 쟁의행위를 하지 않았을 것이라고 인정되는 경우에는 그 쟁의행위 전체가 정당성을 갖지 못한다고 보아야 한다. [국가7급 11]

154 (○) 대법원 2008.9.11, 2004도746

155 기업 구조조정의 실시로 근로자들의 지위나 근로조건의 변경이 필연적으로 수반되는 경우, 특별한 사정이 없더라도 이를 반대하는 쟁의행위의 정당성을 인정할 수 있다. [국가9급 20] [국가9급총론 20]

해설+ 특별한 사정이 없음에도 노동조합이 실질적으로 구조조정 실시 자체를 반대하기 위하여 쟁의행위로 나아간다면, 비록 그러한 구조조정의 실시가 근로자들의 지위나 근로조건의 변경을 필연적으로 수반한다 하더라도, 그 쟁의행위는 목적의 정당성을 인정할 수 없다(대법원 2014.11.13, 2011도393).

155 (×)

156 정리해고에 관한 노동조합의 요구내용이 사용자는 정리해고를 하여서는 아니된다는 취지인 경우, 이는 원칙적으로 단체교섭의 대상이 될 수 없는 사항이므로, 이를 달성하려는 쟁의행위는 그 목적의 정당성을 인정할 수 없다. [법원행시 13]

156 (○) 사용자의 경영권을 근본적으로 제약하는 것이 되어 원칙적으로 단체교섭의 대상이 될 수 없고, 단체교섭사항이 될 수 없는 사항을 달성하려는 쟁의행위는 그 목적의 정당성을 인정할 수 없다(대법원 2001. 4.24, 99도4893).

157 회사의 긴박한 경영상의 필요에 의하여 실시되는 정리해고 자체를 전혀 수용할 수 없다는 노동조합 측의 입장 관철을 주된 목적으로 하는 쟁의행위는 정당행위에 해당하지 않는다. [사시 13]

157 (○) 대법원 2007.5.11, 2006도9478

158 노동조합원의 찬·반 투표 절차를 거치지 아니한 쟁의행위는 특별한 사정이 없는 한 정당행위로서 사용자에 대한 업무방해죄의 위법성을 조각시킬 수 없다. 　　　　　　　　　　[국가9급 20] [국가9급총론 20] [법원행시 13]

158 (○) 위의 절차를 위반한 쟁의행위는 그 절차를 따를 수 없는 객관적인 사정이 인정되지 아니하는 한 정당성이 상실된다(대법원 2007.5.11, 2005도8005).

159 쟁의행위에 대한 찬반투표 실시를 위하여 근무시간 중에 노동조합 임시총회를 개최하고 3시간에 걸쳐 투표를 한 행위는 「형법」 제20조(정당행위)에 의하여 위법성이 조각된다. 　　　　　　　　　　　　　　[법원9급 13]

159 (○) 임시총회 개최행위는 전체적으로 노동조합의 정당한 행위에 해당한다(대법원 1994.2.22, 93도613).

160 노동쟁의는 특별한 사정이 없는 한 그 절차에 있어 조정절차를 거쳐야 하는 것이지만, 이는 반드시 노동위원회가 조정결정을 한 뒤에 쟁의행위를 하여야만 그 절차가 정당한 것은 아니라고 할 것이고, 노동조합이 노동위원회에 노동쟁의 조정신청을 하여 조정절차가 마쳐지거나 조정이 종료되지 아니한 채 조정기간이 끝나면 조정절차를 거친 것으로서 쟁의행위를 할 수 있다. 　　　　　　　　　　　　　　[사시 14]

160 (○) 노동위원회가 반드시 조정결정을 한 뒤에 쟁의행위를 하여야 그 절차가 정당한 것은 아니다(대법원 2001.6.26, 2000도2871).

161 A 노동조합의 조합원 甲 등이 관계 법령에서 정하는 서면신고 의무에 따라 쟁의행위의 일시, 장소, 참가인원 및 그 방법에 관한 서면신고를 하지 않고 쟁의행위를 한 경우, 세부적·형식적 절차를 미준수한 것으로서 쟁의행위의 정당성이 부정된다. 　　　　　　　　　　　　　　[경찰채용 23 2차]

해설+ 노동조합 및 노동관계조정법 시행령 제17조에서 규정하고 있는 쟁의행위의 일시·장소·참가인원 및 그 방법에 관한 서면신고의무는 쟁의행위를 함에 있어 그 세부적·형식적 절차를 규정한 것으로서 쟁의행위에 적법성을 부여하기 위하여 필요한 본질적인 요소는 아니므로, 신고절차의 미준수만을 이유로 쟁의행위의 정당성을 부정할 수는 없다(대법원 2007.12.28, 2007도5204).

161 (×)

162 사용자의 직장폐쇄가 정당한 쟁의행위로 인정되지 아니하고 다른 특별한 사정이 없어 근로자가 평소 출입이 허용되는 사업장 안에 들어가는 경우 「형법」상 주거침입죄를 구성하지 아니한다. 　　　　　　[경찰채용 20 1차 변형]

162 (○) 대법원 2002.9.24, 2002도2243

163　사용자의 직장폐쇄가 상당한 쟁의행위로 인정되지 아니하는 경우, 적법한 쟁의행위로서 사업장을 점거 중인 근로자들이 직장폐쇄를 단행한 사용자로부터 퇴거 요구를 받고 이에 불응한 채 직장점거를 계속하더라도 퇴거불응죄를 구성하지 아니한다.　　　　　　　　　　　　　　　　　　[법원9급 15]

163 (O) 대법원 2007.12.28, 2007도5204

164　직장 또는 사업장시설의 점거는 적극적인 쟁의행위의 한 형태로서 그 점거의 범위가 직장 또는 사업장 시설의 일부분이고 사용자 측의 출입이나 관리지배를 배제하지 않는 병존적인 점거에 지나지 않을 때에는 정당한 쟁의행위이다.　　　　　　　　　　　　　　　　　　　　　[법원행시 13]

164 (O) 대법원 2007.12.28, 2007도5204

165　노동조합이 주도한 쟁의행위 자체의 정당성과 이를 구성하거나 여기에 부수되는 개개 행위의 정당성은 구별하여야 하므로, 일부 소수의 근로자가 폭력행위 등의 위법행위를 하였더라도, 전체로서의 쟁의행위마저 당연히 위법하게 되는 것은 아니다.　　　　　　　　　[법원9급 21] [경찰채용 23 1차]

165 (O) 대법원 2017.7.11, 2013도7896

166　직장 또는 사업장시설을 전면적, 배타적으로 점거하여 조합원 이외의 자의 출입을 저지하거나 사용자 측의 관리지배를 배제하여 업무의 중단 또는 혼란을 야기케 하는 것과 같은 행위는 이미 정당성의 한계를 벗어난 것이라고 볼 수밖에 없다.

166 (O) 대법원 2007.12.28, 2007도5204

167　사용자의 직장폐쇄가 정당한 쟁의행위로 평가받는 경우 사용자는 직장폐쇄 기간 동안의 대상 근로자에 대한 임금지불의무를 면한다.　　　　　　　　　　　　　　　　　　　　　　　　　[법원행시 13 변형]

167 (O) 대법원 2010.1.28, 2007다76566

168 사용자가 제3자와 공동으로 관리·사용하는 공간을 사용자에 대한 쟁의행위를 이유로 관리자의 의사에 반하여 침입·점거한 경우, 비록 그 공간의 점거가 사용자에 대한 관계에서 정당한 쟁의행위로 평가될 여지가 있다 하여도 이를 공동으로 관리·사용하는 제3자의 명시적 또는 추정적인 승낙이 없는 이상 위 제3자에 대하여서까지 이를 정당행위라고 하여 주거침입의 위법성이 조각된다고 볼 수는 없다.　　　　　　　　　[법원행시 13 변형]

168 (○) 대법원 2010.3.11, 2009도5008

169 수급인 소속 근로자의 쟁의행위가 도급인의 사업장에서 일어나 도급인의 「형법」상 보호되는 법익을 침해한 경우, 사용자인 수급인에 대한 관계에서 쟁의행위의 정당성을 갖추었다면 사용자가 아닌 도급인에 대한 관계에서도 법령에 의한 정당한 행위로서 위법성이 조각된다.　　　[경찰채용 21 1차]

169 (×)

> **해설+** 도급인은 원칙적으로 수급인 소속 근로자의 사용자가 아니므로, 수급인 소속 근로자의 쟁의행위가 도급인의 사업장에서 일어나 도급인의 형법상 보호되는 법익을 침해한 경우에는 사용자인 수급인에 대한 관계에서 쟁의행위의 정당성을 갖추었다는 사정만으로 사용자가 아닌 도급인에 대한 관계에서까지 법령에 의한 정당한 행위로서 법익침해의 위법성이 조각된다고 볼 수는 없다(대법원 2020.9.3, 2015도1927).

170 사용자인 수급인에 대한 정당성을 갖춘 쟁의행위가 도급인의 사업장에서 이루어져 「형법」상 보호되는 도급인의 법익을 침해한 경우, 그것이 항상 위법하다고 볼 것은 아니고, 법질서 전체의 정신이나 그 배후에 놓여있는 사회윤리 내지 사회통념에 비추어 용인될 수 있는 행위에 해당하는 경우에는 「형법」 제20조의 '사회상규에 위배되지 아니하는 행위'로서 위법성이 조각된다.　　　　　　　　　　　　　　　　　　[법원9급 21]

170 (○) 대법원 2020.9.3, 2015도1927

171 사용자가 당해 사업과 관계없는 자를 쟁의행위로 중단된 업무의 수행을 위하여 채용 또는 대체하는 경우, 쟁의행위에 참가한 근로자들이 위법한 대체근로를 저지하기 위하여 상당한 정도의 실력을 행사하는 것은 정당행위로서 위법성이 조각된다.

171 (○) 대법원 2020.9.3, 2015도1927

172 甲은 자신의 차를 손괴하고 도망하려는 A를 도망하지 못하게 멱살을 잡고 수회 흔들어 A에게 약 14일간의 치료를 요하는 흉부찰과상을 가하였다. 행위 자체가 다소 공격적으로 보이더라도 상당성이 있는 때에는 현행범인 체포행위로서 그 적정한 한계를 벗어나는 행위라고 볼 수 없으므로 정당행위에 해당하여 위법성이 조각된다.   [사시 11] [국가7급 11] [법원9급 13 변형]

172 (○) 사회통념상 허용될 수 없는 행위라고 보기는 어려워 정당행위에 해당한다(대법원 1999.1.26, 98도3029).

173 국가정책적 견지에서 도박죄의 보호법익보다 좀 더 높은 국가이익을 위하여 예외적으로 내국인의 출입을 허용하는 폐광지역개발 지원에 관한 특별법 등에 따라 카지노에 출입하는 것은 법령에 의한 행위로 위법성이 조각된다.   [사시 11]

173 (○) 대법원 2004.4.23, 2002도2518

174 남편을 상대로 한 제소행위에 대하여 응소하는 행위가 처의 일상가사대리권에 속한다고 할 수 없음은 물론이고, 행방불명된 남편에 대하여 불리한 민사판결이 선고되었다 하더라도 그러한 사정만으로써는 적법한 다른 방법을 강구하지 아니하고 남편 명의의 항소장을 임의로 작성하여 법원에 제출한 행위가 사회통념상 용인되는 극히 정상적인 생활형태의 하나로서 위법성이 없다 할 수 없다.   [법원9급 16 변형]

174 (○) 대법원 1994.11.8, 94도1657

175 신문기자가 기사 작성을 위한 자료를 수집하기 위해 취재활동을 하면서 취재원에게 취재에 응해줄 것을 요청하고 취재한 내용을 관계 법령에 저촉되지 않는 범위 내에서 보도하는 것은 신문기자의 일상적 업무 범위에 속하는 것으로서, 특별한 사정이 없는 한 사회통념상 용인되는 행위라고 보아야 한다.   [법원행시 14]

175 (○) 대법원 2011.7.14, 2011도639

176 신문기자인 피고인이 고소인에게 2회에 걸쳐 증여세 포탈에 대한 취재를 요구하면서 이에 응하지 않으면 자신이 취재한 내용대로 보도하겠다고 말하여 협박한 경우는 사회상규에 반하는 행위로 위법성이 조각되지 않는다.   [사시 14] [경찰채용 18 1차]

176 (×) '반하는' → '반하지 아니하는', '조각되지 않는다' → '조각된다'
설령 협박죄에서 말하는 해악의 고지에 해당하더라도 특별한 사정이 없는 한 사회상규에 반하지 아니하는 행위이다.

177 방송사 기자인 甲이 구 국가안전기획부 정보수집팀이 타인 간의 사적 대화를 불법 녹음하여 생성한 도청자료인 녹음테이프와 녹취보고서를 입수한 후 이를 자사의 방송 프로그램을 통하여 공개한 경우, 「형법」 제20조의 정당행위에 해당하지 않는다. [국가7급 16]

177 (○) 대법원 2011.3.17, 2006도8839 전원합의체

178 불법 감청·녹음 등에 관여하지 아니한 언론기관이, 그 통신 또는 대화의 내용이 불법 감청·녹음 등에 의하여 수집된 것이라는 사정을 알면서도 이를 보도하여 공개하는 행위는 「형법」 제20조의 정당행위로 인정될 수 없다. [사시 14]

178 (×) '없다' → '있다'
사정을 알면서도 이를 보도하여 공개하는 행위는 곧바로 위법하지는 않고 형법 제20조의 정당행위로 인정될 수 있다(대법원 2011.3.17, 2006도8839 전원합의체).

179 불법 감청·녹음 등에 관여하지 아니한 언론기관이 그 통신 또는 대화 내용을 보도하여 공개하는 행위가 「형법」 제20조의 정당행위에 해당하기 위해서는, 첫째, 그 보도의 목적이 불법 감청·녹음 등의 범죄가 저질러졌다는 사실 자체를 고발하기 위한 것으로 그 과정에서 불가피하게 통신 또는 대화의 내용을 공개할 수밖에 없는 경우이거나, 불법 감청·녹음 등에 의하여 수집된 통신 또는 대화의 내용이 비상한 공적 관심의 대상이 되는 경우에 해당하여야 하고, 둘째, 언론기관이 불법 감청·녹음 등의 결과물을 취득함에 있어 위법한 방법을 사용하거나 적극적·주도적으로 관여하여서는 아니되며, 셋째, 그 보도가 통신비밀의 침해를 최소화하는 방법으로 이루어져야 하고, 넷째, 그 내용을 보도함으로써 얻어지는 이익 및 가치가 통신비밀의 보호에 의하여 달성되는 이익 및 가치를 초과하여야 한다. 다만 이러한 법리는 그 공개행위의 주체가 언론기관이나 그 종사자 아닌 사람인 경우에까지 적용되는 것은 아니다. [법원행시 14]

179 (×) '다만 ~ 아니다' → '이러한 법리는 불법 감청·녹음 등에 의하여 수집된 통신 또는 대화 내용의 공개가 관계되는 한, 그 공개행위의 주체가 언론기관이나 그 종사자 아닌 사람인 경우에도 마찬가지로 적용된다'(대법원 2011.5.13, 2009도14442)

180 국회의원 甲이 대기업 고위관계자와 중앙일간지 사주 간의 사적 대화를 불법 녹음한 자료를 입수한 후 그 대화 내용과 위 대기업으로부터 이른바 떡값 명목의 금품을 수수하였다는 검사들의 실명이 게재된 보도자료를 작성하여 자신의 인터넷 홈페이지에 게재한 경우 공익에 대한 중대한 침해가 발생할 가능성이 현저한 경우로서 비상한 공적 관심의 대상이 되고, 방법의 상당성도 갖추었으므로 정당행위에 해당한다. [경찰채용 18 1차 변형] [경찰승진 23]

180 (×)

해설+ 피고인이 국가기관의 불법 녹음 자체를 고발하기 위하여 불가피하게 위 녹음 자료에 담겨 있던 대화 내용을 공개한 것이 아니고, 위 대화가 피고인의 공개행위시로부터 8년 전에 이루어져 이를 공개하지 아니하면 공익에 대한 중대한 침해가 발생할 가능성이 현저한 경우로서 비상한 공적 관심의 대상이 되는 경우에 해당한다고 보기 어려우며, 전파성이 강한 인터넷 매체를 이용하여 불법 녹음된 대화의 상세한 내용과 관련 당사자의 실명을 그대로 공개하여 방법의 상당성을 결여하였고, 위 게재행위와 관련된 사정을 종합하여 볼 때 위 게재에 의하여 얻어지는 이익 및 가치가 통신비밀이 유지됨으로써 얻어지는 이익 및 가치를 초월한다고 볼 수 없으므로, 피고인이 위 녹음 자료를 취득하는 과정에 위법이 없었더라도 위 행위는 형법 제20조의 정당행위에 해당한다고 볼 수 없다(대법원 2011.5.13, 2009도14442).

181 국회의원인 피고인이, 구 국가안전기획부 내 정보수집팀이 대기업 고위관계자와 중앙일간지 사주 간의 사적 대화를 불법 녹음한 자료를 입수한 후 그 대화 내용과, 전직 검찰간부인 피해자가 위 대기업으로부터 이른바 떡값 명목의 금품을 수수하였다는 내용이 게재된 보도자료를 작성하여 국회 법제사법위원회 개의 당일 국회 의원회관에서 기자들에게 배포한 경우 공소를 기각하여야 한다.

181 (○) 피고인이 국회 법제사법위원회에서 발언할 내용이 담긴 위 보도자료를 사전에 배포한 행위는 국회의원 면책특권의 대상이 되는 직무부수행위에 해당한다(대법원 2011.5.13, 2009도14442).

182 감정평가업자가 아닌 공인회계사가 타인의 의뢰에 의하여 일정한 보수를 받고 부동산공시법이 정한 토지에 대한 감정평가를 업으로 행하는 것은 특별한 사정이 없는 한 「형법」 제20조가 정한 '법령에 의한 행위'로서 정당행위에 해당한다고 볼 수 없다. [경찰간부 17]

182 (○)

해설+ 감정평가업자가 아닌 공인회계사가 타인의 의뢰에 의하여 일정한 보수를 받고 부동산공시법이 정한 토지에 대한 감정평가를 업으로 행하는 것은 부동산공시법 제43조 제2호에 의하여 처벌되는 행위에 해당하고, 특별한 사정이 없는 한 형법 제20조가 정한 '법령에 의한 행위'로서 정당행위에 해당한다고 볼 수는 없다(대법원 2015.11.27, 2014도191).

183 법원의 감정인 지정결정 또는 감정촉탁을 받아 감정평가업자가 아닌 사람이 토지 등에 대한 감정평가를 한 행위는 「형법」 제20조의 정당행위에 해당한다.

183 (O)

해설+ [감정평가업자가 아닌 피고인들이 법원 행정재판부로부터 수용 대상 토지상에 재배되고 있는 산양삼의 손실보상액 평가를 의뢰받고 감정서를 작성하여 제출한 사건] [구 「부동산 가격공시 및 감정평가에 관한 법률」(이하 '구 부동산공시법')에 의하면 감정평가사 자격을 갖춘 사람만이 감정평가업을 독점적으로 영위할 수 있으나,]··· 소송의 증거방법 중 하나인 감정은 법관의 지식과 경험을 보충하기 위하여 특별한 학식과 경험을 가진 제3자에게 그 전문적 지식이나 이를 구체적 사실에 적용하여 얻은 판단을 법원에 보고하게 하는 것으로, 감정신청의 채택 여부를 결정하고 감정인을 지정하거나 단체 등에 감정촉탁을 하는 권한은 법원에 있고(민사소송법 제335조, 제341조 제1항 참조), 행정소송사건의 심리절차에서 토지보상법상 토지 등의 손실보상액에 관하여 감정을 명할 경우 그 감정인으로 반드시 감정평가사나 감정평가법인을 지정하여야 하는 것은 아니다(대법원 2002.6.14, 2000두3450 등). ··· 그렇다면 민사소송법 제335조에 따른 법원의 감정인 지정결정 또는 같은 법 제341조 제1항에 따른 법원의 감정촉탁을 받은 경우에는 감정평가업자가 아닌 사람이더라도 그 감정사항에 포함된 토지 등의 감정평가를 할 수 있고, 이러한 행위는 법령에 근거한 법원의 적법한 결정이나 촉탁에 따른 것으로 형법 제20조의 정당행위에 해당하여 위법성이 조각된다고 보아야 한다(대법원 2021.10.14, 2017도10634).

184 「민사소송법」 제335조에 따른 법원의 감정인 지정결정 또는 같은 법 제341조 제1항에 따라 법원의 감정촉탁을 받은 사람이 감정평가업자가 아니었음에도 그 감정사항에 포함된 토지 등의 감정평가를 한 행위는 법령에 근거한 법원의 적법한 결정이나 촉탁에 따른 것으로 「형법」 제20조에 따라 위법성이 조각된다. [경찰간부 22]

184 (O)

해설+ 민사소송법 제335조에 따른 법원의 감정인 지정결정 또는 같은 법 제341조 제1항에 따른 법원의 감정촉탁을 받은 경우에는 감정평가업자가 아닌 사람이더라도 그 감정사항에 포함된 토지 등의 감정평가를 할 수 있고, 이러한 행위는 법령에 근거한 법원의 적법한 결정이나 촉탁에 따른 것으로 형법 제20조의 정당행위에 해당하여 위법성이 조각된다고 보아야 한다(대법원 2021.10.14, 2017도10634).

185 한의사가 진단용 의료기기를 사용하는 것이 한의사의 '면허된 것 이외의 의료행위'에 해당하는지에 관한 새로운 판단기준에 따르면, 한의사가 초음파 진단기기를 사용하여 환자의 신체 내부를 촬영하여 화면에 나타난 모습을 보고 이를 한의학적 진단의 보조수단으로 사용하는 것은 한의사의 '면허된 것 이외의 의료행위'에 해당하지 않는다. [경찰경채 23]

185 O(O) 대법원 2022.12.22, 2016도21314

186 사회상규에 반하지 않는 행위는 국가질서의 존중이라는 인식을 바탕으로 한 국민일반의 건전한 도의적 감정에 반하지 아니하는 행위를 가리키는 것으로, 초법규적인 기준에 의해 평가되어서는 안 된다. [경찰채용 20 1차]

186 (×) '초법규적인 기준에 의해 평가되어서는 안 된다' → '초법규적인 기준에 의하여 이를 평가할 것이다'(대법원 1983.11.22, 83도2224)

187 「형법」 제20조에서 '사회상규에 위배되지 아니하는 행위'라 함은 국가질서의 존중이라는 인식을 바탕으로 한 국민일반의 건전한 도의적 감정에 반하지 아니한 행위로서 초법규적인 기준에 의하여 이를 평가하여야 한다. [경찰간부 22]

187 (○) 대법원 1983.11.22, 83도2224

188 어떠한 행위가 형법 제20조의 정당행위에 해당한다는 것은 그 행위가 단지 특정한 상황하에서 범죄행위로서 처벌대상이 될 정도의 위법성을 갖추지 못하였다는 것을 의미하는 것이 아니라, 그 행위가 적극적으로 용인, 권장된다는 의미이다. [법원9급 22]

188 (×)

> **해설+** 형법 제20조에 정하여진 '사회상규에 위배되지 아니하는 행위'란 법질서 전체의 정신이나 그 배후에 놓여 있는 사회윤리 내지 사회통념에 비추어 용인될 수 있는 행위를 말하므로, 어떤 행위가 그 행위의 동기나 목적의 정당성, 행위의 수단이나 방법의 상당성, 보호이익과 침해이익의 법익균형성, 긴급성, 그 행위 이외의 다른 수단이나 방법이 없다는 보충성 등의 요건을 갖춘 경우에는 정당행위에 해당한다 할 것이다. 한편 어떠한 행위가 범죄구성요건에 해당하지만 정당행위라는 이유로 위법성이 조각된다는 것은 그 행위가 적극적으로 용인, 권장된다는 의미가 아니라 단지 특정한 상황하에서 그 행위가 범죄행위로서 처벌대상이 될 정도의 위법성을 갖추지 못하였다는 것을 의미한다(대법원 2021.12.30, 2021도9680).

> **보충** 甲 아파트 입주자대표회의 회장인 피고인이 자신의 승인 없이 동대표들이 관리소장과 함께 게시한 입주자대표회의 소집공고문을 뜯어내 제거함으로써 그 효용을 해하였다고 하여 재물손괴로 기소된 경우, 피고인이 위 공고문을 손괴한 조치는, 그에 선행하는 위법한 공고문 작성 및 게시에 따른 위법상태의 구체적 실현이 임박한 상황하에서 그 위법성을 바로잡기 위한 것으로 사회통념상 허용되는 범위를 크게 넘어서지 않는 행위로 볼 수 있다(위 판례).

189 아파트 입주자대표회의 회장이 자신의 승인 없이 동대표들이 관리소장과 함께 게시한 입주자대표회의 소집공고문을 손괴한 행위는 임박한 위법상태를 바로잡기 위한 목적이라 할지라도 사회통념상 허용되지 않는 행위이다.

[국가9급총론 23]

189 (×)

해설+ 甲 아파트의 관리규약에 따르면 입주자대표회의는 회장이 소집하도록 규정되어 있으므로 입주자대표회의 소집공고문 역시 입주자대표회의 회장 명의로 게시되어야 하는 점, 위 공고문이 계속 게시되고 방치될 경우 적법한 소집권자가 작성한 진정한 공고문으로 오인될 가능성이 매우 높고, 이를 신뢰한 동대표들이 해당 일시의 입주자대표회의에 참석할 것으로 충분히 예상되는 상황이었던 점 등을 종합하면, 피고인이 위 공고문을 손괴한 조치는, 그에 선행하는 위법한 공고문 작성 및 게시에 따른 위법상태의 구체적 실현이 임박한 상황하에서 그 위법성을 바로잡기 위한 것으로 사회통념상 허용되는 범위를 크게 넘어서지 않는 행위로 볼 수 있다(대법원 2021.12.30, 2021도9680).

190 A 아파트 입주자대표회의 회장인 甲이 자신의 승인 없이 동대표들이 관리소장과 함께 게시한 입주자대표회의의 소집공고문을 뜯어내 제거한 경우, 해당 공고문을 손괴한 조치가 그에 선행하는 위법한 공고문 작성 및 게시에 따른 위법상태의 구체적 실현이 임박한 상황하에서 그 위법성을 바로잡기 위한 것이라면 사회통념상 허용되는 범위를 크게 넘어서지 않는 것으로 볼 수 있다.

[경찰채용 23 2차]

190 (○) 대법원 2021.12.30, 2021도9680

191 분쟁 중인 부동산관계로 따지러 온 피해자가 甲의 가게 안에 들어와서 甲 및 그의 아버지에게 행패를 부리자, 이에 甲이 피해자를 가게 밖으로 밀어내려다가 피해자를 넘어지게 한 경우 사회통념상 용인될 만한 상당성이 있는 행위로 위법성이 없다.

[경찰승진 23]

191 (○)

해설+ 분쟁 중인 부동산관계로 따지러 온 피해자가 피고인의 가게 안에 들어와서 피고인 및 그의 부에게 행패를 부리므로 피해자를 가게 밖으로 밀어내려다가 피해자를 넘어지게 한 행위는 피해자측의 행패를 저지하기 위한 소극적 저항방법으로서 비록 그 과정에서 피해자가 넘어졌다 할지라도 그 경위, 목적, 수단, 피고인의 의사등 여러가지 사정에 비추어 볼 때 사회통념상 용인될 만한 상당성이 있는 행위로 위법성이 없다(대법원 1987.4.14, 87도339).

192 싸움의 상황에서 상대방의 공격을 피하기 위하여 소극적으로 방어를 하던 도중 그 상대방을 상해 또는 사망에 이르게 한 경우라 하더라도, 이는 사회통념상 허용될 만한 상당성이 있는 정당행위라고 할 수 없다. [변호사 23]

192 (×)

해설+ 외관상 서로 격투를 하는 것처럼 보이는 경우라 할지라도 실지로는 한쪽 당사자가 일방적으로 불법한 공격을 가하고 상대방은 이러한 불법한 공격으로부터 자신을 보호하고 이를 벗어나기 위한 저항수단으로 유형물을 행사한 경우라면 그 행위가 적극적인 반격이 아니라 소극적인 방어의 한도를 벗어나지 않는 한 그 행위에 이르게 된 경위와 그 목적·수단 및 행위자의 의사 등 제반사정에 비추어 볼 때, 사회통념상 허용될만한 상당성이 있는 행위로서 위법성이 조각된다고 하겠다(대법원 1984.9.11, 84도1440).

보충 피해자가 술에 취한 상태에서 별다른 이유 없이 함께 술을 마시던 피고인의 뒤통수를 때리므로 피고인도 순간적으로 이에 대항하여 손으로 피해자의 얼굴을 1회 때리고 피해자가 주먹으로 피고인의 눈을 강하게 때리므로 더 이상 때리는 것을 제지하려고 피해자를 붙잡은 정도의 행위의 결과로 인하여 피해자가 원발성쇼크로 사망하였다 하더라도 피고인의 위 폭행행위는 소극적 방어행위에 지나지 않아 사회통념상 허용될 수 있는 상당성이 있어 위법성이 없다(술에 취한 피해자의 돌연한 공격을 소극적으로 방어한 행위를 정당행위로 본 사례, 대법원 1991.1.15, 89도2239).

193 강제연행을 모면하기 위하여 팔꿈치로 뿌리치면서 가슴을 잡고 벽에 밀어붙인 행위는 소극적인 저항으로 사회상규에 위반되지 아니한다. [법원승진 16]

193 (○) 대법원 1982.2.23, 81도2958

194 분쟁이 있던 옆집 사람이 야간에 술에 만취된 채 시비를 하며 거실로 들어오려 하므로 이를 제지하며 밀어내는 과정에서 2주 상해를 입힌 피고인의 행위는 정당행위로 무죄이다. [사시 14] [법원9급 16]

194 (○) 대법원 1995.2.28, 94도2746

195 피해자가 피고인의 고소로 조사받는 것을 따지기 위하여 야간에 피고인의 집에 침입한 상태에서 문을 닫으려는 피고인과 열려는 피해자 사이의 실랑이가 계속되는 과정에서 문짝이 떨어져 그 앞에 있던 피해자가 넘어져 2주간의 치료를 요하는 요추부염좌 및 우측 제4수지 타박상의 각 상해를 입게 된 경우는 위법성이 조각된다. [법원행시 11]

195 (○) 정당행위에 해당한다(대법원 2000.3.10, 99도4273).

196 여자 화장실 내에서 주저앉아 있는 여자 甲이 자신의 가방을 빼앗으려고 다가오는 남자의 어깨를 순간적으로 밀친 행위는 정당행위로 인정된다.

[국가9급 18]

196 (○) 대법원 1992.3.27, 91 도2831

197 실내 어린이 놀이터에서 자신의 딸(4세)에게 피해자가 다가와 딸이 가지고 놀고 있는 블록을 발로 차고 손으로 집어 들면서 쌓아놓은 블록을 무너뜨리고, 이에 딸이 울자 피고인이 피해자에게 "하지 마, 그러면 안 되는 거야" 라고 말하면서 몇 차례 피해자를 제지하자 피해자가 갑자기 딸의 눈 쪽을 향해 오른손을 뻗었고 이를 본 피고인이 왼손을 내밀어 피해자의 행동을 제지하여 피해자가 바닥에 넘어져 충격방지용 고무매트가 깔린 바닥에 엉덩방아를 찧게끔 한 경우 사회상규에 위배되는 행위라고 보기 어렵다.

[경찰채용 19 2차]

197 (○) 본능적이고 소극적인 방어행위라고 평가할 수 있고, 따라서 이를 사회상규에 위배되는 행위라고 보기는 어렵다(대법원 2014.3.27, 2012도11204).

198 아파트의 입주자대표회의로부터 새롭게 관리업무를 위임받은 아파트관리회사의 직원 甲이 기존 관리회사의 직원들로부터 계속 업무집행을 제지받던 중 저수조 청소를 위하여 중앙공급실에 들어가려 하였으나 기존 관리회사의 직원들로부터 출입을 제지받자 출입문에 설치된 자물쇠를 손괴하고 중앙공급실에 침입하였다. 이때 손괴와 침입은 사회통념상 허용될 만한 정도의 상당성이 있어 정당행위에 해당한다.

[사시 11]

198 (○) 대법원 2006.4.13, 2003 도3902

199 아파트 입주자대표회의의 임원 또는 아파트관리회사의 직원들인 피고인들이 기존 관리회사의 직원들로부터 계속 업무집행을 제지받던 중 저수조 청소를 위하여 출입문에 설치된 자물쇠를 손괴하고 중앙공급실에 침입한 행위는 정당행위에 해당하지 않지만, 관리비 고지서를 빼앗거나 사무실의 집기 등을 들어낸 것에 불과한 행위는 정당행위에 해당하여 위법성이 조각된다.

[법원9급 22]

199 (×)

해설+ 아파트 입주자대표회의의 임원 또는 아파트관리회사의 직원들인 피고인들이 기존 관리회사의 직원들로부터 계속 업무집행을 제지받던 중 저수조 청소를 위하여 출입문에 설치된 자물쇠를 손괴하고 중앙공급실에 침입한 행위는 정당행위에 해당하나, 관리비 고지서를 빼앗거나 사무실의 집기 등을 들어낸 행위는 정당행위에 해당하지 않는다(대법원 2006.4.13, 2003도3902).

200 시장번영회 회장이 이사회의 결의와 시장번영회의 관리규정에 따라서 관리비 체납자의 점포에 대하여 실시한 단전조치는 정당행위로서 업무방해죄를 구성하지 아니한다. [법원9급 15]

200 (○) 대법원 2004.8.20, 2003 도4732

201 종교적 기도행위의 일환으로서 기도자의 기도에 의한 염원 내지 의사가 상대방에게 심리적 또는 영적으로 전달되는 데 도움이 된다고 인정할 수 있는 한도 내에서 상대방의 신체의 일부에 가볍게 손을 얹거나 약간 누르면서 병의 치유를 간절히 기도하는 행위는 그 목적과 수단면에서 정당성이 인정된다고 볼 수 있다. [법원행시 14]

201 (○) 대법원 2006.3.10, 2005 도10250

202 연립주택 아래층의 乙이 위층 甲의 집으로 통하는 상수도관 밸브를 잠가 수돗물이 나오지 않자, 이로 인해 고통을 겪던 甲이 이를 확인하고 밸브를 열기 위하여 乙의 집에 들어간 행위는 '사회상규에 위배되지 않는 행위'에 해당한다. [국가9급총론 20]

202 (○) 대법원 2004.2.13, 2003 도7393

203 집회나 시위는 다수인이 공동 목적으로 회합하고 공공장소를 행진하거나 위력 또는 기세를 보여 불특정 다수인의 의견에 영향을 주거나 제압을 가하는 행위로서, 그 회합에 참가한 다수인이나 참가하지 아니한 불특정 다수인에게 의견을 전달하기 위하여 어느 정도의 소음이나 통행의 불편 등이 발생할 수밖에 없는 것은 부득이한 것이므로 집회나 시위에 참가하지 아니한 일반 국민도 이를 수인할 의무가 있다. [법원행시 14]

203 (○) 대법원 2004.10.15, 2004 도4467

204 의료행위에 해당하는 어떠한 시술행위가 무면허로 행하여졌을 때, 그 시술행위의 위험성의 정도, 일반인들의 시각, 시술자의 시술의 동기, 목적, 방법, 횟수, 시술에 대한 지식수준, 시술경력, 피시술자의 나이, 체질, 건강상태, 시술행위로 인한 부작용 내지 위험 발생 가능성 등을 종합적으로 고려하여 법질서 전체의 정신이나 그 배후에 놓여 있는 사회윤리 내지 사회통념에 비추어 용인될 수 있는 행위에 해당한다고 인정되는 경우에만 사회상규에 위배되지 아니하는 행위로서 위법성이 조각된다. [법원행시 14] [국가9급 18]

204 (○) 대법원 2009.10.15, 2006 도6870

205 회사간부인 甲이 회사의 이익을 빼돌린다는 소문을 확인할 목적으로, 피해자가 사용하면서 비밀번호를 설정하여 비밀장치를 한 전자기록인 개인용 컴퓨터의 하드디스크를 검색한 것은 정당행위로 위법성이 조각된다.

[경찰간부 17]

> **해설+** 피해자의 범죄 혐의를 구체적이고 합리적으로 의심할 수 있는 상황에서 피고인이 긴급히 확인하고 대처할 필요가 있었고, 그 열람의 범위를 범죄 혐의와 관련된 범위로 제한하였던 점 등을 고려할 때 정당행위에 해당한다(대법원 2009.12.24, 2007도6243).

205 (O)

206 시위 방법으로 신고되지 않은 '삼보일배'행진은 그 장소, 형태, 내용, 방법과 결과 등에 비추어 시위의 목적 달성에 필요한 합리적인 범위에서 사회통념상 용인될 수 있는 다소의 피해를 발생시켰다고 하더라도 정당행위로 인정될 수 있다.

[사시 14]

206 (O) 대법원 2010.4.8, 2009도11395

207 불법선거운동을 적발할 목적으로 상대방 후보자의 선거운동원들이 모일 것으로 예상되는 음식점에 손님을 가장하고 들어가서 도청장치를 설치하였다면 그 음식점의 영업주가 출입을 허용하지 않았을 것으로 봄이 경험칙에 부합하므로 이와 같은 행위는 주거침입죄를 구성한다.

[법원행시 10]

> **해설+** 행위자가 범죄 등을 목적으로 음식점에 출입하였거나 영업주가 행위자의 실제 출입목적을 알았더라면 출입을 승낙하지 않았을 것이라는 사정이 인정되더라도 그러한 사정만으로는 출입 당시 객관적·외형적으로 드러난 행위 태양에 비추어 사실상의 평온상태를 해치는 방법으로 음식점에 들어갔다고 평가할 수 없으므로 침입행위에 해당하지 않는다(대법원 2022.3.24, 2017도18272 전원합의체).

207 (×)

208 외국에서 침구사자격을 취득하였으나 국내에서 침술행위를 할 수 있는 면허나 자격을 취득하지 못한 자가 단순한 수지침의 정도를 넘어 환자의 허리와 다리에 체침을 시술한 행위는 「형법」 제20조(정당행위)에 의하여 위법성이 조각된다.

[법원9급 13]

208 (×) '조각된다' → '조각되지 아니한다'
법질서 전체의 정신이나 사회통념에 비추어 용인될 수 있는 행위에 해당한다고 볼 수는 없다(대법원 2002.12.26, 2002도5077).

209 甲은 ○○수지요법학회의 지회를 운영하면서 일반인에게 수지침을 보급하고 무료의료봉사활동을 하는 사람으로서 A에게 수지침 시술을 부탁받고 아무런 대가 없이 수지침 시술을 해 준 경우, 甲이 침술 면허가 없다고 해도 해당 행위는 사회상규에 위배되지 아니하는 행위로서 위법성이 조각될 수 있다.
[경찰채용 23 2차]

209 (○)

해설+ 일반적으로 면허 또는 자격 없이 침술행위를 하는 것은 의료법 제25조의 무면허 의료행위(한방의료행위)에 해당되어 같은 법 제66조에 의하여 처벌되어야 하고, 수지침 시술행위도 위와 같은 침술행위의 일종으로서 의료법에서 금지하고 있는 의료행위에 해당하며, 이러한 수지침 시술행위가 광범위하고 보편화된 민간요법이고, 그 시술로 인한 위험성이 적다는 사정만으로 그것이 바로 사회상규에 위배되지 아니하는 행위에 해당한다고 보기는 어렵다고 할 것이나, 수지침은 시술부위나 시술방법 등에 있어서 예로부터 동양의학으로 전래되어 내려오는 체침의 경우와 현저한 차이가 있고, 일반인들의 인식도 이에 대한 관용의 입장에 기울어져 있으므로, 이러한 사정과 함께 시술자의 시술의 동기, 목적, 방법, 횟수, 시술에 대한 지식수준, 시술경력, 피시술자의 나이, 체질, 건강상태, 시술행위로 인한 부작용 내지 위험발생 가능성 등을 종합적으로 고려하여 구체적인 경우에 있어서 개별적으로 보아 법질서 전체의 정신이나 그 배후에 놓여 있는 사회윤리 내지 사회통념에 비추어 용인될 수 있는 행위에 해당한다고 인정되는 경우에는 형법 제20조 소정의 사회상규에 위배되지 아니하는 행위로서 위법성이 조각된다고 할 것이다(대법원 2000.4.25, 98도2389).

210 수지침 한 봉지를 사 가지고 수지침 전문가인 피고인을 찾아와 수지침 시술을 부탁하므로 피고인이 아무런 대가없이 시술행위를 해준 경우 사회통념상 허용될 만한 정도의 상당성이 있는 것으로 정당행위에 해당한다.
[경찰특공대 22]

210 (○) 대법원 2000.4.25, 98도2389

211 음란물이 문학적·예술적·사상적·과학적·의학적·교육적 표현 등과 결합되어 음란 표현의 해악이 상당한 방법으로 해소되거나 다양한 의견과 사상의 경쟁메커니즘에 의해 해소될 수 있는 정도에 이르렀다면, 이러한 결합표현물에 의한 표현행위는 형법 제20조에 정하여진 '사회상규에 위배되지 않는 행위'에 해당한다.
[국가9급 23]

211 (○)

해설+ 음란물이 그 자체로는 하등의 문학적·예술적·사상적·과학적·의학적·교육적 가치를 지니지 아니하더라도, 음란성에 관한 논의의 특수한 성격 때문에, 그에 관한 논의의 형성·발전을 위해 문학적·예술적·사상적·과학적·의학적·교육적 표현 등과 결합되는 경우가 있다. 이러한 경우 음란 표현의 해악이 이와 결합된 위와 같은 표현 등을 통해 상당한 방법으로 해소되거나 다양한 의견과 사상의 경쟁메커니즘에 의해 해소될 수 있는 정도라는 등의 특별한 사정이 있다면, 이러한 결합표현물에 의한 표현행위는 공중도덕이나 사회윤리를 훼손하는 것이 아니어서, 법질서 전체의 정신이나 그 배후에 놓여 있는 사회윤리 내지 사회통념에 비추어 용인될 수 있는 행위로서 형법 제20조에 정하여진 '사회상규에 위배되지 아니하는 행위'에 해당된다(대법원 2017.10.26, 2012도13352).

212 아파트의 입주자대표회의로부터 새롭게 관리업무를 위임받은 아파트관리회사의 직원 甲이 기존 관리회사의 직원들로부터 계속 업무집행을 제지 받던 중 아파트 입주자대표회의의 임원 또는 아파트관리회사의 직원들이 기존관리회사가 보관 중인 관리비 고지서를 빼앗거나 사무실의 집기 등을 들어낸 행위는 정당행위에 해당하지 않는다. [사시 11 변형]

212 (O) 대법원 2006.4.13, 2003도3902

213 상사 계급의 피고인이 자신의 잦은 폭력으로 신체에 위해를 느끼고 겁을 먹은 상태에 있던 부대원들에게 청소 불량 등을 이유로 40~50분간 머리박아(속칭 '원산폭격')를 시키거나 양손을 깍지낀 상태에서 약 2시간 동안 50~60회 정도의 팔굽혀펴기를 하게 한 경우 「형법」 제20조의 정당행위에 해당한다. [국가7급 13]

213 (×) '해당한다' → '해당하지 않는다'
형법 제20조에서 정한 '사회상규에 위배되지 아니하는 행위'에 해당하지 아니하므로, 정당행위로 볼 수 없다(대법원 2006.4.27, 2003도4151).

214 甲은 A를 상대로 한 목재대금청구소송의 계속 중, A가 양도소득세를 포탈한 사실을 발견하고 이를 이용하여 위 목재대금을 받아내기로 마음먹고 A에게 위와 같은 비위 사실을 관계기관에 진정하겠다고 말하여 이에 겁을 먹은 A로부터 목재대금을 지급하겠다는 약속을 받아냈다. 甲의 행위는 정당행위에 해당한다. [국가9급 16]

214 (×) '해당한다' → '해당한다고 할 수 없다'
사회상규에 어긋나지 않는다고 할 수 없다(대법원 1990.11.23, 90도1864).

215 간통현장을 촬영하기 위하여 상간자로 의심되는 사람의 주거에 침입한 경우는 위법성이 조각된다. [법원행시 11]

215 (×) '조각된다' → '조각되지 않는다'

해설+ 간통현장을 직접 목격하고 그 사진을 촬영하기 위하여 상간자의 주거에 침입한 행위는 정당행위에 해당하지 않는다(대법원 2003.9.26, 2003도3000).

216 주식회사 대표이사 甲은 자기의 불륜행각을 폭로하겠다는 乙의 협박에 못이겨 회사 명의의 1,000만원짜리 당좌수표를 발행해 주었으나, 지급제시일 전에 분실한 수표라고 허위로 신고하여 제권판결을 받은 경우에는 사기죄가 성립한다. [법원행시 10]

216 (O) 자기앞수표를 갈취당한 자가 이를 분실하였다고 허위로 공시최고신청을 하여 제권판결을 선고받은 경우, 그 수표를 갈취하여 소지하고 있는 자에 대한 사기죄가 성립한다(대법원 2003.12.26, 2003도4914).

217 정보보안과 소속 경찰관이 자신의 지위를 내세우면서 타인의 민사분쟁에 개입하여 빨리 채무를 변제하지 않으면 상부에 보고하여 문제를 삼겠다고 말한 경우, 상대방이 채무를 변제하고 피해 변상을 하는지 여부에 따라 직무집행 여부를 결정하겠다는 취지라도 정당행위에 해당하지 않는다.

[사시 13]

217 (○) 대법원 2007.9.28, 2007도606 전원합의체

218 사채업자인 피고인이 채무자에게, 채무를 변제하지 않으면 채무자가 숨기고 싶어 하는 과거행적과 사채를 쓴 사실 등을 남편과 시댁에 알리겠다는 등의 문자메시지를 발송한 경우, 위 협박행위는 정당행위에 해당하지 않는다.

[사시 13]

218 (○) 대법원 2011.5.26, 2011도2412

219 회사 측이 회사 운영을 부실하게 하여 소수주주들에게 손해를 입게 하였다고 하더라도 위와 같은 사정만으로 주주총회에 참석한 주주가 강제로 사무실을 뒤져 회계장부를 찾아내는 것이 사회통념상 용인되는 정당행위로 되는 것은 아니다.

[법원9급 16]

219 (○) 대법원 2001.9.7, 2001도2917

220 자격기본법에 의한 민간자격관리자로부터 대체의학자격증을 수여받은 자가 사업자등록을 한 후 침술원을 개설하여 면허 또는 자격 없이 침술행위를 하는 것은 의료법상 무면허 의료행위로서 처벌되어야 하나, 그 침술행위가 광범위하고 보편화된 민간요법이고 그 시술로 인한 위험이 적다면 사회상규에 위배되는 행위에 해당한다고 보기는 어렵다.

[사시 14]

220 (×) '위배되는' → '위배되지 아니하는'
사회상규에 위배되지 아니하는 행위에 해당한다고 보기는 어렵다(대법원 2000.4.25, 98도2389).

221 한의사 자격이나 이에 관한 어떠한 면허도 없는 甲이 찜질방에서 찾아오는 사람들을 대상으로 약간의 돈을 받고 아픈 부위의 혈을 주물러 근육을 풀어주고 그 부위에 부항을 뜬 후 그곳을 부항침으로 찌르는 등, 단순히 수지침 정도의 수준에 그치지 아니하고 부항침과 부항을 이용하여 체내의 혈액을 밖으로 배출되도록 한 경우, 甲의 행위는 위법성이 조각된다.

[국가7급 16]

221 (×) '조각된다' → '조각되지 않는다'
법질서 전체의 정신이나 사회통념에 비추어 용인될 수 있는 행위에 해당한다고 볼 수는 없고, 사회상규에 위배되지 아니하는 행위로서 위법성이 조각되는 경우에 해당한다고 할 수 없다(대법원 2004.10.28, 2004도3405).

222 피해자가 불특정·다수인의 통행로로 이용되어 오던 기존 통로의 일부 소유자인 피고인으로부터 사용승낙을 받지 아니한 채 통로를 활용하여 공사차량을 통행하게 함으로써 피고인의 영업에 다소 피해를 발생시키자, 피고인이 공사차량을 통행하지 못하도록 자신 소유의 승용차를 통로에 주차시켜 놓은 행위는 사회상규에 위배되지 않는 정당행위에 해당한다. [사시 13]

222 (×) '해당한다' → '해당한다고 할 수 없다'
사회상규에 위배되지 않는 정당행위에 해당한다고 할 수 없다(대법원 2005.9.30, 2005도4688).

223 의사가 모발이식시술을 하면서 간호조무사로 하여금 '식모기를 환자의 머리부위 진피층까지 찔러 넣는 방법으로 수여부에 모발을 삽입하는 행위' 자체 중 일정 부분을 직접 하도록 맡겨두고 별반 관여하지 않은 경우라도, 간호사가 이에 관하여 어느 정도 지식을 가지고 있었다면 무면허의료행위에 대한 의사의 관여행위는 정당행위에 해당한다. [사시 13]

223 (×) '해당한다' → '해당하지 않는다'
정당행위에 해당하지 않는다(대법원 2007.6.28, 2005도8317).

224 토지소유자가 타인이 운영하는 회사에 대하여 그 토지의 인도 등을 구할 권리가 있다는 이유로 위 회사로 들어가는 진입로를 폐쇄한 것은 정당행위 또는 자력구제에 해당하여 업무방해죄가 성립하지 않는다. [사시 10]

224 (×) '해당하여 업무방해죄가 성립하지 않는다' → '해당하지 않는다'(대법원 2007.5.11, 2006도4328)

225 토지소유권자가 타인이 운영하는 회사에 대하여 사용대차계약을 해지하고 그 토지의 인도 등을 구할 권리가 있다는 이유로 그 회사로 들어가는 진입로를 폐쇄한 경우, 그 권리를 확보하기 위하여 다른 적법한 절차를 취하는 것이 곤란하지 않았더라도, 정당한 행위 또는 자력구제에 해당한다. [국가9급 22]

225 (×)

해설+ 토지소유권자가 피해자가 운영하는 회사에 대하여 그 토지의 인도 등을 구할 권리가 있다는 이유만으로 위 회사로 들어가는 진입로를 폐쇄한 것은 정당한 행위 또는 자력구제에 해당하지 않는다(대법원 2007.5.10, 2006도4328).

226 집행관이 조합 소유 아파트에서 유치권을 주장하는 甲을 상대로 부동산인 도집행을 실시하여 조합이 그 아파트를 인도받고 출입문의 잠금장치를 교체하는 등으로 그 점유가 확립된 이후에 甲이 아파트 출입문과 잠금장치를 훼손하며 강제로 개방하고 아파트에 들어간 경우, 甲의 행위는 민법상 자력구제에 해당하므로 「형법」 제20조에 따라 위법성이 조각된다. [경찰간부 22]

> **해설+** 집행관이 집행채권자 조합 소유 아파트에서 유치권을 주장하는 피고인을 상대로 부동산인 도집행을 실시하자, 피고인이 이에 불만을 갖고 아파트 출입문과 잠금장치를 훼손하며 강제로 개방하고 아파트에 들어갔다고 하여 재물손괴 및 건조물침입으로 기소된 경우, 피고인이 아파트에 들어갈 당시에는 이미 조합이 집행관으로부터 아파트를 인도받은 후 출입문의 잠금장치를 교체하는 등으로 그 점유가 확립된 상태여서 점유권 침해의 현장성 내지 추적가능성이 있다고 보기 어려워 점유를 실력에 의하여 탈환한 피고인의 행위는 민법상 자력구제에 해당하지 않는다(대법원 2017.9.7, 2017도9999).

227 차기 지방선거에 출마 예정인 지방자치단체장이 선거 전에 지방의회 의원 전원의 세미나 출장을 앞두고 의장을 직접 방문하여 세미나 지원경비를 지급한 행위는 공직선거법 제86조 제3항 및 제4항 제2호 위반행위에 해당하며, 그 위법성이 배제되지 않는다. [법원9급 13]

228 구 「공직선거 및 선거부정방지법」상 선거비용지출죄는 회계책임자가 아닌 자가 선거비용을 지출한 경우에 성립되는 죄인바, 후보자가 그와 같은 행위가 죄가 되는지 몰랐다고 하더라도 회계책임자가 아닌 후보자가 선거비용을 지출한 이상 회계책임자가 후에 후보자의 선거비용 지출을 추인하였다 하더라도 그 위법성이 조각되지 않는다. [경찰채용 23 1차]

> **해설+** 공직선거 및 선거부정방지법 제258조 제2항 제1호, 제127조 제3항 소정의 선거비용지출죄는 회계책임자가 아닌 자가 선거비용을 지출한 경우에 성립되는 죄인바, 후보자가 그와 같은 행위가 죄가 되는지 몰랐다고 하더라도 회계책임자가 아닌 후보자가 선거비용을 지출한 이상 그 죄의 성립에 영향이 없고, 회계책임자가 후에 후보자의 선거비용지출을 추인하였다 하더라도 그 위법성이 조각되는 것도 아니다(대법원 1999.10.12, 99도3335).

226 (×)

227 (○) 피고인의 행위가 평소 지방자치단체장의 직무상 행위로서 관행적으로 행하여져 온 것이라는 것은 양형에 있어서 충분히 고려하여야 할 사정에 불과할 뿐 위법성을 배제할 만한 별도의 사유에 해당한다고 볼 수 없다(대법원 2007.1.11, 2006도7092).

228 (○)

229 주점 임대차 약정기간이 만료되지 않고 임대차보증금도 상당한 액수가 남아 있는 상태에서 주점 임대인이 그 임차인의 차임 연체를 이유로 계약해지의 의사표시와 경고만을 한 후 계약서상 규정에 따라 그 주점에 대하여 단전·단수조치를 취한 경우 「형법」 제20조의 정당행위에 해당한다.

[국가7급 13]

229 (✕) '해당한다' → '해당하지 않는다'
형법 제20조의 정당행위로 볼 수 없다(대법원 2007.9.20, 2006도9157).

230 기도원장 甲이 자신이 운영하는 기도원에서 보호자의 동의 및 입회하에 안수기도 명목으로 정신분열증을 앓던 25세의 피해자 A를 눕혀 머리를 甲의 무릎 사이에 끼우고 신도들로 하여금 A의 팔과 다리를 붙잡아 움직이지 못하게 한 뒤, 수회에 걸쳐 손가락으로 A의 눈 부위를 세게 누르고 뺨을 때리는 등 유형력을 행사하여 몸에 멍이 들게 한 경우 甲의 행위는 사회상규상 용인되는 정당행위라고 볼 수 없다. [국가7급 11] [사시 11]

230 (○) 대법원 2008.8.21, 2008도2695

231 통상의 일반적인 안수기도의 방식과 정도를 벗어나 환자의 신체에 비정상적이거나 과도한 유형력을 행사하고 신체의 자유를 과도하게 제압하여 그 결과 환자의 신체에 상해까지 입힌 경우라면, 그러한 유형력의 행사가 비록 안수기도의 명목과 방법으로 이루어졌다 해도 일반적으로 사회상규상 용인되는 정당행위라고 볼 수 없으나, 이를 치료행위로 보아 피해자측이 승낙하였다면 이는 정당행위에 해당한다. [법원9급 23]

231 (✕)

해설+ 종교적 기도행위를 마치 의료적으로 효과가 있는 치료행위인 양 내세워 환자를 끌어들인 다음, 통상의 일반적인 안수기도의 방식과 정도를 벗어나 환자의 신체에 비정상적이거나 과도한 유형력을 행사하고 신체의 자유를 과도하게 제압하여 그 결과 환자의 신체에 상해까지 입힌 경우라면, 그러한 유형력의 행사가 비록 안수기도의 명목과 방법으로 이루어졌다 해도 사회상규상 용인되는 정당행위라고 볼 수 없음은 물론이고, 이를 치료행위로 오인한 피해자측의 승낙이 있었다 하여 달리 볼 수도 없다(대법원 2008.8.21, 2008도2695).

232 국회의원이 특정 협회로부터 요청받은 자료를 제공하고 그 대가로서 후원금 명목으로 금원을 교부받은 경우 「형법」 제20조의 정당행위에 해당하여 위법성이 조각되지 않는다. [국가7급 11]

232 (○) 대법원 2009.5.14, 2008도8852

233 시위참가자들이 경찰관들의 위법한 제지행위에 대항하는 과정에서 공동하여 경찰관들에게 돌을 던지고 PVC파이프를 휘두르거나 진압방패와 채증장비를 빼앗는 등의 폭행행위를 한 것은 정당행위에 해당하지 않는다.

[사시 13]

233 (○)

> **해설+** 비록 경찰관들의 위법한 상경 제지 행위에 대항하기 위하여 한 것이라 하더라도, 피고인들이 다른 시위참가자들과 공동하여 위와 같이 경찰관들을 때리고 진압방패와 채증장비를 빼앗는 등의 폭행행위를 한 것은 소극적인 방어행위를 넘어서 공격의 의사를 포함하여 이루어진 것으로서 그 수단과 방법에 있어서 상당성이 인정된다고 보기 어려우며 긴급하고 불가피한 수단이었다고 볼 수도 없으므로, 이를 사회상규에 위배되지 아니하는 정당행위나 현재의 부당한 침해를 방어하기 위한 정당방위에 해당한다고 볼 수 없다(대법원 2009.6.11, 2009도2114).

234 정당 당직자 甲이 국회 상임위원회 회의장 앞 복도에서 출입이 봉쇄된 회의장 출입구를 뚫을 목적으로 회의장 출입문 및 그 안쪽에 쌓여있던 집기를 손상한 행위는 정당행위에 해당한다.

[국가9급 21]

234 (×)

> **해설+** 甲 정당 당직자인 피고인들 등이 국회 외교통상 상임위원회 회의장 앞 복도에서 출입이 봉쇄된 회의장 출입구를 뚫을 목적으로 회의장 출입문 및 그 안쪽에 쌓여있던 책상, 탁자 등 집기를 손상하거나, 국회의 심의를 방해할 목적으로 소방호스를 이용하여 회의장 내에 물을 분사한 경우, 피고인들의 위와 같은 행위는 공용물건손상죄 및 국회회의장소동죄의 구성요건에 해당하고, 국민의 대의기관인 국회에서 서로의 의견을 경청하고 진지한 토론과 양보를 통하여 더욱 바람직한 결론을 도출하는 합법적 절차를 외면한 채 곧바로 폭력적 행동으로 나아가 방법이나 수단에 있어서도 상당성의 요건을 갖추지 못하여 이를 위법성이 조각되는 정당행위나 긴급피난의 요건을 갖춘 행위로 평가하기 어렵다(대법원 2013.6.13, 2010도13609).

235 주식회사 감사인 피고인이 회사 경영진과의 불화로 한 달 가까이 결근하다가 자신의 출입카드가 정지되어 있는데도 이른 아침에 경비원에게서 출입증을 받아 컴퓨터 하드디스크를 절취하기 위해 회사 감사실에 들어간 경우, 위 방실침입행위는 정당행위에 해당하지 않는다.

[사시 13]

235 (○) 하드디스크를 일시 보관 후 반환하였다고 평가하기 어려워 불법영득의사를 인정할 수 있다(대법원 2011.8.18, 2010도9570). 따라서 정당행위에 해당하지 않는다.

236 甲주식회사 임원인 乙이 회사직원들 및 그 가족들에게 수여할 목적으로 전문의약품인 타미플루 39,600정 등을 제약회사로부터 매수하여 취득한 행위는 사회상규에 위배되지 아니하는 정당행위로서 위법성이 조각된다.

[경찰간부 17]

236 (×) '조각된다' → '조각된다고 할 수 없다'(대법원 2011.10.13, 2011도6287)

237 공사업자가 이전 공사대금의 잔금을 지급받지 못하자 추가로 자동문의 번호키 설치 공사를 도급받아 시공하면서 자동문이 수동으로만 여닫히게 설정하여 자동잠금장치로서 역할을 할 수 없게 한 경우, 정당행위에 해당하지 않으므로 재물손괴죄가 성립한다.

[국가7급 17]

237 (O) 대법원 2016.11.25, 2016도9219

238 甲이 「가정폭력범죄의 처벌 등에 관한 특례법」상의 임시보호명령을 위반하여 피해자인 A의 주거지에 접근하고 문자메시지를 보낸 경우, 이에 대하여 A의 양해 내지 승낙이 있었다면 甲의 행위가 사회상규에 위배되는 행위로 볼 것은 아니다.

[경찰채용 23 2차]

238 (×)

해설+ ⓐ 「가정폭력범죄의 처벌 등에 관한 특례법」(이하 '가정폭력처벌법') 제55조의4에 따른 임시보호명령은 피해자의 양해 여부와 관계없이 행위자에게 접근금지, 문언송신금지 등을 명하는 점, ⓑ 피해자의 양해만으로 임시보호명령 위반으로 인한 가정폭력처벌법 위반죄의 구성요건해당성이 조각된다면 개인의 의사로써 법원의 임시보호명령을 사실상 무효화하는 결과가 되어 법적 안정성을 훼손할 우려도 있는 점 등의 사정을 들어, 설령 피고인의 주장과 같이 이 사건 임시보호명령을 위반한 주거지 접근이나 문자메시지 송신을 피해자가 양해 내지 승낙했다고 할지라도 가정폭력처벌법 위반죄의 구성요건에 해당할뿐더러, ⓐ 피고인이 이 사건 임시보호명령의 발령사실을 알면서도 피해자에게 먼저 연락하였고 이에 피해자가 대응한 것으로 보이는 점, ⓑ 피해자가 피고인과 문자메시지를 주고받던 중 수회에 걸쳐 '더 이상 연락하지 말라'는 문자메시지를 보내기도 한 점 등에 비추어 보면, 피고인이 이 사건 임시보호명령을 위반하여 피해자의 주거지에 접근하거나 문자메시지를 보낸 것을 형법 제20조의 정당행위로 볼 수도 없다(대법원 2022.1.4, 2021도14015).

조문 가정폭력범죄의 처벌 등에 관한 특례법(약칭: 가정폭력처벌법) 제55조의4 【임시보호명령】 ① 판사는 제55조의2 제1항에 따른 피해자보호명령의 청구가 있는 경우에 피해자의 보호를 위하여 필요하다고 인정하는 경우에는 결정으로 제55조의2 제1항 각 호의 어느 하나에 해당하는 임시보호명령을 할 수 있다.
② 임시보호명령의 기간은 피해자보호명령의 결정 시까지로 한다. 다만, 판사는 필요하다고 인정하는 경우에 그 기간을 제한할 수 있다.

제55조의2 【피해자보호명령 등】 ① 판사는 피해자의 보호를 위하여 필요하다고 인정하는 때에는 피해자, 그 법정대리인 또는 검사의 청구에 따라 결정으로 가정폭력행위자에게 다음 각 호의 어느 하나에 해당하는 피해자보호명령을 할 수 있다.
1. 피해자 또는 가정구성원의 주거 또는 점유하는 방실로부터의 퇴거 등 격리
2. 피해자 또는 가정구성원이나 그 주거 · 직장 등에서 100미터 이내의 접근금지
3. 피해자 또는 가정구성원에 대한 「전기통신사업법」 제2조제1호의 전기통신을 이용한 접근금지
4. 친권자인 가정폭력행위자의 피해자에 대한 친권행사의 제한
5. 가정폭력행위자의 피해자에 대한 면접교섭권행사의 제한

239 문언송신금지를 명한 가정폭력범죄의 처벌 등에 관한 특례법상 임시보호명령을 위반하여 피고인이 피해자에게 문자메시지를 보낸 경우 문자메시지 송신을 피해자가 양해 내지 승낙하였다면 형법 제20조의 정당행위에 해당한다.　　　　　　　　　　　　　　　　　　　　　　　[국가9급 23]

> **해설+** 설령 피고인의 주장과 같이 이 사건 임시보호명령을 위반한 주거지 접근이나 문자메시지 송신을 피해자가 양해 내지 승낙했다고 할지라도 가정폭력처벌법 위반죄의 구성요건에 해당할뿐더러, 피고인이 이 사건 임시보호명령의 발령사실을 알면서도 피해자에게 먼저 연락하였고 이에 피해자가 대응한 것으로 보이는 점, 피해자가 피고인과 문자메시지를 주고받던 중 수회에 걸쳐 '더 이상 연락하지 말라'는 문자메시지를 보내기도 한 점 등에 비추어 보면, 피고인이 이 사건 임시보호명령을 위반하여 피해자의 주거지에 접근하거나 문자메시지를 보낸 것을 형법 제20조의 정당행위로 볼 수도 없다(대법원 2022.1.4, 2021도14015).

240 환자가 사망한 경우 사망진단 전에 이루어지는 사망징후관찰은 구 「의료법」 제2조 제2항 제5호에서 간호사의 임무로 정한 '상병자 등의 요양을 위한 간호 또는 진료보조'에 해당한다고 할 수 있다. 그리고 사망의 진단은 의사 등이 환자의 사망 당시 또는 사후에라도 현장에 입회해서 직접 환자를 대면하여 수행해야 하는 의료행위이지만, 간호사는 의사 등의 개별적 지도·감독이 있으면 사망의 진단을 할 수 있다.　　　　　　　　　　　　　　[경찰경채 23]

> **해설+** 환자가 사망한 경우 사망 진단 전에 이루어지는 사망징후관찰은 구 의료법 제2조 제2항 제5호에서 간호사의 임무로 정한 '상병자 등의 요양을 위한 간호 또는 진료보조'에 해당한다고 할 수 있다. 그러나 사망의 진단은 의사 등이 환자의 사망 당시 또는 사후에라도 현장에 입회해서 직접 환자를 대면하여 수행하여야 하는 의료행위이고, 간호사는 의사 등의 개별적 지도·감독이 있더라도 사망의 진단을 할 수 없다. 사망의 진단은 사망사실과 그 원인 등을 의학적·법률적으로 판정하는 의료행위로서 구 의료법 제17조 제1항이 사망의 진단결과에 관한 판단을 표시하는 사망진단서의 작성·교부 주체를 의사 등으로 한정하고 있고, 사망 여부와 사망원인 등을 확인·판정하는 사망의 진단은 사람의 생명 자체와 연결된 중요한 의학적 행위이며, 그 수행에 의학적 전문지식이 필요하기 때문이다(대법원 2022.12.29, 2017도10007).

CHAPTER 03 위법성론 **187**

CHAPTER 04 | 책임론

1 책임이론

 대표유형

형벌의 양은 책임의 양을 초과할 수 없다. [사시 10]

(○) 책임 없이 형벌 없다. 책임을 초과하는 형벌은 정당하지 아니하다. 죄형법정주의의 적정성원칙 중 죄형 균형의 원칙도 이러한 의미이다.

---

001 책임이 반드시 불법을 전제로 하여야 성립되는 것은 아니다. [사시 10]

해설+ 불법이 없다면 책임이 있더라도 처벌해서는 안 된다. 책임원칙은 불법과 책임의 일치를 요구한다.

001 (×) '은 아니다' → '이다'

---

002 상습범의 형을 가중하는 것은 책임주의에 반한다. [사시 10]

해설+ 책임은 원칙적으로 행위책임을 의미하지만, 경우에 따라서는 예외적으로 행위자책임도 고려될 수 있다. 그 한 예가 동종범죄의 습벽이라는 위험성을 가진 상습범에 대한 가중처벌이다.

002 (×) '반한다' → '반하지 않는다'

---

003 결과적 가중범에 있어서 중한 결과에 대한 예견가능성을 요구하는 것은 책임주의와 관계없다. [사시 10]

해설+ 과실이 없으면 책임도 없다는 책임주의를 결과적 가중범에도 적용하기 위하여 결과적 가중범의 중한 결과에 대한 예견가능성을 요구하게 된 것이다.

003 (×) '없다' → '있다'

---

004 인간의 자유의사를 부정하면서 인간의 의사와 행위는 개인의 유전적 소질과 환경에 의하여 결정된다는 견해에 따르면 책임은 '의사책임'이며 '행위책임'의 성격을 갖는다. [국가7급 13] [국가9급 13 변형]

해설+ 책임의 근거를 의사책임과 행위책임에서 찾는 것은 도의적 책임론에 해당한다.

004 (×) '에 따르면 책임은 '의사책임'이며 '행위책임'의 성격을 갖는다' → '는 책임의 근거를 행위자의 반사회성에서 찾는다'

005 사회적 책임론에 따르면, 책임의 근거는 행위자의 반사회적 성격에 있으므로 사회생활을 하고 있는 책임무능력자에 대하여도 사회방위를 위해 보안처분을 가하여야 한다. 이러한 의미에서 책임능력은 형벌능력을 의미한다.

[변호사 13]

005 (○) 사회적 책임론은 행위자의 책임능력을 형벌능력으로 이해한다. 즉, 그가 형벌을 받을 수 있다면 책임도 질 수 있다고 설명한다.

006 사회적 책임론에 따르면, 책임을 심리적 사실관계로 보지 않고 규범적 평가 관계로 이해하여 행위자가 적법행위를 할 수 있었음에도 위법행위를 한 것에 대한 규범적 비난이 책임이다.

[경찰간부 23]

006 (×) 책임을 심리적 사실관계로 보지 않고 규범적 평가 관계로 이해하여 행위자가 적법행위를 할 수 있었음에도 위법행위를 한 것에 대한 규범적 비난이 책임이라고 보는 입장은 규범적 책임론이다.

007 심리적 책임론에 따르면, 책임의 본질은 결과에 대한 인식과 의사인 고의 또는 결과를 인식하지 못한 과실에 있으며, 범죄 성립의 모든 객관적·외적 요소는 구성요건과 위법성단계에, 주관적·내적 요소는 책임단계에 배치한다.

[변호사 13]

007 (○) 심리적 책임론을 책임 개념으로 받아들인 고전적 범죄체계는, 객관적 요소는 위법성에 속하고, 주관적 요소는 책임에 속한다고 이해한다.

008 심리적 책임론은 행위자에게 고의는 있으나 기대불가능성을 이유로 책임이 조각되는 경우를 이론적으로 설명하기 어렵다.

[사시 11]

008 (○)

> **해설＋** 고전적 범죄체계하의 심리적 책임론은 고의·과실이 있으면 책임을 인정하므로, 이러한 심리적 요소가 있음에도 불구하고 적법행위의 기대가능성이 없어 비난할 수 없는 행위를 한 행위자의 책임을 조각시키는 이유를 설명하기 어렵게 된다.

009 심리적 책임론에 따르면, 책임은 자유의사를 가진 자가 그 의사에 의하여 적법한 행위를 할 수 있었음에도 불구하고 위법한 행위를 선택하였으므로 이에 대해 윤리적 비난을 가하는 것이다.

[경찰간부 23 변형]

009 (×) 자유의사를 가진 자가 그 의사에 의하여 적법한 행위를 할 수 있었음에도 불구하고 위법한 행위를 선택하였으므로 이에 대해 윤리적 비난을 가하는 것이라는 견해는 도의적 책임론이다.

> **보충** 심리적 책임론은 책임의 본질을 고의·과실과 같은 심리적 요소의 존재에서 찾는 입장이다.

010 도의적 책임론은 형사책임의 근거를 행위자의 자유의사에서 찾으며, 가벌성 판단에서 행위보다 행위자에 중점을 두는 주관주의 책임론의 입장이다.

[변호사 13]

> **해설+** 도의적 책임론은 가벌성을 판단함에 있어 행위자보다 행위에 중점을 두는 객관주의 책임론의 입장이라는 점에서 위 지문은 틀렸다.

010 (×) '행위보다 행위자에 중점을 두는 주관주의' → '행위자보다 행위에 중점을 두는 객관주의'

011 도의적 책임론에 따르면, 책임은 행위 당시 행위자가 가지고 있었던 고의·과실이라는 심리적 관계로 이해하여 심리적인 사실인 고의·과실이 있으면 책임이 있고, 그것이 없으면 책임도 없다.

[경찰간부 23]

011 (×) 책임을 행위 당시 행위자가 가지고 있었던 고의·과실이라는 심리적 관계로 이해하여 심리적인 사실인 고의·과실이 있으면 책임이 있고, 그것이 없으면 책임도 없다고 보는 견해는 심리적 책임론이다.

012 책임비난의 근거를 행위자의 자유의사에서 찾는 도의적 책임론은 행위자책임을 형벌권 행사의 근거로 보기 때문에 책임무능력자에 대한 보안처분 부과를 옹호한다.

[경찰간부 22]

> **해설+** 도의적 책임론이란 책임은 자유의사를 가진 자가 그 의사에 의하여 적법한 행위를 할 수 있었음에도 불구하고 위법한 행위를 선택하였으므로, 이러한 의사책임·행위책임에 대하여 윤리적 비난을 가하는 것이라는 입장이다(행위자책임이라는 부분이 틀림). 도의적 책임론에 의하면, 보안처분은 형벌과는 다른 것이어서 재범의 위험성이 있을 때에만 인정한다. 한편, 책임의 근거를 성격책임·행위자책임에서 찾는 사회적 책임론에 의하면, 책임무능력자에게도 반사회적 위험성을 감쇄하기 위한 폭넓은 보안처분의 필요성을 지지하게 된다.

012 (×)

013 규범적 책임론에 따르면, 책임의 구성요소는 행위자의 감정세계와 구성요건에 해당하는 결과 사이의 심리적 결합이 아니라 행위자의 적법행위가 요구되었음에도 불구하고 위법행위를 하였다는 환경의 평가에 있으므로, 책임은 구성요건에 해당하는 불법행위에 대한 비난가능성이다.

[변호사 13]

013 (○) 규범적 책임론에서 책임의 구성요소는 책임능력, 고의·과실 및 기대가능성이다.

014 규범적 책임론에 따르면, 인간의 행위는 자유의사가 아니라 환경과 소질에 의해 결정되는 것으로 책임의 근거가 행위자의 반사회적 성격에 있다.

[경찰간부 23]

> **보충** 규범적 책임론은 책임의 본질을 타행위 가능성이 있음에도 위법행위를 했다는 점에 대한 비난가능성에서 찾는 입장이다.

014 (×) 인간의 행위는 자유의사가 아니라 환경과 소질에 의해 결정되는 것으로 책임의 근거가 행위자의 반사회적 성격에 있다고 보는 견해는 <u>사회적 책임론</u>이다.

015 기능적 책임론에 따르면, 책임의 내용은 형벌의 목적, 특히 일반예방의 목적에 따라 결정되어야 하며, 책임은 예방의 필요성을 한계로 하고 예방의 필요성도 책임형벌을 제한함으로써 책임과 예방의 상호 제한적 기능을 인정한다.

[변호사 13]

015 (○) 기능적 책임론은 책임의 본질(내용)을 형벌의 목적인 일반예방과 특별예방, 처벌의 필요성이라는 형사정책적 관점에서 이해하려는 견해이다.

016 기능적 책임론은 책임의 본질을 예방이라는 형벌의 목적에 두고 있다.

[사시 10]

016 (○)

> **해설+** 기능적 책임론은 예방적 책임론이라고도 한다. 책임은 형벌의 전제이므로, 책임을 형벌의 목적인 '예방'과 관련시켜 기능적으로 이해해야만 한다는 점에서 기능적 책임개념이라고 하는 것이다.

2 책임능력

> 🔗 **대표유형**
>
> 원칙적으로 충동조절장애와 같은 성격적 결함은 형의 감면사유인 심신장애에 해당하지 아니한다고 봄이 상당하지만, 피고인이 생리기간 중에 심각한 충동조절장애에 빠져 절도범행을 저지른 것으로 의심되는 경우, 그것이 매우 심각하여 원래의 의미의 정신병을 가진 사람과 동등하다고 평가할 수 있는 경우에는 그로 인한 절도 범행은 심신장애로 인한 범행으로 보이야 한다.
>
> [법원9급 13 변형]

(○) 대법원 2002.5.24, 2002도1541

> 🔗 **대표유형**
>
> 원인에 있어 자유로운 행위에 관한 「형법」 제10조 제3항은 위험의 발생을 예견할 수 있었는데도 자의로 심신장애를 야기한 경우에는 적용되지 않는다.
>
> [국가7급 13] [국가9급 13 변형] [경찰간부 18]

(×) '는 적용되지 않는다' → '도 적용된다'

> **해설+** 피고인은 음주 시에 교통사고를 일으킬 위험성을 예견했는데도 자의로 심신장애를 야기한 경우에 해당하므로 형법 제10조 제3항에 의하여 심신장애로 인한 감경 등을 할 수 없다(대법원 1992.7.28, 92도999).

017 절도죄 범행 당시 11세였더라도 판결선고 당시 14세가 된 경우에는 징역형으로 처벌할 수 있다.

[법원9급 21]

017 (×) 범행 당시 14세 되지 아니한 자의 행위는 책임이 조각되어 벌할 수 없다(제9조).

018 2005.3.3.에 출생한 자가 2019.1.1.에 절도죄를 저지른 경우 그 행위에 대하여 형벌을 과할 수 없다.

[법원9급 20]

해설+ 14세 되지 아니한 자의 행위는 벌하지 아니하는데(제9조), 이때 14세는 만 14세를 말하고, 2005.3.3. 출생한 자는 2019.3.2. 24:00에 만 14세가 된다.

018 (○)

019 형사미성년자라도 사물변별능력 또는 의사결정능력이 결여되어야 책임능력이 부정된다.

[국가7급 13] [국가9급 13 변형]

해설+ 철저한 생물학적 기준에 의한 형사미성년자이므로, 만 14세 미만의 자는 절대적 책임무능력자가 된다.

019 (×) '라도' → '는', '부정된다' → '부정되는 것은 아니다'

020 형사미성년자의 행위는 벌하지 아니하므로, 소년법에 의한 보호처분도 할 수 없다.

[법원행시 14]

해설+ 10세 이상 14세 미만의 소년의 경우, 형사미성년자이므로 형벌을 과할 수는 없으나 소년법상 보호처분은 가능하다.

020 (×) '므로' → '지만', '도' → '은', '없다' → '있다'

021 10세인 형사미성년자에 대해서는 좁은 의미의 형벌뿐만 아니라 보안처분도 부과할 수 없다.

[경찰채용 19 2차]

해설+ **소년법 제4조 【보호의 대상과 송치 및 통고】** ① 다음 각 호의 어느 하나에 해당하는 소년은 소년부의 보호사건으로 심리한다.
1. 죄를 범한 소년
2. 형벌법령에 저촉되는 행위를 한 10세 이상 14세 미만인 소년
3. 다음 각 목에 해당하는 사유가 있고 그의 성격이나 환경에 비추어 앞으로 형벌법령에 저촉되는 행위를 할 우려가 있는 10세 이상인 소년
   가. 집단적으로 몰려다니며 주위 사람들에게 불안감을 조성하는 성벽(性癖)이 있는 것
   나. 정당한 이유 없이 가출하는 것
   다. 술을 마시고 소란을 피우거나 유해환경에 접하는 성벽이 있는 것

021 (×) 형벌법령에 저촉되는 행위를 한 10세 이상 14세 미만의 소년과, 형벌법령에 저촉되는 행위를 할 우려가 있는 10세 이상의 소년에 대하여는 소년법상 보호처분이 가능하다(소년법 제4조 제1항).

022 「소년법」제4조 제1항의 '죄를 범한 소년'(범죄소년)은 형사처벌은 불가능하지만 보호처분은 가능한 책임무능력자이다. [해경승진 23]

해설+ 소년법 제4조 【보호의 대상과 송치 및 통고】 ① 다음 각 호의 어느 하나에 해당하는 소년은 소년부의 보호사건으로 심리한다.
1. 죄를 범한 소년

022 (×) 「소년법」제4조 제1항의 '죄를 범한 소년'(범죄소년)은 죄를 범한 14세 이상 19세 미만의 자를 말한다. 범죄소년은 책임능력자로서 그에 대하여 보호처분은 물론 범죄의 동기와 죄질에 따라 형사처벌도 부과할 수 있다(소년법 제49조).

023 소년법 제60조 제2항은 '소년의 특성에 비추어 상당하다고 인정되는 때에는 그 형을 감경할 수 있다'고 규정하고 있는데 여기에서의 '소년'에 해당하는지 여부의 판단은 원칙적으로 범죄행위 시가 아니라 사실심 판결선고 시를 기준으로 한다. [변호사 22]

해설+ 소년법 제60조 제2항(소년의 특성에 비추어 상당하다고 인정되는 때에는 그 형을 감경할 수 있다)에서 소년이라 함은 특별한 정함이 없는 한 소년법 제2조에서 말하는 소년을 의미한다고 할 것이고, 소년법 제2조에서의 소년이라 함은 20세 미만자(현 19세 미만)로서 그것이 심판의 조건이므로 범행 시뿐만 아니라 심판 시까지 계속되어야 하는바, … 소년법 제60조 제2항도 이러한 취지에서 나왔다고 볼 것이지, 소년법 제60조 제2항을 소년법 제59조, 형법 제9조와 같이 형사책임의 문제로서 파악하여야 하는 것은 아니다. 따라서 소년법 제60조 제2항의 소년인지 여부의 판단은 원칙으로 심판 시 즉 사실심 판결선고 시를 기준으로 한다(대법원 1997.2.14, 96도1241).

023 (O)

024 소년법의 적용을 받으려면 심판 시에 19세 미만이어야 한다. [사시 14]

해설+ 항소심 계속 중 개정 소년법이 시행되어 항소심판결 선고일에 피고인이 이미 19세에 달하여 개정 소년법상 소년에 해당하지 않게 되었다면, 항소심법원은 피고인에 대하여 정기형을 선고하여야 한다(대법원 2008.10.23, 2008도8090).

024 (O)

025 음주 또는 약물로 인한 심신장애 상태에서 성폭력범죄의 처벌 등에 관한 특례법상의 특수강간죄를 범한 때에는 「형법」제10조의 심신장애 규정을 적용하지 않을 수 있다. [국가7급 11]

해설+ 성폭력처벌법 제20조 【「형법」상 감경규정에 관한 특례】 음주 또는 약물로 인한 심신장애 상태에서 성폭력범죄(제2조 제1항 제1호의 죄는 제외한다)를 범한 때에는 「형법」제10조 제1항·제2항 및 제11조를 적용하지 아니할 수 있다.

025 (O)

026 심신상실자란 심신장애로 인하여 사물을 변별할 능력이 없거나 의사를 결정할 능력이 결여된 자를 말한다. [국가9급 15]

026 (○) 제10조

027 사물을 변별할 능력이나 의사를 결정할 능력은 판단능력 또는 의지능력과 관련된 것으로서 사실의 인식능력이나 기억능력과 반드시 일치하여야 한다. [경찰채용 23 1차]

027 (×)

> **해설+** 아동·청소년의 성보호에 관한 법률 제8조 제1항에서 말하는 '사물을 변별할 능력'이란 사물의 선악과 시비를 합리적으로 판단하여 정할 수 있는 능력을 의미하고, '의사를 결정할 능력'이란 사물을 변별한 바에 따라 의지를 정하여 자기의 행위를 통제할 수 있는 능력을 의미하는데, 이러한 사물변별능력이나 의사결정능력은 판단능력 또는 의지능력과 관련된 것으로서 사실의 인식능력이나 기억능력과는 반드시 일치하는 것은 아니다(대법원 2015.3.20, 2014도17346).

028 「형법」 제10조 제1항의 책임무능력은 생물학적 방법과 심리학적 방법을 혼합하여 판단한다. [사시 11]

> **보충** 이에 비해 형사미성년자와 청각·언어장애인에 관하여는 순수한 생물학적 판단방법을 채택하고 있다.

028 (○) 심신장애로 인하여(생물학적 판단방법) 사물을 변별할 능력이 없거나 의사를 결정할 능력이 없는(심리적·규범적 판단방법) 자의 행위는 벌하지 아니한다(혼합적 판단방법).

029 「형법」은 책임능력의 평가방법에 있어서 제9조의 형사미성년자는 생물학적 방법을, 제10조의 심신장애인은 '심신장애'라는 생물학적 방법과 '사물변별능력·의사결정능력'이라는 심리적 방법의 혼합적 방법을 채택하고 있다. [경찰채용 23 1차]

> **판례** 형법 제10조에 규정된 심신장애는 생물학적 요소로서 정신병 또는 비정상적 정신상태와 같은 정신적 장애가 있는 외에 심리학적 요소로서 이와 같은 정신적 장애로 말미암아 사물에 대한 변별능력과 그에 따른 행위통제능력이 결여되거나 감소되었음을 요한다(대법원 2018.9.13, 2018도7658, 2018전도55, 2018전도54, 2018보도6, 2018모2593).

029 (○) 형법에서는 책임능력의 판단방법에 관하여 형사미성년자는 생물학적 방법, 심신장애인은 혼합적 방법, 청각 및 언어 장애인은 생물학적 방법을 규정하고 있다.

030 심신장애의 유무는 사실문제로서 그 판단에 전문감정인의 정신감정결과가 중요한 참고자료가 되기는 하나, 법원이 반드시 그 의견에 구속되는 것은 아니다. [변호사 20]

030 (×) '사실문제로서' → '법률문제로서'(대법원 1996.5.10, 96도638)

031 「형법」제10조 제1항·제2항에 규정된 심신장애의 유무 및 정도의 판단은 법률적 판단으로서 반드시 전문감정인의 의견에 기속되어야 하는 것은 아니고 정신질환의 종류와 정도, 범행의 동기, 경위, 수단과 태양, 범행 전후의 피고인의 행동, 반성의 정도 등 여러 사정을 종합하여 법원이 독자적으로 판단할 수 있다. [법원행시 10 변형] [사시 15 변형]

031 (○) 대법원 1995.2.24, 94도3163; 1999.1.26, 98도3812

032 심신상실 여부를 판단하는 것은 현실적으로 전문가의 감정이 고려되어야 하나, 궁극적으로 이는 법률문제로서 그 임무는 법관에게 부여되어 있다. 따라서 법관은 전문가의 감정을 거치지 않고 행위의 전후사정이나 목격자의 증언 등을 참작하여 심신장애를 판단하더라도 원칙적으로 위법한 것이라고 할 수는 없다. [국가9급 15 변형]

032 (○) 대법원 1968.4.30, 68도400

033 심신장애인의 행위인지 여부는 전문가의 감정, 그 행위의 전후 사정이나 기록에 나타난 제반자료를 종합하여 인정하되, 공판정에서의 피고인의 태도를 고려하여서는 안 된다. [국가9급 23]

해설+ 심신장애자의 행위인 여부는 반드시 전문가의 감정에 의하여만 결정할 수 있는 것이 아니고 그 행위의 전후 사정이나 기록에 나타난 제반자료와 공판정에서의 피고인의 태도 등을 종합하여 심신상실 또는 미약자의 행위가 아니라고 인정하여도 이를 위법이라 할 수 없다(대법원 1984.4.24, 84도527).

033 (×)

034 범행 당시를 기억하지 못한다는 사실만으로 바로 범행시 심신상실상태에 있었다고 단정할 수 없다. [법원9급 13 변형]

034 (○) 대법원 1985.5.28, 85도361

035 범행 당시 정신분열증을 앓고 있던 甲에게 A를 살해한다는 명확한 의식이 있었고 甲이 범행 경위를 소상하게 기억하고 있다는 점만으로는 甲이 범행 당시 심신상실상태가 아니었다고 단정할 수 없다. [사시 15]

035 (○) 대법원 1990.8.14, 90도1328

036 심신장애로 인하여 사물을 변별할 능력 또는 의사를 결정할 능력이 미약한 자의 행위는 형을 감경한다. [경찰채용 21 1차]

037 심신상실을 이유로 처벌받지 아니하거나 심신미약을 이유로 형벌이 감경될 수 있는 자라 할지라도 금고 이상의 형에 해당하는 죄를 지은 자에 대해서는 치료감호시설에서 치료를 받을 필요가 있고 재범의 위험성이 있는 경우 치료감호의 대상이 된다. [변호사 22]

해설+ 치료감호법 제2조 【치료감호대상자】 ① 이 법에서 "치료감호대상자"란 다음 각 호의 어느 하나에 해당하는 자로서 치료감호시설에서 치료를 받을 필요가 있고 재범의 위험성이 있는 자를 말한다.
1. 「형법」 제10조 제1항에 따라 벌하지 아니하거나 같은 조 제2항에 따라 형을 감경할 수 있는 심신장애인으로서 금고 이상의 형에 해당하는 죄를 지은 자

038 甲의 행위가 범죄구성요건에 해당하고 위법하더라도 甲이 심신상실자(「형법」 제10조 제1항)라면 甲에게 보안처분을 과할 수 없다. [국가7급 22]

해설+ 치료감호법 제2조 【치료감호대상자】 ① 이 법에서 "치료감호대상자"란 다음 각 호의 어느 하나에 해당하는 자로서 치료감호시설에서 치료를 받을 필요가 있고 재범의 위험성이 있는 자를 말한다.
1. 「형법」 제10조 제1항에 따라 벌하지 아니하거나 같은 조 제2항에 따라 형을 감경할 수 있는 심신장애인으로서 금고 이상의 형에 해당하는 죄를 지은 자

039 심신미약자의 행위에 대해서는 필요적으로 형을 감경하여야 하지만, 반드시 치료감호처분이 부과되는 것은 아니다. [국가9급 15]

해설+ 심신미약자에 대해서는 임의적 감경이 적용되므로(형법 제10조 제2항) 전단은 틀렸고, 후단은 당연히 맞는 내용이다(치료감호법 제2조 제1항 제1호). 즉, 심신미약자라도 치료감호대상자의 요건에 해당해야만 치료감호를 할 수 있다.

040 「형법」 제10조의 심신장애로 인하여 사물을 변별할 능력이 없거나 의사를 결정할 능력이 없는 자 및 이와 같은 능력이 미약한 자라 함은 어느 것이나 심신장애의 상태에 있는 사람을 말하고, 이 양자는 단순히 그 장애 정도의 강약의 차이가 있을 뿐이다. [법원행시 14]

040 (○) 대법원 1984.2.28, 83도3007

041 「형법」 제10조에서 말하는 심신장애인지 여부를 가리는 것은 범행 당시를 기준으로 하는 것이므로, 평소 정신적 장애가 있는 자라고 하여도 범행 당시 정상적인 사물판별능력이나 행위통제능력이 있었다면 「형법」 제10조 소정의 심신장애라고 볼 수 없다. [법원행시 10·14]

041 (○) 대법원 2007.2.8, 2006도7900

042 법원은 「형법」 제10조에 규정된 심신장애를 판단함에 있어 심리학적 요소 이외에 생물학적 요소를 고려하므로 생물학적인 관점에서 정신적 장애가 있다면 범행 당시 정상적인 사물변별능력이나 행위통제능력이 있었더라도 심신장애가 인정된다. [국가7급 21]

042 (×)

> **해설+** 형법 제10조에 규정된 심신장애는, 생물학적 요인으로 인하여 정신병 또는 비정상적 정신상태와 같은 정신적 장애가 있는 외에, 심리학적 요인으로 인한 정신적 장애로 말미암아 사물에 대한 변별능력과 그에 따른 행위통제능력이 결여되거나 감소되었음을 요하므로, 정신적 장애가 있는 자라고 하여도 범행 당시 정상적인 사물변별능력이나 행위통제능력이 있었다면 심신장애로 볼 수 없다(대법원 2007.2.8, 2006도7900; 2007.6.14, 2007도2360). 예를 들어, 평소 간질병 증세가 있었더라도 '범행 당시'에는 간질병이 발작하지 아니하였다면 이는 책임감면사유인 심신장애 내지 심신미약의 경우에 해당하지 아니한다(대법원 1983.7.26, 83도1239).

043 평소 간질병 증세가 있었더라도 범행 당시에는 간질병이 발작하지 않았다면 심신상실 또는 심신미약에 해당한나고 볼 수 없다. [법원9급 13 변형]

043 (○) 대법원 1983.10.11, 83도1897

044 명정(酩酊)은 「형법」 제10조의 심신장애로 인한 법률상 형의 감면사유에 해당될 수 없다. [법원행시 14]

044 (×) '없다' → '있다'

> **해설+** 음주사실 그 자체로서만이 아니라 사물변별능력 내지 의사결정능력과 관련하여 평가되어 명정으로 판단된다면, 제10조의 심신장애로 인한 법률상 형의 감면사유에 해당될 수 있다.

045 피고인이 생리기간 중에 심각한 충동조절장애에 빠져 절도 범행을 저지른 것으로 의심이 되는데도 전문가에게 피고인의 정신상태를 감정시키는 등의 방법으로 심신장애 여부를 심리하지 아니한 원심판결은 위법하다.

[사시 14 변형]

045 (O) 대법원 2002.5.24, 2002도1541

046 사춘기 이전의 소아들을 상대로 한 성행위를 중심으로 성적 흥분을 강하게 일으키는 공상, 성적 충동, 성적 행동이 반복되어 나타나는 소아기호증은 성적인 측면에서의 성격적 결함으로 인하여 나타나는 것으로서, 이는 정신질환이므로 그 사정 자체로도 바로 「형법」 제10조에서 말하는 심신장애로 보아야 한다.

[법원행시 10 변형] [국가9급 18]

046 (×) '로도 바로' → '만으로는', '로 보아야 한다' → '에 해당하지 아니한다'
소아기호증과 같은 질환이 있다는 사정은 그 자체만으로는 형의 감면사유인 심신장애에 해당하지 아니한다(대법원 2007.2.8, 2006도7900).

047 성적 측면에서의 성격적 결함에 따른 소아기호증은 그 증상이 심각하여 원래의 의미의 정신병이 있는 사람과 동등하다고 평가할 수 있더라도 심신장애를 인정할 여지는 없다.

[국가9급 23]

해설+ 소아기호증과 같은 질환이 있다는 사정은 그 자체만으로는 형의 감면사유인 심신장애에 해당하지 아니한다고 봄이 상당하고, 다만 그 증상이 매우 심각하여 원래의 의미의 정신병이 있는 사람과 동등하다고 평가할 수 있거나, 다른 심신장애사유와 경합된 경우 등에는 심신장애를 인정할 여지가 있다(대법원 2007.2.8, 2006도7900).

047 (×)

048 무생물인 옷 등을 성적 각성과 희열의 자극제로 믿고 이를 성적 흥분을 고취시키는 데 쓰는 성주물성애증이라는 정신질환의 경우, 그 증상이 매우 심각하여 정신병이 있는 사람과 동등하다고 평가할 수 있으면 심신장애를 인정할 수 있다.

[국가9급 21]

048 (O) 대법원 2013.1.24, 2012도12689

049 반사회적 인격장애 혹은 기타 성격적 결함에 기하여 자신의 충동을 억제하지 못하여 범죄를 저지르는 경우, 특별한 사정이 없는 한 이와 같은 자에 대해서는 자신의 충동을 억제하고 법을 준수하도록 요구할 수 없다.

[변호사 21]

049 (×)

> **해설+** 인격장애는 질병이나 뇌손상 기타 정신과적 장애가 없이 소아기나 청년기부터 시작되어 성인이 될 때까지 지속되면서 인격의 비정상적 성장으로 성격이 변이·일탈되어 발생하는 장애로서, 이러한 인격장애로 스트레스에 대하여 융통성이 없는 병적 적응 형태의 반응이 나타날 수도 있으나 이를 생물학적 의미에서 정신장애나 질환으로 볼 수는 없다. 이와 같이 인격장애 혹은 기타 성격적 결함에 기하여 자신의 충동을 억제하지 못하여 범죄를 저지르게 되는 현상은 정상인에게서도 얼마든지 찾아볼 수 있는 일로서, 특별한 사정이 없는 한 이와 같은 성격적 결함을 가진 자에 대하여 자신의 충동을 억제하고 법을 준수하도록 요구하는 것이 기대할 수 없는 행위를 요구하는 것이라고 할 수 없다(대법원 2016.2.19, 2015도12980 전원합의체).

050 피고인이 정신장애 3급의 장애자로 등록되어 있고, 진료소견서 등에도 병명이 '미분화형 정신분열증 및 상세불명의 간질' 등으로 기재되어 있으며, 수사기관에서부터 자신의 심신장애 상태를 지속적으로 주장하여 왔고, 변호인이 공판기일에서 피고인의 심신장애를 주장하는 내용의 진술을 하였다면, 비록 피고인이 항소이유서에서 명시적으로 심신장애 주장을 하지 않았다고 하더라도, 법원은 직권으로 피고인의 병력을 상세히 확인하여 그 증상을 밝혀보는 등의 방법으로 범행 당시 피고인의 심신장애 여부를 심리하여야 한다.

050 (○) 항소이유서에서 명시적으로 심신장애 주장을 하지 않은 경우라도 법원이 직권으로 피고인의 심신장애 여부를 심리하였어야 한다는 이유로 원심판결을 파기한 사례이다(대법원 2009.4.9, 2009도870).

> **보충** 형사소송법 제364조 【항소법원의 심판】 ② 항소법원은 판결에 영향을 미친 사유에 관하여는 항소이유서에 포함되지 아니한 경우에도 직권으로 심판할 수 있다.

051 「형법」 제11조에서는 농아자의 행위는 형을 감경한다고 하고 있으므로, 청각장애인 또는 언어장애인은 위 제11조에 따라 형을 감경받는다. [법원행시 20]

051 (×) 제11조는 (구형법상) 농아자의 행위에 대하여 형을 감경하는 규정이다. 농아자(聾啞者)란 인체의 청각기능과 언어기능에 '모두' 장애가 있는 사람을 말한다.

> **보충** 2020.12.8. 개정에 의하여 제11조는 아래와 같이 개정되었다.
> 제11조 【청각 및 언어장애인】 듣거나 말하는 데 모두 장애가 있는 사람의 행위에 대해서는 형을 감경한다.

052 甲의 행위가 범죄구성요건에 해당하고 위법하더라도 甲이 듣거나 말하는 데 모두 장애가 있는 사람이라면 甲의 행위에 대해서는 형을 면제한다.

[국가7급 22]

해설+ 제11조 【청각 및 언어 장애인】 듣거나 말하는 데 모두 장애가 있는 사람의 행위에 대해서는 형을 감경한다.

052 (X) 듣거나 말하는데 모두 장애가 있는 사람은 청각 및 언어 장애인(구형법상 농아자)에 해당되어 형을 감경한다(필요적 감경, 제11조).

053 농아자가 시비를 변별하고 이에 따라 행위할 능력이 있다 하더라도 반드시 형을 감경하여야 한다. [법원9급 13 변형] [국가9급 20] [국가9급총론 20]

해설+ 2020.12.8. 우리말 순화 개정에 의하여 제11조의 제목은 농아자에서 '청각 및 언어장애인'으로 바뀌었고, "듣거나 말하는 데 모두 장애가 있는 사람의 행위에 대해서는 형을 감경한다."고 규정하고 있다.

053 (○)

054 농아자가 2019.12.1. 절도죄를 저지른 경우 반드시 형을 감경하여야 한다.

[법원9급 20]

054 (○) 농아자의 행위는 형을 감경한다(제11조). 이는 2018.12.18. 제10조 제2항의 개정에도 불구하고, 개정되지 않은 부분이다.

055 농아자가 음주 또는 약물로 인한 심신장애 상태에서 아동·청소년 대상 성폭력범죄를 범한 경우 「형법」 제11조에 따른 형의 감경을 하지 않을 수 있다.

[국가9급 15]

055 (○) 성폭력처벌법 제20조

056 「형법」은 원인에 있어서 자유로운 행위의 가벌성을 입법적으로 해결하고 있다.

[사시 02 변형]

056 (○) 제10조 제3항에서 명문의 규정을 두고 있다.

057 '원인에 있어서 자유로운 행위'는 원인설정행위가 책임능력이 없는 상태에서 이루어졌다는 의미이다. [국가9급 11]

해설+ 원인에 있어서 자유로운 행위는 실행행위가 책임능력 결함상태에서 이루어진 경우이다. 즉, 원인에 있어서 자유로운 행위라 하더라도 원인설정행위 시에는 책임능력이 있어야 한다.

057 (X) 원인설정행위 → '실행행위'

058 판례에 의하면, 「형법」 제10조 제3항은 고의에 의한 원인에 있어서의 자유로운 행위만이 아니라 과실에 의한 원인에 있어서의 자유로운 행위까지도 포함한다. [사시 02 변형] [국가9급 18]

058 (○) 대법원 1992.7.28, 92도999

059 대마초 흡연 시에 이미 범행을 예견하고 자의로 심신장애를 야기한 경우, 그로 인해 그 범행 시에 의사결정능력이 없거나 미약했다면 심신장애로 인한 감경 등을 할 수 있다. [변호사 21]

059 (×)

해설+ 대마초 흡연 시에 이미 범행을 예견하고도 자의로 심신장애를 야기한 경우 형법 제10조 제3항에 의하여 심신장애로 인한 감경 등을 할 수 없다(대법원 1996.6.11, 96도857).

060 피고인이 당초부터 음주운전을 할 의사를 가지고 음주만취한 후 운전을 결행하여 교통사고를 일으켰다면, 이는 음주 시에 교통사고를 일으킬 위험성을 예견하고서 자의로 심신장애를 야기한 경우에 해당하므로 「형법」 제10조 제3항에 의하여 심신장애로 인한 형의 감경을 할 수 없다.

[사시 02 변형] [법원행시 10 변형] [국가9급 15]

060 (○) 대법원 1992.7.28, 92도999

061 음주운전을 할 의사를 가지고 음주만취한 후 운전을 하다가 교통사고를 일으킨 경우라도 피고인이 음주 당시에 장차 교통사고를 일으킬 위험성까지 미리 예견하고 있었다고는 볼 수 없어 「형법」 제10조 제3항이 적용되지 아니한다. [경찰채용 18 2차]

061 (×)

해설+ 피고인이 음주운전을 할 의사를 가지고 음주만취한 후 운전을 결행하여 교통사고를 일으켰다면 피고인은 음주 시에 교통사고를 일으킬 위험성을 예견하였는데도 자의로 심신장애를 야기한 경우에 해당하므로 위 법조항에 의하여 심신장애로 인한 감경 등을 할 수 없다(대법원 1992.7.28, 92도999).

062 「형법」 제10조 제3항은 위험의 발생을 예견하고도 자의로 심신장애를 야기한 자의 행위에는 동조 제1항 및 제2항을 적용하지 못하도록 규정하고 있는데, 법문이 명백히 그 범위를 위험의 발생을 '예견'한 경우로 한정하고 있는 이상 위험발생에 대한 '예견가능성'이 있었음에도 자의로 심신장애를 야기한 경우는 이에 포함되지 아니한다. [경찰채용 18 2차]

062 (×)

해설+ 형법 제10조 제3항은 "위험의 발생을 예견하고 자의로 심신장애를 야기한 자의 행위에는 전2항의 규정을 적용하지 아니한다"고 규정하고 있는바, 이 규정은 고의에 의한 원인에 있어서의 자유로운 행위만이 아니라 과실에 의한 원인에 있어서의 자유로운 행위까지도 포함하는 것으로서 위험의 발생을 예견할 수 있었는데도 자의로 심신장애를 야기한 경우도 그 적용대상이 된다(대법원 1992.7.28, 92도999).

063 음주습벽이 있는 甲이 음주운전을 할 의사를 가지고 음주만취하여 심신상실상태에서 운전을 결행하여 부주의로 보행자 A를 충격하여 현장에서 즉사시키고 도주하였다면, 이는 음주 시에 교통사고를 일으킬 위험성을 예견하였는데도 자의로 심신장애를 야기한 경우에 해당하므로 甲에 대한 형사처벌이 가능하다. [경찰간부 22]

063 (○)

해설+ 형법 제10조 제3항은 "위험의 발생을 예견하고 자의로 심신장애를 야기한 자의 행위에는 전2항의 규정을 적용하지 아니한다"고 규정하고 있는바, 이 규정은 고의에 의한 원인에 있어서의 자유로운 행위만이 아니라 과실에 의한 원인에 있어서의 자유로운 행위까지도 포함하는 것으로서 위험의 발생을 예견할 수 있었는데도 자의로 심신장애를 야기한 경우도 그 적용대상이 된다고 할 것이어서, 피고인이 음주운전을 할 의사를 가지고 음주만취한 후 운전을 결행하여 교통사고를 일으켰다면 피고인은 음주 시에 교통사고를 일으킬 위험성을 예견하였는데도 자의로 심신장애를 야기한 경우에 해당하므로 위 법조항에 의하여 심신장애로 인한 감경 등을 할 수 없다(대법원 1992.7.28, 92도999).

064 피고인이 자신의 차를 운전하여 술집에 가서 술을 마신 후 운전을 하다가 교통사고를 일으켰다는 사실만으로는 피고인이 음주할 때 교통사고를 일으킬 수 있다는 위험성을 예견하고도 자의로 심신장애를 야기한 경우에 해당하지 않는다. [국가9급 22]

064 (×)

해설+ 고의에 의한 원인에 있어서의 자유로운 행위만이 아니라 과실에 의한 원인에 있어서의 자유로운 행위까지도 포함하는 것으로서 위험의 발생을 예견할 수 있었는데도 자의로 심신장애를 야기한 경우도 그 적용대상이 된다고 할 것이어서, 피고인이 음주운전을 할 의사를 가지고 음주만취한 후 운전을 결행하여 교통사고를 일으켰다면 피고인은 음주 시에 교통사고를 일으킬 위험성을 예견하였는데도 자의로 심신장애를 야기한 경우에 해당하므로 위 법조항에 의하여 심신장애로 인한 감경 등을 할 수 없다(대법원 1992.7.28, 92도999).

065 음주운전을 할 의사를 가지고 음주만취한 후 운전을 결행하여 교통사고를 일으킨 경우는 음주 시에 교통사고를 일으킬 위험성을 예견하였는데도 자의로 심신장애를 야기한 경우에 해당하므로 과실에 의한 원인에 있어서 자유로운 행위에 해당한다. [경찰채용 22 1차]

065 (○)

해설+ 교통사고를 일으킬 의사로 음주를 한 것은 아니고, 교통사고에 대한 예견가능성이 있음에도 음주를 하여 심신장애를 야기한 경우이므로 과실에 의한 원인에 있어서 자유로운 행위에 해당한다(업무상과실치사상죄, 대법원 2007.7.27, 2007도4484).

066 원인에 있어서 자유로운 행위에 관한 「형법」 제10조 제3항은 원인행위 시 심신장애 상태에서 위법행위로 나아갈 예견가능성이 없었던 경우에도 적용된다. [경찰채용 23 2차]

066 (×)

해설+ 원인에 있어서 자유로운 행위가 인정되기 위해서는 자의로 심신장애를 야기하는 원인행위를 함에 있어서 그 위험의 발생을 예견하거나 최소한 위험의 발생을 예견할 수 있어야 한다. 따라서 원인행위를 함에 있어 위법행위로 나아갈 것을 예견할 수 없는 경우(위 지문의 예견가능성이 없었던 경우)에는 위험의 발생에 대한 과실조차 인정되지 않으므로 원인에 있어서 자유로운 행위 규정이 적용될 수 없다. "형법 제10조 제3항은 '위험의 발생을 예견하고 자의로 심신장애를 야기한 자의 행위에는 전2항의 규정을 적용하지 아니한다'고 규정하고 있는 바, 이 규정은 고의에 의한 원인에 있어서의 자유로운 행위만이 아니라 과실에 의한 원인에 있어서의 자유로운 행위까지도 포함하는 것으로서 위험의 발생을 예견할 수 있었는데도 자의로 심신장애를 야기한 경우도 그 적용 대상이 된다(대법원 1992.7.28, 92도999)."

보충 원인에 있어서 자유로운 행위라 함은 행위자가 고의(위험의 발생을 예견한 경우) 또는 과실(위험의 발생을 예견할 수 있는 경우)에 의하여 자신을 심신장애 상태에 빠지게 한 후 이러한 상태를 이용하여 범죄를 실행하는 것을 말한다.

067 「형법」 제10조 제3항의 원인에 있어서 자유로운 행위의 가벌성 근거에 대하여 책임능력과 행위의 동시존재원칙을 고수하는 견해에 따르면 원인설정행위 시에 실행의 착수가 있다. [국가9급 12] [경찰간부 18]

067 (○) 간접정범유사설(행위와 책임의 동시존재원칙에 관한 일치설, 구성요건모델)의 입장이다.

068 원인에 있어서 자유로운 행위에 관한 일치설은 실행의 착수에 구성요건적 행위정형성이 결여되어 죄형법정주의에 반할 위험이 있다. [국가9급 17 변형]

068 (○)

해설+ 간접정범유사설(구성요건모델)에 관한 설명이다. 이 견해는 행위와 책임의 동시존재원칙을 유지하지만, 위와 같은 문제점으로 인하여 실행의 착수시기가 앞당겨짐으로써 미수범의 처벌범위가 대폭 확장된다는 현실적 문제도 지니게 된다.

069 원인에 있어서 자유로운 행위의 가벌성의 근거를 자신을 도구로 이용하는 간접정범으로 이해하여 원인설정행위를 실행행위로 파악하고 원인설정행위시의 책임능력을 기초로 책임을 인정하는 견해는 구성요건의 정형성을 중시하여 죄형법정주의의 보장적 기능을 관철하는 데 부합하는 이론이다.

[사시 02 변형] [경찰간부 18]

069 (×) '중시' → '무시', '이론이다' → '이론이 아니다'
일치설의 입장이다. 이 견해는 원인설정행위를 실행행위로 보아 이를 실행의 착수시기로 인정한다는 점에서 구성요건적 실행행위의 정형성을 무시하게 된다.

070 원인에 있어서 자유로운 행위에 있어 행위와 책임의 동시존재원칙을 고수하는 구성요건모델설에 의하면 원인행위시를 기준으로 실행의 착수를 인정한다.

[국가7급 23]

070 (○)

> **해설+** 원인에 있어서 자유로운 행위에 있어 구성요건모델설에 의하면 원인행위 자체를 구성요건적 실행행위로 파악하고(원인행위=구성요건), 원인행위시에 실행의 착수가 있다고 본다. 구성요건모델설(일치설)은 실행행위와 책임능력의 동시 존재의 원칙과는 일치하나, 구성요건적 정형성을 깨뜨릴 수 있다는 점에서 비판의 대상이 된다.

071 원인에 있어서 자유로운 행위에 관한 간접정범유사설은 행위와 책임의 동시존재원칙의 예외를 인정하는 결과가 되어 책임주의에 반할 위험이 있다.

[국가9급 17 변형]

071 (×) 지문은 간접정범유사설이 아닌 불가분적 관련성설(책임모델, 예외설)에 관한 설명 또는 비판이다.

072 원인에 있어서 자유로운 행위의 가벌성 근거를 원인설정행위 자체에서 찾는 견해가 있다. 이 견해는 책임능력 결함상태에서 구성요건 해당행위를 시작한 때에 실행의 착수가 있는 것으로 본다.

[국가9급 17]

072 (×) '이 견해는' → '예외설'
지문은 불가분적 관련성설(행위와 책임의 동시존재원칙에 관한 예외설, 책임모델)에 관한 설명이다. 이처럼 불가분적 관련성설은 구성요건적 정형성과 죄형법정주의의 보장적 기능을 중시하는 입장이다.

073 원인에 있어서 자유로운 행위의 가벌성의 근거를 원인설정행위와 실행행위의 불가분적 관련에서 찾는 견해는 행위와 책임능력의 동시존재의 원칙을 따르는 이론이다.

[사시 02 변형]

073 (×) '따르는' → '따르지 않는'

> **해설+** 불가분적 관련성설은 구성요건적 정형성을 중시하여 행위와 책임의 동시존재원칙에 대한 예외를 인정하는 입장이다(예외설, 책임모델).

074 원인에 있어서 자유로운 행위의 가벌성 근거와 관련하여 예외모델은 원인 설정행위를 실행행위라고 이해하므로 실행행위의 정형성에 반한다는 비판을 받는다.

[변호사 22]

> **해설+** 예외모델은 불가분적 관련성설의 입장으로서 원인설정행위와의 불가분적 관련성에서 그 가벌성의 근거를 찾고(책임모델), 실행의 착수시기는 실행행위 시에서 찾는다. 따라서 행위와 책임의 동시존재원칙과 일치하지 않는 이러한 예외모델에 대해서는 책임주의에 반한다는 비판이 제기된다.

> **보충** 원인설정행위를 실행행위라고 이해하므로 실행행위의 정형성에 반한다는 비판을 받는 것은 구성요건모델, 즉 일치설(간접정범유사설)이다.

075 원인에 있어서 자유로운 행위의 가벌성의 근거를 원인행위와 심신장애상태하에서의 실행행위의 불가분적 관련에서 찾는 견해는 원인행위 시에 실행의 착수를 인정한다.

[사시 11]

> **해설+** 구성요건적 정형성을 중시하는 불가분적 관련성설(예외설)은 원인에 있어서 자유로운 행위의 실행의 착수시기를 구성요건을 실현하는 행위를 하는 때로 보고 있다(실행행위시설).

075 (×) '원인행위 시' → '실행행위 시'

076 원인에 있어서 자유로운 행위의 가벌성의 근거를 원인행위와 실행행위의 불가분적 연관에서 찾아 실행행위를 심신장애상태하에서의 행위로 파악하는 견해에 대해서는, 실행행위의 정형성을 무시하여 예비행위와의 구별이 곤란하다는 비판이 제기되고 있다.

[경찰채용 21 1차]

> **해설+** 원인에 있어서 자유로운 행위의 가벌성의 근거를 원인행위와 실행행위의 불가분적 연관에서 찾아 실행행위를 심신장애상태하에서의 행위로 파악하는 견해는 예외설(불가분적 관련성설)이고, 실행행위의 정형성을 무시하여 예비행위와의 구별이 곤란하다는 비판이 제기되고 있는 견해는 일치설(간접정범유사설)이다.

076 (×)

077 원인에 있어서 자유로운 행위의 가벌성의 근거에 관한 불가분적 관련성설에 의하면 살인의 의사로 음주하여 만취하였으나 살해행위로 나아가지 않았다면 살인미수는 인정되지 않는다.

[국가9급 17]

077 (○) 책임모델에서 실행행위는 심신장애상태하의 행위이므로, 음주한 것만으로는 실행행위성이 인정되지 않는다.

3 위법성의 인식

 대표유형

엄격고의설은 과실범을 처벌하지 않거나 과실범의 형벌이 고의범에 비해 현저히 낮기 때문에 처벌의 공백이 생길 수 있다. [경찰채용 09] [경찰간부 18]

(○) 위법성의 인식이 없으면 고의까지 부정되는 엄격고의설에 대한 비판이다.

078 범죄의 성립에 있어서 위법의 인식은 그 범죄사실이 사회정의와 조리에 어긋난다는 것을 인식하는 것으로서 족하고 구체적인 해당 법조문까지 인식할 필요는 없다. [국가9급 15 변형] [국가9급총론 18]

078 (○) 대법원 1987.3.24, 86도2673

079 위법성 인식의 체계적 지위에 관한 학설 중 고의설에 따르면 법률의 착오와 사실의 착오 모두 고의가 조각된다. [국가9급 21]

079 (○)

해설+ 고의설에 의하면 위법성의 인식이 없는 법률의 착오는 고의가 조각되므로, 고의가 조각되는 효과를 가지는 사실의 착오와 차이가 없게 된다.

080 엄격고의설은 과실범은 법률에 특별한 규정이 있는 때에만 예외적으로 처벌되기 때문에 처벌의 공백이 생길 수 있다. [경찰간부 18]

080 (○) 엄격고의설은 현실적인 위법성의 인식이 있어야 고의가 인정된다는 견해이다.

081 엄격고의설에 따르면 법률의 착오와 사실의 착오의 구별이 없어지고 양자를 같은 기준에 의하여 처리하게 된다. [국가9급총론 17]

081 (○)

해설+ 엄격고의설은 위법성의 인식이 고의의 내용이므로 금지착오는 고의가 조각되고, 과실이 있으면 과실범으로 처벌된다. 이렇듯 금지착오도 고의가 조각된다는 점에서 사실의 착오와 법적 효과가 같아지게 된다.

082 제한고의설에 따르면 법률의 착오의 법적 효과는 착오의 회피가능성에 의하여 좌우된다. [국가9급총론 17]

082 (×) '제한고의설' → '책임설'

해설+ 엄격고의설은 현실적 위법성의 인식이 있어야 고의가 있다고 봄에 따라 도의심이 박약한 무정성범죄자에게도 고의를 조각시켜 주는 문제점이 지적되었다. 제한고의설(제한적 고의설)은 이를 시정하기 위하여 위법성의 현실적 인식은 없다 하더라도 '위법성 인식의 가능성'만 있으면 고의를 인정할 수 있다고 본다(따라서 과실과 고의를 혼동한다는 비판을 받음). 즉, 제한고의설은 위법성의 인식가능성을 기준으로 제시하는 것이지 회피가능성을 내용으로 하는 입장이 아니다.

보충 법률의 착오의 법적 효과가 착오의 회피가능성(행위자의 지적 인식능력에 근거한 착오의 회피가능성)에 의하여 좌우된다는 것은 책임설에 대한 설명이다. 책임설은 위법성조각사유의 전제사실의 착오를 금지착오로 보는지(엄격책임설), 구성요건착오로 보는지(제한책임설)에 따라 다시 분화된다.

4 법률의 착오

 대표유형

행위자가 금지규범의 존재를 아예 인식하지 못한 '법률의 부지'는 행정형법의 영역에서 많이 발생하며 법률의 착오의 전형적인 사례로 인정된다. [변호사 16]

(×) '인정된다' → '인정되는 것은 아니다'

해설+ 제16조는 단순한 법률의 부지를 말하는 것이 아니고 일반적으로 범죄가 되는 경우이지만 자기의 특수한 경우에는 법령에 의하여 허용된 행위로서 죄가 되지 아니한다고 그릇 인식하고 그와 같이 그릇 인식함에 정당한 이유가 있는 경우에는 벌하지 않는다는 취지이다(대법원 2005.9.29, 2005도4592).

대표유형

제한책임설 중 법효과제한책임설에 따르면 오상방위에 빠진 경우에는 구성요건적 고의의 조각이 인정된다. [국가9급 12]

(×) '구성요건적 고의' → '책임고의' 법효과제한적 책임설에 의하면 오상방위의 경우, 구성요건적 고의는 인정되나 책임고의가 조각된다고 보게 된다.

083 자기의 행위가 법령에 의하여 죄가 되지 아니하는 것으로 오인한 행위는 그 오인에 정당한 이유가 있는 때에 한하여 벌하지 않는다. [국가7급 12]

083 (○) 제16조

084 현실적으로 존재하지 않는 형벌법규를 존재하는 것으로 오인하고 행위한 경우 그 행위에 위험성이 있으면 적어도 미수범으로 처벌할 수 있다.

[국가7급 14] [사시 12]

해설+ 위법한 행위를 위법하지 않다고 오인한 경우를 금지착오(법률의 착오)라 하고, 위 지문처럼 처벌되지 않는 행위를 처벌된다고 적극적으로 오인한 경우를 반전된 금지착오 또는 환상범이라 한다. 이 경우 이를 처벌하는 현실적 법질서가 없으므로 그 위험성 여부를 불문하고 처벌할 수 없다.

보충 반전된 구성요건착오의 경우 그 행위에 위험성이 있으면 불능미수로 처벌할 수 있다. 위 지문은 반전된 구성요건착오와 혼동하도록 출제한 것이다.

084 (×) '있으면 적어도' → '있어도', '있다' → '없다'

085 16세의 여자와 합의해도 죄가 되는 줄 알고 성관계를 맺은 경우 반전된 금지착오이다.

[국가7급 09]

085 (○) 16세 이상의 미성년자는 성관계에 대한 승낙능력이 존재하므로 처벌되지 않는다(제305조). 따라서 반전된 금지착오로서 환상범이므로 불가벌이다.

086 甲은 타인을 위한 정당방위는 금지되어 있다고 믿고 있었지만, 어두운 골목에서 여성 A를 강제추행하고 있는 乙을 발견하고 乙에게 폭행을 가하여 제압하였다. 甲에게는 무죄가 인정된다.

[국가9급 12]

086 (○) 반전된 금지착오로서 환상범(환각범)에 해당하여 무죄이다.

087 위법성을 조각하는 피해자의 승낙과 구성요건해당성을 조각하는 양해를 구별하는 입장에 따르면, 양해가 없음에도 불구하고 있다고 생각하고 행위한 경우 불능미수가 성립한다.

[경찰채용 19 1차]

보충 이를 넓은 의미의 구성요건적 착오로 볼 수 있다. 불능미수는 이러한 구성요건적 착오가 뒤집혀진 형태, 즉 반전된 구성요건적 착오에 해당한다.

087 (×) 양해는 구성요건해당성 조각사유이므로, 양해가 없는데(구성요건에 해당) 있다고 오인하였다면(구성요건에 해당하지 않는다고 오인), 이는 구성요건요소에 대한 인식이 없음으로 인하여 구성요건적 고의가 조각되는 경우이다.

088 객관적으로는 존재하지도 않는 구성요건적 사실을 행위자가 적극적으로 존재한다고 생각한 '반전된 구성요건적 착오'는 「형법」상 불가벌이다.

[해경승진 23]

보충 반전된 금지착오가 환상범으로서 불가벌이다.

088 (×) 객관적으로는 존재하지도 않는 구성요건적 사실을 행위자가 적극적으로 존재한다고 생각한 '반전된 구성요건적 착오'는 결과의 발생이 불가능하더라도 위험성이 있는 때에는 불능미수범으로 처벌한다(제27조).

089 14세가 자신을 13세로 알고 범죄행위를 자행한 경우 구성요건적 착오이다.

[국가7급 09]

> **해설+** 행위자 자신의 책임능력에 관한 착오는 구성요건착오나 금지착오가 될 수 없어 범죄성립에 영향을 주지 않는다. 즉, 14세이므로 책임능력이 인정되어 처벌된다.

089 (×) '이다' → '가 아니다'

090 쥐를 잡으려고 쥐약을 놓았으나 아이가 먹고 사망한 경우는 구성요건착오 중 객체의 착오에 해당한다.

[국가7급 09]

> **해설+** 인식한 사실이 구성요건적 사실이 아니므로 엄밀한 의미의 구성요건착오는 아니고, 과실범(과실치사죄)이 성립할 뿐이다.

090 (×)

091 사람을 향해 발포하였지만 빗나간 총알이 숲 속의 나무를 맞힌 경우 구성요건적 타격의 착오이다.

[국가7급 09 변형]

> **해설+** 인식한 사실은 구성요건적 사실이나 발생한 사실이 구성요건적 사실이 아니므로, 구성요건적 착오가 아닌 미수범(살인미수죄)이 성립할 뿐이다.

091 (×) '이다' → '가 아니다'

092 사람에 대한 상해의사로 던진 돌이 그 옆의 기물을 손괴한 경우 구성요건적 방법의 착오이다.

[국가7급 09]

092 (○) 추상적 사실의 착오 중 방법의 착오로서 구성요건적 착오에 해당한다.

093 「형법」 제16조에 자기의 행위가 법령에 의하여 죄가 되지 아니한 것으로 오인한 행위는 그 오인에 정당한 이유가 있는 때에 한하여 벌하지 아니한다고 규정하고 있는 것은 단순한 법률의 부지의 경우를 말하는 것이 아니고 일반적으로 범죄가 되는 행위이지만 자기의 특수한 경우에는 법령에 의하여 허용된 행위로서 죄가 되지 아니한다고 그릇 인식하고 그와 같이 그릇 인식함에 있어 정당한 이유가 있는 경우에는 벌하지 아니한다는 취지이다.

[국가9급총론 18 변형]

093 (○) 대법원 1985.4.9, 85도25

094 자신의 행위가 위법함을 인식하지 못한 이유가 단순한 법률의 부지로 인한 경우라 하더라도 그 오인에 정당한 이유가 있는 경우에 한하여 책임이 조각된다. [경찰채용 22 1차]

해설+ 형법 제16조에 자기의 행위가 법령에 의하여 죄가 되지 아니하는 것으로 오인한 행위는 그 오인에 정당한 이유가 있는 때에 한하여 벌하지 아니한다고 규정하고 있는 것은 단순한 법률의 부지의 경우를 말하는 것이 아니고 일반적으로 범죄가 되는 경우이지만 자기의 특수한 경우에는 법령에 의하여 허용된 행위로서 죄가 되지 아니한다고 그릇 인식하고 그와 같이 그릇 인식함에 정당한 이유가 있는 경우에는 벌하지 아니한다는 취지이다(대법원 1994.4.15, 94도365).

095 건축법상 허가대상인 줄 모르고 허가 없이 근린생활시설을 교회로 용도변경하여 사용한 경우는 법률의 부지에 속한다. [사시 11 변형]

095 (○) 참고로 판례는 법률의 부지를 법률의 착오로 인정하지 아니하고 그대로 유죄로 본다(대법원 1991.10.11, 91도1566).

096 건물 임차인인 피고인이 건축법의 관계 규정을 알지 못하여 임차건물을 자동차정비 공장으로 사용하는 것이 건축법상의 무단용도변경 행위에 해당한다는 것을 모르고 사용을 계속하였던 경우 법률의 착오에 정당한 이유가 있다. [경찰채용 11 1차 변형] [국가9급 11]

096 (×) '있다' → '없다'

해설+ 단순한 법률의 부지에 해당한다고 할 것이고 피고인의 소위가 특히 법령에 의하여 허용된 행위로서 죄가 되지 않는다고 그릇 인식한 경우는 아니므로 범죄의 성립에 아무런 지장이 없다(대법원 1995.8.25, 95도1351).

097 일본 영주권을 가진 재일교포가 관세물품을 영리목적으로 구입한 것이 아니기 때문에 입국 시 관세신고를 하지 않아도 되는 것으로 오인한 경우 「형법」 제16조의 '그 오인에 정당한 이유'가 있다고 인정된다. [국가9급 16]

097 (×) '인정된다' → '인정되지 않는다'

해설+ 영리를 목적으로 이 사건 관세물품을 구입한 것이 아니라거나 국내 입국시 관세신고를 하지 않아도 되는 것으로 착오하였다는 등의 사정만으로는 위에서 말한 형법 제16조의 법률의 착오에 해당한다고 할 수 없다(대법원 2007.5.11, 2006도1993).

210 PART 02 범죄론

098 단순히 병역법상 입대거부를 처벌하는 규정은 무효라고 생각하고 입대를 거부한 경우, 병역법상 입대거부를 처벌하는 규정은 무효라고 생각한 것은 일반적 구속력이 있는 규정을 효력이 없다고 오인한 경우로서 효력의 착오에 속한다.

[사시 11 변형]

098 (O) 효력의 착오로서 금지착오의 한 유형이다.

099 친구의 개를 허락 없이 죽이더라도 재물손괴에는 해당되지 않는다고 생각하고 죽인 경우, 개를 죽이더라도 재물손괴에는 해당되지 않는다고 생각한 것은 재물손괴죄(제366조)로 포섭됨에도 불구하고 포섭되지 않는다고 오인한 포섭의 착오이다.

[사시 11 변형]

보충 이에 비해 타인 소유의 개라는 점을 인식하지 못하였다면, 재물의 타인성의 대상에 대한 착오(규범적 구성요건요소의 개념에 대한 착오)로서 (넓은 의미의 사실의 착오에 해당하여) 구성요건적 고의가 조각된다.

099 (O) 규범적 구성요건요소인 재물의 타인성의 개념에 대한 착오(규범적 구성요건요소의 개념에 대한 착오)로서 포섭의 착오에 해당하므로, 법률의 착오(금지착오)의 유형에 속한다.

100 규범적 구성요건요소에 관한 착오는 착오의 객체가 구성요건요소이기 때문에 법률의 착오가 될 수 있는 경우가 없다.

해설+ 규범적 구성요건요소는 그 해석에 있어 다른 요소에 의한 가치평가를 필요로 하는 구성요건요소이다. 예를 들어 절도죄의 '재물의 타인성'이 이에 속한다. 만일 ① 규범적 구성요건요소에 속하는 사실 자체 내지 그 대상을 인식하지 못한 경우(대상에 대한 착오, 타인 소유에 권원 없이 식재한 수목을 자기 소유 토지에 식재한 수목이라고 오인한 경우로, 예컨대 재물이 타인 소유임을 인식하지 못한 경우)라면 사실의 착오에 해당하고, ② 규범적 구성요건요소에 속하는 사실 자체 내지 그 대상임은 인식하였으나, 규범적 구성요건요소에 대한 해석 내지 포섭을 잘못한 경우(개념에 대한 착오, 이 정도는 타인 소유라고 생각하지 않은 경우로, 예컨대 타인 소유 토지에 권원 없이 식재한 수목이라 하더라도 자기 소유라고 오인한 경우)라면 법률의 착오에 해당한다.

100 (×)

101 아내에 대해서도 징계권이 있다고 생각하여 징계행위를 한 것은 금지착오에 해당한다.

[국가7급 09]

101 (O) 위법성조각사유의 존재에 관한 착오로서 금지착오이다.

102 강도현장에서 범인을 체포하는 경우에는 사인(私人)도 그를 추적하여 타인의 주거에 들어가서라도 체포할 수 있다고 생각하고 타인의 주거에 무단으로 들어간 경우 – 사인(私人)도 타인의 주거에 들어가서 현행범을 체포할 수 있다고 생각한 것은 위법성조각사유의 법적 한계를 넘는 행위를 하면서도 법적 한계 내에 있다고 오인한 경우로서 위법성조각사유의 한계의 착오이다.

[사시 11 변형]

102 (○) 위법성조각사유의 한계에 관한 착오로서 허용한계의 착오라고도 한다. 이는 금지착오의 한 유형이다.

103 甲은 평소 일반인도 현행범인을 체포하여 감금할 수 있다고 믿고 있었는데, 마침 소매치기를 체포하게 되어 자기 집 지하실에 하루 동안 감금하였다. 甲에게는 무죄가 인정된다.

[국가9급 12]

103 (×) '인정된다' → '인정되지 않는다'
위법성조각사유의 한계에 관한 착오(금지착오)로, 甲은 조회의무를 불이행하여 정당한 이유가 인정되지 아니하므로 감금죄의 죄책을 진다.

104 사인인 甲이 현행범인을 체포하면서 그 범인을 자기 집 안에 감금까지 할 수 있다고 생각하고 감금한 경우, 소극적 구성요건요소이론에 따르면 甲의 착오는 법률의 착오에 해당한다.

[변호사 14]

104 (×) '해당한다' → '해당하지 않는다'

해설+ 위법성조각사유의 법적 한계에 관한 착오로, 소극적 구성요건표지이론에 의하면 위법성조각사유를 소극적 구성요건요소로 이해하므로, 위법성조각사유가 존재하면 행위의 구성요건해당성 자체를 조각하게 된다.

105 위법성은 구성요건해당성의 소극적 요소라고 보는 소극적 구성요건요소이론에 따르면, 위법성조각사유의 전제사실의 착오의 경우 고의가 부정된다.

[경찰채용 19 1차]

105 (○)

해설+ 소극적 구성요건표지이론은 범죄론체계를 구성요건해당성과 책임의 2단계로 설정하고, 위법성단계를 구성요건해당성의 소극적 요소, 즉 소극적 구성요건요소로 파악한다(위법성조각사유가 부존재하여야 구성요건에 해당된다는 2단계 범죄체계론). 따라서 위법성조각사유에 관한 착오를 –위법성조각사유의 전제사실의 착오를 포함하여– 구성요건적 착오로 파악함으로써 구성요건적 고의 자체가 부정된다고 본다.

106 지하철에서 승객이 손잡이를 잡기 위해 팔을 올리는 것을 소매치기하려는 것으로 오인하여 그 팔을 쳐서 전치 3주의 상해를 입힌 경우 – 타인의 법익에 대한 현재의 침해가 없음에도 불구하고 있다고 오인한 오상방위로서 위법성조각사유의 객관적 전제사실에 관한 착오이다.　　[사시 11 변형]

107 판례는 현재의 급박하고도 부당한 침해가 있는 것으로 오인하는 데 대한 정당한 사유가 있는 경우임에도 불구하고 피고인의 정당방위의 주장을 배척하는 것은 오상방위의 법리를 오해한 위법이 있다는 입장이다.　　[국가9급 12]

✔ **사례**

[108-1~4] 남편이 출장을 가고 혼자 잠을 자고 있던 주부 甲은 새벽녘 누군가 문을 열고 들어오는 소리를 듣고 이를 강도로 생각하여 폭행하였다. 그러나 불을 켜고 확인한 결과 그는 출장을 갔다가 일찍 돌아온 남편이었다. 甲이 남편을 강도로 오인한 점에 대하여 과실이 있었다.

108-1 엄격책임설에 따르면 금지착오로 본다. 따라서 甲에게 오인에 정당한 이유가 있더라도 고의는 조각되지 않고 폭행죄로 처벌된다.　　[국가7급 14]

> **해설+** 엄격책임설에 의하면 위법성에 관한 착오는 모두 금지착오(법률의 착오)로 규율된다. 그 오인에 정당한 이유가 있다고 인정되지 않으면 고의범이 성립하나, 그 오인에 정당한 이유가 있다고 인정되면 책임이 조각되어 무죄가 된다.

108-2 소극적 구성요건요소이론에 따르면 구성요건적 착오가 되어 고의가 조각된다. 따라서 甲은 과실폭행으로 처벌된다.　　[국가7급 14]

108-3 제한적 책임설 중 구성요건적 착오의 규정을 유추적용하자는 견해에 따르면 甲에게 구성요건적 고의가 조각되어 고의범으로 처벌할 수 없으며, 과실폭행으로 처벌된다. [국가7급 14]

> **해설+** 제한적 책임설 중 구성요건적 착오의 규정을 유추적용하자는 견해에 의하면, 甲은 구성요건적 고의가 조각되어 고의범으로 처벌할 수 없고, 과실폭행이 성립하나 처벌규정이 없어 무죄가 된다.

108-3 (×) '처벌된다' → '처벌되지 않는다'

108-4 법효과제한적 책임설은 고의의 이중적 기능을 인정하는 견해로 구성요건적 고의는 인정되지만 책임고의가 탈락된다. 따라서 甲은 무죄가 된다. [국가7급 14]

108-4 (○) 법효과제한적 책임설에 의하면, 구성요건적 고의는 인정되나 책임고의가 조각되어 고의범으로 처벌할 수 없고, 과실폭행이 성립하나 처벌규정이 없어 무죄가 된다.

109 엄격고의설은 오상방위의 경우 행위자에게 위법성의 현실적 인식이 없어 고의가 조각되고, 해당 행위에 대해 과실범 규정이 있는 경우 과실범으로 처벌할 수 있을 뿐이라고 한다. [국가7급 20]

> **해설+** 엄격고의설에 의하면 오상방위의 경우, 행위자에게 현실적인 위법성의 인식이 없으므로 고의가 조각되고, 단지 과실범의 여부가 문제 된다고 본다. 즉, 행위자에게 과실이 있으면 과실범, 과실이 없으면 무죄가 된다.

109 (○)

110 엄격책임설에 따르면 위법성 인식이 없는 경우에는 고의가 조각되는 것이 아니라 책임이 조각된다. [국가9급총론 17]

110 (○) 엄격책임설은 책임설의 일종으로서 위법성 인식을 책임의 구성요소로 본다. 따라서 위법성 인식이 없는 경우에는 고의가 조각되는 것이 아니라 책임이 조각된다.

111 엄격책임설에 따르면 오상방위는 법률의 착오로 취급되어 그 착오의 정당한 이유의 유무에 따라 책임이 조각되어 무죄로 보거나 책임까지 인정되어 고의범으로 처벌되게 된다. [국가9급 12 변형]

> **해설+** 고의와 위법성 인식의 체계적 지위가 서로 다르고, 위법성 인식을 독자적인 책임요소로 파악하는 책임설은, 다시 위법성조각사유의 전제사실의 착오를 법률의 착오로 보는 엄격책임설과, 사실의 착오로 보는 제한적 책임설로 나뉜다. 엄격책임설은 위법성조각사유의 전제사실의 착오를, 일단 고의가 인정된다는 전제하에 위법성 인식이 없는 금지착오로 파악하고, 그 오인에 정당한 이유가 있으면 책임이 조각되어 무죄, 정당한 이유가 없으면 책임까지 인정되어 고의범이 성립한다고 본다.

111 (○)

112 밤에 퇴근하던 丙(女)은 모자를 푹 눌러쓰고 뒤따라오던 甲을 수상하게 여기던 중 우연히 이를 본 乙이 甲을 혼내 줄 생각으로 丙에게 "甲이 추행범이니 한 대 쳐버려!"라고 부추겼고, 이에 丙은 길을 묻기 위해 갑자기 자신의 앞을 가로막은 甲을 추행범으로 오인하고 자신을 방어할 생각으로 甲을 밀어 넘어뜨렸다. 엄격책임설에 의할 경우 丙의 오인에 정당한 이유가 있다면 丙은 무죄가 되고, 소극적 구성요건표지이론에 의할 경우 乙에게 교사범이 성립할 여지가 없다. [경찰간부 22]

113 엄격책임설에 따르면 오상방위는 사실의 착오를 유추적용하여 고의가 조각된다. [국가9급 12]

114 '현재의 부당한 침해'라는 정당방위 상황이 객관적으로 존재하지 않음에도 불구하고 행위자는 존재하는 것으로 잘못 알고 방위행위를 한 경우, 이를 법률의 착오로 보고 '오인에 정당한 이유'가 있으면 책임이 조각된다는 견해는 엄격책임설이다. [국가9급 16]

115 엄격책임설에 의하면 위법성조각사유의 전제사실의 착오에 빠져 자신의 행위에 위법성의 인식이 없는 자를 고의범으로 처벌하게 되는데 이는 일반인의 법감정에 반한다. [경찰간부 18]

해설+ 엄격책임설은 '행위상황'에 관한 착오를 '행위의 위법성'에 관한 착오와 같게 취급하여 금지착오로 파악한다. 따라서 그 오인에 정당한 이유가 없으면 고의범으로 처벌하게 되는데, 이는 행위상황에 관한 인식이 없는 행위를 고의범으로 처벌하게 되는 결과가 되므로, 일반인의 법감정에 반한다는 비판이 있나.

116 엄격책임설은 오상방위를 금지착오로 해석하나, 이에 대해서는 착오에 이르게 된 상황의 특수성을 무시하였다는 비판이 가해진다. [국가7급 20]

해설+ 엄격책임설은 오상방위를 위법성을 인식하지 못한 경우로서 금지착오(위법성의 착오, 법률의 착오)로 해석하나, 오상방위는 위법성의 인식을 따지기 이전에 이미 그 위법성조각사유의 전제사실을 착오한 경우이므로, 위법성의 착오와는 그 본질이 다르다는 비판이 있다.

117 제한책임설은 위법성조각사유의 전제사실에 관한 착오를 법률의 착오로 보는 것이다. [국가9급 22]

> **보충** 위법성조각사유의 전제사실에 관한 착오를 법률의 착오로 보는 입장은 엄격책임설이다.

117 (×) 제한책임설은 사실의 착오로 보아 고의가 조각된다는 입장이다(제한책임설 중 유추적용설은 구성요건적 고의 조각, 법효과제한책임설은 책임고의 조각).

118 제한책임설에 따르면 오상방위는 금지착오의 유형에 해당하며, 그 착오에 정당한 이유가 없으면 고의기수범으로 처벌된다. [국가9급 12]

118 (×) '금지착오의 ~ 고의기수범으로' → '사실의 착오로 취급되어 결국 고의가 조각됨으로써 과실범으로'

119 법효과제한적 책임설은 고의의 이중적 기능을 전제로 오상방위의 경우 책임고의가 조각된다고 보나, 책임고의가 조각되면 제한적 종속형식에 의할 경우 이에 대한 공범성립이 불가능하여 처벌의 흠결이 있다는 비판이 가해진다. [국가7급 20]

> **해설+** 법효과제한적 책임설은 위법성조각사유의 전제사실에 관한 착오로 인하여 행위자의 심정반가치를 인정할 수 없으므로, 책임고의가 조각된다고 보게 된다. 따라서 위 지문의 전단은 맞는 내용이다. 그러나 오상방위의 경우, 고의범의 구성요건해당성과 위법성이 모두 인정되므로, 이에 가담한 자에 대한 공범의 성립도 가능하다는 것이 법효과제한적 책임설의 특징이자 장점이다. 결국 위 지문은 틀렸다.

119 (×)

120 법효과제한적 책임설에 의하면 위법성조각사유의 전제사실의 착오에 빠진 자를 교사하여 죄를 범하게 한 경우 그 교사자를 교사범으로 처벌할 수 없다. [경찰간부 18]

> **해설+** 위법성조각사유의 전제사실의 착오에 빠진 자라 하더라도 고의범의 구성요건해당성과 위법성이 인정되므로, 이를 교사하여 죄를 범하게 한 경우 그 교사자를 교사범으로 처벌할 수 있다.

120 (×) '없다' → '있다'

121 甲이 지하철에서 옆 사람이 손잡이를 잡기 위해 팔을 올리는 것을 성추행하는 것으로 경솔하게 오인하여 그 손을 쳐서 전치 4주의 상해를 입힌 경우, 甲의 착오에 대한 엄격책임설과 제한적 책임설의 결론은 동일하다. [변호사 14]

> **해설+** 엄격책임설에 의하면, 위법성에 관한 착오는 모두 금지착오로 이해하여 그 오인에 정당한 이유가 있다면 책임이 조각되어 무죄로 되지만, 정당한 이유가 없다면 책임이 감경되어 형을 감경하거나, 책임이 인정되어 고의범이 성립하게 된다. 법효과제한적 책임설에 의하면, 행위자에게 구성요건적 고의는 존재하나 책임고의가 부정된다고 보아 과실범이 성립하게 된다.

121 (×) '동일하다' → '동일하지 않다'

122 부모가 자녀를 교육시키기 위해서는 때리거나 감금하는 것이 법적으로 허용된다고 판단하여 자녀를 지하실에 가두고 상해를 가한 경우, 엄격책임설과 법효과제한적 책임설 사이에 형사책임에 있어서의 차이는 없다.

[사시 10]

122 (○) 포섭의 착오 내지 위법성조각사유의 존재·한계에 대한 착오로서 금지착오에 해당한다.

123 현행범을 체포한 대학생이 현행범은 24시간 이내에 경찰에 인도하면 적법하다고 생각하고 정당한 이유 없이 그를 자기 집에 20시간 감금하고 경찰에 인도한 경우 대학생의 형사책임에 대하여 엄격책임설과 제한적 책임설은 결론을 달리한다.

[국가9급 12]

123 (×) '달리 한다' → '같이 한다'

해설+ 위법성조각사유의 한계에 대한 착오로서 금지착오에 해당하고, 엄격책임설과 제한적 책임설 모두 고의범으로서의 책임비난을 인정하되, 비난의 정도에 따라 형의 감경을 달리한다.

124 명예훼손죄의 특별한 위법성조각사유를 규정한 「형법」 제310조의 요소 중 사실의 진실성에 대한 착오가 있는 경우에는 위법성 그 자체가 조각될 여지는 없다.

124 (×)

해설+ 신문기자가 타인의 명예를 훼손하는 허위사실을 진실한 사실로 오인하고 오로지 공공의 이익을 위해 공포한 경우, 통설은 이를 위법성조각사유의 전제사실에 관한 착오로 검토하고 있다(고의 조각 또는 책임 조각). 단, 판례는 행위자가 진실하다고 믿은 것에 객관적으로 상당한 이유가 있으면 위법성이 조각된다고 하여, 단지 제310조의 위법성조각사유를 다소 확장해석함으로써 문제를 해결하고 있다(이를 허용된 위험의 이론이 적용된 것이라는 견해도 있음). 판례는 이 경우를 위법성조각사유의 해석에 관한 문제로 접근할 뿐, 허용구성요건착오로 검토하는 문제의식까지는 보여주지 않고 있는 것이다. "형법 제310조의 규정은 인격권으로서의 개인의 명예의 보호와 헌법 제21조에 의한 정당한 표현의 자유의 보장이라는 상충되는 두 법익의 조화를 꾀한 것이므로, 두 법익간의 조화와 균형을 고려한다면 적시된 사실이 진실한 것이라는 증명이 없더라도 행위자가 진실한 것으로 믿었고 또 그렇게 믿을 만한 상당한 이유가 있는 경우에는 위법성이 없다고 보아야 한다(대법원 2007.12.14, 2006도2074; 2020.8.13, 2019도13404 등)."

사례

[125-1~5] 김밥집 주인이 앞서 뛰어가는 학생 2명을 쫓아가며 "계산을 하고 가야지"라고 말하는 것을 들은 甲은, 15미터가량 뒤쫓아 가 부근에 있던 A를 무전취식을 하고 도망가던 학생으로 잘못 알고 A의 멱살을 잡고 약 10~15미터 끌고 왔다. 그런데 그 A는 무전취식을 하고 도망가던 학생이 아니었고, 甲은 약간의 주의를 했더라면 이를 알 수 있었다.

125-1 甲의 죄책과 관련하여, 엄격책임설에 따르면 폭행죄가 성립하지 않는다.

[사시 15 변형]

125-1 (×) '성립하지 않는다' → '성립한다'

해설+ 위법성조각사유의 전제사실에 관한 착오에 대하여 엄격책임설은 '금지착오'로 이해하므로, 그 착오에 정당한 이유가 없으면 고의범이 성립한다. 따라서 甲에게 폭행죄가 성립한다.

125-2 甲의 죄책과 관련하여, 엄격고의설에 따르면 폭행죄가 성립하지 않는다.

[사시 15 변형]

125-2 (○)

해설+ 엄격고의설은 위법성의 인식을 고의의 내용으로 이해한다. 즉, 위법성조각사유의 전제사실에 관한 착오가 있으면 위법성의 인식이 없으므로 책임요소로서의 고의가 조각된다. 甲에게 폭행죄가 성립하지 않고, 과실폭행이 인정되나 그 처벌규정이 없어 불가벌이다.

125-3 甲의 죄책과 관련하여, 구성요건착오유추적용설에 따르면 폭행에 대한 불법고의가 부정되므로 폭행죄가 성립하지 않는다.

[사시 15 변형]

125-3 (○)

해설+ 구성요건적 고의, 즉 불법고의가 부정되고 과실범이 문제된다. 결국 甲에게 폭행죄가 성립하지 않고, 과실폭행이 인정되나 그 처벌규정이 없어 불가벌이다.

125-4 甲의 죄책과 관련하여, 법효과제한책임설에 따르면 폭행에 대한 구성요건고의는 인정되지만 책임고의는 부정되므로 폭행죄가 성립하지 않는다.

[사시 15 변형]

125-4 (○)

해설+ 甲에게 폭행에 대한 구성요건적 고의는 인정되나 책임고의는 부정되므로 폭행죄가 성립하지 않고, 과실폭행이 인정되나 그 처벌규정이 없어 불가벌이다.

125-5 <사례>에서 甲의 죄책과 관련하여, 소극적 구성요건표지이론에 따르면 폭행에 대한 불법고의가 부정되므로 폭행죄가 성립하지 않는다.

[사시 15 변형]

해설+ 甲은 폭행에 대한 구성요건적 고의, 즉 불법고의가 조각되어 폭행죄가 성립하지 않고, 과실폭행이 인정되나 그 처벌규정이 없어 불가벌이다.

> **⊘ 사례**
>
> [126–1~6] 甲은 하산하다가 야생 멧돼지에게 쫓겨 급히 도망치며 달리던 중 마침 乙의 전원주택을 발견하고 그 집으로 뛰어 들어가 몸을 숨겨 위기를 모면하였다. 집주인 乙은 甲을 도둑으로 오인하여, 그를 쫓아내려는 의도로 "도둑이야!"라고 외쳤다. 甲이 자초지종을 설명하려고 다가가자 乙은 자신을 공격하려는 것으로 오인하여 그의 가슴을 힘껏 밀어 넘어뜨렸다. 이 사안에서 乙이 오인한 점에 대하여는 정당한 이유가 인정된다.

126-1 허용구성요건의 착오에 해당하는 사례로서 법효과제한적 책임설에 따르면 甲에게 폭행의 구성요건적 고의가 인정되나 책임고의가 부정되어 폭행죄가 성립하지 않는다.

[국가9급 18]

126-1 (○) 법효과제한적 책임설에 따른 올바른 결론이다.

126-2 엄격책임설에 따르면 乙의 행위는 폭행의 구성요건적 고의뿐 아니라 위법성의 인식도 부정되지는 않으므로 폭행죄가 인정된다.

[변호사 12]

126-2 (×)

해설+ 엄격책임설에 따르면 乙의 행위는 폭행의 구성요건적 고의는 인정되나 위법성의 인식은 부정된다. 또한 위법성이 있음에도 위법성을 인식하지 못하고 오인함에 정당한 이유가 있으므로, 책임이 조각되어 결국 폭행죄는 인정되지 않는다.

126-3 제한책임설(유추적용설)에 따르면 乙은 폭행의 구성요건적 고의가 배제되어 무죄이다.

[변호사 12]

126-3 (○)

해설+ 제한책임설 중 유추적용설에 따르면 구성요건착오를 유추적용하므로 폭행의 구성요건고의는 조각되고, 다만 오인함에 과실이 있다면 과실범이 성립하게 되는데, 과실폭행은 벌하지 않으므로 무죄가 된다.

126-4 법효과제한적 책임설에 따르면 乙의 행위는 폭행의 구성요건적 고의가 인정되므로 폭행죄의 죄책을 진다. [변호사 12]

> **해설+** 법효과제한적 책임설은 폭행의 구성요건적 고의는 인정하되, 책임고의가 조각되어 그 법적 효과에 있어서만 구성요건적 고의가 조각된 것처럼 과실범의 문제로 취급하게 되는데, 과실 폭행은 벌하지 않으므로 무죄가 된다.

126-5 엄격고의설에 따르면 乙의 행위는 폭행의 고의가 인정되므로 폭행죄의 죄책을 진다. [변호사 12]

126-5 (×) '인정되므로 폭행죄의 죄책을 진다' → '조각되어 과실범의 문제로 취급하게 되는데, 과실폭행은 벌하지 않으므로 무죄가 된다'

126-6 甲의 주거침입행위는 자구행위에 해당하여 무죄이다. [변호사 12]

126-6 (×) '자구행위' → '긴급피난'

> **해설+** 자구행위는 자기의 청구권에 대한 과거의 부당한 침해에 대하여 그 청구권을 보전하기 불가능한 경우, 그 청구권의 실행불능 또는 실행곤란을 피하기 위한 행위로서 인정되는 것이다. 甲의 행위는 긴급피난에 해당한다.

✅ 사례

[127-1~3] 경찰관 甲은 가정폭력이 있다는 112 신고를 받고 현장에 출동하였다. 甲은 해당 주소를 확인하고 초인종을 수차례 눌렀으나 아무런 반응이 없었고, 집안에서 '살려 달라'는 비명소리가 크게 들렸으며 신고자와의 통화도 연결되지 않았다. 사태의 급박함을 감지한 甲은 피해자를 구조하기 위하여 경찰관 직무집행법 제7조 제1항 및 가정폭력범죄의 처벌 등에 관한 특례법 제5조에 따라 해당 주소의 집 출입문을 강제로 개방하고 집안으로 진입하였다. 그런데 비명소리는 평소 귀가 어둡던 A가 즐겨보는 드라마에서 나오던 것으로 실제 가정폭력은 없었던 것으로 확인되었다.

127-1 甲에게 위법성의 인식이 없어 고의가 조각된다고 보는 견해에 따르면, 甲의 행위는 불가벌이다. [경찰채용 21 1차]

127-1 (○)

> **해설+** 고의설은 위법성의 인식을 고의의 성립요소로 보는 입장으로, 위법성의 인식이 현실적으로 결여된 경우에는 고의의 성립이 부정되고, 그 착오에 과실이 존재하면 과실범이 성립한다고 보는데, 과실주거침입은 벌하지 않으므로 결국 불가벌이 된다.

127-2 위의 사안을 법률의 착오(금지착오)의 문제로 파악하는 견해에 따르면, 甲의 오인에 정당한 이유가 있으면 벌하지 아니한다. [경찰채용 21 1차]

127-2 (O)

> **해설+** 위법성조각사유의 전제사실에 관한 착오를 법률의 착오의 문제로 파악하는 엄격책임설에 따르면, 착오에 정당한 이유가 없으면 고의범으로 처벌되고, 정당한 이유가 있으면 책임이 조각되어 처벌되지 않는다.

127-3 고의의 이중적 지위를 인정하는 견해에 따르면, 甲에게 심정반가치적 요소가 없어 책임고의는 탈락되지만 구성요건적 고의는 인정되므로 주거침입죄가 성립한다고 본다. [경찰채용 21 1차]

127-3 (×)

> **해설+** 고의의 이중적 지위를 인정하는 견해(법효과제한적 책임설)에 따르면, 위법성조각사유의 객관적 전제사실에 관한 착오의 경우 그 불법내용에 있어서 구성요건적 고의는 그대로 존속하나, 착오로 인하여 행위자의 심정반가치를 인정할 수 없어 책임고의가 조각되므로, 그 '법효과'에 있어서만 고의범이 성립하지 않고 과실범으로 처벌하자는 입장이다. 다만, 과실주거침입에 대한 처벌규정이 따로 없으므로, 이 경우 무죄가 된다.

⊘ **사례**

[128-1~3] 지방자치단체장 선거에 출마한 甲은 상대후보 A의 도덕성에 치명적 타격을 줄 수 있는 허위의 사실을 지역신문기자 乙에게 제보하였다. 乙은 제보의 사실 여부를 자세히 확인하지 아니한 채, 이를 진실로 여기고 지역주민들의 중요한 알 권리를 위해서 지역신문에 기사화하였다.

128-1 이 사례를 위법성조각사유의 전제사실에 관한 착오로 보아 해결할 경우(공직선거법 위반은 논외로 함) 엄격책임설에 의하면 乙은 출판물에 의한 허위사실 적시 명예훼손죄(제309조 제2항)의 간접정범으로 처벌된다. [변호사 13]

118-1 (×) '출판물에 의한 허위사실 적시 명예훼손죄(제309조 제2항)의 간접정범' → '진실한 사실 적시 명예훼손죄(제307조 제1항)의 고의범'

> **해설+** 乙은 허위의 사실을 진실한 사실로 오인하였으므로 제15조 제1항에 의하여 허위사실 적시 명예훼손죄의 고의는 조각된다. 또한 乙은 (우선 비방할 목적은 없었으므로 출판물에 의한 명예훼손죄에는 해당되지 않고) 진실성에 내하여 제보의 사실 여부를 확인할 수 있었음에도 자세히 확인하지 아니하였으므로, 정당한 이유가 있다고 볼 수 없어 진실한 사실 적시 명예훼손죄(제307조 제1항)의 고의범으로 처벌된다.

128-2 이 사례를 위법성조각사유의 전제사실에 관한 착오로 보아 해결할 경우 (공직선거법 위반은 논외로 함) 제한적 책임설 중 법효과제한적 책임설에 의하면 乙은 진실한 사실 적시 명예훼손죄(제307조 제1항)로 처벌된다.

[변호사 13]

128-2 (×) '진실한 사실 적시 명예훼손죄(제307조 제1항)로 처벌된다' → '무죄가 된다'

> **해설+** 명예훼손죄의 구성요건적 고의는 인정되나 책임고의가 조각되어 그 오인에 과실이 있는 경우, 고의범이 성립하지 않고 과실범이 성립하게 되나 과실범 처벌규정이 없어 무죄다.

128-3 이 사례를 위법성조각사유의 전제사실에 관한 착오로 보아 해결할 경우 (공직선거법 위반은 논외로 함) 제한적 책임설 중 유추적용설에 의하면 甲은 乙이 범한 진실한 사실 적시 명예훼손죄(제307조 제1항)에 대한 교사범으로 처벌된다.

[변호사 13]

128-3 (×) '교사범' → '간접정범' 유추적용설에 의하면 구성요건적 착오규정을 유추적용하므로, 乙은 명예훼손죄의 구성요건적 고의는 조각되고 과실범이 문제된다. 공범은 성립할 수 없고, 출판물에 의한 명예훼손죄의 간접정범이 성립한다.

⊘ 사례

[129-1~3] 조직폭력단 두목 甲은 그에게 깜짝 이벤트를 해주기 위하여 한밤중에 甲의 집에 몰래 들어온 여자친구 A를 암살범으로 오인하고 자신의 생명을 보호하기 위하여 골프채로 머리를 힘껏 가격하였다. 이로 인하여 A는 두개골 골절상으로 사망하였다.

129-1 판례에 의하면 객관적 정당화요소가 없으므로 甲에게 위법성이 조각될 여지는 없다.

[국가7급 21]

129-1 (×)

> **해설+** 위법성조각사유의 전제사실의 착오를 어떻게 해결하는가에 관한 판례의 입장은 명확하지 않다. 다만, ⊙ 일부 판례에서는 오상방위에 대하여 그 오인에 정당한 사유가 존재한다고 보아 살인죄가 성립하지 않는다고 하여 엄격책임설을 취하기도 하고(소위 빈 칼빈 소총 사건, 대법원 1968.5.7, 68도370), ⓒ 일부 판례에서는 허위의 사실을 진실한 사실로 오인하고 공공의 이익을 적시한 경우, 그 오인에 상당한 이유가 있다면 위법성이 조각된다고 보는 위법성조각설의 입장을 보이기도 한다(제310조 위법성조각사유 적용, 대법원 1993.6.22, 92도3160; 2007.12.14, 2006도2074)(이를 허용된 위험의 법리를 적용한 것이라 평하는 견해도 있음). 위 지문의 출제의도는 후자의 판례를 고려한 것으로 보인다.

129-2 위법성 인식을 책임요소로 보면서도 사례의 경우는 사실의 착오와 같이 해결되어야 한다는 입장에 의하면, 甲에게 고의가 조각되며 과실치사죄가 성립할 가능성은 있다. [국가7급 21]

> **해설+** 위법성의 인식이 고의와는 다른 독자적인 책임의 요소라고 보는 것은 책임설이고, 책임설 중에서도 위법성조각사유의 전제사실의 착오를 사실의 착오처럼 해결하여야 한다는 것은 제한적 책임설이다. 제한적 책임설에 의하면, 구성요건적 고의가 조각되든(유추적용설) 책임고의가 조각되든(법효과제한적 책임설) 고의범은 성립하지 않고, 과실치사죄가 성립할 수 있게 된다.

129-3 위법성 인식을 예외 없이 독자적 책임요소로 보는 입장에 의하면, 甲에게 항상 책임이 조각되므로 제한적 종속형식에 따르면 악의의 공범이 성립할 수 있다. [국가7급 21]

> **해설+** 책임설에는 엄격책임설과 제한적 책임설이 있고, 제한적 책임설에는 구성요건착오유추적용설과 법효과제한적 책임설이 있는데, 엄격책임설에 의하면 책임조각, 법효과제한적 책임설에 의하면 책임고의 조각이 되나, 구성요건착오유추적용설에 위하면 구성요건고의가 조각되어 공범성립이 인정되지 않는다.

130 「형법」 제16조에 따르면 법률의 착오에 있어서 오인에 정당한 이유가 있으면 벌하지 않으며 정당한 이유가 없는 경우에는 형을 감경할 수 있다. [국가9급 21]

> **해설+** 제16조 【법률의 착오】 자기의 행위가 법령에 의하여 죄가 되지 아니하는 것으로 오인한 행위는 그 오인에 정당한 이유가 있는 때에 한하여 벌하지 아니한다.

131 「형법」 제16조의 정당한 이유가 있는지 여부는 행위자에게 자기 행위의 위법의 가능성에 대해 심사숙고하거나 조회할 수 있는 계기가 있어 일반인의 지적능력을 다하여 이를 회피하기 위한 진지한 노력을 다하였더라면 스스로의 행위에 대하여 위법성을 인식할 수 있는 가능성이 있었음에도 이를 다하지 못한 결과 자기 행위의 위법성을 인식하지 못한 것인지 여부에 따라 판단하여야 한다. [국가9급총론 18 변형] [법원행시 20] [변호사 16 변형]

> **해설+** 이러한 정당한 이유가 있는지 여부는 행위자에게 자기 행위의 위법의 가능성에 대해 심사숙고하거나 조회할 수 있는 계기가 있어 자신의 지적능력을 다하여 이를 회피하기 위한 진지한 노력을 다하였더라면 스스로의 행위에 대하여 위법성을 인식할 수 있는 가능성이 있었음에도 이를 다하지 못한 결과 자기 행위의 위법성을 인식하지 못한 것인지 여부에 따라 판단하여야 할 것이다(대법원 2008.10.23, 2008도5526).

132 법률의 착오에 있어서 '정당한 이유'의 유무는 행위자가 자신의 지적능력을 다하여 위법을 회피하기 위한 진지한 노력을 다하였더라면 자기행위에 대하여 위법성을 인식할 수 있었는지 여부에 따라 판단하여야 한다.

[국가9급총론 17]

132 (○) 대법원 2015.10.29, 2015도9010

133 법률의 착오에 정당한 이유가 있는지 여부는 행위자가 위법한 행위를 하지 않으려는 진지한 노력을 했음에도 위법성을 인식하지 못한 것인지 여부를 기준으로 판단해야 하며, 위법성 인식에 필요한 노력의 정도는 행위자 개인의 인식능력 및 행위자가 속한 사회집단에 따라 달리 평가되어서는 안 된다.

[국가9급총론 18] [사시 15]

133 (×) '되어서는 안 된다' → '되어야 한다'
이러한 위법성의 인식에 필요한 노력의 정도는 구체적인 행위정황과 행위자 개인의 인식능력 그리고 행위자가 속한 사회집단에 따라 달리 평가되어야 한다(대법원 2006.3. 24, 2005도3717).

134 위법성 인식에 필요한 노력의 정도는 행위자 개인의 인식능력의 문제이므로 행위자가 속한 사회집단에 따라 달리 평가되어서는 안 된다. [국가9급 21]

해설+ 법률의 착오에 정당한 이유가 있는가는 행위자 개인의 지적 인식능력을 기준으로 판단하기는 하지만, 위법성의 인식에 필요한 노력의 정도는 구체적인 행위정황과 행위자 개인의 인식능력, 그리고 행위자가 속한 사회집단에 따라 달리 평가되어야 한다(대법원 2008.10.23, 2008도5526).

134 (×)

135 위법성의 인식에 필요한 노력의 정도는 행위자 개인의 인식능력과 행위자가 속한 사회집단에 따라 달리 평가되어서는 안 되며, 사회 평균적 일반인의 입장에서 객관적으로 판단되어야 한다.

[경찰승진 23]

해설+ 형법 제16조는 '법률의 착오'의 정당한 이유는 행위자에게 자기 행위의 위법 가능성에 대해 심사숙고하거나 조회할 수 있는 계기가 있어 자신의 지적 능력을 다하여 이를 회피하기 위한 진지한 노력을 다하였더라면 스스로의 행위에 대하여 위법성을 인식할 수 있는 가능성이 있었는데도 이를 다하지 못한 결과 자기 행위의 위법성을 인식하지 못한 것인지 여부에 따라 판단해야 한다. 이러한 위법성의 인식에 필요한 노력의 정도는 구체적인 행위정황과 행위자 개인의 인식능력 그리고 행위자가 속한 사회집단에 따라 달리 평가하여야 한다(대법원 2021.11.25, 2021도10903).

135 (×)

136 부대장의 허가를 받아 부대 안에 유류를 저장하는 것이 죄가 되지 않는 것으로 믿은 경우 법률의 착오에 정당한 이유가 있다.

[경찰채용 11 1차 변형] [국가9급 11]

136 (○) 대법원 1971.10.12, 71도1356

137 군복무를 필한 이복동생의 이름으로 해병대에 지원 입대하여 복무를 하다가 다른 사람의 이름으로 군 생활을 할 필요가 없다고 생각하여 휴가를 받아 귀대하지 않은 경우 법률의 착오로서 정당한 이유가 있다.

[사시 95 변형]

137 (O) 대법원 1974.7.23, 74도1399

138 행정청의 허가가 있어야 함에도 허가담당 공무원이 허가를 요하지 않은 것으로 잘못 알려 주었다면, 허가를 받지 않더라도 죄가 되지 않는 것으로 착오를 일으킨 데 대하여 정당한 이유가 있는 경우에 해당하여 처벌할 수 없다.

[국가7급 14]

138 (O) 대법원 1992.5.22, 91도2525

139 일반수요자가 아닌 장의사영업허가를 받은 상인에게 장의에 소요되는 기구, 물품을 판매하는 도매업을 하기 위해 관할관청에 영업허가를 신청하자, 관할관청이 이 경우 영업허가가 필요없다고 해석하여 영업허가를 해주지 않고 있다면, 이를 믿고 영업허가 없이 위와 같은 도매업을 해 온 경우 「형법」 제16조의 정당한 이유가 인정된다.

[사시 15]

139 (O) 대법원 1989.2.28, 88도1141

140 채광업자가 허가를 담당하는 공무원에게 문의한 결과 허가를 요하지 않는다고 잘못 알려준 것을 믿고 허가 없이 산림을 훼손한 경우 법률의 착오에 정당한 이유가 있다.

[국가7급 13]

140 (O) 대법원 1993.9.14, 92도1560

141 국유지상에 건물을 신축할 수 없음에도 불구하고 甲은 건축허가사무담당 공무원에게 국유지상에 건축물을 건축할 수 있는지의 여부를 문의한 결과 국유지를 불하받지 못하게 되면 건물을 즉시 철거하겠다는 각서를 제출하면 된다는 답변을 듣고 건축허가를 받고 건물을 신축한 경우 법률의 착오로서 정당한 이유가 있다.

[사시 95 변형]

141 (O) 대법원 1993.10.12, 93도1888

142 직업소개업자가 관할관청에 외국인 근로자의 국내 입국절차를 대행하여 주는 허가 절차에 관하여 문의하였으나, 담당공무원이 아직 허가 관련 법규가 제정되지 아니하여 허가를 받지 않아도 되는 것으로 잘못 알려 주어 법에서 정한 허가를 받지 않고 외국인 근로자를 국내업체에 취업 알선한 경우 「형법」 제16조(법률의 착오)에서 규정하는 '정당한 이유'가 있다.

[국가7급 17]

142 (O) 대법원 1995.7.11, 94도1814

143 甲이 허가를 담당하는 공무원이 허가를 요하지 않는다고 잘못 알려 준 것을 믿고 임야상에 토석을 쌓아둠으로써 산림법 위반행위를 한 경우 법률의 착오에 정당한 이유가 있다.

[국가7급 16]

143 (O) 대법원 2002.5.17, 2001도4077

144 광역시의회 의원이 선거구민들에게 의정보고서를 배부하기에 앞서 관할 선거관리위원회 소속 공무원들에게 자문을 구하고 그들의 지적에 따라 수정한 의정보고서를 배부한 경우는 「형법」 제16조에 해당하여 벌할 수 없다.

[경찰간부 17] [국가9급 16] [사시 14]

144 (O)

해설+ 피고인으로서는 의정보고서 배부가 선거관리위원회의 공식적인 지도에 맞추어 행한 것으로 공직선거법에 위반되지 않는다고 믿을 수밖에 없었고, 또 그렇게 오인함에 있어서 정당한 이유가 있는 경우에 해당한다(대법원 2005.6.10, 2005도835).

145 주민등록지를 이전한 자가 이미 같은 주소에 향토예비군대원신고가 되어 있으므로 재차 동일 주소에 대원신고를 할 필요가 없다고 생각하여 이를 행하지 않은 경우 법률의 착오에 정당한 이유가 있다.

[경찰채용 11 1차 변형] [국가9급 11]

145 (O) 대법원 1974.11.12, 74도2676

146 가감삼십전대보초와 한약 가지수에만 차이가 있는 십전대보초를 제조하고 그 효능에 관하여 광고를 한 사실에 대하여 이전에 검찰의 혐의없음 결정을 받은 적이 있다면, 피고인이 비록 한의사·약사·한약업사 면허나 의약품판매업 허가가 없이 의약품인 가감삼십전대보초를 판매하였다고 하더라도 자기의 행위가 법령에 의하여 죄가 되지 않는 것으로 믿을 수밖에 없었고, 또 그렇게 오인함에 있어서 정당한 이유가 있는 경우에 해당한다.

[변호사 16 변형]

146 (O) 대법원 1995.8.25, 95도717

147 비디오물감상실업자 甲이 개정된 청소년보호법이 시행된 이후 구청 문화관 광과에서 실시한 교육과정에서 '만 18세 미만의 연소자' 출입금지표시를 업소출입구에 부착하라는 행정지도를 믿고 비디오물감상실에 18세 이상 19세 미만의 청소년을 출입시킨 경우 법률의 착오에 정당한 이유가 있다.

[국가7급 16]

147 (O) 대법원 2002.5.17, 2001 도4077

148 교통부장관의 허가를 받아 설립된 한국교통사고상담센터의 직원이 목적사업 범위 내에서 피해자로부터 승인된 수수료를 받고 그의 위임 하에 사고회사와의 사이에 화해의 중재나 알선을 한 경우 법률의 착오에 정당한 이유가 있다.

[경찰채용 11 1차 변형] [국가9급 11]

해설+ 위법의 인식을 기대하기 어렵다 할 것이고 적어도 형법 제16조에 이른바 자기의 행위가 법령에 의하여 범죄가 되지 아니하는 것으로 오인한 행위로서 그 오인에 정당한 이유가 있는 경우이다(대법원 1975.3.25, 74도2882).

148 (O)

149 민사소송법 기타 공법의 해석을 잘못하여 압류물의 효력이 없어진 것으로 착오하였거나 또는 봉인 등을 손상 또는 효력을 해할 권리가 있다고 오신한 경우는 형법법규의 부지에 해당한다.

해설+ 민사소송법 기타 공법의 해석을 잘못하여 압류물의 효력이 없어진 것으로 착오하였거나 또는 봉인 등을 손상 또는 효력을 해할 권리가 있다고 오신 한 경우에는 형벌법규의 부지와 구별되어 범의를 조각한다고 해석할 것이다(대법원 1970.9.22, 70도1206).

149 (×) '해당한다' → '해당하지 않는다'

150 마약취급의 면허가 없는 자가, 제약회사에서 쓰는 마약은 구해주어도 죄가 되지 않는 것으로 오인하고 생아편을 구해 준 경우 법률의 착오에 정당한 이유가 있다.

[국가7급 13]

150 (×) '있다' → '없다'
법령에 의하여 죄가 되지 아니하는 것으로 오인하였거나, 그 오인에 정당한 이유가 있는 경우라고 볼 수 없다(대법원 1983.9.13, 83도 1927).

151 유선방송설비는 전기통신기본법상의 자가전기통신설비가 아니다라는 내용의 체신부장관의 회신이 법령의 해석에 관한 법원의 판단을 기속하는 것은 아니고, 가사 피고인이 유선방송업은 당국의 허가대상이 아니라고 알았다거나 체신부장관의 회신 내용에 의하여 자기의 행위가 법령에 의하여 죄가 되지 아니하는 것으로 오인하였다 하더라도 피고인에게 범의가 없었다고는 할 수 없다.   [국가9급 11]

151 (○) 대법원 1987.4.14, 87도160

152 가처분결정으로 직무집행정지 중에 있던 종단대표자가 변호사의 조언에 따라 종단 소유의 보관금을 인출하여 소송비용으로 사용한 경우 「형법」 제16조(법률의 착오)에서 규정하는 '정당한 이유'가 있다.   [국가7급 17]

152 (×) '있다' → '있다고 할 수 없다'
법률의 착오에 의한 것이라 할 수 없다(대법원 1990.11.13, 90도1064).

153 가처분결정으로 직무집행 정지 중에 있던 종단대표자가 종단 소유의 보관금을 소송비용으로 사용함에 있어 변호사의 조언이 있었다는 것만으로 보관금인출사용행위가 법률의 착오에 의한 것이라 할 수 없다.   [국가9급 22]

153 (○) 판례가 자세히 설명하고 있지 않지만, 법률의 부지로 보아 법률의 착오에 해당하지 않는 것으로 이해될 수 있다. 대법원 1990.10.16, 90도1604 참조.

154 甲이 변호사에게 문의하여 자문을 받고 압류물을 집행관의 승인 없이 관할구역 밖으로 옮기는 행위가 허용되는 행위로 생각하고 이와 같은 행위를 하였다면, 甲의 오인에는 정당한 이유가 인정된다.   [경찰간부 17]

154 (×) '인정' → '부정'
정당한 이유가 있다고 할 수 없다(대법원 1992.5.26, 91도894).

155 민원사무담당 공무원에게 문의하여 탐정업이 인·허가 또는 등록사항이 아니라는 대답을 얻었다면 관련법에서 금지하고 있는 특정인의 소재를 탐지하거나 사생활을 조사하는 행위를 업으로 할 수 있다고 믿은 데에 정당한 이유가 인정된다.   [사시 15]

155 (×) '인정된다' → '인정되지 않는다'
정당한 이유가 있었다고는 할 수 없다(대법원 1994.8.26, 94도780).

156 대법원의 판례에 비추어 자신의 행위가 무허가 의약품의 제조 · 판매행위에 해당하지 아니하는 것으로 오인하였다고 하더라도, 그것이 사안을 달리하는 사건에 관한 대법원의 판례의 취지를 오해하였던 것에 불과하였던 경우 법률의 착오에 정당한 이유가 있다. [경찰채용 11 1차 변형] [국가9급 11]

156 (×) '있다' → '없다'
사안을 달리하는 사건에 관한 대법원의 판례의 취지를 오해하였던 것에 불과하여 그와 같은 사정만으로는 그 오인에 정당한 사유가 있다고 볼 수 없다(대법원 1995.7.28, 95도1081).

157 법률위반행위 중간에 판례에 따라 그 행위가 처벌대상이 되지 않는 것으로 해석되었던 적이 있었던 경우에는 자신의 행위가 처벌되지 않는 것으로 믿은 데에 정당한 이유가 있다고 할 수 있다. [법원9급 22]

157 (×)

해설+ 법률위반행위 중간에 일시적으로 판례에 따라 그 행위가 처벌대상이 되지 않는 것으로 해석되었던 적이 있었다고 하더라도 그것만으로 자신의 행위가 처벌되지 않는 것으로 믿은 데에 정당한 이유가 있다고 할 수 없다(대법원 2021.11.25, 2021도10903).

보충 [저작권법상 공중송신권침해죄의 방조범이 된다는 사건] 피고인들이 이 사건 사이트를 운영하던 도중에 대법원 2015.3.12. 2012도13748 판결이 선고되었지만, 이 판결은 대법원 2021.9.9, 2017도19025 전원합의체 판결로 변경되었다. 법률위반행위 중간에 일시적으로 판례에 따라 그 행위가 처벌대상이 되지 않는 것으로 해석되었던 적이 있었다고 하더라도 그것만으로 자신의 행위가 처벌되지 않는 것으로 믿은 데에 정당한 이유가 있다고 할 수 없다(대법원 2002.10.22, 2002도4260; 2021.11.25, 2021도10903).

158 전송의 방법으로 공중송신권을 침해하는 게시물이나 그 게시물이 위치한 웹페이지 등에 연결되는 링크를 한 행위자가, 그 링크 사이트 운영 도중에 일시적으로 판례에 따라 그 행위가 처벌대상이 되지 않는 것으로 해석되었던 적이 있었다 하더라도 그것만으로 자신의 행위가 처벌되지 않는 것으로 믿은 데에 정당한 이유가 없다. [경찰간부 23]

158 (○) 대법원 2021.11.25, 2021도10903

159 20여 년간 경찰공무원으로 근무해 온 형사계 강력반장이 검사의 수사지휘대로 하면 적법한 것이라고 믿고 허위공문서를 작성한 경우 법률의 착오에 정당한 이유가 있다. [국가7급 13]

159 (×) '있다' → '없다'

해설+ 피고인이 그러한 그릇된 인식이 있었다 하여도 피고인의 직업 등에 비추어 그릇된 인식을 함에 있어 정당한 이유가 있다고 볼 수 없다(대법원 1995.11.10, 95도2088).

160 생활용품 제조사가 자신이 제작한 물통의 상표가 타인의 상표권을 침해하지 않는다는 변리사의 자문과 감정을 믿고 그 상표를 사용함으로써 상표법 상의 위반행위를 한 경우 법률의 착오에 정당한 이유가 있다. [국가7급 13]

161 도의회의원 선거에 출마하려는 자가 공직선거 및 선거부정방지법에 관하여 잘 알고 있지 않으면서도 스스로의 생각에 따라 기부행위금지기간에 기부행위 등의 사전선거운동을 하는 것이 의례적인 행위로서 합법적이라고 잘못 판단하였다는 사정만으로는 그의 행위가 죄가 되지 아니하는 것으로 오인한 데 정당한 이유가 있다고 볼 수 있다. [사시 02 변형]

162 자신의 행위가 타인의 상표권을 침해하는 불법행위임에도 불구하고 변리사로부터 자신의 행위가 타인의 상표권을 침해하지 않는다는 취지의 회답과 감정결과를 통보받았고, 이 사건과 유사한 대법원 판례를 잘못 이해함으로써 자신의 행위는 죄가 되지 않는다고 확신한 경우 법률의 착오에 정당한 이유가 있다. [경찰채용 11 1차 변형] [국가9급 11]

163 즉결심판 피의자의 정당한 귀가요청을 거절한 채 다음날 즉결심판법정이 열릴 때까지 피의자를 경찰서 보호실에 강제유치시키려고 함으로써 피의자를 경찰서 내 즉결피의자 대기실에 10~20분 동안 있게 한 행위는 「형법」 제124조 제1항의 불법감금죄에 해당하나, 만일 피고인이 경찰서 보호실 근무자로부터 보호유치 지시를 받았다면 이는 정당한 이유 있는 법률의 착오에 해당한다.

해설+ 형사소송법이나 경찰관직무집행법 등의 법률에 정하여진 구금 또는 보호유치 요건에 의하지 아니하고는 즉결심판 피의자라는 사유만으로 피의자를 구금, 유치할 수 있는 아무런 법률상 근거가 없고, 경찰 업무상 그러한 관행이나 지침이 있었다 하더라도 이로써 원칙적으로 금지되어 있는 인신구속을 행할 수 있는 근거로 할 수 없으므로, 즉결심판 피의자의 정당한 귀가요청을 거절한 채 다음날 즉결심판법정이 열릴 때까지 피의자를 경찰서 보호실에 강제유치시키려고 함으로써 피의자를 경찰서 내 즉결피의자 대기실에 10~20분 동안 있게 한 행위는 형법 제124조 제1항의 불법감금죄에 해당하고 … 이 사건 범행의 경위 및 피고인의 경찰관 복무 경력 등에 비추어 보면 피고인의 판시와 같은 감금, 유치행위가 법령에 의하여 죄가 되지 아니하는 것으로 오인하였다고 볼 수 없을 뿐만 아니라 피고인이 경찰서 보호실 근무자로부터 보호유치 지시를 받았다 하여 그러한 위법한 명령에 따라야 할 의무가 없는 이상 위와 같은 오인을 하게 된 데에 대하여 정당한 이유가 있다거나 피고인이 피해자의 보호실유치를 회피할 가능성이 없었다고 인정하기 어렵다(대법원 1997.6.13, 97도877).

164 공무원이 그 직무에 관하여 실시한 봉인 등의 표시를 손상 또는 은닉 기타의 방법으로 그 효용을 해함에 있어서 그 봉인 등의 표시가 법률상 효력이 없다고 믿은 경우 법률의 착오에 정당한 이유가 있다.

[경찰채용 11 1차 변형] [국가9급 11]

164 (×) '있다' → '없다'

해설+ 표시가 법률상 효력이 없다고 믿은 것은 법규의 해석을 잘못하여 행위의 위법성을 인식하지 못한 것이라고 할 것이므로 그와 같이 믿은 데에 정당한 이유가 없다(대법원 2000.4.21, 99도5563).

165 부동산중개업자가 부동산중개업협회의 자문을 통하여 인원수의 제한 없이 중개보조원을 채용하는 것이 허용되는 것으로 믿고서 제한인원을 초과하여 중개보조원을 채용한 경우 「형법」 제16조의 '그 오인에 정당한 이유'가 있다고 인정된다.

[국가9급 16]

165 (×) '인정된다' → '인정되지 않는다'

해설+ 그러한 사정만으로 자신의 행위가 법령에 저촉되지 않는 것으로 오인함에 정당한 이유가 있는 경우에 해당한다거나 범의가 없었다고 볼 수는 없다(대법원 2000.8.18, 2000도2943).

166 甲이 한국간행물윤리위원회나 정보통신윤리위원회가 이 사건 만화를 청소년유해매체물로 판정하였을 뿐 음란물로 관계기관에 형사처벌 또는 행정처분을 요청하지 않았기 때문에 만화를 음란하지 않다고 믿고 구 전기통신기본법 위반행위를 방조한 경우 법률의 착오에 정당한 이유가 있다.

[국가7급 16]

166 (×) '있다' → '있다고 할 수 없다'

해설+ 인터넷 포털 사이트 내 오락채널 총괄 팀장과 위 오락채널 내 만화사업의 운영 직원인 피고인들에게, 콘텐츠제공 업체들이 게재하는 음란만화의 삭제를 요구할 조리상의 의무가 있다고 하여, 구 전기통신기본법 제48조의2 위반 방조죄의 성립을 긍정했다(대법원 2006.4.28, 2003도4128).

167 부동산중개업자 甲이 아파트 분양권의 매매를 중개하면서 중개수수료 산정에 관한 지방자치단체의 조례를 잘못 해석하여 법에서 허용하는 금액을 초과한 중개수수료를 수수한 경우 甲의 오인은 정당한 이유가 있는 경우에 해당한다.

[경찰간부 17] [국가7급 17]

167 (×) '해당한다' → '해당하지 않는다'

해설+ 교부받은 수수료가 법에서 허용되는 범위 내의 것으로 믿고 이 사건 위반행위에 이르게 되었다고 하더라도 그러한 사정만으로는 자신의 행위가 법령에 저촉되지 않는 것으로 오인함에 정당한 사유가 있는 경우에 해당한다거나 피고인에게 범의가 없었다고 볼 수는 없다(대법원 2005. 5.27, 2004도62).

168 변호사 자격을 가진 국회의원 甲이 선거에 영향을 미칠 수 있는 내용이 포함된 의정 보고서를 발간하는 과정에서 보좌관을 통해 관할 선거관리위원회 직원에게 구두로 문의하여 답변을 받은 결과 그 의정보고서를 발간하는 것이 선거법규에 저촉되지 않는다고 오인한 경우, 「형법」 제16조의 정당한 이유가 인정되지 않는다.

[변호사 14]

169 임대업자가 임차인으로 하여금 계약상의 의무이행을 강요하기 위한 수단으로 계약서의 조항을 근거로 임차물에 대하여 일방적으로 단전·단수조치를 함에 있어 자신의 행위가 죄가 되지 않는다고 오인하더라도, 특별한 사정이 없는 한 그 오인에는 정당한 이유가 있다고 볼 수는 없다. [국가7급 14]

169 (○)

해설+ 임대업자가 임차인으로 하여금 계약상의 의무이행을 강요하기 위한 수단으로 계약서의 조항을 근거로 임차물에 대하여 일방적으로 단전·단수조치를 함에 있어 자신의 행위가 죄가 되지 않는다고 오인하더라도, 특별한 사정이 없는 한 그 오인에는 정당한 이유가 있다고 볼 수는 없다(대법원 2007.9.20, 2006도9157).

170 장례식장의 식당(접객실) 부분을 증축함에 있어 홍성군과 증축부분이 장례식장이 아닌 병원의 부속 건물임을 전제로 그 증축에 관한 협의과정을 거쳤고 건설교통부의 질의·회신도 종합병원의 경우 일반적으로 장례식장의 설치나 운영이 그 부속시설로서 허용된다는 취지가 아니라 종합병원에 입원한 환자가 사망한 경우 그 장례의식을 위한 시설의 설치는 부속용도로 볼 수 있다는 취지에 불과한 경우에 장례식장의 설치·운영에 관하여 죄가 되지 아니하는 것으로 오인한 경우 법률의 착오에 정당한 이유가 있다.

[국가9급 11]

171 지방자치단체장이 관행적으로 간담회를 열어 업무추진비 지출 형식으로 참석자들에게 음식물을 제공하는 것이 허용되는 행위라고 오인한 경우 「형법」 제16조의 '그 오인에 정당한 이유'가 있다고 인정된다.

[국가7급 16] [국가9급 16]

172 무선설비기기 수입업자가 무선설비의 납품처 직원으로부터 형식등록이 필요 없다는 취지의 답변을 듣고, 이미 무선설비의 형식승인을 받은 다른 수입업자가 있음을 이용하여 동일한 제품을 법에서 정한 형식승인 없이 수입·판매한 경우 「형법」 제16조 (법률의 착오)에서 규정하는 '정당한 이유'가 있다.

[국가7급 17]

173 숙박업소에서 위성방송수신장치를 이용하여 수신한 외국의 음란한 위성방송프로그램을 투숙객 등에게 제공한 행위로 구 「풍속영업의 규제에 관한 법률」 제3조 제2호 위반행위를 한 피고인이 그 이전에 그와 유사한 행위로 '혐의없음' 처분을 받은 전력이 있다거나 일정한 시청차단장치를 설치하였다면 「형법」 제16조의 정당한 이유가 있는 경우에 해당한다.

[사시 15 변형] [경찰간부 23]

174 甲은 실질적으로는 한 사람에게 대출금이 귀속됨에도 다른 사람의 명의를 빌려 그들 사이에 형식적으로만 공동투자약정을 맺고 동일인 한도를 초과하는 대출을 받는, 이른바 '사업자 쪼개기' 방식의 대출이 관행적으로 이루어져 온 만큼 죄가 되지 않는다고 인식하고 상호저축은행에서 대출을 받은 경우 甲이 대출행위가 죄가 되지 않는다고 오인한 점에 정당한 이유가 있다고 볼 수 있다.

[경찰간부 17]

해설+ 이른바 '사업자쪼개기' 방식의 대출이 관행적으로 이루어져 왔으며, 금융감독원도 2008년 이전에는 이를 적발하지 못하였다는 사정만으로는 피고인들이 이 사건 대출행위가 죄가 되지 않는다고 오인하였다거나 그 오인에 정당한 이유가 있다고 볼 수 없다(대법원 2010.4.29, 2009도13868).

175 중국 국적 선박을 구입한 피고인이 외환은행 담당자의 안내에 따라 매도인인 중국 해운회사에 선박을 임대하여 받기로 한 용선료를 재정경제부장관에게 미리 신고하지 아니하고 선박 매매대금과 상계함으로써 구 외국환거래법을 위반한 사안에서, 자신의 행위가 죄가 되지 아니하는 것으로 오인한 경우 법률의 착오에 정당한 이유가 있다.

[국가9급 11]

176 甲 학교와 乙 학교는 각각 설립인가를 받은 별개의 학교이므로 甲 학교의 교비회계에 속하는 수입을 乙 학교에 대여하는 것은 구 사립학교법 제29조 제6항에 따라 금지되며, 한편 피고인은 위와 같은 대여행위가 적법한지에 관하여 관할 도교육청의 담당공무원에게 정확한 정보를 제공하고 회신을 받거나 법률전문가에게 자문을 구하는 등의 조치를 취하지 않았고, 피고인이 외국인으로서 국어에 능숙하지 못하였다거나 甲 학교 설립 · 운영협약의 당사자에 불과한 관할청의 소속 공무원들이 참석한 甲 학교 학교운영위원회에서 乙 학교에 대한 자금대여 안건을 보고하였다는 것만으로는 피고인이 자신의 지적 능력을 다하여 행위의 위법가능성을 회피하기 위한 진지한 노력을 다하였다고 볼 수 없으므로, 피고인이 위와 같은 대여행위가 법률상 허용되는 것으로서 죄가 되지 않는다고 그릇 인식하고 있었더라도 그와 같이 그릇된 인식에 정당한 이유가 없다.

176 (○) 사립학교인 甲 외국인학교 경영자인 피고인이 甲 학교의 교비회계에 속하는 수입을 수회에 걸쳐 乙 외국인학교에 대여하였다고 하여 사립학교법 위반으로 기소된 사안이다(대법원 2017.3.15, 2014도12773).

177 외국인학교 경영자인 甲이 학교의 교비회계에 속하는 자금을 다른 외국인학교에 대여함으로써 사립학교법을 위반한 경우, 甲이 외국인으로서 국어에 능숙하지 못하였고 학교운영위원회에서 자금대여 안건을 보고한 사실이 있었다면, 비록 그와 같은 대여행위가 적법한지에 관하여 관할 도교육청의 담당공무원에게 정확한 정보를 제공하고 회신을 받거나 법률전문가에게 자문을 구하는 등의 조치를 취하지 않았더라도 형법 제16조에 따라 처벌되지 않는다. [경찰승진 22]

177 (×)

해설+ 사립학교인 甲 외국인학교 경영자인 피고인이 甲 학교의 교비회계에 속하는 수입을 수회에 걸쳐 乙 외국인학교에 대여하였다고 하여 사립학교법 위반으로 기소된 경우, 甲 학교와 乙 학교는 각각 설립인가를 받은 별개의 학교이므로 甲 학교의 교비회계에 속하는 수입을 乙 학교에 대여하는 것은 구 사립학교법 제29조 제6항에 따라 금지되며, 한편 피고인은 위와 같은 대여행위가 적법한지에 관하여 관할 도교육청의 담당공무원에게 정확한 정보를 제공하고 회신을 받거나 법률전문가에게 자문을 구하는 등의 조치를 취하지 않았고, 피고인이 외국인으로서 국어에 능숙하지 못하였다거나 甲 학교 설립 · 운영협약의 당사자에 불과한 관할청의 소속 공무원들이 참석한 甲 학교 학교운영위원회에서 乙 학교에 대한 자금대여 안건을 보고하였다는 것만으로는 피고인이 자신의 지적 능력을 다하여 행위의 위법가능성을 회피하기 위한 진지한 노력을 다하였다고 볼 수 없으므로, 피고인이 위와 같은 대여행위가 법률상 허용되는 것으로서 죄가 되지 않는다고 그릇 인식하고 있었더라도 그와 같이 그릇된 인식에 정당한 이유가 없다(대법원 2017.3.15, 2014도12773).

5 기대가능성

(×) '오상피난' → 삭제
형법은 오상피난에 관하여 어떠한 규정도 두고 있지 않다.

(×) '해당하여 甲을 벌할 수 없다' → '해당하지 않는다'
뇌물공여 이외의 반대행위를 기대할 수 없는 경우였다고 볼 수 없다 (대법원 1983.3.8, 82도2873).

178 적법행위에 대한 기대가능성이 없으면 책임을 물을 수 없다는 것이 규범적 책임론의 입장이다. [변호사 12]

178 (○) 규범적 책임론은 행위자에게 적법행위를 할 수 있는 기대가능성이 있음에도 불구하고, 그렇게 하지 않은 것에 대한 비난가능성을 책임의 본질로 보는 견해이다.

179 적법행위를 기대할 가능성이 있는지는 행위자 개인에 대한 비난가능성으로서의 책임 유무에 관련하는 것이므로 행위 당시 행위자의 관점에서 판단하여야 한다. [국가7급 22]

179 (×) 피고인에게 적법행위를 기대할 가능성이 있는지 여부를 판단하기 위하여는 행위 당시의 구체적인 상황 하에 행위자 대신 사회적 평균인을 두고 이 평균인의 관점에서 그 기대가능성 유무를 판단하여야 한다(대법원 2016.5.12, 2013도15616).

180 적법행위의 기대가능성의 경우 행위 당시의 구체적인 상황 하에 행위자 대신 사회적 평균인을 두고 이 평균인의 관점에서 그 기대가능성 유무를 판단하여야 한다. [국가9급 18]

180 (○) 대법원 2004.7.15, 2004도2965 전원합의체

181 기대가능성의 판단기준을 국가에 두면 국가는 국민의 적법행위를 기대하므로 기대가능성이 없다는 이유로 책임이 조각되는 경우가 축소될 수 있다. [경찰채용 22 2차]

181 (○) 기대가능성에 관한 국가표준설의 입장이다.

> **참고** 기대가능성의 판단기준에 관한 다수설·판례는 평균인(일반인)표준설의 입장이다.

182 적법행위를 기대할 가능성이 있는지 여부를 판단하기 위해서는 행위 당시의 구체적 상황을 기초로 하여 행위자의 관점에서 그 기대가능성 유무를 판단하여야 할 것이다. [국가9급 12] [변호사 12·18] [사시 15 변형]

182 (×) '행위자' → '평균인' 행위 당시의 구체적 상황하에 행위자 대신에 사회적 평균인을 두고 이 평균인의 관점에서 그 기대가능성 유무를 판단하여야 할 것이다(대법원 2004.7.15, 2004도2965 전원합의체).

183 위조통화취득 후 지정행사죄의 법정형이 위조통화행사죄보다 현저히 낮은 것은 적법행위에 대한 기대가능성 법리의 구체화로 볼 수 있다. [국가9급 17]

183 (○) 통설에 의하면, 기대가능성이 없어 책임이 조각되거나 경하게 처벌되는 경우이다.

184 도주죄의 법정형이 도주원조죄보다 현저히 낮은 것은 적법행위에 대한 기대가능성 법리의 구체화로 볼 수 있다. [국가9급 17]

184 (○) 통설에 의하면 기대가능성이 없어 책임이 조각되거나 경하게 처벌되는 경우이다.

185 사회통념상 허용될 만한 소극적 저항행위를 처벌하지 않는 것은 적법행위에 대한 기대가능성 법리의 구체화로 볼 수 있다. [국가9급 17]

해설+ 서로 밀고 당기고 하였다면, 피고인의 그와 같은 행위는 목이 졸린 상태에서 벗어나기 위한 소극적인 저항행위에 불과하여 형법 제20조 소정의 정당행위에 해당한다(대법원 1996.5.28, 96도979).

185 (×) '적법행위에 대한 기대가능성 법리의 구체화로 볼 수 있다' → '정당행위와 관련된 것이다'

186 「형법」 제12조의 강요된 행위란 저항할 수 없는 폭력이나 생명, 신체에 위해를 가하겠다는 협박 등 다른 사람의 강요에 의하여 이루어진 행위를 의미한다. [국가9급 18]

186 (○) 대법원 2007.6.29, 2007도3306

187 형법 제12조 강요된 행위에 있어서 협박은 자기 또는 친족의 생명·신체·재산의 위해를 방어할 방법이 없는 협박을 의미한다. [국가7급 23]

> **해설+** 제12조 【강요된 행위】 저항할 수 없는 폭력이나 자기 또는 친족의 생명, 신체에 대한 위해를 방어할 방법이 없는 협박에 의하여 강요된 행위는 벌하지 아니한다.

187 (×) 제12조의 강요된 행위에 있어서 협박은 자기 또는 친족의 생명·신체의 위해를 방어할 방법이 없는 협박을 의미한다.

188 친족의 신체에 대한 위해를 방어할 방법이 없는 협박에 의하여 강요된 행위는 벌하지 아니한다. [변호사 18]

> **해설+** 제12조 【강요된 행위】 저항할 수 없는 폭력이나 자기 또는 친족의 생명, 신체에 대한 위해를 방어할 방법이 없는 협박에 의하여 강요된 행위는 벌하지 아니한다.

188 (○) 제12조

189 강요된 자가 저항할 수 없는 폭력이나 자기 또는 친족의 생명·신체에 대한 위해를 방어할 수 있는 방법이 없는 위해의 상태를 자초하였거나 예기하였다면 강요된 행위라고 할 수 없다. [국가9급총론 23]

> **해설+** 반국가단체의 지배 하에 있는 북한지역으로 탈출하는 자는 특별한 사정이 없는 한, 북한 집단구성원과의 회합이 있을 것이라는 사실을 예측할 수 있고 자의로 북한에 타출한 이상 그 구성원과의 회합은 예측하였던 행위이므로 강요된 행위라고 인정할 수 없다(대법원 1973.1.30, 72도2585).

189 (○) 자초한 강제상태 하의 강요된 행위는 책임이 조각되지 않는다.

190 긴급피난은 상당한 이유가 있을 것을 요하지만 강요된 행위는 이를 요건으로 하지 않는다. [사시 16]

190 (○) 제22조 제1항, 제12조

191 甲은 乙로부터 신제품 도면을 훔쳐 오지 않으면 인질로 잡혀 있는 甲의 내연의 처를 죽이겠다는 협박을 받고 회사의 디자인실에서 도면을 절취한 경우 기대가능성이 없는 경우에 해당하여 甲을 벌할 수 없다. [사시 02 변형]

191 (○) 제12조의 강요된 행위에 있어서 친족에는 사실상의 부부도 포함된다고 해석하는 것이 통설이다(피고인에게 유리한 유추해석은 허용됨).

192 「형법」 제12조(강요된 행위)가 보호하는 법익은 생명과 신체에 한하지만, 「형법」 제22조(긴급피난)가 보호하는 법익은 생명과 신체에 한하지 않는다. [사시 16]

192 (○) 제22조 제1항, 제12조

193 친족의 생명에 대한 위해를 방어할 방법이 없는 협박에 의하여 강요된 행위는 적법행위에 대한 기대가능성이 없거나 현저히 낮기 때문에 책임이 조각되거나 그 형이 감경된다. [사시 12]

193 (×) '되거나 그 형이 감경된다' → '된다'
제12조는 '벌하지 아니한다'고 규정하고 있으므로, 형이 감경된다고 한 이 지문은 틀렸다.

194 「형법」 제12조의 강요된 행위에서 저항할 수 없는 폭력이란 심리적 의미에 있어서 육체적으로 어떤 행위를 절대적으로 하지 아니할 수 없게 하는 경우와 윤리적 의미에 있어서 강압된 경우를 말한다. [변호사 18] [사시 10 변형·11]

194 (○) 대법원 1983.12.13, 83도2276; 2007.6.29, 2007도3306

195 폭력을 그 정도에 따라 '절대적 폭력'과 '강제적 폭력'으로 구분하는 경우에 「형법」 제12조의 강요된 행위의 폭력에 '절대적 폭력'은 포함되지 않는다. [사시 10]

195 (○)

해설+ 절대적 폭력이란 강제로 손을 붙들려 무인을 찍는 행위처럼 피강요자의 행위가 형법상의 행위로 볼 수 없는 경우를 의미하므로, 본조에서 말하는 폭력의 개념에서 당연히 제외된다.

196 제12조의 협박은 '사람에게 외포심을 일으키게 할 의사로 위해를 가할 것을 고지하는 것'을 말하며, 협박은 반드시 명시적·외형적으로 행해질 것을 요하지 않는다. [사시 10]

196 (○) 강요된 행위의 협박은 명시적·외형적으로 가해질 것을 요하지 않는다.

197 성장교육과정을 통하여 형성된 내재적인 관념 내지 확신으로 인하여 행위자의 의사결정이 사실상 강제되는 경우에는 강요된 행위가 될 수 없다. [경찰채용 22 1차] [사시 10]

197 (○)

해설+ 어떤 사람의 성장교육과정을 통하여 형성된 내재적인 관념 내지 확신으로 인하여 행위자 스스로의 의사결정이 사실상 강제되는 결과를 낳게 하는 경우까지 의미한다고 볼 수 없다(대법원 1990.3.27, 89도1670).

198 「형법」 제12조의 강요된 행위에 의해 법익이 위태롭게 된 제3자는 자신의 법익을 침해하는 피강요자에 대하여 정당방위를 할 수 있다. [사시 11]

198 (O) 강요된 행위에 있어서 피강요자의 행위는 책임이 조각될 뿐 위법한 행위인 것은 명백하므로, 이에 대한 정당방위가 가능하다.

199 행위자의 강요와 피강요자의 강요된 행위 사이에는 인과관계가 요구되며, 피강요자의 강요된 행위는 적법행위의 기대가능성이 없기 때문에 책임이 조각되어 범죄가 성립하지 않는다. [경찰채용 23 1차]

보충 만일 인과관계가 인정되지 않으면 공범관계가 성립한다.

199 (O) 「형법」 제12조의 강요된 행위는 적법행위의 기대가능성이 없어 책임이 조각되는 사유이므로 강요된 행위로 인정되려면 강요자의 폭력·협박과 피강요자의 강요된 행위 간에는 인과관계가 있어야 한다.

200 횡령범과 사실혼관계에 있는 자가 그 횡령범을 위해 그를 도피하게 한 경우는 처벌된다. [사시 14]

해설+ 사실혼관계에 있는 자는 민법 소정의 친족이라 할 수 없어 위 제151조 제2항 및 제155조 제4항에서 말하는 친족에 해당하지 않기 때문에 책임조각사유가 적용될 수 없다(대법원 2003. 12.12, 2003도4533).

200 (O)

201 입학시험에 응시한 수험생으로서 자기 자신이 부정한 방법으로 탐지한 것이 아니고 우연한 기회에 미리 출제될 시험문제를 알게 되어 그에 대한 답을 암기하였을 경우 그 암기한 답에 해당된 문제가 출제되었다 하여도 위와 같은 경위로서 암기한 답을 그 입학시험 답안지에 기재하여서는 아니된다는 것을 그 일반수험생에게 기대한다는 것은 보통의 경우 도저히 불가능하다 할 것이다. [법원9급 13]

201 (O) 대법원 1966.3.22, 65도1164

202 기관고장과 풍랑으로 표류 중 납북되어 북한을 찬양·고무·동조하고 송환될 때 지령을 받고 수락한 경우에는 적법행위에 대한 기대가능성이 없다. [경찰간부 17]

202 (O) 살기 위한 부득이한 행위로서 기대가능성이 없다고 할 것이다(대법원 1967.10.4, 67도1115).

203 사용자가 임금을 지급하기 위해 최선의 노력을 기울였으나 경영부진으로 인한 자금사정 때문에 도저히 지급기일 안에 임금을 지급할 수 없었음이 피할 수 없는 사정으로 인정되는 경우는 처벌되지 않는다. [사시 14]

203 (○) 불가피한 사정이 인정되는 경우에는 근로기준법위반범죄의 책임이 조각된다(대법원 2008.10.9, 2008도5984).

204 헌법 제12조 제2항에 정한 불이익 진술의 강요금지 원칙을 구체화한 자기부죄거부특권에 관한 것이거나 기타 증언거부사유가 있음에도 증인이 증언거부권을 고지받지 못함으로 인하여 그 증언거부권을 행사하는 데 사실상 장애가 초래되었다고 볼 수 있는 경우에는 위증죄의 성립을 부정하여야 할 것이다. [국가9급 12 변형]

204 (○) 대법원 2010.1.21, 2008도942 전원합의체

205 탄약창고에서 보초근무 중이던 甲은 乙과 丙이 그 창고 내에서 포탄피를 절취하는 현장을 목격하고도 그들이 자신의 상급자들이라는 이유로 이를 제지하지 않고 묵인한 경우 기대가능성이 없는 경우에 해당하여 甲을 벌할 수 없다. [사시 02 변형]

205 (×) '해당하여 甲을 벌할 수 없다 → '해당하지 않는다(대법원 1966.7.26, 66도914)

206 비서가 주종관계에 있는 상사의 지시에 따라 공무원에게 뇌물을 공여한 경우에는 적법행위에 대한 기대가능성이 없다. [경찰간부 17]

해설+ 피고인이 비서라는 특수신분 때문에 주종관계에 있는 공동피고인들의 지시를 거절할 수 없어 뇌물을 공여한 것이었다 하더라도 그와 같은 사정만으로는 피고인에게 뇌물공여 이외의 반대행위를 기대할 수 없는 경우였다고 볼 수 없다(대법원 1983.3.8, 82도2873).

206 (×) '없다' → '있다'

207 나이트클럽 주인이 수학여행을 온 대학생 34명 중 일부만의 학생증을 제시받아 성년자임을 확인하고 입장시켰으나 그들 중 1명이 미성년자였던 경우에는 적법행위에 대한 기대가능성이 없다. [경찰간부 17]

해설+ 학생들 중에 미성년자가 섞여 있을지도 모른다는 것을 예상하여 그들의 증명서를 일일이 확인할 것을 요구하는 것은 사회통념상 기대가능성이 없다고 봄이 상당하므로 이를 벌할 수 없다(대법원 1987.1.20, 86도874).

207 (○)

208 교수가 출제교수들로부터 대학원신입생전형시험문제를 제출받아 알게 된 것을 틈타서 그 시험 문제를 알려주었고 수험생이 그 답안쪽지를 작성한 다음 이를 답안지에 그대로 베껴 써서 그 정을 모르는 시험감독관에게 제출한 경우에는 적법행위에 대한 기대가능성이 없다. [경찰간부 17]

208 (×) '없다' → '있다'
기대가능성이 없다고 할 수 없다
(대법원 1991.11.12, 91도2211).

209 당국이 전국교직원노동조합에 대하여 모든 옥내외 집회를 부당하게 금지하고 있다고 하여 관할경찰서장에게 신고하지 않고 근로조건 개선을 목적으로 하는 옥외집회를 주최하는 경우는 처벌된다. [사시 14]

209 (○)

해설+ 그 집회신고의 기대가능성이 없다고 할 수는 없기 때문에 이러한 이유만으로 관할경찰서장에게 신고하지 않고 옥외집회를 주최한 것이 죄가 되지 않는다고 할 수 없다(대법원 1992.8.14, 92도1246).

210 직무상 지휘·복종관계에 있는 직장상사의 범법행위에 가담한 부하의 경우, 적법행위에 대한 기대가능성이 없다. [경찰간부 17] [변호사 18] [사시 14]

210 (×) '없다' → '있다'

해설+ 직장상사의 지시로 인하여 그 부하가 범법행위에 가담한 경우 비록 직무상 지휘·복종 관계가 인정된다고 하더라도 그것 때문에 범법행위에 가담하지 않을 기대가능성이 부정된다고 볼 수는 없다(대법원 1999.7.23, 99도1911; 2007.5.11, 2007도1373).

211 직장의 상사가 범법행위를 하는 데 가담한 부하가 그 상사와 직무상 지휘·복종관계에 있는 경우, 그 부하에게는 상사의 범법행위에 가담하지 않을 기대가능성이 없다. [변호사 23]

211 (×) 직장의 상사가 범법행위를 하는데 가담한 부하에게 직무상 지휘·복종관계에 있다 하여 범법행위에 가담하지 않을 기대가능성이 없다고 할 수 없다(대법원 1999.7.23, 99도1911).

212 통일원장관의 접촉승인 없이 북한주민과 접촉한 행위는 적법행위에 대한 기대가능성이 없는 경우에 해당하지 아니한다. [법원9급 09]

212 (○) 대법원 2003.12.26, 2001도6484

213 영업정지처분에 대한 집행정지신청이 잠정적으로 받아들여졌다는 사정만으로는, 구 음반·비디오물 및 게임물에 관한 법률 위반으로 기소된 피고인에게 적법행위의 기대가능성이 없다고 볼 수 없다.

[경찰채용 22 2차] [국가7급 20]

213 (O) 대법원 2010.11.11, 2007도8645

214 형사소송법 제148조의 증언거부권은 헌법 제12조 제2항에 의한 불이익 진술의 강요금지 원칙을 구체화한 자기부죄거부특권에 관한 것이다. 따라서 자신에 대해 유죄판결이 이미 확정된 증인이라 하더라도 공범에 대한 사건에서는 증언을 거부할 수 있고, 특히 증인이 자신에 대한 형사사건에서 시종일관 범행을 부인하였다면 증인이 진실대로 진술할 것을 기대할 가능성이 없는 경우에 해당한다.

[법원9급 20]

214 (X) '증언을 거부할 수 있고' → '증언을 거부할 수 없고', '기대할 가능성이 없는 경우에 해당한다' → '기대할 가능성이 없다고 할 수 없다'(대법원 2011.11.24, 2011도11994)

215 자신에 대한 강도상해 형사사건에서 자신의 범행을 시종일관 부인하였으나 강도상해죄로 이미 유죄의 확정판결을 받은 자에게는, 이후 같은 사건으로 기소된 공범의 형사재판에 증인으로 출석한 경우 자신의 범행사실을 사실대로 진술할 기대가능성이 없다고 볼 수 없다.

[법원9급 13 변형] [변호사 12·18] [사시 16]

215 (O) 대법원 2008.10.23, 2005도10101

216 자신의 범행을 일관되게 부인하였으나 강도상해로 유죄판결이 확정된 甲이 위 강도상해의 공범으로 기소된 乙의 형사사건에서 자신의 범행사실을 부인하는 증언을 한 경우, 행위 당시의 구체적인 상황하에 행위자 대신에 사회적 평균인을 두고 이 평균인의 관점에서 볼 때 甲에게 사실대로 진술할 기대가능성이 있다.

[변호사 23]

216 (O)

해설+ 자기에게 형사상 불리한 진술을 강요당하지 아니할 권리가 결코 적극적으로 허위의 진술을 할 권리를 보장하는 취지는 아니며, 이미 유죄의 확정판결을 받은 경우에는 일사부재리의 원칙에 의해 다시 처벌되지 아니하므로 증언을 거부할 수 없는바, 이는 사실대로의 진술 즉 자신의 범행을 시인하는 진술을 기대할 수 있기 때문이다. 이러한 점 등에 비추어 보면, 이미 유죄의 확정판결을 받은 피고인은 공범의 형사사건에서 그 범행에 대한 증언을 거부할 수 없을 뿐만 아니라 나아가 사실대로 증언하여야 하고, 설사 피고인이 자신의 형사사건에서 시종일관 그 범행을 부인하였다 하더라도 이러한 사정은 위증죄에 관한 양형참작사유로 볼 수 있음은 별론으로 하고 이를 이유로 피고인에게 사실대로 진술할 것을 기대할 가능성이 없다고 볼 수는 없다(대법원 2008.10.23, 2005도10101).

217 甲이 담배제조업 허가 없이 전자장치를 이용해 흡입할 수 있는 니코틴이 포함된 용액을 제조한 경우, 궐련담배제조업의 허가기준은 존재하나 전자담배제조업에 관한 허가기준이 없는 이상 甲에게 담배제조업 관련 법령의 허가기준을 준수하거나 허가기준이 새롭게 마련될 때까지 법 준수를 요구하는 것을 기대할 수 없다. [경찰채용 22 2차]

217 (×)

해설+ 피고인들이 공모하여, 고농도 니코틴 용액에 프로필렌글리콜(Propylene Glycol)과 식물성 글리세린(Vegetable Glycerin)과 같은 희석액, 소비자의 기호에 맞는 향료를 일정한 비율로 첨가하여 전자장치를 이용해 흡입할 수 있는 '니코틴이 포함된 용액을 만드는 방법으로 담배제조업 허가 없이 담배를 제조하였다고 하여 담배사업법 위반으로 기소된 경우, 담배사업법의 위임을 받은 기획재정부가 전자담배제조업에 관한 허가기준을 마련하지 않고 있으나, 궐련담배제조업에 관한 허가기준은 이미 마련되어 있는 상황에서 담배제조업 관련 법령의 허가기준을 준수하거나 허가기준이 새롭게 마련될 때까지 법 준수를 요구하는 것은 죄형법정주의 원칙에 위반된다거나 기대가능성이 없는 행위를 처벌하는 것이어서 위법하다고 보기 어렵다(대법원 2018.9.28, 2018도9828).

CHAPTER 05 | 미수론

1 범행의 실현단계

001 범죄의 결심은 원칙적으로 처벌하지 않지만, 교사받은 자가 범죄의 실행을 승낙하고 실행에 착수하지 않았다면 음모 또는 예비에 준하여 처벌한다.

[국가9급 17]

001 (○) 내심상 범행결의만으로는 처벌되지 않는다. 후단은 제31조 제2항의 내용이다.

2 예비죄

🔗 대표유형

살인예비죄가 성립하기 위하여 살인죄를 범할 목적 이외에 살인의 준비에 관한 고의가 있어야 하는 것은 아니다. [국가7급 17] [국가9급총론 22] [변호사 21]

(✕)

해설+ 형법 제255조, 제250조의 살인예비죄가 성립하기 위하여는 형법 제255조에서 명문으로 요구하는 살인죄를 범할 목적 외에도 살인의 준비에 관한 고의가 있어야 하며, 나아가 실행의 착수까지에는 이르지 아니하는 살인죄의 실현을 위한 준비행위가 있어야 한다. 여기서의 준비행위는 물적인 것에 한정되지 아니하며 특별한 정형이 있는 것도 아니지만, 단순히 범행의 의사 또는 계획만으로는 그것이 있다고 할 수 없고 객관적으로 보아서 살인죄의 실현에 실질적으로 기여할 수 있는 외적 행위를 필요로 한다(대법원 2009.10.29, 2009도7150).

002 살인예비죄가 성립하기 위한 '준비행위'는 물적인 것에 한정되지 아니하며 특별한 정형이 있는 것도 아니어서 단순히 범행의 의사 또는 계획만으로도 충분하므로, 객관적으로 보아 살인죄의 실현에 실질적으로 기여할 수 있는 외적 행위를 필요로 하는 것은 아니다. [경찰채용 23 2차]

002 (✕)

해설+ 형법 제255조, 제250조의 살인예비죄가 성립하기 위하여는 형법 제255조에서 명문으로 요구하는 살인죄를 범할 목적 외에도 살인의 준비에 관한 고의가 있어야 하며, 나아가 실행의 착수까지에는 이르지 아니하는 살인죄의 실현을 위한 준비행위가 있어야 한다. 여기서의 준비행위는 물적인 것에 한정되지 아니하며 특별한 정형이 있는 것도 아니지만, 단순히 범행의 의사 또는 계획만으로는 그것이 있다고 할 수 없고 객관적으로 보아서 살인죄의 실현에 실질적으로 기여할 수 있는 외적 행위를 필요로 한다(대법원 2009.10.29, 2009도7150).

003 「형법」의 규정에 따르면 범죄의 예비행위가 실행의 착수에 이르지 아니할 때에도 원칙적으로 처벌의 대상이 된다.   [국가9급총론 22]

003 (×)

해설+ 제28조에 의하면, 범죄의 음모 또는 예비행위가 실행의 착수에 이르지 아니한 때에는 법률에 특별한 규정이 없는 한 벌하지 아니한다. 따라서 형법상 예비·음모는 원칙적으로 벌하지 아니한다.

004 「형법」 각칙상 예비죄 규정은 독립된 구성요건의 개념에 포함시킬 수 있다.   [국가9급 11]

004 (×) '있다' → '없다'
판례는 독립범죄설이 아닌 발현형태설이다(대법원 1976.5.25, 75도1549).

005 예비죄를 처벌하는 규정을 독립된 구성요건 개념에 포함시킬 수는 없다고 보는 것은 죄형법정주의의 원칙에 합치하지 않는다.   [국가9급총론 22]

005 (×)

해설+ 예비죄는 독립범죄가 아니라 기본범죄의 발현형태인 수정적 구성요건에 불과하다는 것이 다수설·판례이다(발현형태설). "형법 제28조에 의하면 범죄의 음모 또는 예비행위가 실행의 착수에 이르지 아니한 때에는 법률에 특별한 규정이 없는 한 벌하지 아니한다고 규정하여 예비죄의 처벌이 가져올 범죄의 구성요건을 부당하게 유추 내지 확장해석하는 것을 금지하고 있기 때문에 형법각칙의 예비죄를 처단하는 규정을 바로 독립된 구성요건 개념에 포함시킬 수는 없다고 하는 것이 죄형법정주의의 원칙에도 합당하는 해석이다(대법원 1976.5.25, 75도1549)."

006 미수범과 달리 "예비·음모는 이를 처벌한다."라는 규정형식은 죄형법정주의 원칙상 허용될 수 없다.   [국가9급 14]

006 (○)

해설+ 예비죄는 원칙적으로 처벌되지 아니하고 예외적으로 특별규정이 있는 경우에만 처벌되므로(제28조), 예비죄를 처벌하기 위해서는 당해 법률규정에서 예비·음모에 대한 구체적인 형벌의 종류와 양을 정해 놓아야만 한다(대법원 1977.6.28, 77도251).

007 범죄의 예비는 이를 처벌한다는 취지와 그 형을 함께 규정하고 있을 때에만 처벌할 수 있다.   [국가9급총론 22]

007 (○)

해설+ 형법상 미수는 임의적 감경 등 그 과형에 관하여 총칙에서 명문의 규정을 두고 있으나, 예비·음모는 법률에 특별한 규정이 없는 한 벌하지 아니한다고만 규정하고 있을 뿐이므로, 예비·음모를 처벌하려면 그 죄와 형을 별도로 규정하여야 한다. "형법 제28조에 의하면 범죄의 음모 또는 예비행위가 실행의 착수에 이르지 아니한 때에는 법률에 특별한 규정이 없는 한 처벌하지 아니한다고 규정하고 있어 범죄의 음모 또는 예비는 원칙으로 벌하지 아니하되 예외적으로 법률에 특별한 규정이 있을 때, 다시 말하면 음모 또는 예비를 처벌한다는 취지와 그 형을 함께 규정하고 있을 때에 한하여 이를 처벌할 수 있다(대법원 1977.6.28, 77도251)."

008 음모란 2인 이상이 범죄의 의사를 공유하는 것으로, 2인 이상이 일정한 범죄의 실행에 대한 결심을 외부에 표시·전달하는 것만으로도 음모죄가 성립한다. [국가9급 17]

008 (×) '도 음모죄가 성립한다' → '는 부족하다'

해설+ 객관적으로 보아 특정한 범죄의 실행을 위한 준비행위라는 것이 명백히 인식되고, 그 합의에 실질적인 위험성이 인정될 때에 비로소 음모죄가 성립한다(대법원 1999.11.12, 99도3801).

009 甲과 乙이 군복무 중에 수회에 걸쳐 "총을 훔쳐 전역 후에 은행이나 현금수송차량을 털어 한탕하자"는 말을 나눈 정도만으로는 강도음모를 인정하기에 부족하다. [경찰간부 18] [국가7급 09]

009 (○) 대법원 1999.11.12, 99도3801

010 자신을 죽여달라는 친구의 부탁을 받고 甲이, 독약을 준비하였다가 버린 행위는 「형법」상 예비·음모죄로 처벌할 수 있다. [사시 14·15]

010 (×) '있다' → '없다'

해설+ 살인의 죄에 있어서 예비·음모규정은 보통살인죄, 존속살해죄, 위계·위력에 의한 살인죄의 경우에만 적용하고 영아살해, 자살교사·방조, 촉탁·승낙에 의한 살인의 경우에는 그 적용이 없다(제255조).

011 甲이 강도의사로, 범행대상의 집 설계도를 제공하면서 乙과 침입경로 등 강도방법을 구체적으로 모의한 행위는 「형법」상 예비·음모죄로 처벌할 수 있다. [사시 14]

011 (○) 강도예비·음모에 대한 행위로, 이는 제343조에 의하여 처벌규정을 두고 있다.

012 준강도죄에 관한 「형법」 제335조는 "절도가 재물의 탈환을 항거하거나 체포를 면탈하거나 죄적을 인멸할 목적으로 폭행 또는 협박을 가한 때에는 전2조의 예에 의한다."라고 규정하면서 준강도를 강도죄와 같이 취급하도록 규정하고 있다. 따라서 강도예비·음모죄가 성립하기 위해서는 예비·음모행위자에게 미필적으로라도 '준강도'를 할 목적이 있음이 인정되어야 하고 만일 이에 이르지 않고 단순히 '특수절도'할 목적이 있음에 그치는 경우에는 강도예비·음모죄로 처벌할 수 없다. [법원9급 20]

012 (×) 강도예비·음모죄가 성립하기 위해서는 예비·음모행위자에게 미필적으로라도 '강도'를 할 목적이 있음이 인정되어야 한다(대법원 2006.9.14, 2004도6432).

013 절도범행이 뜻하지 않게 발각되었을 경우 체포를 면탈하는 데 도움이 될 수 있을 것이라는 생각에서 등산용 칼을 준비하였다면 강도예비죄에 해당한다. [사시 14]

013 (×) '해당한다' → '해당하지 않는다'(대법원 2006.9.14, 2004도6432)

014 甲이 통행인으로부터 현금을 강취하려고 범행도구인 칼을 휴대하고 심야에 인적이 드문 주택가를 배회한 행위는 「형법」상 예비·음모죄로 처벌할 수 있다. [사시 14]

해설+ 준강도할 목적으로 흉기를 휴대하고 있었던 경우라면 강도예비·음모가 성립할 수 없으나, 처음부터 강도에 공할 목적으로 흉기를 휴대하고 통행인의 출현을 대기하는 행위는 강도예비죄에 해당된다(대법원 1948.8.17, 4281형상80).

014 (○)

015 사람을 강간하기 위하여 준비한 경우 강간예비로 처벌할 수는 없다. [법원행시 14 변형]

015 (×) 강간죄의 예비·음모에 대한 처벌조항이 신설되었다(2020. 5.19. 개정 제305조의3).

016 「형법」상 폭발물사용죄와 미성년자약취·유인죄는 예비·음모의 처벌규정을 두고 있다. [경찰채용 17 2차]

016 (○) 폭발물사용예비·음모·선동죄(제120조), 미성년자약취·유인죄(제296조)

017 간수가 법률에 의하여 구금된 자를 도주하게 할 것을 준비한 경우 처벌될 수 있다. [법원행시 14]

해설+ 간수자의 도주원조는 제148조에 규정되어 있고, 제150조에 의하면 제147조 및 제148조의 죄를 범할 목적으로 예비 또는 음모한 자를 벌하고 있다.

017 (○)

018 내란목적의 살인죄(「형법」 제88조), 폭발물사용죄(「형법」 제119조), 위계에 의한 공무집행방해죄(「형법」 제137조), 특수도주죄(「형법」 제146조), 현주건조물 방화죄(「형법」 제164조 제1항), 유가증권위조죄(「형법」 제214조)는 예비·음모를 처벌한다. [법원행시 12 변형]

018 (×) 위계에 의한 공무집행방해죄(제137조) 및 특수도주죄(제146조)는 예비·음모 처벌규정이 없다.

019 과실에 의한 예비나 과실범의 예비는 불가벌이다. [사시 13]

> **해설+** 살인예비죄가 성립하기 위하여는 살인죄를 범할 목적 외에도 살인의 준비에 관한 고의가 있어야 하며, 나아가 실행의 착수까지에는 이르지 아니하는 살인죄의 실현을 위한 준비행위가 있어야 한다(대법원 2009.10.29, 2009도7150).

019 (O)

020 甲이 사람을 살해하기 위해 乙을 고용하여 대금지급을 약속하는 등 모의한 행위는 「형법」상 예비·음모죄로 처벌할 수 있다. [사시 14]

020 (O) 살인예비죄의 성립을 인정할 수 있다(대법원 2009.10.29, 2009도7150).

021 甲이 통화를 위조하여 행사할 목적으로 위조에 필요한 용지와 옵셋트 인쇄기를 준비하고, 진정한 한국은행권 일만원권을 사진 찍어 그 필름원판 7매와 이를 확대하여 현상한 인화지를 준비한 행위는 「형법」상 예비·음모죄로 처벌할 수 있다. [경찰채용 17 2차] [사시 14]

021 (O) 대법원 1966.12.6, 66도1317

022 예비죄의 공동정범의 성립은 가능하다. [국가7급 09]

022 (O) 대법원 1976.5.25, 75도1549

023 예비죄의 공동정범은 불가벌이다. [사시 13]

023 (×) '불가벌이다' → '성립할 수 있다'(대법원 2009.10.29, 2009도7150).

024 甲과 乙이 공동하여 강도하기로 공모하고 함께 협박에 사용할 등산용 칼을 구입하였으나 실행의 착수에 이르지 못한 경우, 강도예비죄의 공동정범이 된다. [법원9급 13 변형]

> **해설+** 2인 이상의 자가 공동하여 범죄를 실현하고자 하였으나 실행의 착수에 이르지 아니한 가벌적 예비단계에 그친 경우, 그 범죄실행의 준비행위가 공동형태로 이루어질 수 있다면 예비죄의 공동정범의 성립이 가능하다(대법원 1976.5.25, 75도1549).

024 (O)

025 예비죄의 방조범은 불가벌이다. [경찰간부 18] [사시 13]

025 (○)

> **해설+** 기수의 고의로 방조했으나 피방조자가 예비단계에 그친 경우, 예비죄의 종범으로 처벌할 수 없으며 불가벌이다(대법원 1976.5.25, 75도1549).

026 예비죄에 대해서는 방조범을 인정할 수 없으므로 예비죄의 공동정범도 성립할 수 없다. [경찰채용 19 1차]

026 (×)

> **해설+** 판례는 예비죄의 공동정범 성립에 관하여 긍정설의 입장을 취하고 있다. "종범이 처벌되기 위하여는 정범의 실행의 착수가 있는 경우에만 가능하고 정범이 실행의 착수에 이르지 아니한 예비의 단계에 그친 경우에는 이에 가공하는 행위가 예비의 공동정범이 되는 경우를 제외하고는 이를 종범으로 처벌할 수 없다고 할 것이다(대법원 1976.5.25, 75도1549)."

027 대법원은 예비죄의 실행행위성을 긍정하는 입장에 서 있으므로 예비죄의 공동정범뿐만 아니라 예비죄에 대한 종범의 성립도 긍정한다. [경찰채용 22 1차]

027 (×)

> **해설+** 예비죄의 실행행위성 여부에 대하여는 학설이 대립하나(긍정설이 다수설), 판례는 명시적인 입장이 없다. 다만, 판례는 예비죄의 공동정범 성립에 대하여는 긍정설, 예비죄의 종범성립에 대하여는 부정설의 입장을 취하고 있다. "형법 32조 1항 소정 타인의 범죄란 정범이 범죄의 실현에 착수한 경우를 말하는 것이므로 종범이 처벌되기 위하여는 정범의 실행의 착수가 있는 경우에만 가능하고 형법 전체의 정신에 비추어 정범이 실행의 착수에 이르지 아니한 예비의 단계에 그친 경우에는 이에 가공하는 행위가 예비의 공동정범이 되는 경우를 제외하고는 종범의 성립을 부정하고 있다고 보는 것이 타당하다(대법원 1976.5.25, 75도1549)."

028 정범이 실행의 착수에 이르지 아니하고 예비단계에 그친 경우, 이에 가공하는 행위는 예비죄의 종범으로 처벌할 수 있다. [경찰간부 18] [국가9급 11·18]

028 (×) '있다' → '없다'
예비죄의 종범은 성립할 수 없고 불가벌이다(대법원 1976.5.25, 75도1549).

029 정범이 실행의 착수에 이르지 아니한 예비단계에서 가공한 자는 예비죄의 공동정범은 물론 예비죄의 종범으로도 처벌할 수 없다. [국가9급총론 23]

029 (×) 예비죄의 공동정범은 성립할 수 있다고 보는 것이 판례의 입장이다.

> **해설+** 형법 32조 1항 소정 타인의 범죄란 정범이 범죄의 실현에 착수한 경우를 말하는 것이므로 종범이 처벌되기 위하여는 정범의 실행의 착수가 있는 경우에만 가능하고 형법 전체의 정신에 비추어 정범이 실행의 착수에 이르지 아니한 예비의 단계에 그친 경우에는 이에 가공하는 행위가 예비의 공동정범이 되는 경우를 제외하고는 종범의 성립을 부정하고 있다고 보는 것이 타당하다(대법원 1976.5.25, 75도1549).

030 정범이 예비단계에 그친 경우 이에 가공한 행위는 예비죄의 공동정범으로
는 물론 방조범으로도 처벌할 수 없다. [해경승진 23]

> **해설+** 형법 32조 1항 소정 타인의 범죄란 정범이 범죄의 실현에 착수한 경우를 말하는 것이므로
> 종범이 처벌되기 위하여는 정범의 실행의 착수가 있는 경우에만 가능하고 형법 전체의 정신에 비추
> 어 정범이 실행의 착수에 이르지 아니한 예비의 단계에 그친 경우에는 이에 가공하는 행위가 예비의
> 공동정범이 되는 경우를 제외하고는 종범의 성립을 부정하고 있다고 보는 것이 타당하다(대법원
> 1976.5.25, 75도1549).

(×) 예비죄의 공동정범은 성
립할 수 있다는 것이 판례의 입장
이다.

031 예비의 중지는 인정될 수 없으므로 행위자가 예비단계에서 자의로 실행의
착수로 나아가지 않으면 예비죄를 처벌하는 규정이 있다고 하더라도 불가
벌이다. [경찰간부 18] [사시 13]

> **해설+** 중지미수는 실행의 착수 이후의 개념이기 때문에 실행의 착수 이전인 예비단계에서 예비의
> 중지에 대해서는 준용할 수 없다는 부정설에 의하면 예비의 중지는 예비죄가 적용된다(1966.4.21,
> 66도152 전원합의체; 1999.4.9, 99도424).

031 (×) '있다고 하더라도 불가
벌이다' → '있다면 예비죄가 적용
된다'

---

3 **미수범의 일반이론**

 대표유형

미수범은 법률에 특별한 규정이 없는 한 벌하지 않는다. [국가7급 12] [국가9급 17]

(○) 미수범은 형법각칙에 처벌규
정이 있는 경우에 한하여 처벌된
다(제29조).

032 미수범이 성립하기 위해서는 확정적으로 행위의사가 있어야 하나 행위의
사가 확정적이면 그 실행이 일정한 조건의 발생에 좌우되는 때에도 고의는
인정된다. [변호사 16]

032 (○) 이러한 경우에도 기수
의 고의라는 미수범의 주관적 요
건은 충족된다.

033 미수범이란 행위를 종료했더라도 결과가 발생하지 아니한 경우를 말하는
것이므로 결과가 발생한 경우에는 미수범이 성립할 여지가 없다.
[경찰채용 22 1차]

033 (×) 결과가 발생하였더라도
행위와 결과 사이에 인과관계 내지
객관적 귀속을 인정할 수 없다면
미수범이 성립할 수 있다.

034 장애미수범(「형법」 제25조)에 해당하기 위하여는 물론이고 중지미수범(「형법」 제26조)에 해당하기 위하여도 실행의 착수가 있어야 한다.

[국가9급 22]

> **해설+** 미수범이라 함은 고의범이 범죄의 실행에 착수하여 행위를 종료하지 못하였거나, 종료하였더라도 결과가 발생하지 아니한 경우를 말한다. 장애미수·중지미수·불능미수는 모두 미수범에 해당하므로, 기수의 고의 등 주관적 구성요건요소와 실행의 착수 등 객관적 구성요건요소를 갖추어야 한다.

035 중지미수범은 임의적 형감면사유에 해당하지만, 불능미수범(「형법」 제27조)은 필요적 형감면사유에 해당한다.

[국가9급 22]

036 미수범 처벌근거에 대한 학설 중 주관설에 의할 경우 미수와 기수는 동일하게 처벌되어야 한다.

[변호사 18]

037 「형법」에는 과실범의 미수를 처벌하는 규정이 존재한다. [국가7급 12]

> **해설+** 과실범은 모두 결과범으로서 기수범의 형태로만 존재한다. 따라서 과실범의 미수란 이론적으로 있을 수 없고, 미수범 처벌규정도 없다.

038 「형법」에는 진정부작위범의 미수를 처벌하는 규정이 존재한다.

[국가7급 12]

039 진정부작위범은 그 속성상 미수가 불가능하며, 「형법」도 진정부작위범의 미수에 대한 처벌규정을 두고 있지 않다.

[경찰채용 19 2차]

> **해설+** 진정부작위범은 결과의 발생을 필요로 하지 않는 거동범적 성격을 가지고 있어 이론적으로 미수범의 성립이 어려우나, 현행형법은 진정부작위범인 퇴거불응죄(제319조 제2항)와 집합명령위반죄(제145조 제2항)의 미수범 처벌규정(제322조 및 제149조)을 두고 있다.

040 사인위조죄, 불법체포죄, 특수도주죄, 영아살해죄, 인질치사죄, 점유이탈물 횡령죄, 사문서부정행사죄는 「형법」상 미수범 처벌규정이 있다.

[경찰채용 17 1차]

040 (×) 점유이탈물횡령죄 및 사문서부정행사죄는 미수범 처벌 규정이 없다. 제240조, 제124조제 2항, 제149조, 제254조, 제324조 의5 참조.

041 제136조(공무집행방해), 제225조(공문서위조), 제257조(상해), 제283조(협박), 제319조(퇴거불응), 제366조(재물손괴), 제289조(인신매매), 제292조 (약취목적 모집) 각 범죄는 미수범을 벌하는 규정을 두고 있다.

[법원행시 10 변형]

041 (×) 제136조(공무집행방해) 및 제292조(약취목적 모집)는 미수범 처벌규정이 없다.

042 전시군수계약이행방해미수죄, 상습판매목적아편흡식기소지죄, 동의낙태치상죄, 편의시설부정이용미수죄 각 범죄는 현행 「형법」상 처벌된다.

[법원행시 13 변형]

042 (×)

해설+ 형법각칙 제2장 외환의 죄에서 유일하게 전시군수계약불이행·이행방해죄(제103조)만이 미수, 예비·음모, 선동·선전을 처벌하지 않는다. 제199조, 제203조, 제269조, 제348조의2, 제352조 참조.

043 법률상의 정당한 경계를 침범하는 행위가 있는 때에는 그로 인하여 사실상의 경계에 대한 인식불능의 결과가 발생하지 않더라도 경계침범죄가 성립한다.

[국가7급 13]

043 (×) '발생하지 않더라도' → '발생하여야'

해설+ 본죄는 미수범 처벌규정을 두고 있지 않으므로 이러한 사실상의 경계에 대한 인식불능의 결과를 발생시켜야 비로소 경계침범죄가 성립한다(대법원 2007.12.28, 2007도9181).

044 대금을 결제하기 위하여, 절취한 타인의 신용카드를 제시하고 신용카드회사의 승인까지 받았으나 매출전표에 서명한 사실이 없고 도난카드임이 밝혀져 최종적으로 매출취소로 거래가 종결되었다면 여신전문금융업법상 신용카드부정사용죄의 미수범으로 처벌된다. [국가9급 13·18] [변호사 18]

044 (×) '된다' → '되지 않는다'

해설+ 미수행위에 불과하고, 미수범 처벌규정이 없어 무죄이다. "단순히 신용카드를 제시하는 행위만으로는 신용카드부정사용죄의 실행에 착수한 것이라고 할 수는 있을지언정 그 사용행위를 완성한 것으로 볼 수 없다(대법원 2008.2.14, 2007도8767)."

대표유형

길가에 세워져 있는 자동차 안의 금품을 절취하기 위하여 준비한 손전등으로 유리창을 통해 자동차의 내부를 비추어 보다가 발각되었다면, 절도죄의 실행의 착수를 인정하기 어려워 절도미수죄로 처벌할 수 없으나 절도예비죄로는 처벌할 수 있다. [변호사 15]

해설+ 타인의 재물에 대한 지배를 침해하는 데 밀접한 행위를 한 것이라고는 볼 수 없어 절취행위의 착수에 이른 것이었다고 볼 수 없다(대법원 1985.4.23, 85도464). 절도미수죄로 처벌할 수 없고, 절도예비죄 역시 처벌규정이 없어 결국 불가벌이다.

(×) '없으나 절도예비죄로는 처벌할 수 있다' → '없고 절도예비죄로도 처벌할 수 없다'

대표유형

피고인이 일화 500만¥은 기탁화물로 부치고 일화 400만¥은 휴대용 가방에 넣어 국외로 반출하려고 하는 경우에, 500만¥에 대하여는 기탁화물로 부칠 때 이미 국외로 반출하기 위한 행위에 근접·밀착한 행위가 이루어졌다고 보아 실행의 착수가 있었다고 할 것이지만, 휴대용 가방에 넣어 비행기에 탑승하려고 한 나머지 400만¥에 대하여는 그 휴대용 가방을 보안검색대에 올려놓거나 이를 휴대하고 통과하는 때에 비로소 실행의 착수가 있다고 볼 것이고, 피고인이 휴대용 가방을 가지고 보안검색대에 나아가지 않은 채 공항 내에서 탑승을 기다리고 있던 중에 체포되었다면 일화 400만¥에 대하여는 실행의 착수가 있다고 볼 수 없다. [변호사 14 변형]

(○) 대법원 2001.7.27, 2000도4298

045 미수범은 구성요건의 객관적 요소가 하나라도 충족되지 아니한 때에 성립하는 것으로, 현행법상 고의범은 물론이고 과실범에 대해서도 성립될 수 있다. [변호사 15]

045 (×) '고의범은 물론이고 과실범에 대해서도 성립될 수 있다' → '고의범에 대해서는 성립될 수 있다'
형법상 과실범의 미수를 처벌하는 규정은 없다.

046 목적과 같은 초과주관적 요소가 필요한 범죄에 있어서는 그 미수범의 성립에 있어서도 초과주관적 요소가 구비되어야 한다. [변호사 18]

046 (○)

047 형식적 객관설은 행위자가 구성요건에 해당하는 행위 또는 그 행위의 일부가 시작되었을 때 실행의 착수가 있다는 견해로 실행의 착수시기를 인정하는 시점이 너무 늦어져 미수의 범위가 좁아진다는 비판이 있다. [경찰간부 23]

047 (○) 형식적 객관설의 내용과 그에 대한 비판이다.

048 실질적 객관설은 구성요건의 보호법익을 기준으로 하여 법익에 대한 직접적 위험을 발생시킨 객관적 행위시점에서 실행의 착수가 있다는 견해로 법익침해의 '직접적 위험'이라는 기준이 모호하다는 비판이 있다. [경찰간부 23]

049 주관설은 범죄란 범죄적 의사의 표현이므로 범죄의사를 명백하게 인정할 수 있는 외부적 행위가 있을 때 또는 범의의 비약적 표동이 있을 때 실행의 착수가 있다는 견해로 가벌적 미수의 범위가 지나치게 확대될 수 있다. [경찰간부 23]

050 주관적(개별적) 객관설은 행위자의 전체적 범행계획에 비추어 구성요건실현에 대한 직접적 행위가 있을 때 실행의 착수가 있다는 견해로 실행의 착수에 관한 객관설과 주관설의 단점을 제거하고 양설을 타협하기 위해 제시된 절충적인 견해이다. [경찰간부 23]

해설+ 주관적 객관설 내지 개별적 객관설은 행위자의 관념(표상)과 행위(공격)의 직접성을 동시에 중시하는 견해로서, 행위자의 주관적인 범죄계획에 비추어 범죄의사의 분명한 표명이라고 볼 수 있는 행위가 보호법익에 대한 직접적 위험을 발생시킨 때 실행의 착수가 있다는 입장이다(통설).

051 격분하여 사람을 살해하려고 밖으로 나가 낫을 들고 피해자에게 다가서려고 하였으나 제3자가 제지하자 그 틈을 타서 피해자가 도망간 경우 살인죄의 실행에 착수하지 않은 것이다. [국가9급총론 18]

해설+ 피고인이 낫을 들고 피해자에게 접근함으로써 살인의 실행행위에 착수하였다고 할 것이므로 이는 살인미수에 해당한다(대법원 1986.2.25, 85도2773).

052 상대방에게 해악을 고지하였더라도 상대방이 고지된 해악의 의미를 인식하지 못한 경우 협박죄의 미수가 된다. [사시 13]

해설+ 협박죄 미수범 처벌조항은 해악의 고지가 현실적으로 상대방에게 도달하지 아니한 경우나, 도달은 하였으나 전혀 지각하지 못한 경우, 혹은 고지된 해악의 의미를 상대방이 인식하지 못한 경우 등에 적용된다(대법원 2007.9.28, 2007도606 전원합의체).

053 일반적으로 사람으로 하여금 공포심을 일으키게 하기에 충분한 해악을 고지하여 상대방이 그 의미를 인식하였지만 현실적으로 공포심을 일으키지 않은 경우 협박죄의 미수범에 해당한다. [국가9급총론 20]

053 (×) 협박죄의 기수범이 된다(대법원 2007.9.28, 2007도606 전원합의체).

054 피해자의 해외도피를 방지하기 위하여 피해자를 협박하고 이에 피해자가 겁을 먹고 있는 상태를 이용하여 피해자 소유의 여권을 교부하게 함으로써 피해자가 그의 여권을 강제회수 당하였다면 강요죄의 기수가 성립한다. [변호사 12]

054 (○) 강제회수당하였다면 피해자가 해외여행을 할 권리는 사실상 침해되었다고 볼 것이므로 강요죄의 기수이다(대법원 1993.7.27, 93도901).

055 강간죄에 있어서 폭행 또는 협박은 피해자의 항거를 불능하게 하거나 현저히 곤란하게 할 정도의 것이어야 하므로, 그와 같은 폭행 또는 협박에 의하여 피해자의 항거가 불능하게 되거나 현저히 곤란하게 되는 때 실행의 착수가 있다고 볼 수 있다. [법원행시 21]

055 (×)

> **해설+** 강간죄는 부녀를 간음하기 위하여 피해자의 항거를 불능하게 하거나 현저히 곤란하게 할 정도의 폭행 또는 협박을 개시한 때에 그 실행의 착수가 있다고 보아야 할 것이고, 실제로 그와 같은 폭행 또는 협박에 의하여 피해자의 항거가 불능하게 되거나 현저히 곤란하게 되어야만 실행의 착수가 있다고 볼 것은 아니다(대법원 2000.6.9, 2000도1253).

056 양팔을 높이 들어 뒤에서 피해자를 껴안으려는 행위는 피해자의 의사에 반하는 유형력의 행사로서 폭행행위에 해당하고, 그때에 이른바 '기습추행'에 관한 실행의 착수가 있다고 볼 수 있으므로 아동·청소년에 대한 강제추행 미수죄에 해당한다. [국가9급 17 변형]

056 (○) 대법원 2015.9.10, 2015도6980

057 유치원 통원차량 기사인 甲이 7세 여아의 동의하에 간음에 착수하였으나 인기척이 나므로 중지한 경우 미성년자의제강간미수로 처벌할 수 있다. [사시 14]

057 (○)

> **해설+** 형법 제297조와 제298조의 '예에 의한다'는 의미는 미성년자의제강간·강제추행죄의 처벌에 있어 그 법정형뿐만 아니라 미수범에 관하여도 강간죄와 강제추행죄의 예에 따른다는 취지로 해석된다(대법원 2007.3.15, 2006도9453).

058 피고인이 카메라 기능이 켜진 휴대전화를 화장실 칸 너머로 향하게 하여 용변을 보던 피해자를 촬영하려 한 경우 카메라이용촬영죄의 실행의 착수가 인정되지 않는다.

해설+ 성폭력처벌법위반(카메라등이용촬영)죄는 카메라 등을 이용하여 성적 욕망 또는 수치심을 유발할 수 있는 타인의 신체를 그 의사에 반하여 촬영함으로써 성립하는 범죄이고, 여기서 '촬영'이란 카메라나 그 밖에 이와 유사한 기능을 갖춘 기계장치 속에 들어 있는 필름이나 저장장치에 피사체에 대한 영상정보를 입력하는 행위를 의미한다(대법원 2011.6.9, 2010도10677). 따라서 ⑦ 범인이 피해자를 촬영하기 위하여 육안 또는 캠코더의 줌 기능을 이용하여 피해자가 있는지 여부를 탐색하다가 피해자를 발견하지 못하고 촬영을 포기한 경우에는 촬영을 위한 준비행위에 불과하여 성폭력처벌법위반(카메라등이용촬영)죄의 실행에 착수한 것으로 볼 수 없다(대법원 2011.11.10, 2011도12415). 이에 반하여 ⓛ 범인이 카메라 기능이 설치된 휴대전화를 피해자의 치마 밑으로 들이밀거나, 피해자가 용변을 보고 있는 화장실 칸 밑 공간 사이로 집어넣는 등 카메라 등 이용 촬영 범행에 밀접한 행위를 개시한 경우에는 성폭력처벌법위반(카메라등이용촬영)죄의 실행에 착수하였다고 볼 수 있다(대법원 2012.6.14, 2012도4449; 2014.11.13, 2014도8385 등; 2021.3.25, 2021도749; 2021.8.12, 2021도7035).

보충 [대법원 2021.3.25, 2021도749] 휴대전화를 든 피고인의 손이 피해자가 용변을 보고 있던 화장실 칸 너머로 넘어온 점, 카메라 기능이 켜진 위 휴대전화의 화면에 피해자의 모습이 보인 점 등에 비추어 카메라등이용촬영죄의 실행의 착수를 인정한 사례이다.
[대법원 2021.8.12, 2021도7035] 편의점에서 카메라 기능이 설치된 휴대전화를 손에 쥔 채 치마를 입은 피해자들을 향해 쪼그려 앉아 피해자의 치마 안쪽을 비추는 등 행위를 한 피고인에 대해 카메라등이용촬영죄의 실행의 착수를 인정한 사례이다.

059 피고인이 지하철 환승에스컬레이터 내에서 짧은 치마를 입고 있는 피해자의 뒤에 서서 카메라폰으로 성적 수치심을 느낄 수 있는 치마 속 신체 부위를 피해자 의사에 반하여 동영상 촬영 중 경찰관에게 발각되어 저장버튼을 누르지 않고 촬영을 종료하였더라도 동영상 촬영을 시작하여 일정한 시간이 경과하였다면 구 성폭력범죄의 처벌 및 피해자보호 등에 관한 법률상 '카메라 등 이용촬영죄'의 기수에 해당한다. [경찰채용 18 1차] [경찰채용 23 2차]

060 주거침입죄의 실행의 착수는 주거자, 관리자, 점유자 등의 의사에 반하여 주거나 관리하는 건조물 등에 들어가는 행위, 즉 구성요건의 일부를 실현하는 행위까지 요구하는 것은 아니고 범죄구성요건의 실현에 이르는 현실적 위험성을 포함하는 행위를 개시하는 것으로 족하다. [국가7급 11]

061 출입문이 열려 있으면 안으로 들어가겠다는 의사 아래 출입문을 당겨보는 행위는 주거침입의 실행에 착수한 것으로 보아야 한다. [법원행시 16]

061 (○) 대법원 2006.9.14, 2006도2824

062 甲이 다가구용 단독주택인 빌라의 잠기지 않은 대문을 열고 들어가 공용계단으로 빌라 3층까지 올라갔다가 1층으로 내려온 경우(주거침입죄), 갑에게 실행의 착수를 인정할 수 있다. [국가9급총론 18] [사시 10]

062 (○) 다가구용 단독주택의 공용계단도 위요지로서 사람의 주거에 해당하므로, 위 행위는 주거침입죄를 구성한다(대법원 2009.8.20, 2009도3452).

063 신체의 일부만 주거 안으로 들어갔지만 사실상의 주거의 평온을 해할 수 있는 정도에 이른 경우에는 주거침입죄의 미수범에 해당한다. [국가9급총론 20]

063 (×) 사실상 평온이 침해되면 기수이다(대법원 1995.9.15, 94도2561).

064 주간에 절도의 목적으로 다른 사람의 주거에 침입하여 절취하는 경우에는 절취할 재물의 물색행위를 시작하는 등 그에 대한 사실상의 지배를 침해하는 데에 밀접한 행위를 개시한 때에 실행의 착수가 인정된다. [법원승진 16]

064 (○) 대법원 2003.6.24, 2003도1985

065 주간에 피해자가 빨래를 걷으러 옥상으로 올라간 사이에 피해자의 다세대주택에 절취할 재물을 찾으려고 신발을 신은 채 거실을 통하여 안방으로 들어가 여기저기를 둘러보고는 절취할 재물을 찾지 못하고 다시 거실로 나와서 두리번거리고 있다가 피해자가 현관문을 통하여 거실로 들어가다가 마주치게 된 경우라면 절도죄의 실행착수가 인정된다. [사시 06 변형]

065 (○) 대법원 2003.6.24, 2003도1985

066 야간에 손전등과 박스 포장용 노끈을 이용하여 도로에 주차된 차량의 문을 열고 현금 등을 훔치기로 마음먹고 차량의 문이 잠겨 있는지 확인하기 위해 양손으로 운전석 문의 손잡이를 잡고 열려고 하던 중 경찰관에게 발각된 경우 절도죄의 실행의 착수가 인정된다. [국가7급 16]

066 (○) 대법원 2009.9.24, 2009도5595

067 야간에 절도의 목적으로 타인의 주거에 침입한 후 물색행위를 하기 전에 발각된 경우 야간주거침입절도죄의 실행의 착수가 있었던 것으로 인정된다.

[국가9급총론 18]

067 (○)

> **해설+** 야간에 타인의 재물을 절취할 목적으로 사람의 주거에 침입한 경우에는 주거에 침입한 단계에서 이미 형법 제330조에서 규정한 야간주거침입절도죄라는 범죄행위의 실행에 착수한 것이다(대법원 2006.9.14, 2006도2824).

068 절도의 의도로 야간에 피해자의 집 창살을 통하여 침입하였으나 피해자 시아버지의 헛기침에 발각된 줄 알고 도주한 경우 야간주거침입절도의 실행의 착수가 인정된다.

[사시 16]

068 (○)

> **해설+** 야간에 타인의 재물을 절취할 목적으로 사람의 주거에 침입한 경우에는 주거에 침입한 행위의 단계에서 이미 형법 제330조에서 규정한 야간주거침입절도죄라는 범죄행위의 실행에 착수한 것이라고 볼 것이다(대법원 1984.12.26, 84도2433).

069 야간에 아파트에 침입하여 물건을 훔칠 의도하에 아파트의 베란다 철제난간까지 올라가 유리창문을 열려고 시도한 경우에는 야간주거침입절도죄의 실행의 착수가 인정된다.

[국가7급 14]

069 (○) 대법원 2003.10.24, 2003도4417

070 甲이 타인의 명의를 빌려 예금계좌를 개설한 후 통장과 도장은 명의인에게 보관시키고 자신은 위 계좌의 현금인출카드를 소지한 채 명의인을 기망하여 위 계좌로 돈을 송금하게 하였지만 그 돈을 인출하지 않고 있던 중 명의인이 이를 인출한 경우, 甲은 사기죄의 장애미수에 해당한다.

[국가9급 21]

070 (×)

> **해설+** 자신은 통장의 현금인출카드를 소지하고 있으면서 언제든지 카드를 이용하여 차명계좌 통장으로부터 금원을 인출할 수 있었고, 명의인을 기망하여 위 통장으로 돈을 송금받은 이상, 이로써 송금받은 돈을 자신의 지배하에 두게 되어 편취행위는 기수에 이르렀다고 할 것이고, 이후 편취금을 인출하지 않고 있던 중 명의인이 이를 인출하여 갔다 하더라도 이는 범죄성립 후의 사정일 뿐 사기죄의 성립에 영향이 없다(대법원 2003.7.25, 2003도2252).

071 법원을 기망하여 자기에게 유리한 판결을 얻고자 소송을 제기한 자가 상대방의 주소를 허위로 기재하여 소송을 제기함으로써 그 허위주소로 소송서류가 송달되어 그로 인하여 상대방 아닌 다른 사람이 그 서류를 받아 소송을 진행한 경우 소송사기죄의 실행의 착수가 인정되지 않는다. [국가7급 16]

> **해설＋** 소송에서 주장하는 권리가 존재하지 않는 사실을 알고 있으면서도 법원을 기망한다는 인식을 가지고 소를 제기하면 이로써 실행의 착수가 있었다(대법원 2006.11.10, 2006도5811).

072 소송에서 주장하는 권리가 존재하지 않는 사실을 알고 있으면서도 법원을 기망한다는 인식을 가지고 소를 제기하면 이로써 소송사기의 실행의 착수가 있었다고 할 것이고, 피해자에 대한 직접적인 기망이 있어야 하는 것은 아니다. [사시 06 변형]

073 소송사기의 고의로 소를 제기한 경우 아직 그 소장이 피고에게 송달되지 않아도 사기죄의 실행의 착수가 인정된다. [사시 13]

074 소송사기의 목적으로 법원에 소장을 제출한 경우, 아직 피고에게 소장부본이 송달되지 않아도 사기죄의 실행의 착수가 있다. [경찰채용 18 2차]

> **해설＋** 소송사기는 소를 제기하면 이로써 실행의 착수가 있고 소장의 유효한 송달을 요하지 아니한다고 할 것인바, 이러한 법리는 제소자가 상대방의 주소를 허위로 기재함으로써 그 허위주소로 소송서류가 송달되어 그로 인하여 상대방 아닌 다른 사람이 그 서류를 받아 소송이 진행된 경우에도 마찬가지로 적용된다(대법원 2006.11.10, 2006도5811).

075 피담보채권인 공사대금 채권을 실제와 달리 허위로 부풀려 유치권에 의한 경매를 신청한 경우 소송사기죄의 실행의 착수에 해당한다. [법원9급 13·18]

> **해설＋** 정당한 채권액에 의하여 경매를 신청한 경우보다 더 많은 배당금을 받을 수도 있으므로, 이는 법원을 기망하여 배당이라는 법원의 처분행위에 의하여 재산상 이익을 취득하려는 행위로서 소송사기죄의 실행의 착수에 해당한다(대법원 2006.11.10, 2006도5811).

---

071 (×) '인정되지 않는다' → '인정된다'

072 (○) 대법원 1993.9.14, 93도915

073 (○) 법원을 기망한다는 인식을 가지고 소를 제기하면 이로써 실행의 착수가 있고 소장의 유효한 송달을 요하지 아니한다(대법원 2006.11.10, 2006도5811).

074 (○)

075 (○)

076 진정한 임차권자가 아니면서 허위의 임대차계약서를 법원에 제출하여 임차권등기명령을 신청하면 그로써 소송사기의 실행행위에 착수한 것으로 보아야 하고, 나아가 그 임차보증금 반환채권에 관하여 현실적으로 청구의 의사표시를 하여야만 사기죄의 실행의 착수가 있다고 볼 것은 아니다.

[법원행시 16 변형]

077 허위 채권에 기한 공정증서를 집행권원으로 하여 채무자의 소유권이전등기청구권에 대하여 압류신청을 한 것만으로는 소송사기의 실행에 착수하였다고 볼 수 없다.

[변호사 23]

해설+ 강제집행절차를 통한 소송사기는 집행절차의 개시신청을 한 때 또는 진행 중인 집행절차에 배당신청을 한 때에 실행에 착수하였다고 볼 것이다. 민사집행법 제244조에서 규정하는 부동산에 관한 권리이전청구권에 대한 강제집행은 그 자체를 처분하여 대금으로 채권에 만족을 기하는 것이 아니고, 부동산에 관한 권리이전청구권을 압류하여 청구권의 내용을 실현시키고 부동산을 채무자의 책임재산으로 귀속시킨 다음 다시 부동산에 대한 경매를 실시하여 매각대금으로 채권에 만족을 기하는 것이다. 이러한 경우 소유권이전등기청구권에 대한 압류는 당해 부동산에 대한 경매의 실시를 위한 사전 단계로서의 의미를 가지나, 전체로서의 강제집행절차를 위한 일련의 시작행위라고 할 수 있으므로, 허위 채권에 기한 공정증서를 집행권원으로 하여 채무자의 소유권이전등기청구권에 대하여 압류신청을 한 시점에 소송사기의 실행에 착수하였다고 볼 것이다(대법원 2015.2.12, 2014도10086).

078 소유권이전등기청구권에 대한 압류는 당해 부동산에 대한 경매의 실시를 위한 사전 단계로서의 의미를 가지나, 전체로서의 강제집행절차를 위한 일련의 시작행위라고 할 수 있으므로, 허위 채권에 기한 공정증서를 집행권원으로 하여 채무자의 소유권이전등기청구권에 대하여 압류신청을 한 시점에 소송사기의 실행에 착수하였다고 볼 것이다. [경찰간부 18] [법원9급 18]

079 강제집행절차를 통한 소송사기는 집행절차의 개시신청을 한 때 또는 진행 중인 집행절차에 배당신청을 한 때에 사기죄의 실행에 착수하였다고 볼 수 있다.

[경찰채용 18 3차]

080 자신이 토지의 소유자라고 허위의 주장을 하면서 소유권보존등기 명의자를 상대로 보존등기의 말소를 구하는 소송을 제기한 경우 그 소송에서 승소확정판결을 받는다면, 이에 터 잡아 언제든지 단독으로 상대방의 소유권보존등기를 말소시킨 후 자기 앞으로의 소유권보존등기를 신청하여 그 등기를 마칠 수 있게 되므로, 이는 그 '소유 명의를 얻을 수 있는 지위'라는 재산상 이익을 취득한 것이고, 그 경우 기수시기는 위 판결이 확정된 때이다.

[법원9급 18] [사시 12 변형]

080 (○) 대법원 2006.4.7, 2005도9858 전원합의체

081 甲은 乙 명의로, 乙이 부동산을 매수한 일이 없음에도 매수한 것처럼 허위의 사실을 주장하여 위 부동산에 대한 소유권이전등기를 거친 사람을 상대로 그 이전등기의 원인무효를 내세워 이전등기의 말소를 구하는 소송을 제기한 경우에는 소송사기의 실행의 착수를 인정할 수 없다. [사시 14]

해설+ 乙이 승소한다고 가정하더라도 위 등기명의인들의 등기가 말소될 뿐이고 피고인이 위 임야에 관한 어떠한 권리를 취득하거나 의무를 면하는 것은 아니므로 법원을 기망하여 재물이나 재산상 이익을 편취한 것이라고 보기 어렵다(대법원 1981.12.8, 81도1451).

081 (○)

082 사기죄는 편취의 의사로 기망행위를 개시한 때에 실행에 착수한 것으로 보아야 하므로, 사기도박에 있어서는 사기적인 방법으로 도금을 편취하려고 하는 자가 상대방에게 도박에 참가할 것을 권유한 후 정상적인 도박행위를 한 단계에서는 실행의 착수가 있다고 보기 어렵고, 이후 사기적인 방법의 도박행위를 개시한 때에 사기죄의 실행의 착수가 있는 것으로 보아야 한다.

[국가9급 17 변형]

082 (×) 사기적인 방법으로 도금을 편취하려고 하는 자가 상대방에게 도박에 참가할 것을 권유하는 등 기망행위를 개시한 때에 실행의 착수가 있는 것으로 보아야 한다(대법원 2011.1.13, 2010도9330).

083 금융기관 직원이 전산단말기를 이용하여 다른 공범들이 지정한 특정 계좌에 돈이 입금된 것처럼 허위의 정보를 입력하는 방법으로 위 계좌로 돈이 입금되도록 하였으나, 그 후 그러한 입금이 취소되어 현실적으로 인출되지 못하였다면 컴퓨터등사용사기죄의 미수에 해당한다. [경찰채용 18 1차] [사시 13]

해설+ 입금절차를 완료함으로써 장차 그 계좌에서 이를 인출하여 갈 수 있는 재산상 이익을 취득하였으므로 형법 제347조의2에서 정하는 컴퓨터등사용사기죄는 기수이다(대법원 2006.9.14, 2006도4127).

083 (×) '미수' → '기수'

084 식품제조회사를 상대로 지정한 예금계좌에 1억원을 입금하지 않으면 식품에 독극물을 투입하겠다고 협박하여 그 예금계좌에 1억원을 입금받고 아직 인출하지 않은 경우 공갈죄의 미수가 된다. [국가7급 13]

> **해설+** 예금계좌에 1억원을 입금받고 아직 인출하지 않았다고 하더라도 공갈죄의 미수가 성립한다고 할 수 없다(대법원 1985.9.24, 85도1687).

085 타인의 사무를 처리하는 자가 배임의 범의로, 즉 임무에 위배하는 행위를 한다는 점과 이로 인하여 자기 또는 제3자가 이익을 취득하여 본인에게 손해를 가한다는 점에 대한 인식이나 의사를 가지고 임무에 위배한 행위를 개시한 때 배임죄의 실행에 착수한 것으로 볼 수 있고 이는 그 임무위배행위가 사법(私法)상 무효인 경우라 하더라도 마찬가지이다. [법원행시 21]

> **해설+** 주식회사의 대표이사가 대표권을 남용하는 등 그 임무에 위배하여 회사 명의로 의무를 부담하는 행위를 하더라도 일단 회사의 행위로서 유효하고, 다만 상대방이 대표이사의 진의를 알았거나 알 수 있었을 때에는 회사에 대하여 무효가 된다. 따라서 상대방이 대표권 남용 사실을 알았거나 알 수 있었던 경우 그 의무부담행위는 원칙적으로 회사에 대하여 효력이 없고, 경제적 관점에서 보아도 이러한 사실만으로는 회사에 현실적인 손해가 발생하였다거나 실해 발생의 위험이 초래되었다고 평가하기 어려우므로, 달리 그 의무부담행위로 인하여 실제로 채무의 이행이 이루어졌다거나 회사가 민법상 불법행위책임을 부담하게 되었다는 등의 사정이 없는 이상 배임죄의 기수에 이른 것은 아니다. 그러나 이 경우에도 대표이사로서는 배임의 범의로 임무위배행위를 함으로써 실행에 착수한 것이므로 배임죄의 미수범이 된다(대법원 2017.7.20, 2014도1104 전원합의체).

> **유사** 배임죄는 타인의 사무를 처리하는 자가 그 임무에 위배하는 행위로써 재산상의 이익을 취득하거나 제3자로 하여금 이를 취득하게 하여 본인에게 손해를 가함으로써 성립하는바, 이 경우 그 임무에 위배하는 행위라 함은 처리하는 사무의 내용, 성질 등 구체적 상황에 비추어 법률의 규정, 계약의 내용 혹은 신의칙상 당연히 할 것으로 기대되는 행위를 하지 않거나 당연히 하지 않아야 할 것으로 기대하는 행위를 함으로써 본인과 사이의 신임관계를 저버리는 일체의 행위를 포함하고 그러한 행위가 법률상 유효한가 여부는 따져볼 필요가 없다. 비영리 재단법인의 이사장이 설립목적과는 다른 목적으로 기본재산을 매수하여 사용할 의도를 가진 공소외인과 사이에 기본재산의 직접적인 매도는 주무관청의 허가문제 등으로 불가능하자 이사진 등을 교체하는 방법으로 재단법인의 운영을 공소외인에게 넘긴 후 공소외인이 의도하는 사업을 할 수 있게 재단법인의 명칭과 목적을 변경함으로써 사실상 기본재산을 매각하는 효과를 얻되 그 대가로 금원을 받기로 하는 약정을 체결하고 그 일부를 수령한 경우, 주무관청의 허가의 문제로 법률상 유효한 약정인가 여부와 관계없이 재단법인과 사이의 신임관계를 저버린 배임행위에 해당한다(대법원 2001.9.28, 99도263).

084 (×) '미수' → '기수'

085 (○)

086 A주식회사의 대표이사인 甲이 대표권을 남용하는 등 그 임무에 위배하여 A회사 명의의 약속어음을 발행하고 그 정을 모르는 자에게 이를 교부하였으나 아직 어음채무가 실제로 이행되기 전인 경우, 甲의 행위는 미수범에 해당한다. [변호사 22]

086 (X)

해설+ 주식회사의 대표이사가 대표권을 남용하는 등 그 임무에 위배하여 회사 명의로 의무를 부담하는 행위를 하더라도 일단 회사의 행위로서 유효하고, 다만 상대방이 대표이사의 진의를 알았거나 알 수 있었을 때에는 회사에 대하여 무효가 된다. 따라서 상대방이 대표권남용 사실을 알았거나 알 수 있었던 경우 그 의무부담행위는 원칙적으로 회사에 대하여 효력이 없고, 경제적 관점에서 보아도 이러한 사실만으로는 회사에 현실적인 손해가 발생하였다거나 실해발생의 위험이 초래되었다고 평가하기 어려우므로, 달리 그 의무부담행위로 인하여 실제로 채무의 이행이 이루어졌다거나 회사가 민법상 불법행위책임을 부담하게 되었다는 등의 사정이 없는 이상 배임죄의 기수에 이른 것은 아니다. 그러나 이 경우에도 대표이사로서는 배임의 범의로 임무위배행위를 함으로써 실행에 착수한 것이므로 배임죄의 미수범이 된다. 그리고 상대방이 대표권남용 사실을 알지 못하였다는 등의 사정이 있어 그 의무부담행위가 회사에 대하여 유효한 경우에는 회사의 채무가 발생하고 회사는 그 채무를 이행할 의무를 부담하므로, 이러한 채무의 발생은 그 자체로 현실적인 손해 또는 재산상 실해발생의 위험이라고 할 것이어서 그 채무가 현실적으로 이행되기 전이라도 배임죄의 기수에 이르렀다고 보아야 한다(대법원 2017.7.20, 2014도1104 전원합의체).

087 업무상배임죄에서 부작위를 실행의 착수로 볼 수 있기 위해서는 작위의무가 이행되지 않으면 사무처리의 임무를 부여한 사람이 재산권을 행사할 수 없으리라고 객관적으로 예견되는 등으로 구성요건적 결과 발생의 위험이 구체화한 상황에서 부작위가 이루어져야 하고, 행위자는 부작위 당시 자신에게 주어진 임무를 위반한다는 점과 그 부작위로 인해 손해가 발생할 위험이 있다는 점을 인식하였어야 한다. [경찰승진 22] [경찰간부 23] [경찰채용 23 1차]

087 (O)

해설+ 업무상배임죄는 타인과의 신뢰관계에서 일정한 임무에 따라 사무를 처리할 법적 의무가 있는 자가 그 상황에서 당연히 할 것이 법적으로 요구되는 행위를 하지 않는 부작위에 의해서도 성립할 수 있다. 그러한 부작위를 실행의 착수로 볼 수 있기 위해서는 작위의무가 이행되지 않으면 사무처리의 임무를 부여한 사람이 재산권을 행사할 수 없으리라고 객관적으로 예견되는 등으로 구성요건적 결과 발생의 위험이 구체화한 상황에서 부작위가 이루어져야 한다. 그리고 행위자는 부작위 당시 자신에게 주어진 임무를 위반한다는 점과 그 부작위로 인해 손해가 발생할 위험이 있다는 점을 인식하였어야 한다(대법원 2021.5.27, 2020도15529).

088 작위의무가 이행되지 않으면 구성요건적 결과의 발생의 위험이 구체화한 상황에서 이루어진 부작위는 실행의 착수로 볼 수 있다.   [군무원9급 22]

> **해설＋** 업무상배임죄는 타인과의 신뢰관계에서 일정한 임무에 따라 사무를 처리할 법적 의무가 있는 자가 그 상황에서 당연히 할 것이 법적으로 요구되는 행위를 하지 않는 부작위에 의해서도 성립할 수 있다. 그러한 <u>부작위를 실행의 착수로 볼 수 있기 위해서는 작위의무가 이행되지 않으면 사무처리의 임무를 부여한 사람이 재산권을 행사할 수 없으리라고 객관적으로 예견되는 등으로 구성요건적 결과 발생의 위험이 구체화한 상황에서 부작위가 이루어져야 한다.</u> 그리고 행위자는 부작위 당시 자신에게 주어진 임무를 위반한다는 점과 그 부작위로 인해 손해가 발생할 위험이 있다는 점을 인식하였어야 한다(대법원 2021.5.27, 2020도15529).

089 방송국 프로듀서가 특정 가수의 노래만을 자주 방송하여 달라는 청탁과 함께 그 대가로 1,000만원을 받은 후 그 청탁대로 이행하지 않은 경우는 배임수재죄의 미수가 된다.   [국가7급 13]

> **해설＋** 설령 피고인이 위와 같이 부정한 청탁을 받은 후 그 청탁대로 이행하지 않았다 하더라도 피고인에게 배임수재죄가 성립하지 않는다고 할 수 없다(대법원 2010.4.15, 2009도4791).

090 방화의 의사로 뿌린 휘발유가 인화성이 강한 상태로 주택주변과 피해자의 몸에 적지 않게 살포되어 있는 사정을 알면서도 라이터를 켜 불꽃을 일으킴으로써 피해자의 몸에 불이 붙은 경우에는 현주건조물방화죄의 실행의 착수가 인정되지 않는다.   [국가7급 14]

091 위조사문서행사죄는 상대방이 위조된 문서의 내용을 실제로 인식할 필요 없이 상대방으로 하여금 위조된 문서를 인식할 수 있는 상태에 둠으로써 기수가 된다.   [변호사 12]

092 간첩의 목적으로 외국 또는 북한에서 국내에 침투 또는 월남하는 경우에는 기밀탐지가 가능한 국내에 침투, 상륙함으로써 간첩죄의 실행의 착수가 있다.   [경찰간부 18] [국가7급 11]

093 구 외국환거래법에서 규정하는 신고를 하지 아니하거나 허위로 신고하고 지급수단·귀금속 또는 증권을 수출하는 행위는 지급수단 등을 국외로 반출하기 위한 행위에 근접·밀착하는 행위가 행하여진 때에 그 실행의 착수가 있으므로, 공항 내에서 보안검색대에 나아가지 않은 채 휴대용 가방 안에 해당 물건을 가지고 탑승을 기다리던 중에 발각되었다면 이미 실행의 착수가 있는 것으로 볼 수 있다. [경찰승진 22]

해설+ 외국환거래법 제28조 제1항 제3호에서 규정하는, 신고를 하지 아니하거나 허위로 신고하고 지급수단·귀금속 또는 증권을 수출하는 행위는 지급수단 등을 국외로 반출하기 위한 행위에 근접·밀착하는 행위가 행하여진 때에 그 실행의 착수가 있다고 할 것인데, 피고인이 일화 500만￥은 기탁화물로 부치고 일화 400만￥은 휴대용 가방에 넣어 국외로 반출하려고 하는 경우에, 500만￥에 대하여는 기탁화물로 부칠 때 이미 국외로 반출하기 위한 행위에 근접·밀착한 행위가 이루어졌다고 보아 실행의 착수가 있었다고 할 것이지만, 휴대용 가방에 넣어 비행기에 탑승하려고 한 나머지 400만￥에 대하여는 그 휴대용 가방을 보안검색대에 올려놓거나 이를 휴대하고 통과하는 때에 비로소 실행의 착수가 있다고 볼 것이고, 피고인이 휴대용 가방을 가지고 보안검색대에 나아가지 않은 채 공항 내에서 탑승을 기다리고 있던 중에 체포되었다면 일화 400만￥에 대하여는 실행의 착수가 있다고 볼 수 없다(대법원 2001.7.27, 2000도4298).

094 강간을 범할 목적으로 피해자의 집에 침입하여 안방에서 자고 있는 피해자의 가슴과 엉덩이를 만진 경우 강간죄의 실행의 착수가 있다고 볼 수 없다.
[경찰간부 18] [법원9급 18] [사시 13]

094 (○) 대법원 1990.5.25, 90도607

095 침입 대상인 아파트에 사람이 있는지를 확인하기 위해 그 집의 초인종을 누른 행위만으로는 주거침입죄의 실행의 착수가 인정되지 않는다.
[국가7급 11·16]

095 (○) 대법원 2008.4.10, 2008도1464

096 주간에 절도의 목적으로 다른 사람의 주거에 침입한 경우 주거에 침입한 단계에서 이미 절도죄의 실행에 착수한 것으로 보아야 한다.

096 (×)

해설+ 주간에 절도의 목적으로 다른 사람의 주거에 침입하여 절취할 재물의 물색행위를 시작하는 등 그에 대한 사실상의 지배를 침해하는 데에 밀접한 행위를 개시하면 절도죄의 실행에 착수한 것으로 보아야 한다(대법원 2003.6.24, 2003도1985).

CHAPTER 05 미수론 265

097 절도의 의도로 대낮에 피해자의 집 현관을 통하여 그 집 마루 위에 올라서서 창고문 쪽으로 향하다가 피해자에게 발각되어 체포된 경우 (절도)실행의 착수가 인정된다. [사시 16]

097 (×) '인정된다' → '인정되지 않는다'

> **해설+** 야간이 아닌 주간에 절도의 목적으로 타인의 주거에 침입하였다고 하여도 아직 절취할 물건의 물색행위를 시작하기 전이라면 주거침입죄만 성립할 뿐 절도죄의 실행에 착수한 것으로 볼 수 없는 것이어서 절도미수죄는 성립하지 않는다(대법원 1992.9.8, 92도1650).

098 절도의 의도로 대낮에 모텔 객실에 침입하여 야간에 객실에서 물건을 훔쳐 나온 경우 야간주거침입절도의 실행의 착수가 인정된다. [사시 16]

098 (×) '인정된다' → '인정되지 않는다'

> **해설+** 형법은 야간에 이루어지는 주거침입 행위의 위험성에 주목하여 그러한 행위를 수반한 절도를 야간주거침입절도죄로 중하게 처벌하고 있는 것으로 보아야 하고, 주거침입이 주간에 이루어진 경우에는 야간주거침입절도죄가 성립하지 않는다(대법원 2011.4.14, 2011도300).

099 야간에 절도 목적으로 다세대주택의 가스배관을 타고 올라가다가 발은 1층 방범창을 딛고 손은 1층과 2층 사이에 있는 가스배관을 잡고 있던 상태에서 순찰 중이던 경찰관에게 발각된 경우에는 야간주거침입절도죄의 실행의 착수가 인정된다. [경찰간부 18 변형] [국가7급 14 변형]

099 (×) 대법원 2008.3.27, 2008 도917

100 주간에 피해자의 아파트 출입문 시정장치를 손괴하다가 마침 귀가하던 피해자에게 발각되어 도주한 피고인들에 대하여 「형법」 제331조 제2항에 정한 특수절도죄의 실행의 착수가 없었다. [국가9급총론 18] [사시 16 변형]

100 (○) 대법원 2009.12.24, 2009 도9667

101 2인 이상이 합동하여 주간에 절도의 목적으로 타인의 주거에 침입한 경우 절취할 물건의 물색행위를 시작하기 전이라면 「형법」 제331조 제2항의 특수절도미수죄가 성립하지 않는다. [법원9급 18]

101 (○) 대법원 2009.12.24, 2009 도9667

102 피고인이 아파트 신축공사 현장 안에 있는 건축자재 등을 훔칠 생각으로 공범과 함께 공사현장 안으로 들어간 후 창문을 통하여 신축 중인 아파트의 지하실 안쪽을 살핀 경우 특수절도죄의 실행의 착수가 인정된다. [사시 13]

102 (×) '인정' → '부정' 특수절도죄의 실행의 착수에 해당되지 못한다(대법원 2010.4.29, 2009도14554).

103 장해보상금 지급 청구자에게 보상금을 찾아주겠다고 거짓말을 하여 장해보상금 지급 청구자를 보상금 지급기관까지 유인한 경우에는 사기죄의 실행의 착수가 인정되지 않는다. [국가7급 14] [사시 11]

103 (○) 기망행위의 착수에 이르렀다고 보기 어렵다(대법원 1980. 5.13, 78도2259).

104 가압류는 강제집행의 보전방법에 불과한 것이어서 허위의 채권을 피보전권리로 삼아 가압류를 하였다고 하더라도 그 채권에 관하여 현실적으로 청구의 의사표시를 한 것이라고는 볼 수 없으므로, 본안소송을 제기하지 아니한 채 가압류를 한 것만으로는 사기죄의 실행에 착수하였다고 할 수 없다.

[법원9급 18]

104 (○) 대법원 1988.9.13, 88도55

105 교통사고를 가장하여 보험금을 청구하기 위해 자해를 한 다음, 양심의 가책을 느끼고 보험금 청구를 단념한 경우 사기의 중지미수로 처벌할 수 있다. [사시 14]

105 (×) '있다' → '없다' 보험금 지급을 청구한 때 비로소 사기죄의 실행의 착수가 인정된다(대법원 2012.11.15, 2010도6910).

106 채무자인 甲이 채권자와 사이에 그로부터 금원을 차용하되 그 담보로 甲 소유의 주식에 대하여 현실 교부의 방법으로 양도담보를 설정하기로 약정하고 채권자로부터 차용금의 일부를 수령한 다음 아직 채권자에게 주식의 현실 교부가 이루어지지 아니한 상태에서, 제3자에게 그 주식의 전부에 대하여 현실 교부의 방법으로 양도담보를 설정하기로 약정하고 차용금의 일부를 수령한 경우 횡령미수에 해당한다. [사시 14]

> **보충** 종래 판례는 배임죄는 성립한다고 보았으나 대법원 2020.2.20, 2019도9756 전원합의체 판결에서 이를 변경하였다.

106 (×) 횡령죄뿐만 아니라 배임죄도 성립하지 않는다.

107 부동산의 이중양도에 있어서 부동산의 매도인인 甲이 제1차 매수인인 乙로부터 계약금 및 중도금 명목의 금원을 교부받은 후 제2차 매수인인 丙에게 부동산을 매도하기로 하고 계약금을 지급받은 경우에는 乙에 대하여 배임죄의 실행의 착수가 인정된다.

[사시 06 변형]

해설+ 피고인이 제1차 매수인으로부터 계약금 및 중도금 명목의 금원을 교부받은 후 제2차 매수인에게 부동산을 매도하기로 하고 계약금만을 지급받은 뒤 더 이상의 계약이행에 나아가지 않았다면 배임죄의 실행의 착수가 있었다고 볼 수 없다(대법원 2003.3.25, 2002도7134; 2010.4.29, 2009도14427).

107 (×) '인정된다' → '인정되지 않는다'

108 甲은 원수 A의 집에 방화하려고 화염병을 만들어 A의 집을 찾아갔으나 집 안에서 아이들의 즐거운 웃음소리가 들리자 차마 화염병을 던질 수 없어 그대로 돌아오고 말았다. 이 경우 현주건조물방화예비죄가 성립한다.

[사시 11]

해설+ 판례는 방화죄의 착수시기에 대하여 형식적 객관설의 입장을 취하여 점화 시를 기준으로 보고 있다(대법원 2002.3.26, 2001도6641). 위 지문의 경우, 아직 실행의 착수가 인정되지 않는 예비 단계일 뿐이고, 또한 판례는 예비의 중지를 인정하지 않는다(대법원 1999.4.9, 99도424). 따라서 현주건조물방화예비죄가 성립한다.

108 (○)

109 종량제 쓰레기봉투에 인쇄할 시장 명의의 문안이 새겨진 필름을 제조하는 행위에 그친 경우 시장 명의의 공문서인 종량제 쓰레기봉투를 위조하는 공문서위조죄의 실행의 착수에 이르지 아니한 준비행위에 불과하다.

[국가7급 16]

109 (○) 대법원 2007.2.23, 2005도7430

110 위장결혼의 당사자 및 브로커와 공모한 피고인이 허위로 결혼사진을 찍고 혼인신고에 필요한 서류를 준비하여 위장결혼의 당사자에게 건네준 것만으로는 공전자기록등부실기재죄의 실행에 착수한 것으로 볼 수 없다.

[경찰채용 18 1차] [경찰채용 18 3차] [법원행시 16]

110 (○) 대법원 2009.9.24, 2009도4998

111 필로폰을 매수하려는 자에게서 필로폰을 구해 달라는 부탁과 함께 대금 명목의 돈을 지급받았으나, 당시 필로폰을 소지 또는 입수한 상태에 있었거나 그것이 가능하였다는 등 매매행위에 근접·밀착한 상태에서 대금을 지급받은 것이 아닌 경우, 필로폰 매매행위의 실행의 착수에 이른 것이라고 볼 수 없다. [경찰채용 18 1차]

112 북한과의 범민족단합대회 추진을 위한 예비회담을 하기 위하여 판문점을 향하여 출발하려 한 행위는 국가보안법상 회합예비죄에 해당하고, 회합장소에 훨씬 못 미치는 검문소에서 경찰에 의하여 저지된 경우라고 하더라도 이미 회합을 위하여 출발한 이상 회합죄의 실행에 착수한 것이라고 보아야 한다. [사시 06 변형]

해설+ 회합장소인 판문점 평화의 집으로 가던 중 그에 훨씬 못 미치는 검문소에서 경찰의 저지로 그 뜻을 이루지 못한 것이라면 아직 반국가단체의 구성원과의 회합죄의 실행에 착수하였다고 볼 수 없다(대법원 1990.8.28, 90도1217).

113 병역법 제86조에 정한 '사위행위'라 함은 병역의무를 감면받을 조건에 해당하지 않거나 그러한 신체적 상태가 아님에도 불구하고 병무행정당국을 기망하여 병역의무를 감면받으려고 시도하는 행위를 가리키는 것이므로, 다른 행위 태양인 도망·잠적 또는 신체손상에 상응할 정도로 병역의무의 이행을 면탈하고 병무행정의 적정성을 침해할 직접적인 위험이 있는 단계에 이르렀을 때에 비로소 사위행위의 실행을 한 것이라고 보아야 한다. 입영대상자가 병역면제처분을 받을 목적으로 병원으로부터 허위의 병사용진단서를 발급받았다고 하더라도 이러한 행위만으로는 병역법상 사위행위의 실행에 착수하였다고 볼 수 없다. [사시 06 변형]

114 甲과 乙이 공모하여 丙의 재물을 강취하기로 하고 甲이 현장에서 망을 보고 있는 사이 乙이 丙을 폭행·협박하다가 경찰관에게 체포된 경우(특수강도죄), 甲에게 실행의 착수를 인정할 수 있다. [사시 10]

115 피고인이 다른 피고인들과 택시강도를 하기로 모의한 일이 있다고 하여도 다른 피고인들이 피해자에 대한 폭행에 착수하기 전에 겁을 먹고 미리 현장에서 도주해 버린 것이라면, 피고인을 특수강도의 합동범으로 다스릴 수는 없다. [경찰승진 22 변형] [국가9급 23]

115 (O)

> **해설+** 공동정범이라면 공모관계로부터의 이탈이 인정되는 경우로 설명되고, 합동범이라면 현장에서의 시간적·장소적 협동관계가 없는 경우로 설명된다(합동범의 본질에 관한 현장설). 형법 제334조 제2항에 규정된 합동범은 주관적 요건으로서 공모가 있어야 하고 객관적 요건으로서 현장에서의 실행행위의 분담이라는 협동관계가 있어야 하는 것이므로 피고인이 다른 피고인들과 택시강도를 하기로 모의한 일이 있다고 하여도 다른 피고인들이 피해자에 대한 폭행에 착수하기 전에 겁을 먹고 미리 현장에서 도주해버렸다면 다른 피고인들과의 사이에 강도의 실행행위를 분담한 협동관계가 있었다고 보기는 어려우므로 피고인을 특수강도의 합동범으로 다스릴 수는 없다(대법원 1985. 3.26, 84도2956).

116 저작권 침해 게시물을 인터넷 웹사이트 서버 등에 업로드하여 공중의 구성원이 개별적으로 선택한 시간과 장소에서 접근할 수 있도록 이용에 제공하였더라도 공중에게 침해 게시물을 실제로 송신하지 않았다면 저작권법상 공중송신권 침해는 기수에 이르지 않는다. [경찰채용 22 1차]

116 (×) 침해 게시물을 인터넷 웹사이트 서버 등에 업로드하여 공중의 구성원이 개별적으로 선택한 시간과 장소에서 접근할 수 있도록 이용에 제공하면, 공중에게 침해 게시물을 실제로 송신하지 않더라도 공중송신권 침해는 기수에 이른다(대법원 2021.9.9, 2017도19025 전원합의체).

> **보충** 위 행위가 공중송신권 침해의 정범에 해당하므로, 위 침해 게시물에 연결되는 링크를 저작권 침해물 링크 사이트에서 영리적·계속적으로 제공하는 행위는 공중송신권 침해의 방조범에 해당할 수 있다. "저작권 침해물 링크 사이트에서 침해 게시물에 연결되는 링크를 제공하는 경우 등과 같이, 링크 행위자가 정범이 공중송신권을 침해한다는 사실을 충분히 인식하면서 그러한 침해 게시물 등에 연결되는 링크를 인터넷 사이트에 영리적·계속적으로 게시하는 등으로 공중의 구성원이 개별적으로 선택한 시간과 장소에서 침해 게시물에 쉽게 접근할 수 있도록 하는 정도의 링크 행위를 한 경우에는 침해 게시물을 공중의 이용에 제공하는 정범의 범죄를 용이하게 하므로 공중송신권 침해의 방조범이 성립한다. 이러한 링크 행위는 정범의 범죄행위가 종료되기 전 단계에서 침해 게시물을 공중의 이용에 제공하는 정범의 범죄 실현과 밀접한 관련이 있고 그 구성요건적 결과 발생의 기회를 현실적으로 증대함으로써 정범의 실행행위를 용이하게 하고 공중송신권이라는 법익의 침해를 강화·증대하였다고 평가할 수 있다. 링크 행위자에게 방조의 고의와 정범의 고의도 인정할 수 있다(동 판례)."

117 甲이 조직폭력배인 乙에게 丙을 살해할 것을 교사하여 乙이 이를 승낙하고, 乙이 丙을 살해하기 위한 흉기를 구입하다가 불심검문을 하던 경찰관에 의해 체포된 경우(살인죄), 甲에게 실행의 착수를 인정할 수 있다. [사시 10]

117 (×) '있다' → '없다'

> **해설+** 공범종속성설에 의하면, 甲에게 실행의 착수를 인정하기 위하여는 피교사자인 乙에게 살인죄의 실행의 착수가 인정되어야 한다. 乙은 丙을 살해하기 위한 흉기를 구입하고 있었던 것에 불과하므로, 실행의 착수가 인정될 수 없다.

5 중지미수

🔗 대표유형

甲은 강간의 실행에 착수하였으나 A가 시장에 간 남편이 곧 돌아올 것이고 자신이 현재 임신 중이라고 말하자 실행을 중지한 경우 중지미수에 있어서 자의성이 인정된다.

[국가9급 16]

(×) '인정된다' → '부정된다'
자의로 강간행위를 중지하였다고 볼 수 없다(대법원 1993.4.13, 93도347).

🔗 대표유형

다른 공범자의 범행을 중지케 한 바 없으면 범의를 철회하여도 중지미수가 될 수 없다.

[국가9급총론 18] [변호사 14 변형]

(○) 대법원 1969.2.25, 68도1676

---

118 중지미수는 행위자가 자의로 실행행위를 중지하거나 결과발생을 방지한 경우로서 중지미수범의 형은 감경하거나 면제할 수 있다. [법원승진 16]

> **해설+** 제26조【중지범】 범인이 실행에 착수한 행위를 자의(自意)로 중지하거나 그 행위로 인한 결과의 발생을 자의로 방지한 경우에는 형을 감경하거나 면제한다.

118 (×) '감경하거나 면제할 수 있다' → '감경하거나 면제한다'

---

119 중지미수를 장애미수나 불능미수보다 더 가볍게 처벌하는 근거에 관한 이론 중 위법성(불법)소멸설이나 책임소멸설은 현행 「형법」의 태도와 일치하지 않는다. [사시 12]

119 (○) 형법이 중지범의 형을 일단 유죄로 인정하되 형의 감경 내지 면제로써 처리하고 있다는 점에서 무죄를 전제하는 위법성(불법)소멸설이나 책임소멸설은 타당하지 않다는 비판이 있다.

---

120 중지미수의 법적 성격에 대한 책임감소 · 소멸설은 형의 면제효과를 설명하기 어렵다는 비판을 받는다. [국가9급 14]

> **해설+** 범행의 중지를 책임감소사유로 이해하는 부분은 타당하나, 형법이 중지미수를 일단 유죄로 인정하고 필요적 형감면사유로써 처리하고 있는 반면, 범죄가 성립하지 않아 무죄라는 결론에 이르게 되는 위법성소멸설이나 책임소멸설은 타당하지 않다는 비판이 있다.

120 (○)

121 범죄실행을 중지한 자에게 주관적 요건인 자의성이 인정될 때 중지미수가 성립하며, 자의성이 인정되지 않으면 기수범으로 처벌된다. [국가9급 11]

122 중지미수의 자의성에 대한 주관설은 자의성의 개념을 지나치게 확대한다는 비판을 받는다. [국가9급 14]

> **해설+** 윤리적 주관설에 의하면 후회·동정·연민 등에 의한 중지가 중지미수인 것은 분명하지만, 그 이외에 합리적·계산적으로 판단하여 자율적으로 중지한 경우에는 그 자의성을 인정하지 않으므로, 중지미수의 인정범위가 지나치게 협소해진다.

123 중지미수에 있어서 자의성 판단기준에 관한 학설 중 Frank의 공식은 행위자가 할 수 있었음에도 불구하고 하기를 원하지 않아서 범죄행위를 중지한 경우는 중지미수에 해당하지만 행위자가 범죄행위를 하려고 하였지만 할 수가 없어서 중지한 경우는 장애미수라고 하여 양자를 구별하고 있다. [변호사 16]

124 중지미수의 자의성 여부에 관한 판례의 태도에 따르면 행위자의 중지가 일반 사회통념상 범죄를 완수함에 장애가 되는 사정에 의한 것이 아니라고 평가될 수 있으면 자의성이 인정될 수 있다. [사시 11]

125 피해자를 강간하려다가 피해자의 다음 번에 만나 친해지면 응해주겠다는 취지의 간곡한 부탁으로 인하여 그 목적을 이루지 못한 후 피해자를 자신의 차에 태워 집에까지 데려다 주었다면 중지미수에 해당된다. [경찰간부 18] [국가9급총론 18] [사시 16]

126 피고인이 기밀탐지의 목적으로 대한민국에 입국하여 기밀을 탐지·수집하던 중 경찰관이 피고인의 행적을 탐문하고 갔다는 말을 전해 듣고 지령사항 수행을 중지하였다면 중지미수에 해당된다. [경찰간부 18] [사시 16]

126 (×) '해당된다' → '해당되지 않는다'
피고인은 기밀탐지의 기회를 노리다가 검거된 것이므로 이를 중지범으로 볼 수는 없다(대법원 1984. 9.11, 84도1381).

127 범행 당일 미리 제보를 받은 세관직원들이 범행장소 주변에 잠복근무를 하고 있어 그들이 왔다 갔다하는 것을 본 피고인이 범행의 발각을 두려워한 나머지 자신이 분담하기로 한 실행행위에 이르지 못한 경우, 이는 피고인의 자의에 의한 범행의 중지가 아니다. [법원승진 15]

127 (○) 대법원 1986.1.21, 85도2339

128 장롱 안에 있는 옷가지에 불을 놓아 건물을 소훼하려 하였으나 불길이 치솟는 것을 보고 겁이 나서 자의로 물을 가져다 불을 끈 경우 중지미수에 해당된다. [경찰채용 18 1차] [법원행시 16] [사시 16]

> **해설+** 치솟는 불길에 놀라거나 자신의 신체 안전에 대한 위해 또는 범행 발각시의 처벌 등에 두려움을 느끼는 것은 일반 사회통념상 범죄를 완수함에 장애가 되는 사정에 해당한다고 보아야 할 것이므로, 이를 자의에 의한 중지미수라고는 볼 수 없다(대법원 1997.6.13, 97도957).

128 (×) '해당된다' → '해당되지 않는다'

129 살해의 고의로 목 부위와 가슴 부위를 칼로 수 차례 찔렀으나 피해자의 가슴 부위에서 많은 피가 흘러나오는 것을 발견하고 겁을 먹고 자의로 그만두는 바람에 미수에 그친 것은 중지미수에 해당된다. [사시 16]

> **해설+** 많은 피가 흘러나오는 것에 놀라거나 두려움을 느끼는 것은 일반 사회통념상 범죄를 완수함에 장애가 되는 사정에 해당한다고 보아야 할 것이므로, 이를 자의에 의한 중지미수라고 볼 수 없다(대법원 1999.4.13, 99도640).

129 (×) '해당된다' → '해당하지 않는다'

130 피해자에게 위조한 예금통장 사본을 보여주면서 외국회사에서 투자금을 받았다고 거짓말하여 자금대여를 요청한 후 피해자와 함께 투자금의 입금 여부를 확인하기 위해 은행에 가던 중 범행이 발각이 될 것이 두려워 은행 입구에서 차용을 포기하고 돌아간 경우에는 중지미수로 볼 수 없다.

[국가9급 13] [변호사 16] [사시 15]

130 (○) 범행이 발각될 것이 두려워 범행을 중지한 것으로서, 일반 사회통념상 범죄를 완수함에 장애가 되는 사정에 해당한다고 보아야 할 것이므로, 이를 자의에 의한 중지미수라고는 볼 수 없다(대법원 2011.11.10, 2011도10539).

131 중지미수의 객관적 요건은 실행의 착수와 실행의 중지 또는 결과의 방지인데, 실행미수에서는 결과발생의 방지를 위한 행위자의 적극적 행위가 필요하다.

[국가9급 11]

131 (○) 실행미수란 행위자의 실행행위가 더 이상 행하여지지 않아도 결과가 발생할 수 있는 단계를 말하므로, 이때 중지미수가 성립하기 위해서는 행위자의 적극적인 결과방지행위가 필요하다.

132 실행미수가 중지범으로 인정되기 위해서는 단순히 행위의 계속을 포기하는 것으로 족하지 않고 행위자가 자의에 의하여 결과의 발생을 방지할 것이 요구된다.

[변호사 18]

132 (○) 착수미수의 중지는 실행행위를 중지하는 것으로 족하지만, 실행미수의 중지는 결과발생을 적극적으로 방지하여야 한다.

133 실탄 세 발이 든 총으로 피해자를 살해하기 위해 첫 발을 쏘았으나 총알이 빗나가자 다시 쏠 수 있었음에도 불구하고 그 이후의 사격행위를 포기한 경우, 중지한 시점의 행위자의 생각을 기준으로 종료미수(실행미수)와 미종료미수(착수미수)를 구별하는 견해에 의하면 실행행위는 종료된 것이 된다.

[사시 11]

133 (×) '된다' → '아니다'

해설+ 중지한 시점에서 행위자의 생각을 기준으로 실행미수와 착수미수를 구별하는 견해는 주관설이다. 주관설에 의하면, 결과발생에 필요한 실행행위를 아직 끝마치지 못하여서 추가적인 행위가 여전히 필요하다는 것이 행위자의 의사(생각)이므로, 아직 실행행위는 종료되지 아니한 착수미수로 보게 된다.

134 타인의 재물을 공유하는 甲이 공유자 A의 승낙을 받지 않고 공유대지를 담보로 제공하고 가등기를 경료하였다가 A에게 진심으로 미안한 마음이 들어 채무를 변제한 후 가등기를 말소하였다. 횡령죄의 중지미수범이 성립한다. [경찰간부 18] [경찰승진 22] [사시 11·16]

134 (×)

> **해설+** 타인의 재물을 공유하는 자가 공유자의 승낙을 받지 않고 공유대지를 담보에 제공하고 가등기를 경료한 경우 횡령행위는 기수에 이르고 그 후 가등기를 말소했다고 하여 중지미수에 해당하는 것이 아니며 가등기말소 후에 다시 새로운 영득의사의 실현행위가 있을 때에는 그 두개의 횡령행위는 경합범 관계에 있다(대법원 1978.11.28, 78도2175).

135 재단법인의 이사장 직무대리인 甲이 후원회 기부금을 정상 회계처리하지 않고 자신과 친분관계에 있는 A에게 확실한 담보도 제공받지 아니한 채 대여하였다가 후회하고 A로부터 원금을 회수하였다. 甲에게는 배임죄의 중지미수범이 성립한다. [사시 11]

135 (×) '성립한다' → '성립하지 않는다'

> **해설+** 재단법인의 이사장 직무대리인이 후원회 기부금을 정상 회계처리하지 않고 자신과 친분관계에 있는 신도에게 확실한 담보도 제공받지 아니한 채 대여한 경우, 그 신도가 이자금을 제때에 불입하고 나중에 원금을 변제하였다 하더라도 배임죄가 성립한다(대법원 2000.12.8, 99도3338). 업무상 배임기수에 해당한다.

136 미혼모 甲은 임신이 되자 양육할 수 없음을 예상하고 아이를 출산한 다음 날 아이를 고아원 앞에 내다버린 후 집에 가서 고민하다가 자신의 행위를 뉘우치고 다음 날 고아원에 찾아가 자신이 아이의 어머니라고 이야기하고 아이를 찾아왔다. 甲에게는 영아유기죄의 중지미수범이 성립한다. [사시 11]

136 (×) '성립한다' → '성립하지 않는다'
유기죄의 미수범 처벌규정이 없다는 점을 고려한 추상적 위험범설이 통설이다. 영아유기기수에 해당된다.

137 공범자 중 1인의 자의에 의한 중지에 의해 실제로 결과가 방지된 경우에 중지하지 않은 다른 공범자에 대해서는 장애미수의 규정이 적용된다. [사시 11]

137 (○) 중지미수는 책임감소 내지 인적 처벌조각사유로서 일신전속적 사유이다. 따라서 중지자에게만 적용되고, 나머지 공범자는 장애미수만 될 뿐이다.

138 甲과 乙이 공동으로 A를 살해하려고 칼로 찔렀으나 A가 상처만 입고 죽지 않자 乙은 그대로 가버리고 甲만이 A를 살리려고 노력하여 A가 사망하지 않은 경우 甲에게만 중지미수에 의한 형의 감면이 인정된다. [변호사 16]

138 (O) 중지미수의 효과는 일신 전속적 성격을 가지므로 그 효과는 자의로 중지한 자에게만 미치고, 다른 공범들은 장애미수가 된다.

139 공동정범 중의 한 사람에게 중지미수가 성립하기 위해서는 그 한 사람이 다른 공범자 전원의 실행행위를 중지하게 하면 되고, 모든 결과의 발생을 방지하여야 하는 것은 아니다. [국가9급 11]

139 (X) '하는 것은 아니다 → '한다 결과의 발생을 방지하여야 한다.

140 공동정범자 중 한 사람이 자의로 다른 공동정범자 전원의 실행을 중지시키거나 결과의 발생을 방지한 경우 중지미수의 효과는 다른 공동정범자에게는 미치지 않는다. [사시 15]

140 (O) 중지미수의 효과는 자의로 중지한 자에게만 미치므로, 자의로 중지한 자는 중지미수가 되고, 다른 공범은 장애미수가 된다.

141 자의로 실행행위를 중지한 공범은 다른 공동정범이 결과를 발생시킨 것에 대해 공동정범으로서 책임을 지지 않는다. [해경채용 2차 23]

141 (X)

해설+ 행위자 상호간에 범죄의 실행을 공모하였다면 다른 공모자가 이미 실행에 착수한 이후에는 그 공모관계에서 이탈하였다고 하더라도 공동정범의 책임을 면할 수 없는 것이므로 피고인 등이 금품을 강취할 것을 공모하고 피고인은 집 밖에서 망을 보기로 하였으나, 다른 공모자들이 피해자의 집에 침입한 후 담배를 사기 위해서 망을 보지 않았다고 하더라도, 피고인은 판시 강도상해죄의 공동정범의 죄책을 면할 수가 없다(대법원 1984.1.31, 83도2941).

142 甲은 乙과 함께 丙이 경영하는 사무실의 금품을 절취하기로 공모한 후 甲은 그 부근 포장마차에 있고 乙은 사무실의 열려진 출입문을 통하여 안으로 들어가 물건을 물색하고 있는 동안 甲은 자신의 범행전력 등을 생각하여 가책을 느낀 나머지 丙에게 乙의 침입사실을 알려 丙과 함께 乙을 체포하였다. 甲에게는 자의성이 인정된다. [경찰간부 18]

142 (O) 甲의 소위는 중지미수의 요건을 갖추었다고 할 것이다(대법원 1986.3.11, 85도2831).

143 정범이 자의로 범행을 중지하면 중지미수의 효과는 자의로 중지한 정범에 게만 미치며, 교사범은 불능미수가 된다. [국가9급 11]

143 (×) '불능미수' → '장애미수' 교사자는 장애미수가 된다.

144 피방조자가 자의로 실행행위를 중지하거나 결과발생을 방지한 때에 방조 자는 중지미수가 된다. [사시 10]

144 (×) '중지' → '장애' 피방조자만 중지미수가 되고, 방조 자는 장애미수가 된다. 중지미수는 책임감소 내지 인적 처벌조각사유 로서 일신전속적 성질을 가지기 때 문이다.

145 공동정범 중 1인의 자의에 의한 실행중지만으로는 그의 중지미수를 인정할 수 없으며, 공동정범 전원의 실행행위를 중지시키거나 모든 결과발생을 완 전히 방지한 때 공동정범 전체의 중지미수가 인정된다.
[국가9급 14] [변호사 15·21] [법원승진 16]

145 (×) 공범자 중 1인의 중지미 수가 성립하려면 그 자신의 범의를 중지함으로써 되는 것이 아니라 다 른 공범자의 실행을 중지케 하여야 만 중지미수가 성립된다(대법원 1969. 2.25, 68도1676; 2005.2. 25, 2004도8259). 다만, 나머지 공범자는 중지미수가 아니라 장애 미수에 해당한다.

146 2인 이상이 공모하여 피해자를 강간하기로 하였고 다른 공범이 1회 간음한 후 자기 차례가 되자 피해자를 강간하려고 하였으나 피해자가 반항하며 제 발 그러지 말라고 하자 그냥 강간을 포기하고 귀가하였다면 이는 중지미수 에 해당한다. [군무원9급 22]

146 (×)

해설+ 다른 공범의 범행을 중지하게 하지 아니한 이상 자기만의 범의를 철회, 포기하여도 중지미 수로는 인정될 수 없는 것인바, 기록에 의하면, 피고인은 원심 공동피고인과 합동하여 피해자를 텐트 안으로 끌고 간 후 원심 공동피고인, 피고인의 순으로 성관계를 하기로 하고 피고인은 위 텐트 밖으로 나와 주변에서 망을 보고 원심 공동피고인은 피해자의 옷을 모두 벗기고 피해자의 반항을 억압한 후 피해자를 1회 간음하여 강간하고, 이어 피고인이 위 텐트 안으로 들어가 피해자를 강간하 려 하였으나 피해자가 반항을 하며 강간을 히지 말아 딜라고 사성을 하여 강간을 하지 않았다는 것이므로, 앞서 본 법리에 비추어 보면 위 공동피고인이 피고인과의 공모하에 강간행위에 나아간 이상 비록 피고인이 강간행위에 나아가지 않았다 하더라도 중지미수에 해당하지는 않는다고 할 것 이다(대법원 2005. 2.25, 2004도8259).

147 甲은 乙과 공모하여 A녀를 강간하기 위해 A녀에게 칼을 들이대고 협박하였지만 A녀의 애원에 못이겨 강간의사를 포기하여 乙에게 그냥 돌아가겠다는 말을 남기고 자기 집으로 돌아가 버렸다. 그러나 그 직후 乙은 A녀를 강간하였다. 甲의 형사책임은 폭력범죄의처벌등에관한특례법위반(특수강간)죄의 공동정범이다.　　　　　　　　　　　[경찰채용 18 1차] [사시 13]

147 (○) 다른 공범의 범행을 중지하게 하지 아니한 이상 자기만의 범의를 철회, 포기하여도 중지미수로는 인정될 수 없는 것인바, 공모하에 강간행위에 나아간 이상 비록 피고인 甲이 강간행위에 나아가지 않았다 하더라도 중지미수에 해당하지는 않으므로 공동정범이 된다(대법원 2005.2.25, 2004도8259).

148 중지범은 범죄의 실행에 착수한 후 자의로 그 행위를 중지한 때를 말하는 것이고 실행의 착수가 있기 전인 예비음모의 행위를 처벌하는 경우에 있어서 중지범의 관념은 이를 인정할 수 없다.
　　　　　　　　　[국가7급 12] [국가9급 11 변형] [국가9급총론 18] [법원승진 16]

148 (○) 대법원 1999.4.9, 99도424

149 甲이 자신을 배신한 A를 살해하려고 사냥용 총을 구입한 직후 스스로 후회하고 총을 폐기한 경우, 甲에게 살인죄의 중지미수규정이 준용될 수 있다.
　　　　　　　　　　　　　　　　　　　　　　　　[국가7급 20]

149 (×) 중지범은 범죄의 실행에 착수한 후 자의로 그 행위를 중지한 때를 말하는 것이고, 실행의 착수가 있기 전인 예비음모의 행위를 처벌하는 경우에 있어서는 중지범의 관념은 이를 인정할 수 없다(대법원 1991.6.25, 91도436).

6 불능미수

「형법」제27조에서 정한 '실행의 수단 또는 대상의 착오'는 행위자가 시도한 행위방법 또는 행위객체로는 결과의 발생이 처음부터 불가능하다는 것을 의미한다. 그리고 '결과 발생의 불가능'은 실행의 수단 또는 대상의 원시적 불가능성으로 인하여 범죄가 기수에 이를 수 없는 것을 의미한다고 보아야 한다. [법원행시 20]

(○) 대법원 2019.3.28, 2018도16002 전원합의체

불능미수의 위험성 판단에 관한 추상적 위험설과 구체적 위험설은 그 판단자료로서 일반인이 인식할 수 있었던 사정을 포함시키는지의 여부에 따라 차이가 있다. [사시 11]

(○) 구체적 위험설은 (행위자가 인식한 사정 및) 일반인이 인식할 수 있었던 사정을 기준으로 판단하고, 추상적 위험설은 행위자가 인식한 사정을 그 기초로 삼는다.

150 실행의 수단 또는 대상의 착오로 인하여 결과의 발생이 불가능하더라도 위험성이 있는 때에는 처벌한다. 단, 형을 감경 또는 면제한다.

[경찰채용 18 1차]

150 (×) '한다' → '할 수 있다'(제27조)

151 불능미수와 장애미수는 모두 형을 감경 또는 면제할 수 있다.

[경찰채용 21 1차]

151 (×) 불능미수는 임의적 감면사유(제27조), 장애미수는 임의적 감경사유(제25조 제2항)이다.

152 장애미수와 중지미수는 범죄실행에 착수할 당시 실행행위를 놓고 판단하였을 때 행위자가 의도한 범죄의 기수가 성립할 가능성이 있었으므로, 처음부터 기수가 될 가능성이 객관적으로 배제되는 불능미수와 구별된다.

[경찰채용 19 2차] [국가9급총론 21] [변호사 20]

152 (○) 대법원 2019.3.28, 2018도16002 전원합의체

153 불능미수의 요건인 '결과 발생의 불가능'은 실행의 수단 또는 대상의 원시적 불가능성으로 인하여 범죄가 기수에 이를 수 없는 것을 의미한다.

[경찰채용 19 2차]

153 (○) 대법원 2019.3.28, 2018도16002 전원합의체

154 불능미수범에서 말하는 '실행의 수단 또는 대상의 착오'는 행위자가 시도한 행위방법 또는 행위객체로는 결과의 발생이 처음부터 불가능하다는 것을 의미한다. [국가9급 22]

154 (○) 제27조

155 불능미수에서 '결과의 발생이 불가능'하다는 것은 범죄행위의 성질상 그 어떠한 경우에도 구성요건의 실현이 불가능하다는 것을 의미한다. [경찰승진 22] [경찰경채 23]

155 (○) 대법원 2019.5.16, 2019도97

> **보충** 형법 제27조에서 정한 '실행의 수단 또는 대상의 착오'는 행위자가 시도한 행위방법 또는 행위객체로는 결과의 발생이 처음부터 불가능하다는 것을 의미한다. 그리고 '결과 발생의 불가능'은 실행의 수단 또는 대상의 원시적 불가능성으로 인하여 범죄가 기수에 이를 수 없는 것을 의미한다고 보아야 한다(대법원 2019.3.28, 2018도16002 전원합의체).

156 중지미수와 불능미수는 착수미수와 실행미수에 따라 그 성립요건을 달리하기 때문에 착수미수와 실행미수를 구별하는 실익이 있다. [사시 12]

156 (×) '와 불능미수' → 삭제

> **해설+** 불능미수의 경우, 착수미수와 실행미수의 차이에 따라 그 성립요건과 가벌성에 차이가 생기는 것이 아니라, 위험성의 유무에 따라 처벌과 불벌을 판단하므로, 중지미수와는 다른 기준을 가진다.

157 불능미수는 행위자가 실제로 존재하지 않는 사실을 존재한다고 오인하였다는 측면에서 존재하는 사실을 인식하지 못한 사실의 착오와 다르다. [경찰채용 19 2차] [법원행시 20]

157 (○)

> **해설+** 형법 제27조에서 규정하고 있는 불능미수는 행위자에게 범죄의사가 있고 실행의 착수라고 볼 수 있는 행위가 있지만 실행의 수단이나 대상의 착오로 처음부터 구성요건이 충족될 가능성이 없는 경우이다. 불능미수는 행위자가 실제로 존재하지 않는 사실을 존재한다고 오인하였다는 측면에서 존재하는 사실을 인식하지 못한 사실의 착오와 다르다(대법원 2019.3.28, 2018도16002 전원합의체).

158 甲은 아버지의 골동품을 훔쳐오게 하면 자신에 대해서는 범죄가 성립하지 않는다고 믿고 친구 乙로 하여금 이를 훔쳐오게 하여 받았다. 甲에게는 무죄가 인정된다. [국가9급 12]

158 (×) '인정된다' → '인정되지 않는다'

> **해설+** 친족상도례에 관한 형법 제328조 제1항의 형면제는 인적 처벌조각사유이므로 이에 관한 착오는 범죄성립에 영향이 없다(대법원 1966.6.28, 66도104). 따라서 甲에게는 무죄가 아닌 절도교사죄가 성립하나, 친족상도례가 적용되어 형을 면제한다(제328조 제1항).
>
> **보충** 만약 자신이 처벌된다고 믿었다면 이는 환상범(반전된 금지착오)에 속하므로 불능미수와 구별되며, 이 역시 불가벌이다.

159 마네킹을 사람으로 오인하고 상해하기 위하여 돌로 친 경우는 실행의 대상의 착오로 인하여 결과의 발생이 불가능한 경우로서 그 위험성 여부에 따라 처벌 여부도 결정되어야 하는 불능미수, 즉 반전된 구성요건(사실)의 착오에 속한다. [사시 11 변형]

159 (○) 이와 같이 반전된 구성요건의 착오가 불능미수로 될 수 있다고 보는 것이 보통의 설명방식이다.

160 「형법」 제27조의 규정에는 행위의 주체에 대한 착오로 결과발생이 불가능한 경우는 포함되어 있지 않다. [국가9급 12]

160 (○) 제27조에는 실행의 수단 또는 대상의 착오만 규정되어 있을 뿐이다. 주체의 착오가 포함되지 않는다는 것이 통설이기도 하다.

161 「형법」은 실행의 주체, 수단 또는 대상의 착오로 인하여 결과의 발생이 불가능하더라도 위험성이 있는 경우에는 처벌이 가능하도록 규정하며, 처벌의 수준에 있어서는 형의 임의적 감면을 규정하고 있다.

161 (×) '주체' → 삭제
제27조 불능미수의 조문에서는 '주체의 착오'를 규정하고 있지 않다.

> **해설+** 제27조【불능범】실행의 수단 또는 대상의 착오로 인하여 결과의 발생이 불가능하더라도 위험성이 있는 때에는 처벌한다. 단, 형을 감경 또는 면제할 수 있다.

162 불능미수는 행위자가 결과발생이 불가능하다는 것을 알면서 실행에 착수하여 결과는 발생하지 않았지만 위험성이 있는 경우에 성립한다. [변호사 14]

162 (×) '성립한다' → '성립하지 않는다'

> **해설+** 미수범에 있어서 고의는 기수의 고의가 요구되므로, 행위자가 처음부터 결과발생이 불가능하다고 생각하고 행위한 경우에는 불능미수가 되지 않는다.

163 甲이 乙로부터 국제우편을 통해 향정신성의약품을 수입하는 경우, 필로폰을 받을 국내 주소를 알려주었으나 乙이 필로폰이 들어 있는 우편물을 발신국의 우체국에 제출하지 않았다고 하더라도 甲의 이러한 행위는 향정신성의약품 수입행위의 실행에 착수하였다고 볼 수 있다.　　　[경찰채용 23 1차]

해설+　국제우편 등을 통하여 향정신성의약품을 수입하는 경우에는 국내에 거주하는 사람을 수신인으로 명시하여 발신국의 우체국 등에 향정신성의약품이 들어있는 우편물을 제출한 때에 범죄의 실행에 착수하였다고 볼 수 있다(대법원 2019.9.10, 2019도8034).

163 (×)

164 결과의 발생이 처음부터 불가능한 것을 알면서도 실행에 착수한 경우 행위자가 생각한 대로 결과발생이 없었더라도 일반인의 관점에서 구체적 위험성이 있으면 불능미수범으로 처벌할 수 있다.　　　[사시 12]

해설+　결과의 발생이 처음부터 불가능한 것을 알면서도 실행에 착수한 경우에는, 불능미수의 요건인 기수의 고의 자체가 인정되지 않으므로 처벌될 수 없다.

164 (×) '있다' → '없다'

165 사망한 지 얼마 되지 않은 사람을 살아 있는 사람으로 오인하고 살해할 의사로 총을 발사한 경우 구 객관설에 따르면 불능범이다.　　　[사시 10]

165 (○) 구 객관설에 따르면 절대적 불능에 속하는 경우에는 불능범에 불과하다고 한다.

166 甲은 평소 맘에 들지 않던 乙이 동네 벤치에 누워있는 것을 발견하고 살해하기 위해 총을 발사하였다. 그러나 乙은 甲이 총을 발사하기 전에 이미 심장마비로 사망한 상태였다. 구체적 위험설에 의하면 일반인이 乙을 살아 있는 것으로 오인한 경우뿐만 아니라 乙을 사망한 것으로 인식한 경우에도 행위자 甲의 인식이 우선시되므로 위험성이 인정된다.　　　[경찰채용 20 1차]

166 (×) 구체적 위험설은 일반인의 인식을 기준으로 위험성을 판단하므로 위험성이 부정된다.

167 치사량에 해당한다고 생각하고 살해하려 하였으나 치사량 미달의 독약이었던 경우 구체적 위험설에 따르면 불능범이다.　　　[사시 10]

해설+　구체적 위험설에 의하더라도, 일반인이 인식할 수 있었던 사정은 '독약으로 사람을 죽이고 있다'는 것이다. 따라서 일반인의 관점에서 위험성이 인정되니 불능미수로 보게 된다.

167 (×) '불능범' → '불능미수'

168 불능미수의 위험성 판단과 관련하여 행위자가 인식한 사정과 일반인이 인식할 수 있었던 사정이 일치하지 않는 경우에 어느 사정을 기초로 판단할 것인지가 명확하지 않다는 비판을 받고 있는 견해에 의하면, 명백히 사정거리 밖에 있는 자에 대해 사정거리 안에 있는 것으로 오인하고 총격한 경우에 위험성이 부정된다. [사시 11]

168 (○) 구체적 위험설에 대한 내용이다. 일반인이 인식할 수 있었던 사정은 '명백히 사정거리 밖에 있는 자에 대해 사정거리 안에 있는 것으로 오인했다는 점이므로, 일반인의 관점에서 위험성은 인정될 수 없다.

169 불능범과 구별되는 불능미수의 성립요건인 '위험성'은 행위자가 행위 당시에 인식한 사정을 놓고 일반인이 객관적으로 판단하여 결과 발생의 가능성이 있는지 여부를 따져야 한다. [국가9급 21]

169 (○) 불능미수의 위험성 판단 기준에 관하여 판례가 취하는 추상적 위험설의 입장이다(대법원 2019. 3.28, 2018도16002 전원합의체).

170 불능범과 구별되는 불능미수의 성립요건인 위험성은 행위 당시에 피고인이 인식한 사정과 일반인이 인식할 수 있었던 사정을 놓고 일반인이 객관적으로 판단하여 결과 발생의 가능성이 있는지 여부를 따져야 한다. [변호사 20] [경찰승진 22]

170 (×) '피고인이 인식한 사정과 일반인이 인식할 수 있었던 사정을 놓고' → '피고인이 인식한 사정을 놓고'(대법원 2019.3.28, 2018도 16002 전원합의체)

171 불능범과 구별되는 불능미수의 성립요건인 '위험성'은 행위 당시 행위자가 인식한 사정과 일반인이 인식할 수 있었던 사정을 기초로 일반적 경험법칙에 따라 객관적·사후적으로 판단하여야 한다. [경찰승진 23]

> **해설+** 불능범과 구별되는 불능미수의 성립요건인 '위험성은 피고인이 행위 당시에 인식한 사정을 놓고 일반인이 객관적으로 판단하여 결과 발생의 가능성이 있는지 여부를 따져야 한다(대법원 2019. 3.28, 2018도16002 전원합의체).

171 (×) 근래 판례는 추상적 위험설의 입장이다.

172 대법원은 불능미수의 판단기준으로서 일관하여 위험성 판단은 피고인이 행위 당시에 인식한 사정을 놓고 이것이 객관적으로 일반인의 판단으로 보아 결과 발생의 가능성이 있느냐를 따져야 한다는 입장을 취하고 있다.

> **해설+** 판례는 불능미수의 위험성에 대하여, 불능범은 범죄행위의 성질상 결과발생의 위험이 절대로 불능한 경우를 말한다(대법원 2007.7.26, 2007도3687)고 하여 구 객관설을 취한 경우가 있고, 위험성 판단은 피고인이 행위 당시에 인식한 사정을 놓고 이것이 객관적으로 일반인의 판단으로 보아 결과 발생의 가능성이 있느냐를 따져야 한다(대법원 2005.12.8, 2005도8105)고 하여 추상적 위험설을 취한 경우도 있다.

172 (×) '일관하여' → 삭제

173 가벌적 불능미수와 불가벌적 불능범의 구별기준인 '위험성'은 행위 당시에 행위자가 인식한 사정 및 일반인이 인식할 수 있었던 사정을 기초로 일반적 경험법칙에 따라 사후 판단한다. [변호사 21]

> **해설+** 지문은 구체적 위험설의 내용이다. 판례는 이와 달리 추상적 위험설을 취한다. "불능범과 구별되는 불능미수의 성립요건인 '위험성'은 피고인이 행위 당시에 인식한 사정을 놓고 일반인이 객관적으로 판단하여 결과 발생의 가능성이 있는지 여부를 따져야 한다(대법원 2019.3.28, 2018도16002 전원합의체)."

174 히로뽕 제조를 위하여 에페트린에 빙초산을 혼합한 행위의 위험성 판단은 피고인이 행위 당시에 인식한 사정을 놓고 이것이 객관적으로 일반인의 판단으로 보아 결과발생의 가능성이 있느냐를 따져야 한다. [국가9급 12]

175 독약으로 오인하고 설탕을 먹여 살해하려고 한 경우 추상적 위험설에 따르면 불능미수이다. [사시 10]

176 설탕으로도 사람을 죽일 수 있다고 생각하고 설탕을 먹인 경우 주관설에 따르면 불능미수이다. [사시 10]

177 甲은 치사량 미달의 독약을 치사량이라고 착각하고 커피에 섞어 A에게 먹였다. A는 마침 점심으로 먹은 날고기 때문에 식중독을 일으켜 쓰러져서 고통스러워 하다가 이틀 후 회복하였다. 甲에게는 무죄가 인정된다. [국가9급 12]

> **해설+** 치사량 미달의 독약을 먹게 한 것은 실행의 수단의 착오로 인하여 사망이라는 결과는 사실상 불가능한 경우에 해당하고, 치사량 미달의 독약이나 농약으로 사람을 살해하려고 한 경우에는 위험성이 인정되므로 살인죄의 불능미수에 해당된다(대법원 1984.2.14, 83도2967).

178 치사량에 약간 미달하는 농약 1.6cc를 마시게 한 경우 살인죄의 불능범은 성립하지 않는다. [국가9급 12]

178 (○) 불능미수가 된다(대법원 1984.2.28, 83도3331).

179 향정신성의약품인 메스암페타민 속칭 '히로뽕' 제조를 시도하였으나 '약품 배합 미숙'으로 그 완제품을 제조하지 못하였더라도 위 소위는 그 성질상 결과발생의 위험성이 있다. [국가9급총론 17]

179 (○) 대법원 1985.3.26, 85 도206

180 소매치기가 피해자의 주머니에 손을 넣어 금품을 절취하려 하였으나, 그 주머니 속에 금품이 들어 있지 않은 경우 처벌할 수 있다. [법원행시 14]

> **해설+** 주머니 속에 금품이 들어 있지 않았다 하더라도 절도라는 결과 발생의 위험성을 충분히 내포하고 있으므로 이는 절도미수에 해당한다(대법원 1986.11.25, 86도2090).

180 (○)

181 일정량 이상을 먹으면 사람이 죽을 수도 있는 '초우뿌리'나 '부자' 달인 물을 마시게 하여 피해자를 살해하려다 미수에 그친 행위는 불능범이 아닌 살인미수죄에 해당한다. [국가9급총론 18]

181 (○) 대법원 2007.7.26, 2007 도3687

182 피고인이 피해자가 심신상실 또는 항거불능의 상태에 있다고 인식하고 그러한 상태를 이용하여 간음할 의사로 피해자를 간음하였으나 피해자가 실제로는 심신상실 또는 항거불능의 상태에 있지 않은 경우, 준강간죄의 불능미수가 성립하지 아니한다 [국가9급 20 변형] [법원9급 20]

182 (×) 준강간죄의 불능미수가 성립한다(대법원 2019.3.28, 2018 도16002 전원합의체).

183 준강간죄가 성립하기 위해서는 피해자의 '심신상실 또는 항거불능의 상태를 현실적으로 이용'할 필요는 없고, 피해자가 사실상 심신상실 또는 항거불능 상태에 있기만 하면 족하며, 피고인이 이를 알고 있을 필요도 없다.

[경찰채용 19 2차]

183 (×)

해설+ 형법은 폭행 또는 협박의 방법이 아닌 심신상실 또는 항거불능의 상태를 이용하여 간음한 행위를 강간죄에 준하여 처벌하고 있으므로, 준강간의 고의는 피해자가 심신상실 또는 항거불능의 상태에 있다는 것과 그러한 상태를 이용하여 간음한다는 구성요건적 결과 발생의 가능성을 인식하고 그러한 위험을 용인하는 내심의 의사를 말한다(대법원 2019.3.28, 2018도16002 전원합의체).

184 피고인의 제소가 사망한 자를 상대로 한 것이라면 그 판결은 그 내용에 따른 효력이 생기지 아니하여 상속인에게 그 효력이 미치지 아니하므로, 사기죄를 구성할 수 없다.

[국가9급 12 변형]

184 (○) 대법원 1997.7.8, 97도632

185 토지공유자 甲이 다른 공유자 乙이 사망하였음에도 불구하고 乙을 상대로 마치 乙로부터 매입한 것처럼 허위 내용의 소를 제기하여 승소확정판결을 받은 후 자신의 명의로 등기한 경우, 甲은 사기죄의 불능미수에도 해당하지 않아 처벌할 수 없다.

[사시 15]

185 (○) 대법원 2002.1.11, 2000도1881

186 소송비용의 청구는 소송비용액 확정절차에 의해야 하고, 이러한 절차에 의하지 아니하고는 손해배상금 청구의 소 등으로 소송비용을 구하는 것은 소의 이익이 없는 부적법한 소에 해당하고, 이러한 소를 제기하였다 하더라도 이는 객관적으로 소송비용의 청구방법에 관한 법률적 지식을 가진 일반인의 판단으로 보아 결과발생의 가능성이 없어 위험성이 인정되지 않아 불능범에 해당한다.

[사시 14 변형]

186 (○) 대법원 2005.12.8, 2005도8105

CHAPTER 06 | 정범과 공범론

1 정범과 공범의 일반이론

> **🔗 대표유형**
>
> 공범종속성설에 의하면 공범의 가벌성은 교사자 자신의 행위에 의해 결정되기 때문에 교사자의 교사행위가 있는 이상 피교사자의 범죄실행이 없어도 교사한 범죄의 미수범으로 처벌받게 된다. [국가7급 21]

(✕) 공범종속성설에 의하면 공범의 가벌성은 정범의 행위에 의하여 결정되기 때문에 교사자의 교사행위가 있더라도 피교사자의 범죄실행이 없으면 원칙적으로 처벌되지 아니한다.

보충 다만, 현행형법에 의하면 기도된 교사의 경우 예외적으로 예비·음모죄로의 가벌성만 인정되고 있을 뿐이다(제31조 제2항·제3항).

> **🔗 대표유형**
>
> 제한적 종속형식의 입장을 취하게 되면, 정범의 책임이 조각되는 경우 공범이 성립할 수 없다는 결론에 이른다. [경찰채용 21 1차]

(✕) 제한적 종속형식의 입장에 따르면 정범의 행위가 구성요건에 해당하고, 위법성이 조각되지 않으면 공범이 성립할 수 있다. 즉, 정범의 책임이 조각되더라도 공범이 성립할 수 있다.

001 단일정범개념에 대해서는 가벌성의 확대를 초래한다는 비판이 있다. [국가9급 14]

001 (○)

> **해설+** 단일정범개념은 정범과 공범을 구별하지 않고 모두 범죄자로 보아 해당 범죄에 대하여 차지하는 비중에 따라 형량을 고려하는 방식으로, 국내에서는 경범죄처벌법 제3조가 그 예로 볼 수 있다. 단일정범개념에 의하면, 교사의 미수나 방조의 미수도 조건관계가 있으면 정범으로 처벌하기 때문에 가벌성의 범위가 부당하게 확대되고, 비신분자는 신분범의 정범이 될 수 있으며, 범죄관여의 질적·양적 차이를 무시한다는 비판을 받는다. 그러나 우리 형법은 정범과 공범을 구별하여 규정하는 '정범·공범 분리방식'을 채택한다.

002 제한적 정범개념에 의하면 공범규정은 형벌제한사유가 된다. [국가9급 14]

002 (✕) '제한' → '확장'

> **해설+** 제한적 정범개념이론은 직접행위를 한 사람만을 범죄자로 보기 때문에 구성요건에 해당하는 행위를 스스로 행한 사람만이 정범이고, 구성요건적 행위 이외의 다른 행위에 의하여 결과야기에 가공한 자는 정범이 될 수 없다고 본다. 따라서 제한적 정범개념에 의하면 제31조 제1항의 교사범이나 제32조의 종범은 형벌확장사유로 파악된다.

003 '스스로 구성요건상의 정형적 행위를 한 자'만을 정범으로 이해하는 제한적 정범개념에 따르면, 「형법」 제31조, 제32조는 형벌확장사유로서 정범 이외에 특별히 공범의 처벌을 인정하는 규정이다. [경찰채용 21 2차]

003 (○) 제한적 정범개념에 의하면 교사범·종범에 대한 처벌규정을 둔 것은 형벌확장사유로 보게 된다.

004 제한적 정범개념이론에 의하면, 「형법」상의 공범에 대한 처벌규정은 구성요건적 행위를 하지 않은 자에게까지 가벌성을 확장한 형벌확장사유가 되며, 정범과 공범의 구별에 관한 주관설과 결합된다. [사시 14]

004 (✕) '주관설' → '객관설'

> **해설+** 제한적 정범개념은 정범과 공범의 구별기준에 관한 객관설과 연결된다. 이에 비해 확장적 정범개념에 의하면, 정범과 공범은 모두 결과에 대하여 조건을 제공하였다는 점에서 차이가 없으므로(등가설), 정범과 공범의 구별은 주관적 요소에 의해서만 가능하다고 본다. 따라서 주관설과 결합되는 것은 확장적 정범개념이다.

005 확장적 정범개념이론에 의하면 「형법」 총칙상의 공범규정은 형벌확장사유가 된다. [사시 13 변형]

005 (✕) '확장' → '축소'

> **해설+** 확장적 정범개념은 등가설에 기초하여 결과발생에 대한 조건이라고 볼 수 있는 행위를 한 자들은 모두 범죄자로 보기 때문에, 형법총칙 제31조·제32조의 공범규정은 형벌축소사유로 파악한다.

006 확장적 정범개념에 의하면 직접·간접으로 구성요건실현에 조건을 제공한 모든 자는 정범이 되므로 간접정범도 당연히 정범이 된다. [경찰간부 11 변형] [사시 08]

006 (○) 확장적 정범개념은 인과관계에 관한 조건설(등가설)에 기초하는 입장이다.

007 '구성요건상의 실행행위의 전부 또는 일부를 스스로 하는 자'를 정범, '구성요건적 행위 이외의 행위로써 구성요건실현에 기여하는 자'를 공범으로 보는 형식적 객관설에 따르면, 간접정범을 정범으로 인정하기 어렵다. [경찰채용 21 2차]

007 (○) 형식적 객관설에 의하면 간접정범은 공범에 불과하다고 보게 되어 간접정범의 정범성을 인정할 수 없게 된다.

008 '정범자의 의사로 행위한 자'는 정범, '공범자의 의사로 행위한 자'는 공범이라는 의사설에 따르면, 청부살인업자는 구성요건적 행위를 스스로 모두 수행하기에 항상 정범이 된다. [경찰채용 21 2차]

008 (×)

> **해설+** '정범자의 의사로 행위한 자'는 정범, '공범자의 의사로 행위한 자'는 공범이라는 의사설(주관설)에 따르면, 청부살인업자는 공범자의 의사로 행위한 자이므로 정범이 아닌 공범이 된다.

009 '자기 자신의 이익을 위한 목적으로 행위한 자'는 정범, '타인의 이익을 위한 목적으로 행위한 자'는 공범이라는 이익설에 따르면, 제3자를 위하여 강도행위를 한 자는 공범이 된다. [경찰채용 21 2차]

009 (○) 주관설 중 이익설에 의하면 타인의 재산상 이익을 위해 강도나 사기를 한 자를 공범에 불과하다고 보게 된다.

> **보충** 이렇게 이익설은 제333조의 제3자로 하여금 이익을 취득하게 한 강도나 제347조 제2항의 제3자로 하여금 재물 또는 이익을 취득하게 한 사기의 정범성을 설명할 수 없다는 단점이 있다.

010 공동정범의 본질은 분업적 역할분담에 의한 기능적 행위지배에 있으므로 공동정범은 공동의사에 의한 기능적 행위지배가 있음에 반하여 종범은 그러한 행위지배가 없는 점에서 양자가 구별된다. [법원행시 12 변형] [변호사 18]

010 (○) 정범과 공범의 구별에 관해서는 록신(Roxin)의 행위지배설이 통설·판례이다.

011 행위지배설에 따르면, 이용자가 자신의 우월한 지위에 의하여 피이용자를 수중에 두고 도구처럼 그의 의사를 조종(지배)하여 그로 하여금 범죄를 행하게 하면 행위지배가 인정되어 정범이 된다. [경찰채용 21 2차]

011 (○) 행위지배 중 의사지배에 대한 설명으로서 간접정범의 정범성의 표지에 해당한다.

012 공범종속성설은 유력한 근거로 이른바 '기도된 교사'를 규정한 「형법」 제31조 제2항과 제3항을 든다. [국가9급 14]

012 (×) '공범종속성설' → '공범독립성설'

> **해설+** 공범종속성설은 기도된 교사(제31조 제2항·제3항)에 대해서는 교사자의 특유한 불법에 근거한 특별규정으로 보게 되고, 예비죄에 대한 공범성립을 부정하게 된다.

013 甲이 乙에게 A의 주거에 침입할 것을 교사했는데 乙이 A의 승낙을 얻어 정당하게 주거에 들어간 경우 공범종속성설 중 제한적 종속형식에 의하면 甲은 주거침입죄의 교사범이 성립하지 않는다. [변호사 14]

013 (○)

> **해설+** 교사범의 종속성에 관하여 제한적 종속형식에 의하면, 정범의 실행행위는 구성요건에 해당하고 위법해야 하나 유책할 필요는 없다. 지문의 경우, 피해자 A의 승낙을 구성요건해당성 조각사유인 양해로 본다면(양해로 보는 것이 통설임), 乙의 행위는 주거침입죄의 구성요건에 해당하지 않아 제한적 종속형식에 의할 때(심지어 최소한 종속형식에 의하더라도) 甲은 주거침입죄의 교사범이 성립할 수 없고, 나아가 피해자 A의 승낙을 위법성조각사유인 피해자의 승낙(제24조)으로 본다면, 乙의 행위는 위법성이 조각되므로 제한적 종속형식에 의할 때 甲은 역시 주거침입죄의 교사범이 성립하지 않게 된다.

014 공범종속성설 중 제한적 종속형식에 의하면 정범의 실행행위가 구성요건에 해당하고 위법하면 공범이 성립할 수 있고 유책할 것을 요하지 않는다는 것으로, 책임무능력자의 위법행위를 교사·방조한 경우에도 공범이 성립할 수 있다. [경찰채용 23 1차]

014 (○)

> **해설+** 제한적 종속형식은 공범이 성립하기 위해서는 정범의 행위가 구성요건에 해당하고 위법할 것을 요하나 유책함은 요하지 않는다는 입장이므로, 비록 정범이 책임무능력자이어서 그 책임이 조각된다 하더라도 공범이 성립할 수 있다고 보게 된다.

015 공범종속성설 중 극단적 종속형식에 의하면 정범의 행위가 구성요건에 해당하고 위법하며 유책할 뿐만 아니라 가벌성의 조건(처벌조건)까지 모두 갖추어야 공범이 성립할 수 있다.
[국가9급 14 변형] [경찰채용 19 2차 변형] [경찰채용 23 1차]

015 (×) 극단적 종속형식은 정범의 행위가 구성요건해당성, 위법성, 책임까지 갖추면 공범이 성립할 수 있다는 입장이다.

> **보충** 정범의 행위가 구성요건에 해당하고 위법하며 유책할 뿐만 아니라 가벌성의 조건(처벌조건)까지 모두 갖추어야 공범이 성립할 수 있다는 것은 초극단적 종속형식이다.

016 甲은 13세인 乙을 14세로 알고 절도를 교사했고, 乙은 이 교사내용을 실행하였다. 이 경우 정범개념의 우위성을 배제하고 순전히 공범종속의 형식에 관한 극단종속성설에 따르면 甲은 절도죄의 교사범이 된다.

[국가7급 09 변형]

016 (×) '교사범' → '간접정범'

해설+ 극단적 종속형식에 의하면 피교사자에게 책임까지 있을 때 비로소 교사범이 성립하는바, 피교사자인 乙이 13세이므로 책임이 조각되어 교사자인 甲에 대해서는 교사범이 성립하지 않는다.

보충 만약 위 문제에서 '정범개념의 우위성을 배제하고 순전히 공범종속의 형식에 관한 극단종속성설에 따르면'이라는 조건을 뺀다면, 甲은 절도죄의 교사범이 성립할 수 있게 된다. 즉, 위 조건이 빠지게 되면 통설의 입장인 정범개념의 우위성과 제한적 종속형식을 따라야 한다. 정범개념의 우위성이란 위 경우 간접정범과 교사범의 성립이 모두 가능할 때 간접정범의 성립을 먼저 검토해야 한다는 것이다. 그런데 간접정범의 정범성의 표지는 의사지배에 있고, 13세인 乙은 절도의 불법성을 인식하고 있다고 볼 수 있으므로, 甲에게는 의사지배의 요소가 결여되어 간접정범이 성립하지 않게 된다. 나아가 제한적 종속형식에 의하여 乙의 행위는 책임만 조각될 뿐 구성요건해당성과 위법성을 갖추고 있으므로, 甲은 절도죄의 교사범이 성립할 수 있게 되는 것이다.

017 甲이 책임무능력자를 이용하여 범행한 사례에 있어서 공범의 종속 정도와 관련하여 제한종속형식설을 취하는 경우, 공범의 우위성에 따라 甲에게는 교사범이 성립하므로 간접정범이 성립할 여지가 없다.

[경찰채용 22 1차]

017 (×)

해설+ 제한적 종속형식에 의하면, 정범이 책임무능력자라도 교사범이 성립할 수 있는 것은 사실이다. 다만, 정범이 책임무능력자인 경우에는 어느 행위로 인하여 처벌되지 아니하는 자에 속하므로 간접정범의 성립도 가능하다. 이 경우에는 공범의 우위성이 아니라 '정범개념의 우위성'에 따라 의사지배가 인정되면 간접정범이, 의사지배가 인정되지 아니하면 교사범이 성립한다.

018 책임가담설에 대해서는 책임의 연대성을 인정하므로 개인책임의 원칙에 반한다는 비판이 있다.

[국가9급 14]

018 (○)

해설+ 공범은 정범의 유책화에 책임을 져야 한다는 입장이다(가담설, 부패화설). 전제가 되는 정범의 행위는 구성요건에 해당하고 위법하며 나아가 유책한 행위여야 하므로, 극단적 종속형식과 논리적으로 결부된다. 이는 제한적 종속형식의 입장 및 책임개별화의 원칙과 조화될 수 없다는 비판을 받는다.

[019-1~4] 甲은 乙에게 A의 도자기를 강취해 올 것을 교사하였다. 乙은 이를 승낙하였으나 실행의 착수를 하지 않고 차일피일 미루고 있었다. 이에 甲은 A의 도자기를 관리·보관하고 있던 丙에게 사례금을 주면서 A의 도자기를 자신에게 넘기라고 교사하자, 이를 승낙한 丙은 A의 도자기를 甲에게 가져다 주었다.

019-1 甲이 乙을 교사한 행위에 대하여 처벌하는 것은 공범종속성설의 논리적 결과이다. [국가7급 14]

019-1 (×) '공범종속성설' → '공범독립성설'

해설+ 甲이 乙을 교사한 행위(효과 없는 교사)를 처벌하는 규정(현행 제31조 제2항)에 대하여 공범종속성설은 특별·예외규정으로 보고, 공범독립성설은 당연·예시규정으로 보아 공범독립성설의 근거로 파악한다.

019-2 공범독립성설에 의하면, 甲이 乙을 교사한 행위는 강도죄의 미수범으로 처벌된다. [국가7급 14]

019-2 (○)

해설+ 공범독립성설에 의하면 정범의 실행행위가 없는 경우에도 공범의 미수를 인정한다. 즉, 교사나 방조행위 그 자체만으로 공범이 성립한다고 보므로(더불어 실행의 착수도 인정되므로), 甲이 乙을 교사한 행위를 강도죄의 미수범(강도미수죄의 교사범)으로 처벌하게 된다.

019-3 丙이 업무상 횡령죄로 처벌된다면, 甲도 업무상 횡령죄의 교사범으로 처벌된다. [국가7급 14]

019-3 (×) '도 업무상' → '은 단순'

해설+ 판례는 제33조 본문을 부진정신분범의 성립근거, 단서를 부진정신분범의 과형근거로 보고 있으므로, 甲은 업무상 횡령죄가 성립하나 단순횡령죄의 교사범(의 형)으로 처벌되게 된다.

019-4 丙에게서 도자기를 넘겨받은 甲에게 장물취득죄는 성립하지 않는다. [국가7급 14]

019-4 (×) '는 성립하지 않는다' → '가 성립한다'

해설+ 甲에게는 업무상 횡령죄의 교사범이 성립함과 별도로 장물취득죄가 성립하고, 양죄는 실체적 경합관계에 있다.

020 필요적 공범이라는 것은 법률상 범죄의 실행이 다수인의 협력을 필요로 하는 것을 가리키는 것으로서 이러한 범죄의 성립에는 행위의 공동과 협력자 전부가 책임이 있음을 필요로 한다. [법원행시 16]

> **해설+** 필요적 공범이라는 것은 법률상 범죄의 실행이 다수인의 협력을 필요로 하는 것을 가리키는 것으로서 이러한 범죄의 성립에는 행위의 공동을 필요로 하는 것에 불과하고 반드시 협력자 전부가 책임이 있음을 필요로 하는 것은 아니다(대법원 2008.3.13, 2007도10804).

020 (×) '과 협력자 전부가 책임' → 삭제

021 뇌물공여죄와 뇌물수수죄 사이와 같은 이른바 대향범 관계에 있는 자는 강학상으로는 필요적 공범이라고 불리고 있으나, 서로 대향된 행위의 존재를 필요로 할 뿐 각자 자신의 구성요건을 실현하고 별도의 형벌규정에 따라 처벌되는 것이어서, 2인 이상이 가공하여 공동의 구성요건을 실현하는 공범관계에 있는 자와는 본질적으로 다르며, 대향범 관계에 있는 자 사이에서는 각자 상대방의 범행에 대하여 「형법」 총칙의 공범규정이 적용되지 아니한다. [법원행시 16]

021 (○) 대법원 2015.2.12, 2012도4842

022 대향범은 2인 이상의 서로 대향된 행위의 존재를 필요로 하는 필요적 공범으로서 대향범 간에는 공범에 관한 「형법」 총칙규정이 적용된다. [국가9급 12]

> **해설+** 2인 이상의 서로 대향된 행위의 존재를 필요로 하는 대향범에 대하여는 공범에 관한 형법총칙 규정이 적용될 수 없다(대법원 2011.10.13, 2011도6287).

022 (×) '적용된다' → '적용될 수 없다'

023 뇌물공여죄가 성립하기 위해서는 뇌물을 공여하는 일방의 행위와 그 뇌물을 받아들이는 상대방의 행위가 필요하고 나아가 상대방에게 뇌물수수죄가 성립해야 한다. [사시 15]

023 (×) '한다' → '하는 것은 아니다' 뇌물공여죄가 성립되기 위하여서는 반드시 상대방 측에서 뇌물수수죄가 성립되어야만 한다는 것을 뜻하는 것은 아니다(대법원 1987.12.22, 87도1699).

024 도박죄는 각 가담자에 대해 동일한 법정형이 부과된다. [경찰간부 17]

024 (○) 대향범 중 동일한 법정형인 경우이다(제246조).

025 아동혹사죄는 각 가담자에 대해 동일한 법정형이 부과된다. [경찰간부 17]

026 배임수 · 증재죄는 각 가담자에 대해 동일한 법정형이 부과된다. [경찰간부 17]

027 각 가담자에 대해 동일한 법정형이 부과되는 범죄로는 도박죄, 아동혹사죄, 인신매매죄, 배임수 · 증재죄 등이 있다. [해경승진 23]

028 대향범은 2인 이상의 대향적 협력에 의하여 성립하는 범죄로서 대향자 쌍방의 불법 내용이 같으므로 「형법」상 쌍방을 처벌하는 경우 전부 쌍방의 법정형이 같은데, 다만 대향자 일방만을 처벌하는 경우가 있다. [변호사 15]

> **해설+** 대향자 쌍방의 법정형이 같은 경우(도박죄, 아동혹사죄, 인신매매죄), 쌍방의 법정형이 다른 경우(수뢰죄와 증뢰죄, 배임수재죄와 배임증재죄, 도주죄와 도주원조죄) 및 일방만 처벌되는 경우(음행매개죄, 음화등반포죄, 범인은닉죄) 등이 있다.

029 대향범은 2인 이상의 서로 대향된 행위의 존재를 필요로 하는 필요적 공범으로서, 대향범 간에는 공범에 관한 「형법」 총칙규정이 적용된다. [사시 15]

> **해설+** 2인 이상의 서로 대향된 행위의 존재를 필요로 하는 대향범에 대하여는 공범에 관한 형법총칙 규정이 적용될 수 없다(대법원 2011.10.13, 2011도6287).

030 의사가 직접 환자를 진찰하지 않고 처방전을 작성하여 교부한 경우, 그 행위와 대향범 관계에 있는 '처방전을 교부받은 행위'를 한 자가 의사에게 진찰 없는 처방전 교부를 교사한 사실이 인정되더라도 그에게 「형법」 총칙상 교사범 규정을 적용할 수 없다. [변호사 18]

031 「형법」제127조는 공무원 또는 공무원이었던 자가 법령에 의한 직무상 비밀을 누설하는 행위만을 처벌하고 있을 뿐 직무상 비밀을 누설받은 상대방을 처벌하는 규정이 없는 점에 비추어, 직무상 비밀을 누설받은 자에 대하여는 공범에 관한 「형법」 총칙규정이 적용될 수 없다.

032 변호사 사무실 직원 甲이 법원공무원에게 부탁하여 수사 중인 사건의 체포영장 발부자 53명의 명단을 누설받은 경우 甲의 교사에 의하여 乙이 직무상 비밀을 누설한 것이므로 甲에게는 공무상비밀누설교사죄가 성립한다.
[경찰채용 17 2차] [경찰간부 17] [국가9급 12] [국가9급총론 18] [법원9급 18] [변호사 15] [사시 13]

해설+ 형법 제127조는 공무원 또는 공무원이었던 자가 법령에 의한 직무상 비밀을 누설하는 행위만을 처벌하고 있을 뿐 직무상 비밀을 누설받은 상대방을 처벌하는 규정이 없는 점에 비추어, 직무상 비밀을 누설받은 자에 대하여는 공범에 관한 형법총칙 규정이 적용될 수 없다(대법원 2009. 6.23, 2009도544; 2011.4.28, 2009도3642).

033 정치자금을 기부하는 자의 범죄가 성립하지 않더라도 정치자금을 기부받는 자가 정치자금법이 정하지 않은 방법으로 정치자금을 제공받는다는 의사를 가지고 받으면 정치자금부정수수죄가 성립한다.

해설+ 구 정치자금법 제45조 제1항의 정치자금을 기부한 자와 기부받은 자는 이른바 대향범(對向犯)인 필요적 공범관계에 있다. 이러한 공범관계는 행위자들이 서로 대향적 행위를 하는 것을 전제로 하는데, 각자의 행위가 범죄구성요건에 해당하면 그에 따른 처벌을 받을 뿐이고 반드시 협력자 전부에게 범죄가 성립해야 하는 것은 아니다(대법원 2017.11.14, 2017도3449).

034 변호사가 변호사 아닌 자에게 고용되어 법률사무소의 개설·운영에 관여하는 행위는 변호사법위반죄의 방조범으로 처벌할 수 없다.
[경찰간부 17] [국가9급 12]

035 임산부 甲은 산부인과 의사 乙에게 부탁하여 낙태수술을 받았다. 甲에 대하여 「형법」 총칙상의 공범규정이 적용된다. [사시 13]

035 (×) '적용된다' → '적용되지 않는다'

> **해설+** 임산부인 甲과 의사인 乙은 낙태죄에 있어 필요적 공범의 내부참가자이므로 총칙상의 공범 규정이 적용되지 않는다. 甲은 제269조 제1항의 자기낙태죄, 乙은 제270조 제1항의 업무상 동의낙태죄에 해당한다.
>
> **보충** 헌법불합치결정에 따른 후속입법이 되지 않아 현재 위 두 죄는 폐지된 상태이므로, 위 문제는 참고만 해 둘 것.

036 성년인 甲은 영리 목적을 가진 乙의 주선에 따라 A녀와 간음을 하였다. 甲에 대하여 「형법」 총칙상의 공범규정이 적용된다. [사시 13]

036 (×) '적용된다' → '적용되지 않는다'

> **해설+** 음행매개죄는 3인의 가담이 필요한 필요적 공범 중 대향범에 속하며 매개한 자만이 처벌된다. 내부참가자인 甲과 A는 처벌되지 않으며 내부참가자 상호간이므로 형법총칙상의 공범규정 역시 적용되지 않는다. 따라서 乙만이 음행매개죄로 처벌된다.

037 금품 등을 공여한 자에게 따로 처벌규정이 없는 이상, 그 공여행위는 그와 대향적 행위의 존재를 필요로 하는 상대방의 범행에 대하여 공범관계가 성립되지 아니하고, 오로지 금품 등을 공여한 자의 행위에 대하여만 관여하여 그 공여행위를 교사하거나 방조한 행위도 상대방의 범행에 대하여 공범관계가 성립되지 아니한다. [법원행시 16]

037 (○) 대법원 2014.1.16, 2013도6969

⊘ 사례

[038-1~2] 변호사가 아닌 甲은 변호사를 고용하여 법률사무소를 개설 · 운영하기 위해 평소 친분이 있는 회사원 丙을 찾아가 변호사를 소개해 달라고 부탁하였다. 이에 丙은 변호사 乙을 추천해 주었고, 변호사 乙은 甲의 제안을 승낙한 후 甲에게 고용되어 법률사무소를 개설하여 운영하는 데 참여하였다.

038-1 甲에게 고용되어 법률사무소의 개설 · 운영에 관여한 변호사 乙의 행위가 일반적인 「형법」 총칙상의 공범에 해당된다고 하더라도 乙을 甲의 변호사법위반죄의 공범으로 처벌할 수는 없다. [경찰채용 20 1차]

038-1 (○) 대법원 2004.10.28, 2004도3994

038-2 丙이 변호사 아닌 甲을 교사·방조한 경우에도 丙은 「형법」 총칙상의 공범규정이 적용될 여지가 없다. [경찰채용 20 1차]

> **해설+** 필요적 공범인 대향범에서 처벌되는 내부참가자에게 가공한 외부가담자에게는 형법총칙상의 공범규정이 적용된다. 따라서 丙에게는 변호사법위반죄의 교사범 또는 방조범이 성립한다.

039 공무원 아닌 甲은 乙이 공무원에게 뇌물을 제공하도록 주선하였다. 甲에 대하여 「형법」 총칙상의 공범규정이 적용된다. [사시 13]

> **해설+** 판례는 필요적 공범을 외부에서 방조하거나 교사한 자에 대하여 각각 방조범이나 교사범으로 처벌한다. 乙과 공무원은 제133조 제1항의 증뢰자와 제129조의 수뢰자로서 필요적 공범관계이고, 甲은 동 사안의 외부관여자에 해당하므로, 甲에게는 형법총칙상의 공범규정이 적용된다.

040 甲은 乙의 자살을 교사하였다. 甲에 대하여 「형법」 총칙상의 공범규정이 적용된다. [사시 13]

> **해설+** 제252조 제2항의 자살교사·방조죄는 교사와 방조행위를 독자적 구성요건으로 정한 범죄로, 형법총칙상의 공범규정이 적용되지 않는다.

2 간접정범

🔗 **대표유형**

자수범의 경우에는 간접정범이 성립하지 않으므로, 정을 모르는 수표발행자에게 허위의 분실신고를 하도록 교사한 자는 부정수표단속법상 허위신고죄의 간접정범으로 처벌할 수 없다. [국가7급 13]

🔗 **대표유형**

甲이 자기에게 유리한 판결을 얻기 위하여 증거가 조작되어 있다는 정을 인식하지 못하는 乙을 이용하여 그로 하여금 민사소송의 당사자가 되게 하고 법원을 기망하여 소송 상대방의 재물을 취득하였더라도 甲은 소송 당사자가 아니므로 사기죄의 간접정범의 죄책을 지지 않는다. [경찰간부 11 변형] [사시 08·10]

041 「형법」상 과실범으로 처벌되는 자를 방조하여 범죄행위의 결과를 발생하게 한 자는 방조의 예에 의하여 처벌된다. [변호사 18]

> **해설+** 제34조【간접정범, 특수한 교사, 방조에 대한 형의 가중】① 어느 행위로 인하여 처벌되지 아니하는 자 또는 과실범으로 처벌되는 자를 교사 또는 방조하여 범죄행위의 결과를 발생하게 한 자는 교사 또는 방조의 예에 의하여 처벌한다.

042 乙의 행위가 범죄구성요건에 해당하지만 위법하지 않은 경우, 乙의 행위를 교사한 甲을 간접정범(「형법」 제34조 제1항)으로는 처벌할 수 없다. [국가7급 22]

> **해설+** 제34조【간접정범, 특수한 교사, 방조에 대한 형의 가중】① 어느 행위로 인하여 처벌되지 아니하는 자 또는 과실범으로 처벌되는 자를 교사 또는 방조하여 범죄행위의 결과를 발생하게 한 자는 교사 또는 방조의 예에 의하여 처벌한다.

043 간접정범을 공범으로 파악하는 견해는, 간접정범을 교사와 방조의 예에 의해 처벌한다는 점을 그 근거의 하나로 들고 있다. [사시 14]

> **보충** 주관주의 형법이론 내지 공범독립성설에 의하면 간접정범과 공범의 뚜렷한 차이가 없기 때문에 간접정범을 공범으로 보게 된다.

044 부정수표단속법 제4조가 '수표금액의 지급 또는 거래정지처분을 면할 목적'을 요건으로 하고, 수표금액의 지급책임을 부담하는 자 또는 거래정지처분을 당하는 자는 발행인에 국한되는 점에 비추어 볼 때 그와 같은 발행인이 아닌 자는 부정수표단속법 제4조가 정한 허위신고죄의 주체가 될 수 없고, 발행인이 아닌 자는 허위신고의 고의 없는 발행인을 이용하여 간접정범의 형태로 허위신고죄를 범할 수도 없다 할 것이다. [변호사 18 변형] [사시 11]

045 남편 甲이 사기죄로 기소된 처에 대한 재판에서 처에게 유리한 증언을 해주도록 증인 A에게 부탁하여 A가 위증을 한 경우 위증죄의 간접정범이 성립한다. [사시 11]

> **해설+** 자수범 긍정설이 통설·판례이고, 위증죄는 자수범이므로 증인이 직접 허위의 진술을 해야만 성립한다. 따라서 간접정범으로는 범할 수 없고, 甲에게는 위증죄의 교사범이 성립할 뿐이다.

046 강제추행죄는 자수범이라고 볼 수 없으므로 처벌되지 아니하는 타인을 도구로 삼아 피해자를 강제로 추행하는 간접정범의 형태로도 범할 수 있으나, 여기에서의 강제추행에 관한 간접정범의 의사를 실현하는 도구로서의 타인에는 피해자가 포함되지 않는다. [경찰채용 21 1차] [경찰채용 23 2차]

046 (×)

해설+ 강제추행죄는 사람의 성적 자유 내지 성적 자기결정의 자유를 보호하기 위한 죄로서 정범 자신이 직접 범죄를 실행하여야 성립하는 자수범이라고 볼 수 없으므로, 처벌되지 아니하는 타인을 도구로 삼아 피해자를 강제로 추행하는 간접정범의 형태로도 범할 수 있다. 여기서 강제추행에 관한 간접정범의 의사를 실현하는 도구로서의 타인에는 피해자도 포함될 수 있으므로, 피해자를 도구로 삼아 피해자의 신체를 이용하여 추행행위를 한 경우에도 강제추행죄의 간접정범에 해당할 수 있다 (대법원 2018.2.8, 2016도17733).

047 강제추행죄는 자수범이 아니므로 피해자를 도구로 삼아 추행하는 간접정범의 형태로도 범할 수 있다. [경찰승진 22]

047 (○)

해설+ 강제추행죄는 사람의 성적 자유 내지 성적 자기결정의 자유를 보호하기 위한 죄로서 정범 자신이 직접 범죄를 실행하여야 성립하는 자수범이라고 볼 수 없으므로, 처벌되지 아니하는 타인을 도구로 삼아 피해자를 강제로 추행하는 간접정범의 형태로도 범할 수 있다. 여기서 강제추행에 관한 간접정범의 의사를 실현하는 도구로서의 타인에는 피해자도 포함될 수 있으므로, 피해자를 도구로 삼아 피해자의 신체를 이용하여 추행행위를 한 경우에도 강제추행죄의 간접정범에 해당할 수 있다 (대법원 2018.2.8, 2016도17733).

048 甲이 A회사의 전문건설업등록증 등의 이미지 파일을 위조하여 공사수주에 사용하기 위해 발주업체 직원 B에게 이메일로 송부하여 위조사실을 모르는 B로 하여금 위 이미지 파일을 출력하게 한 경우, 간접정범을 통한 위조문서행사범행의 피이용자인 B는 甲과 동일시할 수 있는 자와 마찬가지이므로 甲에게는 위조문서행사죄가 성립하지 아니한다. [변호사 22]

048 (×)

해설+ 위조문서행사죄에 있어서 행사는 위조된 문서를 진정한 것으로 사용함으로써 문서에 대한 공공의 신용을 해칠 우려가 있는 행위를 말하므로 그 행사의 상대방에는 아무런 제한이 없고, 다만 문서가 위조된 것임을 이미 알고 있는 공범자 등에게 행사하는 경우에는 위조문서행사죄가 성립할 수 없으나, 간접정범을 통한 위조문서행사범행에 있어 도구로 이용된 자라고 하더라고 문서가 위조된 것임을 알지 못하는 자에게 행사한 경우에는 위조문서행사죄가 성립한다(대법원 2012.2.23, 2011도14441).

049 甲이 정신분열증 환자인 A가 정상적인 의사능력을 갖고 있지 않고 자신의 명령에는 맹목적으로 복종하는 것을 이용하여 A에게 목을 매달아 자살하는 방법을 가르쳐 그렇게 자살하도록 한 경우 살인죄의 간접정범이 성립한다.

[경찰간부 11 변형] [사시 08]

해설+ 정상적 의사능력을 가지고 있지 않은 정신분열증 환자에게 자살하도록 한 경우에는 자살(살인죄의 행위객체에 해당하지 않음)을 이용하는 형태의 살인죄의 간접정범에 해당하고, 자살교사·방조죄 내지 촉탁·승낙살인죄가 성립하지 못한다.

049 (O)

050 甲이 변심한 애인 乙을 강요하여 乙로 하여금 스스로 코를 절단하게 한 경우 甲은 강요죄의 죄책을 지는 것은 별문제로 하고 중상해죄의 간접정범의 죄책을 지지는 않는다.

[국가9급 12·13]

해설+ 피고인에게 상해의 결과에 대한 인식이 있고 또 그 협박의 정도가 피해자의 의사결정의 자유를 상실케 함에 족한 것인 이상 피고인에 대하여 상해죄를 구성한다(대법원 1970.9.22, 70도1638).

050 (×) '지지는 않는다' → '진다'

051 강제추행에 관한 간접정범의 의사를 실현하는 도구로서의 타인에는 피해자도 포함될 수 있으므로 피해자를 도구로 삼아 피해자의 신체를 이용하여 추행행위를 한 경우에도 강제추행죄의 간접정범이 성립할 수 있다.

[경찰채용 19 2차]

051 (O) 대법원 2018.2.8, 2016도17733

052 甲이 공무원인 자신의 남편 A에게 채무변제로 받는 돈이라고 속여 A로 하여금 뇌물을 받게 한 경우, 甲은 「형법」 제33조에 의해 수뢰죄의 간접정범으로 처벌된다.

[경찰간부 22]

052 (×) 진정신분범인 수뢰죄의 간접정범이 되기 위해서는 공무원·중재인의 신분이 있어야 한다.

053 공문서의 작성권한이 있는 공무원의 직무를 보좌하는 甲이 행사할 목적으로 그 직위를 이용하여 허위의 내용이 기재된 문서 초안을 그 정을 모르는 상사에게 제출하여 결재하도록 하는 등의 방법으로 작성권한이 있는 공무원으로 하여금 허위의 공문서를 작성하게 한 경우 허위공문서작성죄의 간접정범이 성립하지 않는다.

[경찰간부 11 변형] [국가7급 16 변형] [사시 08]

053 (×) '성립하지 않는다' → '성립한다'
허위공문서작성죄의 간접정범의 죄책을 면할 수 없다(대법원 1990.2.27, 89도1816).

054 판례에 의하면 허위공문서작성죄도 간접정범이 성립할 수 있다.

[국가9급 18]

054 (○)

> **해설+** 공문서의 작성권한이 있는 공무원의 직무를 보좌하는 자가 그 직위를 이용하여 행사할 목적으로 허위의 내용이 기입된 문서초안을 그 정을 모르는 상사에게 제출하여 결재하도록 함으로써 허위공문서를 작성케 하는 경우에는 허위공문서작성죄의 간접정범이 성립되고 이와 공모한 자 역시 위 죄책(간접정범의 공범)을 면할 수 없다(대법원 1986.8.19, 85도2728).

055 공무원이 아닌 자가 허위사실을 신고하여 면장의 거주확인증을 발급받았다 하더라도 허위공문서작성죄의 간접정범의 죄책을 지지 아니한다.

[경찰간부 11 변형] [사시 08]

055 (○) 허위공문서작성죄는 공무원만 범할 수 있는 진정신분범이므로, 비신분자는 간접정범이 될 수 없다(대법원 1971.1.26, 70도2598).

056 음주운전 적발업무 담당경찰관 甲은 A의 음주운전을 눈감아 주기 위해 그에 대한 음주운전자 적발보고서를 찢어버리고, 부하로 하여금 B에 대한 가짜 음주운전 적발보고서를 작성하게 하고, 이러한 사실을 모르는 담당경찰관으로 하여금 주취운전자 음주측정처리부에 B의 음주운전사실을 기재하도록 한 경우 甲은 허위공문서작성죄 및 동 행사죄의 간접정범이 된다.

[국가7급 16] [사시 10]

056 (○) 대법원 1996.10.11, 95도1706

057 호적계장인 甲이 행사할 목적으로 A의 부탁을 받고 면장 모르게 호적계에 보관 중인 면장의 고무인과 직인을 이용하여 인감증명서 용지에 날인하여 A의 인감증명서를 작성한 경우 허위공문서작성죄의 간접정범이 성립한다.

[경찰간부 11 변형] [사시 08]

057 (×) '허위공문서작성죄의 간접정범' → '공문서위조죄'

> **해설+** 공무원을 보조하는 직무에 종사하는 공무원이 작성권한을 가진 공무원의 결재도 받지 아니하고 임의로 허위내용의 공문서를 작성권한자 명의로 작성한 때에는 공문서위조죄가 성립한다(대법원 1990.10.12, 90도1790).

058 공무원이 아닌 甲이 행사할 목적으로 관공서에 허위 내용의 증명원을 제출하여 그 내용이 허위인 정을 모르는 담당공무원으로부터 그 증명원의 내용과 같은 증명서를 발급받은 경우 공문서위조죄의 간접정범이 성립한다.

[경찰간부 11 변형] [사시 08]

> **해설+** 작성권한을 갖는 공무원이 그 문서의 기재사항을 인식하고 그 문서를 작성할 의사로써 이에 서명날인하였다면, 문서의 기재사항이 진실에 반함을 알지 못한 데 기인한다고 하여도, 그 문서의 성립은 진정하며 작성명의를 모용한 사실이 없다(대법원 2001.3.9, 2000도938).

058 (×) '성립한다' → '성립하지 않는다'

059 축산업협동조합이 점유하고 있는 A 소유의 창고 패널을 절취할 의사를 가진 甲이 위 조합으로부터 허락을 받지 않은 채 그 정을 모르는 A로 하여금 창고의 패널을 취거하게 하여 甲이 영득한 경우 절도죄의 간접정범이 성립한다.

[사시 11]

> **보충** 단, 이 판례의 결론은, 조합의 의사에 반하여 위 창고의 패널을 뜯어간다는 '범의'가 있었다고 단정하기는 어렵다고 보아 절도죄의 성립을 부정한 것이다. 다만 위 지문에서는 절도의 고의가 있음을 전제하고 출제되었다.

059 (○) 소유자를 도구로 이용한 절도죄의 간접정범이 성립될 수 있다(대법원 2006.9.28, 2006도2963).

060 甲이 위조한 乙 명의의 차용증을 바탕으로 乙에 대한 차용금채권을 丙에게 양도하고 이러한 사정을 모르는 丙으로 하여금 乙을 상대로 양수금 청구소송을 제기하게 한 경우 甲은 소송사기죄의 간접정범의 죄책을 진다.

[국가9급 13]

060 (○) 대법원 2007.9.6, 2006도3591

061 신용카드를 제시받은 상점점원이 그 카드의 금액란을 정정기재하였다 하더라도 그것이 카드소지인이 위 점원에게 자신이 위 금액을 정정기재할 수 있는 권리가 있는 양 기망하여 이루어졌다면 이는 간접정범에 의한 유가증권변조죄가 성립한다.

[경찰채용 18 1차]

061 (○) 진실에 합치하도록 변경한 것이라 하더라도 권한 없이 변경한 경우에는 변조로 되는 것이고 정을 모르는 제3자를 통하여 간접정범의 형태로도 범할 수 있다(대법원 1984.11.27, 84도1862).

062 유가증권변조죄에서의 변조는 권한 없는 자가 진정으로 성립된 유가증권의 내용에 그 동일성을 해하지 않는 한도에의 변경을 가하는 것으로서, 간접정범의 형태로도 행해질 수 있다.

[국가7급 13]

062 (○) 대법원 2006.1.26, 2005도4764

063 피고인이 정기문종총회 회의록을 임의로 작성하고는 종중원들을 찾아다니면서 종중 임원들에게 임야의 등기 및 매도 권한을 피고인에게 일임하고 매도금액의 3분의 1을 문중에 반납하고 나머지를 피고인에게 소송대행비용으로 준다는 회의록의 내용 등에 관하여 제대로 알려주지 아니한 채, 단지 이 사건 임야에 관하여 문중명의로 소유권이전등기를 하는 데 필요하다는 정도로만 얘기하면서 회의록에 서명·날인을 받은 경우 사문서위조죄의 간접정범이 성립한다. [사시 10]

063 (O) 명의인을 기망하여 문서를 작성케 하는 경우는 서명, 날인이 정당히 성립된 경우에도 기망자는 명의인을 이용하여 서명날인자의 의사에 반하는 문서를 작성케 하는 것이므로 사문서위조죄가 성립한다(대법원 2007.9.6, 2006도3591).

064 무허가 식용유 제조의 범의가 없는 자에게 의뢰하여 허가 없이 식용유를 제조케 한 경우에는 무허가 식용유 제조의 간접정범이 성립한다. [경찰간부 11 변형] [사시 08]

064 (O) 고의 없는 도구를 이용하는 형태의 간접정범이다(대법원 1983.5.24, 83도200).

065 회사 경영자가 내막을 알지 못하는 소속 직원들로 하여금 회사 소재지 지역구 국회의원의 담당사무에 대한 청탁과 관련하여 그 국회의원이 사실상 지배·장악하고 있던 후원회에 후원금을 기부하게 한 경우 정치자금법위반죄의 간접정범이 성립한다. [사시 10]

065 (O) 처벌되지 아니하는 타인의 행위를 적극적으로 유발하고 이를 이용하여 자신의 범죄를 실현한 자는 간접정범의 죄책을 지게 되고, 그 과정에서 타인의 의사를 부당하게 억압하여야만 간접정범에 해당하는 것은 아니다(대법원 2008.9.11, 2007도7204).

066 목적범에 있어서 목적 없는 고의 있는 도구를 이용한 경우, 피이용자에 대한 의사지배가 인정되지 않으므로 간접정범이 성립할 수 없다. [경찰채용 21 1차] [사시 11]

066 (×)

해설+ 목적범에 있어서 고의는 있으나 목적이 없는 도구를 이용하는 경우에도 규범적·심리적 행위지배를 인정하여 간접정범이 성립한다고 보는 것이 다수설이며, 판례도 결론적으로 같은 입장이다(대법원 1997.4.17, 96도3376 전원합의체).

067 진정목적범에서 목적 있는 자가 목적 없는 자를 강요하여 자신의 도구나 손발과 같이 목적 없는 자로 하여금 법행을 실행하게 한 경우 목적 있는 자는 진정목적범의 간접정범이 된다.

067 (O) 목적범인 내란죄의 간접정범이 성립한다는 판례이다(대법원 1997.4.17, 96도3376 전원합의체).

068 내란죄와 같은 목적범의 경우 '국헌문란의 목적'을 가진 자가 그러한 목적이 없는 자를 이용하여 내란죄를 실행할 수는 없다. [국가9급 15]

> **해설+** '국헌문란의 목적'을 가진 자는 그러한 목적이 없는 자를 이용하여 내란죄를 실행할 수 있고, 이는 목적범에서 '목적 없는 고의 있는 도구'를 이용한 형태의 간접정범이 성립한다(대법원 1997. 4.17, 96도3376 전원합의체).

068 (×) '없다' → '있다'

069 국헌문란의 목적을 달성하기 위해 그러한 목적이 없는 대통령을 이용하여 비상계엄 전국 확대조치를 한 것은 간접정범의 방법으로 내란죄를 실행한 것이다. [경찰채용 23 2차]

> **해설+** 범죄는 '어느 행위로 인하여 처벌되지 아니하는 자'를 이용하여서도 이를 실행할 수 있으므로, 내란죄의 경우에도 '국헌문란의 목적'을 가진 자가 그러한 목적이 없는 자를 이용하여 이를 실행할 수 있다(대법원 1997.4.17, 96도3376 전원합의체).

069 (○)

070 타인을 비방할 목적으로 허위의 기사자료를 그 정을 모르는 기자에게 제공하여 신문 등에 보도되게 한 경우에는 출판물에 의한 명예훼손죄의 간접정범이 성립한다. [국가7급 13] [국가9급 13]

> **해설+** 출판물에 의한 명예훼손죄는 간접정범에 의하여 범하여질 수도 있으므로 타인을 비방할 목적으로 허위의 기사 재료를 그 정을 모르는 기자(고의는 있으나 목적 없는 피이용자)에게 제공하여 신문 등에 보도되게 한 경우에도 성립할 수 있다(대법원 2002.6.28, 2000도3045).

070 (○)

071 인신구속에 관한 직무를 행하는 자 또는 이를 보조하는 자가 피해자를 구속하기 위하여 진술조서 등을 허위로 작성한 후 이를 기록에 첨부하여 구속영장을 신청하고, 진술조서 등이 허위로 작성된 정을 모르는 검사와 영장전담 판사를 기망하여 구속영장을 발부받은 후 그 영장에 의하여 피해자를 구금한 경우 「형법」 제124조 제1항의 직권남용감금죄의 간접정범이 성립한다. [국가7급 13 변형] [사시 10]

071 (○) 대법원 2006.5.25, 2003도3945

072 처벌되지 아니하는 타인의 행위를 적극적으로 유발하고 이를 이용하여 자신의 범죄를 실현한 자는 간접정범의 죄책을 지게 되고, 그 과정에서 타인의 의사를 부당하게 억압하여야만 간접정범에 해당하는 것은 아니다.

[국가7급 17]

072 (O) 대법원 2008.9.11, 2007도7204

073 간접정범의 실행의 착수시기를 이용자의 이용행위 시로 보는 경우, 이용자의 이용의사가 외부로 표현되기만 하면 실행의 착수가 인정되어 미수범의 처벌범위가 축소될 수 있다.

[경찰채용 22 2차]

보충 이용행위시설(다수설)에 대한 비판이다.

073 (×) 간접정범의 실행의 착수시기를 이용자의 이용행위 시로 보는 경우, 이용자의 이용의사가 외부로 표현되기만 하면 실행의 착수가 인정되어 미수범의 처벌범위가 확대된다.

074 자기의 지휘·감독을 받는 자를 교사하여 범죄행위의 결과를 발생하게 한 때에는 정범에 정한 형의 장기 또는 다액의 2분의 1까지 가중한다.

[국가9급총론 21]

074 (O) 특수교사의 경우이다(제34조 제2항).

3 공동정범

  대표유형

공범자 중의 한 사람이 실행의 착수 이전에 공모관계에서 이탈하였더라도 그 이후 다른 공모자에 의하여 범행이 이루어졌다면 그 이탈자는 공동정범의 죄책을 진다. [국가9급 17]

(×) '진다' → '지지 않는다'

해설+ 공모공동정범에 있어서 공모자 중의 1인이 다른 공모자가 실행행위에 이르기 전에 그 공모관계에서 이탈한 때에는 그 이후의 다른 공모자의 행위에 관하여는 공동정범으로서의 책임은 지지 않는다(대법원 1995.7.11, 95도955).

대표유형

A가 甲으로부터 폭행을 당하고 얼마 후 함께 A를 폭행하자는 甲의 연락을 받고 달려 온 乙로부터 다시 폭행을 당하고 사망하였으나 사망의 원인행위가 판명되지 않았다면, 「형법」 제263조가 적용되어 甲과 乙은 폭행치사죄의 공동정범의 예에 의해 처벌된다.

[변호사 20]

(×) 공범관계에 있어 공동가공의 의사가 있었다면 이에는 동시범 등의 문제는 제기될 여지가 없다(대법원 1985.12.10, 85도1892).

3인 이상의 범인이 합동절도의 범행을 공모한 후 적어도 2인 이상의 범인이 범행 현장에서 시간적, 장소적으로 협동관계를 이루어 절도의 실행행위를 분담하여 절도 범행을 한 경우에, 그 공모에는 참여하였으나 현장에서 절도의 실행행위를 직접 분담하지 아니한 다른 범인에 대하여도 그가 현장에서 절도 범행을 실행한 위 2인 이상의 범인의 행위를 자기 의사의 수단으로 하여 합동절도의 범행을 하였다고 평가할 수 있는 정범성의 표지를 갖추고 있는 한 공동정범의 일반 이론에 비추어 그 다른 범인에 대하여 합동절도의 공동정범으로 인정할 수 있다. [국가9급 18] [법원9급 13 변형]

(○) 대법원 1998.5.21, 98도321 전원합의체

075 공동정범이 성립하기 위하여 반드시 공범자 간 사전모의가 있어야 하는 것은 아니며, 우연히 만난 자리에서 서로 협력하여 공동의 범의를 실현하려는 의사가 암묵적으로 상통하여 범행에 공동가공하더라도 공동정범은 성립된다. [변호사 21]

075 (○) 대법원 1984.12.26, 82 도1373

076 2인 이상이 범죄에 공동가공하는 공범관계에서 비록 전체의 모의과정이 없더라도 수인 사이에 순차적으로 또는 암묵적으로 상통하여 의사의 결합이 이루어지면 공모관계가 성립한다. [국가9급 18] [변호사 13]

076 (○)

해설+ 2인 이상이 범죄에 공동가공하는 공범관계에서 공모하는 법률상 어떤 정형을 요구하는 것이 아니고 2인 이상이 공모하여 어느 범죄에 공동가공하여 그 범죄를 실현하려는 의사의 결합만 있으면 되는 것이다(대법원 2003.1.24, 2002도6103).

077 「형법」 제30조 소정의 공동정범은 2인 이상이 공동하여 죄를 범하는 것으로서 행위자의 공동가공의 의사를 그 주관적 요건으로 하는 것이나, 그 공동가공의 의사는 상호 간에 특정한 범죄행위를 하기 위하여 일체가 되어 자기의 의사를 실행에 옮기려는 공동가공의 인식이 있으면 되는 것이고, 암묵리에 서로 의사가 상통하여도 되는 것이며, 사전에 반드시 어떠한 모의과정이 있어야 하는 것은 아니다. [국가9급 16 변형]

077 (○) 대법원 2004.10.28, 2004 도4437

078 공범관계에 있어서 공모는 법률상 어떤 정형을 요구하는 것이 아니므로, 이러한 공모관계를 인정하기 위하여 엄격한 증명이 요구되지는 않는다. [변호사 21]

078 (×) 공모공동정범에 있어서의 공모나 모의는 범죄사실을 구성하는 것으로서 이를 인정하기 위하여는 엄격한 증명이 요구된다(대법원 1998.11.24, 98도2654).

079 범죄의 실행에 가담한 사람이라고 할지라도 그가 공동의 의사에 따라 다른 공범자를 이용하여 실현하려는 행위가 자신에게는 범죄를 구성하지 않는다면, 특별한 사정이 없는 한 공동정범의 죄책을 진다고 할 수 없다.

> **해설+** 범죄의 실행에 가담한 사람이라고 할지라도 그가 공동의 의사에 따라 다른 공범자를 이용하여 실현하려는 행위가 자신에게는 범죄를 구성하지 않는다면, 특별한 사정이 없는 한 공동정범의 죄책을 진다고 할 수 없다. … 형법 제156조에서 정한 무고죄는 타인으로 하여금 형사처분 또는 징계처분을 받게 할 목적으로 허위의 사실을 신고하는 것을 구성요건으로 하는 범죄이다. 자기 자신으로 하여금 형사처분 또는 징계처분을 받게 할 목적으로 허위의 사실을 신고하는 행위, 즉 자기 자신을 무고하는 행위는 무고죄의 구성요건에 해당하지 않아 무고죄가 성립하지 않는다. 따라서 자기 자신을 무고하기로 제3자와 공모하고 이에 따라 무고행위에 가담하였더라도 이는 자기 자신에게는 무고죄의 구성요건에 해당하지 않아 범죄가 성립할 수 없는 행위를 실현하고자 한 것에 지나지 않아 무고죄의 공동정범으로 처벌할 수 없다(대법원 2017.4.26, 2013도12592).

080 공동정범은 행위자 상호간에 범죄행위를 공동으로 한다는 공동가공의 의사를 가지고 범죄를 공동실행하는 경우에 성립하는 것으로서, 여기에서의 공동가공의 의사는 공동행위자 상호간에 있어야 하며 행위자 일방의 가공의사만으로는 공동정범관계가 성립할 수 없다. [국가7급 13] [국가9급 16 변형]

081 우연히 만난 자리에서 서로 협력하여 공동의 범의를 실현하려는 의사가 암묵적으로 상통하여 범행에 공동가공하더라도 공동정범은 성립된다.

[경찰채용 17 2차]

082 甲이 A를 강간하고 있을 때, 乙 스스로 강간행위에 가담할 의사로 甲이 모르는 사이에 망을 보아 준 경우, 乙은 강간죄의 공동정범이 된다.

[법원9급 13 변형]

> **해설+** 의사의 상호이해 없이 공동행위자 중의 한 사람만 범행의사를 가진 편면적 공동정범은 공동정범이 성립하지 않고 동시범(단독정범의 경합) 또는 종범(편면적 종범)이 성립할 뿐이다(대법원 1999.9.17, 99도2889).

083 甲은 乙로부터 캠코더 등을 밀수입해 오면 팔아주겠느냐는 제의를 받고 팔아주겠다고 승낙한 다음 乙이 물품을 밀수입해 오자 대금을 지불하고 이를 인도받아 타에 처분하였다면 밀수입 범행의 공동정범이 된다. [경찰간부 18]

083 (×) '된다' → '되지 않는다'

> **해설+** 그 승낙은 물품을 밀수입해 오면 이를 취득하거나 그 매각알선을 하겠다는 의사표시로 볼 수 있을 뿐 밀수입 범행을 공동으로 하겠다는 공모의 의사를 표시한 것으로는 볼 수 없다(대법원 2000.4.7, 2000도576).

084 공모에 의한 범죄의 공동실행은 모든 공범자가 스스로 범죄의 구성요건을 실현하는 것을 전제로 하지 아니하고 그 실현행위를 하는 공범자에게 그 행위결정을 강화하도록 협력하는 것으로도 가능하다.

084 (○) 대법원 2006.12.22, 2006 도1623

085 乙이 공갈행위의 실행에 착수한 후, 甲이 그 범행을 인식하면서 乙과 공동의 범의를 가지고 그 후의 공갈행위를 계속하여 재물의 교부를 받거나 재산상 이익을 취득한 때는 甲에게도 공갈죄의 공동정범이 성립한다.

[사시 14]

085 (○)

> **해설+** 2인 이상이 공모하여 범죄에 공동가공하는 공범관계에 있어서 공모는 공범자 상호간에 직접 또는 간접으로 범죄의 공동실행에 관한 암묵적인 의사연락이 있으면 족한 것으로 비록 전체의 모의과정이 없었다고 하더라도 수인 사이에 의사의 결합이 있으면 공동정범이 성립한다(대법원 1997.2.14, 96도1959).

086 범행가담자 간에 상명하복 관계가 있는 경우라도 범행에 공동가공한 이상 공동정범이 성립하는 데 아무런 지장이 없다. [국가9급 15]

086 (○) 대법원 1995.6.16, 94 도1793

087 상명하복 관계에 있는 자들이 범행에 공동가공한 경우, 특수교사·방조범(「형법」 제34조 제2항)이 성립할 수 있으나 공동정범은 인정될 수 없다.

[변호사 21] [해경승진 23]

> **참고** 국가정보원의 엄격한 상명하복 관계에서 그 수장인 피고인 1이 가지는 조직 장악력 등을 종합하면, 피고인 1이 비록 개별적 범행을 지시하지 않더라도, 사이버팀의 활동 내역을 보고받으면서 활동을 승인하고 나아가 사이버팀 조직을 관리·확대하면서 사이버 활동의 구체적 내용에까지 막대한 영향을 미친 이상, 피고인 1은 범행의 핵심적 경과를 계획적으로 조종하거나 촉진하는 등으로 기능적 행위지배를 하였다고 인정할 수 있다. 한 피고인 1과 사이버팀 직원들 사이에 직접적인 접촉이나 모의가 없었더라도, 심리전단장인 피고인 3과 실행행위자인 사이버팀 직원들의 직접적인 공모관계가 있었고 피고인 1이 지휘 계통에 따라 피고인 2를 거쳐 피고인 3과 지시·보고를 통하여 순차 공모한 이상, 피고인 1에 대해서도 사이버팀 직원들의 범행에 대한 공모관계를 인정할 수 있다(대법원 2018.4.19, 2017도14322 전원합의체).

087 (×) 상명하복 관계에 있는 자들 사이에 있어서도 범행에 공동가공한 이상 공동정범이 성립하는 데 아무런 지장이 없는 것이다(대법원 1995.6.16, 94도1793; 2012.1.27, 2010도10739).

088 이른바 '승계적 공동정범'의 경우 비록 그 범행에 가담할 때에 이미 종전의 범행을 알았다 하더라도 자신이 가담하기 이전에 타인이 행한 부분에는 죄책을 지지 않는다.

[국가9급 17]

088 (○) 대법원 2007.11.15, 2007도6336

089 포괄일죄의 범행 도중에 공동정범으로 범행에 가담한 자가 그 범행에 가담할 때에 이미 이루어진 종전의 범행을 알았다면, 가담자도 포괄일죄의 모든 범행에 대해서 공동정범으로 책임을 진다.

[사시 13 변형·14]

> **해설+** 범행의 기수 후 종료 전까지의 시기에 가담한 경우, 즉 포괄일죄(연속범) 도중에 가담한 후행자는 가담한 이전의 선행자의 범행부분에 대해서는 책임을 지지 않고 가담한 이후의 부분에 대해서만 공동정범의 죄책을 진다(대법원 1982.6.8, 82도884). 즉, 승계적 공동정범의 귀책범위는 어디까지나 가담한 이후 부분으로 한정된다(대법원 1997.6.27, 97도163).

089 (×) '다면' → '어도', '진다' → '지는 것은 아니다'

090 甲이 한 달여에 걸쳐 연속적으로 마약류를 제조하고 있었는데, 뒤늦게 乙이 甲의 그 같은 제조행위를 알고 도중에 공동정범으로 범행에 가담하여 甲과 함께 마약류 제조행위를 계속하였다고 하는 사안에서 乙이 범행에 가담할 당시에 이미 이루어진 종전의 범행을 알고 있었던 이상, 乙은 가담 이전의 제조행위에 대해서까지 공동정범으로 책임을 져야 한다.

[경찰채용 18 2차]

090 (×) 연속된 제조행위 도중에 공동정범으로 범행에 가담한 자는 비록 그가 그 범행에 가담할 때에 이미 이루어진 종전의 범행을 알았다 하더라도 그 가담 이후의 범행에 대하여만 공동정범으로 책임을 지는 것이라고 할 것이다(대법원 1982.6.8, 82도884).

091 선행행위자가 실행에 착수한 후라면 후행행위자는 선행행위자의 행위에 공동정범으로 가담할 수 없다. [사시 13]

> **보충** 다만, 포괄일죄의 범행 도중에 가담한 자는 −비록 가담 이전의 선행자의 범행부분을 인식하고 있다 하더라도− 가담한 이후의 부분에 대해서만 공동정범의 책임을 진다(대법원 1997.6.27, 97도163).

091 (×) '라면' → '라도', '없다' → '있다'
선행행위자의 행위 도중에 후행행위자가 선행행위자와의 공동가공의 의사를 가지고 기능적 행위지배를 하게 되면, 공동정범이 성립하는 데 지장이 없다.

092 계속된 배임적 거래행위 도중에 공동정범으로 범행에 가담한 자는 비록 그가 그 범행에 가담할 때에 이미 이루어진 종전의 범행을 알았다 하더라도 그 가담 이후의 범행에 대하여만 공동정범으로 책임을 진다고 할 것이므로, 거래행위 전체가 포괄하여 하나의 죄가 된다 할지라도 그 가담 이전의 거래행위에 대하여서까지 유죄로 인정할 수는 없다. [국가7급 14 변형] [국가9급총론 18]

092 (○) 대법원 1997.6.27, 97도163

093 甲이 강도살인의 의사로 먼저 A를 살해한 직후 마침 그곳을 지나가던 乙이 이를 보고 甲의 양해 하에 절취의 의사로 참가하여 甲은 A의 지갑과 현금을, 乙은 A의 시계와 금반지를 가져간 경우, 승계적 공동정범을 인정하더라도 乙은 살인에 대한 책임은 지지 아니한다. [경찰채용 21 2차]

093 (○) 甲은 강도의 고의로 살해하고 A의 지갑과 현금을 취득한 것이니 강도살인죄가 성립하고, 乙은 절도의 의사로 참가한 것에 불과하니 절도죄의 죄책만 져야 한다. 승계적 공동정범의 경우에도 가담한 이후의 죄책을 지는 것에 불과하다.

094 실행행위가 종료함과 동시에 범죄가 기수에 이르는 이른바 '즉시범'에서는 범죄가 기수에 이르기 이전에 가담하는 경우에만 공동정범이 성립하고 범죄가 기수에 이른 이후에는 공동정범이 성립될 수 없다. [경찰간부 18] [국가9급 17]

> **해설+** 회사직원이 영업비밀을 경쟁업체에 유출하거나 스스로의 이익을 위하여 이용할 목적으로 무단으로 반출한 때 업무상배임죄의 기수에 이르렀다고 할 것이고, 그 이후에 위 직원과 접촉하여 영업비밀을 취득하려고 한 자는 업무상배임죄의 공동정범이 될 수 없다(대법원 2003.10.30, 2003도4382).

094 (○)

095 甲이 A회사의 직원으로서 경쟁업체에 유출하기 위해 회사의 영업비밀을 무단으로 반출함으로써 업무상배임죄의 기수에 이르렀다면, 그 이후 乙이 甲과 접촉하여 그 영업비밀을 취득하더라도 乙에 대해서 업무상배임죄의 공동정범은 성립하지 않는다. [법원9급 13 변형]

095 (○)

> **해설+** 배임행위에 해당한다는 것을 알면서도 소극적으로 그 배임행위에 편승하여 이익을 취득한 것만으로는 부족하고, 실행행위자의 배임행위를 교사하거나 또는 배임행위의 전 과정에 관여하는 등으로 배임행위에 적극 가담할 것을 필요로 한다(대법원 2003.10.30, 2003도4382).

096 甲은 전자회사직원 乙이 영업비밀을 경쟁업체에 유출하기 위하여 무단 반출하였다는 사실을 알고 몇 개월 후 乙에게 접근하여 영업비밀을 취득하려고 하였다면 업무상배임죄의 공동정범이 된다. [국가9급 15]

096 (×) '된다' → '되지 않는다'

> **해설+** 회사직원이 영업비밀을 경쟁업체에 유출하거나 스스로의 이익을 위하여 이용할 목적으로 무단으로 반출한 때 업무상배임죄의 기수에 이르렀다고 할 것이고, 그 이후에 위 직원과 접촉하여 영업비밀을 취득하려고 한 자는 업무상배임죄의 공동정범이 될 수 없다(대법원 2003.10.30, 2003도4382).

097 판례는 범죄공동설의 입장에서 공동정범의 주관적 요건 대신 객관적 요건만으로 과실범의 공동정범을 인정하고 있다. [국가7급 14]

097 (×) '범죄공동설' → '행위공동설'
판례는 행위공동설의 입장에서 과실범의 공동정범을 인정하고 있다.

098 D가 공범들과 함께 강도범행을 저지른 후 피해자의 신고를 막기 위하여 공범들이 묶여있는 피해자를 옆방으로 끌고 가 강간범행을 할 때에 D는 자녀들을 감시하고 있었다면, D는 직접 강간행위를 하지 않았다 하더라도 강도강간의 공동정범으로 처벌받는다. [법원행시 12]

098 (○) 공범들의 강도강간범죄에 공동가공한 것이라 하겠으므로 비록 피고인이 직접 강간행위를 하지 않았다 하더라도 강도강간의 공동죄책을 면할 수 없다(대법원 1986. 1.21, 85도2411).

099 甲이 주도하여 乙, 丙과 절도를 하기로 공모한 후, 甲과 乙이 실행행위에 이르기 전에 망을 보기로 한 丙이 공모관계에서 이탈한 경우, 그 이후의 甲과 乙의 절취행위에 대하여 丙은 공동정범으로서의 책임을 지지 아니하고 그 이탈의 표시는 명시적일 필요는 없다. [국가9급 15] [법원9급 13 변형]

099 (○) 대법원 1986.1.21, 85도2371

100 단순공모자 중의 어떤 사람이 다른 공모자가 실행행위에 이르기 전에 그 공모관계에서 이탈한 때에는 그 이후의 다른 공모자의 행위에 관하여 공동 정범으로서의 책임은 지지 않는다고 할 것이고, 그 이탈의 표시는 반드시 명시적임을 요하지 않는다. [국가7급 20]

100 (○) 대법원 1986.1.21, 85 도2371

101 공모공동정범에 있어서 공모자 중 1인이 다른 공모자가 실행행위에 이르기 전에 그 공모관계에서 이탈한 경우 주도적 공모자는 범행을 저지하기 위하여 적극적으로 노력하는 등 실행에 미친 영향력을 제거하지 아니하는 한 공모관계에서 이탈되지 않는다. [국가9급 16]

101 (○) 대법원 2015.2.16, 2014 도14843

102 공모공동정범에 있어서 공모자 중의 1인이 다른 공모자가 실행행위에 이르기 전에 그 공모관계에서 이탈한 때에는 그 이후의 다른 공모자의 행위에 관하여는 공동정범으로서의 책임은 지지 않는다 할 것이나, 공모관계에서의 이탈은 공모자가 공모에 의하여 담당한 기능적 행위지배를 해소하는 것이 필요하므로 공모자가 공모에 주도적으로 참여하여 다른 공모자의 실행에 영향을 미친 때에는 범행을 저지하기 위하여 적극적으로 노력하는 등 실행에 미친 영향력을 제거하지 아니하는 한 공모관계에서 이탈하였다고 할 수 없다. [법원9급 13 변형]

102 (○) 대법원 2008.4.10, 2008 도1274

103 다른 공모자들과 강도모의를 주도한 피고인이, 다른 공모자들이 피해자를 뒤쫓아 가자 단지 "어"라고만 하고 더 이상 만류하지 아니하여 공모자들이 강도상해의 범행을 한 경우 피고인은 그 공모관계에서 이탈하였다고 인정된다. [국가7급 14]

103 (×) '인정된다' → '인정되지 않는다'

해설+ 피고인에게 공동가공의 의사와 공동의사에 기한 기능적 행위지배를 통한 범죄의 실행사실이 인정되므로 그 공모관계에서 이탈하였다고 볼 수 없고 강도상해죄의 공동정범으로서의 죄책을 진다(대법원 2008.4.10, 2008도1274).

104 甲이 부녀를 유인하여 성매매를 통해 수익을 얻을 것을 乙과 공모한 후, 乙로 하여금 유인된 A녀(16세)의 성매매 홍보용 나체사진을 찍도록 하고, A가 중도에 약속을 어길 경우 민·형사상 책임을 진다는 각서를 작성하도록 하였지만, 자신이 별건으로 체포되어 구치소에 수감중인 동안 A가 乙의 관리 아래 성매수의 대가로 받은 돈을 A, 乙 및 甲의 처 등이 나누어 사용한 경우라도 甲에게는 공모관계에서의 이탈이 인정된다.

[경찰간부 18] [변호사 13]

해설+ 공모자가 공모에 주도적으로 참여하여 다른 공모자의 실행에 영향을 미친 때에는 범행을 저지하기 위하여 적극적으로 노력하는 등 실행에 미친 영향력을 제거하지 아니하는 한 공모자가 구속되었다는 등의 사유만으로 공모관계에서 이탈하였다고 할 수 없다(대법원 2010.9.9, 2010도 6924).

104 (×) '라도' → '에는', '인정된다' → '인정되지 않는다'

105 피고인이 공범과 함께 가출청소년에게 성매매를 하도록 한 후 피고인이 별건으로 구속된 상태에서 공범들이 그 청소년에게 계속 성매매를 하게 한 경우, 구속 이후 범행에 대하여는 피고인의 실질적인 행위지배가 인정되지 않으므로 피고인에게는 공동정범의 죄책이 인정되지 않는다.

[국가7급 20]

해설+ 甲이 乙과 공모하여 가출 청소년 丙(여, 16세)에게 낙태수술비를 벌도록 해 주겠다고 유인하였고, 乙로 하여금 丙의 성매매 홍보용 나체사진을 찍도록 하였으며, 丙이 중도에 약속을 어길 경우 민형사상 책임을 진다는 각서를 작성하도록 한 후, 자신이 별건으로 체포되어 구치소에 수감 중인 동안 丙이 乙의 관리 아래 12회에 걸쳐 불특정 다수 남성의 성매수 행위의 상대방이 된 대가로 받은 돈을 丙, 乙 및 甲의 처 등이 나누어 사용한 사안에서, 丙의 성매매 기간 동안 甲이 수감되어 있었다 하더라도 위 甲은 乙과 함께 미성년자유인죄, 구 청소년의 성보호에 관한 법률 위반죄의 책임을 진다고 한 원심판단을 수긍한 사례이다(대법원 2010.9.9, 2010도6924).

106 피고인이 포괄일죄의 관계에 있는 범행의 일부를 실행한 후 공범관계에서 이탈하였으나 다른 공범자에 의하여 나머지 범행이 이루어진 경우, 피고인에게 자신이 관여하지 않은 이탈 이후 부분에 대하여 공동정범으로서의 죄책을 부담시킬 수 없다. [경찰채용 18 3차] [국가7급 13] [사시 12]

해설+ 피고인이 포괄일죄의 관계에 있는 범행의 일부를 실행한 후 공범관계에서 이탈하였으나 다른 공범자에 의하여 나머지 범행이 이루어진 경우, 피고인 자신이 관여하지 않은 부분에 대하여도 공동정범으로서 죄책을 부담한다(대법원 2011.1.13, 2010도9927).

106 (×) '없다' · '있다'

CHAPTER 06 정범과 공범론 313

107 피고인이 공범들과 주식시세 조종의 목적으로 허위매수주문, 통정매매행위 등을 반복적으로 행하다가 회사를 퇴사하는 등의 사정으로 공범관계에서 이탈하였으나 다른 공범에 의하여 포괄일죄 관계에 있는 나머지 범행이 이루어진 경우, 피고인은 자신이 관여하지 않은 부분에 대하여도 죄책을 부담한다.

[국가7급 20]

107 (O) 피고인이 포괄일죄의 관계에 있는 범행의 일부를 실행한 후 공범관계에서 이탈하였으나 다른 공범자에 의하여 나머지 범행이 이루어진 경우, 피고인이 관여하지 않은 부분에 대하여도 죄책을 부담한다 (대법원 2011.1.13, 2010도9927).

108 구성요건행위를 직접 분담하여 실행하지 아니한 공모자가 공모공동정범으로 인정되기 위하여는 전체 범죄에 있어서 그가 차지하는 지위·역할이나 범죄경과에 대한 지배 내지 장악력 등을 종합하여 그에게 범죄에 대한 본질적 기여를 통한 기능적 행위지배가 존재하여야 한다.

[국가7급 14]

108 (O) 대법원 2010.7.15, 2010도3544

109 판례는 최근에 "공모자가 공모공동정범으로 인정되기 위해서는 그가 단순히 공모자에 그치는 것이 아니라 범죄에 대한 본질적 기여를 통한 기능적 행위지배가 존재하여야 한다"고 하여 공모공동정범의 성립범위를 제한하는 경향을 보이고 있다.

[국가9급 17]

109 (O) 대법원 2017.1.12, 2016도15470

110 조직의 보스 甲은 부하인 乙과 반대조직의 보스 A를 살해하기로 공모하고, 甲은 자신의 사무실에서 진행상황을 실시간으로 보고받고 乙이 A의 사무실로 가서 A를 살해한 경우, 공모공동정범을 인정하는 견해에 따르면 甲에게는 살인죄의 공동정범이 성립한다.

[경찰채용 21 2차]

보충 위 지문의 甲은 공모만 한 것이 아니라 진행상황을 실시간으로 보고받고 있으므로, 보통의 공동정범에도 해당될 수 있다.

110 (O) 판례는 공모만 하였다 하더라도 기능적 행위지배가 인정된다면 공모공동정범의 성립을 인정하는 입장이다.

111 　2인 이상이 범죄에 공동가공하는 공범관계에 있어 공모는 법률상 어떤 정형을 요구하는 것이 아니고 2인 이상이 공모하여 범죄에 공동가공하여 범죄를 실현하려는 의사의 결합만 있으면 되는 것으로서, 순차적으로 또는 암묵적으로 상통하여 그 의사의 결합이 이루어지면 공모관계가 성립하고, 이러한 공모가 이루어진 이상 실행행위에 직접 관여하지 아니한 사람이라도 다른 공범자의 행위에 대하여 공동정범으로서의 형사책임을 진다. 따라서 사기의 공모공동정범이 그 기망방법을 구체적으로 몰랐다고 하더라도 공모관계를 부정할 수 없다.　　　　　　　　　　　　[국가9급 18] [사시 16 변형]

111 (○) 대법원 2013.8.23, 2013도5080

112 　사기의 공모공동정범은 순차적·암묵적으로 상통하여 그 의사의 결합이 이루어지면 공모관계가 성립하지만, 이러한 공모가 이루어졌다 하더라도 실행행위에 직접 관여하지 아니하여 기망방법을 구체적으로 몰랐다면 공모관계는 부정된다.　　　　　　　　　　　　　　　　　　[경찰채용 19 2차]

112 (×)

　　해설+　공모가 이루어진 이상 실행행위에 직접 관여하지 아니한 사람이라도 다른 공범자의 행위에 대하여 공동정범으로서의 형사책임을 진다. 따라서 사기의 공모공동정범이 그 기망방법을 구체적으로 몰랐다고 하더라도 공모관계를 부정할 수 없다(대법원 2013.8.23, 2013도5080).

113 　A가 자기의 비용과 노력으로 건물을 신축하여 소유권을 원시취득한 미등기건물의 소유자임에도, A에 대한 채권담보 등을 위하여 건축허가명의만을 가진 甲과 甲에 대한 채권자 乙이 공모하여 乙이 甲을 상대로 위 건물에 관한 강제경매를 신청하여 법원의 경매개시결정이 내려지고, 그에 따라 甲 앞으로 촉탁에 의한 소유권보존등기가 된 경우, 甲과 乙에게는 A에 대한 관계에서 사기죄의 공동정범이 성립한다.　　　　　　　　[변호사 23]

113 (×)

　　해설+　자기의 비용과 노력으로 건물을 신축하여 그 소유권을 원시취득한 미등기건물의 소유자가 있고 그에 대한 채권담보 등을 위하여 건축허가명의만을 가진 자가 따로 있는 상황에서, 건축허가명의자에 대한 채권자가 위 명의자와 공모하여 명의자를 상대로 위 건물에 관한 강제경매를 신청하여 법원의 경매개시결정이 내려지고, 그에 따라 위 명의자 앞으로 촉탁에 의한 소유권보존등기가 되고 나아가 그 경매절차에서 건물이 매각되었다고 하더라도, 위와 같은 경매신청행위 등이 진정한 소유자에 대한 관계에서 사기죄가 된다고 볼 수는 없다. 왜냐하면 위 경매절차에서 한 법원의 재판이나 법원의 촉탁에 의한 소유권보존등기의 효력은 그 재판의 당사자도 아닌 위 진정한 소유자에게는 미치지 아니하는 것이어서, 피기망자인 법원의 재판이 피해자의 처분행위에 갈음하는 내용과 효력이 있는 것이라고 보기는 어렵기 때문이다(대법원 2013.11.28, 2013도459).

114 甲·乙·丙주식회사가 A주식회사의 주식 총수의 5/100 이상을 보유하여
자본시장과 금융투자업에 관한 법률상 주식 등 변경보고의무를 공동으로
부담하게 되었고, 동법은 이러한 보고의무를 이행하지 않는 자를 처벌하는
진정부작위범인 주식 등 변경보고의무 위반죄를 규정하고 있음에도 불구
하고 甲과 乙 주식회사만이 공모하여 보고의무를 이행하지 않은 경우, 보
고의무가 있는 甲주식회사, 乙주식회사, 丙주식회사에게 주식 등 변경보고
의무 위반죄의 공동정범이 성립한다. [경찰채용 22 2차]

해설+ 진정부작위범인 주식 등 변경보고의무 위반으로 인한 자본시장법 위반죄의 공동정범은 그
의무가 수인에게 공통으로 부여되어 있는데도 수인이 공모하여 전원이 그 의무를 이행하지 않았을
때 성립할 수 있다(대법원 2022.1.13, 2021도11110).

114 (×)

115 이른바 딱지어음들을 발행하여 매매한 甲이 이를 사용한 사기의 실행행위
에 직접 관여하지 않았더라도 그 사기범행에 관하여 암묵적, 순차적으로
공모하였다고 볼 수 있다면, 딱지어음들의 전전유통경로나 중간 소지인들
및 그 기망방법을 구체적으로 몰랐더라도 사기죄의 공동정범이 된다.

[국가9급 15]

115 (○) 대법원 2011.12.22, 2011
도9721

116 배임증재의 공모공동정범이 다른 공모공동정범에 의하여 수재자에게 재물
또는 재산상 이익이 제공되는 방법을 구체적으로 몰랐다고 하더라도 공모
관계를 부정할 수 없다. [경찰채용 17 2차]

116 (○) 대법원 2013.8.23, 2013
도5080

117 공모자들이 그 공모한 범행을 수행하거나 목적 달성을 위해 나아가는 도중
에 부수적인 다른 범죄가 파생되리라고 예상하거나 충분히 예상할 수 있는
데도 그 가능성을 외면한 채 이를 방지하기에 족한 합리적 조치를 취하지
않고 공모한 범행에 나아갔다가 결국 그와 같이 예상된 범행들이 발생한
경우, 그 파생적인 범행 하나하나에 대하여 개별적 의사연락이 없었다면
그 범행 전부에 대한 기능적 행위지배가 존재한다고 볼 수 없다.

[변호사 15·21]

117 (×)

해설+ 범죄의 수단과 태양, 가담하는 인원과 그 성향, 범행 시간과 장소의 특성, 범행과정에서
타인과의 접촉가능성과 예상되는 반응 등 제반 상황에 비추어, 공모자들이 그 공모한 범행을 수행하
거나 목적 달성을 위해 나아가는 도중에 부수적인 다른 범죄가 파생되리라고 예상하거나 충분히
예상할 수 있는데도 그러한 가능성을 외면한 채 이를 방지하기에 족한 합리적인 조치를 취하지 아니
하고 공모한 범행에 나아갔다가 결국 그와 같이 예상되던 범행들이 발생하였다면, 비록 그 파생적인
범행 하나하나에 대하여 개별적인 의사의 연락이 없었다고 하더라도 당초의 공모자들 사이에 그
범행 전부에 대하여 암묵적인 공모는 물론 그에 대한 기능적 행위지배가 존재한다고 보아야 할 것이
다(대법원 2011.1.27, 2010도11030; 2013.9.12, 2013도6570).

118 건설회사의 유일한 지배자인 대표 甲이 장기간에 걸쳐 건설공사 현장소장
乙의 뇌물공여행위를 보고받고 이를 확인·결재하는 등의 방법으로 관여
한 경우, 비록 사전에 구체적인 대상 및 액수를 정하여 뇌물공여를 지시하
지 아니하였다고 하더라도 그 핵심적 경과를 계획적으로 조종하거나 촉진
하는 등으로 기능적 행위지배를 하였다고 보아 공모공동정범이 성립한다.

[경찰간부 18]

118 (○) 건설 관련 회사의 유일
한 지배자에게 기능적 행위지배가
인정되어 뇌물공여죄의 공모공동
정범이 인정된다는 판례이다(대법
원 2010.7.15, 2010도3544).

119 특정범죄 가중처벌 등에 관한 법률 제3조와 특정경제범죄 가중처벌 등에
관한 법률 제7조 알선수재 및 구 변호사법 제90조 제2호 법률사건에 관한
화해·청탁 알선뿐만 아니라 특경법 제5조의 수재의 공모공동정범에서, 공
범자들 사이에 그 알선 등과 관련하여 금품이나 이익을 수수하기로 명시적
또는 암묵적인 공모관계가 성립하고 그 공모 내용에 따라 공범자 중 1인이
금품이나 이익을 수수하였다면 사전에 특정 금액 이하로만 받기로 약정하
였다든가 수수한 금액이 공모 과정에서 도저히 예상할 수 없는 고액이라는
등과 같은 특별한 사정이 없는 경우에 한하여, 그 수수한 금품이나 이익
전부에 관하여 위 각죄의 공모공동정범이 성립하는 것이다. [변호사 13 변형]

119 (○) 대법원 2010.10.14, 2010
도387

120 공동정범은 범행에서의 역할이나 개별적 양형참작사유에도 불구하고 각자를 정범으로서 동일한 선고형으로 벌한다. [국가9급총론 21]

120 (×)

> **해설+** 형법에서는 "2인 이상이 공동하여 죄를 범한 때에는 각자를 그 죄의 정범으로 처벌한다(제30조)."고 규정하고 있으나, 이는 법정형이 동일한 것을 말하는 것에 불과하고 각자의 처단형이나 선고형은 다를 수 있다.

121 甲과 乙이 A를 살해하기로 공모하고 甲이 망을 보고 있는 사이 乙이 A를 향해 총을 발사했으나 실제로 총을 맞아 사망한 사람은 A가 아니라 B였다. 甲에게는 B에 대한 살인죄가 성립한다. [국가9급 12]

121 (○)

> **해설+** 공동정범의 착오 중 구체적 사실의 착오에 대해서는 일부착오·전부적용에 의하여 판단한다. 또한 판례는 법정적 부합설을 취한다. 따라서 구체적 사실의 착오에 대해서는 발생사실에 대한 고의·기수의 죄책을 진다.

122 甲과 乙이 A를 강도하기로 공모하였음에도 불구하고 乙이 공모한 내용과 전혀 다른 강도강간을 한 경우, 직접 실행행위에 관여하지 않았더라도 甲은 강도강간죄의 죄책을 진다. [국가7급 21]

122 (×)

> **해설+** 甲에게는 강도죄의 공동정범의 죄책만 인정될 뿐이다. "피고인은 원심공동피고인의 강간사실을 알게 된 것은 이미 실행의 착수가 이루어지고 난 다음이었음이 명백하고 강간사실을 알고 나서도 암묵리에 그것을 용인하여 그로 하여금 강간하도록 할 의사로 강간의 실행범인 원심공동피고인 1과 강간 피해자의 머리 등을 잡아준 원심공동피고인 2와 함께 일체가 되어 원심공동피고인들의 행위를 통하여 자기의 의사를 실행하였다고는 볼 수 없다 할 것이고 따라서 결국 강도강간의 공모사실을 인정할 증거가 없다고 하지 않을 수 없다(대법원 1988.9.13, 88도1114)."

123 강도를 모의한 甲, 乙, 丙이 A에게 칼을 들이댄 후 전화선으로 A의 손발을 묶고 폭행하여 반항을 억압한 후 甲이 다른 방에서 물건을 찾는 사이 乙과 丙이 공동으로 A를 강간하고 다같이 도주한 경우, 甲에게는 강도강간죄의 공동정범이 성립하지 않는다. [경찰채용 22 2차]

123 (○)

> **해설+** 공동정범의 착오 중 질적 초과의 경우로, 甲은 乙과 丙의 강간행위에 대하여 공모·가공한 바 없으므로 강도강간죄의 공동정범이 성립하지 않는다(대법원 1988.9.13, 88도1114).

124 공동정범 가운데 1인이 공모한 내용과 질적으로 다른 내용의 결과발생을 야기한 경우 다른 공동정범은 그 범행에 대한 과실범의 책임을 진다.

[국가9급총론 21]

> **보충** 실행의 양적 초과 부분에 대하여 판례는, 예견가능성이 인정되는 경우에 결과적 가중범의 공동정범이 성립함을 인정하고 있을 뿐이다.

124 (×) 공동정범의 착오 중 질적 초과 부분에 대해서는 다른 공동정범은 책임을 지지 않는다.

125 甲과 乙이 A의 집에 침입하여 강도를 하기로 공모하고 甲이 망을 보고 있는 사이 乙이 A의 집에 침입하였으나, 마침 혼자 집에 있던 A의 부인을 강간하였다. 甲에게는 강도예비음모죄가 성립한다.

[국가9급 12]

125 (○) 공동정범의 착오 중 질적 초과에 해당되므로 발생한 결과에 대해서는 책임이 없으나 강도를 공모하고 준비한 부분에 대한 죄책은 인정되므로 강도예비음모죄의 죄책을 진다.

126 결과적 가중범인 상해치사죄의 공동정범은 폭행 기타의 신체침해행위를 공동으로 할 의사가 있으면 성립되고 결과를 공동으로 할 의사는 필요 없으며, 여러 사람이 상해의 범의로 범행 중 한 사람이 중한 상해를 가하여 피해자가 사망에 이르게 된 경우 나머지 사람들은 사망의 결과를 예견할 수 없는 때가 아닌 한 상해치사의 죄책을 면할 수 없다.

[경찰채용 17 2차] [사시 16 변형]

126 (○) 대법원 2000.5.12, 2000도745

127 甲, 乙, 丙은 강도를 공모하고 등산용 칼을 휴대하여 강도를 실행하던 중, 우연히 현장을 목격하게 된 피해자를 甲이 고의로 살해하였는데, 乙, 丙은 살인행위에는 관여하지 않았다. 판례에 의할 때 甲은 강도살인죄, 乙, 丙은 강도치사죄의 공동정범이다.

[국가7급 08 변형]

> **해설+** 乙, 丙으로서는 그때 우연히 현장을 목격하게 된 다른 피해자를 甲이 소지 중인 등산용 칼로 살해하여 강도살인행위에 이를 것을 전혀 예상하지 못하였다고 할 수 없으므로 피고인들 모두는 강도치사죄로 의율처단함이 옳다(대법원 1990.11.27, 90도2262).

127 (○)

128 甲과 乙이 A의 집에 침입하여 강도를 하기로 공모하고 甲이 망을 보고 있는 사이 乙이 A의 집에 침입하여 A를 폭행협박하여 재물을 강취하는 과정에서 A를 살해하였다(이때 甲에게 A의 사망에 대한 예견가능성이 있었다). 甲에게는 강도치사죄가 성립한다. [국가9급 12]

128 (O) 공동정범의 착오 중 실행의 양적 초과에 해당되며, 발생한 중한 결과에 대해서 예견가능성이 인정되는 경우, 판례는 결과적 가중범의 공동정범의 성립을 인정한다.

129 강도의 공범자 중 1인이 강도의 기회에 피해자를 살해하였다면 그는 강도살인기수의 죄책을 지는 것이고 다른 공범자는 고의의 공동이 없었더라도 피해자의 사망이 예견 가능했다면 강도치사의 죄책을 진다. [국가9급 15]

129 (O) 대법원 1991.11.12, 91도2156

⊘ 사례

[130-1~5] 甲과 乙은 함께 A를 상대로 강도하기로 공모한 후에 범행실행의 용기를 가지기 위해 대마초를 흡연하여 심신미약의 상태에서 곧이어 A를 찾아갔다.

130-1 甲과 乙이 이후 A에 대한 강도의 기수에 이르렀다면, 이들의 행위는 심신미약의 상태에서 이루어졌으므로 「형법」 제10조 제2항의 심신미약에 의한 감경규정이 적용된다. [국가9급 12]

해설+ 대마초 흡연 시에 이미 범행을 예견하고도 자의로 위와 같은 심신장애를 야기한 경우에 해당하므로, 형법 제10조 제3항에 의하여 심신장애로 인한 감경 등을 할 수 없다(대법원 1996. 6.11, 96도857).

130-1 (X) '졌으므로' → '졌어도', '적용된다' → '적용되지 않는다'

130-2 A의 집으로 찾아간 甲과 乙이 함께 강도행위를 하던 중 甲이 홀로 A에 대한 강간행위를 하였고, 乙은 甲의 강간의 실행의 착수 이후에 이 사실을 알게 되었으나 甲의 강간행위를 도와준 바 없이 집에서 나왔다면, 乙은 甲의 강간행위에 대한 공동정범의 죄책을 지지 않는다. [국가9급 12]

해설+ 피고인은 원심공동피고인의 강간사실을 알게 된 것은 이미 실행의 착수가 이루어지고 난 다음이었음이 명백하고 원심공동피고인들의 행위를 통하여 자기의 의사를 실행하였다고는 볼 수 없다 할 것이고 따라서 결국 강도강간의 공모사실을 인정할 증거가 없다(대법원 1988. 9.13, 88도1114).

130-2 (O)

130-3 A를 찾아간 甲과 乙이 A로부터 금품을 강취하려다가 甲이 강도의 기회에 A에게 상해를 가하여 사망에 이르게 한 경우, 乙은 살인의 공모를 하지 않았으므로 A의 사망에 대한 예견가능성 유무와 관계없이 강도치사죄의 죄책을 지지 않는다. [국가9급 12]

130-4 원인에 있어서 자유로운 행위를 '행위와 책임의 동시존재 원칙'의 예외로 파악하는 견해에 따르면, 위 <사례>에서 甲과 乙이 이후 A에 대한 강도의 기수에 이른 경우 강도죄의 실행의 착수시기를 대마초의 흡연 시로 본다. [국가9급 12]

해설+ '행위와 책임의 동시존재원칙'의 예외로 파악하는 견해에 의하면, 甲과 乙이 강도를 위하여 A에게 폭행 또는 협박을 개시한 시점에 강도죄의 실행의 착수를 인정한다.

130-5 원인에 있어서 자유로운 행위의 실행의 착수시기를 심신장애상태하에서의 실행행위를 기준으로 파악하는 견해에 따르면, 甲과 乙이 A를 찾아가다가 범행계획을 후회하여 다시 되돌아온 경우, 甲과 乙은 강도죄의 중지미수에 해당한다. [국가9급 12]

해설+ 甲과 乙이 강도를 위하여 A에게 폭행 또는 협박을 개시한 시점에 강도죄의 실행의 착수가 인정된다. 따라서 甲과 乙이 A를 찾아 가다가 범행계획을 후회하여 다시 되돌아온 경우, 아직 강도죄의 실행의 착수가 없으므로 강도죄의 중지미수에 해당하지 않는다.

131 甲과 乙이 칼을 들고 강도하기로 공모한 경우, 乙이 피해자의 거소에 들어가 피해자를 향하여 칼을 휘둘러 상해를 가하였다면 대문 밖에서 망을 본 甲은 상해의 결과에 대하여도 공동정범으로서의 책임을 면할 수 없다. [법원9급 13 변형]

132 C가 다른 공범들과 합동하여 강도범행을 공모하고 C는 집밖에서 망을 보기로 하였으나 다른 공범들이 피해자의 집에 침입한 후 담배 생각이 나서 담배를 사기 위하여 망을 보지 않았다고 하더라도 C는 다른 공범들에 의하여 이루어진 강도상해죄의 죄책을 진다. [법원행시 12]

132 (○) 행위자 상호간에 범죄의 실행을 공모하였다면 다른 공모자가 이미 실행에 착수한 이후에는 그 공모관계에서 이탈하였다고 하더라도 공동정범의 책임을 면할 수 없는 것이다(대법원 1984.1.31, 83도2941).

133 피고인이 공모자 甲과 빈 가게로 알고 있던 범행장소에서의 절도를 공모한 다음, 甲이 가게에 침입하여 물건을 절취하는 동안 피고인이 밖에서 망을 보던 중 예기치 않았던 인기척 소리가 나서 도주해 버린 이후 甲이 피해자에게 붙들리자 체포를 면탈할 목적으로 폭행을 가하여 상해를 입힌 경우, 피고인에 대하여 준강도상해죄의 공동책임을 지울 수 없다. [법원9급 15]

133 (○) 대법원 1984.2.28, 83도3321

134 시간적 차이가 있는 독립행위가 경합한 경우, 그 결과발생의 원인된 행위가 판명되지 아니한 때에 「형법」 제263조가 적용되는 경우를 제외하고는 「형법」 제19조가 적용된다. [경찰채용 22 1차]

134 (○) 제19조, 제263조

135 공동정범 관계에 있는 여러 사람의 행위가 경합하여 하나의 결과가 발생되었으나 그 결과발생의 원인행위가 밝혀지지 아니한 경우에는 각 행위자를 미수범으로 처벌해야 한다. [변호사 18]

135 (×) '미수' → '기수'

해설+ 공동정범은 공동정범 전원의 행위와 결과 사이에 인과관계만 있으면, 개별적인 행위자의 행위와 결과 사이에 인과관계가 판명되지 않더라도 모두를 기수로 처벌한다.

136 甲이 A를 살해하고자 A의 음료수 잔에 치사량의 독약을 넣고 사라진 후 그 사실을 알고 있는 乙이 독자적으로 A를 확실히 살해하고자 한번 더 치사량의 독약을 넣어 A가 이를 마시고 사망한 경우, 甲과 乙은 상호 간에 의사의 연락이 없어 공동정범이 성립되지 아니한다. [경찰채용 21 2차]

136 (○) 甲과 乙은 A를 공동으로 살해한다는 의사의 연락이 없어 공동정범이 성립하지 않고, 동시범에 해당한다.

137 이시(異時)의 독립행위가 경합한 경우에 그 결과발생의 원인된 행위가 판명되지 아니한 때에는 동시의 독립행위가 경합한 경우와 달리 각 행위를 기수범으로 처벌한다. [국가9급 12]

137 (×) 제19조

> **해설+** 제19조【독립행위의 경합】동시 또는 이시의 독립행위가 경합한 경우에 그 결과발생의 원인된 행위가 판명되지 아니한 때에는 각 행위를 미수범으로 처벌한다.

138 과실범의 독립행위가 경합하여 결과발생의 원인된 행위가 판명되지 아니한 때에는 각 행위자를 미수범으로 처벌한다. [경찰간부 22]

138 (×)

> **해설+** 제19조에 의하여 각 행위는 미수범이 되나, 과실범의 미수는 처벌되지 않으므로 모두 무죄가 된다.

139 독립행위가 경합하여 상해의 결과를 발생하게 한 경우에 있어서 원인된 행위가 판명되지 아니한 때에는 각 행위자를 미수범으로 처벌한다. [경찰채용 22 1차]

139 (×) 제263조

> **해설+** 제263조【동시범】독립행위가 경합하여 상해의 결과를 발생하게 한 경우에 있어서 원인된 행위가 판명되지 아니한 때에는 공동정범의 예에 의한다.

140 甲과 乙이 독립하여 A를 살해하고자 총을 쏘았으나 탄환 하나가 A의 다리에 적중하여 상해를 입혔다. 이 탄환이 누구의 것인지가 불명한 경우에도 제263조가 적용된다. [국가7급 09]

140 (×) '도 제263조가 적용된다' → '는 제263조가 적용되지 않는다'

> **해설+** 살인의 고의에 의한 행위의 경우이므로 제263조가 적용되지 않는다. 이 경우 각자를 미수범으로 처벌한다(제19조, in dubio pro reo의 원칙).

141 동시범의 특례가 적용되기 위해서는 독립행위가 경합하여 상해의 결과가 발생하였지만 원인된 행위가 판명되지 아니한 경우이어야 한다. [국가9급 12]

141 (○) 제263조

142 이시(異時)의 독립행위가 경합한 경우에도 동시범의 특례가 적용된다.

[국가9급 12]

해설+ 제263조의 경우에도 동시 또는 이시를 불문한다.

142 (○) 제263조

143 독립된 이시(異時)의 상해행위가 경합하여 사망의 결과가 발생한 경우에는 제263조가 적용되지 않는다.

[국가7급 09]

해설+ 이시의 독립된 상해행위가 경합하여 사망의 결과가 일어난 경우에 그 원인된 행위가 판명되지 아니한 때에는 공동정범의 예에 의하여야 한다(대법원 1981.3.10, 80도3321).

143 (×) '적용되지 않는다' → '적용된다'

144 상해의 동시범으로 인정되는 자들은 모두 상해죄의 공동정범이다.

[국가7급 09]

해설+ 상해죄의 동시범 중에서 거증책임에 따라 자신들의 행위와 결과 사이에 인과관계가 없음이 증명되지 않은 경우에만, 공동정범의 예에 의하는 것이다.

144 (×) '이다' → '이라고 할 수 없다'

145 상호 의사의 연락하에 상해하여 사망의 결과가 발생하였는데 누구의 행위에 의한 것인지가 불분명한 경우 독립행위의 경합 문제가 발생한다.

[국가9급총론 18]

145 (×) '발생한다' → '발생하지 않는다'
독립행위의 경합은 의사연락이 없는 행위를 전제하므로, 공동가공의 의사가 있었다면 동시범의 문제는 발생할 여지가 없다.

146 甲과 乙이 서로 살인의 공모하에 실행행위로 나아가고 그들의 행위로 피해자가 사망하였다면 실제로 사망의 결과발생이 둘 중 누구의 행위로 인한 것인지 인과관계가 판명되지 아니한 때에도 甲과 乙 모두 살인죄의 기수로 처벌된다.

[경찰승진 22]

146 (○) 공동정범이 성립하는 경우이므로 제19조의 동시범 규정은 적용되지 아니한다.

147 상해에 관한 동시범 규정은 가해행위를 한 것 자체가 분명하지 않은 사람에게도 적용되므로 상해에 대한 인과관계를 개별적으로 판단할 필요는 없다. [경찰채용 21 1차]

> **해설+** 상해죄에 있어서의 동시범은 두 사람 이상이 가해행위를 하여 상해의 결과를 가져올 경우에 그 상해가 어느 사람의 가해행위로 인한 것인지가 분명치 않다면 가해자 모두를 공동정범으로 본다는 것이므로 가해행위를 한 것 자체가 분명치 않은 사람에 대하여는 동시범으로 다스릴 수 없다(대법원 1984.5.15, 84도488).

148 시간적 차이가 있는 독립된 상해행위나 폭행행위가 경합하여 사망의 결과가 일어나고 그 사망의 원인된 행위가 판명되지 않은 경우에는 공동정범의 예에 의하여 처벌할 것이다. [국가9급 12 변형·18] [변호사 18]

148 (○) 대법원 2000.7.28, 2000도2466

149 A가 행인 甲으로부터 상해를 입은 후 얼마 지나지 않아 다시 다른 행인 乙로부터 상해를 입고 사망하였으나 사망의 원인행위가 판명되지 않았다면, 「형법」 제263조가 적용되어 甲과 乙은 상해치사죄의 공동정범의 예에 의해 처벌된다. [변호사 20]

149 (○) 시간적 차이가 있는 독립된 상해행위나 폭행행위가 경합하여 사망의 결과가 일어나고 그 사망의 원인된 행위가 판명되지 않은 경우에는 공동정범의 예에 의하여 처벌할 것이다(대법원 2000.7.28, 2000도2466).

150 누군지 모르는 자의 폭행으로 부상을 입고 공원 의자에 누워있던 A를 甲이 밀어 땅바닥에 떨어지게 함으로써 A가 사망하는 결과가 발생하였다면 그 사망의 원인행위가 판명되지 않았더라도 甲을 폭행치사죄로 처벌할 수 있다. [사시 15]

150 (○) 대법원 2000.7.28, 2000도2466

151 甲이 상해의 고의로 A를 폭행하여 A가 길에서 쓰러지게 되었고, 2시간쯤 지나 평소 A와 사이가 좋지 않았던 乙이 때마침 지나가던 길에 A를 발견하여 폭행의 고의로 A를 발로 구타하였고, 이후 A는 사망하게 되었으나 누구의 행위로 사망하게 된 것인지 밝혀지지 않았다면 甲은 상해치사죄가 성립하고, 乙은 폭행치사죄가 성립한다. [국가7급 21]

151 (○) 대법원 2000.7.28, 2000도2466

152 A가 甲으로부터 폭행을 당하고 얼마 후 乙이 甲과 의사연락 없이 A를 폭행하자 A가 乙의 계속되는 폭행을 피하여 도로를 무단횡단하다 지나가던 차량에 치어 사망하였다면, 「형법」 제263조가 적용되어 甲과 乙은 폭행치사죄의 공동정범의 예에 의해 처벌된다. [변호사 20]

152 (×) 사망의 결과에 대하여 원인된 행위가 판명된 경우이므로 제263조가 적용되지 않는다. 甲은 폭행죄, 乙은 폭행치사죄로 처벌될 것이다.

153 甲은 살인의 고의로 피해자 B를 주먹과 발로 수회 구타하였고, 약 1시간 이후 우연히 길을 가던 乙도 쓰러져 있는 B의 가슴을 발로 걸어차 결국 B는 장파열로 사망했다. 사망의 결과가 누구의 행위에 의한 것인지 밝혀지지 않았다면 甲은 살인미수죄에 해당한다. [사시 14]

153 (○) 처음부터 살인의 고의가 있었던 경우라면 제263조가 적용되지 않고 제19조인 일반적 동시범 처벌규정이 적용되어 甲은 살인미수가 성립하게 된다.

154 A가 甲으로부터 폭행을 당하고 얼마 후 함께 A를 폭행하자는 甲의 연락을 받고 달려 온 乙로부터 다시 폭행을 당하고 사망하였으나 사망의 원인행위가 판명되지 않았다면, 「형법」 제263조가 적용되어 甲과 乙은 폭행치사죄의 공동정범의 예에 의하여 처벌된다. [경찰채용 22 1차]

154 (×) 공동가공의 의사가 인정되어 공동정범으로 처벌되므로 동시범의 특례는 적용되지 않는다.

155 폭행치사상 및 상해치사죄의 경우와는 달리, 과실치상이나 강간치상죄의 경우에는 제263조가 적용되지 않는다. [국가7급 09]

155 (○) 대법원 1984.4.24, 84도372

156 판례에 의하면 「형법」 제263조의 동시범 특례규정은 강간치상죄에도 적용된다. [경찰채용 22 1차] [국가9급 12·18]

해설+ 형법 제263조의 동시범은 상해와 폭행죄에 관한 특별규정으로서 동 규정은 그 보호법익을 달리하는 강간치상죄나 강도치상죄에는 적용할 수 없다(대법원 1984.4.24, 84도372).

156 (×) '긍정' → '부정'

157　A가 甲이 운전하는 차량에 의해 교통사고를 당한 후 얼마 지나지 않아 다시 乙이 운전하는 차량에 의해 교통사고를 당하고 사망하였으나 사망의 원인행위가 판명되지 않았다면, 「형법」 제263조가 적용되어 甲과 乙은 교통사고처리특례법위반(치사)죄의 공동정범의 예에 의해 처벌된다. [변호사 20]

157 (×) 이 사건은 업무상 과실치사죄의 성부가 문제되는 경우로, 통설·판례에 의하면 제263조가 적용되지 않는다. 따라서 제19조의 법리가 적용되어(각자 인과관계가 부정) 무죄가 된다.

158　합동범의 법정형은 「형법」에 별도로 규정되어 있다. [국가7급 12]

158 (○)

해설+ 합동범은 특수절도죄, 특수강도죄, 특수도주죄 및 특수강간죄처럼 별도의 구성요건을 가지고 있는 각칙상의 범죄로, 해당 법정형도 각 범죄에 대하여 별도로 규정되어 있다.

159　「형법」은 절도의 죄, 강도의 죄 및 도주의 죄에 관하여 '2인(또는 2명) 이상이 합동하여' 죄를 범하는 경우를 규정하고 있다. [국가9급 22]

159 (○) 제331조 제2항, 제334조 제2항, 제146조

160　합동범의 주관적 요건으로서의 공모는 범행 현장에서 암묵리에 의사상통하는 것도 포함된다. [국가7급 12]

160 (○) 공모나 모의는 반드시 사전에 이루어진 것만을 필요로 하는 것이 아니고 범행 현장에서 암묵리에 의사상통하는 것도 포함된다(대법원 1988.11.22, 88도1557).

161　합동범에 대한 교사·방조는 불가능하다. [국가7급 12]

161 (×) '불가능' → '가능'

해설+ 합동범에 대하여 내부관여자는 총칙상의 공범규정이 적용될 수 없으나, 합동범에 대하여 외부에서 교사·방조한 자에게는 교사범·방조범이 성립한다.

162　합동범의 공동정범은 가능하다. [국가7급 12] [국가9급 18]

162 (○) 대법원 2011.5.13, 2011도2021; 1998.5.21, 98도321 전원합의체

163   합동절도에서도 공동정범과 교사범·종범의 구별기준은 일반원칙에 따라
야 하고, 그 결과 범행현장에 존재하지 아니한 범인도 공동정범이 될 수
있으며, 상황에 따라서는 장소적으로 협동한 범인도 방조만 한 경우에는
종범으로 처벌될 수도 있다.   [국가9급 23]

163 (○)

해설+   합동절도에서도 공동정범과 교사범·종범의 구별기준은 일반원칙에 따라야 하고, 그 결과
범행현장에 존재하지 아니한 범인도 공동정범이 될 수 있으며, 반대로 상황에 따라서는 장소적으로
협동한 범인도 방조만 한 경우에는 종범으로 처벌될 수도 있다(대법원 1998.5.21, 98도321 전원합
의체).

164   3인 이상의 범인이 합동절도의 범행을 공모한 후 적어도 2인 이상의 범인
이 범행 현장에서 시간적, 장소적으로 협동관계를 이루어 절도의 실행행위
를 분담하여 절도 범행을 한 경우에, 그 공모에는 참여하였으나 현장에서
절도의 실행행위를 직접 분담하지 아니한 다른 범인에 대하여도 그가 현장
에서 절도 범행을 실행한 위 2인 이상의 범인의 행위를 자기 의사의 수단
으로 하여 합동절도의 범행을 하였다고 평가할 수 있는 정범성의 표지를
갖추고 있는 한 공동정범의 일반이론에 비추어 그 다른 범인에 대하여 합
동절도의 공동정범으로 인정할 수 있다.   [국가9급 15] [사시 15 변형]

164 (○) 대법원 1998.5.21, 98도
321 전원합의체; 2011.5.13, 2011
도2021

165   甲, 乙, 丙 세 사람이 한자리에 모여 절도 범행을 공모한 후, 공모한 바대로
甲과 乙 두 사람이 직접 A의 집에 들어가 안에 있는 물건을 훔쳐오고 丙은
A의 집에서 한참 떨어진 현장에서 트럭을 준비하고 대기하다 甲과 乙이
물건을 가져오자 트럭에 싣고 함께 도주한 사안에서, 丙이 甲과 乙의 행위
를 자기 의사의 수단으로 하여 위의 범행을 저질렀다고 평가할 수 있는 정
범성의 표지를 갖추고 있는 한 공동정범의 일반이론에 비추어 丙에게는 일
반절도죄의 공동정범이 성립한다.   [경찰채용 18 2차]

165 (×)

해설+   3인 이상의 범인이 합동절도의 범행을 공모한 후 적어도 2인 이상의 범인이 범행 현장에서
시간적, 장소적으로 협동관계를 이루어 절도의 실행행위를 분담하여 절도 범행을 한 경우에, 그
공모에는 참여하였으나 현장에서 절도의 실행행위를 직접 분담하지 아니한 다른 범인에 대하여도
그가 현장에서 절도 범행을 실행한 위 2인 이상의 범인의 행위를 자기 의사의 수단으로 하여 합동절
도의 범행을 하였다고 평가할 수 있는 정범성의 표지를 갖추고 있는 한 공동정범의 일반 이론에
비추어 그 다른 범인에 대하여 합동절도의 공동정범으로 인정할 수 있다(대법원 1998.5.21, 98도
321 전원합의체; 2011.5.13, 2011도2021).

166 乙, 丙과 A회사의 사무실 금고에서 현금을 절취할 것을 공모한 甲이 乙과 丙에게 범행도구를 구입하여 제공해 주었을 뿐만 아니라 乙과 丙이 사무실에서 현금을 절취하는 동안 범행장소가 보이지 않는 멀리 떨어진 곳에서 기다렸다가 절취한 현금을 운반한 경우, 甲은 乙, 丙의 합동절도의 공동정범의 죄책을 진다.

[변호사 13]

166 (○) 甲은 乙·丙의 행위를 자기 의사의 수단으로 하여 합동절도의 범행을 하였다고 평가될 수 있는 정범성의 표지를 갖추었다고 할 것이어서, 甲은 乙·丙의 위 합동절도의 범행에 대하여 공동정범으로서의 죄책을 면할 수 없다(대법원 2011.5.13, 2011도2021).

4 교사범

🔗 대표유형

교사범이 성립하기 위해 교사범의 교사가 정범의 범행에 대한 유일한 조건일 필요는 없으므로, 교사행위에 의하여 피교사자가 범죄실행을 결의하게 된 이상 피교사자에게 다른 원인이 있어 범죄를 실행한 경우에도 교사범의 성립에는 영향이 없다. [국가7급 12 변형]

(○) 대법원 2012.11.15, 2012도7407

🔗 대표유형

피교사자가 범죄의 실행을 승낙하고 실행의 착수에 이르지 아니한 경우 교사자와 피교사자를 예비, 음모에 준하여 처벌한다. [사시 14]

(○) 제31조 제2항의 효과 없는 교사에 대한 설명이다.

167 교사범이 성립하기 위해서는 교사자의 교사행위와 정범의 실행행위가 있어야 하는 것이므로, 정범의 성립은 교사범의 구성요건의 일부를 형성하고 교사범이 성립함에는 정범의 범죄행위가 인정되는 것이 그 전제요건이 된다.

[국가7급 12]

167 (○) 대법원 2000.2.25, 99도1252

168 교사범이 성립함에는 정범의 범죄행위가 인정되는 것이 그 전제요건이 되는데, 이는 공범의 종속성에 연유하는 것은 아니다. [국가7급 22]

168 (×)

해설+ 정범의 성립은 교사범, 방조범의 구성요건의 일부를 형성하고 교사범, 방조범이 성립함에는 먼저 정범의 범죄행위가 인정되는 것이 그 전제요건이 되는 것은 공범의 종속성에 연유하는 당연한 귀결이다(대법원 1981.11.24, 81도2422).

169 甲은 건물의 소유자로, 해당 건물을 매입하기 위한 소요자금을 대납하는 조건으로 해당 건물에서 약 2개월 동안 거주하고 있던 A가 위 금액을 입금하지 않자, A를 내쫓을 목적으로 아들인 乙에게 A가 거주하는 곳의 현관문에 설치된 디지털 도어락의 비밀번호를 변경할 것을 지시하고, 이에 따라 乙이 그 도어락의 비밀번호를 변경하였다면 甲에게는 권리행사방해교사죄가 성립한다. [경찰채용 23 2차]

169 (×)

> **해설+** 형법 제323조의 권리행사방해죄는 타인의 점유 또는 권리의 목적이 된 자기의 물건을 취거, 은닉 또는 손괴하여 타인의 권리행사를 방해함으로써 성립하므로 취거, 은닉 또는 손괴한 물건이 자기의 물건이 아니라면 권리행사방해죄가 성립할 수 없다. 물건의 소유자가 아닌 사람은 형법 제33조 본문에 따라 소유자의 권리행사방해 범행에 가담한 경우에 한하여 그의 공범이 될 수 있을 뿐이다(대법원 2017.5.30, 2017도4578 등). 이 사건 도어락은 피고인 소유의 물건일 뿐 공소외 3 소유의 물건은 아니라는 것이다. …… 공소외 3이 자기의 물건이 아닌 이 사건 도어락의 비밀번호를 변경하였다고 하더라도 권리행사방해죄가 성립할 수 없고, 이와 같이 정범인 공소외 3의 권리행사방해죄가 인정되지 않는 이상 교사자인 피고인에 대하여 권리행사방해교사죄도 성립할 수 없다(대법원 2022.9.15, 2022도5827).

170 甲이 乙에게 乙의 어머니 물건을 훔치도록 교사한 경우 정범인 乙이 처벌되지 아니하더라도 甲은 절도죄의 교사범으로 처벌된다. [국가9급총론 21]

170 (○)

> **해설+** 피교사자의 행위가 구성요건에 해당하고 위법하면 교사자에게는 교사범의 죄책이 성립할 수 있다(제한적 종속형식). 위 지문에서 乙의 행위는 구성요건에 해당하고 위법하며 나아가 책임까지 인정된다. 따라서 甲에게 절도교사죄가 성립하는 데 아무 문제가 없다.

171 甲이 친구 乙을 교사하여 乙의 부모님의 지갑을 가져오게 한 경우, 乙은 절도죄로 처벌되지 않으므로 甲도 절도죄의 교사범이 성립되지 않는다. [국가7급 21]

171 (×) 乙에게는 절도죄의 죄책이 인정되며, 다만 친족상도례에 의하여 그 형만 면제되는 것이다. 따라서 甲에게 절도죄의 교사범이 성립하지 못할 이유가 없다.

172 미수의 교사는 기수의 고의가 없으므로 교사자의 가벌성은 부인된다. [국가9급총론 18]

172 (○) 기수의 고의가 없어 불가벌이다.

173 피교사자가 이미 교사한 범죄와 동일한 범죄의 결의를 가지고 있을 때에는 교사범이 성립할 여지가 없다. [국가9급총론 21] [법원9급 14]

> **보충** 경우에 따라 방조범이 성립할 뿐이다.

173 (○) 대법원 1991.5.14, 91도542

174 이미 흉기휴대특수강도를 결심하고 있는 乙을 설득하여 그로 하여금 단순 강도를 범하도록 한 甲은 특수강도죄의 교사범으로도 처벌되지 않고 단순 강도죄의 교사범으로도 처벌되지 않는다. [국가7급 13]

> **보충** 단순강도죄의 방조범 정도는 가능하다.

174 (○) 이미 중한 범죄(흉기휴대특수강도)를 결심하고 있는 자를 설득하여 그로 하여금 경한 범죄(단순강도)를 범하도록 교사한 경우에는, 특수강도교사는 물론 단순강도교사도 성립하지 않는다(대법원 1991.5.14, 91도542).

175 막연히 "범죄를 하라"거나 "절도를 하라"고 하는 등의 행위만으로는 교사 행위가 되기에 부족하므로, 교사범이 성립하기 위해서는 범행의 일시, 장소, 방법 등의 사항을 특정하여 교사하여야 한다. [법원9급 21]

> **해설+** 막연히 "범죄를 하라"거나 "절도를 하라"고 하는 등의 행위만으로는 교사행위가 되기에 부족하다 하겠으나, 타인으로 하여금 일정한 범죄를 실행할 결의를 생기게 하는 행위를 하면 되는 것으로서 교사의 수단방법에 제한이 없다 할 것이므로, 교사범이 성립하기 위하여는 범행의 일시, 장소, 방법 등의 세부적인 사항까지를 특정하여 교사할 필요는 없는 것이고, 정범으로 하여금 일정한 범죄의 실행을 결의할 정도에 이르게 하면 교사범이 성립된다(대법원 1991.5.14, 91도542).

175 (×)

176 교사자의 교사행위는 정범의 범죄를 결의하게 할 수 있는 것이면 그 수단 에는 제한이 없으며, 명시적이고 직접적인 방법에 의할 것을 필요로 하지 않는다. [국가7급 22]

176 (○) 대법원 2000.2.25, 99도1252

177 대리응시자들의 시험장 입장이 시험관리자의 승낙 또는 그 추정된 의사에 반한 불법침입이라 하더라도, 이와 같은 침입을 교사한 사람에게 주거침입 교사죄가 성립된다고 볼 수는 없다. [법원9급 21]

177 (×) 대리응시자들의 시험장의 입장은 시험관리자의 승낙 또는 그 추정된 의사에 반한 불법침입이라 아니할 수 없고 이와 같은 침입을 교사한 이상 주거침입교사죄가 성립된다(대법원 1967.12.19, 67도1281).

178 甲이 乙·丙·丁으로부터 절취해 온 장물을 상습적으로 매수하여 오던 중 乙·丙에게 드라이버를 사주면서 "丁이 구속되어 있으니 너희들이 도망다니려면 돈도 필요할 텐데 열심히 일하라"라고 말한 것만으로는 甲은 乙·丙이 범한 특수절도죄의 교사범으로 처벌되지 않는다.　　[국가7급 09 변형]

178 (×) '만으로는' → '으로', '처벌되지 않는다' → '처벌된다'
판례는 (특수절도죄의) 교사범의 성립을 긍정하고 있다(대법원 1991. 5.14, 91도542).

179 교사범의 정범이 고의범이어야 하는 것은 아니다.　　[사시 14]

　　해설+　피교사자는 고의범이어야 한다. 교사자의 교사행위에 의하여 피교사자는 범행의 결의, 즉 고의를 가져야 하기 때문이다. 과실범에 대한 교사란 있을 수 없고, 경우에 따라 간접정범의 문제가 될 뿐이다.

179 (×) '이' → '은', '하는 것은 아니다' → '한다'

180 정범이 교사행위를 인식하지 못한 경우에도 교사범이 성립할 수 있다.　　[사시 14 변형]

　　해설+　교사범은 이중의 고의를 필요로 하므로, 범죄실행의 결의를 갖게 한다는 사실인식이 없는 편면적 교사는 인정될 수 없다.

180 (×) '도 →'는, '있다' → '없다'

181 교사범의 교사행위에 의하여 피교사자가 범죄실행을 결의하게 되었다 하더라도 피교사자에게 다른 원인이 있어 범죄를 실행한 경우 교사범은 성립하지 않는다.　　[국가7급 12]

181 (×) 교사행위에 의하여 피교사자가 범죄실행을 결의하게 된 이상 피교사자에게 다른 원인이 있어 범죄를 실행한 경우에도 교사범의 성립에는 영향이 없다(대법원 2012. 11.15, 2012도7407).

182 교사범의 교사가 정범이 죄를 범한 유일한 조건일 필요는 없으므로, 교사행위에 의하여 정범이 실행을 결의하게 된 이상 비록 정범에게 범죄의 습벽이 있어 그 습벽과 함께 교사행위가 원인이 되어 정범이 범죄를 실행한 경우에도 교사범의 성립에 영향이 없다.　　[국가9급 12 변형] [법원9급 18]

182 (○) 대법원 1991.5.14, 91도542

183 교사범이 그 공범관계로부터 이탈하기 위해서는 피교사자가 범죄의 실행 행위에 나아가기 전에 교사범에 의하여 형성된 피교사자의 범죄실행의 결 의를 해소하는 것이 필요하다. [국가9급 15·18]

183 (O) 대법원 2012.11.15, 2012 도7407

184 甲의 교사를 받은 乙이 피해자 A를 공갈하기 위해 사용할 자료를 수집한 후, 甲으로부터 만류취지의 전화를 받았음에도 A를 공갈하여 재물을 교부 받았다면, 甲의 교사행위와 乙의 행위 사이에 인과관계가 단절되어 甲을 공갈죄의 교사범으로 처벌할 수 없다. [국가9급 12]

184 (×) '단절되어' → '인정되고' '없다' → '있다'

> **해설+** 피고인의 만류행위가 있었지만 乙이 이를 명시적으로 거절하고 당초와 같은 범죄실행의 결의를 그대로 유지한 것으로 보이는 이상, 피고인이 공범관계에서 이탈한 것으로 볼 수도 없다(대법원 2012.11.15, 2012도7407).

185 피교사자의 범행이 당초의 교사행위와 무관한 새로운 범죄 실행의 결의에 따른 것이라면, 교사자는 예비·음모에 준하는 죄책을 부담함은 별론으로 피교사자에 대한 교사범으로서의 죄책을 부담하지는 않는다. [국가9급 23]

185 (O)

> **해설+** 교사자가 피교사자의 범죄실행의 결의를 해소시킨 경우라면 설사 그 후 피교사자가 범죄를 저지르더라도 이는 당초의 교사행위에 의한 것이 아니라 새로운 범죄 실행의 결의에 따른 것이므로 교사자는 형법 제31조 제2항에 의한 죄책을 부담함은 별론으로 하고 형법 제31조 제1항에 의한 교사범으로서의 죄책을 부담하지는 않는다(대법원 2012.11.15, 2012도7407).

186 피교사자의 범행결의가 교사자의 교사행위에 의하여 생긴 것으로 보기 어 려운 경우에는 실패한 교사로서 교사자를 음모 또는 예비에 준하여 처벌할 수 있을 뿐이다. [법원9급 18]

186 (O) 대법원 2013.9.12, 2012 도2744

187 법인이 자신을 위하여 친족으로 하여금 허위의 자백을 하게 하여 범인도피죄를 범하게 하는 행위는 범인도피교사죄에 해당한다.

[경찰간부 18] [국가7급 17] [국가9급 18]

187 (O)

해설+ 범인이 자신을 위하여 타인으로 하여금 허위의 자백을 하게 하여 범인도피죄를 범하게 하는 행위는 방어권의 남용으로 범인도피교사죄에 해당하는바, 이 경우 그 타인이 형법 제151조 제2항에 의하여 처벌을 받지 아니하는 친족, 호주 또는 동거가족에 해당한다 하여 달리 볼 것은 아니다(대법원 2006.12.7, 2005도3707).

188 죄를 범하고 도피 중인 甲의 교사에 따라 乙이 수사기관에 허위자백을 하였더라도 범인이 도피를 위하여 타인에게 도움을 요청하는 행위는 자기도피행위이므로 甲을 범인도피죄의 교사범으로 처벌할 수 없다.

[국가9급 12] [사시 13]

188 (X) '자기도피행위이므로 ~ 없다' → '범인도피교사죄에 해당한다'

해설+ 범인이 자신을 위하여 타인으로 하여금 허위의 자백을 하게 하여 범인도피죄를 범하게 하는 행위는 방어권의 남용으로 범인도피교사죄에 해당한다(대법원 2000.3.24, 2000도20).

189 공범이 피고인에게 수사절차에서 피의자로 조사받을 때 자신의 범행을 구성하는 사실관계에 관하여 허위로 진술하여 그 결과 공범들의 도피를 용이하게 하여도 공범에게 범인도피교사죄가 성립하지 아니한다. [군무원9급 22]

189 (O)

해설+ 범인도피죄는 타인을 도피하게 하는 경우에 성립할 수 있는데, 여기에서 타인에는 공범도 포함되나 범인 스스로 도피하는 행위는 처벌되지 않는다. 또한 공범 중 1인이 그 범행에 관한 수사절차에서 참고인 또는 피의자로 조사받으면서 자기의 범행을 구성하는 사실관계에 관하여 허위로 진술하고 허위 자료를 제출하는 것은 자신의 범행에 대한 방어권 행사의 범위를 벗어난 것으로 볼 수 없다. 이러한 행위가 다른 공범을 도피하게 하는 결과가 된다고 하더라도 범인도피죄로 처벌할 수 없다. 이때 공범이 이러한 행위를 교사하였더라도 범죄가 될 수 없는 행위를 교사한 것에 불과하여 범인도피교사죄가 성립하지 않는다(대법원 2018.8.1, 2015도20396).

190 무면허운전으로 사고를 낸 자가 동생을 경찰서에 대신 출두시켜 허위의 자백을 하게 하여 범인도피죄를 범하게 한 경우 동생이 친족간의 특례 규정(「형법」 제151조 제2항)에 의하여 처벌을 받지 않는 친족 또는 동거가족에 해당한다고 하여도 범인도피죄의 교사범이 성립한다. [사시 13]

190 (O)

해설+ 범인이 자신을 위하여 타인으로 하여금 허위의 자백을 하게 하여 범인도피죄를 범하게 하는 행위는 방어권의 남용으로 범인도피교사죄에 해당하는바, 이 경우 그 타인이 형법 제151조 제2항에 의하여 처벌을 받지 아니하는 친족, 호주 또는 동거 가족에 해당한다 하여 달리 볼 것은 아니다(대법원 2006.12.7, 2005도3707).

191 자기의 형사사건에 관하여 타인을 교사하여 위증죄를 범하게 한 경우 위증죄의 교사범이 성립한다. [변호사 13] [사시 13]

191 (O)

해설+ 자기의 형사사건에 관하여 타인을 교사하여 위증죄를 범하게 하는 것은 이러한 방어권을 남용하는 것이라고 할 것이어서 교사범의 죄책을 부담한다(대법원 2004.1.27, 2003도5114).

192 피고인이 자기에 대한 형사사건의 증거가 될 석유난로를 은닉하게 할 의사로 다른 사람을 교사하여 숲속에 버리게 한 경우 증거인멸죄의 교사범이 성립한다. [사시 13]

192 (O)

해설+ 역시 자기의 형사사건에 관하여 타인을 교사하여 자기의 증거를 인멸케 하였다면 증거인멸죄의 교사범이 성립한다는 것이 판례이다. 또한 제155조 제1항의 증거은닉죄에 있어서 타인의 형사사건 또는 징계사건이라 함은, 이미 수사가 개시되거나 징계절차가 개시된 사건만이 아니라 수사 또는 징계절차 개시 전이라도 장차 형사사건 또는 징계사건이 될 수 있는 사건을 포함한 개념이다(대법원 1982.4.27, 82도274).

193 교사범은 정범과 동일한 형으로 처벌한다. [사시 15]

193 (O) 제31조 제1항

194 피교사자가 범죄의 실행에 착수하였으나 미수에 그친 경우 교사자와 피교사자는 미수범의 형으로 처벌한다. [사시 15]

194 (O) 피교사자가 범죄의 실행에 착수하였으나 미수에 그친 경우, 공범의 종속성에 의하여 교사자에게는 피교사자가 실행한 범죄에 대한 교사범이 성립한다.

195 교사를 받은 자가 범죄의 실행을 승낙하고 실행의 착수에 이르지 아니한 때에는 교사자와 피교사자를 예비 또는 음모에 준하여 처벌한다. [국가9급 18] [변호사 18]

195 (O) 제31조 제2항

해설+ 제31조【교사범】② 교사를 받은 자가 범죄의 실행을 승낙하고 실행의 착수에 이르지 아니한 때에는 교사자와 피교사자를 음모 또는 예비에 준하여 처벌한다.

196 교사자의 교사행위에도 불구하고 피교사자가 범행을 승낙하지 아니하거나 피교사자의 범행결의가 교사자의 교사행위에 의하여 생긴 것으로 보기 어려운 경우에는 이른바 효과 없는 교사로서 「형법」 제31조 제2항에 의하여 교사자와 피교사자 모두 음모 또는 예비에 준하여 처벌할 수 있다.

[경찰승진 23]

196 (×)

> **해설+** 교사범이란 정범인 피교사자로 하여금 범죄를 결의하게 하여 그 죄를 범하게 한 때에 성립하므로, 교사자의 교사행위에도 불구하고 피교사자가 범행을 승낙하지 아니하거나 피교사자의 범행결의가 교사자의 교사행위에 의하여 생긴 것으로 보기 어려운 경우에는 이른바 실패한 교사로서 형법 제31조 제3항에 의하여 교사자를 음모 또는 예비에 준하여 처벌할 수 있을 뿐이다(대법원 2013.9.12, 2012도2744).

197 교사범이란 정범인 피교사자로 하여금 범죄를 결의하게 하여 그 죄를 범하게 한 때에 성립하므로, 교사자의 교사행위에도 불구하고 피교사자가 범행을 승낙하지 아니하거나 피교사자의 범행결의가 교사자의 교사행위에 의하여 생긴 것으로 보기 어려운 경우에는 이른바 실패한 교사로서 「형법」 제31조 제3항에 의하여 교사자를 음모 또는 예비에 준하여 처벌할 수 있을 뿐이다.

[법원9급 21]

197 (○) 대법원 2013.9.12, 2012도2744

198 乙이 甲의 교사행위 당시에는 범행을 승낙하지 않았으나 이후 그 교사행위에 의하여 범행을 결의한 것으로 인정되는 경우, 甲에게는 교사범이 성립한다.

[경찰승진 22]

198 (○)

> **해설+** 피고인이 결혼을 전제로 교제하던 여성 甲의 임신 사실을 알고 수회에 걸쳐 낙태를 권유하였다가 거부당하자, 甲에게 출산 여부는 알아서 하되 더 이상 결혼을 진행하지 않겠다고 통보하고, 이후에도 아이에 대한 친권을 행사할 의사가 없다고 하면서 낙태할 병원을 물색해 주기도 하였는데, 그 후 甲이 피고인에게 알리지 아니한 채 자신이 알아본 병원에서 낙태시술을 받은 경우, 피고인은 甲에게 직접 낙태를 권유할 당시뿐만 아니라 출산 여부는 알아서 하라고 통보한 이후에도 계속 낙태를 교사하였고, 甲은 이로 인하여 낙태를 결의·실행하게 되었다고 보는 것이 타당하며, 甲이 당초 아이를 낳을 것처럼 말한 사실이 있다는 사정만으로 피고인의 낙태교사행위와 甲의 낙태결의 사이에 인과관계가 단절되는 것은 아니다. 따라서 피고인에게 낙태교사죄를 인정한 원심판단은 정당하다(대법원 2013.9.12, 2012도2744).

199 교사를 받은 자가 범죄의 실행을 승낙하지 아니한 경우 피교사자는 음모 또는 예비에 준하여 처벌한다. [국가9급 18]

199 (×) '피교사자' → '교사자'
교사자는 음모 또는 예비에 준하여 처벌한다(제31조 제2항·제3항).

200 피교사자가 이미 범죄의 결의를 가지고 있을 때에는 교사범이 성립할 여지가 없다. [국가9급 18]

200 (○) 교사범은 성립할 수 없고(대법원 1991.5.14, 91도542), 경우에 따라 방조범이 성립할 뿐이다.

201 '효과 없는 교사'의 경우 교사자와 피교사자를 예비·음모에 준하여 처벌하고, '실패한 교사'의 경우 교사자만 예비·음모에 준하여 처벌한다. [국가7급 16]

201 (○) 제31조 제2항·제3항

202 甲이 乙에게 A를 살해할 것을 교사하고 乙이 이를 승낙하고도 실행의 착수에 이르지 아니하였다면 甲은 처벌되지 아니한다. [국가9급총론 21]

202 (×) 제31조 제2항

해설+ 제31조 【교사범】 ② 교사를 받은 자가 범죄의 실행을 승낙하고 실행의 착수에 이르지 아니한 때에는 교사자와 피교사자를 음모 또는 예비에 준하여 처벌한다.

203 사람을 살해할 것을 교사받은 자가 범죄실행을 거부하였다면, 살인을 교사한 자는 살인죄의 예비·음모에 준하여 처벌한다. [국가7급 12]

203 (○) 제31조 제3항

204 기수의 고의로 강도를 교사하였으나, 피교사자가 실행을 승낙하지 않은 경우 교사자를 강도예비에 준하여 처벌한다. [법원행시 14]

204 (○) 제31조 제3항(실패한 교사)
강도죄의 예비·음모는 처벌되므로(제343조) 교사자를 강도예비에 준하여 처벌할 수 있다.

205 甲이 乙에게 A를 상해하라고 교사하였는데 乙은 B를 A로 오인하고 상해한 경우, 피교사자가 구체적 사실에 관해 객체의 착오를 한 경우 교사자에 대해서는 방법의 착오가 된다는 전제 하에 법정적 부합설을 취하면 교사자는 발생한 범죄의 기수에 대한 교사범으로 처벌된다. [국가7급 09 변형]

205 (O) 교사의 착오에 있어서 피교사자의 구체적 사실에 대한 객체의 착오는, 교사자에 대하여는 구체적 사실에 대한 방법의 착오가 된다는 것이 다수설이다. 이 경우 법정적 부합설에 의하면 교사자에게는 실현된 결과에 대한 고의·기수책임이 인정된다.

206 甲은 乙에게 A를 살해하라고 교사했는데 乙은 A가 귀가하는 것을 기다리다가 A로 생각되는 사람을 권총으로 살해하였다. 그러나 乙의 총에 사망한 사람은 B였다. 법정적 부합설에 의하면 甲은 살인죄의 교사범으로 처벌된다. [변호사 14]

206 (O) 법정적 부합설에 의하면 구체적 사실의 착오가 객체의 착오이든 방법의 착오이든 발생사실에 대한 고의기수범이 성립하므로, 甲에게는 B에 대한 살인죄의 교사범이 성립한다.

207 甲이 乙에게 강도를 교사하였는데 乙이 절도를 실행한 경우, 甲은 강도의 예비·음모죄와 절도죄의 교사범이 성립하는데, 양죄는 상상적 경합관계에 있으므로 甲은 형이 더 무거운 강도예비·음모죄로 처벌된다. [국가7급 16 변형] [경찰간부 23]

207 (O) 강도를 교사했으나, 절도를 실행한 경우에는 절도의 교사범과 형법 제31조 제2항에 의한 강도예비·음모의 상상적 경합이며, 결국 형이 무거운 강도예비·음모로 처벌된다(제40조, 제343조).

208 교사자가 강도를 교사하였는데 피교사자가 강간을 실행한 경우 교사자는 불가벌이 된다. [국가9급총론 18]

해설+ 질적 초과에 해당하므로 강간교사는 성립할 수 없고, 강도교사 부분이 기도된 교사에 해당하여 강도예비·음모가 성립한다(제343조).

208 (X) '불가벌이 된다' → '강도의 예비·음모로 처벌 가능하다'

209 甲이 乙에게 절도를 교사하였는데 乙이 강간을 실행한 경우, 甲은 절도죄의 예비·음모에 준하여 처벌될 수 있는데, 절도죄의 예비·음모는 처벌규정이 없으므로 무죄가 된다. [경찰간부 23]

209 (O) 피교사자의 실행된 범죄가 교사된 범죄와 질적으로 전혀 다른 범죄인 경우, 실행된 범죄에 대한 교사범이 성립되지 않는다. 단, 교사한 범죄의 예비·음모의 처벌규정이 있는 경우에는 예비·음모로 처벌될 수 있다.

210 피교사자가 교사자의 교사내용과 전혀 다른 범죄를 실현한 경우 교사범이 성립하지 않는다는 견해에 따르면, 甲이 乙에게 A에 대한 강간을 교사하였는데 乙이 강도를 한 경우 甲은 강간의 예비·음모에 준하여 처벌된다.

[국가7급 21] [국가9급총론 18]

보충 2020.5.19. 개정 제305조의3에 의하여 강간의 예비·음모 처벌규정이 신설되었다.

210 (O) 질적 초과의 경우에는 교사범이 성립하지 않게 되므로, 이 경우 제31조 제2항 또는 제3항에 의하여 교사자는 강간죄의 예비·음모에 준하여 처벌될 따름이다.

211 절도를 교사하였는데 피교사자가 강간을 실행한 경우, 교사자에게 피교사자의 강간행위에 대한 예견가능성이 있는 때에는 강간죄의 교사범으로서의 죄책을 지울 수 있다.

[변호사 21]

해설+ 절도를 교사한 행위자에게 강간의 실행 부분은 질적 초과의 경우로, 교사자는 이에 대한 죄책을 부담하지 않는다. 이 경우 교사한 범죄의 예비·음모 처벌규정이 있다면 그에 따라 처벌될 수 있으나(제31조 제2항·제3항), 절도는 예비·음모를 벌하지 않으므로 결국 무죄가 된다.

211 (×)

212 甲이 乙에게 사기를 교사하였는데 乙이 공갈을 실행한 경우, 교사내용과 실행행위의 질적 차이가 본질적이지 않으므로 甲은 교사한 범죄에 대한 교사범의 책임을 지지 않는다.

[경찰간부 23]

해설+ (출제가 다소 모호하나, 출제의 의도를 고려하여 해설함) 甲이 乙에게 사기를 교사하였는데 乙이 '기망을 근거로' 공갈을 실행한 경우, 교사내용과 실행행위의 질적 차이가 본질적이지 않으므로 甲은 교사한 범죄에 대한 교사범의 책임을 져야 한다. (따라서 위 지문이 틀림) 예컨대, 사기를 교사하였으나 피교사자가 기망을 하면서 협박을 하여 외포심에 기하여 처분행위를 하게 함으로써 재물을 편취한 경우라면 그 질적 초과가 본질적이지 않아 사기죄의 교사범이 성립한다.

보충 비슷한 경우로서, 공갈을 교사하였는데 강도를 실행한 경우 질적 차이가 본질적이지 않으므로 공갈죄의 교사범이 성립한다.

정리 사기를 교사하였으나 공갈을 실행한 경우로 출제되면 (출제의 의도를 고려하여) 사기죄(혹은 공갈죄)의 교사범은 성립하는 것으로 정리할 것.

212 (×)

213 甲이 乙에게 A를 살해하라고 교사하자 乙은 이를 승낙했다. 이틀 후 乙은 마음이 바뀌어 甲이 예상한 바와 전혀 달리 A의 자동차만 야구방망이로 부수고 돌아왔다. 甲은 살인죄의 예비·음모, 乙은 살인죄의 예비·음모와 손괴죄의 실체적 경합이 성립한다.

[국가9급 14 변형]

해설+ 제31조 제2항에 의하여 교사자와 피교사자를 둘 다 예비·음모에 준하여 처벌한다. 또한 乙이 실행한 자동차 손괴 부분은 추상적 사실의 착오 중 질적 착오에 해당하고, 甲은 乙의 손괴행위에 대한 예견가능성조차 없기 때문에 乙의 손괴행위는 책임을 지지 않는다.

213 (O)

214 甲이 乙에게 A의 자동차를 강취할 것을 교사하였으나 乙이 A의 자동차를 절취한 경우 甲은 절도죄의 교사범으로 처벌된다. [변호사 14]

214 (×) '절도죄의 교사범으로' → '강도의 예비·음모로'

> **해설+** 예외적으로 교사한 범죄가 중죄로서 예비·음모가 처벌되는 범죄인 경우에는 상상적 경합이 된다. 따라서 지문의 경우, 절도죄의 교사범과 제31조 제2항에 의한 강도예비·음모의 상상적 경합이 성립하고, 다만 형이 중한 강도의 예비·음모로 처벌된다.

215 甲이 乙에게 A를 상해하라고 교사하였는데 乙이 B를 A로 오인하고 살해하였다고 하더라도 법정적 부합설에 의하면 甲이 사망의 결과에 대해 예견가능성이 없지 않은 한 B에 대한 상해치사죄의 교사범이 된다. [국가7급 09 변형]

215 (○) 피교사자의 객체의 착오는 교사자에게는 방법의 착오가 되는데, 판례의 입장은 법정적 부합설을 취하므로 이 경우에도 甲에게는 B에 대한 상해의 고의가 인정된다. 결론적으로 甲의 죄책은 상해치사죄의 교사범이다.

216 교사자가 피교사자에 대하여 상해 또는 중상해를 교사하였는데 피교사자가 이를 넘어 살인을 한 경우, 교사자에게 피해자의 사망이라는 결과에 대하여 고의가 없더라도 살인죄의 교사범이 된다. [경찰채용 21 1차]

216 (×) 살인죄에 대한 교사의 고의와 정범의 고의가 존재하지 않는 이상 살인죄의 교사범이 될 수 없다.

> **보충** 원래 이는 상해치사죄의 교사범에 관한 판례이다. "교사자가 피교사자에 대하여 상해 또는 중상해를 교사하였는데 피교사자가 이를 넘어 살인을 실행한 경우 일반적으로 교사자는 상해죄 또는 중상해죄의 교사범이 되지만 이 경우 교사자에게 피해자의 사망이라는 결과에 대하여 과실 내지 예견가능성이 있는 때에는 상해치사죄의 교사범으로서의 죄책을 지울 수 있다(대법원 1993.10.8, 93도1873)."

217 교사자가 상해를 교사하였는데 피교사자가 피해자를 사망에 이르게 하였다면 일반적으로 교사자는 상해죄의 죄책을 지게 되는 것이지만, 교사자에게 피해자의 사망이라는 결과에 대하여 과실 내지 예견가능성이 있었다면 상해치사죄의 교사범이 성립한다. [경찰채용 18 1차] [사시 16]

217 (○) 대법원 2002.10.25, 2002도4089

218 甲이 乙에게 평소 사용하는 칼로 A의 다리를 못 쓰게 하라고 교사하여 乙이 칼로 A의 허벅지 등을 20여 회 힘껏 찔러 과다출혈로 사망에 이른 경우, 甲은 상해치사죄의 교사범이 성립한다. [국가7급 21]

218 (○) 대법원 2002.10.25, 2002도4089

219 교사자가 피교사자에게 피해자를 "정신 차릴 정도로 때려주라"고 교사하였다는 사정만으로는 상해에 대한 교사로 보기까지는 어렵다. [법원9급 21]

220 甲은 乙에게 丙을 "정신 차릴 정도로 때려주라"라고 지시했고, 이에 乙은 丙을 폭행하다가 살해하였다. 판례에 의할 때 甲은 상해를 교사하여 사망의 결과가 발생하였으나, 사망에 대한 예견가능성이 없으므로 상해죄의 교사범이 성립한다. [국가7급 11 변형]

221 A가 B에게 범죄를 저지르도록 요청한다는 것을 알고 있는 甲이 A의 부탁을 받고 A의 요청을 B에게 전달하여 B로 하여금 범의를 야기케 하는 것은 교사에 해당되지 않는다. [국가9급 20] [국가 9급총론 20]

222 간접교사도 판례상 긍정된다. [법원9급 14]

해설+ 간접교사나 연쇄교사와 같은 교사의 교사도 인과관계가 있는 이상 교사범에 해당한다. "甲이 乙에게 범죄를 저지르도록 요청한다 함을 알면서 甲의 부탁을 받고 甲의 요청을 乙에게 전달하여 乙로 하여금 범의를 야기케 하는 것은 교사에 해당한다(대법원 1974.1.29, 73도3104).

5 종범

 대표유형

「형법」이 방조행위를 종범으로 처벌하는 까닭은 정범의 실행을 용이하게 하는 점에 있으므로 그 방조행위가 정범의 실행에 대하여 간접적이거나 직접적이거나를 가리지 아니하고 정범이 범행을 한다는 점을 알면서 그 실행행위를 용이하게 한 이상 종범으로 처벌함이 마땅하며 간접적으로 정범을 방조하는 경우 방조자에 있어 정범이 누구에 의하여 실행되어지는가를 확지할 필요가 없다 할 것이므로 방조범의 성립에 아무런 지장이 없다. [경찰간부 17] [법원9급 13 변형]

대표유형

저작재산권자의 이용허락 없이 전송되는 공중송신권 침해 게시물로 연결되는 링크를 인터넷 사이트에서 공중의 구성원에게 제공하는 행위는 저작권법상 공중송신권 침해의 방조에 해당하지 않는다.

(×)

해설+ [공중송신권 침해 게시물 인터넷링크 제공 사건] 전송의 방법으로 공중송신권을 침해하는 게시물이나 그 게시물이 위치한 웹페이지 등에 연결되는 링크를 한 행위자가, 정범이 공중송신권을 침해한다는 사실을 충분히 인식하면서 그러한 링크를 인터넷 사이트에 영리적·계속적으로 게시하는 등으로 공중의 구성원이 개별적으로 선택한 시간과 장소에서 침해 게시물에 쉽게 접근할 수 있도록 하는 정도의 링크 행위를 한 경우에는, 침해 게시물을 공중의 이용에 제공하는 정범의 범죄를 용이하게 하므로 공중송신권 침해의 방조범이 성립한다. 이러한 링크 행위는 정범의 범죄행위가 종료되기 전 단계에서 침해 게시물을 공중의 이용에 제공하는 정범의 범죄 실현과 밀접한 관련이 있고 그 구성요건적 결과 발생의 기회를 현실적으로 증대함으로써 정범의 실행행위를 용이하게 하고 공중송신권이라는 법익의 침해를 강화·증대하였다고 평가할 수 있으며, 링크 행위자에게 방조의 고의와 정범의 고의도 인정할 수 있다(대법원 2021.9.9, 2017도19025 전원합의체; 2021.9.30, 2016도8040).

223 방조죄는 정범의 범죄에 종속하여 성립하는 것으로서, 방조의 대상이 되는 정범의 실행행위의 착수가 없으면 방조죄만 독립하여 성립할 수 없다.

[국가9급 21]

223 (○) 대법원 1979.2.27, 78도3113

224 甲이 적법하게 운영되는 인터넷 게임사이트의 온라인 포커게임에서 통용되는 사이버머니를 구입하고자 하는 사람을 유인하여 돈을 받고 위 게임사이트에 접속하여 일부러 패하는 방법으로 사이버머니를 판매한 경우, 게임사이트 개설자는 무죄라 하더라도 甲에게는 도박개장방조죄가 성립한다.

[사시 11]

224 (×) 도박개장의 정범이 인정되지 않는 이상 방조범도 성립할 수 없다(대법원 2007.11.29, 2007도8050).

225 이른바 편면적 종범에 있어서도 정범의 범죄행위 없이 방조범만이 성립될 수 없다.

[국가9급 18] [법원행시 12 변형]

225 (○)

해설+ 방조범(종범)으로서 정범의 존재를 전제로 하는 것이다. 즉, 정범의 범죄행위 없이 방조범만이 성립될 수는 없다(공범종속성원칙). 이른바 편면적 종범에 있어서도 위 원칙은 그대로 적용된다(대법원 1974.5.28, 74도509).

226 甲이 정범의 횡령행위를 방조할 의사로 행위한 경우, 그 정범이 방조행위를 인식하지 못했더라도 甲에게 횡령죄의 방조범이 성립하지만 정범의 실행행위가 없다면 그렇지 않다. [사시 15]

227 병원 원장인 甲은 A가 정상적으로 입원한 것으로 작성된 허위의 입·퇴원 확인서를 작성한 후 A에게 교부하여 A가 보험회사에 보험금을 청구하여 보험금을 받도록 방조하였더라도, A에 대한 공소장에 있어서 검사가 제출한 증거만으로는 A가 보험금을 부당하게 편취하였다고 인정하기 어려운 경우라면, 甲은 사기죄의 방조범이 성립하지 않는다. [국가7급 21]

228 종범이 성립하기 위해서는 방조자에게 자신이 피방조자의 범죄실행을 방조한다는 점에 대한 고의와 피방조자의 행위가 구성요건적 결과를 실현한다는 점에 대한 고의가 둘 다 있어야 한다. [국가9급 20] [국가9급총론 20]

229 방조범은 정범의 실행행위를 방조한다는 '방조의 고의'와 정범의 행위가 구성요건에 해당하는 행위인 점에 대한 '정범의 고의'를 갖추어야 하며, 목적범의 경우 정범의 목적에 대한 구체적 내용까지 인식할 것을 요한다.
[국가9급총론 18 변형] [경찰채용 23 1차]

해설+ 방조범은 정범의 실행행위를 방조한다는 '방조의 고의'와 정범의 행위가 구성요건에 해당하는 행위인 점에 대한 '정범의 고의'를 갖추어야 하며, 목적범의 경우 정범의 목적에 대한 구체적 내용까지 인식할 것을 요하는 것은 아니다.

230 방조범은 정범의 실행을 방조한다는 이른바 방조의 고의가 필요하고, 정범의 행위가 구성요건에 해당하는 행위인 점에 대한 정범의 고의가 있어야 하는 것은 아니다. [법원9급 21]

해설+ 형법상 방조행위는 정범이 범행을 한다는 정을 알면서 그 실행행위를 용이하게 하는 직접·간접의 행위를 말하므로, 방조범은 정범의 실행을 방조한다는 이른바 방조의 고의와 정범의 행위가 구성요건에 해당하는 행위인 점에 대한 정범의 고의가 있어야 한다(대법원 2005.4.29, 2003도6056).

231 방조범은 정범의 실행을 방조한다는 이른바 방조의 고의와 정범의 행위가 구성요건에 해당하는 행위인 점에 대한 정범의 고의가 있어야 하나, 이와 같은 고의는 내심적 사실이므로, 방조범에 있어서 정범의 고의는 정범에 의하여 실현되는 범죄의 구체적 내용을 인식할 것을 요하는 것은 아니고 미필적 인식 또는 예견으로 충분하다. [경찰간부 17] [법원행시 13 변형·14] [사시 16]

231 (○) 대법원 2005.4.29, 2003 도6056; 2011.12.8, 2010도9500

232 방조범은 2중의 고의를 필요로 하므로 정범이 정하는 범죄의 일시, 장소, 객체 등을 구체적으로 인식하여야 하며, 나아가 정범이 누구인지 확정적으로 인식해야 한다. [경찰채용 22 1차]

232 (×) 방조범에 있어서 정범의 고의는 정범에 의하여 실현되는 범죄의 구체적 내용을 인식할 것을 요하는 것은 아니고 미필적 인식 또는 예견으로 충분하다(대법원 2011.12. 8. 2010도9500).

233 방조행위가 정범의 실행에 대하여 간접적인 경우에도 그 실행행위를 용이하게 하였다면 종범이 될 수 있고, 간접적으로 정범을 방조하는 경우 방조자는 정범이 범행한다는 점을 알고 있어야 하지만 정범이 누구인지를 확실히 알 필요는 없다. [국가7급 22]

233 (○) 대법원 1977.9.28, 76 도4133

234 고의는 미필적 인식으로도 족하므로, 타인의 범행을 인식하면서 제지하지 않고 용인한 것만으로도 공동가공의 의사는 인정된다. [국가9급 22]

해설+ 공동가공의 의사는 타인의 범행을 인식하면서도 이를 제지하지 아니하고 용인하는 것만으로는 부족하고, 공동의 의사로 특정한 범죄행위를 하기 위하여 일체가 되어 서로 다른 사람의 행위를 이용하여 자기의 의사를 실행에 옮기는 것을 내용으로 하여야 한다(대법원 2018.9.13, 2018도7658).

234 (×)

235 방조범이 성립하기 위하여 방조범과 정범 사이의 의사연락을 요하지는 않지만, 정범이 누구인지와 범행 일시, 장소, 객체 등에 대한 구체적 인식과 이러한 정범의 실행을 방조한다는 인식이 필요하다. [변호사 21]

해설+ 정범이 범행을 한다는 점을 알면서 그 실행행위를 용이하게 한 이상 그 행위가 간접적이거나 직접적이거나를 가리지 않으며 이 경우 정범이 누구에 의하여 실행되어지는가를 확지할 필요는 없다(대법원 1977.9.28, 76도4133). 또한 방조범에 있어서 정범의 고의는 정범에 의하여 실현되는 범죄의 구체적 내용을 인식할 것을 요하는 것은 아니고 미필적 인식 또는 예견으로 족하다(대법원 2005.4.29, 2003도6056).

235 (×)

236 정범의 행위가 고의행위인 이상 방조가 과실에 의한 것이라도 방조범이 성립할 수 있다.

[사시 11]

236 (×) 방조범이 성립하기 위해서는 방조의 고의와 피방조자의 범행에 대한 정범의 고의, 2중의 고의를 갖추어야 한다. 따라서 과실에 의한 방조는 있을 수 없다.

237 「형법」상 방조행위는 정범의 실행행위를 용이하게 하는 직접, 간접의 모든 행위를 가리키는 것으로서 그 방조는 유형적, 물질적인 방조뿐만 아니라 정범에게 범행의 결의를 강화하도록 하는 것과 같은 무형적, 정신적 방조행위까지도 이에 해당한다.

[법원행시 16]

237 (○) 대법원 2013.4.11, 2010도13774

238 자동차운전면허가 없는 甲의 요구에 응하여 乙이 이를 인식하면서도 승용차를 제공하여 甲이 무면허운전을 하였다면 이는 도로교통법위반(무면허운전) 범행의 방조행위에 해당한다.

[사시 09]

238 (○) 대법원 2000.8.18, 2000도1914

239 뇌수술을 받고 중환자실에 입원해 있던 환자 A의 처 乙은 치료비에 상당한 부담을 느낀 나머지 A의 치료를 중단시킬 의도로 퇴원을 요구하였고, 주치의 甲이 이런 의도를 알면서도 치료중단 및 퇴원을 허용하는 조치를 취하여 A가 사망에 이른 경우, 甲에게 환자의 사망이라는 결과 발생에 대한 정범의 고의는 인정되나 A의 사망에 이르는 사태의 핵심적 경과를 계획적으로 조종하거나 저지 · 촉진하는 등으로 지배하고 있었다고 보기는 어려우므로 공동정범의 객관적 요건인 기능적 행위지배가 흠결되어 살인죄의 공동정범으로서의 죄책이 없다.

[변호사 16]

239 (○) 대법원 2004.6.24, 2002도995

240 정범에 의한 법익침해의 위험을 증대시키면 방조범이 성립하므로 방조범에서는 인과관계가 요구되지 아니한다.

[경찰간부 22]

240 (×)

해설+ 방조행위와 정범의 실행행위 간에는 인과관계가 필요하다고 보는 것이 통설 · 판례이다(대법원 2004.6.24, 2002도995).

241   의사 甲이 입원치료를 받을 필요가 없는 환자 乙이 보험금 수령을 위하여 입원치료를 받으려고 하는 사실을 알면서도 입원을 허가하여 형식상으로 입원치료를 받도록 한 후 입원확인서를 발급하여 주었고 乙이 이를 제출하여 보험금을 수령하였다면 甲에게는 사기방조죄가 성립한다.   [사시 09]

241 (○) 대법원 2006.1.12, 2004 도6557

242   교통사고를 낸 甲이 자기 대신 사고운전자로 허위자백한 자신의 처에게 사고발생경위, 도주경위 등에 관하여 상세한 정보를 제공함으로써 처로 하여금 심리적으로 안정할 수 있게 한 경우에는 범인도피죄의 방조범이 성립한다.   [사시 11]

242 (○) 대법원 2008.11.13, 2008 도7647

243   인터넷 카페의 대표 甲이 기자회견을 열어 A회사에 대하여 불매운동을 하겠다고 하면서 공갈행위를 하였는데, 위 카페의 회원 乙이 그러한 사정을 알면서도 그 자리에서 지지의 의사로 공감을 표시하거나 甲의 부탁을 받고 사진을 찍어주는 행위는 공갈죄의 방조에 해당한다.   [사시 16]

243 (○) 대법원 2008.11.13, 2008 도7647

244   제3자뇌물수수죄에서 제3자란 행위자와 공동정범 이외의 사람을 말하고, 교사자나 방조자도 포함될 수 있다. 그러므로 공무원 또는 중재인이 부정한 청탁을 받고 제3자에게 뇌물을 제공하게 하고 제3자가 그러한 공무원 또는 중재인의 범죄행위를 알면서 방조한 경우에는 그에 대한 별도의 처벌 규정이 없더라도 방조범에 관한 형법총칙의 규정이 적용되어 제3자뇌물수수방조죄가 인정될 수 있다.   [경찰채용 17 2차]

244 (○) 대법원 2017.3.15, 2016 도19659

245   제3자뇌물수수죄에서 제3자란 행위자와 공동정범 및 교사자와 방조자 이외의 사람을 말한다.   [변호사 22]

245 (×)

해설+ 제3자뇌물수수죄에서 제3자란 행위자와 공동정범 이외의 사람을 말하고, 교사자나 방조자는 제3자가 될 수 있다(대법원 2017.3.15, 2016도19659).

246 甲이 사기 범행에 이용되리라는 사정을 알고서도 A에게 자신의 명의로 된 은행 예금계좌의 접근매체를 양도함으로써 A가 B를 속여 B로 하여금 현금을 위 계좌로 송금하게 한 경우, 甲은 사기죄의 방조범이 된다.

[국가9급 21]

246 (O) 대법원 2017.5.31, 2017도3045

247 공중송신권 침해 게시물로 연결되는 링크를 저작권 침해물 링크 사이트에서 공중의 구성원에게 제공하는 행위는 저작권법상 공중송신권 침해의 방조에 해당하지 않는다.

247 (×)

해설+ 방조범이 성립하려면 방조행위가 정범의 범죄 실현과 밀접한 관련이 있고 정범으로 하여금 구체적 위험을 실현시키거나 범죄 결과를 발생시킬 기회를 높이는 등으로 정범의 범죄 실현에 현실적인 기여를 하였다고 평가할 수 있어야 한다. 정범의 범죄 실현과 밀접한 관련이 없는 행위를 도와준데 지나지 않는 경우에는 방조범이 성립하지 않는다. … 저작권 침해물 링크 사이트에서 침해 게시물에 연결되는 링크를 제공하는 경우 등과 같이, 링크 행위자가 정범이 공중송신권을 침해한다는 사실을 충분히 인식하면서 그러한 침해 게시물 등에 연결되는 링크를 인터넷 사이트에 영리적·계속적으로 게시하는 등으로 공중의 구성원이 개별적으로 선택한 시간과 장소에서 침해 게시물에 쉽게 접근할 수 있도록 하는 정도의 링크 행위를 한 경우에는 침해 게시물을 공중의 이용에 제공하는 정범의 범죄를 용이하게 하므로 공중송신권 침해의 방조범이 성립한다(대법원 2021.9.9, 2017도19025 전원합의체).

보충 불법성에 대한 피고인의 인식은 적어도 공중송신권 침해 게시물임을 명확하게 인식할 수 있는 정도가 되어야 한다. 검사는 링크를 한 행위자가 링크 대상인 게시물이 공중송신권을 침해하는 게시물 등으로서 불법성이 있다는 것을 명확하게 인식할 수 있는 정도에 이르렀다는 점을 엄격하게 증명하여야 한다. 침해 게시물 등에 연결되는 링크를 하였을 때 정범의 공중송신권 침해에 대한 방조행위가 성립하려면, 링크 행위가 정범의 범죄 실현과 밀접한 관련이 있고 공중송신권 침해의 기회를 현실적으로 증대시켜 정범의 범죄 실현에 현실적인 기여를 하였다고 평가할 수 있어야 한다. 위에서 보았듯이 저작권 침해물 링크 사이트에서 정범의 침해 게시물 등에 연결되는 링크를 영리적·계속적으로 게시하는 경우 등과 같이 공중의 구성원이 개별적으로 선택한 시간과 장소에서 그 공중송신권 침해 게시물에 쉽게 접근할 수 있도록 링크를 제공하는 행위가 이에 해당한다. 반면 위와 같은 정도에 이르지 않은 링크 행위는 정범의 공중송신권 침해와 밀접한 관련이 있고 그 법익침해를 강화·증대하는 등의 현실적인 기여를 하였다고 보기 어려운 이상 공중송신권 침해의 방조행위라고 쉽사리 단정해서는 안 된다. … 이와 달리 저작권자의 공중송신권을 침해하는 웹페이지 등으로 링크를 하는 행위만으로는 어떠한 경우에도 공중송신권 침해의 방조행위에 해당하지 않는다는 취지로 판단한 종전 판례인 대법원 2015.3.12, 2012도13748 판결 등은 이 판결의 견해에 배치되는 범위에서 이를 변경하기로 한다(위 판례).

248 방조행위와 정범의 범죄 실현 사이에는 인과관계가 필요하고, 방조범이 성립하려면 방조행위가 정범의 범죄 실현과 밀접한 관련이 있고 정범으로 하여금 구체적 위험을 실현시키거나 범죄결과를 발생시킬 기회를 높이는 등으로 정범의 범죄 실현에 현실적인 기여를 하였다고 평가할 수 있어야 한다.

[경찰경채 23]

해설+ 방조범은 정범에 종속하여 성립하는 범죄이므로 방조행위와 정범의 범죄 실현 사이에는 인과관계가 필요하다. 방조범이 성립하려면 방조행위가 정범의 범죄 실현과 밀접한 관련이 있고 정범으로 하여금 구체적 위험을 실현시키거나 범죄 결과를 발생시킬 기회를 높이는 등으로 정범의 범죄 실현에 현실적인 기여를 하였다고 평가할 수 있어야 한다. 정범의 범죄 실현과 밀접한 관련이 없는 행위를 도와준 데 지나지 않는 경우에는 방조범이 성립하지 않는다(대법원 2021.9.9, 2017도19025 전원합의체).

248 (○)

---

249 쟁의행위가 업무방해죄에 해당한다고 하더라도 제3자가 그러한 정을 알면서 쟁의행위의 실행을 용이하게 한 것을 가지고 업무방해방조죄의 죄책으로 의율할 수는 없다.

보충 다만, 헌법 제33조 제1항이 규정하고 있는 노동3권을 실질적으로 보장하기 위해서는 근로자나 노동조합이 노동3권을 행사할 때 제3자의 조력을 폭넓게 받을 수 있도록 할 필요가 있고, 나아가 근로자나 노동조합에 조력하는 제3자도 헌법 제21조에 따른 표현의 자유나 헌법 제10조에 내재된 일반적 행동의 자유를 가지고 있으므로, 위법한 쟁의행위에 대한 조력행위가 업무방해방조에 해당하는지 판단할 때는 헌법이 보장하는 위와 같은 기본권이 위축되지 않도록 업무방해방조죄의 성립 범위를 신중하게 판단하여야 한다(동 판례).

249 (×) 쟁의행위가 업무방해죄에 해당하는 경우 제3자가 그러한 정을 알면서 쟁의행위의 실행을 용이하게 한 경우에는 업무방해방조죄가 성립할 수 있다(대법원 2021.9.16, 2015도12632).

---

250 A노조 B자동차 비정규직지회 조합원들이 B자동차 생산라인을 점거하면서 쟁의행위를 한 것이 업무방해죄에 해당한다고 할 때, A노조 미조직비정규국장인 甲이 ① B자동차 정문 앞 집회에 참가하여 점거 농성을 지원하고, ② 점거 농성장에 들어가 비정규직지회 조합원들을 독려하고, ③ A노조 공문을 비정규직지회에 전달하였다. ①·②·③의 행위는 모두 업무방해죄의 방조범에 해당한다.

해설+ 피고인 2의 농성현장 독려 행위는 정범의 범행을 더욱 유지·강화시킨 행위에 해당하여 업무방해방조로 인정할 수 있지만(위 ②는 방조범 인정), 집회 참가 및 공문 전달 행위는 업무방해 정범의 실행행위에 해당하는 생산라인 점거로 인한 범죄 실현과 밀접한 관련성이 있다고 단정하기 어려워 방조범의 성립을 인정할 정도로 업무방해행위와 인과관계가 있다고 보기 어렵다(대법원 2021.9.16, 2015도12632).

250 (×)

251 방조행위와 정범의 실행행위 사이에 인과관계가 필요하다는 견해는 공범의 처벌근거가 타인의 불법을 야기·촉진시키는 데 있으므로 방조행위가 피방조자의 실행에 아무런 영향을 끼치지 못한 경우에는 처벌근거가 상실된다는 점을 논거로 한다. [국가7급 17]

252 방조행위와 정범의 실행행위 사이에 인과관계가 필요하지 않다는 견해에 따르면, 공범종속성설에 따라 기도된 방조의 가벌성을 인정하기 때문에 방조범의 처벌범위가 부당하게 확대된다는 비판이 있다. [국가7급 17]

해설+ 기도된 방조의 가벌성을 인정하는 것은 공범종속성설에 따른 것이 아니라 그와 배치되는 것이다. 실제로 인과관계불요설은 인과관계필요설로부터 공범의 종속성과 배치된다는 비판을 받는다.

253 병무행정의 시정을 촉구하기 위하여 조직된 단체로 판단되는 병역문제중앙대책위원회의 일원이 스스로 입영기피를 결심한 자에게 이별을 안타까워하는 뜻에서 몸조심하라고 말하면서 악수를 나눈 행위는 입영기피의 방조에 해당한다. [사시 16]

254 1인 회사의 주주가 개인적 거래에 수반하여 법인 소유의 부동산을 담보로 제공한다는 사정을 거래상대방이 알면서 가등기의 설정을 요구하고 그 가등기를 경료받은 경우 거래상대방은 배임행위의 방조범에 해당한다. [경찰간부 18]

해설+ 관여의 정도기 사회적 상당성을 갖춘 경우에 있어서는 비록 정범의 행위가 배임행위에 해당한다는 점을 알고 거래에 임하였다는 사정이 있어 외견상 방조행위로 평가될 수 있는 행위가 있었다 할지라도 범죄를 구성할 정도의 위법성은 없다(대법원 2005.10.28, 2005도4915).

255 방조는 작위에 의하여 정범의 실행을 용이하게 하는 경우는 물론, 직무상의 의무가 있는 자가 정범의 범죄행위를 인식하면서도 그것을 방지하여야 할 제반조치를 취하지 아니함으로써 정범의 실행행위를 용이하게 하는 경우에도 성립된다. [법원행시 12 변형]

해설+ 형법상 방조는 작위에 의하여 정범의 실행을 용이하게 하는 경우는 물론, 직무상의 의무가 있는 자가 정범의 범죄행위를 인식하면서도 그것을 방지하여야 할 제반조치를 취하지 아니하는 부작위로 인하여 정범의 실행행위를 용이하게 하는 경우에도 성립된다(대법원 1996.9.6, 95도2551).

255 (○)

256 법률상 정범의 범행을 방지할 의무가 있는 자가 그 범행을 알면서도 방지하지 아니하여 범행을 용이하게 한 때에는 부작위에 의한 종범이 성립한다. [변호사 15]

256 (○) 대법원 2006.4.28, 2003도4128

257 타인의 범죄행위를 인식하면서도 그것을 방지해야 할 직무상의 의무가 있는 자가 방지조치를 취하지 아니하여 타인의 실행행위를 용이하게 하는 경우에는 부작위에 의한 공동정범이 성립된다. [국가9급 13]

257 (×) '공동정범' → '방조범' 직무상의 의무가 있는 자가 방지조치를 취하지 아니하여 타인의 실행행위를 용이하게 하는 경우에는 부작위에 의한 방조범이 성립한다(대법원 1984.11.27, 84도1906).

258 정범에 의하여 실행되는 저작권법상 복제권 침해행위에 대한 방조는, 정범이 누구인지 확정적으로 인식할 필요는 없고, 이를 방지할 법적 의무가 있는 자라면 부작위에 의한 방조도 가능하다. [사시 14]

258 (○) 대법원 2004.6.24, 2002도995; 2007.12.14, 2005도872

259 작위는 물론이고 부작위에 의한 종범도 성립할 수 있지만, 정범이 작위범인 경우에는 부작위에 의한 방조자에게 보증인적 지위가 인정되지 않으면 부작위에 의한 종범이 성립하지 않는다. [국가9급 20] [국가9급총론 20]

259 (○) 대법원 2006.4.28, 2003도4128

260 법원의 입찰사건에 관한 제반 업무를 담당하는 공무원이 자신이 맡고 있는 입찰사건의 입찰보증금이 사무원에 의해 계속적으로 횡령되고 있는 사실을 알았고, 이를 제지하고 즉시 상관에게 보고하는 등 결과발생을 쉽게 방지할 수 있음에도 불구하고 그 횡령행위를 방지하지 않은 경우 업무상횡령죄의 공동정범이 성립한다. [국가9급 15]

260 (×) '공동정범' → '방조범' 업무상 횡령죄의 방조범이 성립한다(대법원 1996.9.6, 95도2551).

261 백화점에서 검품 등 상품관리를 담당하는 백화점 직원이 자신이 관리하는 백화점 입점점포의 위조상표 부착 상품 판매사실을 알고도 방치한 행위는 부작위에 의한 상표법위반과 부정경쟁방지및영업비밀보호에관한법률위반의 방조에 해당한다. [사시 16]

261 (○) 대법원 1997.3.14, 96도1639

262 정범의 행위가 과실행위인 경우에도 그에 대한 방조범이 성립할 수 있다. [사시 11]

262 (×)

해설+ 방조범이 성립하기 위해서는 고의적인 피방조자의 범행이 있어야 한다는 것은 공범종속성설의 당연한 전제이다. 과실범에 대한 방조는 경우에 따라 간접정범의 성립이 가능할 뿐이다.

263 乙의 행위가 범죄구성요건에 해당하지만 위법하지 않은 경우, 甲이 乙의 행위를 방조하였더라도 공범의 종속성에 관해 제한종속형식을 취하는 때에는 종범(「형법」 제32조 제1항)이 성립하지 않는다. [국가7급 22]

263 (○)

해설+ 제한종속형식(제한적 종속형식)이란 공범이 성립하기 위해서는 정범의 행위가 구성요건에 해당하고 위법할 것을 요한다는 공범종속의 형식이므로, 乙의 행위가 범죄구성요건에 해당하지만 위법하지 않은 경우에는 甲에게는 종범이 성립하지 않는다.

264 과실에 의한 방조는 불가능하나, 과실범에 대한 방조는 간접정범으로 처벌될 수 있다. [사시 10]

264 (○)

해설+ 방조의 고의가 있어야 하므로 과실에 의한 방조는 성립할 수 없고, 피방조자도 고의범이어야 하므로 과실범에 대한 방조도 방조범이 될 수 없으며, 의사지배가 인정되는 한 간접정범이 될 뿐이다.

265 정범이 강도의 예비행위를 할 때 방조행위가 행해졌고 그 후에 정범이 강도의 실행에 착수하지 못했다면 방조자는 강도예비죄의 종범으로 처벌된다.

[국가9급 20] [국가9급총론 20]

265 (×) '처벌된다' → '처벌할 수 없다'(대법원 1976.5.25, 75도1549).

266 정범의 실행의 착수 전에 장래의 실행행위를 예상하고 이를 용이하게 하는 행위를 하여 방조한 경우에도 정범이 그 실행행위에 나아갔다면 종범이 성립하지만, 정범이 실행의 착수에 이르지 못한 경우 방조자는 예비죄의 종범으로 처벌된다.

[경찰승진 22]

266 (×)

해설+ 종범은 정범의 실행행위 중에 이를 방조하는 경우뿐만 아니라, 실행착수 전에 장래의 실행행위를 예상하고 이를 용이하게 하는 행위를 하여 방조한 경우에도 정범이 실행행위를 한 경우에 성립한다(대법원 1996.9.6, 95도2551). 다만, 정범이 실행의 착수에 이르지 못하였다면 방조자는 처벌되지 않는다. "형법 32조 1항 소정 타인의 범죄란 정범이 범죄의 실현에 착수한 경우를 말하는 것이므로 종범이 처벌되기 위하여는 정범의 실행의 착수가 있는 경우에만 가능하고 형법 전체의 정신에 비추어 정범이 실행의 착수에 이르지 아니한 예비의 단계에 그친 경우에는 이에 가공하는 행위가 예비의 공동정범이 되는 경우를 제외하고는 <u>종범의 성립을 부정</u>하고 있다고 보는 것이 타당하다(대법원 1976.5.25, 75도1549)."

267 甲은 강도를 하려고 흉기를 구하던 乙에게 자신이 가지고 있던 전자충격기를 건네주었는데 乙이 실행행위로 나아가지 않은 경우, 甲에게 乙의 강도예비죄에 대한 방조범이 성립한다.

[국가7급 20]

267 (×)

해설+ 형법 32조 1항 소정 타인의 범죄란 정범이 범죄의 실현에 착수한 경우를 말하는 것이므로 종범이 처벌되기 위하여는 정범의 실행의 착수가 있는 경우에만 가능하고 형법 전체의 정신에 비추어 정범이 실행의 착수에 이르지 아니한 예비의 단계에 그친 경우에는 이에 가공하는 행위가 예비의 공동정범이 되는 경우를 제외하고는 종범의 성립을 부정하고 있다고 보는 것이 타당하다(대법원 1976.5.25, 75도1549).

268 乙이 행사할 목적으로 통용하는 대한민국의 화폐를 위조하기 위한 예비행위를 하면서, 甲이 부주의로 놓아둔 도구를 乙이 이용하였더라도 甲을 통화위조예비죄의 방조범으로 처벌할 수 없다.

[사시 12]

268 (○)

해설+ 방조범이 성립하기 위해서는 방조의 고의(정범의 실행을 방조)뿐만 아니라, 정범의 고의(정범의 행위가 구성요건에 해당하는 행위라는 인식과 의사)도 가지고 있어야 한다. 따라서 과실에 의한 방조는 불가벌이다.

269 예비단계에서 방조에 그친 경우, 정범이 실행에 착수하였더라도 불가벌이다.

[사시 13]

269 (×) '착수하더라도 불가벌이다' → '착수하였다면 방조범이 성립할 수 있다'

해설+ 예비단계에서 방조에 그쳤지만, 그 후 정범이 실행에 착수하였다면 −그리고 방조행위와 피방조자의 실행행위 사이에 기회증대적 관계가 인정되는 경우라면− 방조범이 성립한다(대법원 1983.3.8, 82도2873).

270 甲이 친구 乙의 부탁을 받고 乙이 건네주는 금전을 밀수자금인줄 알면서 자신의 선박기관실에 은닉한 행위는 관세법상 무면허수입예비죄의 방조범에 해당한다.

[사시 11]

270 (×) '해당한다' → '해당하지 않는다'

해설+ 예비죄의 방조는 불가벌이다. "예비행위의 방조행위는 방조범으로서 처단할 수 없는 것이고 그와 같은 법리는 특가법 및 관세법에 규정된 무면허수입등 예비죄의 방조행위에 있어서도 마찬가지이다(대법원 1979.11.27, 79도2201)."

271 종범은 정범이 실행행위에 착수하여 범행을 하는 과정에서 이를 방조한 경우뿐 아니라 정범의 실행의 착수 이전에 장래의 실행행위를 미필적으로나마 예상하고 이를 용이하게 하기 위하여 방조한 경우에도 그 후 정범이 실행행위에 나아갔다면 성립할 수 있다.

[국가9급 15] [법원행시 16]

271 (○) 대법원 2013.11.14, 2013도7494

272 타인의 사망을 보험사고로 하는 생명보험계약을 체결함에 있어 제3자가 피보험자인 것처럼 가장하여 체결하는 등으로 그 유효요건이 갖추어지지 못한 경우, 보험사고의 우연성과 같은 보험의 본질을 해칠 정도라고 볼 수 있는 특별한 사정이 없더라도, 그와 같이 하자 있는 보험계약을 체결한 행위는 보험금을 편취하려는 의사에 의한 기망행위의 실행에 착수한 것으로 볼 수 있다.

[경찰승진 22]

272 (×)

해설+ 타인의 사망을 보험사고로 하는 생명보험계약을 체결함에 있어 제3자가 피보험자인 것처럼 가장하여 체결하는 등으로 그 유효요건이 갖추어지지 못한 경우에도, 보험계약 체결 당시에 이미 보험사고가 발생하였음에도 이를 숨겼다거나 보험사고의 구체적 발생가능성을 예견할 만한 사정을 인식하고 있었던 경우 또는 고의로 보험사고를 일으키려는 의도를 가지고 보험계약을 체결한 경우와 같이 보험사고의 우연성과 같은 보험의 본질을 해칠 정도라고 볼 수 있는 특별한 사정이 없는 한, 그와 같이 하자 있는 보험계약을 체결한 행위만으로는 미필적으로라도 보험금을 편취하려는 의사에 의한 기망행위의 실행에 착수한 것으로 볼 것은 아니다(대법원 2013.11.14, 2013도7494).

273 방조행위는 정범의 실행행위 중에 이를 방조하는 경우는 물론, 실행행위에 착수하기 전에 장래의 실행행위를 예상하고 이를 용이하게 하는 경우도 포함하므로 정범이 실행에 착수하지 않았더라도 방조범이 성립한다.

[사시 16]

273 (×) '실행에 착수하지 않았더라도' → '실행행위에 나아갔다면'

> **해설+** 정범이 실행에 착수하지 않았다면 종범은 성립할 수 없다. "종범은 정범의 실행행위 중에 이를 방조하는 경우는 물론이고 실행의 착수 전에 장래의 실행행위를 예상하고 이를 용이하게 하는 행위를 하여 방조한 경우에도 정범이 그 실행행위에 나아갔다면 성립한다(대법원 1997.4.17, 96도3377 전원합의체)."

274 종범은 정범의 실행행위 중에 이를 방조하는 경우에 성립하므로, 실행착수 전에 장래의 실행행위를 예상하고 이를 용이하게 하는 행위를 한 경우에는 방조범이 성립하지 않는다.

[법원9급 21]

274 (×) 종범은 정범의 실행행위 중에 이를 방조하는 경우뿐만 아니라, 실행착수 전에 장래의 실행행위를 예상하고 이를 용이하게 하는 행위를 하여 방조한 경우에도 성립한다 (대법원 2009.6.11, 2009도1518).

275 甲은 여당의 유력 정치가인 乙이 기업인들로부터 뇌물을 수수하기 전에 乙과 기업인들의 면담을 주선하였고, 그 후 乙이 기업인들로부터 뇌물을 받았다면 甲은 수뢰죄의 종범에 해당한다.

[경찰간부 18]

275 (○)

> **해설+** 종범은 정범의 실행행위 중에 이를 방조하는 경우는 물론이고 실행의 착수 전에 장래의 실행행위를 예상하고 이를 용이하게 하는 행위를 하여 방조한 경우에도 정범이 그 실행행위에 나아갔다면 성립한다(대법원 1997.4.17, 96도3377 전원합의체).

276 간호보조원의 무면허진료행위가 있은 후 환자의 계속진료에 참고하는 진료부에 의사가 무면허진료결과를 기재한 행위는 보건범죄단속에 관한 특별조치법상 무면허의료행위 방조로 볼 수 있다.

[경찰간부 17] [국가7급 17] [법원9급 20] [사시 11]

276 (○) 무면허진료상태가 계속되고 있다는 점에서 의사의 행위는 승계적 방조로서 방조범이 성립할 수 있다(대법원 1982.4.27, 82도122). 또한 의사는 무면허의료죄에 있어서 소극적 신분자에 해당하지만, 소극적 신분자도 공범은 성립할 수 있다.

277 정범의 실행행위 전이나 실행행위 중에 정범을 방조하여 그 실행행위를 용이하게 하는 것뿐만 아니라 정범의 범죄종료 후의 이른바 사후방조도 방조범으로 볼 수 있다. [국가9급 21]

277 (×)

해설+ 종범은 정범의 실행행위 전이나 실행행위 중에 정범을 방조하여 그 실행행위를 용이하게 하는 것을 말하므로 정범의 범죄종료 후의 이른바 사후방조를 종범이라고 볼 수 없다(대법원 1982. 4.27, 82도122).

278 종범은 정범의 실행행위 중에 이를 방조하는 경우뿐만 아니라, 실행착수 전에 장래의 실행행위를 예상하고 이를 용이하게 하는 것을 말한다. 따라서 정범의 범죄종료 후의 이른바 사후방조를 종범이라고 볼 수는 없다. [법원9급 21]

278 (○) 대법원 1982.4.27, 82도122

279 A를 살해하려는 乙의 계획을 우연히 알게 된 甲이 A의 집으로 들어가는 乙을 보고 A의 집 앞에 차를 세우고 기다리고 있다가 A를 살해하고 나오는 乙을 태워 도망가게 한 경우 甲에게는 살인죄의 방조범이 성립한다. [사시 11 변형]

279 (×) 정범의 범죄행위가 종료된 후에는 방조행위를 할 수 없다는 점에서 '사후방조'는 불가능하다.

280 종범은 임의적 감경사유에 해당한다. [법원9급 21]

280 (×) 종범은 필요적 감경사유에 해당한다.

281 자기의 지휘, 감독을 받는 자를 방조하여 범죄행위의 결과를 발생하게 한 자는 정범의 형으로 처벌한다. [국가7급 16 변형]

281 (○) 제34조 제2항

282 교사범이나 방조범의 선고형이 정범의 선고형보다 무거울 수 있다. [사시 14]

282 (○)

해설+ 교사범은 정범과 동일한 형으로 처벌하고, 방조범의 형은 정범보다 감경하여야 하나, 이는 선고형이 아닌 법정형을 일컫는 말이므로, 정범에게 책임조각사유나 처벌조건이 조각되는 경우에 있어서는 교사범이나 방조범의 형이 정범보다 무거워질 수도 있다.

283 방조자의 인식과 정범의 실행 간에 착오가 있고 양자의 구성요건을 달리한 경우에는 원칙적으로 방조자의 고의는 조각되는 것이나, 그 구성요건이 중첩되는 부분이 있는 경우에는 그 중복되는 한도 내에서는 방조자의 죄책을 인정하여야 할 것이다. [법원9급 13 변형]

283 (○) 대법원 1985.2.26, 84도2987

284 방조자의 인식과 정범의 실행 간에 착오가 있는 경우에는 방조자의 죄책이 인정되지 아니한다. [법원행시 12 변형]

해설+ 질적 초과의 경우에는 방조의 죄책을 물을 수 없으나, 양적 초과의 경우에는 그 중복된 범위 내에서 죄책을 물을 수 있다.

284 (×) '인정되지 아니한다' → '인정되기도 한다'

285 방조자의 인식과 정범의 실행 간에 착오가 있고 양자의 구성요건을 달리한 경우, 그 구성요건이 중첩되는 부분뿐만 아니라 정범의 초과부분에 대해서도 방조자의 죄책을 인정하여야 한다. [국가7급 21]

보충 관세법 위반의 고의를 가지고 방조한 자에게 정범이 범한 특가법 위반에 대한 방조를 인정할 수는 없고, 관세법 위반에 대한 방조의 죄책만 인정하여야 한다는 판례이다.

285 (×) 방조자의 인식과 정범의 실행 간에 착오가 있고 양자의 구성요건을 달리한 경우에는 원칙적으로 방조자의 고의는 조각되는 것이나 그 구성요건이 중첩되는 부분이 있는 경우에는 그 중복되는 한도 내에서는 방조자의 죄책을 인정하여야 할 것이다(대법원 1985.2.26, 84도2987).

286 군대의 하급자인 A가 상급자인 B에게 무례한 행동을 하자 甲은 B가 A를 교육시킨다는 정도로 가볍게 생각하고 B에게 각목을 건네주었는데, B가 각목으로 A를 폭행하자 이를 제지하기 위해 애를 썼지만 A가 사망한 경우, 甲의 방조책임은 A의 사망에 미치지 않는다. [사시 15]

286 (○) 피고인으로서는 피해자가 피고인 B의 폭행으로 사망할 것으로 예견할 수 있었다고 볼 수 없으므로 피고인에게는 특수폭행치사방조가 아닌 특수폭행의 방조가 인정된다(대법원 1998.9.4, 98도2061).

287 방조를 시도하였으나 정범이 범죄 실현에 나아가지 아니한 경우에는 예비 또는 음모에 준하여 처벌한다. [사시 10]

287 (×) 기도된 교사(제31조 제2항·제3항)와는 달리 기도된 방조는 불가벌이다.

288 「형법」제252조 제2항의 자살방조죄를 범한 자에 대해서는 「형법」제32조
의 감경규정이 적용될 수 없다.
[사시 14]

288 (○) 공범종속성설에 따르면, 자살관여죄는 각칙에 특별하게 규정된 특별규정으로서 총칙상 공범 개념이 적용될 수 없고, 감경규정 또한 적용하지 않는다.

289 종범에 대한 선고형이 정범보다 가볍지 않다고 하더라도 그것만으로는 위
법이라고 할 수 없다.
[국가7급 22]

289 (○)

해설+ 형법 제32조 제2항은 "종범의 형은 정범의 형보다 감경한다."라고 규정하고 있다. 여기서 감경한다는 것은 법정형을 정범보다 감경한다는 것이지 선고형을 감경한다는 것이 아니므로, 종범에 대한 선고형이 정범보다 가볍지 않다 하더라도 위법이라 할 수 없다(대법원 2015.8.27, 2015도8408).

6 공범과 신분

🔗 **대표유형**

은행원의 배임행위에 비은행원이 공동정범으로 가공한 경우, 은행원과 비은행원에 대해서는 업무상배임죄의 공동정범이 성립하고 비은행원은 「형법」제33조 단서에 의하여 단순배임죄의 형으로 처벌된다.
[사시 13 변형]

(○)

해설+ 부진정신분범(가중적 신분범)에 가공한 비신분자에게도 제33조 본문이 적용되어 해당 범죄의 공범이 성립하고, 다만 그 과형에 있어서 동조 단서에 의하여 보통 범죄의 공범의 형으로 처벌된다는 것이 소수설 및 판례의 입장이다(대법원 1999.4.27, 99도883).

290 「형법」제33조 소정의 이른바 신분관계라 함은 남녀의 성별, 내·외국인
의 구별, 친족관계, 공무원인 자격과 같은 관계뿐만 아니라 널리 일정한
범죄행위에 관련된 범인의 인적관계인 특수한 지위 또는 상태를 지칭하는
것이다.
[국가9급 12 변형]

290 (○) 대법원 1994.12.23, 93도1002

291 신분관계라 함은 널리 일정한 범죄행위에 관련된 범인의 인적 관계인 특수한 지위 또는 상태를 지칭하는 것이므로, 고의나 목적과 같이 행위관련적 요소는 이에 포함되지 않는다. [경찰승진 23]

291 (×) 목적과 같은 행위관련적 요소도 신분에 해당한다는 것이 판례의 입장이다.

> **해설+** 형법 제33조 소정의 이른바 신분관계라 함은 남녀의 성별, 내·외국인의 구별, 친족관계, 공무원인 자격과 같은 관계뿐만 아니라 널리 일정한 범죄행위에 관련된 범인의 인적관계인 특수한 지위 또는 상태를 지칭하는 것이다. 형법 제152조 제1항과 제2항은 위증을 한 범인이 형사사건의 피고인 등을 '모해할 목적'을 가지고 있었는가 아니면 그러한 목적이 없었는가 하는 범인의 특수한 상태의 차이에 따라 범인에게 과할 형의 경중을 구별하고 있으므로, 이는 바로 형법 제33조 단서 소정의 "신분관계로 인하여 형의 경중이 있는 경우"에 해당한다고 봄이 상당하다(대법원 1994.12. 23, 93도1002).

292 비공무원이 공무원과 공동가공의 의사와 이를 기초로 한 기능적 행위지배를 통하여 공무원의 직무에 관하여 뇌물을 수수한 경우, 공무원과 비공무원에게 뇌물수수죄의 공동정범이 성립한다. [경찰채용 21 1차]

292 (○) 대법원 2019.8.29, 2018도2738 전원합의체

293 비신분자가 신분관계로 인하여 성립될 범죄에 가공한 경우 비신분자에게 공동가공의 의사와 이에 기초한 기능적 행위지배를 통한 범죄의 실행이라는 주관적·객관적 요건이 충족되면 신분자와 공동정범이 성립한다. [경찰간부 22] [경찰채용 23 2차]

293 (○)

> **해설+** 신분관계가 없는 사람이 신분관계로 인하여 성립될 범죄에 가공한 경우에는 신분관계가 있는 사람과 공범이 성립한다(형법 제33조 본문 참조). 이 경우 신분관계가 없는 사람에게 공동가공의 의사와 이에 기초한 기능적 행위지배를 통한 범죄의 실행이라는 주관적·객관적 요건이 충족되면 공동정범으로 처벌한다(대법원 2019.8.29, 2018도2738 전원합의체).

294 공무원이 아닌 甲이 공무원인 남편 乙과 함께 뇌물을 수수한 경우 乙에게 인정되는 범죄와 동일한 범죄의 공동정범, 교사범 또는 방조범의 성립을 甲에게도 인정할 수 있다. [변호사 12 변형]

294 (○) 진정신분범인 수뢰죄에 비신분자가 가담한 경우에도 제33조 본문이 적용되어 수뢰죄의 공동정범이 성립한다.

295 공문서의 작성권한이 있는 공무원의 직무를 보좌하는 자가 그 직위를 이용하여 행사할 목적으로 허위의 내용이 기재된 문서 초안을 그 정을 모르는 상사에게 제출하여 결재하도록 하는 등의 방법으로 작성권한이 있는 공무원으로 하여금 허위의 공문서를 작성하게 한 경우에는 간접정범이 성립되고 이와 공모한 자 역시 그 간접정범의 공범으로서의 죄책을 면할 수 없는 것이고, 여기서 말하는 공범은 반드시 공무원의 신분이 있는 자로 한정되는 것은 아니라고 할 것이다. [사시 16 변형]

295 (O) 대법원 1992.1.17, 91도2837

296 공무원이 아닌 자는 「형법」 제228조(공정증서원본등의 부실기재)의 경우를 제외하고는 허위공문서작성죄의 간접정범으로 처벌할 수 없으나, 공무원과 공동하여 허위공문서작성죄를 범한 때에는 허위공문서작성죄의 공동정범의 죄책을 진다. [국가7급 17]

296 (O) 공무원이 아닌 자가 공무원과 공동하여 허위공문서작성죄를 범한 때에는 공무원이 아닌 자도 형법 제33조, 제30조에 의하여 허위공문서작성죄의 공동정범이 된다(대법원 2006.5.11, 2006도1663).

297 직무수행 중에 있는 다른 공무원이 직무수행을 거부하여 직무유기죄가 성립하는 경우, 병가중인 공무원은 직무유기죄의 주체가 될 수 없으므로 이에 가담하더라도 직무유기죄의 공동정범의 죄책을 지지 아니한다. [국가7급 17]

297 (×) '없으므로' → '없다 하더라도', '지지 아니한다' → '진다'

해설+ 쟁의행위에 참가한 일부 조합원이 병가 중이어서 직무유기죄의 주체로 될 수는 없다 하더라도 직무유기죄의 주체가 되는 다른 조합원들과의 공범관계가 인정된다는 이유로, 그 쟁의행위에 참가한 조합원들 모두 직무유기죄로 처단되어야 한다(대법원 1997.4.22, 95도748).

298 甲이 乙을 사주하여 법정에서 위증하게 한 경우 乙에게 인정되는 범죄와 동일한 범죄의 공동정범, 교사범 또는 방조범의 성립을 甲에게도 인정할 수 있다. [변호사 12 변형]

298 (O) 위증죄는 법률에 의하여 선서한 증인만이 범할 수 있는 진정신분범이므로, 이에 가담한 자가 증인신분이 없는 비신분자라 하더라도 제33조 본문에 의하여 위증죄의 교사범이 성립한다.

299 판례는 아동학대처벌법상 아동학대치사죄를 부진정신분범이 아니라 진정 신분범으로 본다.

299 (O)

> **해설+** 원심은 피고인 2에 대한 공소사실 중 아동학대범죄의 처벌 등에 관한 특례법(이하 '아동학 대처벌법') 위반(아동학대치사) 부분에 대하여 피고인 2가 아동복지법 제3조 제3호에서 정한 '보호 자'에 해당하지 않으나, 신분관계 있는 피고인 1과 공모하여 범행을 저질렀으므로 아동학대처벌법 위반(아동학대치사)죄가 성립하되, 형법 제33조 단서에 의하여 형법 제259조 제1항 상해치사죄에 서 정한 형으로 처단하였으나) 아동학대처벌법은 '보호자에 의한 아동학대로서 형법 제257조 제1항 (상해), 제260조 제1항(폭행), 제271조 제1항(유기), 제276조 제1항(체포, 감금) 등의 죄를 범한 사 람이 아동을 사망에 이르게 한 때'에 '무기 또는 5년 이상의 징역'에 처하도록 규정하고 있다. 이는 보호자가 구 아동학대처벌법 제2조 제4호 가목 내지 다목에서 정한 아동학대범죄를 범하여 그 아동 을 사망에 이르게 한 경우를 처벌하는 규정으로 형법 제33조 본문의 '신분관계로 인하여 성립될 범죄'에 해당한다(대법원 2021.9.16, 2021도5000).

> **보충** 피고인 2에 대해 형법 제33조 본문에 따라 아동학대처벌법 위반(아동학대치사)죄의 공동 정범이 성립하고 아동학대처벌법 제4조에서 정한 형에 따라 과형이 이루어져야 한다. 그럼에도 피 고인 2에 대하여 형법 제33조 단서를 적용하여 형법 제259조 제1항의 상해치사죄에서 정한 형으로 처단한 원심의 판단에는 법리오해의 위법이 있다(위 판례).

300 아동학대범죄의 처벌 등에 관한 특례법(이하 아동학대처벌법) 제4조, 제2 조 제4호 가목 내지 다목은 '보호자에 의한 아동학대로서 「형법」 제257조 제1항(상해), 제260조 제1항(폭행), 제271조 제1항(유기), 제276조 제1항(체 포, 감금) 등의 죄를 범한 사람이 아동을 사망에 이르게 한 때'에 '무기 또 는 5년 이상의 징역'에 처하도록 규정하고 있다. 그런데 친모인 甲과 그 남 자친구인 乙이 공모하여 甲의 아들 A를 학대하여 사망에 이르게 하였다. 甲에게는 아동학대처벌법위반(아동학대치사)죄가 성립한다. 그렇다면 乙 은 아동학대처벌법상 아동학대치사죄의 공동정범의 형으로 처벌되는 것이 아니라 「형법」상 상해치사죄의 형으로 처벌되어야 한다.

300 (×) 아동학대처벌법 제4조의 아동학대치사죄는 보호자가 구 아 동학대처벌법 제2조 제4호 가목 내 지 다목에서 정한 아동학대범죄를 범하여 그 아동을 사망에 이르게 한 경우를 처벌하는 규정으로 형법 제 33조 본문의 '신분관계로 인하여 성립될 범죄'에 해당한다. 따라서 피고인들에 대하여 구 아동학대처 벌법 제4조, 제2조 제4호 가목, 형 법 제257조 제1항, 제30조로 공소 가 제기된 이 사건에서 피고인 2에 대해 형법 제33조 본문에 따라 아 동학대처벌법 위반(아동학대치사) 죄의 공동정범이 성립하고 구 아동 학대처벌법 제4조에서 정한 형에 따라 과형이 이루어져야 한다(대법 원 2021.9.16, 2021도5000).

> **보충** 피고인 2에 대하여 형법 제33조 단서를 적용하여 형법 제259조 제1항의 상해치사죄에서 정한 형으로 처단한 원심의 판단에 구 아동학대처벌법 제4조 및 형법 제33조에 관한 법리를 오해하 여 판결에 영향을 미친 위법이 있다는 대법원의 파기환송 판결이다.

301 甲이 친구인 乙을 교사하여 乙 자신의 아버지를 살해하게 한 경우 乙에게 는 존속살인죄의 정범이 성립하고, 甲에게는 보통살인죄의 교사범이 성립 한다.

[국가9급 12]

301 (×) '보통' → '존속' 乙은 존속살해죄의 정범이 성립하 고, 甲은 존속살해죄의 교사범이 성립하지만, 제33조 단서에 의하 여 보통살인죄의 교사범의 형으로 처벌된다(대법원 2012.11.15, 2012 도6676).

302 甲이 乙을 교사하여 乙의 아버지를 살해하게 한 경우, 甲에게는 보통살인 죄의 교사범이 성립한다. [경찰승진 22]

302 (×)

> **해설+** 부진정신분범에 있어 신분관계가 없는 자가 신분관계가 있는 자의 범죄에 가공하면, 그 신분관계가 없는 자도 제33조 본문에 의하여 부진정신분범의 공범이 성립한다. 따라서 甲은 존속살해죄의 교사범이 성립한다. 다만, 동조 단서에 의하여 보통살인죄의 교사범의 형으로 처벌된다.

303 부인 甲이 그의 아들 乙과 더불어 남편을 살해한 경우 乙에게 인정되는 범죄와 동일한 범죄의 공동정범, 교사범 또는 방조범의 성립을 甲에게도 인정할 수 있다. [변호사 12]

303 (○)

> **해설+** 비신분자가 신분자와 함께 남편을 살해한 경우, 제33조 본문에 의하여 존속살해죄의 공동정범이 성립한다(대법원 1961.8.2, 4294형상284). 다만, 과형에 대하여 제33조 단서가 적용되므로, 비신분자인 甲은 보통살인죄의 형으로 처벌된다.

304 타인의 재물을 업무상 보관하는 신분관계가 없는 자가 신분관계가 있는 자와 공모하여 업무상횡령죄를 저질렀다면 신분관계가 없는 자에 대하여는 「형법」 제33조 단서에 의하여 단순횡령죄에 정한 형으로 처단하여야 한다. [국가9급총론 17]

304 (○) 대법원 2015.2.26, 2014도15182

305 비신분자인 甲이 신분자인 A의 업무상횡령행위를 교사하여 A로 하여금 업무상횡령을 하게 한 경우 甲에게는 단순횡령죄의 교사범이 성립하지만 업무상횡령죄의 교사범의 형으로 처벌된다. [국가9급 18]

305 (×) '단순' → '업무상', '업무상' → '단순'

> **해설+** 부진정신분범(가중적 신분범)에 가공한 비신분자에게도 제33조 본문이 적용되어 해당 범죄의 공범이 성립하고, 다만 그 과형에 있어서 동조 단서에 의하여 보통 범죄의 공범의 형으로 처벌된다는 것이 소수설 및 판례의 입장이다(대법원 1999.4.27, 99도883).

306 A회사 경리과장 乙의 배임행위를 A회사 직원이 아닌 친구 甲이 함께한 경우 乙에게 인정되는 범죄와 동일한 범죄의 공동정범, 교사범 또는 방조범의 성립을 甲에게도 인정할 수 있다. [변호사 12]

306 (O)

> **해설+** 은행원이 아닌 자가 은행원들과 공모하여 업무상배임죄를 저질렀다 하여도, 신분관계가 없는 자에 대하여는 <u>업무상배임죄의 공동정범이 성립하지만 제33조 단서에 의하여 제355조 제2항에 따라 처단하여야 한다</u>(대법원 1986.10.28, 86도1517).

307 업무상의 임무라는 신분관계가 없는 자가 신분관계 있는 자와 공모하여 업무상배임죄를 범한 경우, 신분관계가 없는 공범도 업무상배임죄에 정한 형으로 처벌한다. [경찰채용 19 2차]

307 (×) 업무상배임죄가 성립하나 제33조 단서에 의하여 단순배임죄의 형으로 처벌된다(대법원 1986.10.28, 86도1517).

308 업무상 타인의 사무를 처리하는 자가 그러한 신분관계가 없는 자와 공모하여 업무상배임죄를 저질렀다면 그러한 신분관계가 없는 자에 대하여는 「형법」 제33조 단서에 의하여 단순배임죄가 성립한다. [경찰채용 18 1차]

308 (×)

> **해설+** 업무상배임죄는 업무상 타인의 사무를 처리하는 지위에 있는 사람이 그 임무를 위반하는 행위로써 재산상의 이익을 취득하거나 제3자로 하여금 이를 취득하게 하여 본인에게 손해를 입힌 때에 성립한다. 이는 타인의 사무를 처리하는 지위라는 점에서 보면 단순배임죄에 대한 가중규정으로서 신분관계로 형의 경중이 있는 경우라고 할 것이다. 따라서 그와 같은 업무상의 임무라는 신분관계가 없는 자가 그러한 신분관계 있는 자와 공모하여 업무상배임죄를 저질렀다면, 그러한 신분관계가 없는 공범에 대하여는 형법 제33조 단서에 따라 단순배임죄에서 정한 형으로 처단하여야 한다. 이 경우에는 신분관계 없는 공범에게도 같은 조 본문에 따라 일단 신분범인 업무상배임죄가 성립하고 다만 과형에서만 무거운 형이 아닌 단순배임죄의 법정형이 적용된다(대법원 2018.8.30, 2018도10047).

309 「형법」 제152조 제1항과 제2항은 위증을 한 범인이 형사사건의 피고인 등을 '모해할 목적'을 가지고 있었는가 아니면 그러한 목적이 없었는가 하는 범인의 특수한 상태의 차이에 따라 범인에게 과할 형의 경중을 구별하고 있으므로, 이는 바로 「형법」 제33조 단서 소정의 "신분관계로 인하여 형의 경중이 있는 경우"에 해당한다고 봄이 상당하다. [국가9급 12 변형]

309 (O) 대법원 1994.12.23, 93도1002

310 모해할 목적으로 위증을 교사하였더라도 위증한 정범에게 모해의 목적이 없다면 공범종속성원칙에 따라 교사자를 모해위증죄의 교사범으로 처벌할 수 없다. [경찰채용 19 1차]

> **보충** 통설은 모해할 목적은 가중적 신분요소가 아니고, 정범이 단순위증죄가 된 이상 그 불법에 종속하는 공범에 대하여도 정범과 동일하게 단순위증죄의 교사범이 된다는 입장이다.

310 (×) 모해의 목적으로 그 목적이 없는 자를 교사하여 위증죄를 범한 경우 그 목적을 가진 자는 모해위증교사죄로, 그 목적이 없는 자는 위증죄로 처벌할 수 있다(대법원 1994.12.23, 93도1002).

311 「형법」 제31조 제1항은 협의의 공범의 일종인 교사범이 그 성립과 처벌에 있어서 정범에 종속한다는 일반적인 원칙을 선언한 것에 불과하고, 신분관계로 인하여 형의 경중이 있는 경우에 신분이 있는 자가 신분이 없는 자를 교사하여 죄를 범하게 한 때에는 「형법」 제33조 단서가 「형법」 제31조 제1항에 우선하여 적용됨으로써 신분이 있는 교사범이 신분이 없는 정범보다 중하게 처벌된다. [국가9급 12 변형]

311 (○) 대법원 1994.12.23, 93도1002

312 甲이 남자친구인 乙에게 甲의 부(父)인 A를 살해하도록 교사한 경우 甲에게 「형법」 제33조 단서가 「형법」 제31조 제1항에 우선하여 적용되어 甲이 乙보다 중하게 처벌된다. [변호사 14]

312 (○) 대법원 1994.12.23, 93도1002

313 甲이 A를 모해할 목적으로 乙에게 위증을 교사한 경우, 정범인 乙에게 모해의 목적이 없었다고 하더라도, 「형법」 제33조 단서에 의하여 甲에게는 모해위증죄의 교사범이 성립한다. [경찰간부 18] [사시 13 변형·14]

313 (○)

> **해설+** 피고인 甲이 A을 모해할 목적으로 乙에게 위증을 교사한 이상, 가사 정범인 乙에게 모해의 목적이 없었다고 하더라도(정범은 단순위증죄), 형법 제33조 단서의 규정에 의하여 피고인 甲을 모해위증교사죄로 저단할 수 있나(내법원 1994.12.23, 93도1002).

314 상습도박의 죄나 상습도박방조의 죄에 있어서의 상습성은 행위의 속성이 아니라 행위자의 속성으로서 도박을 반복해서 거듭하는 습벽을 말하는 것인 바, 도박의 습벽이 있는 자가 타인의 도박을 방조하면 상습도박방조의 죄에 해당하는 것이며, 도박의 습벽이 있는 자가 도박을 하고 또 도박방조를 하였을 경우 상습도박방조의 죄는 무거운 상습도박의 죄에 포괄시켜 1죄로서 처단하여야 한다. [경찰채용 18 1차] [국가9급 12·18] [사시 13 변형]

314 (○) 대법원 1984.4.24, 84 도195

315 공직선거법에서 규정하는 각 기부행위제한위반죄의 주체 및 각 기부행위의 주체로 인정되지 아니하는 자가 주체자 등과 공모하여 기부행위를 한 경우, 주체자에 해당하는 법조 위반죄의 공동정범으로 처벌할 수 없다. [경찰채용 18 1차]

315 (○) 각 법조항을 구분하여 기부행위의 주체 및 그 주체에 따라 기부행위 제한의 요건을 각기 달리 규정한 취지는 각 기부행위의 주체자에 대하여 그 신분에 따라 각 해당 법조로 처벌하려는 것이다(대법원 2008.3.13, 2007도9507).

316 의료인일지라도 의료인 아닌 자의 의료행위에 공모하여 가공하면 의료법에서 규정하는 무면허의료행위의 공동정범이 성립한다. [경찰채용 18 1차] [국가7급 14] [국가9급 18] [사시 12·13]

316 (○) 의료인일지라도 의료인 아닌 자의 의료행위에 공모하여 가공하면 의료법 제25조 제1항이 규정하는 무면허의료행위의 공동정범으로서의 책임을 져야 할 것이다(대법원 1986.2.11, 85도448).

317 간호사가 주도적으로 실시한 무면허의료행위에 의사가 간호사와 함께 공모하여 그 공동의사에 의한 기능적 행위지배가 있었다면, 의사도 무면허의료행위의 공동정범으로서의 죄책을 진다. [국가9급 23]

317 (○) 의사도 무면허의료행위의 공동정범으로서의 죄책을 진다(대법원 2012.5.10, 2010도5964).

318 의료인인 甲이 의료인이나 의료법인 아닌 乙의 의료기관 개설행위에 공모하여 가공하면 의료법위반죄의 공동정범에 해당하나, 甲이 乙을 교사하여 진료행위를 하도록 지시하면 무면허의료행위의 교사범에 해당하지 않는다. [법원9급 20]

318 (✕) '교사범에 해당하지 않는다' → '교사범에 해당한다'(대법원 1986.7.8, 86도749)

319 치과의사 甲이 치과의사면허가 없는 치과기공사 乙에게 치과진료행위를 하도록 교사한 경우 甲은 소극적 신분을 이유로 처벌되지 않는다.

[변호사 21]

해설+ 소극적 신분이 있는 자도 소극적 신분이 없는 자의 범행에 가공하였다면 공범이 성립한다. "치과의사가 환자의 대량유치를 위해 치과기공사들에게 내원환자들에게 진료행위를 하도록 지시하여 동인들이 각 단독으로 진료행위를 하였다면 무면허의료행위의 교사범에 해당한다(대법원 1986. 7.8, 86도749)."

320 의사인 甲이 모발이식시술을 하기 위해서 환자 A의 뒷머리부분에서 모낭을 채취한 후 간호조무사인 乙로 하여금 식모기(植毛機)를 이용하여 A의 앞머리부위 진피층까지 찔러 넣는 방법으로 모낭삽입시술을 하도록 한 경우, 乙의 행위는 진료보조행위의 범위를 벗어나 의료행위에 해당하므로 甲은 무면허의료행위의 공범으로서의 죄책을 진다.

[변호사 16]

320 (○) 대법원 2007.6.28, 2005도8317

321 비의료인인 丙이 실질적으로 운영하는 A의원의 원장이자 유일한 의사인 甲이, A의원의 간호조무사인 乙이 丙의 지시에 따라 환자들에 대해 미용성형수술의 재수술을 맡아 하고 있다는 사실을 알면서 월 1,000만원의 급여를 안정적으로 지급받으며 원장으로 계속 근무한 경우, 乙, 丙의 무면허의료행위에 가담하였다고 보기는 어려우므로 甲에게는 무면허의료행위에 대한 공동정범으로서의 죄책이 없다.

[변호사 16]

321 (×) '가담하였다고 보기는 어려우므로' → '가담하였으므로', '없다' → '있다'
적어도 묵시적인 의사연결 아래 그 무면허의료행위에 가담하였다고 보아 피고인 甲에게 위 무면허의료행위에 대한 공동정범으로서의 죄책이 있다(대법원 2007.5.31, 2007도1977).

322 의사인 甲이 자신이 운영하는 병원의 모든 시술에서 특별한 제한 없이 전신마취제인 프로포폴을 투여하여 준다는 소문을 듣고 찾아온 사람들에게 환자에 대한 진료 및 간호사와 간호조무사에 대한 구체적인 지시·감독 없이 간호사와 간호조무사로 하여금 프로포폴을 제한없이 투약하게 한 경우, 甲은 무면허의료행위의 공동정범으로서의 죄책을 진다.

[변호사 16]

322 (○) 의사가 이러한 방식으로 의료행위가 실시되는 데 간호사와 함께 공모하여 그 공동의사에 의한 기능적 행위지배가 있었다면, 의사도 무면허의료행위의 공동정범으로서의 죄책을 진다(대법원 2014.9.4, 2012도16119).

CHAPTER 07 | 범죄의 특수한 출현형태론

1 과실범

 대표유형

「형법」 제268조의 업무상 과실의 유무를 판단함에는 같은 업무와 직무에 종사하는 일반적 보통인의 주의 정도를 표준으로 한다.   [사시 09 변형]

(○) 대법원 2006.10.26, 2004 도486

대표유형

자동차전용도로를 운행 중인 자동차운전자에게는 진행차량 사이를 뚫고 횡단하는 보행자가 있을 것을 예상하여 전방주시를 할 의무가 있다.   [법원9급 12]

(✕) '있다' → '없다'

해설+ 자동차전용도로를 운행 중인 자동차운전자들에게 반대차선에서 진행차량 사이를 뚫고 횡단하는 보행자들이 있을 것까지 예상하여 전방주시를 할 의무가 있다고 보기는 어려운 것이므로, 피해자들이 반대차선을 횡단해온 거리가 14.9미터가 된다는 것만으로 피고인의 과실을 인정할 수는 없다(대법원 1990.1.23, 89도1395).

001 「형법」 제14조에 따르면 정상적으로 기울여야 할 주의(注意)를 게을리 하여 죄의 성립요소인 사실을 인식하지 못한 행위는 정당한 이유가 있는 때에 한하여 벌하지 아니한다.   [경찰채용 23 2차]

   해설+ 제14조【과실】 정상적으로 기울여야 할 주의(注意)를 게을리 하여 죄의 성립요소인 사실을 인식하지 못한 행위는 법률에 특별한 규정이 있는 경우에만 처벌한다.

   보충 위 지문의 술어 부분은 형법 제16조의 법률의 착오에 대한 것이다.

001 (✕) 제14조에 따르면 정상적으로 기울여야 할 주의(注意)를 게을리하여 죄의 성립요소인 사실을 인식하지 못한 행위는 법률에 특별한 규정이 있는 경우에만 처벌한다.

002 행정상의 단속을 주 내용으로 하는 법규라고 하더라도 명문규정이 있거나 해석상 과실범도 벌할 뜻이 명확한 경우를 제외하고는 「형법」의 원칙에 따라 고의가 있어야 벌할 수 있다.   [변호사 13]

   해설+ 행정상의 단속을 주안으로 하는 법규라 하더라도 명문규정이 있거나 해석상 과실범도 벌할 뜻이 명확한 경우를 제외하고는 형법의 원칙에 따라 고의가 있어야 벌할 수 있다(대법원 2010.2.11, 2009도9807).

002 (○)

003 과실이 있는 경우, 결과가 발생하지 않거나 과실과 결과 사이에 인과관계가 부정될 때에는 과실미수범으로 처벌된다. [경찰채용 21 1차]

004 완구상 점원 甲이 완구배달을 하기 위하여 자전거를 타고 가던 중 행인을 치어 부상케 한 경우 甲에게 업무상 과실이 인정된다. [국가9급 11 변형]

005 안전배려 내지 안전관리 사무에 계속적으로 종사하여 사회생활면에서 하나의 지위로서의 계속성을 가지지는 않았지만 건물의 소유자로서 건물을 비정기적으로 수리하거나 건물의 일부분을 임대한 경우라면 업무상과실치상죄에 있어서의 '업무'가 인정된다. [국가9급 15]

006 건물의 소유자로서 건물을 비정기적으로 수리하거나 건물의 일부분을 임대하였다는 사정만으로는 업무상과실치상죄에 있어서의 '업무'로 보기 어렵다. [법원행시 13]

> **해설+** 계속성을 가지지 아니한 채 단지 건물의 소유자로서 건물을 비정기적으로 수리하거나 건물의 일부분을 임대하였다는 사정만으로는 업무상과실치상죄에 있어서의 '업무'로 보기 어렵다(대법원 2009.5.28, 2009도1040).

007 소유자가 건물을 임대한 경우, 그 건물의 전기배선이 벽 내부에 매립·설치되어 건물구조의 일부를 이루고 있다면 그에 관한 관리책임은 통상적으로 건물을 직접 사용하는 임차인이 아닌 소유자에게 있어, 특별한 사정이 없는 한 소유자가 전기배선의 하자로 인한 화재를 예방할 주의의무를 부담한다. [변호사 18]

008 전기배선이 벽 내부에 매립·설치되어 건물구조의 일부를 이루고 있다면 그에 관한 관리책임은 일반적으로 소유자에게 있다고 보아야 하나, 그 전기배선을 임차인이 직접 하였으며 그 이상을 미리 알았거나 알 수 있었다는 등의 특별한 사정이 있는 때에는 임차인에게도 그 부분의 하자로 인한 화재를 예방할 주의의무가 인정될 수 있다. [경찰채용 21 2차]

008 (○) 대법원 2009.5.28, 2009도1040

009 중과실은 중대한 주의의무 위반을 뜻하는바, 피고인 정도의 연령이나 경험, 지식을 가진 사람으로써는 약간의 주의를 기울이더라도 쉽게 예견할 수 있음에도 그러한 결과에 대해 주의를 다하지 않은 것은 중대한 과실에 해당한다. [법원행시 16]

009 (○) 대법원 1997.4.22, 97도538

010 甲이 성냥불로 담배를 붙인 다음 불이 꺼진 것을 확인하지 아니한 채 그 성냥불을 휴지가 들어 있는 플라스틱 휴지통에 던져 화재가 발생한 경우 甲에게 중과실이 인정된다. [국가7급 17]

010 (○) 성냥불이 꺼진 것을 확인하지 아니한 채 플라스틱 휴지통에 던진 것은 중대한 과실에 해당한다(중실화죄, 대법원 1993.7.27, 93도135).

011 목사 甲이 안수기도를 한다면서 84세의 노인과 11세의 여자아이를 바닥에 눕혀놓고 "마귀야 물러가라", "왜 안 나가느냐" 등 소리를 치면서 손으로 배와 가슴 부분을 세게 때리고 누르는 등의 행위를 20~30분간 반복하여 이들을 사망케 한 경우 甲에게 중과실이 인정된다. [국가7급 17]

011 (○)

해설+ 고령의 여자 노인이나 나이 어린 연약한 여자아이들은 약간의 물리력을 가하더라도 골절이나 타박상을 당하기 쉽고, 더욱이 배나 가슴 등에 그와 같은 상처가 생기면 치명적 결과가 올 수 있다는 것은 피고인 정도의 연령이나 경험 지식을 가진 사람으로서는 약간의 주의만 하더라도 쉽게 예견할 수 있다(중과실치사죄, 대법원 1997.4.22, 97도538).

012 甲은 담뱃불을 비벼 껐다고 생각하고 버렸는데, 그 꽁초가 쓰레기통 속에서 발화하여 인근 건물의 일부를 소훼하였다. 甲에게는 무죄가 인정된다. [국가9급 12]

012 (×) '무죄가 인정된다' → '중실화죄가 인정된다'

해설+ 피고인이 성냥불로 담배를 붙인 다음 그 성냥불이 꺼진 것을 확인하지 아니한 채 휴지가 들어 있는 플라스틱 휴지통에 던진 것은 중대한 과실이 있는 경우에 해당한다(중실화죄, 대법원 2010.1.14, 2009도12109).

013 甲이 평상시와 마찬가지로 연탄아궁이에 불을 피워놓고 연탄아궁이로부터 80cm 떨어진 곳에 스폰지요 · 솜 등을 쌓아놓고 퇴근하였는데, 스폰지요 · 솜 등이 연탄아궁이 쪽으로 넘어지면서 훈소현상에 의하여 점포를 떠난지 4시간 이상이 지난 뒤 화재가 발생한 경우 甲에게 중과실이 인정된다.

[국가7급 17]

해설+ 아주 작은 주의만 기울였더라면 스폰지요나 솜 등이 넘어지고 또 그로 인하여 화재가 발생할 것을 예견하여 회피할 수 있었음에도 불구하고 부주의로 이를 예견하지 못하고 스폰지와 솜 등을 쉽게 넘어질 수 있는 상태로 쌓아둔 채 방치하였기 때문에 화재가 발생한 것으로 판단되어야만, "중대한 과실"로 인하여 화재가 발생한 것으로 볼 수 있다(중실화죄 부정, 대법원 1989.1.17, 88도643).

014 총기의 위험성을 잘 알고 있는 경찰관 甲, 乙, 丙이 함께 술을 마셔 모두 만취된 상태에서 乙과 丙이 갑자기 총을 들어 자신들의 머리에 대고 쏘는, 소위 '러시안 룰렛 게임'을 하기에 甲이 "장난치지 말라"며 말로 만류하던 중 순식간에 乙이 자신이 쏜 총에 맞아 사망한 경우 甲에게 중과실이 인정된다.

[국가7급 17]

해설+ 피고인들이 이 사건 "러시안 룰렛" 게임을 즉시 물리력으로 제지하지 못하였다한들 그것만으로는 위 甲의 과실과 더불어 중과실치사죄의 형사상 책임을 지울 만한 위법한 주의의무 위반이 있었다고 평가할 수 없다(대법원 1992.3.10, 91도3172).

015 업무상 과실치상죄와 업무상과실치사죄는 모두 반의사불벌죄이다.

[법원행시 13 변형]

해설+ 과실치상죄는 피해자의 명시한 의사에 반하여 공소를 제기할 수 없다(제266조 제2항). 즉, 과실치상죄가 반의사불벌죄이고, 과실치사죄와 업무상과실치사상죄는 반의사불벌죄가 아니다.

016 업무자는 일반인에 비해 더 높은 주의의무가 요구되기 때문에 업무상과실이 가중처벌된다는 입장에 의하면 업무상과실범은 책임가중유형이다.

[사시 09 변형]

017 주의의무의 판단기준에 관한 주관설에 따르면 행위자가 평균인 이하의 능력을 가졌기 때문에 결과발생을 예견할 가능성이 없었더라면 과실범의 불법은 부정될 수 있다. [변호사 13]

017 (○)

해설+ 주의의무의 판단기준에 관한 주관설에 의하면, 구성요건 단계에서는 오직 행위자 개인의 주관적 주의의무 위반과 주관적 예견가능성만을 심사하여야 한다. 행위자의 주의능력이 평균인에 미달하여 자신의 능력을 모두 발휘하더라도 결과발생의 예견이 불가능하였다면 과실범의 불법이 배제된다.

018 「형법」제268조의 업무상 과실의 유무를 판단함에는 같은 업무와 직무에 종사하는 일반적 보통인의 주의 정도를 표준으로 한다. [법원9급 13]

018 (○) 과실의 유무를 판단함에는 같은 업무와 직무에 종사하는 일반인(보통인)의 주의 정도를 표준으로 하여야 한다(대법원 1996.11.8, 95도2710).

019 의료과오사건에서 의사의 과실 유무를 판단할 때에는 동일 업종에 종사하는 일반적 보통인의 주의 정도를 표준으로 하고, 사고 당시의 일반적인 의학 수준과 의료환경 및 조건 등을 고려하여야 한다. [변호사 13]

019 (○) 대법원 1997.10.10, 97도1678

020 의료과오사건에 있어서 의사의 과실을 인정하려면 결과발생을 예견할 수 있고 또 회피할 수 있었음에도 이를 하지 못한 점을 인정할 수 있어야 하고, 위 과실의 유무를 판단함에는 사회적 평균인의 주의 정도를 표준으로 하여야 하며, 이때 사고 당시의 일반적인 의학의 수준과 의료환경 및 조건, 의료행위의 특수성 등을 고려하여야 한다.
[사시 14 변형] [법원행시 16 변형] [경찰채용 23 2차]

020 (×)

해설+ 의료과오사건에 있어서 의사의 과실을 인정하려면 결과 발생을 예견할 수 있고 또 회피할 수 있었음에도 하지 못한 점을 인정할 수 있어야 하고, 위 과실의 유무를 판단함에는 같은 업무와 직무에 종사하는 일반적 보통인의 주의 정도를 표준으로 하여야 하며, 이때 사고 당시의 일반적인 의학의 수준과 의료환경 및 조건, 의료행위의 특수성 등을 고려하여야 한다(대법원 2017.5.31, 2015도8512).

021 과실범의 주의의무 위반은 정상의 주의를 태만히 하는 것을 의미하고, 그 과실의 유무를 판단함에는 행위 당시의 행위자 자신이 기울일 수 있었던 주의 정도를 기준으로 판단한다. [국가9급 16]

> **보충** 구성요건적 과실의 주의의무의 기준에 대하여는 객관설이 통설·판례이다.

021 (×) '행위 당시의 행위자 자신이 기울일 수 있었던' → '같은 업무와 직종에 종사하는 일반적 보통인의'(대법원 2014.5.29, 2013도1407).

022 과실범의 주의의무는 반드시 개별적인 법령에서 일일이 그 근거나 내용이 명시되어 있어야만 하는 것이 아니며, 결과발생에 즈음한 구체적인 상황에서 이와 관련된 제반 사정들을 종합적으로 평가하여 결과 발생에 대한 예견 및 회피 가능성을 기준으로 삼아 그 결과 발생을 방지하여야 할 주의의무를 인정할 수 있는 것이다. [경찰채용 23 2차]

> **해설+** 결과 발생을 예견할 수 있고 또 그것을 회피할 수 있음에도 불구하고 정상의 주의의무를 태만히 함으로써 결과 발생을 야기하였다면 과실범의 죄책을 면할 수 없고, 위와 같은 주의의무는 반드시 개별적인 법령에서 일일이 그 근거나 내용이 명시되어 있어야만 하는 것이 아니며, 결과 발생에 즈음한 구체적인 상황에서 이와 관련된 제반 사정들을 종합적으로 평가하여 결과 발생에 대한 예견 및 회피 가능성을 기준으로 삼아 그 결과 발생을 방지하여야 할 주의의무를 인정할 수 있는 것이다(대법원 2009.4.23, 2008도11921).

> **보충** 과실범을 처벌하려면 그 처벌규정이 있어야 하나, 과실범의 주의의무의 근거나 내용은 개별 법령에서 일일이 명시되어 있어야 하는 것은 아니다.

022 (○)

023 과실범에 있어서의 비난가능성의 지적 요소란 결과발생의 가능성에 대한 인식으로서 인식 있는 과실에는 이와 같은 인식이 있고, 인식 없는 과실에는 이에 대한 인식 자체도 없는 경우이나, 전자에 있어서 책임이 발생함은 물론, 후자에 있어서도 그 결과발생을 인식하지 못하였다는 데에 대한 부주의, 즉 규범적 실재로서의 과실책임이 있다. [법원행시 20]

023 (○) 대법원 1984.2.28, 83도3007

024 공사현장감독인이 공사의 발주자에 의하여 현장감독에 임명된 것이 아니고, 건설업법상 요구되는 현장건설기술자의 자격도 없다면 업무상 과실책임을 물을 수 없다. [국가9급 16]

> **해설+** 피고인이 사업 당시 공사현장감독인인 이상 그 공사의 원래의 발주자의 직원이 아니고 또 발주자에 의하여 현장감독에 임명된 것도 아니며, 건설업법상 요구되는 현장건설기술자의 자격도 없다는 등의 사유는 업무상 과실책임을 물음에 아무런 영향도 미칠 수 없다(대법원 1983.6.14, 82도2713).

024 (×) '없다면' → '없어도', '없다' → '있다'

025 甲이 사업 당시 공사현장감독자이기는 하였으나 해당 공사의 발주자에 의하여 현장감독에 임명된 것이 아니고 구 건설업법상 요구되는 현장건설기술자의 자격도 없었다면, 비록 그의 현장감독부주의로 인하여 근로자가 다쳤다고 하더라도 甲에게 업무상 과실책임을 물을 수 없다.　　[경찰승진 22]

> **해설+** 피고인이 사업 당시 공사현장감독인인 이상 그 공사의 원래의 발주자의 직원이 아니고 또 동 발주자에 의하여 현장감독에 임명된 것도 아니며, 건설업법상 요구되는 현장건설기술자의 자격도 없다는 등의 사유는 업무상 과실책임을 물음에 아무런 영향도 미칠 수 없다(대법원 1983.6.14, 82도2713).

026 반대편에서 중앙선을 넘어서 오는 승용차가 자기 차선으로 되돌아 갈 것이라고 믿고 경적을 울리거나 스스로 감속함이 없이 거리가 근접할 때까지 위 승용차가 자기 차선으로 되돌아가지 않자 비로소 급정거하였으나 사고가 난 경우에는 과실이 인정되지 않는다.　　[경찰간부 17]

> **해설+** 상대방이 도로중앙선을 넘어 자기의 진로에 따라 자동차를 운행하고 있거나 이와 같은 사정이 예상되는 객관적 사정이 있는 때에는 그와 같은 신뢰는 기대할 수 없기 때문에 그 대향운전자로서도 경적을 울린다거나 감속서행, 일단정지, 또는 가능한 한 도로의 우측으로 피하여 자동차를 운행하는 등의 적절한 조치를 취함으로써 상호 간의 충돌을 방지할 업무상 주의의무가 있다고 할 것이다(대법원 1984.3.13, 83도1859).

027 사고지점 노면이 결빙된 데다가 짙은 안개로 시계가 20m 정도 이내였다면 고속도로의 제한시속에 관계없이 장애물발견 즉시 제동정지할 수 있을 정도로 속도를 줄이는 등의 조치를 취하였어야 할 것이므로 단순히 제한속도를 준수하였다는 사실만으로는 주의의무를 다하였다 할 수 없다 할 것이며 피고인의 주의의무태만으로 인하여 정지중인 차량을 추돌한 사고가 발생된 사실이 인정되는 이상 피해차량 후방에 사고 발생표지를 설치하지 아니하였고 피해자들이 다른 승객들처럼 대피하지 않고 피해차량 뒤 고속도로 노면에 들어와 있었다 하더라도 피고인의 범행성립에는 영향이 없다.　　[법원행시 12 변형]

028 택시운전자 甲이 제한속도를 10km 초과하여 진행하던 중 마주오던 차가 무단횡단하던 피해자를 충격하여 자신의 차 앞에 쓰러진 것을 피하지 못하고 역과하여 사망케 한 경우 甲에게 업무상 과실이 인정된다.

[국가9급 11 변형]

028 (○) 대법원 1995.12.26, 95도715

029 후행차량 운전자 甲이 선행차량에 이어 피해자를 연속하여 역과하는 과정에서 피해자가 사망한 경우 甲의 행위를 과실범으로 처벌할 수 있다.

[국가7급 14]

029 (○) 선행차량에 이어 피고인 운전 차량이 피해자를 연속하여 역과하는 과정에서 피해자가 사망한 경우, 역과와 사망 사이의 인과관계가 인정된다(대법원 2001.12.11, 2001도5005).

030 甲이 함께 술을 마신 乙과 도로중앙선에 잠시 서 있다가 지나가는 차량의 유무를 확인하지 아니하고, 고개를 숙인 채 서 있는 乙의 팔을 갑자기 끌어당겨 도로를 무단횡단하던 도중에 지나가던 차량에 乙이 충격당하여 사망한 경우, 甲이 만취하여 사리분별능력이 떨어진 상태라면 甲에게 차량의 통행 여부 및 횡단 가능 여부를 확인할 주의의무가 있다고 볼 수 없다.

[변호사 18]

030 (×) '고 볼 수 없다' → 삭제
무단횡단을 하는 도중에 지나가는 차량에 충격당하여 피해자가 사망하는 교통사고가 발생할 가능성이 있으므로, 이러한 경우에는 피고인이 피해자의 안전을 위하여 차량의 통행 여부 및 횡단 가능 여부를 확인하여야 할 주의의무가 있다(대법원 2002.8.23, 2002도2800).

031 금은방을 운영하는 자는 전당물을 취득함에 있어 좀 더 세심한 주의를 기울였다면 그 물건이 장물임을 알 수 있는 특별한 사정이 있다면, 신원확인절차를 거치는 이외에 매수물품의 성질과 종류 및 매도자의 신원 등에 더 세심한 주의를 기울여 전당물인 귀금속이 장물인지의 여부를 확인할 주의의무를 부담한다.

[변호사 18]

031 (○) 대법원 2003.4.25, 2003도348

032 산후조리원에 입소한 신생아가 출생 후 10일 이상이 경과하도록 계속하여 수유량 및 체중이 지나치게 감소하고 잦은 설사 등의 이상증세를 보임에도 불구하고, 산후조리원의 신생아 집단관리를 맡은 책임자가 의사나 한의사 등의 진찰을 받도록 하지 않아 신생아가 탈수 내지 괴사성 장염으로 사망한 사안에서, 위 집단관리 책임자가 산모에게 신생아의 이상증세를 즉시 알리고 적절한 조치를 구하여 산모의 지시를 따른 것만으로는 업무상 주의의무를 다하였다고 볼 수 없어 신생아 사망에 대한 업무상과실치사의 죄책이 인정된다.　　　　　　　　　　　　　　　　　　　[국가7급 16] [법원행시 13 변형]

032 (○) 대법원 2007.11.16, 2005도1796

033 의사들의 주의의무 위반과 처방체계상의 문제점으로 인하여 수술 후 회복과정에 있는 환자에게 인공호흡 준비를 갖추지 않은 상태에서는 사용할 수 없는 약제가 잘못 처방되었고, 종합병원의 간호사로서 환자에 대한 투약과정 및 그 이후의 경과 관찰 등의 직무 수행을 위하여 처방 약제의 기본적인 약효나 부작용 및 주사 투약에 따르는 주의사항 등을 미리 확인·숙지하였다면 과실로 처방된 것임을 알 수 있었음에도 그대로 주사하여 환자가 의식불명 상태에 이르게 된 사안에서, 간호사에게는 업무상 과실치상의 형사책임은 인정되지 않는다.　　　　　　　　　　[경찰채용 21 1차] [국가7급 16]

033 (×) 간호사에게 업무상과실치상의 형사책임이 인정된다(대법원 2009.12.24, 2005도8980).

034 산부인과 의사 甲이 제왕절개수술을 시행 중 태반조기박리를 발견하고도 피해자의 출혈 여부 관찰을 간호사에게 지시하였다가 대량출혈 증상을 조기에 발견하지 못하고 수술 후 약 45분이 지나 대량출혈을 확인하고 전원조치하였으나 전원을 지체하여 피해자로 하여금 신속한 수혈 등의 조치를 받지 못하게 하여 피해자가 사망한 경우 甲의 행위를 과실범으로 처벌할 수 있다.　　　　　　　　　　　　　　　　　　　　　　　　　　　[국가7급 16]

034 (○) 피고인에게 대량출혈 증상을 조기에 발견하지 못하고, 전원을 지체하여 피해자로 하여금 신속한 수혈 등의 조치를 받지 못하게 한 과실이 있다(대법원 2010.4.29, 2009도7070).

035 택시운전기사가 심야에 밀집된 주택 사이의 좁은 골목길이자 직각으로 구부러져 가파른 비탈길의 내리막에서 그다지 속도를 줄이지 않고 진행하다가 내리막에 누워 있던 피해자의 몸통 부위를 택시 바퀴로 역과하여 그 자리에서 사망에 이르게 한 경우 그에게 업무상 주의의무 위반을 인정할 수 없다. [사시 14]

035 (×) '없다' → '있다'

> **해설+** 사고를 미연에 방지할 주의의무가 있었는데도, 이를 게을리한 채 그다지 속도를 줄이지 아니한 상태로 만연히 진행하던 중 전방 도로에 누워 있던 피해자를 발견하지 못하여 위 사고를 일으켰으므로, 사고 당시 피고인에게는 이러한 업무상 주의의무를 위반한 잘못이 있다(대법원 2011.5.26, 2010도17506).

036 골프장 경기보조원 甲이 골프 카트를 운행하면서 피해자가 안전 손잡이를 잡은 것을 확인치 않고 주행하던 중 피해자가 골프 카트에서 떨어져 두개골 골절 등의 상해를 입은 경우 甲에게 업무상 과실이 인정된다. [국가9급 11 변형]

036 (○) 대법원 2010.7.22, 2010도1911

037 담당 의사가 췌장 종양 제거수술 직후의 환자 A에 대하여 1시간 간격으로 4회 활력징후를 측정하라고 지시하였는데, 일반병실에 근무하는 간호사 甲이 중환자실이 아닌 일반병실에서는 그러할 필요가 없다고 생각하여 2회만 측정한 채 3회차 이후 이를 측정하지 않았고, 甲과 근무를 교대한 간호사 乙 역시 자신의 근무시간 내 4회차 측정시각까지 이를 측정하지 아니하여, A는 그 시각으로부터 약 10분 후 심폐정지상태에 빠졌다가 이후 약 3시간이 지나 과다출혈로 사망한 경우에는 업무상과실이 인정된다. [경찰채용 22 2차]

037 (○)

> **해설+** 담당 의사가 췌장 종양 제거수술 직후의 환자에 대하여 1시간 간격으로 4회 활력징후를 측정하라고 지시를 하였는데, 일반병실에 근무하는 간호사 甲이 중환자실이 아닌 일반병실에서는 그러할 필요가 없다고 생각하여 2회만 측정한 채 3회차 이후 활력징후를 측정하지 않았고, 甲과 근무교대한 간호사 乙 역시 자신의 근무시간 내 4회차 측정시각까지 활력징후를 측정하지 아니하였으며, 위 환자는 그 시각으로부터 약 10분 후 심폐정지상태에 빠졌다가 이후 약 3시간이 지나 과다출혈로 사망한 경우, 1시간 간격으로 활력징후를 측정하였더라면 출혈을 조기에 발견하여 수혈, 수술 등 치료를 받고 환자가 사망하지 않았을 가능성이 충분하다고 보일 뿐 아니라, 甲과 乙은 의사의 위 지시를 수행할 의무가 있음에도 3회차 측정시각 이후 4회차 측정시각까지 활력징후를 측정하지 아니한 업무상과실이 있다(대법원 2010.10.28, 2008도8606).

038 건축자재인 철판 수백 장의 운반을 의뢰한 생산자 甲이 절단면이 날카롭고 무거운 철판을 묶기에 매우 부적합한 폴리에스터 끈을 사용하여 철판묶음 작업을 한 탓에 철판쏠림 현상이 발생하였고, 이로 인하여 철판을 차에서 내리는 과정에서 철판이 쏟아져 내려 화물차 운전자 A가 사망한 경우에는 업무상 과실이 인정된다. [경찰채용 22 2차]

해설+ 건축자재인 철판 수백 장의 운반을 의뢰한 자가 절단면이 날카롭고 무거운 철판을 묶기에 매우 부적합한 폴리에스터 끈을 사용하여 철판묶음 작업을 하는 등의 과실로 철판쏠림 현상이 발생하였고, 이로 인하여 철판을 차에서 내리는 과정에서 철판이 쏟아져 내려 화물차 운전자가 사망한 경우 업무상 과실치사의 죄책이 인정된다(대법원 2009.7.23, 2009도3219).

038 (○)

039 버스정류장에서 버스를 타려고 뛰어가던 행인끼리 충돌하여 넘어지면서 순간적으로 막 출발하려는 버스의 앞바퀴와 뒷바퀴 사이로 머리가 들어가 사고가 발생한 경우, 위 버스운전사에게 피해자가 다른 행인과 부딪쳐 넘어지면서 동인의 머리가 위 버스 뒷바퀴에 들어 올 것까지 예견하여 사전에 대비하여야 할 주의의무까지는 없다. [법원행시 12 변형]

039 (○) 대법원 1986.8.19, 86도1123

040 지하철 공사구간 현장안전업무 담당자 甲은 공사현장에 인접한 기존의 횡단보도 표시선 안쪽으로 돌출된 강철빔 주위에 라바콘 3개를 설치하고 신호수 1명을 배치하였는데, A가 그 횡단보도를 건너면서 강철빔에 부딪혀 상해를 입은 경우에는 업무상 과실이 인정된다. [경찰채용 22 2차]

해설+ 지하철 공사구간 현장안전업무 담당자인 피고인이 공사현장에 인접한 기존의 횡단보도 표시선 안쪽으로 돌출된 강철빔 주위에 라바콘 3개를 설치하고 신호수 1명을 배치하였는데, 피해자가 위 횡단보도를 건너면서 강철빔에 부딪혀 상해를 입은 경우, 제반 사정에 비추어 피고인이 안전조치를 취하여야 할 업무상 주의의무를 위반하였다고 보기 어렵다(대법원 2014.4.10, 2012도11361).

040 (×)

041 담임교사가 학교방침에 따라 학생들에게 교실청소를 시켜 왔고 유리창을 청소할 때는 교실 안쪽에서 닦을 수 있는 유리창만을 닦도록 지시하였는데도 유독 피해자만이 수업시간이 끝나자마자 베란다로 넘어 갔다가 밑으로 떨어져 사망하였다면 담임교사에게 그 사고에 대한 어떤 형사상의 과실책임을 물을 수 없다. [법원행시 12 변형]

041 (○) 대법원 1989.3.28, 89도108

042 정신병동의 당직간호사 甲이 당직을 하던 중 그 정신병동에 입원 중인 환자가 완전감금병동의 화장실 창문을 열고 탈출하려다가 떨어져 사망한 경우 甲의 행위를 과실범으로 처벌할 수 있다. [국가7급 14]

해설+ 위 병동의 당직간호사인 피고인이 피해자에 대한 동태관찰의무 및 화장실 창문 자물쇠의 시정상태 점검의무를 게을리한 과실이 있다고 단정하기 어렵다(대법원 1992.4.28, 91도1346).

042 (×) '있다' → '없다'

043 마취회복 담당의사 甲이 회복실에 마취환자 A를 두고 떠나면서, 회복실에서 자기 환자 B의 회복처치에 전념하고 있던 간호사 乙에게 아무런 지시를 하지 않았고 乙이 A의 이상증세를 인식할 수 있던 상황도 아니었다면, 회복실에 다른 간호사가 남아있지 않았더라도 乙에게 다른 환자 A를 주시·점검할 의무는 없다. [사시 10]

043 (○) 회복실 내의 모든 환자에 대해 적극적·계속적인 주시·점검의무를 부여할 수 있는 것은 아니라고 본 판례이다(대법원 1994.4.26, 92도3283).

044 안내원이 없는 시내버스의 운전사 甲이 버스정류장에서 일단의 승객을 하차시킨 후 통상적으로 버스를 출발시키던 중 뒤늦게 버스 뒤편 좌석에서 일어나 앞쪽으로 걸어 나오던 피해자가 균형을 잃고 넘어진 경우 甲의 행위를 과실범으로 처벌할 수 있다. [국가7급 14]

해설+ 특별한 사정이 없는 한 착석한 승객 중 더 내릴 손님이 있는지, 출발 도중 넘어질 우려가 있는 승객이 있는지 등의 여부를 일일이 확인하여야 할 주의의무가 없기 때문에 운전사의 과실은 인정되지 않는다(대법원 1992.4.28, 92도56).

044 (×) '있다' → '없다'

045 앞차를 뒤따라 진행하는 차량의 운전사는 앞차에 의하여 전방의 시야가 가리는 관계상 앞차의 어떠한 돌발적인 운전 또는 사고에 의하여서라도 자기 차량에 연쇄적인 사고가 일어나지 않도록 앞차와의 충분한 안전거리를 유지하고 진로 전방 좌우를 잘 살펴 진로의 안전을 확인하면서 진행할 주의의무가 있다. [법원9급 12]

045 (○) 대법원 2001.12.11, 2001도5005

046 초등학교 6학년생이 수영장 안에 엎어져 있는 것을 수영장 안전요원이 발견하여 인공호흡을 실시한 뒤 의료기관에 후송하였으나 후송도중 사망한 경우, 그 사망의 원인이 구체적으로 밝혀지지 않은 상태에서 수영장 안전요원과 수영장 관리책임자에게 업무상 주의의무를 게을리 한 과실이 있다고 볼 수 없다. [경찰간부 23]

해설+ 파도수영장에서 물놀이하던 초등학교 6학년생이 수영장 안에 엎어져 있는 것을 수영장 안전요원이 발견하여 인공호흡을 실시한 뒤 의료기관에 후송하였으나 후송 도중 사망한 사고에 있어서 그 사망원인이 구체적으로 밝혀지지 아니한 상태에서 수영장 안전요원과 수영장 관리책임자에게 업무상 주의의무를 게을리 한 과실이 있고 그 주의의무 위반으로 인하여 피해자가 사망하였다고 인정한 원심판결을 업무상과실치사죄에 있어서의 과실 및 인과관계에 관한 법리오해 및 심리미진 등의 위법을 이유로 파기한다(대법원 2002.4.9, 2001도6601).

047 의료사고에서 의사에게 과실이 있다고 하기 위해서는 결과발생을 예견할 수 있고 또 회피할 수 있었는데도 이를 예견하지 못하거나 회피하지 못하였음이 인정되어야 한다. [국가9급 15]

047 (○) 대법원 2007.9.20, 2006도294; 2007.5.31, 2005다5867; 2008.8.11, 2008도3090

048 야간 당직간호사가 담당 환자의 심근경색 증상을 당직의사에게 제대로 보고하지 않음으로써 당직의사가 필요한 조치를 취하지 못한 채 환자가 사망하였다면 병원의 야간당직 운영체계상 당직의사에게도 업무상 과실이 있다. [경찰채용 23 2차]

048 (✕)

해설+ 야간 당직간호사가 담당 환자의 심근경색 증상을 당직의사에게 제대로 보고하지 않음으로써 당직의사가 필요한 조치를 취하지 못한 채 환자가 사망한 경우, 병원의 야간당직 운영체계상 당직간호사에게 환자의 사망을 예견하거나 회피하지 못한 업무상 과실이 있고, 당직의사에게는 업무상 과실을 인정하기 어렵다(대법원 2007.9.20, 2006도294).

049 간호사가 의사의 처방에 의한 정맥주사(Side injection방식)를 의사의 입회 없이 간호실습생(간호학과 대학생)에게 실시하도록 하여 간호실습생이 부주의하게 정맥주사를 놓은 결과 환자가 상해를 입은 경우 의사의 과실은 부정된다. [법원행시 18 변형]

049 (○)

해설+ 피고인으로 하여금 그 스스로 직접 주사를 하거나 또는 직접 주사하지 않더라도 현장에 입회하여 간호사의 주사행위를 직접 감독할 업무상 주의의무가 있다고 보기 어렵다(대법원 2003.8.19, 2001도3667).

050 주치의 甲은 경력 7년의 책임간호사 乙에게 종전 처방과 같이 환자 A에게 별다른 부작용이 없었던 소염제·항생제 등을 대퇴부 정맥에 연결된 튜브를 통하여 투여할 것을 지시하였는데 甲의 예견과는 달리 乙이 간호실습생 丙에게 단독으로 정맥주사를 하게 하였고 丙이 대퇴부 정맥튜브와 뇌실외배액관을 착오하여 뇌실외배액관에 주사액을 주입함으로써 A가 사망한 경우, 甲에게 현장에 입회하여 乙의 주사행위를 감독할 업무상 주의의무가 있다고 볼 수 없다. [변호사 22]

050 (○) 대법원 2003.8.19, 2001 도3667

051 의사가 특정 진료방법을 선택하여 진료를 하였다면 해당 진료방법 선택과정에 합리성이 결여되어 있다고 볼 만한 사정이 없는 이상, 진료의 결과만을 근거로 하여 그 진료방법을 선택한 것이 과실에 해당한다고 말할 수 없다. [변호사 18]

051 (○) 대법원 2015.6.24, 2014 도11315

052 의사는 적절한 진료방법을 선택할 상당한 범위의 재량을 갖는 것이어서, 어떤 진료방법을 선택하였더라도 진료 결과를 놓고 어느 하나만이 정당하고 이와 다른 조치를 취한 것에 과실이 있다고 할 수 없다. [국가9급 20] [국가9급총론 20]

052 (×)

> **해설+** 해당 진료방법 선택과정에 합리성이 결여되어 있다고 볼 만한 사정이 없는 이상 진료의 결과만을 근거로 하여 그중 어느 진료방법만이 적절하고 다른 진료방법을 선택한 것은 과실에 해당한다고 말할 수 없다(대법원 2008.8.11, 2008도3090).

053 원칙적으로 도급인에게는 수급인의 업무와 관련하여 사고방지에 필요한 안전조치를 취할 주의의무가 없으나, 법령에 의하여 도급인에게 수급인의 업무에 관하여 구체적인 관리·감독의무 등이 부여되어 있거나 도급인이 공사의 시공이나 개별 작업에 관하여 구체적으로 지시·감독하였다는 등의 특별한 사정이 있는 경우에는 도급인에게도 수급인의 업무와 관련하여 사고방지에 필요한 안전조치를 취할 주의의무가 있다. [변호사 18]

053 (○) 대법원 2009.5.28, 2008 도7030

054 도급인이 수급인의 업무에 관하여 구체적인 관리·감독을 할 의무가 법령에 의하여 부여되어 있지 않거나 도급인이 공사의 시공이나 개별 작업에 관하여 구체적으로 지시·감독하였다는 등의 사정이 없더라도, 도급인에게는 수급인의 업무와 관련하여 사고방지에 필요한 안전조치를 할 주의의무가 있다. [경찰승진 22]

> **해설+** 원칙적으로 도급인에게는 수급인의 업무와 관련하여 사고방지에 필요한 안전조치를 취할 주의의무가 없으나, 법령에 의하여 도급인에게 수급인의 업무에 관하여 구체적인 관리·감독의무 등이 부여되어 있거나 도급인이 공사의 시공이나 개별 작업에 관하여 구체적으로 지시·감독하였다는 등의 특별한 사정이 있는 경우에는 도급인에게도 수급인의 업무와 관련하여 사고방지에 필요한 안전조치를 취할 주의의무가 있다(대법원 2009.5.28, 2008도7030).

055 병원 인턴 甲이 응급실로 이송되어 온 익수환자를 담당의사의 지시에 따라 구급차에 태워 다른 병원으로 이송하던 중 산소통의 산소잔량을 체크하지 않아 산소공급이 중단된 결과 환자를 폐부종 등으로 사망에 이르게 한 경우 甲의 행위를 과실범으로 처벌할 수 있다. [국가7급 16]

056 A가 처음 찜질방에 들어갈 당시에는 목욕장의 정상적 이용이 곤란한 정도로 술이 취한 상태는 아니었지만 그 이후 후문으로 나가 술을 더 마신 다음 찜질방 직원 몰래 후문으로 다시 들어와 발한실에서 잠을 자다가 사망하였다면 찜질방 직원에게 업무상 과실이 인정되지는 않는다. [사시 14]

> **해설+** 찜질방 직원 및 영업주에게 손님이 몰래 후문으로 나가 술을 더 마시고 들어올 경우까지 예상하여 직원을 추가로 배치하거나 후문으로 출입하는 모든 자를 통제·관리하여야 할 업무상 주의의무가 있다고 보기 어렵다(대법원 2011.9.29, 2011도6223).

057 신뢰의 원칙이란 과실범에서 주의의무규칙을 준수하는 사람은 다른 참여자들도 그렇게 하리라는 것을 신뢰한 행위결과로 구성요건 결과가 발생하더라도 과실행위가 되지 않는다는 것이다. [법원행시 16]

058 신뢰의 원칙은 허용된 위험업무의 행위자는 그 업무수행상 통상적으로 요구되는 주의의무를 다하는 경우 다른 사람도 그 주의의무를 다할 것으로 신뢰해도 좋다는 원칙을 말한다. [법원승진 14]

058 (○)

059 의료사고의 경우에 공동작업자가 수평적 분업관계에 있는 경우에는 신뢰의 원칙이 적용되지 않으나, 수직적 분업관계에 있는 경우에는 신뢰의 원칙이 적용된다. [법원승진 14]

해설+ 의료사고의 경우, 공동작업자가 수평적 분업관계에 있는 경우에는 신뢰의 원칙이 적용되나, 수직적 분업관계에 있는 경우에는 신뢰의 원칙이 적용되지 않는다.

059 (×) '적용되지 않으나' → '적용되나', '적용된다' → '적용되지 않는다'

060 의사가 환자에 대하여 주된 의사의 지위에서 진료하는 경우라도, 자신은 환자의 수술이나 시술에 전념하고 마취과 의사로 하여금 마취와 환자 감시 등을 담당토록 하는 경우처럼 서로 대등한 지위에서 각자의 의료영역을 나누어 환자 진료의 일부를 분담하였다면, 진료를 분담 받은 다른 의사의 전적인 과실로 환자에게 발생한 결과에 대하여는 주된 의사의 책임을 인정할 수 없다. [경찰채용 23 2차]

060 (○) 주된 의사와 마취과 의사 간에도 수평적 분업관계에 의하여 신뢰의 원칙이 적용될 수 있다 (대법원 2022.12.1, 2022도1499).

061 수련병원의 전문의와 전공의 등의 관계처럼 의료기관 내의 직책상 주된 의사의 지위에서 지휘·감독 관계에 있는 다른 의사에게 특정 의료행위를 위임하는 수직적 분업의 경우에, 그 다른 의사에게 전적으로 위임된 것이 아닌 이상 주된 의사는 자신이 주로 담당하는 환자에 대하여 다른 의사가 하는 의료행위의 내용이 적절한 것인지 여부를 확인하고 감독하여야 할 업무상 주의의무가 있고, 만약 의사가 이와 같은 업무상 주의의무를 소홀히 하여 환자에게 위해가 발생하였다면 주된 의사는 그에 대한 과실 책임을 면할 수 없다. [경찰경채 23]

061 (○) 대법원 2022.12.1, 2022도1499

062 고속국도를 주행하는 운전자는 도로 양측에 휴게소가 있는 경우라도 도로를 무단 횡단하는 보행자가 있음을 예상하여 감속 등의 조치를 취할 업무상 주의의무가 없다. [사시 16]

062 (O) 대법원 1977.6.28, 77도403

063 고속국도에서는 보행으로 통행, 횡단하거나 출입하는 것이 금지되어 있음이 원칙이지만, 도로 양측에 휴게소가 있는 경우에는 고속국도를 주행하는 차량의 운전자는 그 도로상에 보행자가 있음을 예상하여 감속등 조치를 할 주의의무가 예외적으로 있다 할 것이다. [국가9급총론 22]

해설+ 고속국도에서는 보행으로 통행, 횡단하거나 출입하는 것이 금지되어 있으므로 고속국도를 주행하는 차량의 운전자는 도로 양측에 휴게소가 있는 경우에도 동 도로상에 보행자가 있음을 예상하여 감속등 조치를 할 주의의무가 있다 할 수 없다(대법원 1977.6.28, 77도403).

063 (×)

064 보행자 또는 자동차 외의 차마는 자동차 전용도로로 통행하거나 횡단할 수 없도록 되어 있으므로 무단횡단하는 보행자가 나타날 경우를 미리 예상하여 급정차할 수 있도록 운전해야 할 주의의무는 없다. [경찰간부 17]

064 (O) 대법원 1989.2.28, 88도1689; 1989.3.28, 88도1484

065 자동차전용도로를 무단횡단하는 피해자를 충격하여 사고를 발생시킨 경우라도 운전자가 상당한 거리에서 그와 같은 무단횡단을 미리 예상할 수 있는 사정이 있었고, 그에 따라 즉시 감속하거나 급제동하는 등의 조치를 취하였다면 피해자와의 충돌을 면할 수 있었다는 등의 특별한 사정이 인정되지 아니하는 한 자동차운전자에게 과실이 있다고는 볼 수 없다. [법원행시 12 변형]

065 (O) 대법원 1989.2.28, 88도1689; 1989.3.28, 88도1484

066 무모하게 트럭과 버스 사이에 끼어들어 이 사이를 빠져 나가려는 오토바이를 선행차량이 속도를 낮추어 오토바이가 사고가 발생하지 않고 선행하도록 하여 줄 업무상 주의의무가 있다. [경찰간부 17]

066 (×) '있다' → '없다' 오토바이를 선행하도록 하여 줄 업무상 주의의무가 있다고 할 수 없다(대법원 1984.5.29, 84도483).

067 횡단보도의 보행자 신호등이 적색으로 표시된 경우에도 운전자는 보행자가 적색신호를 무시하고 갑자기 뛰어나올 가능성에 대비하여 운전하여야 할 업무상의 주의의무가 있다. [국가9급 17]

> **해설+** 횡단보도의 보행자 신호등이 적색으로 표시된 경우 자동차운전자에게 보행자가 적색신호를 무시하고 갑자기 뛰어나오리라는 것까지 미리 예견하여 운전하여야 할 업무상 주의의무는 없다 (대법원 1985.11.12, 85도1893).

068 교차로에서 진행신호에 따라 진행하는 운전자는 맞은편에서 다른 차량이 신호를 무시하고 자기 앞을 가로질러 좌회전 할 경우를 예상하여 사고의 발생을 방지해야 할 주의의무가 없다. [법원9급 12]

068 (○) 대법원 1993.1.15, 92도2579

069 제한속도를 준수하며 진행하는 피고인으로서는 신호기의 차량진행신호에 따라 그대로 진행하면 족하고 피해자 운전의 오토바이가 신호를 무시하고 갑자기 횡단보도를 무단횡단할 경우까지 예상하여 사고예방을 위한 조치를 취할 업무상 주의의무는 없다. [법원승진 14]

069 (○)

> **해설+** 제한속도를 준수하며 진행하는 피고인으로서는 위 피해자 운전의 오토바이가 신호를 무시하고 갑자기 위 횡단보도를 무단횡단할 경우까지를 예상하여 사고예방을 위한 필요한 조치를 취하여야 할 업무상 주의의무는 없다(대법원 1994.4.26, 94도548).

070 중앙선이 표시되어 있지 아니한 비포장도로라고 하더라도 승용차가 넉넉히 서로 마주보고 진행할 수 있는 정도의 너비가 되는 도로를 정상적으로 진행하고 있는 자동차의 운전자로서는, 특별한 사정이 없는 한 마주 오는 차도 교통법규(도로교통법 제12조 제3항 등)를 지켜 도로의 **중앙**으로부터 우측부분을 통행할 것으로 신뢰하는 것이 보통이므로, 마주 오는 차가 도로의 중앙이나 좌측부분으로 진행하여 올 것까지 예상하여 특별한 조치를 강구하여야 할 업무상 주의의무는 없는 것이 원칙이다. [법원행시 16 변형] [사시 16]

070 (○) 대법원 1992.7.28, 92도1137

071 중앙선 표시가 있는 직선도로에서 특별한 사정이 없는 한 그 대향차선상의 차량이 중앙선을 넘어 반대차선에 진입하지 않으리라고 믿는 것이 우리의 경험칙에 합당하다. [국가9급 17]

071 (O) 대법원 1995.7.11, 95도382

072 보행자의 횡단이 금지되어 있는 육교 밑 차도를 주행하는 운전자는 차도에 보행자가 뛰어들 것을 예상하여 감속조치를 취할 업무상 주의의무가 있다. [사시 16]

072 (×) '있다' → '없다'

해설+ 운전자로서는 일반보행자들이 교통관계법규를 지켜 육교를 이용하여 횡단할 것을 신뢰하여 운행하면 족하다 할 것이고 불의에 뛰어드는 보행자를 예상하여 이를 사전에 방지해야 할 조치를 취할 업무상 주의의무는 없다(대법원 1985.9.10, 84도1572).

073 차량의 내왕이 번잡하고 보행자의 횡단이 금지되어 있는 육교 밑 차도를 주행하는 자동차운전자가 전방 보도 위에 서 있는 피해자를 발견했다 하더라도 육교를 눈앞에 둔 피해자가 특히 차도로 뛰어들 거동이나 기색을 보이지 않았다면, 운전자로서는 일반보행자들이 교통관계법규를 지켜 차도를 횡단하지 아니하고 육교를 이용하여 횡단할 것을 신뢰하여 운행하면 족하다. [국가9급 22]

073 (O) 대법원 1985.9.10, 84도1572

074 甲은 승용차를 운전하여 편도 5차선 도로의 1차로를 신호에 따라 진행하고 있던 중 乙이 위 도로의 오른쪽에 연결된 소방도로에서 오토바이를 운전하여 맞은편 쪽으로 가기 위해서 편도 5차선 도로를 대각선 방향으로 가로질러 진행하는 것을 미처 피하지 못하고 승용차로 충격하여 상해를 입힌 경우, 甲의 주의의무위반이 인정된다. [사시 10]

074 (×) '인정된다' → '인정되지 않는다'
신뢰의 원칙이 적용되므로 주의의무 위반이 인정되지 않는다(대법원 2007.4.26, 2006도9216).

075 차량의 운전자는 횡단보도의 신호가 적색인 상태에서 반대차선 상에 정지하여 있는 차량의 뒤로 보행자가 건너오는 사태를 예상하여야 할 주의의무가 없다. [법원9급 12]

075 (O) 대법원 1993.2.23, 92도2077

076 우선통행권이 인정되는 트럭은 특별한 사정이 없는 한 통행의 우선순위를 무시하고 과속으로 교차로에 진입하여 오는 차량을 예상하여 사고발생을 미리 막을 주의의무가 없다.   [경찰간부 17]

076 (O) 그 같은 상황하에서 일어난 차량충돌의 경우에 있어서 피고인에게 운전사로서의 주의의무를 다하지 못한 과실이 있다 할 수 없다(대법원 1984.4.24, 84도185).

077 상대방의 규칙위반을 이미 인식한 경우나 상대방의 규칙준수를 신뢰해서는 안 될 경우는 신뢰의 원칙 적용이 배제된다.   [법원승진 14]

077 (O)

해설+ 100m 전방에서 이미 중앙선을 침범하여 비정상적인 운행을 하고 있음을 목격한 경우에는 적절한 조치를 취함으로써 사고발생을 방지할 업무상 주의의무가 있다(대법원 1986.2.25, 85도2651).

078 반대방향에서 오는 차량이 이미 중앙선을 침범하여 비정상적인 운행을 하고 있음을 목격한 경우에는 자기의 진행전방에 돌입할 가능성을 예견하여 주의깊게 운행할 업무상 주의의무가 있다.   [사시 16]

078 (O) 대법원 1986.2.25, 85도2651

079 고속도로상을 운행하는 자동차운전자 甲이 고속도로를 횡단하려는 피해자를 그 차의 제동거리 밖에서 발견하였지만 제때에 제동하지 않아 피해자를 추돌하여 사망한 경우 甲의 행위를 과실범으로 처벌할 수 있다.   [국가7급 14]

079 (O) 제동거리 밖에서 발견하였다면 피해자가 반대차선의 교행차량때문에 도로를 완전히 횡단하지 못하고 그 진행차선 쪽에서 멈추거나 다시 되돌아 나가는 경우를 예견해야 하는 것이다(대법원 1981.3.24, 80도3305).

080 약사는 의약품을 판매하거나 조제함에 있어서 그 의약품이 그 표시 포장상에 있어서 소정의 검인 합격품이고 또한 부패·변질·변색되지 아니하고 유효기간이 경과되지 아니함을 확인하고 조제판매한 경우에는 특별한 사정이 없는 한 관능시험 및 기기시험까지 할 주의의무가 없으므로 그 약의 표시를 신뢰하고 이를 사용한 경우에는 과실이 있다고 볼 수 없다.   [변호사 13 변형]

080 (O) 대법원 1976.2.10, 74도2046

081 의사 甲이 간호사에게 환자에 대한 수혈을 맡겼는데, 간호사가 다른 환자에게 수혈할 혈액을 당해 환자에게 잘못 수혈하여 환자가 사망한 경우 甲의 행위를 과실범으로 처벌할 수 있다. [경찰간부 17] [국가7급 14]

081 (○) 만연히 간호사를 신뢰하여 간호사에게 당해 의료행위를 일임함으로써 간호사의 과오로 환자에게 위해가 발생하였다면 의사는 그에 대한 과실책임을 면할 수 없다 (대법원 1998.2.27, 97도2812).

082 환자의 주치의 겸 정형외과 전공의 甲이 같은 과 수련의 乙의 처방에 대한 감독의무를 소홀히 한 나머지, 환자가 乙의 잘못된 처방으로 인하여 상해를 입게 된 경우, 甲은 업무상과실치상죄가 성립한다. [국가9급 16] [법원9급 13]

082 (○) 대법원 2007.2.22, 2005도9229

083 환자의 주치의 겸 정형외과 전공의인 의사는 같은 과 수련의가 당해 환자에 대하여 한 처방이 적절한 것인지의 여부를 확인하고 감독해야 할 업무상 주의의무가 있다. [사시 16]

083 (○) 대법원 2007.2.22, 2005도9229

084 의사가 환자에 대하여 다른 의사와 의료행위를 분담하는 경우에 다른 의사의 전공과목에 전적으로 속하는 사항에 대하여는 다른 의사가 하는 의료행위의 내용이 적절한 것인지의 여부를 확인하고 감독하여야 할 업무상 주의의무가 없다. [국가9급 17]

084 (○) 대법원 2007.2.22, 2005도9229

085 의사가 자신의 환자에 대하여 다른 의사를 지휘·감독하는 지위에 있다면, 그 의료영역이 다른 의사에게 전적으로 위임된 경우라도 다른 의사의 의료행위 내용이 적절한 것인지를 확인하고 감독하여야 할 업무상 주의의무가 있다. [국가9급 20] [국가9급총론 20]

085 (×) 그 의료영역이 다른 의사에게 전적으로 위임된 경우라면 주의의무가 있다고 볼 수 없다(대법원 2007.2.22, 2005도9229).

086 임차인이 자신의 비용으로 설치·사용하던 가스설비의 휴즈콕크를 아무런 조치 없이 제거하고 이사를 간 후 가스공급을 개별적으로 차단할 수 있는 주밸브가 열려져 가스가 유입되어 폭발사고가 발생한 경우, 평균인의 관점에서 객관적으로 볼 때 충분히 예상할 수 있으므로 임차인의 과실과 가스폭발사고 사이의 상당인과관계를 인정할 수 있다. [법원행시 16]

086 (O) 대법원 2001.6.1, 99도5086

087 종합병원 마취담당의사 甲이 난소종양절제를 위해 전신마취에 의한 개복수술을 함에 있어서 개복 전 종합적인 간기능검사가 필수적임에도 소변에 의한 간검사 결과만을 믿고 수술한 결과 수술 후 22일만에 환자가 급성 간염으로 사망한 경우, 甲에게 업무상과실이 인정되나, 종합적인 간기능검사를 하였더라면 간기능에 이상이 있었다는 검사결과가 나왔으리라는 점이 증명되지 않는 한 甲의 과실과 환자의 사망 사이에 인과관계가 있다고 볼 수 없다. [사시 10]

087 (O) 인과관계가 인정되려면 피고인들이 수술 전에 피해자에 대한 간기능검사를 하였더라면 피해자가 사망하지 않았을 것임이 입증되어야 할 것인데, 이에 관한 증거가 없는 이상 인과관계는 인정될 수 없다(대법원 1990.12.11, 90도694).

088 의사가 설명의무를 위반한 채 의료행위를 하였다가 환자에게 상해 또는 사망의 결과가 발생한 경우 의사에게 업무상 과실로 인한 형사책임을 지우기 위해서는 의사의 설명의무 위반과 환자의 상해 또는 사망 사이에 상당인과관계가 존재하여야 한다.

088 (O) 대법원 2015.6.24, 2014도11315

089 의사가 업무상 과실로 인한 형사책임을 지기 위해서는 피해자의 상해와 의사의 설명의무 사이에 상당인과관계가 존재하여야 한다. [국가9급 15]

089 (O) 대법원 2011.4.14, 2010도10104

090 행위자의 주의의무위반행위가 결과발생에 유일하거나 직접적인 원인일 필요는 없으며, 설령 피해자의 주의의무위반이 개입되어 있더라도 인과관계는 단절되지 않는다. [국가9급 15]

090 (O) 대법원 1982.12.28, 82도2525; 1991.2.12, 90도2547; 1996.9.24, 95도245

091 주치의에게 요구되는 일련의 조치를 취하지 아니한 과실이 있다 하여도, 치료 과정에서 야간 당직의사의 과실이 일부 개입한 경우 환자의 주치의사는 업무상과실치사죄의 책임을 지지 않는다. [군무원9급 23]

> **보충** 정신과질환인 조증으로 입원한 환자의 주치의사는 환자의 건강상태를 사전에 면밀히 살펴서 그 상태에 맞도록 조증치료제인 클로르프로마진을 가감하면서 투여하여야 하고, 클로르프로마진의 과다투여로 인하여 환자에게 기립성저혈압이 발생하게 되었고 당시 환자의 건강상태가 갑자기 나빠지기 시작하였다면 좀 더 정확한 진찰과 치료를 위하여 내과전문병원 등으로 전원조치를 하여야 할 것이고, 그러지 못하고 환자의 혈압상승을 위하여 포도당액을 주사하게 되었으면 그 과정에서 환자의 전해질이상 유무를 확인하고 투여하여야 함에도 의사에게 요구되는 이러한 일련의 조치를 취하지 아니한 과실이 있다면, 그러한 과실로 환자가 전해질이상·빈혈·저알부민증 등으로 인한 쇼크로 사망하였음을 인정할 수 있다(위 판례).

091 (×) 치료 과정에서 야간당직의사의 과실이 일부 개입하였다고 하더라도 그의 주치의사 및 환자와의 관계에 비추어 볼 때 환자의 주치의사는 업무상과실치사죄의 책임을 면할 수는 없다(대법원 1994.12.9, 93도2524).

092 의사가 시술의 위험성에 관하여 설명을 하였더라면 환자가 시술을 거부하였을 것이라는 점이 합리적 의심의 여지가 없이 증명되지 못한 경우에는 의사의 설명의무 위반과 환자의 상해 또는 사망 사이에 상당인과관계를 인정할 수 없다. [변호사 23]

092 (○)

> **해설+** 의사가 설명의무를 위반한 채 의료행위를 하였다가 환자에게 상해 또는 사망의 결과가 발생한 경우 의사에게 업무상 과실로 인한 형사책임을 지우기 위해서는 의사의 설명의무 위반과 환자의 상해 또는 사망 사이에 상당인과관계가 존재하여야 한다(대법원 2011.4.14, 2010도10104 등). …… 피해자는 피고인이 수술의 위험성에 관하여 설명하였는지 여부에 관계없이 간경변증을 앓고 있는 피해자에게 이 사건 수술이 위험할 수 있다는 점을 이미 충분히 인식하고 있었던 것으로 보인다. 그렇다면 피고인이 피해자에게 수술의 위험성에 관하여 설명하였다고 하더라도 피해자가 수술을 거부하였을 것이라고 단정하기 어렵다. (따라서) 피고인의 설명의무 위반과 피해자의 사망 사이에 상당인과관계가 있다는 사실이 합리적 의심의 여지가 없이 증명되었다고 보기 어렵다(업무상과실치사죄 불성립, 대법원 2015.6.24, 2014도11315).

093 의사가 설명의무를 위반하여 수술의 위험성을 고지하지 않은 채 수술을 진행하다가 그 위험성이 현실화되어 환자에게 상해가 발생한 경우, 의사의 수술행위로 인하여 상해의 결과가 발생한 점이 인정된 이상 업무상 과실치상죄가 성립한다.

093 (×)

> **해설+** 의사가 설명의무를 위반한 채 의료행위를 하였다가 환자에게 상해 또는 사망의 결과가 발생한 경우 의사에게 업무상 과실로 인한 형사책임을 지우기 위해서는 의사의 설명의무 위반과 환자의 상해 또는 사망 사이에 상당인과관계가 존재하여야 한다(대법원 2011.4.14, 2010도10104 등). 이러한 판례들은, 대체로 피고인의 설명의무 위반과 피해자의 사망 사이에 상당인과관계가 있다는 사실이 합리적 의심의 여지가 없이 증명되었다고 보기 어렵다고 보는 사례들이다. 한 예를 들자면 다음과 같다. "피해자 측은 화상을 입기 전 다른 의사로부터 피해자가 간경변증을 앓고 있기 때문에 어떠한 수술이라도 받으면 사망할 수 있다는 말을 들었고, 이러한 이유로 피해자 측은 피고인의 거듭된 수술 권유에도 불구하고 계속 수술을 받기를 거부하였었다. 이로 보건대, 피해자 측은 피고인이 수술의 위험성에 관하여 설명하였는지 여부에 관계없이 간경변증을 앓고 있는 피해자에게 이 사건 수술이 위험할 수 있다는 점을 이미 충분히 인식하고 있었던 것으로 보인다. 그렇다면 피고인이 수술의 위험성에 관하여 설명하였다고 하더라도 피해자 측이 수술을 거부하였을 것이라고 단정하기 어렵다. 즉, 피고인의 설명의무 위반과 피해자의 사망 사이에 상당인과관계가 있다는 사실이 합리적 의심의 여지가 없이 증명되었다고 보기 어렵다(대법원 2015.6.24, 2014도11315)."

094 환자의 명시적인 수혈 거부 의사가 존재하여 수혈하지 아니함을 전제로 환자의 승낙(동의)을 받아 수술하였는데 수술 과정에서 수혈을 하지 않으면 생명에 위험이 발생할 수 있는 응급상태에 이른 경우에, 환자의 생명을 보존하기 위해 불가피한 수혈 방법의 선택을 고려함이 원칙이라 할 수 있지만, 한편으로 환자의 생명 보호에 못지않게 환자의 자기결정권을 존중하여야 할 의무가 대등한 가치를 가지는 것으로 평가되는 때에는 이를 고려하여 진료행위를 하여야 한다. 다만 환자의 생명과 자기결정권을 비교형량하기 어려운 특별한 사정이 있다고 인정되는 경우에 의사가 자신의 직업적 양심에 따라 환자의 양립할 수 없는 두 개의 가치 중 어느 하나를 존중하는 방향으로 행위하였다면 이러한 행위는 처벌할 수 없다. [법원행시 16]

094 (○) 대법원 2014.6.26, 2009도14407

095 피해자의 승낙은 과실범의 경우에 위법성조각사유가 되지 않는다. [변호사 13]

095 (×) '되지 않는다' → '된다'

> **해설+** 운전자의 음주사실을 알고 동승했는데 사고가 발생한 경우나, (비직업적) 운동경기 중 상대방 선수에게 과실로 상해한 경우 등 피해자의 승낙으로써 과실범의 위법성 조각이 가능하다.

096 골프경기를 하던 중 골프공을 쳐서 아무도 예상하지 못한 자신의 등 뒤편으로 보내어 경기보조원에게 상해를 입힌 행위는 사회적 상당성의 범위를 벗어난 행위로서 과실치상죄가 성립한다. [사시 14]

096 (○) 주의의무를 현저히 위반하여 사회적 상당성의 범위를 벗어난 행위로서 과실치상죄가 성립한다(대법원 2008.10.23, 2008도6940).

097 「형법」 제10조 제3항(원인에 있어서 자유로운 행위)은 과실행위에도 적용된다. [사시 09 변형]

해설+ 과실에 의한 원인에 있어서의 자유로운 행위까지도 포함하는 것으로서 위험의 발생을 예견할 수 있었는데도 자의로 심신장애를 야기한 경우도 그 적용 대상이 된다(대법원 1992.7.28, 92도999).

097 (○)

098 과실에 의한 공동정범은 성립할 수 없다. [사시 15]

해설+ 공동정범의 주관적 요건인 공동의 의사는 고의를 공동으로 가질 의사임을 필요로 하지 않고 고의행위이고 과실행위이고 간에 그 행위를 공동으로 할 의사이면 족하다(대법원 1962.3.29, 61형상598).

098 (×) '없다' → '있다'

099 「형법」 제30조의 '공동하여 죄를 범한 때'의 '죄'는 고의범이건 과실범이건 불문한다고 해석하여야 할 것이므로, 2인 이상이 서로의 의사연락 아래 어떠한 과실행위를 하여 범죄결과가 발생한 경우 과실범의 공동정범이 성립한다. [변호사 15]

099 (○) 대법원 1962.3.29, 61도598

100 공동정범은 고의범이나 과실범을 불문하고 의사의 연락이 있는 경우이면 그 성립을 인정할 수 있다. [법원9급 13]

해설+ 제30조에 '공동하여 죄를 범한 때'의 '죄'라 함은 고의범이고 과실범이고를 불문하므로 두 사람 이상이 어떠한 행위를 서로의 의사연락하에 이룩하여 범죄가 되는 결과를 발생케 한 것이라면 공동정범이 성립한다(대법원 1979.8.21, 79도1249).

100 (○)

101 「형법」 제30조 소정의 "2인 이상이 공동하여 죄를 범한 때"의 '죄'에는 고의범뿐만 아니라 과실범도 포함된다.　　　　　　　[법원행시 14 변형] [사시 09 변형]

101 (○)

> **해설+** 2인 이상이 서로의 의사연락 아래 과실행위를 하여 범죄 되는 결과를 발생하게 하면 과실범의 공동정범이 성립하는 것이다(대법원 1994.3.22, 94도35; 1982.6.8, 82도781).

102 공동의 과실이 경합되어 화재가 발생한 경우에 적어도 각 과실이 화재의 발생에 대하여 하나의 조건이 된 이상은 그 공동적 원인을 제공한 각자에 대하여 실화죄의 죄책을 물어야 한다.　　　　　　　　　　[법원행시 16]

102 (○) 대법원 1983.5.10, 82도2279

103 업무상과실치사상죄의 공동정범은 성립할 수 없다.　　　[법원행시 13]

103 (×) '없다' → '있다'

> **해설+** 건물붕괴의 원인이 건축계획의 수립, 건축설계, 건축공사공정, 건물완공 후의 유지관리 등에 있어서의 과실이 복합적으로 작용한 데에 있다고 보아 각 단계별 관련자들을 업무상과실치사상죄의 공동정범으로 처단하였다(대법원 1996.8.23, 96도1231).

104 교량붕괴 사고와 관련하여, 건설업자 甲과 이를 감독하는 공무원 乙 및 완공된 교량의 관리를 담당하는 공무원 丙의 과실이 서로 합쳐져 교량이 붕괴된 사실이 인정되더라도 과실범의 공동정범이 성립되지 않는다.
　　　　　　　　　　　　　　　　　　　　　　　　　　　　[법원9급 13]

104 (×) '인정되더라도' → '인정되면', '성립되지 않는다' → '성립한다'

> **해설+** 피고인들(甲, 乙, 丙)은 이 교량을 안전하게 건축되도록 한다는 '공동의 목표'와 의사연락이 있었다고 보아야 할 것이며, 이러한 피고인들의 과실이 서로 합쳐져 교량이 붕괴된 사실이 인정된다면 과실범의 공동정범(업무상 과실치사죄 등 죄)이 성립한다고 할 것이다(대법원 1997.11.28, 97도1740).

105 피고인이 운전자의 부탁으로 차량의 조수석에 동승한 후 운전자의 차량운전행위를 살펴보고 잘못된 점이 있으면 이를 지적하여 교정해 주려 했던 것이라면, 전문적인 운전교습자가 피교습자에 대하여 차량운행에 관해 모든 지시를 하는 경우와 같이 주도적 지위에서 동 차량을 운행할 의도가 있었다거나 실제로 그 같은 운행을 하였다고 보기 어렵다 하더라도 그 같은 운행 중에 야기된 사고에 대하여 과실범의 공동정범의 책임을 물을 수 있다.　　[법원행시 16]

105 (×) '어렵다 하더라도' → '어렵다면', '있다' → '없다'
과실범의 공동정범의 책임을 물을 수 없다(대법원 1984.3.13, 82도3136).

106 과실에 의한 부작위범은 성립할 수 없다. [사시 15]

106 (×) '없다' → '있다'
과실에 의한 부작위범도 가능하다.

107 함께 술을 마신 후 만취된 피해자를 촛불이 켜져 있는 방안에 혼자 눕혀 놓고 촛불을 끄지 않고 나오는 바람에 화재가 발생하여 피해자가 사망한 경우 과실치사죄가 인정될 수 있다. [법원행시 14]

107 (○)

> **해설+** 비록 피고인들이 직접 촛불을 켜지 않았다 할지라도 위와 같은 주의의무를 다하지 않은 이상 피고인들로서는 이 사건 화재발생과 그로 인한 피해자의 사망에 대하여 과실책임을 면할 수는 없다 할 것이다(대법원 1994.8.26, 94도1291).

> **보충** 이론적으로는 과실에 의한 부진정부작위범(소위 망각범)이 인정되는 경우이다.

108 과실에 의한 위험범은 성립할 수 있다. [사시 15]

108 (○) 위험범은 실화죄나 과실 일수죄와 같은 과실범의 형태로도 존재한다.

2 결과적 가중범

> **🔗 대표유형**
> 특수공무방해치상죄는 상해의 결과에 대한 예견가능성이 있었는데도 예견하지 못한 경우뿐만 아니라 그것에 대한 고의가 있는 경우에도 성립한다. [국가7급 13]

(○)

> **해설+** 특수공무집행방해치상죄는 그 결과에 대한 예견가능성이 있었음에도 불구하고 예견하지 못한 경우뿐만 아니라 고의가 있는 경우까지도 포함하는 부진정결과적가중범이다(대법원 1995.1.20, 94도2842).

> **🔗 대표유형**
> 강간 등에 의한 치사상죄에 있어서 사상의 결과는 간음행위 그 자체로부터 발생한 경우나 강간의 수단으로 사용한 폭행으로부터 발생한 경우는 물론 강간에 수반하는 행위에서 발생한 경우도 포함한다. [사시 11 변형]

(○) 대법원 2008.2.29, 2007도10120

109 결과적 가중범은 책임원칙과의 조화를 위해 중한 결과에 대해 예견가능성이 요구되는데, 「형법」은 명시적으로 중한 결과에 대한 예견가능성을 요구하고 있다. [경찰채용 17 2차] [법원승진 14]

109 (○)

> **해설+** 제15조 제2항에서는 '결과 때문에 형이 무거워지는 죄의 경우에 그 결과의 발생을 예견할 수 없었을 때에는 무거운 죄로 벌하지 아니한다.'라고 하여 명시적으로 중한 결과에 대한 예견가능성을 요구하고 있다.

110 결과 때문에 형이 무거워지는 죄의 경우에 그 결과의 발생을 예견할 수 없었을 때에는 벌하지 아니한다.

110 (×)

> **해설+** 제15조 제2항에 의하면, 결과적 가중범에서 예견가능성이 없으면 '무거운 죄로 벌하지 아니한다'. 즉, 결과적 가중범만 성립하지 않는다는 것이지 위 지문처럼 '벌하지 아니한다'는 식으로 무죄가 되는 것은 아니다. 고의의 기본범죄만큼은 성립하기 때문이다.

111 목사 甲이 안수기도를 하면서 피해자의 가슴과 배를 반복하여 누르거나 때려 피해자를 사망케 한 경우 甲에게 업무상 과실치사죄가 인정된다. [국가9급 11 변형]

111 (×) '업무상 과실이' → '폭행치사죄가'

> **해설+** 과실범이 아닌 폭행치사죄라는 결과적 가중범이 성립하는 경우이다. "신체에 대하여 유형력을 행사한다는 인식과 의사가 있으면 폭행에 대한 인식과 의사, 즉 고의가 있는 것이며, 이를 적법한 행위라고 오인했다고 하더라도 그 오인에 정당성을 발견할 수 없다(대법원 1994.8.23, 94도1484)."

112 연소죄는 결과적 가중범에 해당한다. [법원9급 10]

112 (○)

> **해설+** 연소죄는 자기소유물방화죄를 고의의 기본범죄로 하고, 그보다 더 중한 결과인 타인소유 등 물건에 대한 방화의 결과발생을 요건으로 하는 결과적 가중범이다(제168조).

113 과실치사상죄는 결과적 가중범에 해당한다. [법원9급 10]

113 (×) '해당한다' → '해당하지 않는다'

> **해설+** 과실치사상죄(제266조, 제267조)는 단순한 과실범이지 결과적 가중범이 아니다.

114 진정결과적 가중범의 예로는 연소죄, 중체포 · 중감금죄가 있고, 부진정결과적 가중범의 예로는 특수공무방해치상죄, 중유기죄, 중손괴죄 등이 있다.

[경찰간부 12 변형]

> **해설+** 중체포 · 중감금죄는 사람을 체포 · 감금하고 (고의적인) 가혹한 행위를 함으로써 성립하는 범죄로, 결과적 가중범이 아닌 고의범일 뿐이다. 주로 결과적 가중범은 '~치~죄', '중~죄(상해 · 유기 · 강요 · 손괴)' 등으로 규정되어 있고, '연소죄'도 포함된다. 그리고 부진정결과적 가중범의 예로는 현주건조물방화치사상죄, 특수공무방해치상죄, 중상해죄 등이 있다(치/중—상 · 유 · 강 · 손/연).

> **보충** 단, '과실치~'는 과실범이다.

> 제277조【중체포, 중감금, 존속중체포, 존속중감금】① 사람을 체포 또는 감금하여 가혹한 행위를 가한 자는 7년 이하의 징역에 처한다.

114 (×) '중체포 · 중감금죄가' → 삭제

115 중체포 · 감금죄(「형법」 제277조)는 사람을 체포 또는 감금하여 생명에 대한 위험을 발생하게 한 경우를 처벌하는 규정으로, 결과적 가중범이자 구체적 위험범이다.

[해경승진 23]

> **해설+** 제277조【중체포, 중감금, 존속중체포, 존속중감금】① 사람을 체포 또는 감금하여 가혹한 행위를 가한 자는 7년 이하의 징역에 처한다.

115 (×) 중체포 · 중감금죄는 사람을 체포 · 감금하고 다시 그에게 가혹한 행위를 가함으로써 성립하는 범죄이므로, 체포 · 감금행위와 가혹행위가 결합된 결합범이다. 따라서 본죄는 결과적 가중범(중상해죄, 중유기죄, 중강요죄, 중손괴죄)이 아니며, 구체적 위험범도 아니다.

116 처가 경영하는 미장원에 고용된 부녀에게 성교 요구에 불응하면 해고한다고 위협하여 간음하고, 이로 인하여 피해자의 처녀막이 파열된 경우에는 업무상 위력에 의한 간음치상죄가 성립한다.

[사시 10]

> **해설+** 결과적 가중범은 제301조이고, 제301조에 의하면 제297조부터 제299조의 죄 및 그 죄의 미수범(제297조 내지 제300조)이 기본범죄로 규정되어 있다. 제303조 제1항의 업무상 위력에 의한 간음죄는 결과적 가중범 처벌규정이 없다.

116 (×) '성립한다' → '성립하지 않는다'

117 부진정결과적 가중범은 기본범죄가 고의범인 경우에는 물론이고 과실범인 경우에도 인정되는 개념이다.

[변호사 21]

> **보충** 부진정결과적 가중범은 중한 결과에 대하여 과실뿐만 아니라 고의가 있을 경우에도 성립하는 개념이다.

117 (×) 부진정결과적 가중범에 있어서도 기본범죄는 고의범이어야 한다.

118 부진정결과적 가중범이란 고의에 의한 기본범죄로 인하여 중한 결과의 발생이 과실에 의한 경우뿐만 아니라 고의에 의한 경우까지를 포함하는 형태를 의미한다. [변호사 14 변형]

119 부진정결과적 가중범은 중한 결과를 야기한 기본범죄가 고의범인 경우뿐만 아니라 과실범인 경우에도 인정되는 개념이다. [경찰채용 19 1차]

해설+ 진정결과적 가중범은 고의에 의한 기본범죄로 과실의 무거운 결과를 발생케 한 경우이다. 이에 반하여 부진정결과적 가중범은 기본범죄가 고의범이어야 하는 것은 마찬가지이나, 결과의 발생이 과실에 의한 경우뿐 아니라 고의에 의한 경우에도 성립한다. 즉, 결과적 가중범은 진정결과적 가중범이든 부진정결과적 가중범이든 기본범죄는 고의범이어야 한다(통설).

보충 다만, 특별형법(행정형법)에는 기본범죄가 과실범인 결과적 가중범도 존재한다. 그러나 형법에서는 기본범죄가 과실범인 결과적 가중범은 존재하지 않는다. 즉, 형법상 결과적 가중범은 고의에 의한 결과적 가중범만 존재하고, 과실에 의한 결과적 가중범은 존재하지 않는다.

120 진정결과적 가중범만 인정하면 과실로 중한 결과를 발생시킨 경우가 고의로 중한 결과를 발생시킨 경우보다 형이 높아지는 경우가 있으므로 형량을 확보하여 형의 불균형을 시정하기 위해서 부진정결과적 가중범을 인정하고 있다. [경찰채용 20 1차]

121 만약 부진정결과적 가중범의 개념을 인정하지 않는다면 사람을 살해할 고의를 가지고 현주건조물에 방화하여 사람을 살해하였다면 현주건조물방화죄와 살인죄의 상상적 경합범이 된다. [경찰채용 20 1차 변형]

해설+ 부진정결과적 가중범의 개념을 인정하지 않는다면, 중한 결과에 대한 고의가 있는 경우에는 결과적 가중범이 성립하지 못하므로, 현주건조물방화치사죄가 될 수 없어 현주건조물방화죄와 살인죄의 상상적 경합이라는 결론에 이르게 된다.

122 甲이 A를 강간하려고 폭행하던 중 양심의 가책이 들어 강간행위를 중지하였으나 그 강간행위로 인해 A에게 상해의 결과가 발생한 경우, 강간죄의 중지미수와 과실치상죄의 상상적 경합이 성립한다. [경찰간부 22]

해설+ 결과적 가중범의 성립에 있어서 고의의 기본범죄는 기수이든 미수이든 상관없다. "강간이 미수에 그친 경우라도 그 수단이 된 폭행에 의하여 피해자가 상해를 입었으면 강간치상죄가 성립하는 것이며, 미수에 그친 것이 피고인이 자의로 실행에 착수한 행위를 중지한 경우이든 실행에 착수하여 행위를 종료하지 못한 경우이든 가리지 않는다(대법원 1988.11.8, 88도1628)." 따라서 강간의 중지미수와 과실치상의 상상적 경합이 성립하는 것이 아니라, 강간치상죄가 성립한다.

123 대법원 판례는 부진정결과적 가중범을 인정하지 아니한다. [법원9급 10]

해설+ 판례는 부진정결과적 가중범을 명시적으로 인정하고 있다. 현주건조물방화치사죄와 살인죄는 법조경합관계로서 현주건조물방화치사죄의 1죄만 성립한다는 것이 판례이다(대법원 1983.1.18, 82도2341).

124 부진정결과적 가중범의 예로는 현주건조물방화치사상죄, 현주건조물일수치사상죄, 중체포 · 감금죄 등이 있다. [변호사 16]

해설+ 현주건조물일수치사사죄는 진정결과적 가중범이고, 중체포 · 감금죄는 사람을 체포 · 감금하여 가혹한 행위를 함으로써 성립하는 범죄이다(제277조, 결과적 가중범이 아닌 고의범).

125 「형법」 제177조 제2항의 현주건조물일수치사죄의 법정형은 사형, 무기 또는 7년 이상의 징역이다. [경찰채용 1차 19 변형] [해경승진 23]

해설+ **제177조 【현주건조물등에의 일수】** ① 물을 넘겨 사람이 주거에 사용하거나 사람이 현존하는 건조물, 기차, 전차, 자동차, 선박, 항공기 또는 광갱을 침해한 자는 무기 또는 3년 이상의 징역에 처한다.
② 제1항의 죄를 범하여 사람을 상해에 이르게 한 때에는 무기 또는 5년 이상의 징역에 처한다. 사망에 이르게 한 때에는 무기 또는 7년 이상의 징역에 처한다.

보충 현주건조물방화치사죄와는 달리 현주건조물일수치사죄는 부진정결과적 가중범이 아니다. 살인죄보다 그 형이 낮기 때문이다.

126 부진정결과적 가중범에서 고의범에 대하여 더 무겁게 처벌하는 규정이 없는 경우에는 결과적가중범이 고의범에 대하여 특별관계에 있으므로 결과적가중범만 성립하고 이와 법조경합의 관계에 있는 고의범에 대하여는 별도로 죄를 구성하지 않는다. [국가9급 13 변형]

126 (○) 대법원 2008.11.27, 2008도7311

127 친구를 살해할 의도로 친구가 살고 있는 집을 방화하여 그를 사망하게 한 경우 현주건조물방화치사죄는 살인죄에 대하여 특별관계에 있으므로 현주건조물방화치사죄만 성립한다. [사시 11 변형]

해설+ 사람을 살해할 목적으로 현주건조물에 방화하여 사망에 이르게 한 경우에는 현주건조물방화치사죄로 의율하여야 하고 이와 더불어 살인죄와의 상상적 경합범으로 의율할 것은 아니다(대법원 1996.4.26, 96도485).

127 (○)

128 사람을 살해할 목적으로 현주건조물에 방화하여 사망의 결과를 발생시킨 경우에는 현주건조물방화치사죄가 성립한다. [경찰채용 18 1차] [사시 10]

128 (○) 대법원 1983.1.18, 82도2341

129 甲은 乙을 살해하기 위하여 乙의 집으로 갔으나, 乙은 집에 없고 乙의 처 丙이 자신을 알아보자 丙을 야구방망이로 강타하여 실신시킨 후 이불을 뒤집어 씌우고 석유를 뿌려 방화함으로써 乙의 집을 전소케 하고 丙을 사망케 한 경우, 甲은 현주건조물방화치사죄가 성립한다. [경찰채용 18 1차]

해설+ 현주건조물 내에 있는 사람을 강타하여 실신케 한 후 동 건조물에 방화하여 소사케 한 피고인을 현주건조물에의 방화죄와 살인죄의 상상적 경합으로 의율할 것은 아니다(대법원 1983.1.18, 82도2341).

129 (○)

130 직계비속이 현존하는 건조물에 그를 살해하기 위하여 방화하여 소사하게 한 경우는 1개의 행위가 수개의 죄명에 해당되는 경우라고 볼 수 없다. [국가7급 13]

해설+ 직계존속이 직계비속을 살해할 고의로 방화하여 살해한 경우, 판례에 의하면 현주건조물방화치사죄와 보통살인죄의 상상적 경합이 되는 것이 아니라, 법조경합으로서 현주건조물방화치사죄의 1죄가 된다.

130 (○)

131 직무를 집행하는 공무원에 대하여 위험한 물건을 휴대하여 고의로 상해를 가한 경우에는 특수공무집행방해치상죄만 성립할 뿐, 이와는 별도로 폭력행위 등 처벌에 관한 법률 위반(집단·흉기 등 상해)죄를 구성한다고 볼 수 없다. [국가9급 13 변형]

131 (O) 고의범의 형이 부진정결과적 가중범의 형보다 중하지 않은 경우이므로 법조경합으로서 부진정결과적 가중범의 일죄가 성립한다(대법원 2008.11.27, 2008도7311).

132 직무를 집행하는 공무원에 대하여 위험한 물건을 휴대하여 고의로 상해를 가한 경우에는 특수공무집행방해치상죄만 성립한다. [사시 10]

132 (O) 대법원 2008.11.27, 2008도7311

133 甲이 음주단속을 피하기 위하여 경찰관의 하차요구에 불응하고 승용차를 계속 진행하는 과정에서 단속경찰관이 자동차 범퍼에 부딪혀 전치 6주의 상해를 입었다면, 甲에게는 특수공무집행방해치상죄와 폭력행위 등 처벌에 관한 법률 위반(집단·흉기 등 상해)죄의 상상적 경합범이 성립한다. [국가9급 14]

해설+ 위험한 물건을 휴대하여 고의로 상해를 가한 경우에는 특수공무집행방해치상죄만 성립할 뿐, 이와는 별도로 폭력행위 등 처벌에 관한 법률 위반(집단·흉기 등 상해)죄를 구성하지 않는다(대법원 2008.11.27, 2008도7311).

133 (×) '와 폭력행위 등 처벌에 관한 법률 위반(집단·흉기 등 상해)죄의 상상적 경합범이' → '가'

134 지명수배 중인 甲이 동생의 승용차를 운전하다가 검문 중인 경찰관 A로부터 신분증 제시를 요구받자 동생의 운전면허증을 마치 자신의 운전면허증인 것처럼 제시하였다. A가 운전면허증의 사진과 甲의 동일성 여부를 자세히 조사하려고 하자 甲은 위기를 모면하기 위하여 승용차로 A를 들이받아 상해를 입혔다. 甲의 죄책은 특수공무집행방해치상죄와 공문서부정행사죄의 실체적 경합이다. [사시 11 변형]

해설+ 사용권한 없는 자가 공문서를 해당 용도로 사용한 행위로서 공문서부정행사죄를 구성한다(대법원 2001.4.19, 2000도1985 전원합의체). 또한, 결과적 가중범이 고의범에 대하여 특별관계에 있으므로 결과적 가중범만 성립한다(대법원 2008.11.27, 2008도7311). 공문서부정행사죄와 특수공무집행방해치상죄는 서로 다른 죄를 구성하는 경우로서 실체적 경합범의 관계에 있다.

134 (O)

135 부진정결과적 가중범에서 고의로 중한 결과를 발생하게 한 행위가 별도의 구성요건에 해당하고 그 고의범에 대하여 결과적 가중범에 정한 형보다 더 무겁게 처벌하는 규정이 있는 경우, 결과적 가중범이 고의범에 대하여 특별관계에 있으므로 결과적 가중범만 성립한다.

[경찰채용 17 2차] [경찰간부 18] [국가7급 17·20] [국가9급 13 변형]

135 (×)

해설+ 기본범죄를 통하여 고의로 중한 결과를 발생하게 한 경우에 가중 처벌하는 부진정결과적 가중범에서, 고의로 중한 결과를 발생하게 한 행위가 별도의 구성요건에 해당하고 그 고의범에 대하여 결과적 가중범에 정한 형보다 더 무겁게 처벌하는 규정이 있는 경우에는 그 고의범과 결과적 가중범이 상상적 경합관계에 있지만, 위와 같이 고의범에 대하여 더 무겁게 처벌하는 규정이 없는 경우에는 결과적 가중범이 고의범에 대하여 특별관계에 있으므로 결과적 가중범만 성립하고 이와 법조경합의 관계에 있는 고의범에 대하여는 별도로 죄를 구성하지 않는다(대법원 2008.11.27, 2008도7311).

136 자기의 존속을 살해할 목적으로 존속이 현존하는 건조물에 방화하여 사망에 이르게 한 경우는 현주건조물방화치사죄만 성립하고 고의범에 대하여는 별도로 죄를 구성하지 않는다. [경찰채용 20 1차]

136 (×) 존속살인죄와 현주건조물방화치사죄 둘 다 성립하며 상상적 경합범의 관계에 있다(대법원 1996.4.26, 96도485).

보충 구 형법상 존속살해죄의 법정형은 현주건조물방화치사죄의 법정형보다 더 무거웠고, 위 판례는 이러한 구법에 따른 것이다.

137 피고인들이 피해자들의 재물을 강취한 후 그들을 살해할 목적으로 현주건조물에 방화하여 사망에 이르게 한 경우 피고인들의 행위는 강도살인죄와 현주건조물방화치사죄에 모두 해당하고 그 두 죄는 상상적 경합범 관계에 있다.

[경찰채용 18 1차] [법원행시 11·14] [변호사 18]

137 (○) 피고인들의 행위는 강도살인죄와 현주건조물방화치사죄에 모두 해당하고 그 두 죄는 상상적 경합범 관계에 있다(대법원 1998.12.8, 98도3416).

138 현주건조물방화치사죄는 부진정결과적 가중범이나, 현주건조물에 방화하여 그 건조물에서 탈출하려는 사람을 막아 소사하게 한 경우 현주건조물방화치사죄는 성립하지 않고 현주건조물방화죄와 살인죄의 실체적 경합이 성립할 뿐이다. [경찰채용 18 1차] [국가9급 13 변형]

138 (○) 위 방화행위와 살인행위는 법률상 별개의 범의에 의하여 별개의 법익을 해하는 별개의 행위라고 할 것이니, 현주건조물방화죄와 살인죄는 실체적 경합관계에 있다(대법원 1983.1.18, 82도2341).

139 「형법」상 결과적 가중범의 기본범죄에는 고의범·과실범뿐만 아니라 기수·미수도 포함된다.

[국가9급 21]

139 (×) 형법상 결과적 가중범의 기본범죄는 기수·미수를 불문하나 고의범이어야 한다(다수설).

140 결과적 가중범이 성립하려면 적어도 기본범죄는 고의범이고 기수가 되어야 한다.

[경찰간부 12 변형]

해설+ 결과적 가중범의 기본범죄는 고의범에 한하지만(다수설), 기수·미수는 불문한다.

140 (×) '이고 기수가 되어야 한다' → '에 한하지만, 기수가 되어야 하는 것은 아니다'

141 강도의 기회에 과실로 피해자를 사망에 이르게 하였다면 강도가 미수에 그쳤더라도 강도치사죄가 성립한다.

[사시 10]

141 (○) 결과적 가중범의 성립을 위하여 기본범죄가 기수에 도달할 필요는 없다.

142 기본범죄가 예비단계에 그친 상태에서 중한 결과가 발생한 경우에도 결과적 가중범의 기수범이 성립한다.

해설+ 기본범죄에 미수범 처벌규정이 있을 경우 기본범죄의 기수와 미수는 불문하지만, 기본범죄가 예비단계에 그친 경우에는 중한 결과가 발생해도 결과적 가중범이 성립될 수 없다.

142 (×) '성립한다' → '성립하지 않는다'

143 피고인이 자신이 경영하는 속셈학원의 강사로 피해자를 채용하고 학습교재를 설명하겠다는 구실로 호텔객실로 유인하여 강간하려 하자, 피해자가 완강히 반항하던 중 피고인이 대실시간 연장을 위해 전화하는 사이에 객실 창문을 통해 탈출하려다가 지상에 추락하여 사망한 경우 피고인의 강간미수행위와 피해자의 사망과의 사이에 상당인과관계가 있다고 보기 어려워 피고인에 대하여 강간치사죄가 성립하지 않는다.

[법원행시 14]

143 (×) '있다고 보기 어려워' → '있어', '성립하지 않는다' → '성립한다'
피고인의 강간미수행위와 피해자의 사망과의 사이에 상당인과관계가 있다고 보아 피고인을 강간치사죄로 처단하였음은 정당하다(대법원 1995.5.12, 95도425).

144 교통방해에 의한 치사상죄에 있어서, 교통방해 행위와 결과 사이에 피해자나 제3자의 과실 등 다른 사실이 개재된 때에도 그와 같은 사실이 통상 예견될 수 있는 것이라면 상당인과관계를 인정할 수 있다.

[법원행시 12 변형]

144 (○) 대법원 2014.7.24, 2014도6206

145 상해치사죄가 성립하기 위해서는 상해의 결과가 치명적일 것을 요한다는 주장은 결과적 가중범이 성립하기 위해서 기본범죄의 결과와 중한 결과 사이에 직접성이 요구된다는 견해에서 비롯된다. [국가7급 13 변형]

해설+ 결과기준설에 의하면, 결과적 가중범이 성립하기 위해서는 기본범죄가 치명상을 가할 것을 요하게 될 것이다. 이는 결과적 가중범의 요건을 더욱 엄격하게 판단함으로써 책임주의원칙을 보다 강화하고자 하는 입장이다.

146 진정결과적 가중범이 성립하려면 기본범죄행위와 중한 결과발생 사이에 인과관계가 있어야 할 뿐 아니라 중한 결과발생에 대한 행위자의 예견가능성도 인정되어야 한다. [사시 11 변형]

146 (O) 대법원 1988.4.12, 88도178

147 폭행치사죄는 결과적 가중범으로서 사망의 결과에 대한 예견가능성, 즉 과실이 있어야 하는 것 외에, 폭행과 사망의 결과 사이에 인과관계가 있어야 한다. [국가9급 14]

147 (O) 대법원 1990.9.25, 90도1596

148 기본범죄와 중한 결과 사이에 인과관계가 인정된다면, 중한 결과에 대한 예견가능성이 없는 경우라도 결과적 가중범으로 처벌할 수 있다. [사시 14]

해설+ 행위자가 행위 시에 그 결과의 발생을 예견할 수 없을 때에는 비록 그 행위와 결과 사이에 인과관계가 있다 하더라도 중한 죄로 벌할 수 없다(대법원 1988.4.12, 88도178).

148 (×) '라도' → '에는', '있다' → '없다'

149 결과적 가중범이 성립하기 위하여서는 고의에 의한 기본범죄(예: 상해)와 과실에 의한 중한 결과(예: 사망)가 있어야 하고 기본범죄와 중한 결과 사이에 인과관계 및 객관적 귀속이 인정되어야 한다. 이 경우 중한 결과는 발생하였다고 하여 결과적 가중범이 되는 것이 아니라 반드시 예견가능성 있는 중한 결과이어야 한다. [경찰간부 12 변형]

149 (O) 이때 예견가능성과 과실은 동일한 의미로 이해되는 것이다.

150 「형법」제15조 제2항 결과적 가중범은 기본범죄와 중한 결과 사이의 인과관계에 대해서만 규정하고 있을 뿐, 예견가능성을 명시적으로 요구하고 있지는 않다. [경찰특공대 22]

해설+ 제15조【사실의 착오】② 결과 때문에 형이 무거워지는 죄의 경우에 그 결과의 발생을 예견할 수 없었을 때에는 무거운 죄로 벌하지 아니한다.

150 (×) 책임주의원칙에 따라 제15조 제2항에서는 결과적 가중범의 성립요건으로서 예견가능성을 명시적으로 요구한다.

151 교통방해치사죄의 경우 결과발생에 대한 예견가능성은 일반인을 기준으로 객관적으로 판단해야 하므로 일반인의 관점에서 결과발생을 예견할 수 있었다면, 설령 행위자가 결과발생을 구체적으로 예견하지는 못하였다고 하더라도 실제로 발생한 사망의 결과에 대하여 교통방해치사죄가 성립한다. [경찰간부 22]

151 (○) 결과적 가중범의 구성요건요소로서의 예견가능성은 이렇듯 객관적 예견가능성을 말한다. 판례는 대법원 2014.7.24, 2014도6206 참조.

152 피해자의 신체 여러 부위에 심하게 폭행을 가함으로써 피해자의 심장에 악영향을 초래하여 피해자를 심근경색 등으로 사망하게 하였더라도 피해자가 평소에 심장질환을 앓고 있던 경우라면 폭행치사죄가 성립하지 아니한다. [법원승진 14 변형] [사시 11 변형]

152 (×) '하였더라도' → '하였고', '성립하지 아니한다' → '성립한다'
상당인과관계 및 예견가능성이 모두 인정되므로 폭행치사죄가 성립한다(대법원 1989.10.13, 89도556).

153 상해 후 피해자가 졸도하자 죽은 것으로 오인하고 자살로 위장하기 위해 베란다 아래로 떨어뜨림으로써 사망의 결과를 발생하게 한 경우 상해치사죄가 성립한다. [사시 11 변형]

153 (○) 인과관계의 착오가 비본질적인 경우 내지 소위 개괄적 과실의 경우로, 상해치사죄에 해당한다(대법원 1994.11.4, 94도2361).

154 피고인은 피해자와 도박을 하다가 돈을 잃자 도박일행 2명과 후배들을 동원하여 피해자로부터 돈을 강취하기로 한 후 마대자루 등을 든 후배 3명이 도착하자 피고인도 주방의 식칼을 집어들고 피해자로부터 돈을 빼앗으려고 하였고, 이에 피해자가 안방 출입문을 잠그고 완강히 버티다가 피고인이 큰 소리로 위협하면서 문틈으로 식칼을 집어넣어 잠금장치를 풀려고 하고 발로 출입문을 수회 차서 결국 그 문을 열고 안방으로 들어오자 피해자가 방 창문을 통해 베란다로 피신한 다음 베란다 창문을 통해 주택 아래로 뛰어내리다가 중상을 입은 경우 피고인은 강도치상죄의 죄책을 면할 수 없다. [법원행시 13]

154 (○) 피고인의 위 폭행·협박행위와 위 피해자의 상해 사이에는 상당인과관계가 있고, 탈출을 시도할 가능성이 있고 상해를 입을 수 있다는 예견도 가능하였다(대법원 1996.7.12, 96도1142).

155 甲이 고속도로 2차로를 따라 자동차를 운전하다가 1차로를 진행하던 A의 차량 앞에 급하게 끼어든 후 곧바로 정차하여, A의 차량 및 이를 뒤따르던 차량 2대는 연이어 급제동하여 정차하였으나 그 뒤를 따라오던 B의 차량이 앞의 차량들을 연쇄적으로 추돌케 하여 B를 사망에 이르게 한 경우, B에게 주의의무를 위반한 과실이 있다면 甲에게는 일반교통방해치사죄가 성립하지 않는다. [변호사 16]

156 甲의 폭행이 A를 떠밀어 땅에 엉덩방아를 찧고 주저앉게 한 정도에 지나지 않았고 A는 외관상 건강하여 전혀 병약한 흔적이 없던 자인데, 실은 관상동맥 경화 및 협착증세를 가진 특수체질자였던 탓에 그러한 정도의 폭행에 의한 충격에도 심장마비를 일으켜 사망하게 된 경우, 甲에게 사망의 결과에 대한 예견가능성이 있었다고 보기는 어렵다. [국가7급 22]

해설+ 피고인의 폭행정도가 서로 시비하다가 피해자를 떠밀어 땅에 엉덩방아를 찧고 주저앉게 한 정도에 지나지 않은 것이었고 또 피해자는 외관상 건강하여 전혀 병약한 흔적이 없는 자인데 사실은 관상동맥경화 및 협착증세를 가진 특수체질자이었기 때문에 위와 같은 정도의 폭행에 의한 충격에도 심장마비를 일으켜 사망하게 된 것이라면 피고인에게 사망의 결과에 대한 예견가능성이 있었다고 보기 어려워 결과적 가중범인 폭행치사죄로 의율할 수는 없다(대법원 1985.4.3, 85도303).

157 甲은 공장에서 동료 A와 말다툼을 하던 중 A에게 삿대질을 하였는데 이를 피하고자 A 자신이 두어 걸음 뒷걸음치다가 회전 중이던 십자형 스빙기계 철받침대에 걸려 넘어져 머리를 시멘트 바닥에 부딪혀 두개골절로 사망한 경우, 甲에게 폭행치사죄의 책임을 물을 수 있다. [사시 15]

158 결과적 가중범은 중한 결과가 발생하여야 성립되는 범죄이므로 「형법」에는 결과적 가중범의 미수를 처벌하는 규정을 두고 있지 않다. [변호사 15]

해설+ 형법은 진정결과적 가중범인 (해상) 강도치사상죄(제337조, 제338조, 제340조 제2항·제3항 및 제342조)와 인질치사상죄(제324조의2·4·5)뿐만 아니라, 부진정결과적 가중범인 현주건조물일수치사상죄(제177조, 제182조)에 형식상 미수범을 처벌하는 규정을 두고 있다.

159 해상강도치사상죄, 자기소유일반물건방화죄, 강도치사상죄, 인질치사상죄 모두 형법상 미수범 처벌규정이 있다. [해경승진 23]

> **보충** 결과적 가중범은 거의 미수범 처벌규정이 없다. 다만, 인질치사상, 강도치사상, 해상강도치사상, 현주건조물일수치사상죄는 미수범 처벌규정이 있다.

159 (×) 자기소유일반물건방화죄는 미수를 벌하지 않는다(제174조, 제167조). 한편, 해상강도치사상죄(제342조), 강도치사상죄(제342조), 인질치사상죄(제324조의5)은 형법상 미수범 처벌규정이 있다.

160 결과적 가중범의 미수범 규정이 있는 경우, 기본범죄가 미수에 그친 때에는 결과적 가중범의 미수범이 성립된다. [변호사 21]

> **해설+** 결과적 가중범에서 중한 결과가 발생하였다면 기본범죄가 미수에 그쳤더라도 결과적 가중범의 기수범이 성립한다(다수설·판례, 대법원 1972.7.25, 72도1294, 미수범 처벌규정은 결과적 가중범에 대한 것이 아니라는 판례는 대법원 2008.4.24, 2007도10058).

160 (×)

161 고의의 기본범죄가 미수에 그치더라도 중한 결과가 발생한 경우에는 결과적 가중범의 기수범에 해당한다. [법원행시 12 변형]

161 (○) 대법원 1988.8.23, 88도1212

162 결과적 가중범의 기본범죄가 미수에 그친 경우에도 중한 결과가 발생하면 결과적 가중범의 기수가 성립한다. [변호사 15]

> **해설+** 위험한 물건인 전자충격기를 사용하여 강간을 시도하다가 미수에 그치고, 피해자에게 약 2주간의 치료를 요하는 안면부 좌상 등의 상해를 입힌 경우, 성폭력범죄의 처벌 및 피해자보호 등에 관한 법률에 의한 특수강간치상죄가 성립한다(대법원 2008.4.24, 2007도10058).

162 (○)

163 기본범죄가 미수인데 중한 결과가 발생한 경우에는 미수범의 임의적 감경 규정이 적용되지 않고 결과적 가중범(기수)이 그대로 성립하게 된다. [사시 13 변형]

163 (○) 대법원 1972.7.25, 72도1294; 1986.9.23, 86도1526

164 「형법」 규정이 강간치사상죄의 주체에 강간미수범을 포함하고 있으므로 기본범죄인 강간이 미수에 그쳤더라도 이로 인해 사상의 결과가 발생한 경우, 강간치사상죄의 기수가 성립한다. [국가9급 14] [사시 15]

164 (○) 대법원 1988.11.8, 88도1628; 1972.7.25, 72도1294

165 특수강간미수범이 피해자를 상해에 이르게 한 때에는 특수강간치상미수죄
가 성립한다.   [사시 12]

165 (×) '미수' → 삭제

해설+ 결과적 가중범은 기본범죄의 기수·미수를 불문한다. 특수강간미수범이 피해자를 상해에
이르게 한 때에는 특수강간치상죄가 성립한다.

166 성폭력범죄의 처벌 및 피해자보호 등에 관한 법률 제9조 제1항에 의하면
같은 법 제6조 제1항에서 규정하는 특수강간의 죄를 범한 자뿐만 아니라,
특수강간이 미수에 그쳤다고 하더라도 그로 인하여 피해자가 상해를 입었
으면 특수강간치상죄가 성립하는 것이고, 같은 법 제12조에서 규정한 위
제9조 제1항에 대한 미수범 처벌규정은 제9조 제1항에서 특수강간치상죄
와 함께 규정된 특수강간상해죄의 미수에 그친 경우, 즉 특수강간의 죄를
범하거나 미수에 그친 자가 피해자에 대하여 상해의 고의를 가지고 피해자
에게 상해를 입히려다가 미수에 그친 경우 등에 적용된다.
                                             [변호사 18 변형] [사시 15 변형]

166 (○) 대법원 2008.4.24, 2007
도10058

167 피고인이 위험한 물건인 전자충격기를 사용하여 강간을 시도하다가 미수
에 그치고 피해자에게 약 2주간의 치료를 요하는 안면부 좌상 등의 상해를
입힌 경우, 성폭력범죄의 처벌 등에 관한 특례법에 의한 특수강간치상죄의
기수가 성립한다.   [국가7급 20] [사시 11 변형]

167 (○) 결과적 가중범의 미수는
성립할 수 없으므로 이 경우 특수강간
치상의 미수가 아니라 특수강간치상
의 기수가 된다(대법원 2008.4.24,
2007도10058).

168 성폭력범죄의처벌등에관한특례법의 특수강간치상죄에 있어서 상해의 결
과가 발생한 이상 특수강간이 미수에 그쳤더라도 특수강간치상죄의 기수
범이 된다.   [법원승진 14]

168 (○) 대법원 2008.4.24, 2007
도10058

169 조문형식상 결과적 가중범에 대한 미수범 처벌규정이 있더라도 이는 결합범에만 적용되고, 결과적 가중범의 경우에는 중한 결과가 발생한 이상 기본범죄가 미수에 그쳐도 결과적 가중범의 기수범이 된다. [국가9급 23]

169 (○)

해설+ 결과적 가중범의 미수범의 문제는 기본범죄가 미수에 그쳤는데 무거운 결과가 발생한 경우 결과적 가중범의 미수범 처벌이 가능한가의 문제라고 할 수 있는바, 판례와 다수설은 부정설을 취한다. 기본범죄가 미수인데 무거운 결과가 발생한 경우에는 미수범의 임의적 감경규정이 적용되지 않고 결과적 가중범의 기수가 성립한다.

판례 성폭력범죄의 처벌 및 피해자보호 등에 관한 법률 제9조 제1항에 의하면 같은 법 제6조 제1항에서 규정하는 특수강간의 죄를 범한 자뿐만 아니라, 특수강간이 미수에 그쳤다고 하더라도 그로 인하여 피해자가 상해를 입었으면 특수강간치상죄가 성립하는 것이고, 같은 법 제12조에서 규정한 위 제9조 제1항에 대한 미수범 처벌규정은 제9조 제1항에서 특수강간치상죄와 함께 규정된 특수강간상해죄의 미수에 그친 경우, 즉 특수강간의 죄를 범하거나 미수에 그친 자가 피해자에 대하여 상해의 고의를 가지고 피해자에게 상해를 입히려다가 미수에 그친 경우 등에 적용된다(대법원 2008.4.24, 2007도10058).

170 결과적 가중범의 미수를 부정하는 견해에 의하면 강도의 죄에 대한 미수범 처벌규정(「형법」 제342조)에 강도치사상죄와 같은 결과적 가중범이 포함되어 있지만 이 규정은 강도치사상죄에는 적용되지 않고 강도살인죄·강도상해죄에 적용될 뿐이라고 한다. [국가7급 13 변형]

170 (○) 다수설·판례의 입장은 이처럼 결과적 가중범의 미수부정설이다.

171 기본범죄에 대해서는 고의가 인정되고 중한 결과는 과실에 의해 발생한 범죄에 대해서도 "2인 이상이 공동으로 죄를 범한 때에는 각자를 그 죄의 정범으로 처벌한다."고 규정하고 있는 제30조가 적용될 수 있다. [사시 11]

171 (○) 결과적 가중범의 공동정범도 긍정하는 것이 판례의 입장이다.

172 결과적 가중범의 공동정범이 성립하기 위해서는 중한 결과 발생에 직접 가담하지 않은 행위자에게도 그 결과 발생에 대한 예견가능성이 있어야 한다. [사시 14]

172 (○)

해설+ 판례는 결과에 대한 예견가능성이 있으면 결과적 가중범의 공동정범은 성립한다는 입장으로, 행위를 공동으로 할 의사가 있으면 성립하고 결과를 공동으로 할 의사까지는 필요 없다고 보고 있다(대법원 2002.4.12, 2000도3485).

173 결과적 가중범에 있어서 중한 결과를 같이 발생시킬 의사가 없었더라도 행위를 공동으로 할 의사가 있고 중한 결과가 예견 가능한 것이었다면 결과적 가중범의 공동정범이 성립한다. [국가9급 23]

174 결과적 가중범인 상해치사죄의 공동정범은 폭행 기타의 신체침해행위를 공동으로 할 의사가 있으면 성립되고 결과를 공동으로 할 의사는 필요 없다. [법원행시 12 변형]

175 결과적 가중범의 공동정범이 성립하기 위해서는 고의의 기본범죄를 공동으로 할 의사와 함께 과실에 의한 중한 결과를 공동으로 할 의사가 필요하다. [변호사 21]

176 결과적 가중범의 공동정범은 기본행위를 공동으로 할 의사가 있으면 성립하고 결과를 공동으로 할 의사나 그 결과의 발생을 예견할 수 있었을 것을 요하지 않는다. [법원9급 22]

해설+ 결과적 가중범의 공동정범은 기본행위를 공동으로 할 의사가 있으면 성립하고 결과를 공동으로 할 의사까지는 요하지 않는바, 특수공무집행방해치상죄는 단체 또는 다중의 위력을 보이거나 위험한 물건을 휴대하고 직무를 집행하는 공무원에 대하여 폭행·협박을 하여 공무원을 사상에 이르게 한 경우에 성립하는 결과적 가중범으로서, 행위자가 그 결과를 의도할 필요는 없고 그 결과의 발생을 예견할 수 있으면 족하다(대법원 2008.6.26, 2007도6188).

177 기본행위를 공동으로 할 의사만 있고 결과를 공동으로 할 의사가 없더라도 중한 결과에 대한 예견가능성이 있다면 결과적 가중범의 공동정범이 인정된다. [경찰간부 12 변형]

해설+ 강도의 공범자 중 1인이 강도의 기회에 피해자에게 폭행 또는 상해를 가하여 살해한 경우 다른 공모자가 살인의 공모를 하지 아니하였다고 하여도 그 살인행위나 치사의 결과를 예견할 수 없었던 경우가 아니면 강도치사죄의 죄책을 면할 수 없다(대법원 1991.11.12, 91도2156).

178 결과적 가중범인 상해치사죄의 공동정범은 폭행 기타의 신체침해행위를 공동으로 할 의사가 있으면 성립되고 결과를 공동으로 할 의사는 필요 없으며, 여러 사람이 상해의 범의로 범행 중 한 사람이 중한 상해를 가하여 피해자가 사망에 이르게 된 경우 나머지 사람들은 사망의 결과를 예견할 수 없는 때가 아닌 한 상해치사의 죄책을 면할 수 없다.

[국가7급 13 변형] [변호사 14 변형]

178 (O) 대법원 2000.5.12, 2000도745

179 강도의 공범자 중 1인이 강도의 기회에 피해자에게 폭행 또는 상해를 가하여 살해한 경우에 다른 공범자는 강도의 수단으로 폭행 또는 상해가 가해지리라는 점에 대하여 상호 인식이 있었다면 살해에 대하여 공모한 바가 없다고 하여도 강도치사죄의 죄책을 진다.

[변호사 16]

179 (O) 대법원 2000.12.8, 2000도4459

180 집회 및 시위에 참가한 노동조합원 중 일부가 시위진압 경찰관들과의 몸싸움 과정에서 다중의 위력으로 경찰관들의 공무집행을 방해하여 상해에 이르게 한 경우 위 노동조합지역본부장의 직책을 가지고 그 집회 및 시위에 적극적으로 참가한 자에게는 특수공무집행방해치상죄의 공동정범으로서의 죄책이 인정되지 않는다.

[국가7급 13 변형]

180 (X) '인정되지 않는다' → '인정된다'
특수공무집행방해치상죄의 공동정범이 인정된다(대법원 2002.4.12, 2000도3485).

181 공무집행을 방해하는 집단행위의 과정에서 일부 집단원이 고의로 살상을 가한 경우에도 다른 집단원에게 그 사상의 결과가 예견 가능한 것이었다면 다른 집단원도 그 결과에 대하여 특수공무방해치사상의 책임을 면할 수 없다.

[국가9급총론 17]

181 (O) 대법원 1990.6.26, 90도765

182 건물의 방화행위를 하던 집단 중 1인이 건물 내의 피해자에게 화염병을 던져 화상을 입힌 경우, 공모에 참여한 집단원 모두가 현존건조물방화치상의 죄책을 진다.

[법원행시 13]

182 (O)

해설+ 일부 집단원이 고의행위로 살상을 가한 경우에도 다른 집단원에게 그 사상의 결과가 예견 가능한 것이었다면 다른 집단원도 그 결과에 대하여 현존건조물방화치사상의 책임을 면할 수 없다 (대법원 1996.4.12, 96도215).

183 교사자가 피교사자에 대하여 상해를 교사하였는데 피교사자가 이를 넘어 살인을 실행한 경우, 교사자에게 피해자의 사망이라는 결과에 대하여 과실 내지 예견가능성이 있는 때에는 상해치사죄의 교사범으로서의 죄책을 진다. [국가9급총론 18] [변호사 14·16]

183 (○) 대법원 1993.10.8, 93도1873; 1997.6.24, 97도1075

184 甲이 乙에게 A에 대한 상해를 교사하여 乙이 이를 승낙하고 실행을 하였으나 A가 그 상해로 인해 사망한 경우, 甲에게 A의 사망에 대한 예견가능성이 인정된다면 상해치사죄의 교사범이 성립한다. [경찰간부 22]

184 (○)

해설+ 교사자에게 무거운 결과에 대한 예견가능성이 있다면 결과적 가중범의 교사범이 성립할 수 있다는 것이 판례의 태도이다.

3 부작위범

 대표유형

어떤 범죄가 작위와 동시에 부작위에 의하여도 실현될 수 있는 경우, 행위자가 작위에 의하여 타인의 법익을 침해하고 침해 상태를 부작위에 의해 유지하였더라도 작위에 의한 범죄로 봄이 원칙이다. [국가9급총론 17]

(○) 대법원 2004.6.24, 2002도995

대표유형

법무사가 아닌 사람이 법무사로 소개되거나 호칭되는 데에도 자신이 법무사가 아니라는 사실을 밝히지 않은 채 법무사 행세를 계속하면서 근저당권설정계약서를 작성하였다면, 부작위에 의한 법무사법 위반죄에 해당한다. [법원9급 13]

(○) 자신이 법무사가 아님을 밝힐 계약상 또는 조리상의 법적인 작위의무가 있고, 법무사로 호칭되도록 계속 방치한 것은 작위에 의하여 법무사의 명칭을 사용한 경우와 동등한 형법적 가치가 있는 것으로 볼 수 있어 이 경우 부작위에 의한 법무사법 위반죄에 해당한다(대법원 2008.2.28, 2007도9354).

185 「형법」은 부작위범의 성립요건을 별도로 규정하고 있다. [경찰채용 19 2차]

185 (○) 제18조

해설+ 제18조 【부작위범】 위험의 발생을 방지할 의무가 있거나 자기의 행위로 인하여 위험발생의 원인을 야기한 자가 그 위험발생을 방지하지 아니한 때에는 그 발생된 결과에 의하여 처벌한다.

186 부작위가 작위에 의한 법익침해와 동등한 형법적 가치가 있는 것이어서 그 범죄의 실행행위로 평가될 만한 것이라면, 부작위범으로 처벌할 수 있다.

[국가9급 12]

186 (○) 대법원 1996.9.6, 95도2551

187 「형법」 제18조의 부작위범과 관련하여 어떤 행위가 작위적 성격과 부작위적 성격을 동시에 갖는 경우에는 이는 작위에 의한 범죄로 봄이 원칙이다.

[국가9급 14 변형]

187 (○) 작위범과 부작위범은 법조경합 중 보충관계에 속하고, 행위의 동일성이 인정되지 않으며, 오직 시간적 중복만이 가능하므로 상상적 경합관계가 성립하지 않는다.

188 어떠한 범죄가 적극적 작위 또는 소극적 부작위에 의하여도 실현될 수 있는 경우에, 행위자가 자신의 신체적 활동이나 물리적·화학적 작용을 통하여 적극적으로 타인의 법익 상황을 악화시킴으로써 결국 그 타인의 법익을 침해하기에 이르렀다면, 이는 부작위에 의한 범죄로 봄이 원칙이다.

[국가9급 12]

188 (×) '부작위' → '작위'
행위자가 자신의 신체적 활동이나 물리적·화학적 작용을 통하여 적극적으로 타인의 법익 상황을 악화시킴으로써 결국 그 타인의 법익을 침해하기에 이르렀다면, 이는 작위에 의한 범죄로 봄이 원칙이다(대법원 2004.6.24, 2002도995).

189 파업은 그 자체로 부작위가 아니라 작위적 행위이다. [경찰채용 19 1차]

189 (○)

해설+ 쟁의행위로서 파업(노동조합 및 노동관계조정법 제2조 제6호)도, 단순히 근로계약에 따른 노무의 제공을 거부하는 부작위에 그치지 아니하고 이를 넘어서 사용자에게 압력을 가하여 근로자의 주장을 관철하고자 집단적으로 노무제공을 중단하는 실력행사이므로, 업무방해죄에서 말하는 위력에 해당하는 요소를 포함하고 있다(대법원 2011.3.17, 2007도482 전원합의체).

보충 (다만) 근로자는 원칙적으로 헌법상 보장된 기본권으로서 근로조건 향상을 위한 자주적인 단결권·단체교섭권 및 단체행동권을 가지므로(헌법 제33조 제1항), 쟁의행위로서 파업이 언제나 업무방해죄에 해당하는 것으로 볼 것은 아니고, 전후 사정과 경위 등에 비추어 사용자가 예측할 수 없는 시기에 전격적으로 이루어져 사용자의 사업운영에 심대한 혼란 내지 막대한 손해를 초래하는 등으로 사용자의 사업계속에 관한 자유의사가 제압·혼란될 수 있다고 평가할 수 있는 경우에 비로소 집단적 노무제공의 거부가 위력에 해당하여 업무방해죄가 성립한다고 보는 것이 타당하다(위 판례).

190 전담의사가 중환자실에서 인공호흡기를 부착하고 치료를 받던 환자의 처의 요청에 따라 치료를 중단하고 퇴원조치를 함으로써 귀가 후 수련의의 인공호흡기 제거로 환자가 사망한 경우, 전담의사에게 작위에 의한 살인방조죄가 성립한다.　　　　　　　　　　　　　　[경찰채용 18 1차] [변호사 13 변형]

190 (O) 작위에 의한 살인죄의 방조범, 즉 작위범이 성립하므로 별도로 부작위범이 성립하지 않는다 (보라매병원 사건, 대법원 2004.6. 24, 2002도995).

191 「형법」 제18조에서 말하는 부작위는 법적 기대라는 규범적 가치판단 요소에 의하여 사회적 중요성을 가지는 사람의 행태가 되어 법적 의미에서 작위와 함께 행위의 기본형태를 이루게 된다.　　　　　　　[국가7급2차 21]

191 (O)

> **해설+** 범죄는 보통 적극적인 행위에 의하여 실행되지만 때로는 결과의 발생을 방지하지 아니한 부작위에 의하여도 실현될 수 있다. 형법 제18조는 "위험의 발생을 방지할 의무가 있거나 자기의 행위로 인하여 위험발생의 원인을 야기한 자가 그 위험발생을 방지하지 아니한 때에는 그 발생된 결과에 의하여 처벌한다."라고 하여 부작위범의 성립 요건을 별도로 규정하고 있다. 자연적 의미에서의 부작위는 거동성이 있는 작위와 본질적으로 구별되는 무(無)에 지나지 아니하지만, 위 규정에서 말하는 부작위는 법적 기대라는 규범적 가치판단 요소에 의하여 사회적 중요성을 가지는 사람의 행태가 되어 법적 의미에서 작위와 함께 행위의 기본형태를 이루게 되므로, 특정한 행위를 하지 아니하는 부작위가 형법적으로 부작위로서의 의미를 가지기 위해서는, 보호법익의 주체에게 해당 구성요건적 결과 발생의 위험이 있는 상황에서 행위자가 구성요건의 실현을 회피하기 위하여 요구되는 행위를 현실적·물리적으로 행할 수 있었음에도 하지 아니하였다고 평가될 수 있어야 한다(대법원 2015.11.12, 2015도6809 전원합의체).

192 「형법」 제18조에서 규정한 부작위는 법적 기대라는 규범적 가치판단 요소에 의해 사회적 중요성을 가지는 사람의 행태이다.　　　　　[국가9급 22]

192 (O)

> **해설+** 형법 제18조에서 말하는 부작위는 법적 기대라는 규범적 가치판단 요소에 의하여 사회적 중요성을 가지는 사람의 행태가 되어 법적 의미에서 작위와 함께 행위의 기본형태를 이루게 되므로, 특정한 행위를 하지 아니하는 부작위가 형법적으로 부작위로서의 의미를 가지기 위해서는, 보호법익의 주체에게 해당 구성요건적 결과발생의 위험이 있는 상황에서 행위자가 구성요건의 실현을 회피하기 위하여 요구되는 행위를 현실적·물리적으로 행할 수 있었음에도 하지 아니하였다고 평가될 수 있어야 한다(대법원 2015.11.12, 2015도6809 전원합의체).

193 퇴거불응죄와 같이 구성요건행위가 부작위로 규정되어 있는 범죄를 '부작위에 의한 작위범' 혹은 '진정부작위범'이라고 한다.　　　　[법원9급 13 변형]

193 (X) '작위범' → '부작위범' 퇴거불응죄와 같이 구성요건행위가 부작위로 규정되어 있는 범죄를 '부작위에 의한 부작위범' 혹은 '진정부작위범'이라고 한다.

194 직무유기죄는 직무수행의 의무가 있음에도 불구하고 직무를 버린다는 인식 하에 그 의무를 수행하지 아니함으로써 성립하는 진정부작위범이다.

[국가9급 14]

194 (×) '진정부작위범' → '부진정부작위범'(대법원 1972.9.12, 72도1175)

195 「형법」제18조의 부작위범이 되기 위해서는 법익침해의 결과발생을 방지할 법적인 작위의무를 지고 있는 자가 그 의무를 이행하지 아니한 경우에, 그 부작위가 작위에 의한 법익침해와 동등한 형법적 가치가 있는 것이어야 한다.

[국가9급 14 변형]

195 (○) 대법원 1997.3.14, 96도1639

196 익사 직전의 아이에 대한 보증인 지위가 인정되더라도 구조가 불가능한 상황에서는 부작위범이 성립할 수 없다.

[국가9급총론 17]

해설+ 부작위범이 성립하기 위해서는 작위의무가 요구되는데, 객관적으로 불가능한 것을 요구하는 작위의무는 성립될 수 없기 때문이다. 이론적으로 개별적 행위의 가능성(개별적 행위능력)이라 하고, 이는 진정부작위범과 부진정부작위범의 공통 구성요건요소이다.

196 (○)

197 진정부작위범과 부진정부작위범 모두 작위의무가 법적으로 인정되더라도 작위의무를 이행하는 것이 사실상 불가능한 상황이었다면, 부작위범이 성립할 수 없다.

[변호사 21]

197 (○) 개별적 행위의 가능성은 진정부작위범과 부진정부작위범의 공통 구성요건요소이다.

198 모텔 방에 투숙하여 담배를 피운 후 재떨이에 버리고 잠을 잔 과실로 담뱃불이 휴지와 침대 시트에 옮겨 붙게 함으로써 화재가 발생한 경우, 위 화재가 중대한 과실 있는 선행행위로 발생한 이상 화재를 소화할 법률상 의무는 있다 할 것이나, 화재 발생 사실을 안 상태에서 모텔을 빠져나오면서도 모텔 주인이나 다른 투숙객들에게 이를 알리지 아니하였다는 사정만으로는 화재를 용이하게 소화할 수 있었다고 보기 어렵기 때문에, 부작위에 의한 현주건조물방화치사상죄는 성립하지 않는다.

[변호사 13 변형]

198 (○) 대법원 2010.1.14, 2009도12109

199 작위의무가 법적으로 인정되는 부진정부작위범이라 하더라도 작위의무를 이행하는 것이 사실상 불가능한 상황이었다면, 부작위범이 성립할 수 없다.

[경찰간부 22]

199 (O)

해설+ 개별적 행위의 가능성은 진정부작위범과 부진정부작위범의 공통 구성요건요소이다. 판례도 다음과 같이 부진정부작위범에 있어서 개별적 행위의 가능성이 없는 경우, 그 범죄의 성립을 인정하지 않는다. "모텔 방에 투숙하여 담배를 피운 후 재떨이에 담배를 끄게 되었으나 담뱃불이 완전히 꺼졌는지 여부를 확인하지 않은 채 불이 붙기 쉬운 휴지를 재떨이에 버리고 잠을 잔 과실로 담뱃불이 휴지와 침대시트에 옮겨 붙게 함으로써 화재가 발생한 경우, 위 화재가 중대한 과실 있는 선행행위로 발생한 이상 화재를 소화할 법률상 의무는 있다 할 것이나, 화재발생 사실을 안 상태에서 모텔을 빠져나오면서도 모텔 주인이나 다른 투숙객들에게 이를 알리지 아니하였다는 사정만으로는 화재를 용이하게 소화할 수 있었다고 보기 어렵다는 점에서, 부작위에 의한 현주건조물방화치사상죄의 공소사실에 대해 무죄를 선고한다(대법원 2010.1.14, 2009도12109,2009감도38)."

200 부작위범의 작위의무의 체계적 지위에 관한 위법성요소설에 대해서는 부진정부작위범의 구성요건해당성이 부당하게 축소된다는 비판이 있다.

200 (×) 부진정부작위범의 구성요건해당성이 부당하게 확대된다는 비판이 있다.

201 부작위범의 작위의무의 체계적 지위에 관한 위법성요소설에 대해서는 구성요건의 징표적 기능을 무시한다는 비판이 있다.

보충 구성요건의 징표적 기능을 다하지 못한다는 위법성요소설에 대한 비판은 구성요건요소설에 대하여도 적용될 수 있다. 보증인의무까지 모두 구성요건요소로 파악하는 구성요건요소설에 의하면, 구성요건해당성 자체에서 위법성 판단까지 되고 있기 때문이다. 즉, 위법성요소설이나 구성요건요소설 모두 작위범과의 체계적 균형에 반한다는 비판이 공통적으로 적용된다.

201 (O) 원래 구성요건해당성은 위법성의 인식근거, 즉 징표로서 기능을 하는 것인데(구성요건과 위법성의 관계에 관한 인식근거설, 통설), 위법성요소설은 모든 부작위를 구성요건에 해당한다고 봄으로써 구성요건에 해당하는 부작위만이 가지는 위법성에 대한 사실상의 추정기능, 즉 구성요건의 징표적 기능을 무시한다는 비판을 받게 된다.

202 부작위범의 작위의무의 체계적 지위에 관한 구성요건요소설은 보증인지위와 그 기초가 되는 보증인의무를 모두 부진정부작위범의 구성요건요소로 이해하는 것이 아니라 보증인지위만 구성요건요소로 파악한다.

202 (×) 모두 구성요건요소로 파악한다.

203 부진정부작위범의 작위의무의 체계적 지위를 구성요건요소로 파악하는 입장은 작위범과의 체계적 균형과 일치한다는 장점을 가지고 있다.

203 (×)

> **해설+** 구성요건요소설(보증인설)은 보증인지위와 보증인의무를 모두 구성요건요소로 파악한다. 그러나 작위범에서는 작위를 구성요건요소, 법적 의무(부작위의무)를 위법성요소로 파악하므로, 구성요건요소설에 대하여 작위범과의 체계적 균형에 어긋난다는 비판이 제기된다. 여기에서 보증인지위는 구성요건요소, 보증인의무는 위법성요소로 파악하여야 한다는 이분설(통설)이 나오게 된다.

204 부작위범의 작위의무의 체계적 지위에 관한 이분설에 의할 때, 부진정부작위범의 보증인적 지위에 대한 착오는 구성요건착오요, 보증인적 의무에 대한 착오는 금지착오이다.

204 (○) 보증인적 지위는 구성요건요소이고, 보증인적 의무는 위법성요소이므로 맞는 내용이다.

205 보증인지위의 발생근거에 대한 실질설(기능설)은 법령 · 계약 · 선행행위 · 조리 등을 주된 근거로 들며, 형식설(법원설)은 보호의무와 안전의무를 지도적 관점으로 채택한다. [사시 12 변형]

205 (×) '실질설(기능설)' → '형식설(법원설)', '형식설(법원설)' → '실질설(기능설)'

> **해설+** 보호의무와 안전의무를 지도적 관점으로 채택한 것이 실질설(기능설)이고, 법령 · 계약 · 선행행위 · 조리 등을 주된 근거로 드는 것이 형식설(법원설)이다. 위 지문은 그 설명이 반대로 되어 있다.

206 부진정부작위범에서 부작위가 작위와 같이 평가될 수 있기 위해서는 부작위범에게 결과발생을 방지하여야 할 보증인지위가 있어야 한다.

[국가9급 18]

206 (○) 대법원 2011.3.17, 2007도482 전원합의체

207 부작위범의 작위의무는 공법상의 의무로 제한되므로 단순한 도덕상 또는 종교상의 의무는 포함되지 않으나 작위의무가 공법적인 의무인 한 성문법이건 불문법이건 상관이 없고 법령, 법률행위, 선행행위로 인한 경우는 물론이고 기타 신의성실의 원칙이나 사회상규 혹은 조리상 작위의무가 기대되는 경우에도 법적인 작위의무는 있다. [국가7급 23]

207 (×)

> **해설+** 작위의무는 법적인 의무이어야 하므로 단순한 도덕상 또는 종교상의 의무는 포함되지 않으나 작위의무가 법적인 의무인 한 성문법이건 불문법이건 상관이 없고 또 공법이건 사법이건 불문하므로, 법령, 법률행위, 선행행위로 인한 경우는 물론이고 기타 신의성실의 원칙이나 사회상규 혹은 조리상 작위의무가 기대되는 경우에도 법적인 작위의무는 있다(대법원 1996.9.6, 95도2551).

208 민법상 부부간의 부양의무에 근거한 법률상 보호의무인 작위의무는 법률상 부부의 경우에 한정되므로 사실혼 관계에서는 인정될 여지가 없다.

해설+ 사실혼 관계에 있는 경우에도 유기죄의 보호법익에 비추어 법률상 보호의무의 존재를 긍정하여야 한다(대법원 2008.2.14, 2007도3952).

209 도로교통법이 규정한 교통사고 발생시의 구호조치의무 및 신고의무는 교통사고를 발생시킨 당해 차량의 운전자에게 그 사고발생에 있어서 고의·과실 혹은 유책·위법의 유무에 관계없이 부과된 의무라고 해석함이 상당할 것이므로, 당해 사고에 있어 귀책사유가 없는 경우에도 위 의무가 없다 할 수 없고, 또 위 의무는 신고의무에만 한정되는 것이 아니므로 타인에게 신고를 부탁하고 현장을 이탈하였다고 하여 위 의무를 다한 것이라고 말할 수는 없다. [국가9급 11 변형]

209 (○) 대법원 2002.5.24, 2000도1731

210 도로교통법 제54조와 같이 법령상 특별한 의무가 주어진 경우에는 위법하지 않은 선행행위로부터도 작위의무가 발생한다. [국가7급 16]

210 (○) 대법원 2015.10.15, 2015도12451

211 부작위범에 있어서 작위의무는 법령, 법률행위, 선행행위로 인한 경우는 물론, 신의성실의 원칙이나 사회상규 혹은 조리상 작위의무가 기대되는 경우에도 인정된다. [국가9급 18] [국가9급총론 17]

211 (○) 대법원 2015.11.12, 2015도6809 전원합의체

212 부진정부작위범에서 보증인의 작위의무와 유기죄에서 보호의무자의 작위의무의 발생근거는 동일하지 않다. [국가9급 11]

212 (○)

해설+ 부진정부작위범의 경우 법령, 계약 등 법률행위, 조리, 선행행위이며, 유기죄(제271조 제1항)의 경우 법률과 계약에 근거한 보호의무로 제한된다(대법원 1977.1.11, 76도3419).

213 법무사법 제3조 제2항은 "법무사가 아닌 자는 법무사 또는 이와 비슷한 명칭을 사용하지 못한다."라고 규정하고 있는바, 법무사가 아닌 사람이 법무사로 소개되거나 호칭되는 데에도 불구하고 아무런 해명도 하지 않은 채 법무사 행세를 계속하면서 근저당권설정계약서를 작성하였더라도 본인이 스스로 자신을 법무사라고 하거나 법무사 명칭을 적극적으로 사용하지 않았다면 위 규정 위반죄를 인정할 수 없다. [사시 14]

213 (×) '더라도 본인이 스스로 자신을 법무사라고 하거나 법무사 명칭을 적극적으로 사용하지 않았다면' → '다면', '없다' → '있다' 법무사로 호칭되도록 계속 방치한 것은 작위에 의하여 법무사의 명칭을 사용한 경우와 동등한 형법적 가치가 있는 것으로 볼 수 있다(대법원 2008.2.28, 2007도9354).

214 인터넷 포털사이트 내 오락채널 총괄팀장과 오락채널 내 만화사업의 운영 직원은 콘텐츠제공업체들이 게재하는 음란만화의 삭제를 요구할 조리상의 의무가 있다. [국가9급 16]

214 (○) 대법원 2006.4.28, 2003도4128

215 「형법」 제18조 부작위범의 성립을 위한 작위의무의 발생근거와 「형법」 제271조 유기죄의 성립을 위한 보호의무의 발생근거는 그 범위가 동일하다. [국가7급 21]

215 (×)

해설+ 유추해석금지원칙상 유기죄의 보호의무 발생근거(법률, 계약)는 부진정부작위범의 작위의무 발생근거(법령, 계약 등 법률행위, 조리, 선행행위)보다 좁게 파악된다.

216 부작위에 의한 사기죄에서 작위의무의 발생근거는 유기죄에서 보호의무의 발생근거보다 그 범위가 좁다. [사시 12 변형]

216 (×) '좁다' → '넓다'

해설+ 유기죄의 보호의무 발생근거는 명문의 규정에 의하여 법령, 계약상 의무에 한정되므로(제271조 제1항), 조리 등도 포함될 수 있는 부작위에 의한 사기죄의 작위의무 발생근거가 더 넓다.

217 유인한 피해자를 감금한 자가 탈진상태에 빠진 피해자의 얼굴에 모포를 덮어씌워 놓고 나오면서 피해자를 그냥 두면 죽을 것 같다는 생각이 들면서도 그대로 방치한 결과 피해자가 사망한 경우 감금치사죄가 성립한다. [사시 11]

217 (×) '감금치사죄' → '살인죄' (대법원 1982.11.23, 82도2024)

218 부작위에 의한 살인에 있어서 작위의무를 이행하였다면 사망의 결과가 발생하지 않았을 것이라는 관계가 인정될 경우, 부작위와 사망의 결과 사이에 인과관계가 인정된다.　　　　　　　　　　　　　　　[경찰간부 22]

> **해설+** 부작위에 의한 살인죄는 결과범이므로 인과관계가 있어야 기수가 된다. 판례도 다음과 같다. "선박침몰 등과 같은 조난사고로 승객이나 다른 승무원들이 스스로 생명에 대한 위협에 대처할 수 없는 급박한 상황이 발생한 경우에는 선박의 운항을 지배하고 있는 선장이나 갑판 또는 선내에서 구체적인 구조행위를 지배하고 있는 선원들은 적극적인 구호활동을 통해 보호능력이 없는 승객이나 다른 승무원의 사망 결과를 방지하여야 할 작위의무가 있다 할 것이므로, 법익침해의 태양과 정도 등에 따라 요구되는 개별적·구체적인 구호의무를 이행함으로써 사망의 결과를 쉽게 방지할 수 있음에도 그에 이르는 사태의 핵심적 경과를 그대로 방관하여 사망의 결과를 초래하였다면, 그 부작위는 작위에 의한 살인행위와 동등한 형법적 가치를 가진다고 할 것이고, 이와 같이 작위의무를 이행하였다면 그 결과가 발생하지 않았을 것이라는 관계가 인정될 경우에는 그 작위를 하지 않은 부작위와 사망의 결과 사이에 인과관계가 있는 것으로 보아야 할 것이다(대법원 2015.11.12, 2015도6809 전원합의체)."

219 피고인이 미성년자를 유인하여 포박·감금한 후 단지 그 상태를 유지하였을 뿐인데도 피감금자가 사망에 이르게 된 것이라면 피고인의 죄책은 감금치사죄에 해당한다 하겠으나, 나아가서 그 감금상태가 계속된 어느 시점에서 피고인에게 살해의 범의가 생겨 피감금자에 대한 위험발생을 방지함이 없이 포박 감금상태에 있던 피감금자를 그대로 방치함으로써 사망케 하였다면 피고인의 부작위는 살인죄의 구성요건적 행위를 충족하는 것이라고 평가하기에 충분하므로 부작위에 의한 살인죄를 구성한다.　[변호사 14 변형]

220 甲은 길을 가던 중 갑작스러운 호흡곤란을 호소하는 A로부터 도움을 요청받았으나 귀찮은 생각이 들어 이를 거절하였다. 간단한 응급처치만 있었어도 살 수 있었던 A는 10여 분 후 사망하고 말았다. 보증인지위의 발생근거에 관한 실질설(기능설)의 입장에서 판단할 때 甲에게는 부작위에 의한 살인죄가 성립한다.　　　　　　　　　　　　　　　　　　[사시 12]

221 압류된 골프장시설을 보관하는 회사의 대표이사가 위 압류시설의 사용 및 봉인의 훼손을 방지할 수 있는 적절한 조치 없이 골프장을 개장하게 하여 봉인이 훼손되게 한 경우, 작위에 의한 공무상표시무효죄에 해당한다.　　　　　　　　　　　　　　　　　　[법원행시 10 변형]

222 위치추적 전자장치의 피부착자 甲이 그 장치의 구성 부분인 휴대용 추적장치를 분실한 후 3일이 경과하도록 보호관찰소에 분실신고를 하지 않고 돌아다닌 경우, 분실을 넘어서서 상당한 기간 동안 휴대용 추적장치가 없는 상태를 방치한 부작위는 「전자장치 부착 등에 관한 법률」 제38조에 따른 전자장치의 효용을 해한 행위에 해당하지 아니한다. [경찰채용 22 2차]

222 (×)

해설+ 위치추적 전자장치의 피부착자인 피고인이 구성 부분인 휴대용 추적장치를 분실한 후 3일이 경과하도록 보호관찰소에 분실신고를 하지 않고 돌아다니는 등 전자장치의 효용을 해하였다고 하여 특정 범죄자에 대한 위치추적 전자장치 부착 등에 관한 법률 위반으로 기소된 경우, 피고인이 휴대용 추적장치의 분실을 넘어서서 상당한 기간 동안 휴대용 추적장치가 없는 상태를 임의로 방치하여 전자장치의 효용이 정상적으로 발휘될 수 없는 상태를 이룬 행위를 전자장치의 효용을 해한 행위로 보고, 위 행위에 고의가 있었음을 전제로 유죄를 인정한다(대법원 2012.8.17, 2012도5862).

보충 전자장치 부착법 제38조는 위치추적 전자장치(이하 '전자장치')의 피부착자가 부착기간 중 전자장치를 신체에서 임의로 분리·손상, 전파방해 또는 수신자료의 변조, 그 밖의 방법으로 그 효용을 해한 행위를 처벌하고 있는데, 그 효용을 해하는 행위는 전자장치를 부착하게 하여 위치를 추적하도록 한 전자장치의 실질적인 효용을 해하는 행위를 말하는 것으로서, 전자장치 자체의 기능을 직접적으로 해하는 행위뿐 아니라 전자장치의 효용이 정상적으로 발휘될 수 없도록 하는 행위도 포함되며, 부작위라고 하더라도 고의적으로 그 효용이 정상적으로 발휘될 수 없도록 한 경우에는 처벌된다고 해석된다(위 판례).

223 부진정부작위범의 요건으로 행위태양의 동가치성을 요구하는 것은 부진정부작위범의 형사처벌을 확장하는 기능을 한다. [변호사 21] [해경승진 23]

223 (×)

해설+ 부진정부작위범의 요건으로 행위태양의 동가치성을 요구할 경우, 작위와 동가치적으로 평가되지 않는 부작위에 의해서는 부진정부작위범이 성립하지 않게 되므로, 부진정부작위범의 형사처벌 범위는 축소된다.

224 부진정부작위범을 작위범과 동일하게 평가하기 위해서는 보증인적 지위 외에 부작위와 작위의 동가치성(상응성)을 요하며, 이는 「형법」이 명문으로 규정하고 있다. [경찰채용 19 2차]

224 (×) 행위정형의 동가치성은 부진정부작위범의 특유의 구성요건이다. 이는 명문으로 규정되어 있지 않지만, 통설과 판례는 인정하고 있다.

225 부진정부작위범의 경우에는 보호법익의 주체가 법익에 대한 침해위협에 대처할 보호능력이 없고, 부작위행위자에게 침해위협으로부터 법익을 보호해 주어야 할 법적 작위의무가 있을 뿐 아니라, 부작위행위자가 그러한 보호적 지위에서 법익침해를 일으키는 사태를 지배하고 있어 작위의무의 이행으로 결과발생을 쉽게 방지할 수 있어야 부작위로 인한 법익침해가 작위에 의한 법익침해와 동등한 형법적 가치가 있는 것으로서 범죄의 실행행위로 평가될 수 있다.   [국가7급 17]

225 (○) 대법원 2015.11.12, 2015도6809 전원합의체

226 살인죄와 같은 단순결과범과 사기죄와 같은 행태의존적 결과범을 구별하는 견해에 따르면 행위정형의 동가성(동가치성)은 전자의 경우에만 특별한 의미를 가진다.   [사시 12 변형]

해설+ 단순결과범은 추가적인 동가치성이 요구되지 않는다는 것이 통설이다(판례는 필요설). 반면, 행위의존적 결과범은 특정한 행위방법에 의한 결과발생을 요하는바, 부작위가 이러한 작위범의 행위태양과 상응하는 모습이어야 한다.

226 (×) '전자' → '후자'

227 살인죄와 같이 단순한 결과범의 경우에는 작위의무위반 외에 작위의무 불이행과 작위의 동가치성이 별도로 요구되지 않는다.   [군무원9급 22]

판례 형법이 금지하고 있는 법익침해의 결과발생을 방지할 법적인 작위의무를 지고 있는 자가 그 의무를 이행함으로써 결과발생을 쉽게 방지할 수 있었음에도 불구하고 그 결과의 발생을 용인하고 이를 방관한 채 그 의무를 이행하지 아니한 경우에, 그 부작위가 작위에 의한 법익침해와 동등한 형법적 가치가 있는 것이어서 그 범죄의 실행행위로 평가될 만한 것이라면, 작위에 의한 실행행위와 동일하게 부작위범으로 처벌할 수 있다고 할 것이다. 따라서 피해자의 숙부로서 익사의 위험에 대처할 보호능력이 없는 나이 어린 피해자를 익사의 위험이 있는 저수지로 데리고 갔던 피고인으로서는 피해자가 물에 빠져 익사할 위험을 방지하고 피해자가 물에 빠지는 경우 그를 구호하여 주어야 할 법적인 작위의무가 있다고 보아야 할 것이고, 피해자가 물에 빠진 후에 피고인이 살해의 범의를 가지고 그를 구호하지 아니한 채 그가 익사하는 것을 용인하고 방관한 행위(부작위)는 피고인이 그를 직접 물에 빠뜨려 익사시키는 행위와 다름없으나 형법상 평가될 만한 살인의 실행행위라고 보는 것이 상당하다(대법원 1992.2.11, 91도2951).

판례 살인죄와 같이 일반적으로 작위를 내용으로 하는 범죄를 부작위에 의하여 범하는 이른바 부진정 부작위범의 경우에는 보호법익의 주체가 법익에 대한 침해위협에 대처할 보호능력이 없고, 부작위행위자에게 침해위협으로부터 법익을 보호해 주어야 할 법적 작위의무가 있을 뿐 아니라, 부작위행위자가 그러한 보호적 지위에서 법익침해를 일으키는 사태를 지배하고 있어 작위의무의 이행으로 결과발생을 쉽게 방지할 수 있어야 부작위로 인한 법익침해가 작위에 의한 법익침해와 동등한 형법적 가치가 있는 것으로서 범죄의 실행행위로 평가될 수 있다(대법원 2015.11.12, 2015도6809 전원합의체).

227 (×) 부진정부작위범의 구성요건요소로서 요구되는 행위정형의 동가치성이라 함은 부작위가 작위라는 행위태양에 의한 구성요건 실현과 동가치하다는 것을 말한다. 이러한 행위정형의 동가치성은, 단순한 결과범에서는 필요하지 않고 행태의존적 결과범에서만 필요하다는 것이 통설이다(통설에 의하면 위 지문은 맞음). 다만, 소수설 및 판례에서는 살인죄와 같은 단순한 결과범에서도 행위정형의 동가치성은 그 요건으로서 필요하다는 입장이다.

228 　기망행위라는 특정한 행위방법을 요건으로 하는 사기죄의 경우에는 부작위에 의한 기망행위가 작위의 기망행위와 동등한 의미를 가진다고 판단될 때 부작위에 의한 사기죄가 성립된다. [국가9급총론 17]

229 　부작위에 의한 업무방해죄가 성립하기 위해서는 그 부작위를 실행행위로서의 작위와 동일시할 수 있어야 하는바, 피고인이 일부러 건축자재를 피해자의 토지 위에 쌓아 두어 공사현장을 막은 것이 아니고 당초 자신의 공사를 위해 쌓아 두었던 건축자재를 공사대금을 받을 목적으로 공사완료 후 치우지 않은 경우는, 위력으로써 피해자의 추가 공사업무를 방해하는 업무방해죄의 실행행위로서 피해자의 업무에 대한 적극적인 방해행위와 동등한 형법적 가치를 가진다. [국가9급 22]

230 　부작위범에 있어서 작위의무를 이행하였다면 결과가 발생하지 않았을 것이라는 관계가 인정될 경우 부작위와 그 결과 사이에 인과관계가 있다. [국가9급 21] [변호사 18]

231 　부작위범에 있어서 고의는 부작위의 특성상 구성요건적 결과발생에 대한 목적이나 계획적인 범행 의도가 있어야 한다. [군무원9급 22]

　해설+ 부진정 부작위범의 고의는 반드시 구성요건적 결과발생에 대한 목적이나 계획적인 범행 의도가 있어야 하는 것은 아니고 법익침해의 결과발생을 방지할 법적 작위의무를 가지고 있는 사람이 의무를 이행함으로써 결과발생을 쉽게 방지할 수 있었음을 예견하고도 결과발생을 용인하고 이를 방관한 채 의무를 이행하지 아니한다는 인식을 하면 족하며, 이러한 작위의무자의 예견 또는 인식 등은 확정적인 경우는 물론 불확정적인 경우이더라도 미필적 고의로 인정될 수 있다(대법원 2015.11.12, 2015도6809 전원합의체).

232 　부진정부작위범의 고의는 반드시 구성요건적 결과발생에 대한 목적이나 계획적인 범행 의도가 있어야 하고, 법익침해의 결과발생을 방지할 법적 작위의무를 가지고 있는 자가 그 의무를 이행함으로써 결과발생을 쉽게 방지할 수 있었음을 예견하고도 결과 발생을 용인하고 이를 방관한 채 의무를 이행하지 아니한다는 인식만으로 부족하다.　　　　　　[법원행시 16]

233 　부진정부작위범의 고의는 법익침해의 결과발생을 방지할 법적 작위의무를 가지고 있는 사람이 의무를 이행함으로써 결과발생을 쉽게 방지할 수 있었음을 예견하고도 결과발생을 용인하고 이를 방관한 채 의무를 이행하지 아니한다는 인식을 하면 족하며, 이러한 작위의무자의 예견 또는 인식 등이 불확정적인 경우이더라도 미필적 고의로 인정될 수 있다.

　　　　　　[경찰채용 18 1차] [국가9급 17]

234 　부진정부작위범에서의 고의는 자신의 부작위가 작위와 동가치하다는 점에 대한 인식을 필요로 하므로, 작위의무자의 예견 또는 인식 등이 불확정적인 미필적 고의로는 부진정부작위범의 고의가 인정되지 않는다.

　　　　　　[경찰채용 21 1차]

　　해설+ 　부진정 부작위범의 고의는 법익침해의 결과발생을 방지할 법적 작위의무를 가지고 있는 자가 그 의무를 이행함으로써 그 결과발생을 쉽게 방지할 수 있었음을 예견하고도 결과의 발생을 용인하고 이를 방관한 채 그 의무를 이행하지 아니한다는 인식을 하면 족하며, 이러한 작위의무자의 예견 또는 인식 등은 확정적인 경우는 물론 불확정적인 경우이더라도 미필적 고의로 인정될 수 있다 (대법원 2015.11.12, 2015도6809 전원합의체).

235 　보증인지위와 보증인의무의 체계적 지위를 구별하는 이분설에 따를 때 보증인지위에 대한 착오는 구성요건적 착오이고, 보증인의무에 대한 착오는 금지착오에 해당한다.　　　　　　[사시 12 변형]

　　해설+ 　작위의무의 체계적 지위에 관한 통설의 입장인 이분설에 의하면 보증인적 지위는 구성요건요소, 보증인적 의무는 위법성요소이므로, 보증인적 지위에 대한 착오는 구성요건착오가 되어 과실범 성부가 문제되게 되고, 보증인적 의무에 대한 착오는 금지착오가 되어 정당한 이유를 따져 책임조각 여부를 판단하게 된다.

236 부진정부작위범에 있어서 보증인지위와 보증인의무를 구분하는 견해에 따르면 보증인지위에 관한 착오는 위법성의 착오가 된다. [국가9급 13]

236 (✕) '위법성' → '구성요건적' 보증인지위에 대한 착오는 구성요건착오가 되고, 보증인의무에 대한 착오는 금지착오가 된다.

237 甲이 자신의 아들 乙이 익사하는 것을 보았으나 乙이 아닌 다른 아이인 줄 알고 남의 자식을 구할 의무는 없다고 생각하여 구조하지 않은 경우 이분설에 따르면 보증인 의무에 대한 착오로 금지착오(법률의 착오)에 해당한다. [국가7급 14] [변호사 14]

해설+ 보증인적 지위에 대한 착오는 구성요건착오가 되고, 보증인적 의무에 대한 착오는 금지착오가 된다. 甲이 자신의 아들이 물에 빠졌는데도 타인의 아들이라 생각하여 구해 주지 않은 것은 보증인적 지위에 대한 착오로, 구성요건적 고의가 조각되어 과실범 성부가 문제되게 된다.

237 (✕) '의무' → '지위', '금지착오' → '구성요건착오'

238 부진정부작위범에서의 보증인지위와 보증인의무를 구별하는 입장에 의하면, 보증인의무가 존재하지 아니하는 것으로 착오한 경우는 법률의 착오로 취급된다. [변호사 21]

238 (○) 부작위범의 체계적 지위에 관한 이분설에 의하면 보증인의무는 위법성요소로 파악되므로, 보증인의무에 대한 착오는 법률의 착오로 취급된다.

239 보증인지위의 체계적 지위에 관한 이분설에 의하면 자신에게 보증인의무가 존재하지 아니한 것으로 오인한 경우 사실의 착오에 해당하여 고의가 조각된다. [사시 11]

239 (✕) 이분설에 의하면, 보증인적 의무에 대한 착오는 위법성의 착오로서 금지착오에 해당한다. 따라서 제16조에 따라 정당한 이유의 유무를 살펴 책임조각 여부를 판단하게 된다.

240 「형법」상 진정부작위범의 미수범을 처벌하는 규정이 있다. [경찰채용 19 2차] [사시 15]

240 (○) 퇴거불응죄(제319조 제2항), 집합명령위반죄(제145조 제2항)의 미수범 처벌규정(제329조, 제149조)

241 진정부작위범은 미수성립이 불가능하여 「형법」에서는 미수범 처벌규정이 존재하지 않는 반면, 부진정부작위범은 미수성립이 가능하다. [경찰간부 22]

241 (×)

해설+ 진정부작위범(예 퇴거불응죄, 집합명령위반죄)도 형법에 미수범 처벌규정이 있고, 부진정부작위범은 대체로 결과범이므로 미수가 인정된다.

242 일정한 기간 내에 잘못된 상태를 바로잡으라는 행정청의 지시를 이행하지 않았다는 것을 구성요건으로 하는 범죄는 이른바 진정부작위범으로서 그 의무이행기간의 경과에 의하여 범행이 기수에 이름과 동시에 작위의무를 발생시킨 행정청의 지시 역시 그 기능을 다한 것으로 보아야 한다.
[국가9급 12 변형] [법원행시 10 변형]

242 (○) 대법원 1994.4.26, 93도1731

243 도급계약의 경우 원칙적으로 도급인에게는 수급인의 업무와 관련하여 사고방지에 필요한 안전조치를 취할 주의의무가 없으나, 법령에 의하여 도급인에게 수급인의 업무에 관하여 구체적인 관리·감독의무 등이 부여되어 있거나 도급인이 공사의 시공이나 개별 작업에 관하여 구체적으로 지시·감독하였다는 등의 특별한 사정이 있는 경우에는 도급인에게도 수급인의 업무와 관련하여 사고방지에 필요한 안전조치를 취할 주의의무가 있다.
[법원행시 16 변형]

243 (○) 대법원 2016.3.24, 2015도8621

244 부작위자를 도구로 이용한 간접정범도 가능하다. [사시 13 변형]

244 (○) 부작위에 대한 간접정범은 얼마든지 가능하다. 피이용자가 부작위범일 경우, 이를 작위에 의하여 이용한 간접정범이 성립할 수 있기 때문이다.

245 부작위범 사이의 공동정범은 다수의 부작위범에게 공통된 의무가 부여되어 있고 그 의무를 공통으로 이행할 수 있을 때에만 성립한다.
[경찰채용 18 1차] [경찰간부 18] [국가7급 12] [법원9급 13] [법원행시 16]

245 (○) 대법원 2008.3.27, 2008도89; 2009.2.12, 2008도9476

246 의무가 부여된 사람과 부여되지 않은 사람 사이에는 부작위의 공동정범이 성립하지 않는다.　　　　　　　　　　　　　　　　　[해경채용 2차 23]

246 (O) 부작위범 사이의 공동정범은 다수의 부작위범에게 공통된 의무가 부여되어 있고 그 의무를 공통으로 이행할 수 있을 때에만 성립한다(대법원 2008.3.27, 2008도89).

247 부작위범 사이의 공동정범은 다수의 부작위범에게 공통된 의무가 부여되어 있고 그 의무를 공통으로 이행할 수 있을 때에만 성립하므로, 공중위생관리법상 공중위생영업의 신고의무가 '공중위생영업을 하고자 하는 자'에게 부여되어 있을 경우 영업자의 직원이나 보조자를 미신고로 인한 공중위생관리법위반죄의 공동정범으로 처벌할 수 없다.　　　　[법원9급 13 변형]

247 (O) 대법원 2008.3.27, 2008도89

248 구 정신보건법 제24조 제1항은 "정신의료기관 등의 장은 정신질환자의 보호의무자 2인의 동의(보호의무자가 1인인 경우에는 1인의 동의로 한다)가 있고 정신건강의학과 전문의가 입원 등이 필요하다고 판단한 경우에 한하여 당해 정신질환자를 입원 등을 시킬 수 있으며, 입원 등을 할 때 당해 보호의무자로부터 보건복지부령으로 정하는 입원 등의 동의서 및 보호의무자임을 확인할 수 있는 서류를 받아야 한다."라고 정하고, 제57조 제2호는 제24조 제1항을 위반하여 입원동의서 또는 보호의무자임을 확인할 수 있는 서류를 받지 아니한 자를 처벌한다고 정하고 있다. 그런데 정신병원 소속 봉직의인 피고인들이 보호의무자에 의한 입원 시 보호의무자 확인 서류를 수수하지 않았다. 그렇다면 이 위반행위에 관하여 피고인들은 정신병원의 장과 부작위범의 공동정범이 성립한다.

248 (X)

해설+ 보호의무자 확인서류 등 수수의무 위반으로 인한 구 정신보건법 위반죄는 구성요건이 부작위에 의해서만 실현될 수 있는 진정부작위범에 해당한다. 진정부작위범인 위 수수 의무 위반으로 인한 구 정신보건법 위반죄의 공동정범은 그 의무가 수인에게 공통으로 부여되어 있는데도 수인이 공모하여 전원이 그 의무를 이행하지 않았을 때 성립할 수 있다. 그리고 위 규정에 따르면 보호의무자 확인 서류 등의 수수 의무는 '정신의료기관 등의 장'에게만 부여되어 있고, 정신의료기관 등의 장이 아니라 그곳에 근무하고 있을 뿐인 정신건강의학과 전문의는 위 규정에서 정하는 보호의무자 확인 서류 등의 수수 의무를 부담하지 않는다고 보아야 한다(대법원 2021.5.7, 2018도12973).

249 부작위에 의한 교사는 가능하지만 부작위에 의한 방조는 불가능하다.

[사시 13 변형]

해설+ 부작위에 의한 교사는 불가능하다. 그러나 방조자에게 일정한 결과발생 방지의무 내지 보증인적 의무가 있음에도 결과발생을 방치한 경우, 부작위에 의한 방조는 가능하다(대법원 1997. 3.14, 96도1639 등).

249 (×) '가능' → '불가능', '불가능' → '가능'

250 부작위범에 대한 교사·방조는 가능하지만 부작위에 의한 교사·방조는 불가능하다.

[국가7급 14]

250 (×) '방조' → 삭제
방조자에게 일정한 결과발생 방지 의무 내지 보증인적 의무가 있음에도 결과발생을 방치한 경우, 부작위에 의한 방조가 가능하다.

251 부작위범에 대한 교사는 가능하지만, 부작위에 의한 교사는 불가능하다.

[경찰승진 23]

251 (○) 부작위범을 범하라고 작위에 의하여 교사하는 것은 가능하나, 어떤 범죄를 범하라고 하는 교사행위가 부작위에 의할 수는 없다.

252 부작위범에 대한 교사는 교사자가 정범에게 부작위에 나가도록 결의하게 함으로써 가능하고, 부작위범에 대한 방조는 부작위하겠다는 부작위범의 결의를 강화하는 형태의 방조도 가능하다.

[경찰간부 23]

해설+ 부작위범에 대한 교사와 방조는 모두 인정된다. 부작위를 하라고 작위에 의하여 교사하는 경우이므로 교사범이 성립하며, 마찬가지로 역시 방조범 성립이 인정된다. 대법원은 처(妻)의 남편에 대한 부작위에 의한 살인범행을 담당의사가 퇴원허용조치행위라는 작위에 의하여 방조하였다고 판시한 바 있다(부작위에 대한 작위에 의한 방조 ○, 대법원 2004.6.24, 2002도995).

252 (○)

253 부작위에 의한 방조범이 보증인적 지위에 있는 자로 한정되는 반면, 부작위범에 대한 교사범은 보증인적 지위에 있는 자로 한정되지 않는다.

[사시 15]

253 (○)

해설+ 부작위에 의한 방조범은 법적 작위의무를 가진 보증인적 지위에 있는 자만 성립할 수 있다. 그러나 부작위범에 대한 교사범의 경우, 교사는 작위에 의해서만 가능하므로 이러한 작위범에서 작위의무 내지 보증인적 지위는 문제되지 않는다.

254 부작위에 의한 교사는 교사자가 정범에게 부작위에 의하여 범죄의 결의를 일으키게 할 수 없기 때문에 불가능하지만, 부작위에 의한 방조는 방조범에게 보증인의무가 인정된다면 가능하다. [경찰간부 23]

해설+ 부작위에 의해서는 범행결의 형성이 불가능하므로 부작위에 의한 교사는 불가능하지만, 방조자에게 일정한 작위의무 내지 결과발생방지의무가 있음에도 결과발생을 방치한 경우 방조범이 성립할 수 있으므로 부작위에 의한 방조범은 가능하다.

254 (O)

255 「형법」상 방조행위는 정범의 실행행위를 용이하게 하는 직·간접의 모든 행위를 가리키는 것으로서 부작위에 의해서는 성립되지 않는다. [국가9급 18]

255 (×) '는 성립되지 않는다' → '도 성립된다'(대법원 1997.3.14, 96도1339)

256 입찰업무를 담당하는 공무원이 부하직원의 입찰보증금 횡령사실을 알고도 이를 방지할 조치를 취하지 아니하고 묵인한 경우, 이는 작위에 의한 법익침해와 동등한 형법적 가치가 있으므로 부작위에 의한 업무상횡령죄의 정범이 성립한다. [법원9급 13]

256 (×) '정범' → '종범' 작위에 의한 법익침해와 동등한 형법적 가치가 있는 것으로서 부작위에 의한 업무상횡령죄의 종범이 성립한다(대법원 1996.9.6, 95도2551).

257 보호자의 강청에 따라 치료를 요하는 환자에 대하여 치료중단 및 퇴원을 허용하는 조치를 취함으로써 환자를 사망에 이르게 한 담당 전문의와 주치의에게는 부작위에 의한 살인죄의 공동정범이 성립한다. [국가9급 16]

257 (×) '부작위에 의한 살인죄의 공동정범' → '작위에 의한 살인방조범' 당해 의사는 작위에 의한 살인방조의 죄책을 진다(대법원 2004.6.24, 2002도995).

258 고의에 의한 부작위범은 성립할 수 있다. [사시 15]

258 (O) 부작위범은 고의범이든 과실범이든 모두 성립할 수 있다.

259 부진정부작위범은 행위자에게 고의가 있는 경우에만 성립할 수 있고 과실이 있는 경우에는 성립할 수 없다. [사시 11]

259 (×) '없다' → '있다' 과실에 의한 부진정부작위범은 소위 망각범으로서 성립할 수 있는 개념이다.

260 과실에 의한 부진정부작위범의 성립은 불가능하지만 부작위범에 대한 과실에 의한 교사와 방조는 가능하다. [국가7급 16]

260 (×) '하지만' → '하고', '가능하다' → '불가능하다'
교사범과 방조범은 고의범이다. 따라서 과실에 의한 교사와 방조는 불가능하다.

261 부진정부작위범은 작위범에 비해 불법의 정도가 가벼우므로,「형법」은 이를 임의적 감경사유로 규정하고 있다. [국가9급 18] [사시 13 변형]

261 (×) '가벼우므로' → '가볍더라도', '있다' → '있지 않다'
진정부작위범은 각칙상 규정에 의하고, 부진정부작위범은 작위범 규정에 의하여 동일하게 처벌된다.

⊘ **사례**

[262-1~4]
(가) 일정한 기간 내에 잘못된 상태를 바로 잡으라는 행정청의 지시를 이행하지 않았다는 것을 구성요건으로 하는 범죄
(나) 「형법」 제250조 제1항의 살인죄와 같이 그 규정형식으로 보아 작위를 내용으로 하는 범죄를 부작위에 의하여 범하는 범죄

262-1 (가)와 (나)의 구별에 있어 형식설에 의할 경우, 「형법」 제103조 제1항의 전시군수계약불이행죄와 「형법」 제116조의 다중불해산죄는 (가)의 경우에 해당한다. [경찰채용 22 1차]

262-1 (○)

해설+ 형식설에 의하면, (가)는 법조문의 형태가 부작위범으로 되어 있는 것으로서 진정부작위범이고, (나)는 작위범으로 되어 있는 것을 부작위로 범하는 것으로서 부진정부작위범이다.

262-2 유기죄에서의 보호의무를 법률상·계약상 보호의무로 국한하는 입장에 따르면 (나)에서의 보호의무는 유기죄의 보호의무보다 넓게 된다. [경찰채용 22 1차]

262-2 (○)

해설+ 부진정부작위범의 보호의무는 법령, 법률행위, 선행행위로 인한 경우는 물론, 기타 신의성실의 원칙이나 사회상규 혹은 조리상 작위의무가 기대되는 경우에도 인정된다 할 것이다(대법원 1992.2.11. 91도2951).

262-3 (나)는 고의에 의해서는 물론 과실범 처벌규정이 있는 한 과실에 의해서도 성립 가능하다. [경찰채용 22 1차]

262-3 (○) 과실범 처벌규정이 있는 경우에는 과실범의 부진정부작위범이 성립할 수 있다.

262-4 (나)의 요건으로 행위정형의 동가치성을 요구하는 것은 형사처벌을 확장하는 기능을 한다. [경찰채용 22 1차]

262-4 (×)

해설+ 부진정부작위범은 원래 작위범의 구성요건이므로 부작위가 그 작위와 같다는 평가를 받을 수 있어야 구성요건에 해당하고, 이를 행위정형의 동가치성이라 한다. 부진정부작위범에서 보증인적 지위와 보증인적 의무 외에도 추가로 행위정형의 동가치성을 요구하는 것(이상을 모두 동치성이라 함)은, 결국 부진정부작위범의 성립을 제약하는 것이므로 형사처벌을 축소하는 기능을 한다.

CHAPTER 08 | 죄수론

1 죄수론의 일반이론

 대표유형

실질적으로 1죄인가 또는 수죄인가는 구성요건적 평가가 아니라 침해되는 보호법익의 측면에서 판단하여야 한다.　　　　　　　　　　　　　　　　　　　　[국가9급 11]

(×) '가 아니라' → '와' 구성요건적 평가도 고려해야 한다 (대법원 2002.7.18, 2002도669 전원합의체).

001　행위표준설은 죄수의 판단을 위한 기본요소를 행위자의 행위에서 구하여 행위가 하나일 때 하나의 죄를, 행위가 다수일 때 수개의 죄를 인정하는 견해로 판례는 연속범의 경우 이 견해를 취하고 있다.　　　　[경찰채용 20 1차]

001 (×) 연속범을 포괄일죄로 보는 것은 행위표준설이 아닌 의사표준설에 근거하는 것이다.

002　미성년자의제강간죄 또는 미성년자의제강제추행죄는 행위시마다 1개의 범죄가 성립한다.　　　　　　　　　　　　　　　　　　　　　　　　　[법원행시 13]

002 (○) 대법원 1982.12.14, 82도2442

003　수수한 메스암페타민을 장소를 이동하여 투약하고서 잔량을 은닉하는 방법으로 소지한 행위는 그 소지의 경위나 태양에 비추어 볼 때 당초의 수수행위에 수반되는 필연적 결과로 볼 수는 없고, 사회통념상 수수행위와는 독립한 별개의 행위를 구성한다고 보아야 한다.　　　　　　　[법원9급 18 변형]

003 (○) 대법원 1999.8.20, 99도1744

004 甲이 A로부터 수수한 메스암페타민을 장소를 이동하여 투약하고서 잔량을 은닉하는 방법으로 소지한 행위는 그 소지의 경위나 태양에 비추어 볼 때 당초의 수수행위에 수반되는 필연적 결과로 볼 수 있으므로 향정신성의약품수수죄만 성립하고 별도로 그 소지죄는 성립하지 않는다.

[국가7급 16 변형] [경찰승진 23]

해설+ 수수한 메스암페타민을 장소를 이동하여 투약하고서 잔량을 은닉하는 방법으로 소지한 행위는 그 소지의 경위나 태양에 비추어 볼 때 당초의 수수행위에 수반되는 필연적 결과로 볼 수는 없고, 사회통념상 수수행위와는 독립한 별개의 행위를 구성한다고 보아야 한다(실체적 경합, 대법원 1999.8.20, 99도1744).

005 물품을 수입하는 무역업자가 그 물품을 같은 해에 3차례에 걸쳐 수입하면서 그때마다 과세가격 또는 관세율을 허위로 신고하여 관세를 포탈하였다면 포괄하여 1개의 죄를 구성한다.

[국가7급 16 변형]

해설+ 수입신고 시마다 당해 수입물품에 대한 정당한 관세의 확보라는 법익이 침해되어 별도로 구성요건이 충족되는 것이므로 각각의 허위 수입신고 시마다 1개의 죄가 성립한다(대법원 2000.11.10, 99도782).

006 계속적으로 무면허운전을 할 의사를 가지고 여러 날에 걸쳐 무면허운전행위를 반복한 경우 도로교통법위반죄의 포괄일죄로 볼 수 없다.

[국가9급 16] [법원행시 11] [사시 13 변형]

007 의사표준설은 행위자가 실현하려는 범죄의사의 개수에 따라서 죄의 개수를 결정하려는 견해로 행위자에게 1개의 범죄의사가 있으면 1죄를, 수개의 범죄의사가 있으면 수개의 죄를 각각 인정하게 되며, 판례는 연속범의 경우를 제외하고는 원칙적으로 이 견해를 취하고 있다.

[경찰채용 20 1차]

008 뇌물을 여러 차례에 걸쳐 수수함으로써 그 행위가 여러 개이더라도 그것이 단일하고 계속적 범의에 의하여 이루어지고 동일 법익을 침해한 때에는 포괄일죄로 처벌함이 상당하다.

[법원9급 18] [법원행시 13]

004 (×)

005 (×) '포괄하여 → '각각의 허위 수입신고 시마다'

006 (○) 사회통념상 운전한 날을 기준으로 운전한 날마다 1개의 운전행위가 있다고 보는 것이 상당하다(대법원 2002.7.23, 2001도6281).

007 (×) 판례는 연속범 등을 제외하고는 원칙적으로 법익표준설에 따라 죄수를 판단한다고 보는 것이 일반적인 평가이다.

008 (○) 대법원 1999.1.29, 98도3584

430 PART 02 범죄론

009 위조통화를 행사하여 재물을 불법영득한 경우에는 위조통화행사죄와 사기죄의 실체적 경합이다. [법원행시 13] [사시 13]

009 (O)

> **해설+** 양죄는 그 보호법익을 달리하고 있으므로 위조통화를 행사하여 재물을 불법영득한 때에는 위조통화행사죄와 사기죄의 양죄가 성립된다(대법원 1979.7.10, 79도840).

010 위조통화행사죄와 사기죄는 그 보호법익을 달리하므로, 위조통화를 행사하여 재물을 불법영득한 때에는 위조통화행사죄와 사기죄의 양죄가 성립한다. [경찰간부 18] [법원승진 12]

010 (O) 대법원 1979.7.10, 79도840

011 피고인이 예금통장을 강취하고 예금자 명의의 예금청구서를 위조한 다음 이를 은행원에게 제출행사하여 예금인출금 명목의 금원을 교부받았다면 강도, 사문서위조, 동 행사, 사기의 각 범죄가 성립하고 실체적 경합관계에 있다. [법원승진 09 변형]

011 (O) 대법원 1991.9.10, 91도1722

012 강취한 신용카드를 가지고 자신이 그 신용카드의 정당한 소지인인 양 가맹점의 점주를 속이고 그에 속은 점주로부터 주류 등을 제공받아 이를 취득한 것이라면 신용카드부정사용죄와 별도로 사기죄가 성립한다. [국가9급 13 변형]

012 (O) 대법원 1997.1.21, 96도2715(실체적 경합)

013 강도가 시간적으로 접착된 상황에서 가족을 이루는 수인에게 폭행·협박을 가하여 집안에 있는 재물을 탈취한 경우 그 재물은 가족의 공동점유 아래 있는 것으로서, 이를 탈취하는 행위는 그 소유자가 누구인지에 불구하고 단일한 강도죄의 죄책을 진다. [법원행시 11·13]

013 (O) 대법원 1996.7.30, 96도1285

014 구성요건표준설은 구성요건에 해당하는 회수를 기준으로 죄수를 결정하는 견해로 죄수의 결정은 법률적인 구성요건 충족의 문제로 해석하여 구성요건을 1회 충족하면 일죄이고, 수개의 구성요건에 해당하면 수죄를 인정하게 되며, 판례는 조세포탈범의 죄수는 위반사실의 구성요건 충족 회수를 기준으로 1죄가 성립하는 것이 원칙이라고 하여 이 견해를 따르는 경우도 있다. [경찰채용 20 1차]

014 (O) 대법원 2007.2.15, 2005도9546 전원합의체

2 일죄

🔗 대표유형

절도범인으로부터 장물보관 의뢰를 받은 자가 그 점을 알면서 이를 인도받아 보관하고 있다가 임의처분한 행위는 불가벌적 사후행위에 해당한다.
[경찰채용 17 1차 변형] [국가9급 11] [법원9급 18]

(O) 장물보관죄가 성립되는 때에는 이미 그 소유자의 소유물추구권을 침해하였으므로 그 후의 횡령행위는 불가벌적 사후행위에 불과하여 별도로 횡령죄가 성립하지 않는다 (대법원 1976.11.23, 76도3067).

🔗 대표유형

甲에게 폭행 범행을 반복하여 저지르는 습벽이 있고 이러한 습벽에 의하여 A를 단순폭행하고, 甲의 어머니 B를 존속폭행한 경우, 각 죄별로 상습성을 판단할 것이 아니라 포괄하여 甲에게 상습존속폭행죄만 성립한다.
[국가7급 21]

(O) 폭행죄와 존속폭행죄는 반의사불벌죄이나, 상습폭행죄는 반의사불벌죄가 아니다.

해설+ 피고인이 상습으로 甲을 폭행하고, 어머니 乙을 존속폭행하였다는 내용으로 기소된 경우, 피고인에게 폭행 범행을 반복하여 저지르는 습벽이 있고 이러한 습벽에 의하여 단순폭행, 존속폭행 범행을 저지른 사실이 인정된다면 단순폭행, 존속폭행의 각 죄별로 상습성을 판단할 것이 아니라 포괄하여 그중 법정형이 가장 중한 상습존속폭행죄만 성립할 여지가 있는데도, 이와 달리 보아 일부 공소사실에 대하여 공소기각을 선고한 원심판결에는 형법 제264조, 폭행죄의 상습성, 죄수 등에 관한 법리오해의 잘못이 있다(대법원 2018.4.24, 2017도10956).

015 법조경합은 1개의 행위가 외관상 수개의 죄의 구성요건에 해당하는 것처럼 보이나 실질적으로 1죄만 구성하는 경우를 말한다. [국가9급 11]

015 (O) 대법원 2002.7.18, 2002도669 전원합의체; 2003.4.8, 2002도6033 등

016 법조경합은 1개의 행위가 외관상 수개의 죄의 구성요건에 해당하는 것처럼 보이나 실질적으로 1죄만을 구성하는 경우를 말하며, 실질적으로 1죄인가 또는 수죄인가는 구성요건적 평가와 보호법익의 측면에서 고찰하여 판단하여야 한다. [법원행시 12]

016 (O) 대법원 2001.3.27, 2000도5318

017 법조경합의 한 형태인 특별관계란 어느 구성요건이 다른 구성요건의 모든 요소를 포함하는 외에 다른 요소를 구비해야 성립하는 경우이므로, 특별관계에서 특별법의 구성요건을 충족하는 행위는 일반법의 구성요건도 충족한다고 볼 수 있다.

[국가9급 11]

017 (O) 대법원 2006.5.26, 2006도1713; 2009.4.23, 2009도834

018 운전자가 피해자를 강제로 승용차에 태운 뒤 운전하여 가자 겁에 질린 피해자가 차에서 뛰어 내리다가 상해를 입은 경우 감금죄와 상해죄의 실체적 경합범이 성립한다.

[국가9급 21]

018 (×) 감금죄와 상해죄가 아닌 감금치상죄가 인정된다(대법원 2000. 5.26, 2000도440).

보충 (판결이유) 피고인이 1997.4.5. 피해자를 승용차에 강제로 태운 뒤 대전에서 서울까지 운전하여 간 사실과 같은 해 8월 15일 피해자를 역시 강제로 승용차에 태운 뒤 운전하여 가자 겁에 질린 피해자가 차에서 뛰어 내리다가 상해를 입은 사실은 충분히 인정할 수 있으므로, 이를 감금 및 감금치상죄로 인정한 원심의 판단은 정당하다(동 판례).

019 가방 날치기 수법의 점유탈취 과정에서 재물을 뺏기지 않으려고 바닥에 넘어진 상태로 가방끈을 놓지 않은 채 "내 가방, 사람 살려!!!"라고 소리치며 끌려가는 피해자를 5m 가량 끌고 가면서 무릎에 상해를 입힌 경우는 절도죄와 상해죄의 경합범으로 처벌된다.

[경찰채용 21 2차]

019 (×) 반항을 억압하기 위한 목적으로 가해진 강제력으로서 그 반항을 억압할 정도에 해당하므로 강도치상죄가 성립한다(대법원 2007.12.13, 2007도7601).

020 음주로 인한 특정범죄 가중처벌 등에 관한 법률 위반(위험운전치사상)죄가 성립하는 때에는 차의 운전자가 「형법」 제268조의 죄를 범한 것을 내용으로 하는 교통사고 처리특례법 위반죄는 상상적 경합의 관계에 있다.

[국가7급 12] [법원승진 16] [변호사 18]

020 (×) '상상적 경합의 관계에 있다' → '별죄를 구성하지 아니한다'

해설+ 위험운전치사상죄가 성립하는 때에는 차의 운전자가 형법 제268조의 죄를 범한 것을 내용으로 하는 교통사고처리 특례법 위반죄는 그 죄에 흡수되어 별죄를 구성하지 아니한다(특별관계 내지 흡수관계, 대법원 2008.12.11, 2008도9182).

021 법조경합의 한 형태인 특별관계란 어느 구성요건이 다른 구성요건의 모든 요소를 포함하는 이외에 다른 요소를 갖추어야 성립하는 경우이므로 자동차등록번호판을 부정사용하는 행위를 처벌하는 자동차관리법위반죄와 행사할 목적으로 공무소의 기호인 자동차등록번호판을 부정사용하는 행위를 처벌하는 「형법」 제238조 제1항의 공기호부정사용죄는 특별관계에 있다.

[법원행시 12]

022 이른바 '불가벌적 수반행위'란 법조경합의 한 형태인 흡수관계에 속하는 것으로서, 행위자가 특정한 죄를 범하면 비록 논리필연적인 것은 아니지만 일반적 · 전형적으로 다른 구성요건을 충족하고 이때 그 구성요건의 불법이나 책임 내용이 주된 범죄에 비하여 경미하기 때문에 처벌이 별도로 고려되지 않는 경우를 말한다.

[법원행시 14]

023 행사의 목적으로 타인의 인장을 위조하고 그 위조한 인장을 사용하여 권리의무 또는 사실증명에 관한 타인의 사문서를 위조한 경우에는 인장위조죄는 사문서위조죄에 흡수되고 따로 인장위조죄가 성립하는 것은 아니다.

[법원승진 09·16] [사시 08 변형]

024 폭행 또는 협박으로 부녀를 강간한 경우에는 강간죄만 성립하고, 그것과 별도로 강간의 수단으로 사용된 폭행 · 협박이 「형법」상의 폭행죄나 협박죄 또는 폭력행위 등 처벌에 관한 법률 위반죄를 구성한다고 볼 수 없으며, 강간죄와 이들 각 죄는 법조경합의 관계이다.

[법원행시 12]

해설+ 폭행 또는 협박으로 부녀를 강간한 경우에는 강간죄만 성립하고, 그것과 별도로 강간의 수단으로 사용된 폭행·협박이 형법상의 폭행죄나 협박죄 또는 폭력행위등처벌에관한법률 위반의 죄를 구성한다고는 볼 수 없으며, 강간죄와 이들 각 죄는 이른바 법조경합의 관계일 뿐이다(대법원 2002.5.16, 2002도51 전원합의체).

025 폭행 또는 협박으로 강간한 경우 폭행죄는 강간죄에 흡수된다.[법원승진 16]

025 (○) 대법원 2002.5.16, 2002 도51 전원합의체

026 공갈죄의 수단으로서 한 협박은 공갈죄에 흡수될 뿐 별도로 협박죄를 구성하지 않는다. [국가9급 13]

026 (○) 대법원 1996.9.24, 96 도2151

027 피고인이 투자금을 회수하기 위하여 피해자를 강요하여 물품대금을 횡령하였다는 자인서를 받아낸 뒤 이를 근거로 돈을 갈취한 경우, 주된 범의가 피해자로부터 돈을 갈취하는 데 있었던 것이라면 위 행위는 포괄하여 공갈죄 일죄만을 구성한다. [국가7급 20]

027 (○)

> **해설+** 피고인이 투자금의 회수를 위해 피해자를 강요하여 물품대금을 횡령하였다는 자인서를 받아낸 뒤 이를 근거로 돈을 갈취한 경우, 피고인의 주된 범의가 피해자로부터 돈을 갈취하는 데에 있었던 것이라면 피고인은 단일한 공갈의 범의하에 갈취의 방법으로 일단 자인서를 작성케 한 후 이를 근거로 계속하여 갈취행위를 한 것으로 보아야 할 것이므로 위 행위는 포함하여 공갈죄 일죄만을 구성한다고 보아야 한다(대법원 1985.6.25, 84도2083).

028 향정신성의약품 수수의 죄가 성립되는 경우에는 그에 수반되는 향정신성의약품의 소지행위는 수수죄의 불가벌적 수반행위로서 수수죄에 흡수되고 별도로 범죄를 구성하지 않는다. [국가9급 11]

028 (○) 대법원 1990.1.25, 89 도1211

029 택시운건을 방해하는 과정에서 택시운전사를 폭행한 경우에는 피해자에 대한 폭행행위가 동일한 피해자에 대한 업무방해죄의 수단이 되었다 하더라도 그 폭행행위를 불가벌적 수반행위라 볼 수 없다. [경찰채용 21 2차]

029 (○) 업무방해와 폭행을 수죄의 관계(상상적 경합)로 본 판례이다(대법원 2012.10.11, 2012도1895).

030 업무방해죄와 폭행죄는 구성요건과 보호법익을 달리하고 있고, 업무방해죄의 성립에 일반적·전형적으로 사람에 대한 폭행행위를 수반하는 것은 아니며, 폭행행위가 업무방해죄에 비하여 별도로 고려되지 않을 만큼 경미한 것이라고 할 수도 없으므로, 설령 피해자에 대한 폭행행위가 동일한 피해자에 대한 업무방해죄의 수단이 되었다고 하더라도 그러한 폭행행위가 이른바 '불가벌적 수반행위'에 해당하여 업무방해죄에 대하여 흡수관계에 있다고 볼 수는 없다.

[경찰채용 17 2차] [경찰간부 18] [국가9급 13 변형] [법원9급 18] [법원승진 16 변형] [변호사 20 변형] [사시 14]

030 (O) 대법원 2012.10.11, 2012도1895
따라서 상상적 경합에 해당한다(피고인들이 공동으로 피해자를 폭행하여 피해자의 택시운행을 방해한 사건).

031 절취한 열차승차권을 마치 자기가 구입한 것처럼 승차권 매표소 직원을 기망하여 환불받은 경우에는 절도죄 외에 별도로 사기죄가 성립한다.

[경찰채용 18 1차] [사시 14]

해설+ 이를 곧 사용하여 승차하거나 권면가액으로 양도할 수 있고 매입금액의 환불을 받을 수 있는 것으로 따로히 사기죄가 성립하지 아니한다(대법원 1975.8.29, 75도1996).

031 (×) '성립한다' → '성립하지 않는다'

032 절취한 금융기관 발행의 자기앞수표를 물품대금으로 현금 대신 교부하고 거스름돈을 환불받은 행위는 절도의 불가벌적사후행위로서 별도로 사기죄를 구성하지 않는다.

[법원행시 11]

032 (O) 금융기관 발행의 자기앞수표는 현금에 대신하는 기능을 하고 있으므로 절취한 자기앞수표를 현금 대신 교부한 행위는 절도행위에 대한 가벌적 평가에 당연히 포함된다(대법원 1987.1.20, 86도1728).

033 피고인이 당초부터 피해자를 기망하여 약속어음을 교부받은 경우에는 그 교부받은 즉시 사기죄가 성립하고 그 후 이를 피해자에 대한 피고인의 채권의 변제에 충당하였다 하더라도 불가벌적 사후행위가 됨에 그칠 뿐, 별도로 횡령죄를 구성하지 않는다.

[해경채용 19 3차]

033 (O) 대법원 1983.4.26, 82도3079

034 장물이라는 사정을 알면서 절도범으로부터 자기앞수표를 교부받아 이를 물품구입대금으로 지급하고 거스름돈을 받았다면 이는 장물죄의 불가벌적 사후행위에 해당한다.

[사시 10]

034 (O) 대법원 1993.11.23, 93도213

035 종친회 회장이 위조한 종친회 규약 등을 공탁관에게 제출하는 방법으로 종친회를 피공탁자로 하여 공탁된 수용보상금을 출급받아 편취한 후, 이를 보관하던 중 종친회의 요구에 대하여 정당한 이유 없이 반환을 거부한 행위는 사기범행의 불가벌적 사후행위에 해당한다. [국가7급 17]

035 (○) 공탁관을 기망하여 공탁금을 출급받음으로써 甲 종친회를 피해자로 한 사기죄가 성립하고, 그 후 甲 종친회에 대하여 공탁금 반환을 거부한 행위는 새로운 법익의 침해를 수반하지 않는 불가벌적 사후행위에 해당할 뿐 별도의 횡령죄가 성립하지 않는다(대법원 2015.9.10, 2015도8592).

036 공동상속인 중 1인이 상속재산인 임야를 보관 중 다른 상속인들로부터 매도 후 분배 또는 소유권이전등기를 요구받고도 그 반환을 거부한 경우 횡령죄가 성립하고, 그 후 그 임야에 관하여 다시 제3자 앞으로 근저당권설정등기를 경료해 준 행위는 별도의 횡령죄를 구성한다.

[경찰간부 18] [국가7급 12] [법원9급 18]

036 (×) '구성한다' → '구성하지 않는다'
불가벌적 사후행위로서 별도의 횡령죄를 구성하지 않는다(대법원 2010.2.25, 2010도93).

037 부동산에 피해자 명의의 근저당권을 설정하여 줄 의사가 없음에도 피해자를 속이고 근저당권설정을 약정하여 금원을 편취하고, 그 약정이 취소되지 않았음에도 그 후 그 부동산에 관하여 제3자 명의로 근저당권 설정등기를 마친 경우, 이러한 행위는 금원을 편취한 사기죄와는 전혀 다른 새로운 보호법익을 침해하는 행위로서 사기범행의 불가벌적 사후행위가 되는 것이 아니라 별개의 배임죄를 구성한다. [법원승진 09] [변호사 20 변형] [사시 10]

037 (×)

해설+ 대법원 2020.6.18, 2019도14340 전원합의체 판결에 의하여 배임죄가 불성립하는 것으로 판례가 변경되어 사기죄만 성립한다. "채무자가 금전채무를 담보하기 위한 저당권설정계약에 따라 채권자에게 그 소유의 부동산에 관하여 저당권을 설정할 의무를 부담하게 되었다고 하더라도, 이를 들어 채무자가 통상의 계약에서 이루어지는 이익대립관계를 넘어서 채권자와의 신임관계에 기초하여 채권자의 사무를 맡아 처리하는 것으로 볼 수 없다. 채무자가 저당권설정계약에 따라 채권자에 대하여 부담하는 저당권을 설정할 의무는 계약에 따라 부담하게 된 채무자 자신의 의무이다. 채무자가 위와 같은 의무를 이행하는 것은 채무자 자신의 사무에 해당할 뿐이므로, 채무자를 채권자에 대한 관계에서 '타인의 사무를 처리하는 자'라고 할 수 없다. 따라서 채무자가 제3자에게 먼저 담보물에 관한 저당권을 설정하거나 담보물을 양도하는 등으로 담보가치를 감소 또는 상실시켜 채권자의 채권실현에 위험을 초래하더라도 배임죄가 성립한다고 할 수 없다. 위와 같은 법리는, 채무자가 금전채무에 대한 담보로 부동산에 관하여 양도담보설정계약을 체결하고 이에 따라 채권자에게 소유권이전등기를 해 줄 의무가 있음에도 제3자에게 그 부동산을 처분한 경우에도 적용된다(대법원 2020.6.18, 2019도14340 전원합의체)."

보충 종래 판례(대법원 2008.3.27, 2007도9328)는 사기죄와 배임죄의 실체적 경합으로 보았으나, 대법원 2020.6.18, 2019도14340 전원합의체 판결에 의하여 배임죄는 성립하지 않는 것으로 변경되었다.

038 전기통신금융사기의 범인이 피해자를 기망하여 피해자의 돈을 사기이용계좌로 송금·이체받은 후에 사기이용계좌에서 현금을 인출한 행위는 불가벌적 사후행위로서 따로 횡령죄를 구성하지 않는다. [경찰채용 19 2차]

해설+ 전기통신금융사기(이른바 보이스피싱 범죄)의 범인이 피해자를 기망하여 피해자의 돈을 사기이용계좌로 송금·이체받았다면 이로써 편취행위는 기수에 이른다. 따라서 범인이 피해자의 돈을 보유하게 되었더라도 이로 인하여 피해자와 사이에 어떠한 위탁 또는 신임관계가 존재한다고 할 수 없는 이상 피해자의 돈을 보관하는 지위에 있다고 볼 수 없으며, 나아가 그 후에 범인이 사기이용계좌에서 현금을 인출하였더라도 이는 이미 성립한 사기범행의 실행행위에 지나지 아니하여 새로운 법익을 침해한다고 보기도 어려우므로, 위와 같은 인출행위는 사기의 피해자에 대하여 따로 횡령죄를 구성하지 아니한다(대법원 2017.5.31, 2017도3045).

039 보이스피싱 범죄의 범인 甲이 A를 기망하여 A의 돈을 사기이용계좌로 이체받아 인출한 경우에는 사기죄는 성립하나 이체받은 돈의 인출행위는 불가벌적 사후행위로 횡령죄는 불성립한다. [경찰승진 22]

039 (○) 대법원 2017.5.31, 2017도3894

040 사람을 살해한 다음 그 범죄의 흔적을 은폐하기 위하여 그 시체를 다른 장소로 옮겨 유기한 행위는 불가벌적 사후행위에 해당한다. [국가9급 11]

040 (×) '에 해당한다' → '가 아니다'

해설+ 사람을 살해한 자가 그 시체를 다른 장소로 옮겨 유기하였을 때에는 별도로 사체유기죄가 성립하고, 이와 같은 사체유기를 불가벌적 사후행위로 볼 수는 없다(대법원 1997.7.25, 97도1142).

041 절도범인이 절취한 장물을 자기 것인 양 제3자에게 담보로 제공하고 금원을 편취한 행위는 불가벌적 사후행위에 해당한다. [국가9급 11] [사시 13]

041 (×) '불가벌적 사후행위에 해당한다' → '별도의 사기죄가 성립된다'

해설+ 절도범인이 절취한 장물을 자기 것인 양 제3자에게 담보로 제공하고 금원을 편취한 경우에는 별도의 사기죄가 성립된다(대법원 1980.11.25, 80도2310).

042 1인 회사의 주주 겸 대표이사가 회사의 상가분양 사업을 수행하면서 분양받은 자들을 기망하여 편취한 분양대금을 횡령하더라도 사기 범행 이외에 별도의 횡령죄가 성립되지는 않는다. [국가7급 12]

042 (×) '하더라도' → '하는 것은', '성립되지는 않는다' → '성립된다'

해설+ 편취한 분양대금은 회사의 소유로 귀속되는 것이므로, 대표이사가 그 분양대금을 횡령하는 것은 사기 범행이 침해한 것과는 다른 법익을 침해하는 것이어서 회사를 피해자로 하는 별도의 횡령죄가 성립된다(대법원 2005.4.29, 2005도741).

043 대표이사가 회사의 상가분양 사업을 수행하면서 수분양자들을 기망하여 편취한 분양대금은 회사의 소유로 귀속되는 것이므로, 대표이사가 그 분양대금을 횡령하는 것은 사기 범행이 침해한 것과는 다른 법익을 침해하는 것이어서 회사를 피해자로 하는 별도의 횡령죄가 성립된다. [사시 14 변형]

043 (○) 대법원 2005.4.29, 2005도741

044 타인의 부동산을 보관 중인 자가 불법영득의사를 가지고 그 부동산에 근저당권설정 등기를 경료함으로써 일단 횡령행위가 기수에 이르렀다 하더라도 그 후 해당 부동산을 매각함으로써 기존의 근저당권과 관계없이 법익침해의 결과를 발생시켰다면 이는 당초의 근저당권 실행을 위한 임의경매에 의한 매각 등 그 근저당권으로 인해 당연히 예상될 수 있는 범위를 넘어 새로운 법익침해의 결과를 발생시킨 것이므로 특별한 사정이 없는 한 불가벌적 사후행위로 볼 수 없고 별도로 횡령죄를 구성한다 할 것이다.
[법원행시 14]

044 (○)

해설+ 횡령죄는 다른 사람의 재물에 관한 소유권 등 본권을 보호법익으로 하고 법익침해의 위험이 있으면 침해의 결과가 발생되지 아니하더라도 성립하는 위험범이다. 그리고 일단 특정한 처분행위(이를 '선행 처분행위'라 한다)로 인하여 법익침해의 위험이 발생함으로써 횡령죄가 기수에 이른 후 종국적인 법익침해의 결과가 발생하기 전에 새로운 처분행위(이를 '후행 처분행위'라 한다)가 이루어졌을 때, 후행 처분행위가 선행 처분행위에 의하여 발생한 위험을 현실적인 법익침해로 완성하는 수단에 불과하거나 그 과정에서 당연히 예상될 수 있는 것으로서 새로운 위험을 추가하는 것이 아니라면 후행 처분행위에 의해 발생한 위험은 선행 처분행위에 의하여 이미 성립된 횡령죄에 의해 평가된 위험에 포함되는 것이므로 후행 처분행위는 이른바 불가벌적 사후행위에 해당한다. 그러나 후행 처분행위가 이를 넘어서서, 선행 처분행위로 예상할 수 없는 새로운 위험을 추가함으로써 법익침해에 대한 위험을 증가시키거나 선행 처분행위와는 무관한 방법으로 법익침해의 결과를 발생시키는 경우라면, 이는 선행 처분행위에 의하여 이미 성립된 횡령죄에 의해 평가된 위험의 범위를 벗어나는 것이므로 특별한 사정이 없는 한 별도로 횡령죄를 구성한다고 보아야 한다(대법원 2013.2.21, 2010도10500 전원합의체).

045 7. 종중으로부터 토지를 명의신탁받아 보관 중이던 甲이 개인 채무변제에 사용할 목적으로 위 토지에 근저당권을 설정한 후에 다시 위 토지를 丙에게 매도한 경우, 甲의 토지매도행위는 별도의 횡령죄를 구성한다.
[경찰채용 18 1차]

045 (○)

해설+ 타인의 부동산을 보관 중인 자가 불법영득의사를 가지고 그 부동산에 근저당권설정등기를 경료함으로써 일단 횡령행위가 기수에 이르렀다 하더라도 그 후 같은 부동산에 별개의 근저당권을 설정하여 새로운 법익침해의 위험을 추가함으로써 법익침해의 위험을 증가시키거나 해당 부동산을 매각함으로써 기존의 근저당권과 관계없이 법익침해의 결과를 발생시켰다면, … 별도로 횡령죄를 구성한다(대법원 2013.2.21, 2010도10500 전원합의체).

[046-1~3] 甲은 乙로부터 부동산실명법에 위반되지 않는 명의신탁을 받아 관리하던 시가 2억원 상당의 토지를 명의신탁자 乙의 승낙 없이, 2014.3.2. 丙으로부터 8,000만원을 빌리면서 채권최고액 1억원의 근저당권설정등기를 경료하여 주었다. 甲이 乙의 승낙 없이 丙에게 근저당권설정등기를 경료하여 준 행위는 횡령죄의 구성요건에 해당한다.

[변호사 15 변형]

(○) 대법원 2000.2.22, 99도5227

046-1 이 건 범행으로 인한 甲의 이득액은 2억원이다.

[변호사 15 변형]

046-1 (×) '2억원' → '8천만원 내지 1억원'

해설+ 구체적인 이득액은 위 각 부동산의 시가 상당액에서 위 범행 전에 설정된 피담보채무액을 공제한 잔액이 아니라 위 각 부동산을 담보로 제공한 피담보채무액 내지 그 채권최고액이다(대법원 2013.5.9, 2013도2857).

046-2 만일 甲의 丙에 대한 근저당권 설정행위가 횡령죄를 구성한다고 볼 경우, 甲이 그 후 乙의 승낙 없이 제3자인 丁에게 매도하였다면, 그 행위는 별개의 횡령죄를 구성한다.

[변호사 15 변형]

046-2 (○) 대법원 2013.2.21, 2010도10500 전원합의체

046-3 만일 甲과 乙이 부동산 실권리자명의 등기에 관한 법률에 따라 효력이 부정되는 이른바 계약명의신탁 약정을 맺었고, 그에 따라 甲이, 위 약정 사실을 알고 있는 매도인 戊로부터 위 토지에 대한 소유권이전등기를 경료받은 경우, 그 후 甲이 임의로 위 토지를 처분하였더라도 戊에 대하여 배임죄를 구성하지 않는다.

[변호사 15 변형]

046-3 (○) 대법원 2012.12.13, 2010도10515

047 부동산실명법에 위반되지 않는 부동산명의신탁약정의 경우, 명의수탁자가 신탁받은 부동산의 일부에 대한 토지수용보상금 중 일부를 소비하고, 이어 수용되지 않은 나머지 부동산 전체에 대한 반환을 거부한 것은 불가벌적 사후행위에 해당한다. [국가9급 11 변형]

해설+ 명의수탁자가 신탁받은 부동산의 일부에 대한 토지수용보상금 중 일부를 소비하고, 이어 수용되지 않은 나머지 부동산 전체에 대한 반환을 거부한 경우, 부동산의 일부에 관하여 수령한 수용보상금 중 일부를 소비하였다고 하여 객관적으로 부동산 전체에 대한 불법영득의 의사를 외부에 발현시키는 행위가 있었다고 볼 수는 없으므로, 그 금원 횡령죄가 성립된 이후에 수용되지 않은 나머지 부동산 전체에 대한 반환을 거부한 것은 새로운 법익의 침해가 있는 것으로서 별개의 횡령죄가 성립하는 것이지 불가벌적 사후행위라 할 수 없다(대법원 2001.11.27, 2000도3463).

보충 원래 대법원 2001.11.27, 2000도3463 판례는 중간생략등기형 명의신탁의 명의수탁자에 대한 것인데, 이는 이후 횡령죄가 성립하지 않는다는 대법원 2016.5.19, 2014도6992 전원합의체 판결에 의하여 폐기되었다. 이에 원래의 기출지문에서 "부동산실명법에 위반되지 않는 부동산명의신탁약정의 경우"임을 추가함으로써 명의수탁자의 임의적 처분행위가 횡령죄를 구성하는 내용으로 변형한 것이다.

048 배임죄는 재산상 이익을 객체로 하는 범죄이므로, 1인 회사의 주주가 자신의 개인채무를 담보하기 위하여 회사 소유의 부동산에 대하여 근저당권설정등기를 마쳐주어 배임죄가 성립한 이후에 그 부동산에 대하여 새로운 담보권을 설정해 주는 행위는 선순위 근저당권의 담보가치를 공제한 나머지 담보가치 상당의 재산상 이익을 침해하는 행위로서 별도의 배임죄가 성립한다.

049 자동차를 절취한 후 자동차 등록번호판을 떼어낸 행위는 절도죄의 불가벌적 사후행위에 해당되지 않는다. [경찰간부 18] [국가7급 17] [사시 10]

해설+ 자동차를 절취한 후 자동차등록번호판을 떼어내고, 이를 다른 차에 부착하고 운행한 행위는 새로운 법익의 침해로 보아야 하므로 절도범행의 불가벌적 사후행위가 되는 것이 아니다(대법원 2007.9.6, 2007도4739).

050 회사에 대한 관계에서 타인의 사무를 처리하는 자가 임무에 위배하여 회사로 하여금 자신의 채무에 관하여 연대보증채무를 부담하게 한 다음, 회사의 금전을 보관하는 자의 지위에서 위와 같은 선행 임무위배행위로 인하여 회사가 부담하게 된 연대보증채무의 변제에 사용한 행위는 연대보증채무 부담으로 인한 배임행위의 불가벌적 사후행위에 해당한다. [법원행시 20]

> **해설+** 회사에 대한 관계에서 타인의 사무를 처리하는 자가 임무에 위배하여 회사로 하여금 자신의 채무에 관하여 연대보증채무를 부담하게 한 다음, 회사의 금전을 보관하는 자의 지위에서 회사의 이익이 아닌 자신의 채무를 변제하려는 의사로 회사의 자금을 자기의 소유인 경우와 같이 임의로 인출한 후 개인채무의 변제에 사용한 행위는, 연대보증채무 부담으로 인한 배임죄와 다른 새로운 보호법익을 침해하는 것으로서 배임 범행의 불가벌적 사후행위가 되는 것이 아니라 별죄인 횡령죄를 구성한다고 보아야 하며, 횡령행위로 인출한 자금이 선행 임무위배행위로 인하여 회사가 부담하게 된 연대보증채무의 변제에 사용되었다 하더라도 달리 볼 것은 아니다(대법원 2011.4.14, 2011도277).

051 회사에 대한 관계에서 타인의 사무를 처리하는 자가 임무에 위배하는 행위로써 회사로 하여금 회사가 펀드 운영사에 지급하여야 할 펀드출자금을 정해진 시점보다 선지급하도록 하여 배임죄를 범한 다음, 그와 같이 선지급된 펀드출자금을 보관하는 자와 공모하여 펀드출자금을 임의로 인출한 후 자신의 투자금으로 사용하기 위하여 임의로 송금하도록 한 행위는 펀드출자금 선지급으로 인한 배임죄와는 다른 새로운 보호법익을 침해하지 않는 행위로서 배임 범행의 불가벌적 사후행위가 되는 것이므로, 별죄로서 횡령죄를 구성한다고 볼 수 없다. [경찰채용 17 2차]

052 평소 본범과 공동하여 수차 상습으로 절도 등 범행을 함으로써 실질적인 범죄집단을 이루고 있었던 甲이 본범으로부터 장물을 취득하였다면, 본범이 범한 당해 절도범행에 있어서 정범자(공동정범이나 합동범)가 되지 아니하더라도 甲의 장물취득행위는 불가벌적 사후행위에 해당한다. [변호사 20]

053 채무자가 자신의 부동산에 甲 명의로 허위의 금전채권에 기한 담보가등기를 설정하여 강제집행면탈죄가 성립된 후, 그 부동산을 乙에게 양도하여 乙 명의로 이루어진 가등기양도 및 본등기를 경료한 행위는 강제집행면탈 범행의 불가벌적 사후행위에 해당한다. [국가7급 17]

> **해설+** 甲 명의 담보가등기 설정행위로 강제집행면탈죄가 성립한다고 하여 그 후 乙 명의로 이루어진 가등기 양도 및 본등기 경료행위가 불가벌적 사후행위가 되는 것은 아니다(대법원 2008.5.8, 2008도198).

054 부정한 이익을 얻을 목적으로 타인의 영업비밀이 담긴 CD를 절취하여 그 영업비밀을 부정사용한 경우, 그 부정사용행위는 절도죄의 불가벌적 사후행위에 해당한다. [국가7급 17] [법원9급 18] [사시 10]

> **해설+** 선행범죄인 절도죄보다 후행범죄인 영업비밀부정사용죄가 더욱 법익침해가 큰 경우이므로 선행범죄에 흡수되는 불가벌적 사후행위가 될 수 없다(대법원 2008.9.11, 2008도5364).

055 약속어음을 편취한 후, 이를 숨기고 그 사실을 모르는 제3자로부터 할인받은 경우, 그 어음할인 행위는 별도의 사기죄를 구성한다. [사시 10]

056 포괄일죄는 수개의 행위가 포괄적으로 1개의 구성요건에 해당하여 일죄를 구성하는 경우로, 본래 일죄라는 점에서 과형상 일죄와 구별된다. [사시 10]

057 수개의 행위가 여러 개의 구성요건을 충족하는 경우에도 포괄일죄가 될 수 있으므로 횡령, 배임의 행위와 사기의 행위 사이에는 포괄일죄를 구성할 수 있다. [경찰채용 23 1차]

> **보충** 판례 중에는 배임과 사기의 행위가 포괄일죄를 구성하지 않는다는 판시도 있다.

> **판례** 배임죄와 사기죄는 그 구성요건을 달리하는 별개의 범죄이고 형법상으로도 각각 별개의 장에 규정되어 있어, 1개의 행위에 관하여 사기죄와 배임죄의 각 구성요건이 모두 구비된 때에는 양 죄를 법조경합 관계로 볼 것이 아니라 상상적 경합관계로 봄이 상당하다 할 것이다(대법원 2002.7.18, 2002도669 전원합의체).

058 결합범은 개별적으로 독립된 범죄의 구성요건에 해당하는 수개의 행위가 결합하여 일죄를 구성하는 경우로 결합범 자체는 1개의 범죄완성을 위한 수개 행위의 결합이고, 수개 행위의 불법내용을 함께 평가하는 것이므로 포괄일죄가 된다. [경찰간부 23]

059 접속범은 동일한 법익에 대하여 수개의 구성요건적 행위가 불가분하게 접속하여 행하여지는 범행형태로 같은 기회에 하나의 행위로 여러 개의 영업비밀을 취득하였다면 이는 일죄로 평가된다. [경찰간부 23]

보충 이러한 경우에는 기업의 영업비밀 보호와 관련한 재산적 가치라는 비전속적 법익이 그 보호법익이므로 상상적 경합이 아니라 일죄가 되는 것이다.

판례 같은 기회에 하나의 행위로 여러 개의 영업비밀을 취득한 행위는 영업비밀보호법 제18조 제2항 위반죄의 일죄로 평가되어야 한다(대법원 2009.4.9, 2006도9022).

060 연속범은 개별적인 행위가 범죄의 요소인 구성요건에 해당하고 위법 · 유책해야 하며, 동일한 법익의 침해가 있어야 성립되므로 피해법익의 동일성에 따라 보호법익을 같이 하는 횡령, 배임 등의 행위와 사기의 행위는 포괄일죄를 구성한다. [경찰간부 23]

061 집합범은 다수의 동종의 행위가 동일한 의사에 의하여 반복될 것이 당해 구성요건에서 당연히 예상되는 범죄를 말하며, 집합범의 종류로는 영업범과 상습범이 있다. [경찰간부 23]

해설+ 집합범이라 함은 다수의 동종의 행위가 동일한 의사에 의하여 반복되지만 영업성, 직업성 또는 상습성에 의하여 개별 범죄를 하나의 죄로 통일하는 효과가 일어나 일괄하여 일죄로 되는 경우로 (직업범,) 영업범과 상습범이 있다.1

062 애초에 죄가 되지 아니하던 행위를 구성요건을 신설하여 포괄일죄의 처벌 대상으로 삼는 경우, 신설된 포괄일죄 처벌법규가 시행되기 이전의 행위에 대하여는 신설된 법규를 적용하여 처벌할 수 없다. [국가7급 20]

062 (O) 대법원 2016.1.28, 2015 도15669

063 포괄일죄에 관한 기존 처벌법규에 대하여 그 표현이나 형량과 관련한 개정을 하는 경우가 아니라 애초에 죄가 되지 아니하던 행위를 구성요건의 신설로 포괄일죄의 처벌대상으로 삼는 경우에는 신설된 포괄일죄 처벌법규가 시행되기 이전의 행위에 대하여는 신설된 법규를 적용하여 처벌할 수 없다. [국가9급총론 18]

063 (O) 대법원 2016.1.28, 2015 도15669

064 A는 피해자의 방안에 침입하여 잠을 자고 있던 피해자를 식칼로 위협하여 반항을 억압한 다음 1회 강간하고, 그로 인하여 피해자로 하여금 경부압박상 등의 상해를 입게 하였다. 이 경우 A의 행위는 그 전체가 포괄하여 구성폭력범죄의 처벌 및 피해자 보호 등에 관한 법률 제9조 제1항의 죄를 구성할 뿐이지, 그중 주거침입의 행위가 별도로 주거침입죄를 구성하지는 않는다. [법원행시 13]

064 (O) 대법원 1999.4.23, 99 도354

065 음주상태로 자동차를 운전하다가 제1차 사고를 내고 그대로 진행하여 제2차 사고를 낸 경우, 제1차 사고 시의 음주운전죄와 제2차 사고 시의 음주운전죄는 포괄일죄에 해당한다. [법원9급 18]

065 (O) 대법원 2007.7.26, 2007 도4404

066 피해자를 위협하여 항거불능케 한 후 1회 간음하고 2백미터쯤 오다가 다시 1회 간음한 경우 강간죄의 단순일죄가 성립한다. [국가9급 16]

066 (O) 대법원 1970.9.29, 70 도1516

067 피해자를 1회 강간하여 상처를 입게 한 후 약 1시간 후에 장소를 옮겨 같은 피해자를 다시 1회 강간한 행위는 그 범행시간과 장소를 달리하고 있을 뿐만 아니라 각 별개의 범의에서 이루어진 행위로서 「형법」 제37조 전단의 실체적 경합범에 해당한다. [법원9급 13] [법원승진 12]

067 (O) 대법원 1987.5.12, 87도694

068 절도가 주인집의 방 안에서 재물을 절취하고 그 무렵 세 들어 사는 사람의 방 안에서 재물을 절취한 경우 실체적 경합관계가 인정된다. [법원승진 12] [법원행시 10] [사시 15]

068 (O) 대법원 1989.8.8, 89도664

069 동일 죄명에 해당하는 수개의 행위를 단일하고 계속된 범의하에 일정 기간 계속하여 행하고 그 피해법익도 동일한 경우에는 이들 각 행위를 통틀어 포괄일죄로 처단하여야 할 것이다. [국가9급 12]

069 (O) 대법원 2002.7.26, 2002도1855

070 예금주인 현금카드 소유자를 협박하여 그 카드를 갈취한 후 이를 이용하여 현금자동 지급기에서 예금을 인출한 경우 일죄가 성립한다. [사시 13 변형]

해설+ 모두 피해자의 예금을 갈취하고자 하는 피고인의 단일하고 계속된 범의 아래에서 이루어진 일련의 행위로서 포괄하여 하나의 공갈죄를 구성한다(대법원 1996.9.20, 95도1728).

070 (O)

071 예금주인 현금카드 소유자를 협박하여 그 카드를 갈취한 다음 피해자의 승낙에 의하여 현금카드를 사용할 권한을 부여받아 이를 이용하여 현금자동 지급기에서 현금을 인출한 행위는 공갈죄와는 별도로 절도죄를 구성한다. [경찰채용 22 1차]

071 (×)

해설+ 예금주인 현금카드 소유자를 협박하여 그 카드를 갈취하였고, 하자 있는 의사표시이기는 하지만 피해자의 승낙에 의하여 현금카드를 사용할 권한을 부여받아 이를 이용하여 현금을 인출한 이상, 피해자가 그 승낙의 의사표시를 취소하기까지는 현금카드를 적법, 유효하게 사용할 수 있고, 은행의 경우에도 피해자의 지급정지 신청이 없는 한 피해자의 의사에 따라 그의 계산으로 적법하게 예금을 지급할 수밖에 없는 것이므로, 피고인이 피해자로부터 현금카드를 사용한 예금인출의 승낙을 받고 현금카드를 교부받은 행위와 이를 사용하여 현금자동지급기에서 예금을 여러 번 인출한 행위들은 모두 피해자의 예금을 갈취하고자 하는 피고인의 단일하고 계속된 범의 아래에서 이루어진 일련의 행위로서 포괄하여 하나의 공갈죄를 구성한다(대법원 1996.9.20, 95도1728).

072 같은 사람을 살해할 목적으로 일시 장소를 달리하여 수차에 걸쳐 단순한 예비행위를 하였다가 실행에 착수하여 그 목적을 달성한 경우에는 살인예비죄와 살인죄의 경합범으로 처단하여야 한다.

해설+ 살해의 목적을 달성할 때까지의 행위는 모두 실행행위의 일부로서 이를 포괄적으로 보고 단순한 한 개의 살인기수죄로 처단할 것이지 살인예비 내지 미수죄와 동 기수죄의 경합죄로 처단할 수 없는 것이다(대법원 1965.9.28, 65도695).

072 (×) '처단하여야 한다' → '처단할 수는 없다'

073 甲이 A를 살해할 목적으로 흉기를 구입하여 A의 집 앞에서 A를 기다렸으나 만나지 못하였고 다음날 A의 맥주잔에 독약으로 오인한 제초제를 몰래 넣었으나 복통만 일으키게 하다가 며칠 뒤 A를 자동차로 치어 사망하게 한 경우, 甲에게는 살인예비 내지 미수죄와 동 기수죄의 경합죄가 성립한다. [경찰간부 22]

073 (×) 포괄적으로 1개의 살인기수죄가 성립한다(대법원 1965. 9.28, 65도695).

074 A와 B가 체포하려고 하자 절도범이 체포를 면탈할 목적으로 A의 얼굴을 팔꿈치로 폭행하고, 발로 B의 정강이를 걷어 차 약 2주간 치료가 필요한 상해를 입힌 경우 포괄하여 하나의 강도상해죄만 성립한다.

[국가9급총론 17] [변호사 18]

074 (○) 대법원 2001.8.21, 2001도3447

075 폭력행위 등 처벌에 관한 법률 제4조 제1항에서는 그 법에 규정된 범죄행위를 목적으로 하는 단체를 구성하거나 이에 가입하는 행위 또는 구성원으로 활동하는 행위를 처벌하도록 규정하고 있으므로, 범죄단체를 구성하거나 이에 가입한 자가 나아가 구성원으로 활동하는 경우에는 폭력행위 등 처벌에 관한 법률 위반의 포괄일죄가 성립한다. [국가9급 21]

075 (○) 대법원 2015.9.10, 2015도7081

076 공무원이 골재채취허가 과정에 협조해 달라는 청탁과 함께 동일인으로부터 20일 사이에 3차례에 걸쳐 다른 장소에서 금품을 받은 경우, 단일 범의에 의하여 행해진 계속된 행위라고 볼 수 있고 피해법익 또한 동일하므로 포괄하여 일죄를 구성한다. [법원9급 16]

076 (○) 대법원 1983.11.8, 83도711

077 건축공무원이 약 4개월 사이에 10회에 걸쳐 동일한 건설회사의 대표이사, 상무이사, 공사현장 소장으로부터 동일 명목으로 뇌물을 받았다면 단일 범의에 의하여 행해진 계속된 행위라고 볼 수 없으므로 수죄의 뇌물수수죄가 성립한다. [법원9급 16]

077 (×) '단일 ~ 뇌물수수죄' → '포괄일죄'
약 4개월 사이에 10회에 걸쳐 동일인으로부터 뇌물을 받은 경우에는 포괄일죄가 성립한다(대법원 1979.8.14, 79도1393).

078 등기소 조사계장이 동일 법무사로부터 그가 신청하는 등기신청사건을 신속히 처리하여 달라는 부탁조로 1건당 얼마씩 이른바 급행료를 받은 경우, 단일한 범의의 계속 아래 일정한 기간 동종행위를 같은 장소에서 반복한 것으로 볼 수 있어 일죄이다. [법원9급 16]

078 (○) 대법원 1982.10.26, 81도1409

079 「형법」 제131조 제1항 수뢰후부정처사죄에 있어서 단일하고도 계속된 범의 아래 일정 기간 반복하여 일련의 뇌물수수 행위와 부정한 행위가 행하여졌고 뇌물수수 행위와 부정한 행위 사이에 인과관계가 인정되며 피해법익도 동일한 경우에는 최후의 부정한 행위 이후에 저질러진 뇌물수수 행위도 최후의 부정한 행위 이전의 뇌물수수 행위 및 부정한 행위와 함께 수뢰후부정처사죄의 포괄일죄가 된다. [경찰채용 21 2차]

079 (○)

해설+ 수뢰후부정처사죄를 정한 형법 제131조 제1항은 공무원 또는 중재인이 형법 제129조(수뢰, 사전수뢰) 및 제130조(제3자뇌물제공)의 죄를 범하여 부정한 행위를 하는 것을 구성요건으로 하고 있다. 여기에서 '형법 제129조 및 제130조의 죄를 범하여'란 반드시 뇌물수수 등의 행위가 완료된 이후에 부정한 행위가 이루어져야 함을 의미하는 것은 아니고, 결합범 또는 결과적 가중범 등에서의 기본행위와 마찬가지로 뇌물수수 등의 행위를 하는 중에 부정한 행위를 한 경우도 포함하는 것으로 보아야 한다. 따라서 단일하고도 계속된 범의 아래 일정 기간 반복하여 일련의 뇌물수수 행위와 부정한 행위가 행하여졌고 그 뇌물수수 행위와 부정한 행위 사이에 인과관계가 인정되며 피해법익도 동일하다면, 최후의 부정한 행위 이후에 저질러진 뇌물수수 행위도 최후의 부정한 행위 이전의 뇌물수수 행위 및 부정한 행위와 함께 수뢰후부정처사죄의 포괄일죄로 처벌함이 타당하다(대법원 2021.2.4, 2020도12103).

080 은행장인 피고인이 甲으로부터 정식 이사가 될 수 있도록 도와 달라는 부탁을 받고 1년 동안 12회에 걸쳐 그 사례금 명목으로 합계 1억 2,000만원을 교부받은 경우 일죄가 성립한다. [법원행시 16]

080 (○) 단일하고도 계속된 범의 아래 일정 기간 반복하여 이루어진 것이고 그 피해법익도 동일한 경우에는 각 범행을 통틀어 포괄일죄로 볼 것이다(대법원 2000.6.27, 2000도1155).

081 수개의 업무상 배임행위가 있더라도 피해법익이 단일하고 범죄의 태양이 동일할 뿐만 아니라, 그 수개의 배임행위가 단일한 범의에 기한 일련의 행위라고 볼 수 있는 경우에는 그 수개의 배임행위는 포괄하여 일죄를 구성한다. [경찰간부 17] [법원9급 15]

082 범죄단체를 구성하거나 이에 가입한 자가 더 나아가 구성원으로 활동하는 경우의 죄수는 포괄일죄에 해당한다. [경찰간부 17]

083 범죄단체 가입행위 또는 범죄단체 구성원으로서 활동하는 행위와 사기행위는 포괄일죄의 관계에 있다. [경찰채용 20 1차]

> **해설+** '포괄일죄의 관계에 있다' → '별개의 범죄구성요건을 충족하는 독립된 행위이고 서로 보호법익도 달라 사기죄만 성립하는 것은 아니다(대법원 2017.10.26, 2017도8600)

084 범죄단체 등에 소속된 조직원이 저지른 폭력행위 등 처벌에 관한 법률 위반(단체 등의 공동강요)죄 등의 개별적 범행과 동법 위반(단체 등의 활동)죄는 범행의 목적이나 행위 등 측면에서 일부 중첩되는 부분이 있고, 이에 특별한 사정이 없는 한 법률상 1개의 행위로 평가되어 실체적 경합이 아닌 상상적 경합관계에 있다고 보아야 한다. [경찰채용 23 2차]

> **해설+** 범죄단체 등에 소속된 조직원이 저지른 폭력행위처벌법 위반(단체 등의 공동강요)죄 등의 개별적 범행과 폭력행위처벌법 위반(단체 등의 활동)죄는 범행의 목적이나 행위 등 측면에서 일부 중첩되는 부분이 있더라도, 일반적으로 구성요건을 달리하는 별개의 범죄로서 범행의 상대방, 범행수단 내지 방법, 결과 등이 다를 뿐만 아니라 그 보호법익이 일치한다고 볼 수 없다. 또한 폭력행위처벌법 위반(단체 등의 구성·활동)죄와 위 개별적 범행은 특별한 사정이 없는 한 법률상 1개의 행위로 평가되는 경우로 보기 어려워 상상적 경합이 아닌 실체적 경합관계에 있다고 보아야 한다(대법원 2022.9.7, 2022도6993).

085 공무원이 동일한 사안에 관한 일련의 직무집행 과정에서 단일하고 계속된 범의로 일정 기간 계속하여 저지른 직권남용행위라 하더라도 그 상대방이 여러 명이라면 직권남용권리행사방해죄의 포괄일죄가 성립할 수 없다.

085 (×)

> **해설+** 직권남용권리행사방해죄는 국가기능의 공정한 행사라는 국가적 법익을 보호하는 데 주된 목적이 있으므로, 공무원이 동일한 사안에 관한 일련의 직무집행 과정에서 단일하고 계속된 범의로 일정 기간 계속하여 저지른 직권남용행위에 대하여는 설령 그 상대방이 여러 명이더라도 포괄일죄가 성립할 수 있다. 다만 개별 사안에서 포괄일죄의 성립 여부는 직무집행 대상의 동일 여부, 범행의 태양과 동기, 각 범행 사이의 시간적 간격, 범의의 단절이나 갱신 여부 등을 세밀하게 살펴 판단하여야 한다(직권남용으로 인한 국가정보원법 위반죄에 관한 대법원 2021.3.11, 2020도12583). 피고인의 관련 행위(온라인 여론조작 활동 지시 또는 불법 신원조회 활동 지시)는 동일한 사안에 관한 일련의 직무집행 과정에서 단일하고 계속된 범의로 일정 기간 계속하여 저지른 직권남용행위에 해당하므로 그 전체 범행에 대하여 포괄하여 하나의 직권남용죄가 성립한다. 따라서 직권남용행위의 상대방별로 별개의 죄가 성립함을 전제로 일부 상대방에 대한 범행에 대하여 별도로 공소시효가 완성되었다고 판단한 원심판결에는 직권남용죄의 죄수에 관한 법리를 오해한 잘못이 있다(대법원 2021.9.9, 2021도2030).

086 하나의 사건에 관하여 한 번 선서한 증인이 같은 기일에 여러 가지 사실에 관하여 기억에 반하는 허위의 공술을 한 경우 이는 하나의 범죄의사에 의하여 계속하여 허위의 공술을 한 것으로서 포괄하여 1개의 위증죄를 구성하는 것이고 각 진술마다 수개의 위증죄를 구성하는 것이 아니다.

[법원9급 18] [법원행시 10 변형]

086 (○) 대법원 2007.3.15, 2006도9463

087 자신들이 개설한 인터넷 사이트를 통해 회원들로 하여금 음란한 동영상을 게시하도록 하고 다른 회원들로 하여금 이를 다운받을 수 있도록 하는 방법으로 정보통신망을 통한 음란한 영상의 배포·전시를 방조한 행위가 단일하고 계속된 범의 아래 일정기간 계속하여 이루어졌고 피해법익도 동일한 경우, 방조행위는 포괄일죄의 관계에 있다.

[국가7급 17]

087 (○) 대법원 2010.11.25, 2010도1588

088 영리를 목적으로 무면허 의료행위를 업으로 하는 자가 반복적으로 여러 개의 무면허 의료행위를 단일하고 계속된 범의 아래 일정 기간 계속하여 행하고 그 피해법익도 동일하다면 이들 각 행위를 포괄일죄로 처단하여야 한다.

[법원9급 15]

해설+ 영리를 목적으로 무면허 의료행위를 업으로 하는 자가 일부 돈을 받지 아니하고 무면허 의료행위를 한 경우에도 보건범죄단속에 관한 특별조치법 위반죄의 1죄만이 성립하고 별개로 의료법 위반죄를 구성하지 않는다고 보아야 한다(대법원 2010.5.13, 2010도2468).

089 피고인이 수개의 선거비용 항목을 허위기재한 하나의 선거비용 보전청구서를 제출하여 대한민국으로부터 선거비용을 과다 보전받아 이를 편취하였다면 이는 일죄로 평가되어야 하고, 각 선거비용 항목에 따라 별개의 사기죄가 성립하는 것은 아니다.

[경찰채용 17 2차]

090 단일하고도 계속된 범의 아래 동일한 저작물에 대한 침해행위가 일정기간 반복하여 행하여진 경우의 죄수는 포괄일죄에 해당한다.

[경찰간부 17]

091 甲이 2001.11.23.부터 2002.3.22. 사이에 직계존속을 동일한 폭력습벽의 발현으로 2회 폭행하고 4회 상해를 입힌 경우 하나의 상습존속상해죄가 성립한다.

[국가9급총론 17]

092 상습절도의 범행을 한 자가 절도습벽의 발현으로 자동차등불법사용 범행을 함께 저질렀다 하더라도 자동차등불법사용죄와 상습절도죄는 그 보호법익이 다르므로 포괄일죄가 아닌 별개의 범죄를 구성한다.

[사시 10]

해설+ '하더라도 자동차등불법사용죄와 상습절도죄는 그 보호법익이 다르므로 포괄일죄가 아닌 별개의 범죄를 구성한다' → '면 절도습벽의 발현으로 행한 자동차등불법사용의 범행은 상습절도에 흡수되어 1죄만 성립한다'(대법원 2002.4.26, 2002도429)

088 (O)

089 (O) 대법원 2017.5.30, 2016도21713

090 (O) 대법원 2013.9.26, 2011도1435

091 (O) 대법원 2003.2.28, 2002도7335

092 (×)

093 특정범죄 가중처벌 등에 관한 법률 제5조의4 제6항에 규정된 상습절도 등 죄를 범한 범인이 그 범행의 수단으로 주간에 주거침입을 한 경우에 주거 침입행위는 상습절도 등 죄에 흡수되어 위 조문에 규정된 상습절도 등 죄의 1죄만이 성립하고 별개로 주거침입죄를 구성하지 않는다.

[경찰간부 16 변형]

093 (O) 대법원 2017.7.11, 2017도4044

094 위 상습절도 등 죄를 범한 범인이 그 범행 외에 상습적인 절도의 목적으로 주거침입을 하였다가 절도에 이르지 아니하고 주거침입에 그친 경우에도 그것이 절도상습성의 발현이라고 보이는 이상 주거침입행위는 다른 상습 절도 등 죄에 흡수되어 위 조문에 규정된 상습절도 등 죄의 1죄만을 구성 하고 상습절도 등 죄와 별개로 주거침입죄를 구성하지 않는다.

[법원행시 19 변형]

094 (O) 대법원 2017.7.11, 2017도4044

095 특정범죄 가중처벌 등에 관한 법률 제5조의4 제3항 상습강도죄의 범인이 강도예비를 하였다가 실행의 착수에 이르지 아니한 경우에는 강도예비행 위가 상습강도죄에 흡수된다.

[국가7급 09]

095 (O)

해설+ 강도상습성의 발현이라고 보여지는 경우에는 강도예비행위는 상습강도죄에 흡수되어 위 법조에 규정된 상습강도죄의 1죄만을 구성하고 이 상습강도죄와 별개로 강도예비죄를 구성하지 아 니한다(대법원 2003.3.28, 2003도665).

096 도박의 습벽이 있는 자가 타인의 도박을 방조하면 상습도박방조의 죄에 해 당하는 것이며, 도박의 습벽이 있는 자가 도박을 하고 또 도박방조를 하였 을 경우, 상습도박죄와는 별도로 상습도박방조의 죄가 성립하고 양자는 실 체적 경합관계에 있다.

[경찰채용 21 1차]

096 (×)

해설+ 상습도박의 죄나 상습도박방조의 죄에 있어서의 상습성은 행위의 속성이 아니라 행위자의 속성으로서 도박을 반복해서 거듭하는 습벽을 말하는 것인바, 도박의 습벽이 있는 자가 타인의 도박 을 방조하면 상습도박방조의 죄에 해당하는 것이며, 도박의 습벽이 있는 자가 도박을 하고 또 도박 방조를 하였을 경우 상습도박방조의 죄는 무거운 상습도박의 죄에 포괄시켜 1죄로서 처단하여야 한다(대법원 1984.4.24, 84도195).

097 동일 죄명에 해당하는 수개의 행위를 단일하고 계속된 범의 하에 일정기간 계속하여 행하고 그 피해법익도 동일한 경우에는 이들 각 행위를 통틀어 포괄일죄로 처단하여야 할 것이나, 범의의 단일성과 계속성이 인정되지 아니하거나 범행방법이 동일하지 않은 경우에는 각 범행은 실체적 경합범에 해당한다. [법원9급 12]

097 (O) 대법원 2004.6.25, 2004도1751

098 동일 죄명에 해당하는 수개의 행위 또는 연속된 행위는 범의가 단일하지 않아도 포괄일죄로 처단된다. [변호사 14 변형]

해설+ 범의의 단일성과 계속성이 인정되지 아니하거나 범행방법 및 장소가 동일하지 않은 경우에는 각 범행은 실체적 경합범에 해당한다(대법원 2006.9.8, 2006도3172).

098 (X) '않아도 포괄일죄로 처단된다' → '않으면 각 범행은 실체적 경합범에 해당한다'

099 작가협회 회원인 피고인이 타인의 명의를 도용하여 작가협회 교육원장을 비방하는 내용의 호소문을 작성한 후 이를 작가협회 회원들에게 우편으로 송달한 경우 일죄가 성립한다. [법원행시 16]

099 (X) '일죄' → '실체적 경합관계'
사문서위조죄와 명예훼손죄가 각 성립하고, 이는 실체적 경합관계이다(대법원 2009.4.23, 2008도8527).

100 강취한 현금카드를 이용하여 현금자동지급기에서 예금을 인출한 경우에는 강도죄의 포괄일죄이다. [경찰채용 18 1차] [변호사 18] [사시 13]

해설+ 현금자동지급기 관리자의 의사에 반하여 그의 지배를 배제하고 그 현금을 자기의 지배하에 옮겨 놓는 것이 되어서 강도죄와는 별도로 절도죄를 구성한다(대법원 2007.5.10, 2007도1375).

100 (X) '의 포괄일죄이다' → '와는 별도로 절도죄를 구성한다'

101 사기죄에 있어서 수인의 피해자에 대하여 각별로 기망행위를 하여 각각 재물을 편취한 경우에 그 범의가 단일하고 범행방법이 동일하다고 하더라도, 피해자별로 1개씩의 죄가 성립한다. [법원9급 12]

101 (O) 대법원 1996.2.13, 95도2121

102 수인의 피해자에 대하여 각 피해자별로 기망행위를 하여 각각 재물을 편취한 경우에도 그 범의가 단일하고 범행방법이 동일한 경우에는 사기죄의 포괄일죄가 성립한다. [국가9급 21]

해설+ 사기죄에 있어서 수인의 피해자에 대하여 각 피해자별로 기망행위를 하여 각각 재물을 편취한 경우에 그 범의가 단일하고 범행방법이 동일하다고 하더라도 포괄1죄가 성립하는 것이 아니라 피해자별로 1개씩의 죄가 성립하는 것으로 보아야 한다(대법원 1997.6.27, 97도508).

102 (×)

103 피고인이 부동산 공유자인 피해자 3명을 상대로 부동산을 매수할 것처럼 행세하며 근저당권을 먼저 설정하여 주면 이를 담보로 매매대금을 마련하여 지급하겠다고 기망하여, 이에 속은 위 피해자들이 공유하는 부동산의 각 공유지분에 관하여 근저당권을 설정하게 함으로써 재산상 이익을 편취한 경우 일죄가 성립한다. [경찰간부 18] [법원행시 16]

103 (×) '일죄' → '피해자별로 독립한 사기죄'
범의가 단일하고 범행방법이 동일하더라도 각 피해자의 피해법익은 독립한 것이므로 이를 포괄일죄로 파악할 수 없고 피해자별로 독립한 사기죄가 성립된다(대법원 2015. 4.23, 2014도16980).

104 동일한 기회에 동일한 범죄의 태양으로 수회에 걸친 예금인출행위로 수인의 피해자에 대해 업무상횡령행위를 행한 경우 업무상횡령죄의 포괄일죄가 성립한다. [국가9급 16]

104 (×) '가 성립한다' → '의 성립을 인정하기 어렵다'
피해자가 수인인 경우에는 그 피해법익이 단일하다고 할 수 없으므로 포괄일죄의 성립을 인정하기 어렵다(대법원 2011.2.24, 2010도13801).

105 신용협동조합의 전무가 수개의 거래처로부터 각기 다른 일시에 조합정관상의 1인당 대출한도를 초과하여 대출하여 달라는 부탁을 받고 이에 응하여 각기 다른 범의 하에 부당대출을 해준 경우 일죄가 성립한다. [사시 13 변형]

105 (×) '성립한다' → '성립하지 않는다'
포괄일죄에 해당하지 않는다(수개의 업무상 배임의 실체적 경합에 해당하므로 기판력이 인정되지 않음)(대법원 1997.9.26, 97도1469).

106 타인의 사무를 처리하는 자가 여러 사람으로부터 각각 같은 종류의 부정한 청탁과 함께 금품을 받은 경우, 여러 사람으로부터 각각 부정한 청탁을 받고 금품을 수수한 경우에는 배임수재죄의 포괄일죄로 볼 수 없다.

[법원9급 15] [사시 10]

해설+ 타인의 사무를 처리하는 자가 동일인으로부터 그 직무에 관하여 부정한 청탁을 받고 여러 차례에 걸쳐 금품을 수수한 경우, 그것이 단일하고도 계속된 범의 아래 일정 기간 반복하여 이루어진 것이고 그 피해법익도 동일한 때에는 이를 포괄일죄로 보아야 한다. 다만, 여러 사람으로부터 각각 부정한 청탁을 받고 그들로부터 각각 금품을 수수한 경우에는 비록 그 청탁이 동종의 것이라고 하더라도 단일하고 계속된 범의 아래 이루어진 범행으로 보기 어려워 그 전체를 포괄일죄로 볼 수 없다(실체적 경합, 대법원 2008.12.11, 2008도6987).

106 (O)

107 타인의 사무를 처리하는 자가 그 직무에 관하여 여러 사람으로부터 각각 부정한 청탁을 받고 수회에 걸쳐 금품을 수수한 경우, 그 청탁이 동종의 것이면 단일하고 계속된 범의 아래 이루어진 범행으로 보아 그 전체를 포괄일죄로 볼 수 있다.

[해경채용 2차 22]

해설+ 타인의 사무를 처리하는 자가 동일인으로부터 그 직무에 관하여 부정한 청탁을 받고 여러 차례에 걸쳐 금품을 수수한 경우, 그것이 단일하고도 계속된 범의 아래 일정기간 반복하여 이루어진 것이고 그 피해법익도 동일한 때에는 이를 포괄일죄로 보아야 한다. 다만, 여러 사람으로부터 각각 부정한 청탁을 받고 그들로부터 각각 금품을 수수한 경우에는 비록 그 청탁이 동종의 것이라고 하더라도 단일하고 계속된 범의 아래 이루어진 범행으로 보기 어려워 그 전체를 포괄일죄로 볼 수 없다(대법원 2008.12.11, 2008도6987).

107 (×)

108 피해신고를 받고 출동한 두 명의 경찰관에게 욕설을 하면서 순차로 폭행을 하여 경찰관의 정당한 직무집행을 방해한 경우 포괄하여 하나의 공무집행방해죄가 성립한다.

[사시 13]

해설+ 사회관념상 1개의 행위로 평가하는 것이 상당하다는 이유로, 위 공무집행방해죄는 제40조에 정한 상상적 경합의 관계에 있다(대법원 2009.6.25, 2009도3505).

108 (×) '포괄하여 하나의 공무집행방해죄가 성립한다' → '공무집행방해죄는 상상적 경합의 관계에 있다'

109 하나의 사건에 관하여 한 번 선서한 증인이 같은 기일에 여러 가지 사실에 관하여 기억에 반하는 허위의 진술을 한 경우 포괄하여 1개의 위증죄가 성립한다.

[법원행시 11]

109 (O) 대법원 1990.2.23, 89도1212

110 하나의 소송 사건에서 동일한 선서하에 수차례에 걸쳐 허위의 감정보고서를 제출하는 경우에 각 감정보고서 제출행위 시마다 각각 허위감정죄가 성립하므로 포괄일죄가 아닌 경합범으로 처벌하여야 한다. [사시 10]

110 (×) '아닌 경합범으로 처벌하여야 한다' → '된다'
단일한 범의하에 행한 것으로서 포괄일죄가 된다(대법원 2000.11.28, 2000도1089).

111 컴퓨터로 음란 동영상을 제공한 행위를 하였다가 음란 동영상이 저장되어 있던 서버 컴퓨터가 압수된 이후 다시 장비를 갖추어 동종의 범죄행위를 저지른 경우 일죄가 성립한다. [법원승진 12] [법원행시 16]

해설+ 범의의 갱신이 있어 제1범죄행위는 약식명령이 확정된 제2범죄행위와 실체적 경합관계에 있다(대법원 2005.9.30, 2005도4051).

111 (×) '일죄가 성립한다' → '실체적 경합관계가 성립한다'

112 컴퓨터로 음란 동영상을 제공한 제1범죄행위로 서버컴퓨터가 압수된 이후 다시 장비를 갖추어 동종의 제2범죄행위를 한 경우에 제1행위(음란 동영상 제공)에 대한 범죄는 성립하나 제2행위(음란 동영상 제공)는 불가벌적 사후행위로 범죄가 불성립한다. [경찰승진 22]

해설+ 컴퓨터로 음란 동영상을 제공한 제1범죄행위로 서버컴퓨터가 압수된 이후 다시 장비를 갖추어 동종의 제2범죄행위를 하고 제2범죄행위로 인하여 약식명령을 받아 확정된 사안에서, 피고인에게 범의의 갱신이 있어 제1범죄행위는 약식명령이 확정된 제2범죄행위와 실체적 경합관계에 있다고 보아야 할 것이다(대법원 2005.9.30, 2005도4051).

112 (×)

113 변호사가 아닌 피고인이 당사자와 내용을 달리하는 법률사건에 관한 법률사무를 다수 수임하여 이를 처리하는 대가로 수수료를 수취하여 변호사법위반죄를 범한 경우 일죄가 성립한다. [법원행시 16]

해설+ 각기 별개의 행위라고 할 것이므로, 변호사가 아닌 사람이 각기 다른 법률사건에 관한 법률사무를 취급하여 저지르는 위 변호사법 위반의 각 범행은 특별한 사정이 없는 한 실체적 경합범이 되는 것이지 포괄일죄가 되는 것이 아니다(대법원 2015.1.15, 2011도14198).

113 (×) '일죄' → '실체적 경합관계'

114 동일한 저작권자의 여러 개의 저작물에 대한 침해행위가 단일하고 동일한 범의 아래 행하여졌다면 저작권법 위반의 포괄일죄가 성립한다.

[국가9급 21]

114 (×) 저작재산권 침해행위는 저작권자가 같더라도 저작물별로 침해되는 법익이 다르므로, 각각의 저작물에 대한 침해행위는 원칙적으로 각 별개의 죄를 구성한다(대법원 2012.5.10, 2011도12131).

115 저작권자가 같더라도 각각의 저작물에 대한 저작재산권 침해행위는 원칙적으로 각 별개의 죄를 구성하지만 단일하고도 계속된 범의 아래 동일한 저작물에 대한 침해행위가 일정 기간 반복하여 행하여진 경우에는 포괄하여 하나의 범죄가 성립한다고 볼 수 있다.　　　[경찰채용 18 3차] [해경승진 23]

115 (○)

해설+ 저작재산권 침해행위는 저작권자가 같더라도 저작물별로 침해되는 법익이 다르므로, 각각의 저작물에 대한 침해행위는 원칙적으로 각 별개의 죄를 구성한다. 다만 단일하고도 계속된 범의 아래 동일한 저작물에 대한 침해행위가 일정 기간 반복하여 행하여진 경우에는 포괄하여 하나의 범죄가 성립한다고 볼 수 있다(대법원 2012.5.10, 2011도12131).

116 인터넷 파일공유 사이트를 운영하는 甲은 사이트를 통해 저작재산권 대상인 디지털 콘텐츠가 불법 유통되고 있음을 알면서도 저작재산권의 침해를 방지할 조치를 취하지 않고 회원들로 하여금 불법 디지털 콘텐츠를 업로드하게 한 후 이를 다운로드하게 하면서 일부 이익을 취득하였다. 저작재산권침해행위는 각각의 저작물에 대한 침해행위가 있더라도 저작권자가 같다면 별개의 죄를 구성하지 않는다.

[변호사 14 변형]

116 (×) '각각의 ~ 않는다' → '저작권자가 같더라도 저작물별로 침해되는 법익이 다르므로, 각각의 저작물에 대한 침해행위는 원칙적으로 각 별개의 죄를 구성한다'(대법원 2012.5.10, 2011도12131)

보충 다만 단일하고도 계속된 범의 아래 동일한 저작물에 대한 침해행위가 일정 기간 반복하여 행하여진 경우에는 포괄하여 하나의 범죄가 성립한다고 볼 수 있다(위 판례).

117 상표권자 및 표장이 동일한 수개의 등록상표에 대하여 상표법 제93조 소정의 상표권 침해행위가 계속하여 행하여진 경우의 죄수는 포괄일죄에 해당한다.

[경찰간부 17]

117 (×)

해설+ 등록상표 1개마다 포괄하여 1개의 범죄가 성립하므로, 특별한 사정이 없는 한 상표권자 및 표장이 동일하다는 이유로 등록상표를 달리하는 수개의 상표권침해행위를 포괄하여 하나의 죄가 성립하는 것으로 볼 수 없다(대법원 2011.7.14, 2009도10759).

118 비의료인이 의료기관을 개설하여 운영하는 도중 개설자 명의를 다른 의료
인으로 변경한 경우에는 그 범의가 단일하고 범행 방법이 종전과 동일하므
로 의료법 위반의 포괄일죄가 성립한다.   [국가9급 21]

118 (×)

해설+ 비의료인이 의료기관을 개설하여 운영하는 도중 개설자 명의를 다른 의료인 등으로 변경한
경우에는 그 범의가 단일하다거나 범행방법이 종전과 동일하다고 보기 어렵다. 따라서 개설자 명의
별로 별개의 범죄가 성립하고 각 죄는 실체적 경합범의 관계에 있다고 보아야 한다(대법원 2018.
11.29, 2018도10779).

119 상습범이란 어느 기본적 구성요건에 해당하는 행위를 한 자가 그 범죄행위
를 반복하여 저지르는 습벽, 즉 상습성이라는 행위자적 속성을 갖추었다고
인정되는 경우에 이를 가중처벌 사유로 삼고 있는 범죄유형을 가리키는 것
이므로, 상습성이 있는 자가 같은 종류의 죄를 반복하여 저질렀다 하더라
도 상습범을 별도의 범죄유형으로 처벌하는 규정이 없는 한 각 죄는 원칙
적으로 별개의 범죄로서 경합범으로 처단할 것이다.
   [경찰간부 18] [법원행시 16] [변호사 14]

119 (○) 대법원 2012.5.10, 2011
도12131

120 상습성이 있는 자가 같은 종류의 죄를 반복하여 저질렀다 하더라도 상습범
을 별도의 범죄유형으로 처벌하는 규정이 없는 한 각 죄는 원칙적으로 실
체적 경합범으로 처단된다.   [변호사 20]

120 (○) 대법원 2012.5.10, 2011
도12131

121 포괄일죄의 중간에 다른 종류의 확정판결이 끼어 있는 경우에는 그 확정판
결 때문에 포괄적 범죄가 둘로 나뉘는 것이고, 이를 그 확정판결 후의 범죄
로서 다룰 것은 아니다.   [법원9급 21]

121 (×)

해설+ 상습범과 같은 이른바 포괄적 일죄는 그 중간에 별종의 범죄에 대한 확정판결이 끼어 있어도
그 때문에 포괄적 범죄가 둘로 나뉘는 것은 아니라 할 것이고, 또 이 경우에는 그 확정판결 후의 범죄로서
다루어야 한다(대법원 1986.2.25, 85도2767).

122 포괄일죄의 중간에 다른 종류의 범죄에 대하여 금고 이상의 형에 처한 확정판결이 끼어있는 경우 그 포괄일죄는 확정판결 후의 범죄로 다루어야 하므로 사후적 경합범이 되지 않는다. [법원9급 18] [변호사 15]

122 (O)

해설+ 포괄일죄의 중간에 다른 종류의 범죄에 대하여 금고 이상의 형에 처한 확정판결이 끼어 있는 경우에는 그 포괄일죄는 확정판결 후의 범죄로 다루어야 하므로 포괄일죄와 판결이 확정된 다른 범죄는 사후적 경합범이 되지 않는다(대법원 2001.8.21, 2001도3312; 2002.7.12, 2002도2029).

123 포괄일죄로 되는 개개의 범죄행위가 다른 종류의 죄의 확정판결 전후에 걸쳐서 행하여진 경우에는 그 죄는 2죄로 분리되지 않고 확정판결 후인 최종의 범죄행위 시에 완성되므로 형법 제37조 후단 경합범에 해당하지 않는다. [변호사 22]

123 (O) 대법원 2001.8.21, 2001도3312

124 포괄일죄로 되는 개개의 범죄행위가 '다른 종류의 죄'의 확정판결의 전후에 걸쳐서 행하여진 경우에는 그 죄는 2죄로 분리되지 않고 확정판결 후인 최종의 범죄행위시에 완성되는 것이다. [국가9급총론 18] [법원승진 12] [법원행시 16]

124 (O) 대법원 2003.8.22, 2002도5341; 2015.9.10, 2015도7081

125 원래 실체법상 상습사기의 일죄로 포괄될 수 있는 관계에 있는 일련의 사기 범행의 중간에 동종의 죄에 관한 확정판결이 있는 경우에는 그 확정판결에 의하여 원래 일죄로 포괄될 수 있었던 일련의 범행은 그 확정판결의 전후로 분리되고, 이와 같이 분리된 각 사건은 서로 동일성이 있다고 할 수 없어 이중으로 기소되더라도 각 사건에 대하여 각각의 주문을 선고하여야 한다. [변호사 14 변형]

125 (O) 대법원 2000.2.11, 99도4797

126 포괄일죄의 범행 도중에 공동정범으로 범행에 가담한 자는 비록 그가 그 범행에 가담할 때에 이미 이루어진 종전의 범행을 알았다 하더라도 그 가담 이후의 범행에 대하여만 공동정범으로 책임을 진다. [사시 10]

126 (O) 승계적 공동정범의 경우, 그 가담 이후의 부분에 대하여만 책임을 진다는 것이 통설·판례이다.

127 포괄일죄의 관계에 있는 범행 일부에 관하여 약식명령이 확정된 경우, 약식명령의 발령시를 기준으로 하여 그 전의 범행에 대하여는 면소의 판결을 하여야 하고, 그 이후의 범행에 대하여서만 일개의 범죄로 처벌하여야 한다.

[법원9급 15]

128 상습범으로서 포괄일죄 관계에 있는 죄 중 일부에 대하여 유죄의 확정판결이 있고, 그 나머지 부분, 즉 확정판결의 사실심선고 전에 저질러진 범행이 나중에 기소되었는데, 그 확정판결의 죄명이 상습범이 아닌 기본구성요건의 범죄로 처단된 경우에는 그 기판력이 그 사실심판결선고 전의 나머지 범죄에 미치지 아니한다.

[법원승진 12]

128 (○) 대법원 2004.9.16, 2001도3206 전원합의체

129 확정판결을 받은 범죄사실과 그 확정판결의 사실심판결 선고 전에 저질러진 범죄사실이 상습범으로서 포괄일죄에 해당하는 것으로 평가될 수 있다고 하더라도, 그 확정판결에서 당해 피고인이 상습범이 아닌 기본 구성요건의 범죄로 처단된 경우에는 그 확정판결의 기판력이 사실심판결 선고 전에 저질러진 범죄사실에 미치는 것으로 볼 수 없다.

[법원9급 12]

129 (○) 대법원 2004.9.16, 2001도3206 전원합의체

3 수죄

🔗 대표유형

강간죄의 성립에 언제나 직접적으로 또 필요한 수단으로서 감금행위를 수반하는 것은 아니므로 감금 행위가 강간미수죄의 수단이 되었다 하여 감금행위는 강간미수죄에 흡수되어 범죄를 구성하지 않는다고 할 수는 없는 것이고, 그때에는 감금죄와 강간미수죄는 일개의 행위에 의하여 실현된 경우로서 상상적 경합관계에 있다.

[국가9급 13 변형]

(○) 대법원 1983.4.26, 83도323

🔗 대표유형

회사의 대표이사가 회사 자금을 횡령한 다음 그중 일부를 타인에 대한 청탁과 함께 배임증재에 공여한 경우, 횡령의 범행과 배임증재의 범행은 서로 범의 및 행위의 태양과 보호법익을 달리하는 별개의 행위이다.

[국가9급 12]

(○) 위 횡령의 범행과 배임증재의 범행은 서로 범의 및 행위의 태양과 보호법익을 달리하는 별개의 행위이다(대법원 2010.5.13, 2009도13463).

130　예비군중대장 甲이 예비군훈련을 받지 않게 해주는 대가로 乙로부터 180,000원을 교부받고 乙이 예비군훈련에 불참하였음에도 불구하고 참석한 것처럼 예비군 중대 학급편성부에 '참(參)'이라는 도장을 찍어 허위공문서를 작성하고 이를 예비군 중대 사무실에 비치한 경우, 허위공문서작성죄와 동행사죄가 수뢰후부정처사죄와 각각 상상적 경합관계에 있을 때에는 허위공문서작성죄와 동행사죄 상호간은 실체적 경합범 관계에 있다고 할지라도 상상적 경합범 관계에 있는 수뢰후부정처사죄와 대비하여 가장 중한 죄에 정한 형으로 처단하면 족하고 따로 경합범 가중을 할 필요가 없다.

[국가9급 17]

130 (O) 대법원 1983.7.26, 83도1378

131　허위공문서작성죄와 동행사죄가 수뢰후부정처사죄와 각각 상상적 경합관계에 있을지라도 허위공문서작성죄와 동행사죄 상호간은 실체적 경합범 관계에 있으므로 따로이 경합가중을 해야 한다.　[경찰채용 19 1차]

131 (×)

해설+ 허위공문서작성죄와 동행사죄가 수뢰후부정처사죄와 각각 상상적 경합관계에 있을 때에는 허위공문서작성죄와 동행사죄 상호간은 실체적 경합범 관계에 있다고 할지라도 상상적 경합범 관계에 있는 수뢰후부정처사죄와 대비하여 가장 중한 죄에 정한 형으로 처단하면 족한 것이고 따로이 경합가중을 할 필요가 없다(대법원 1983.7.26, 83도1378).

132　「형법」 제131조 제1항의 수뢰후부정처사죄에 있어서 공무원이 수뢰 후 행한 부정행위가 공도화변조 및 동행사죄와 같이 보호법익을 달리하는 별개 범죄의 구성요건을 충족하는 경우에는 수뢰후부정처사죄 외에 별도로 공도화변조 및 동행사죄가 성립하고 이들 죄와 수뢰후부정처사죄는 각각 상상적 경합관계에 있다고 할 것인바, 이와 같이 공도화변조죄와 동행사죄가 수뢰후부정처사죄와 각각 상상적 경합범 관계에 있을 때에는 공도화변조죄와 동행사죄 상호간은 실체적경합범 관계에 있다고 할지라도 상상적 경합범 관계에 있는 수뢰후부정처사죄와 대비하여 가장 중한 죄에 정한 형으로 처단하면 족한 것이고 따로이 경합범 가중을 할 필요가 없다.

[국가7급 12 변형] [법원9급 07·12]

132 (O) 대법원 2001.2.9, 2000도1216

133 甲은 만취하여 정상적인 운전이 곤란한 상태로 도로에서 자동차를 운전하다가 과실로 보행자를 들이받아 그를 사망케 하고 자신은 그 충격으로 기절하였다. 의식을 잃은 甲이 병원 응급실로 호송되자, 출동한 경찰관은 법원으로부터 압수·수색 또는 검증 영장을 발부받지 아니한 채 甲의 아들의 채혈동의를 받고 의사로 하여금 甲으로부터 채혈하도록 한 다음 이를 감정의뢰하였으나, 사후적으로도 지체 없이 이에 대한 법원의 영장을 발부받지 않았다. 甲이 다른 자동차를 충격하여 그 운전자를 사망케 함과 동시에 그 자동차를 손괴하였다면, 특정범죄가중처벌등에관한법률위반(위험운전치사상)죄, 도로교통법위반(음주운전)죄, 업무상 과실재물손괴로 인한 도로교통법위반죄의 실체적 경합범에 해당한다. [법원9급 20] [법원행시 13] [변호사 13]

133 (×) 특정범죄가중처벌등에 관한법률위반(위험운전치사상)죄 외에 업무상 과실재물손괴로 인한 도로교통법위반죄가 성립하고, 위 두 죄는 1개의 운전행위로 인한 것으로서 상상적 경합관계에 있다(대법원 2010.1.14, 2009도10845).

134 음주 또는 약물의 영향으로 정상적인 운전이 곤란한 상태에서 자동차를 운전하여 사람을 상해에 이르게 함과 동시에 다른 사람의 재물을 손괴한 때에는 특정범죄 가중처벌 등에 관한 법률 위반(위험운전치사상)죄 외에 업무상과실재물손괴로 인한 도로교통법 위반죄가 성립하고, 위 두 죄는 상상적 경합관계에 있다. [국가7급 14]

134 (○) 대법원 2010.1.14, 2009도10845

135 甲이 주거에 침입하여 강간 범행을 하는 과정에서 한 폭행행위가 단순한 폭행이 아니라 보복의 목적을 가지고 한 것이었다면, 특정범죄 가중처벌 등에 관한 법률 위반(보복범죄등)죄 및 성폭력범죄의 처벌 등에 관한 특례법 위반(주거침입강간등)죄가 각 성립하고 두 죄가 상상적 경합관계에 있다. [사시 14 변형]

135 (○) 대법원 2012.3.15, 2012도544, 2012전도12

136 피해자에 대한 업무방해의 수단으로 피해자를 폭행한 경우, 폭행죄와 업무방해죄가 성립하고 양죄는 상상적 경합의 관계에 있다. [국가7급 20]

136 (○)

해설+ 업무방해죄와 폭행죄는 구성요건과 보호법익을 달리하고 있고, 업무방해죄의 성립에 일반적·전형적으로 사람에 대한 폭행행위를 수반하는 것은 아니며, 폭행행위가 업무방해죄에 비하여 별도로 고려되지 않을 만큼 경미한 것이라고 할 수도 없으므로, 설령 피해자에 대한 폭행행위가 동일한 피해자에 대한 업무방해죄의 수단이 되었다고 하더라도 그러한 폭행행위가 이른바 '불가벌적 수반행위'에 해당하여 업무방해죄에 대하여 흡수관계에 있다고 볼 수는 없다(대법원 2012.10.11, 2012도1895).

보충 (판결이유) 피고인들의 공동폭행이라는 1개의 행위가 폭력행위 등 처벌에 관한 법률 위반(공동폭행)죄와 업무방해죄의 구성요건을 충족하는 경우에 해당한다 할 것이어서 양죄는 상상적 경합의 관계에 있다고 보아야 할 것이다(위 판례).

462 PART 02 범죄론

137 모 기관을 비방할 목적으로 출판물에 의하여 공연히 허위의 사실을 적시 · 유포함으로써 업무를 방해한 경우 출판물에 의한 명예훼손죄와 업무방해죄는 상상적 경합관계이다. [사시 07 변형]

137 (○) 대법원 1993.4.13, 92도3035

138 절도범인이 체포를 면탈할 목적으로 경찰관에게 폭행 · 협박을 가한 때에는 준강도죄와 공무집행방해죄를 구성하고 양죄는 상상적 경합관계에 있다. [국가9급 16] [사시 11 변형]

138 (○) 대법원 1992.7.28, 92도917

139 강도범이 체포를 면탈할 목적으로 경찰관에게 폭행을 가한 경우에는 강도죄와 공무집행방해죄의 상상적 경합이다. [사시 13]

139 (×) '상상적' → '실체적'

해설+ 강도범인이 체포를 면탈할 목적으로 경찰관에게 폭행을 가한 때에는 강도죄와 공무집행방해죄는 실체적 경합관계에 있고 상상적 경합관계에 있는 것이 아니다(대법원 1992.7.28, 92도917).

140 甲이 강도범행의 실행에 착수하였으나 강취할 만한 재물이 없어 미수에 그치자, 그 자리에서 항거불능의 상태에 빠진 피해자를 간음할 것을 결의하고 실행에 착수하였으나 역시 미수에 그쳤더라도 반항을 억압하기 위한 폭행으로 피해자에게 상해를 입혔다. 甲에게는 강도강간미수죄와 강도치상죄의 상상적 경합관계가 인정된다. [법원행시 11] [사시 08 변형]

140 (○) 대법원 1988.6.28, 88도820

141 강도가 재물강취의 뜻을 재물의 부재로 이루지 못한 채 미수에 그쳤으나 그 자리에서 항거불능의 상태에 빠진 피해자를 간음할 것을 결의하고 실행에 착수했으나 역시 미수에 그쳤더라도 반항을 억압하기 위한 폭행으로 피해자에게 상해를 입힌 경우에는 강도강간미수죄와 강도치상죄의 실체적 경합범이 성립한다. [변호사 22]

141 (×)

해설+ 강도가 재물강취의 뜻을 재물의 부재로 이루지 못한 채 미수에 그쳤으나 그 자리에서 항거불능의 상태에 빠진 피해자를 간음할 것을 결의하고 실행에 착수했으나 역시 미수에 그쳤더라도 반항을 억압하기 위한 폭행으로 피해자에게 상해를 입힌 경우에는 강도강간미수죄와 강도치상죄가 성립되고 이는 1개의 행위가 2개의 죄명에 해당되어 상상적 경합관계가 성립된다(대법원 1988.6.28, 88도820).

142 피해견인 로트와일러가 묶여 있던 자신의 진돗개를 공격하자, 진돗개 주인이 피해견을 쫓아버리기 위해 엔진톱으로 위협하다가 피해견의 등 쪽을 절단하여 죽게 한 행위는 구 동물보호법 위반죄(잔인한 방법으로 죽이는 행위)와 재물손괴죄가 성립하고, 양자는 상상적 경합의 관계에 있다.

[경찰채용 22 2차]

142 (○) 대법원 2016.1.28, 2014도2477

143 공무원이 직무에 관하여 기망수단으로 재물을 교부받은 경우 사기죄와 수뢰죄는 상상적 경합관계이다. [사시 07 변형]

143 (○) 대법원 1977.6.7, 77도1069

144 공무원 甲이 A를 기망하여 그로부터 뇌물을 수수한 경우 수뢰죄와 사기죄는 구성요건을 달리하는 별개의 범죄로서, 서로 보호법익을 달리하고 있으므로 양죄는 실체적 경합범의 관계에 있다. [경찰승진 23]

144 (×)

해설+ 뇌물을 수수함에 있어서 공여자를 기망한 점이 있다 하여도 뇌물수수죄, 뇌물공여죄의 성립에는 영향이 없고, 이 경우 뇌물을 수수한 공무원에 대하여는 한 개의 행위가 뇌물죄와 사기죄의 각 구성요건에 해당하므로 형법 제40조에 의하여 상상적 경합으로 처단하여야 할 것이다(대법원 2015.10.29, 2015도12838).

145 조합 이사장이 조합 명의로 당좌수표를 발행한 후 정당한 소지인이 지급제시기간 내에 지급제시하였으나 거래정지처분의 사유로 지급기일에 지급되지 아니하게 하고, 위와 같은 발행으로 조합에 재산상 손해를 가하여 업무상 배임이 인정되는 경우 부정수표단속법위반죄와 업무상배임죄의 상상적 경합이다. [사시 11]

145 (○) 대법원 2004.5.13, 2004도1299

146 국회의원 선거에서 정당의 공천을 받게 하여 줄 의사나 능력이 없음에도 이를 해줄 수 있는 것처럼 기망하여 공천과 관련하여 금품을 받은 경우, 공직선거법상 공천 관련 금품수수죄와 사기죄가 모두 성립하고 양자는 법조경합 관계가 아니라 상상적 경합의 관계에 있다. [법원행시 12]

146 (○) 대법원 2009.4.23, 2009도834

147 공무원이 취급하는 사건에 관하여 청탁 또는 알선을 할 의사와 능력이 없음에도 청탁 또는 알선을 한다고 기망하고 금품을 교부받은 경우 사기죄와 변호사법위반죄는 상상적 경합관계이다. [사시 07 변형]

147 (○) 대법원 2006.1.27, 2005 도8704

148 타인의 사무를 처리하는 자가 본인을 기망하는 방식으로 임무위배행위를 하여 재산상의 이익을 취득하고 본인에게 손해를 가한 경우에는 배임죄와 사기죄의 상상적 경합이다. [법원행시 11·12] [사시 13·14]

해설+ 양죄는 그 구성요건을 달리하는 별개의 범죄이고 형법상으로도 각각 별개의 장(章)에 규정되어 있어, 1개의 행위에 관하여 사기죄와 업무상배임죄의 각 구성요건이 모두 구비된 때에는 양죄를 상상적 경합관계로 봄이 상당하다(대법원 2002.7.18, 2002도669 전원합의체).

148 (○)

149 1개의 행위에 관하여 사기죄와 업무상배임죄의 각 구성요건이 모두 구비된 경우 양죄는 상상적 경합관계에 있다. [국가7급 16]

149 (○) 대법원 2002.7.18, 2002 도669 전원합의체

150 채권자들에 의한 복수의 강제집행이 예상되는 경우 재산을 은닉 또는 허위 양도함으로써 채권자들을 해하였다면 채권자별로 각각 강제집행면탈죄가 성립하고, 상호 상상적 경합범의 관계에 있다. [법원9급 13]

150 (○) 대법원 2011.12.8, 2010 도4129

151 시험을 관리하는 공무원이 타인으로부터 돈을 받고 직무상 지득한 시험 문제를 타인에게 알려준 경우 공무상비밀누설죄와 수뢰후부정처사죄는 상상적 경합의 관계에 있다. [경찰간부 18]

151 (○) 피고인이 그 직무상 지득한 구술시험 문제 중에서 소론 사항을 "병"에게 알린 것은 공무상 비밀이 누설인 동시에 형법 제131조 제1항의 부정한 행위를 한 때에 해당한다(대법원 1970.6.30, 70도562).

152 동일한 공무를 집행하는 여럿의 공무원에 대하여 폭행·협박행위를 한 경우에는 공무를 집행하는 공무원의 수에 따라 여럿의 공무집행방해죄가 성립하고, 위와 같은 폭행·협박행위가 동일한 장소에서 동일한 기회에 이루어진 것으로서 사회관념상 1개의 행위로 평가되는 경우에는 여럿의 공무집행방해죄는 상상적 경합의 관계에 있다. [경찰간부 18] [국가9급총론 17 변형]

152 (○) 대법원 2009.6.25, 2009 도3505

153 시험을 관리하는 공무원이 돈을 받고 시험문제를 알려준 경우, 공무상비밀 누설죄와 수뢰후부정처사죄가 성립하고 양죄는 상상적 경합관계에 있다.

[국가7급 20]

153 (○)

해설+ 피고인이 그 직무상 지득한 구술시험 문제 중에서 소론 사항을 "병"에게 알린 것은 공무상 비밀의 누설인 동시에 형법 제131조 제1항의 부정한 행위를 한 때에 해당한다(대법원 1970.6.30, 70도562). 즉, 시험문제를 타인에게 알려준 것은 수뢰후부정처사죄에 있어 '부정한 행위'이므로 양죄는 상상적 경합관계에 있다.

154 공무원이 직무관련자에게 제3자와 계약을 체결하도록 요구하여 계약체결 을 하게 한 행위가 제3자뇌물수수죄의 구성요건과 직권남용권리행사방해 죄의 구성요건에 모두 해당하는 경우에는, 제3자뇌물수수죄와 직권남용권 리행사방해죄가 각각 성립하되, 이는 사회 관념상 하나의 행위가 수개의 죄에 해당하는 경우이므로 두 죄는 「형법」 제40조의 상상적 경합관계에 있다.

[변호사 20]

154 (○) 대법원 2017.3.15, 2016 도19659

155 수개의 등록상표에 대하여 「상표법」 제230조의 상표권 침해행위가 계속하 여 이루어진 경우에는 등록상표마다 포괄하여 1개의 범죄가 성립하나, 하 나의 유사상표 사용행위로 수개의 등록상표를 동시에 침해하였다면 각각 의 상표법 위반죄는 상상적 경합의 관계에 있다.

[경찰채용 22 2차]

155 (○) 대법원 2020.11.12, 2019 도11688

156 미성년자를 약취한 후 강간 목적으로 가혹한 행위 및 상해를 가하고 나아 가 강간 및 살인미수를 범한 경우에는 약취한 미성년자에 대한 상해 등으 로 인한 특정범죄 가중처벌 등에 관한 법률위반죄와 미성년자에 대한 강간 및 살인미수행위로 인한 성폭력 범죄의 처벌 등에 관한 특례법위반죄가 성 립하고, 상해의 결과가 피해자에 대한 강간 및 살인미수행위 과정에서 발 생한 것이라면 각 죄는 상상적 경합관계에 있다.

[경찰채용 21 2차]

156 (×)

해설+ 미성년자인 피해자를 약취한 후에 강간을 목적으로 피해자에게 가혹한 행위 및 상해를 가하 고 나아가 그 피해자에 대한 강간 및 살인미수를 범하였다면, 이에 대하여는 약취한 미성년자에 대한 상해 등으로 인한 특정범죄 가중처벌 등에 관한 법률 위반죄 및 미성년자인 피해자에 대한 강간 및 살인미수행위로 인한 성폭력범죄의 처벌 등에 관한 특례법 위반죄가 각 성립하고, 설령 상해의 결과가 피해자에 대한 강간 및 살인미수행위 과정에서 발생한 것이라 하더라도 위 각 죄는 서로 형법 제37조 전단의 실체적 경합범 관계에 있다(대법원 2014.2.27, 2013도12301).

157 강도가 한 개의 강도범행을 하는 기회에 수명의 피해자에게 각 폭행을 가하여 각 상해를 입힌 경우에는 각 피해자별로 수개의 강도상해죄가 성립하며 이들은 상상적 경합범의 관계에 있다. [법원행시 10 변형]

해설+ 강도가 한 개의 강도범행을 하는 기회에 수명의 피해자에게 각 폭행을 가하여 각 상해를 입힌 경우에는 각 피해자별로 수개의 강도상해죄가 성립하며, 이들은 실체적 경합범의 관계에 있다(대법원 1987.5.26, 87도527).

157 (×) '상상적' → '실체적'

158 피해자를 강제로 승용차에 태우고 가면서 주먹으로 피해자를 때려 반항을 억압한 후 현금 35만원을 빼앗고 피해자에게 안면부 타박상을 입힌 후, 계속하여 15km 정도를 진행하다가 내려준 경우 감금죄와 강도상해죄는 상상적 경합관계이다. [사시 07 변형]

158 (×) '상상적 경합관계이다' → '실체적 경합범에 해당한다'(대법원 2003.1.10, 2002도4380)

159 기망의 방법으로 자기가 점유하는 타인의 재물을 영득한 경우에는 사기죄와 횡령죄의 상상적 경합이다. [사시 13]

해설+ 자기의 점유하는 타인의 재물을 횡령함에 있어 기망수단을 쓴 경우에는 일반적으로 횡령죄만이 성립하고 사기죄는 성립하지 아니한다고 봄이 상당하다(대법원 1980.12.9, 80도1177).

159 (×) '사기죄와 횡령죄의 상상적 경합이다' → '횡령죄만 성립한다'

160 허위 또는 과장된 사실을 알리는 등 소비자를 유인하는 방법으로 기망하여 돈을 편취한 경우 사기죄와 방문판매업법 위반죄는 상상적 경합관계에 있다. [법원9급 22]

해설+ 방문판매등에관한법률 제45조 제2항 제1호는 "누구든지 다단계판매조직 또는 이와 유사하게 순차적·단계적으로 가입한 가입자로 구성된 다단계조직을 이용하여 상품 또는 용역의 거래 없이 금전거래만을 하거나 상품 또는 용역의 거래를 가장하여 사실상 금전거래만을 하는 행위를 하여서는 아니된다."고 규정하고 있어서 그 행위 자체를 사기행위라고 볼 수는 없고, 그러한 금전거래를 통한 형법 제347조 제1항의 사기죄와 방문판매등에관한법률 제45조 제2항 제1호의 위반죄는 법률상 1개의 행위로 평가되는 경우에 해당하지 않으며, 또 각 그 구성요건을 달리하는 별개의 범죄로서, 서로 보호법익을 달리하고 있어 양죄를 상상적 경합관계나 법조경합관계로 볼 것이 아니라 실체적 경합관계로 봄이 상당하다(대법원 2000.7.7, 2000도1899).

160 (×)

161 「공직선거법」제18조 제3항(「형법」제38조에도 불구하고 제1항 제3호에 규정된 죄와 다른 죄의 경합범에 대하여는 이를 분리선고하여야 한다)은 선거범이 아닌 다른 죄가 선거범의 양형에 영향을 미치는 것을 최소화하기 위하여 「형법」상 경합범 처벌례에 관한 조항의 적용을 배제하고 분리하여 형을 따로 선고하여야 한다는 취지이기에 선거범과 상상적 경합관계에 있는 모든 죄는 통틀어 선거범으로 취급하여서는 아니된다. [경찰채용 22 2차]

해설+ 공직선거법 제18조 제3항은 "형법 제38조에도 불구하고 제1항 제3호에 규정된 죄와 다른 죄의 경합범에 대하여는 이를 분리선고하여야 한다."라고 규정하고 있는바, 그 취지는 선거범이 아닌 다른 죄가 선거범의 양형에 영향을 미치는 것을 최소화하기 위하여 형법상 경합범 처벌례에 관한 조항의 적용을 배제하고 분리하여 형을 따로 선고하여야 한다는 것이다. 그리고 선거범과 상상적 경합관계에 있는 다른 범죄에 대하여는 여전히 형법 제40조에 의하여 그중 가장 중한 죄에 정한 형으로 처벌해야 하고, 그 처벌받는 가장 중한 죄가 선거범인지 여부를 묻지 않고 선거범과 상상적 경합관계에 있는 모든 죄는 통틀어 선거범으로 취급하여야 한다(대법원 2021.7.21, 2018도16587).

162 甲은 A에게 수표금액을 지급할 의사나 능력이 없는 상태에서 부도가 예상되는 당좌수표를 발행하여 주고 A로부터 금원을 차용하였으며, 그 당좌수표가 지급기일에 부도처리되었다. 甲에게는 사기죄와 부정수표단속법위반죄의 상상적 경합관계가 인정된다. [사시 08 변형]

163 공무원 甲이 직무집행의 의사 없이 또는 직무처리와 대가적 관계없이 乙을 공갈하자 乙이 외포심을 느껴 재물을 교부한 경우 甲에게는 공갈죄가 성립하지만 乙에게는 뇌물공여죄가 성립할 수 없다. [국가9급 15]

164 사람을 살해할 목적으로 현주건조물에 방화하여 사망에 이르게 한 경우 현주건조물방화치사죄와 살인죄는 상상적 경합관계이다. [사시 07 변형]

165 백화점에서 위조통화를 교부하여 상품권을 구입한 경우 사기죄와 위조통화행사죄의 상상적 경합이다. [사시 10·11]

---

161 (×)

162 (×) '상상적' → '실체적' 실체적 경합이 된다(대법원 2004.6.25, 2004도1751).

163 (○) 대법원 1969.7.22, 65도1166

164 (×) '상상적 경합관계이다' → '법조경합으로서 현주건조물방화치사죄만 성립한다'(대법원 1996.4.26, 96도485)

165 (×) '상상적' → '실체적' 법익표준설에 의하여 실체적 경합으로 보는 것이 판례이다(대법원 1979.7.10, 79도840).

166 공무원인 의사 甲이 공무소의 명의로 A에 대한 허위진단서를 작성하였다. 甲에게는 허위공문서작성죄와 허위진단서작성죄의 상상적 경합관계가 인정된다. [법원행시 11] [사시 08 변형]

166 (×) '인정된다' → '인정되지 않는다'
허위공문서작성죄만 성립할 뿐이라는 것이 판례의 입장이다(대법원 2004.4.9, 2003도7762).

167 통행인이 많은 거리에서 지나가던 행인과 몸싸움을 하다가 출동한 경찰관이 행인 편을 든다는 이유로 화가 나서 옷을 전부 벗어 항의한 경우 공연음란죄와 공무집행방해죄의 상상적 경합이다. [사시 11]

해설+ 공무원을 폭행·협박한 행위가 없으므로 공무집행방해죄는 전혀 성립할 수 없고, 공연음란죄만 성립한다(대법원 2000.12.22, 2000도4372).

167 (×) '와 공무집행방해죄의 상상적 경합이다' → '만 성립한다'

168 공무원이 어떠한 위법사실을 발견하고도 직무상 의무에 따른 적절한 조치를 취하지 아니하고 위법사실을 적극적으로 은폐할 목적으로 허위공문서를 작성, 행사한 경우에는 직무위배의 위법상태는 허위공문서작성 당시부터 그 속에 포함되는 것으로 작위범인 허위공문서작성, 동행사죄만이 성립하고 부작위범인 직무유기죄는 따로 성립하지 아니한다.[사시 08 변형·13 변형]

168 (○) 대법원 1999.12.24, 99도2240

169 공무원이 신축건물에 대한 착공 및 준공검사를 마치고 관계서류를 작성함에 있어 그 허가조건의 위배사실을 숨기기 위하여 허위의 복명서를 작성·행사하였을 경우 작위범인 허위공문서작성 및 동행사죄 이외에 부작위범인 직무유기죄도 성립한다. [사시 11]

169 (×) '도 성립한다' → '는 성립하지 않는다'
작위범인 허위공문서작성·동행사죄만 성립하고 부작위범인 직무유기죄는 성립하지 아니한다(대법원 1972.5.9, 72도722).

170 경찰공무원이 지명수배 중인 범인을 발견하고도 직무상 의무에 따른 적절한 조치를 취하지 아니하고 오히려 범인을 도피하게 하는 행위를 하였다면, 그 직무위배의 위법상태는 범인도피행위 속에 포함되어 있다고 보아야 할 것이므로, 이와 같은 경우에는 작위범인 범인도피죄만이 성립하고 부작위범인 직무유기죄는 따로 성립하지 아니한다. [변호사 19 변형]

170 (○) 대법원 2006.10.19, 2005도3909 전원합의체

171 경찰관이 불법체류자의 신병을 출입국관리사무소에 인계하지 않고 훈방하면서 이들의 인적사항조차 기재해 두지 아니하였다면 직무유기죄가 성립한다. 하나의 행위가 부작위범인 직무유기죄와 작위범인 허위공문서작성 · 행사죄의 구성요건을 동시에 충족하는 경우, 공소제기권자는 재량에 의하여 작위범인 허위공문서작성 · 행사죄로 공소를 제기하지 않고 부작위범인 직무유기죄로만 공소를 제기할 수 있다. [변호사 13 변형]

171 (○) 대법원 2008.2.14, 2005도4202

172 경찰서 형사과장인 甲이 압수물을 범죄 혐의의 입증에 사용하도록 하는 등의 적절한 조치를 취하지 아니하고 피압수자에게 돌려준 경우, 甲에게는 작위범인 증거인멸죄만이 성립하고 부작위범인 직무유기죄는 따로 성립하지 아니한다. [변호사 18]

172 (○) 대법원 2006.10.19, 2005도3909 전원합의체

173 오락실을 단속하여 증거물로 압수한 변조한 오락기기판을 범죄 혐의 입증에 사용하도록 조치를 취하지 않고 오락실 업주에게 돌려준 경우 증거인멸죄와 직무유기죄의 상상적 경합이 된다. [법원행시 14]

173 (×) '증거인멸죄와 직무유기죄의 상상적 경합이 된다' → '작위범인 증거인멸죄만이 성립하고 부작위범인 직무유기죄는 따로 성립하지 아니한다'(대법원 2006.10.19, 2005도3909 전원합의체)

174 1개의 행위가 수개의 죄에 해당하는 경우, 각 죄에 정한 형이 사형 또는 무기징역이나 무기금고 이외의 동종의 형인 때에는 가장 중한 죄에 정한 장기 또는 다액에 그 2분의 1까지 가중하되, 각 죄에 정한 형의 장기 또는 다액을 합산한 형기 또는 액수를 초과할 수 없다. 단 과료와 과료, 몰수와 몰수는 병과할 수 있다. [법원9급 16]

174 (×) '각 죄에 ~ 있다' → '가장 중한 죄에 정한 형으로 처벌한다'

해설+ 제40조【상상적 경합】한 개의 행위가 여러 개의 죄에 해당하는 경우에는 가장 무거운 죄에 대하여 정한 형으로 처벌한다.

175 「형법」 제40조가 규정하는 한 개의 행위가 여러 개의 죄에 해당하는 경우에 "가장 무거운 죄에 정한 형으로 처벌한다"란, 여러 개의 죄명 중 가장 무거운 형을 규정한 법조에 의하여 처단한다는 취지와 함께 다른 법조의 최하한의 형보다 가볍게 처단할 수 없다는 취지 즉, 각 법조의 상한과 하한을 모두 중한 형의 범위 내에서 처단한다는 것을 포함한다. [경찰채용 23 1차]

> **판례** 형법 제40조가 규정하는 1개의 행위가 수개의 죄에 해당하는 경우에는 '가장 중한 죄에 정한 형으로 처벌한다.' 함은 그 수개의 죄명 중 가장 중한 형을 규정한 법조에 의하여 처단한다는 취지와 함께 다른 법조의 최하한의 형보다 가볍게 처단할 수는 없다는 취지 즉, 각 법조의 상한과 하한을 모두 중한 형의 범위 내에서 처단한다는 것을 포함하는 것으로 새겨야 한다(대법원 2006.1.27, 2005도8704).

175 (○) 상상적 경합에 해당하는 각 죄 중에서 상한과 하한을 모두 무겁게 처벌해야 한다(결합주의 내지 전체적 대조주의).

176 징역형만 규정된 A죄와 징역형과 벌금형을 병과할 수 있도록 규정된 B죄가 상상적 경합관계에 있고, A죄에 정해진 징역형의 상한이 B죄에서 정해진 징역형의 상한보다 높다면 A죄에서 정한 징역형으로 처벌하여야 하고 벌금형을 병과할 수는 없다. [경찰간부 22 유사] [법원9급 18]

> **해설+** 상상적 경합에서 가장 무거운 죄에 정한 형으로 처벌한다 함은, 가장 무거운 죄에 정한 형의 범위 내에서 처벌할 수 있다는 것이지, 가장 무거운 죄에 정한 형으로만 처벌하여야 한다는 것은 아니다. 따라서 가장 무거운 죄 아닌 죄에 정한 벌금이나 몰수도 병과할 수 있다.

176 (×) '처벌하여야 하고 벌금형을 병과할 수는 없다' → '처벌하기로 하면서, 징역형과 벌금형을 병과할 수 있도록 규정한 위 특별법에 의하여 벌금형을 병과할 수 있다'(대법원 2008.12.24, 2008도9169)

177 실체적 경합범은 판결이 확정되지 않은 수개의 죄 또는 판결이 확정된 죄와 그 판결확정 전에 범한 죄를 말한다. [국가7급 07]

> **해설+** 사후적 경합범의 요건은 '금고 이상의 형에 처한' 판결이 확정된 죄와 그 판결확정 전에 범한 죄이다(제37조).

177 (×) '판결이 확정된 죄' → '금고 이상의 형에 처한 판결이 확정된 죄'

178 「형법」 제37조 전단은 '판결이 확정되지 아니한 수개의 죄'를 경합범으로 규정하고 있으므로, 한 개의 행위가 수개의 죄에 해당하는 경우도 「형법」 제37조 전단의 경합범이 될 수 있다. [국가9급총론 22]

> **해설+** 한 개의 행위가 수개의 죄에 해당하는 경우는 제40조의 상상적 경합범이 되는 것이지 실체적 경합범(지문에서는 동시적 경합범)이 되는 것이 아니다.

178 (×)

179 피고인이 A, B, C죄를 순차적으로 범하고 이 중 A죄에 대하여 벌금형에 처한 판결이 확정된 후, 그 판결확정 전에 범한 B죄와 판결확정 후에 범한 C죄가 기소된 경우 법원은 B죄와 C죄를 동시적 경합범으로 처벌할 수 없다. [변호사 15]

해설+ 위 벌금형의 확정 전후에 범한 판시 각 죄는 모두 형법 제37조 전단의 경합범 관계에 있으므로 그에 대하여 하나의 형을 선고하여야 할 것이다(대법원 2004.6.25, 2003도7124). A죄와 B죄는 사후적 경합범이 되지 않는다.

180 1심에서 별도로 판결된 수개의 죄가 항소심에서 병합심리된 경우 이들 범죄는 동시적 경합범의 관계에 있지 않다. [해경채용 2차 23]

해설+ 두개의 공소사실들이 본조 전단 소정의 경합범관계에 있는 경우 그 사실들에 대하여 병합심리를 하고 한 판결로서 처단하는 이상 본법 제38조 제1항의 소정의 예에 따라 경합가중한 형기범위 내에서 피고인을 단일한 선고형으로 처단하여야 한다(대법원 1972.5.9, 72도597).

181 금고 이상의 형에 처한 확정판결 전에 범한 A죄와 그 확정판결 후에 범한 B죄에 대하여는 별개의 주문으로 형을 선고해야 한다. [변호사 15]

해설+ 금고 이상의 형에 처한 확정판결 전에 범한 A죄와 그 확정판결 후에 범한 B죄는 경합범이 될 수 없으므로, 법원은 A죄와 B죄에 대해 각 별개의 주문으로 판결을 선고해야 한다(대법원 2010. 11.25, 2010도10985).

182 판결이 확정되지 아니한 수개의 죄 또는 벌금 이상의 형에 처한 판결이 확정된 죄와 그 판결확정 전에 범한 죄를 경합범으로 한다. [법원9급 16]

해설+ 제37조 【경합범】 판결이 확정되지 아니한 수개의 죄 또는 금고 이상의 형에 처한 판결이 확정된 죄와 그 판결확정 전에 범한 죄를 경합범으로 한다.

183 「형법」 제37조 후단에 의하면, "금고 이상의 형을 선고한 판결이 확정된 죄와 그 판결확정 전에 범한 죄를 경합범으로 한다"고 규정하고 있는데, 여기서 말하는 "판결"에는 약식명령은 포함되지 않는다. [법원승진 07]

해설+ 확정판결은 금고 이상의 형에 처하는 것임을 요하므로, 벌금·과료·몰수만 가능한 약식명령은 이에 포함되지 않는다. 약식명령이 확정된 경우에는 확정판결 전후의 범죄를 동시적 경합범으로 처리하여 1개의 형을 선고할 수 있다.

184 「형법」제37조 후단은 '금고 이상의 형에 처한 판결이 확정된 죄와 그 판결 확정 전에 범한 죄'를 경합범으로 규정하고 있으므로, 약식명령이 확정된 죄도 「형법」제37조 후단의 경합범이 될 수 있다. [국가9급총론 22]

185 확정판결의 죄에 대하여 일반사면이 있게 되더라도, 확정판결이 있었던 사실 자체에 의하여 그 판결확정 전에 범한 죄가 「형법」제37조 후단의 경합범 관계에 있었던 효과는 없어지지 않는다. [법원승진 07]

185 (O) 대법원 1995.12.22, 95도2446

186 확정판결이 있는 죄에 대하여 일반사면이 있는 경우는 형의 선고의 효력이 상실되지만 그 죄에 대한 확정판결이 있었던 사실 자체는 인정되므로 그 확정판결 이전에 범한 죄와의 관계에서 형법 제37조 후단 경합범이 성립한다. [변호사 22]

186 (O) 대법원 1995.12.22, 95도2446

187 아직 판결을 받지 않은 죄가 이미 판결이 확정된 죄와 동시에 판결할 수 없었던 경우에도 형법 제37조 후단의 경합범 관계가 성립한다. [군무원9급 22]

187 (X)

해설+ 형법 제37조 후단 및 제39조 제1항의 문언, 입법 취지 등에 비추어 보면, 아직 판결을 받지 아니한 죄가 이미 판결이 확정된 죄와 동시에 판결할 수 없었던 경우에는 형법 제37조 후단의 경합범 관계가 성립할 수 없고 형법 제39조 제1항에 따라 동시에 판결할 경우와 형평을 고려하여 형을 선고하거나 그 형을 감경 또는 면제할 수도 없다고 해석함이 타당하다(대법원 2014.3.27, 2014도469).

188 아직 판결을 받지 아니한 수개의 죄가 판결확정을 전후하여 저질러진 경우 판결확정 전에 범한 죄를 이미 판결이 확정된 죄와 동시에 판결할 수 없었던 경우라고 하여 마치 확정된 판결이 존재하지 않는 것처럼 그 수개의 죄 사이에 「형법」제37조 전단의 경합범 관계가 인정되어 「형법」제38조가 적용된다고 볼 수도 없으므로, 판결확정을 전후한 각각의 범죄에 대하여 별도로 형을 정하여 선고할 수밖에 없다. [법원9급 변형] [법원행시 16]

188 (O) 대법원 2014.3.27, 2014도469

189 판결을 받지 아니한 수개의 죄가 판결확정을 전후하여 저질러진 경우 판결확정 전에 범한 죄를 이미 판결이 확정된 죄와 동시에 판결할 수 없었던 경우라면, 판결확정을 전후한 각각의 범죄는 형법 제37조 후단 경합범이 아니라 전단 경합범에 해당하여 하나의 형을 선고하여야 한다. [변호사 22]

189 (×)

해설+ 아직 판결을 받지 아니한 수개의 죄가 판결확정을 전후하여 저질러진 경우 판결확정 전에 범한 죄를 이미 판결이 확정된 죄와 동시에 판결할 수 없었던 경우라고 하여 마치 확정된 판결이 존재하지 않는 것처럼 그 수개의 죄 사이에 형법 제37조 전단의 경합범 관계가 인정되어 형법 제38조가 적용된다고 볼 수도 없으므로, 판결확정을 전후한 각각의 범죄에 대하여 별도로 형을 정하여 선고할 수밖에 없다(대법원 2014.3.27, 2014도469).

190 '금고 이상의 형에 처한 판결이 확정된 죄와 그 판결확정 전에 범한 죄'는 「형법」 제37조 후단에서 정하는 경합범에 해당하고, 이 경우 「형법」 제39조 제1항에 의하여 경합범 중 판결을 받지 아니한 죄와 판결이 확정된 죄를 동시에 판결할 경우와 형평을 고려하여 그 죄에 대하여 형을 선고하여야 하는바, 아직 판결을 받지 아니한 죄가 이미 판결이 확정된 죄와 동시에 판결할 수 없었던 경우에는 「형법」 제39조 제1항에 따라 동시에 판결할 경우와 형평을 고려하여 형을 선고하거나 그 형을 감경 또는 면제할 수 없다고 해석함이 상당하다. [법원행시 16 변형]

190 (○) 대법원 2014.5.16, 2013도12003

보충 애초에 동시적 경합범이 될 수 없다면 사후적 경합범도 될 수 없다. 따라서 제39조 제1항을 적용할 수 없다.

191 피고인을 금고 이상의 형에 처한 甲죄에 대한 판결이 확정되고, 그 후에 甲죄 판결확정일 이전에 저질러진 乙죄에 대하여 금고 이상의 형에 처하는 판결이 확정되었는데, 피고인에게 공소제기 된 본건 범행이 甲죄 판결확정일과 乙죄 판결확정일 사이에 저질러진 경우, 위 본건 범행에 대한 법령의 적용에서 乙 전과의 죄와 동시에 판결을 할 경우와의 형평을 고려하여 형을 선고한 조치는 위법하다. [법원9급 14]

191 (○) 정보통신망법 위반죄와 판결이 확정된 乙죄는 처음부터 동시에 판결을 선고할 수 없었으므로 제1심이 정보통신망법 위반죄에 대하여 형법 제39조 제1항에 따라 乙죄와 동시에 판결할 경우와 형평을 고려하여 형을 선고한 것은 위법하다(대법원 2012.9.27, 2012도9295).

192 유죄의 확정판결을 받은 사람이 그 후 별개의 후행범죄를 저질렀는데 유죄의 확정판결에 대하여 재심이 개시된 경우, 후행범죄가 재심대상판결에 대한 재심판결 확정 전에 범하여졌다면 아직 판결을 받지 아니한 후행범죄와 재심판결이 확정된 선행범죄 사이에는 형법 제37조 후단에서 정한 경합범 관계가 성립한다. [법원행시 20 변형] [국가7급 23]

192 (×)

해설+ 유죄의 확정판결을 받은 사람이 그 후 별개의 후행범죄를 저질렀는데 유죄의 확정판결에 대하여 재심이 개시된 경우, 후행범죄가 그 재심대상판결에 대한 재심판결 확정 전에 범하여졌다 하더라도 아직 판결을 받지 아니한 후행범죄와 재심판결이 확정된 선행범죄 사이에는 후단 경합범이 성립하지 않는다(대법원 2019.6.20, 2018도20698).

193 甲이 상습절도죄(A죄)로 X법원으로부터 징역형을 선고받고 확정된 후 동일한 습벽이 있는 별개의 B죄를 저질러 Y법원에서 심리 중이었는데 확정된 A죄에 대한 X법원의 적법한 재심심판절차에서 징역형이 선고되어 확정된 경우, 별개로 기소된 B죄를 심판하는 Y법원은 B죄에 대하여 「형법」 제39조 제1항에 의한 형의 감경 또는 면제를 할 수 없다. [경찰간부 22]

193 (○)

해설+ 유죄의 확정판결을 받은 사람이 그 후 별개의 후행범죄를 저질렀는데 유죄의 확정판결에 대하여 재심이 개시된 경우, 후행범죄가 재심대상판결에 대한 재심판결 확정 전에 범하여졌다 하더라도 아직 판결을 받지 아니한 후행범죄와 재심판결이 확정된 선행범죄 사이에는 형법 제37조 후단에서 정한 경합범 관계(이하 '후단 경합범')가 성립하지 않는다. 재심판결이 후행범죄 사건에 대한 판결보다 먼저 확정된 경우에 후행범죄에 대해 재심판결을 근거로 후단 경합범이 성립한다고 하려면 재심심판법원이 후행범죄를 동시에 판결할 수 있었어야 한다. 그러나 아직 판결을 받지 아니한 후행범죄는 재심심판절차에서 재심대상이 된 선행범죄와 함께 심리하여 동시에 판결할 수 없었으므로 후행범죄와 재심판결이 확정된 선행범죄 사이에는 후단 경합범이 성립하지 않고, 동시에 판결할 경우와 형평을 고려하여 그 형을 감경 또는 면제할 수 없다. 재심판결이 후행범죄에 대한 판결보다 먼저 확정되는 경우에는 재심판결을 근거로 형식적으로 후행범죄를 판결확정 전에 범한 범죄로 보아 후단 경합범이 성립한다고 하면, 선행범죄에 대한 재심판결과 후행범죄에 대한 판결 중 어떤 판결이 먼저 확정되느냐는 우연한 사정에 따라 후단 경합범 성립이 좌우되는 형평에 반하는 결과가 발생한다(대법원 2019.6.20, 2018도20698 전원합의체).

194 피고인에 관하여 이미 판결이 확정된 죄가 공직선거법 제18조 제3항에 따라 분리선고되어야 하는 공직선거법 위반죄인 경우, 위 판결확정 전에 범한 죄에 대하여 「형법」 제39조 제1항에 따라 동시에 판결할 경우와 형평을 고려하여 형을 선고하거나 형을 감경 또는 면제할 수는 없다.

해설+ 형법 제37조 후단 및 제39조 제1항의 문언, 입법취지 등에 비추어 보면, 아직 판결을 받지 아니한 죄가 이미 판결이 확정된 죄와 동시에 판결할 수 없었던 경우에는 형법 제39조 제1항에 따라 동시에 판결할 경우와 형평을 고려하여 형을 선고하거나 그 형을 감경 또는 면제할 수 없다(대법원 2011.10.27, 2009도9948; 2012.9.27, 2012도9295; 2014.3.27, 2014도469 등). 한편 공직선거법 제18조 제1항 제3호에서 '선거범'이라 함은 공직선거법 제16장 벌칙에 규정된 죄와 국민투표법 위반의 죄를 범한 자를 말하는데(공직선거법 제18조 제2항), 공직선거법 제18조 제1항 제3호에 규정된 죄와 다른 죄의 경합범에 대하여는 이를 분리선고하여야 한다(공직선거법 제18조 제3항 전단). 따라서 판결이 확정된 선거범죄와 확정되지 아니한 다른 죄는 동시에 판결할 수 없었던 경우에 해당하므로 형법 제39조 제1항에 따라 동시에 판결할 경우와의 형평을 고려하여 형을 선고하거나 그 형을 감경 또는 면제할 수 없다고 해석함이 타당하다(대법원 2021.10.14, 2021도8719).

195 甲은 만취하여 정상적인 운전이 곤란한 상태로 도로에서 자동차를 운전하다가 과실로 보행자를 들이받아 그를 사망케하고 자신은 그 충격으로 기절하였다. 의식을 잃은 甲이 병원 응급실로 호송되자, 출동한 경찰관은 법원으로부터 압수·수색 또는 검증 영장을 발부받지 아니한 채 甲의 아들의 채혈동의를 받고 의사로 하여금 甲으로부터 채혈하도록 한 다음 이를 감정의뢰하였으나, 사후적으로도 지체 없이 이에 대한 법원의 영장을 발부받지 않았다. 甲은 특정범죄가중처벌등에관한법률위반(위험운전치사상)죄와 도로교통법위반(음주운전)죄의 실체적 경합범에 해당한다.

[법원9급 20] [법원행시 13] [변호사 13]

195 (○) 음주로 인한 특정범죄 가중처벌 등에 관한 법률 위반(위험운전치사상)죄와 도로교통법 위반(음주운전)죄는 입법취지와 보호법익 및 적용영역을 달리하는 별개의 범죄로서 양죄가 모두 성립하는 경우 두 죄는 실체적 경합관계이다(대법원 2010.1.14, 2009도10845).

196 음주로 인한 특정범죄 가중처벌 등에 관한 법률 위반(위험운전치사상)죄는 중한 형태의 도로교통법 위반(음주운전)죄를 기본범죄로 하는 결과적 가중범으로 그 행위유형과 보호법익을 이미 모두 포함하고 있으므로, 특정범죄 가중처벌 등에 관한 법률 위반(위험운전치사상)죄가 성립하면 도로교통법 위반(음주운전)죄는 이에 흡수되어 따로 성립하지 아니한다. [경찰채용 22 1차]

196 (×)

해설+ 음주로 인한 특정범죄 가중처벌 등에 관한 법률 위반(위험운전치사상)죄와 도로교통법 위반(음주운전)죄는 입법취지와 보호법익 및 적용영역을 달리하는 별개의 범죄이므로, 양죄가 모두 성립하는 경우 두 죄는 실체적 경합관계에 있다(대법원 2008.11.13, 2008도7143).

476 PART 02 범죄론

197 주거침입강간죄는 사람의 주거 등을 침입한 자가 피해자를 강간한 경우에 성립하는 것으로서 주거침입죄를 범한 후에 사람을 강간하여야 하는 일종의 신분범이고, 선후가 바뀌어 강간죄를 범한 자가 그 피해자의 주거에 침입한 경우에는 강간죄와 주거침입죄의 실체적 경합범이 된다. [경찰채용 22 2차]

해설+ 주거침입강제추행죄 및 주거침입강간죄 등은 사람의 주거 등을 침입한 자가 피해자를 간음, 강제추행 등 성폭력을 행사한 경우에 성립하는 것으로서, 주거침입죄를 범한 후에 사람을 강간하는 등의 행위를 하여야 하는 일종의 신분범이고, 선후가 바뀌어 강간죄 등을 범한 자가 그 피해자의 주거에 침입한 경우에는 이에 해당하지 않고 강간죄 등과 주거침입죄 등의 실체적 경합범이 된다(대법원 2021.8.12, 2020도17796).

197 (O)

198 슈퍼마켓사무실에서 식칼을 들고 피해자를 협박한 행위와 식칼을 들고 매장을 돌아다니며 손님을 내쫓아 그의 영업을 방해한 경우에는 협박죄와 업무방해죄의 실체적 경합이다. [국가7급 07]

198 (O) 대법원 1991.1.29, 90도2445

199 절도범인이 그 범행수단으로 주거침입을 한 경우에 그 주거침입행위는 절도죄에 흡수되지 아니하고 별개로 주거침입죄를 구성하여 절도죄와는 실체적 경합의 관계에 서는 것이 원칙이다. [법원승진 11]

199 (O) 절도범인이 그 범행수단으로 주거침입을 한 경우에 그 주거침입행위는 절도죄에 흡수되지 아니한다(대법원 2008.11.27, 2008도7820).

200 피해자를 살해한 방에서 사망한 피해자 곁에 4시간 30분쯤 있다가 그곳 피해자의 자취방 벽에 걸려 있던 피해자가 소지하는 물건들을 영득의 의사로 가지고 나온 경우, 피해자가 생전에 가진 점유는 사망 후에도 여전히 계속되는 것으로 보아야 하므로, 살인죄와 절도죄의 경합범이 된다. [법원승진 11]

200 (O) 대법원 1993.9.28, 93도2143

201 절도의 교사자가 피교사자로부터 도품을 매수하였을 때에는 절도교사죄와 장물취득죄의 실체적 경합이 된다. [법원승진 11]

201 (O) 당해 범죄행위의 정범자(공동정범이나 합동범)로 되지 아니한 이상 이를 자기의 범죄라고 할 수 없고 따라서 그 장물의 취득을 불가벌적 사후행위라고 할 수 없다(대법원 1986.9.9, 86도1273).

202 승용차를 절취한 후 자동차등록번호판을 떼어 낸 경우 실체적 경합관계가 인정된다. [사시 15]

202 (O)

> **해설+** 자동차를 절취한 후 자동차등록번호판을 떼어 내는 행위는 새로운 법익의 침해로 보아야 하므로 위와 같은 번호판을 떼어내는 행위가 절도범행의 불가벌적 사후행위가 되는 것은 아니다(대법원 2007.9.6, 2007도4739).

203 피해자를 감금하여 강도상해의 범행이 끝난 뒤에도 계속해서 감금한 경우 감금죄와 강도상해죄의 실체적 경합이다. [사시 13]

203 (O)

> **해설+** 1개의 행위가 감금죄와 강도상해죄에 해당하는 경우라고 볼 수 없고 이 경우 감금죄와 강도상해죄는 형법 제37조의 경합범 관계에 있다(대법원 2007.9.6, 2007도4739).

204 수인의 피해자에 대하여 단일한 범의하에 동일한 방법으로 각 피해자별로 기망행위를 하여 재물을 편취한 경우, 사기죄는 실체적 경합관계가 된다. [국가9급 12]

204 (O)

> **해설+** 비록 범의가 단일하고 범행방법이 동일하더라도 각 피해자의 피해법익은 독립한 것이므로 그 전체가 포괄일죄로 되지 아니하고 피해자별로 독립한 여러 개의 사기죄가 성립된다(대법원 2003. 4.8, 2003도382).

205 횡령교사를 한 후 그 횡령한 물건을 취득한 때에는 횡령교사죄 외에 장물취득죄가 성립하고, 양죄는 실체적 경합관계에 있다. [사시 14]

205 (O) 횡령교사를 한 후 그 횡령한 물건을 취득한 때에는 횡령교사죄와 장물취득죄의 경합범이 성립된다(대법원 1969.6.24, 69도692).

206 소송사기의 경우 그 기수시기는 소송의 판결이 확정된 때라 할 것이므로 그 확정판결에 의하여 소유권이전등기를 경료한 행위에 경우에는 사기죄와 별도로 공정증서원본불실기재죄가 성립하고 양죄는 실체적 경합범 관계에 있다. [사시 13 변형]

206 (O) 대법원 1983.4.26, 83도188

207 히로뽕 완제품을 제조할 때 함께 만든 액체 히로뽕 반제품을 땅에 묻어 두었다가 약 1년 9월 후에 앞서 제조시의 공범 아닌 자 등의 요구에 따라 그들과 함께 위 반제품으로 그 완제품을 제조한 경우 포괄일죄를 이룬다고 할 수 없으므로 「형법」 제37조 전단의 경합범으로 의율처단하여야 한다.

[사시 13 변형]

207 (○) 대법원 1991.2.26, 90
도2900

208 아동·청소년이용음란물을 제작한 자가 제작에 수반된 소지행위를 벗어나 사회통념상 새로운 소지가 있었다고 평가할 수 있는 별도의 소지행위를 개시하였다 하더라도 청소년성보호법 위반(음란물제작·배포등)죄가 이미 성립한 이상 별개의 청소년성보호법 위반(음란물소지)죄는 구성되지 아니한다.

208 (×)

해설+ 구 아청법 제11조 제5항 위반(음란물소지)죄는 아동·청소년이용음란물임을 알면서 이를 소지하는 행위를 처벌함으로써 아동·청소년이용음란물의 제작을 근원적으로 차단하기 위한 처벌 규정이다. 그리고 구 아청법 제11조 제1항 위반(음란물제작·배포등)죄의 법정형이 무기징역 또는 5년 이상의 유기징역인 반면, 음란물소지죄의 법정형이 1년 이하의 징역 또는 2천만원 이하의 벌금형이고, 아동·청소년이용음란물 제작행위에 아동·청소년이용음란물 소지행위가 수반되는 경우 아동·청소년이용음란물을 제작한 자에 대하여 자신이 제작한 아동·청소년이용음란물을 소지하는 행위를 별도로 처벌하지 않더라도 정의 관념에 현저히 반하거나 해당 규정의 기본취지에 반한다고 보기 어렵다. 따라서 ㉠ 아동·청소년이용음란물을 제작한 자가 그 음란물을 소지하게 되는 경우 청소년성보호법 위반(음란물소지)죄는 청소년성보호법 위반(음란물제작·배포등)죄에 흡수된다고 봄이 타당하다. 다만 ㉡ 아동·청소년이용음란물을 제작한 자가 제작에 수반된 소지행위를 벗어나 사회통념상 새로운 소지가 있었다고 평가할 수 있는 별도의 소지행위를 개시하였다면 이는 청소년성보호법 위반(음란물제작·배포등)죄와 별개의 청소년성보호법 위반(음란물소지)죄에 해당한다(대법원 2021.7.8, 2021도2993).

209 甲이 A녀가 자동차에서 내릴 수 없는 상태에 있음을 이용하여 강간하려고 결의하고 자동차의 주행속도를 높여 A녀가 자동차에서 탈출하지 못하게 한 뒤 범행장소까지 A녀를 강제로 데려가 강간하려다 미수에 그친 경우 감금죄와 강간미수죄의 실체적 경합이다.

[사시 13]

209 (×) '실체적' → '상상적'
감금죄와 강간미수죄는 일개의 행위에 의하여 실현된 경우로서 상상적 경합관계에 있다(대법원 1983. 4.26, 83도323).

210 　강간치상범이 자신의 범행으로 인하여 실신상태에 있는 피해자를 그대로 방치하고 도주한 경우에는 강간치상죄와 유기죄의 실체적 경합이다.

[사시 13]

210 (×) '와 유기죄의 실체적 경합이다' → '만을 구성한다'

해설+ 실신상태에 있는 피해자를 구호하지 아니하고 방치하였다고 하더라도 그 행위는 포괄적으로 단일의 강간치상죄만을 구성한다(대법원 1980.6.24, 80도726).

211 　퇴거불응죄는 적법하게 또는 과실로 주거 등에 들어간 자가 퇴거요구를 받고 나가지 않은 경우 성립하므로 처음부터 타인의 의사에 반하여 주거에 침입한 자가 퇴거요구에 불응한다면 주거침입죄와 퇴거불응죄의 경합범이 성립한다.

[법원승진 11]

211 (×) '와 퇴거불응죄의 경합범이' → '가'
처음부터 타인의 의사에 반하여 주거에 침입한 자가 퇴거요구에 불응하더라도 주거침입죄만이 성립한다.

212 　피고인이 여관에서 종업원을 칼로 찔러 상해를 가하고 객실로 끌고 들어가는 등 폭행·협박을 하고 있던 중, 마침 다른 방에서 나오던 여관의 주인도 같은 방에 밀어 넣은 후, 주인으로부터 금품을 강취하고 1층 안내실에서 종업원 소유의 현금을 꺼내 간 경우, 여관종업원과 주인에 대한 각 강도행위가 각 별로 강도죄를 구성하고, 위 두 죄는 실체적 경합범 관계에 있다.

[법원9급 12]

212 (×) '실체적' → '상상적'
피고인이 피해자인 종업원과 주인을 폭행·협박한 행위는 법률상 1개의 행위로 평가되는 것이 상당하므로 위 2죄는 상상적 경합범 관계에 있다고 할 것이다(대법원 1991.6.25, 91도643).

213 　당좌수표를 조합 이사장 명의로 발행하여 지급기일에 지급되지 아니하게 한 사실로 인한 부정수표 단속법 위반죄와 동일한 수표를 발행하여 조합에 대하여 재산상 손해를 가한 사실로 인한 업무상배임죄를 사회적 사실관계가 기본적인 점에서 상이하므로 실체적 경합관계에 있다. [국가7급 14]

213 (×) '상이하므로 실체적 경합관계' → '동일하므로 상상적 경합관계'
사회적 사실관계가 기본적인 점에서 동일하다고 할 것이어서 1개의 행위가 수개의 죄에 해당하는 경우로서 상상적 경합관계에 있다(대법원 2004.5.13, 2004도1299).

214 　국회의원 선거에서 정당의 공천을 받게 하여 줄 의사나 능력이 없음에도 이를 해줄 수 있는 것처럼 기망하여 공천과 관련하여 금품을 받은 경우, 공직선거법상 공천 관련 금품수수죄와 사기죄는 실체적 경합관계에 있다.

[국가7급 14]

214 (×) '실체적' → '상상적'
공직선거법상 공천 관련 금품수수죄와 사기죄가 모두 성립하고 양자는 상상적 경합의 관계에 있다(대법원 2013.9.26, 2013도7876).

215 공무원이 취급하는 사건에 관하여 청탁 또는 알선을 할 의사와 능력이 없음에도 청탁 또는 알선을 한다고 기망하고 금품을 교부받은 경우, 사기죄와 변호사법 위반죄는 보호법익이 다르므로 실체적 경합관계에 있다.

[국가7급 14]

215 (×) '보호법익이 다르므로 실체적 경합관계' → '상상적 경합관계'

해설+ 제347조 제1항의 사기죄와 변호사법 제111조 위반죄에 각 해당하고 위 두 죄는 상상적 경합의 관계에 있다(대법원 2007.5.10, 2007도2372).

216 종중으로부터 명의신탁 받아 보관 중이던 토지를 임의로 매각하여 이를 횡령한 후 그 매각대금을 이용하여 다른 토지를 취득하였다가 이를 제3자에게 담보로 제공한 경우 실체적 경합관계가 인정된다.

[사시 15]

216 (×) '인정된다' → '인정되지 않는다'

해설+ 횡령한 물건을 처분한 대가로 취득한 물건을 이용한 것에 불과할 뿐이어서 명의신탁 토지에 대한 횡령죄와 별개의 횡령죄를 구성하지 않는다(대법원 2006.10.13, 2006도4034).

217 피해자들의 재물을 강취한 후 그들을 살해할 목적으로 현주건조물에 방화하여 사망에 이르게 한 경우 위 행위는 강도살인죄와 현주건조물방화치사죄에 모두 해당하고, 이 경우 「형법」 제38조의 처벌례에 따르면 된다.

[법원행시 13]

217 (×) '된다' → '안된다'

해설+ 강도살인죄와 현주건조물방화치사죄에 모두 해당하고 그 두 죄는 상상적 경합범 관계에 있다(대법원 1998.12.8, 98도3416). 따라서 (실체적) 경합범의 처벌례를 규정한 제38조를 적용하는 것은 옳지 않다.

218 동일한 기회에 2인의 명의로 된 1장의 사문서를 위조한 경우 작성명의인의 수만큼 2개의 사문서위조죄가 성립하고 이때 위 각 사문서위조죄는 실체적 경합범의 관계에 있다.

[법원행시 11]

218 (×) '실체적' → '상상적'(대법원 1987.7.21, 87도564)

219 공무원 甲이 위법사실을 발견하고도 직무상 의무에 따른 적절한 조치를 취하지 아니하고 위법사실을 적극적으로 은폐할 목적으로 허위공문서를 작성·행사한 경우 허위공문서작성죄 및 동행사죄와 직무유기죄의 실체적 경합이다.

[국가9급 15]

219 (×) '와 직무유기죄' → 삭제 작위범인 허위공문서작성, 동행사죄만이 성립하고 부작위범인 직무유기죄는 따로 성립하지 아니한다 할 것이다(대법원 1993.12.24, 92도3334).

220 금전소비대차계약서의 주채무자와 연대보증인의 명의를 연명으로 위조한 경우 실체적 경합관계가 인정된다.

[사시 15]

220 (×) '실체적' → '상상적'

해설+ 작성명의인의 수대로 수개의 문서위조죄가 성립하고 위 수개의 문서위조죄는 제40조 상상적 경합범에 해당한다(대법원 1987.7.21, 87도564).

221 「형법」은 경합범을 동시에 판결할 때, 각 죄에 대하여 정한 형이 사형, 무기징역, 무기금고 외의 같은 종류의 형인 경우에 가중주의를 채택하고 있는데, 과료와 과료는 병과(併科)할 수 있다.

[국가7급 22]

221 (○) 제38조 제1항 제2호

해설+ 제38조【경합범과 처벌례】① 경합범을 동시에 판결할 때에는 다음 각 호의 구분에 따라 처벌한다.
2. 각 죄에 대하여 정한 형이 사형, 무기징역, 무기금고 외의 같은 종류의 형인 경우에는 가장 무거운 죄에 대하여 정한 형의 장기 또는 다액(多額)에 그 2분의 1까지 가중하되 각 죄에 대하여 정한 형의 장기 또는 다액을 합산한 형기 또는 액수를 초과할 수 없다. 다만, 과료와 과료, 몰수와 몰수는 병과(併科)할 수 있다.

222 경합범의 관계에 있는 횡령죄(법정형: 5년 이하의 징역 또는 1,500만원 이하의 벌금)와 학대죄(법정형: 2년 이하의 징역 또는 500만원 이하의 벌금)의 처단형은 7년이다.

[해경채용 2차 23]

222 (○) 제38조 제1항 제2호

해설+ 제38조【경합범과 처벌례】① 경합범을 동시에 판결할 때에는 다음 각 호의 구분에 따라 처벌한다.
2. 각 죄에 대하여 정한 형이 사형, 무기징역, 무기금고 외의 같은 종류의 형인 경우에는 가장 무거운 죄에 대하여 정한 형의 장기 또는 다액(多額)에 그 2분의 1까지 가중하되 각 죄에 대하여 정한 형의 장기 또는 다액을 합산한 형기 또는 액수를 초과할 수 없다. 다만, 과료와 과료, 몰수와 몰수는 병과(併科)할 수 있다.

223 경합범 가중 시 징역과 금고는 동종의 형으로 간주하여 징역형으로 처벌한다. [법원행시 20]

223 (O) 제38조 제2항

224 경합범 중 판결을 받지 아니한 죄가 있는 때에는 그 죄와 판결이 확정된 죄를 동시에 판결할 경우와 형평을 고려하여 그 죄에 대하여 형을 선고한다. 이 경우 그 형을 감경 또는 면제한다. [법원9급 16]

224 (X) 제39조 제1항

해설+ 제39조 【판결을 받지 아니한 경합범, 수개의 판결과 경합범, 형의 집행과 경합범】① 경합범 중 판결을 받지 아니한 죄가 있는 때에는 그 죄와 판결이 확정된 죄를 동시에 판결할 경우와 형평을 고려하여 그 죄에 대하여 형을 선고한다. 이 경우 그 형을 감경 또는 면제할 수 있다.

225 경합범 중 판결을 받지 않은 죄가 있는 때에는 그 죄와 판결이 확정된 죄를 동시에 판결할 경우와 형평을 고려하여 그 죄에 대하여 형을 선고하되 그 형을 면제할 수는 없다. [국가9급총론 22]

225 (X) 제39조 제1항

226 경합범에 의한 판결의 선고를 받은 자가 경합범 중의 어떤 죄에 대하여 사면을 받거나 형의 집행이 면제된 때에는 다른 죄에 대하여 다시 형을 정한다. [국가9급총론 22] [군무원9급 22]

226 (O) 제39조 제3항

해설+ 제39조 【판결을 받지 아니한 경합범, 수개의 판결과 경합범, 형의 집행과 경합범】③ 경합범에 의한 판결의 선고를 받은 자가 경합범 중의 어떤 죄에 대하여 사면 또는 형의 집행이 면제된 때에는 다른 죄에 대하여 다시 형을 정한다.

227 금고 이상의 형에 처한 판결이 확정된 죄와 그 판결확정 전에 범한 죄는 경합범 관계에 있으므로 판결확정 전에 범한 죄에 대하여는 판결이 확정된 죄를 동시에 판결할 경우와 형평을 고려하여 그 죄에 대한 형을 선고하여야 한다. [법원9급 18]

227 (O) 제37조, 제39조 제1항

228 「형법」 제37조 후단 경합범에 대하여 심판하는 법원은 판결이 확정된 죄와 후단 경합범의 죄를 동시에 판결할 경우와 형평을 고려하여 후단 경합범의 처단형의 범위 내에서 후단 경합범의 선고형을 정할 수 있는 것이고, 그 죄와 판결이 확정된 죄에 대한 선고형의 총합이 두 죄에 대하여 「형법」 제38조를 적용하여 산출한 처단형의 범위 내에 속하도록 후단 경합범에 대한 형을 정하여야 하는 제한을 받는 것은 아니며, 후단 경합범에 대한 형을 감경 또는 면제할 것인지는 원칙적으로 그 죄에 대하여 심판하는 법원이 재량에 따라 판단할 수 있는 것이다.   [법원9급 14 변형] [변호사 15 변형]

228 (O) 대법원 2008.9.11, 2006도8376

229 무기징역에 처하는 판결이 확정된 죄와 「형법」 제37조의 후단 경합범의 관계에 있는 죄에 대하여 공소가 제기된 경우, 법원은 두 죄를 동시에 판결할 경우와 형평을 고려하여 후단 경합범에 대한 처단형의 범위 내에서 후단 경합범에 대한 선고형을 정할 수 있고, 「형법」 제38조 제1항 제1호가 「형법」 제37조의 전단 경합범 중 가장 중한 죄에 정한 처단형이 무기징역인 때에는 흡수주의를 취하였다고 하여 뒤에 공소제기된 후단 경합범에 대한 형을 필요적으로 면제하여야 하는 것은 아니다.
   [법원9급 14 변형] [법원행시 11 변형·16]

229 (O) 대법원 2008.9.11, 2006도8376

230 경합범으로 기소되었어도 그중 유죄로 인정된 A죄에 대해서는 상고가 제기되지 않아 확정되고 무죄로 선고된 B죄에 대하여만 상고가 제기되어 파기환송된 경우 환송 후 원심은 B죄를 유죄로 인정하여도 A, B죄를 경합범으로 하여 1개의 형으로 선고할 것이 아니라 B죄에 대하여만 별개의 형을 선고하여야 한다.   [법원9급 18]

230 (O) 병역법위반죄와 하천법위반죄의 경합범에 대하여 항소심이 전자에 대해서는 유죄, 후자에 대해서는 무죄를 선고하자 검사만이 후자에 대해서 상고하여 상고심이 후자 부분만을 파기환송하였으면 항소심은 후자에 대해서만 심판해야 한다(대법원 1974.10.8, 74도1301).

231 경합범 중 판결을 받지 아니한 죄가 있는 때에는 그 죄에 대한 형을 감경 또는 면제할 수 있도록 「형법」 제39조 제1항이 2005.7.29. 개정·시행된 이후인 2006.7.27. 항소심판결이 선고되었는데, 같은 피고인의 별개의 범죄에 대하여 징역형을 선고한 다른 사건의 판결이 그 이후인 2006.8.25.에 비로소 확정된 경우에도, "판결 후 형의 폐지나 변경이 있는 때"에 해당하여 형사소송법 제383조 제2호의 상고이유가 된다. [법원승진 07]

231 (×) '해당하여' → '해당하지 않고', '된다' → '되지 않는다'

해설+ '판결 후 형의 폐지나 변경이 있는 때'는 원심판결 후 법령의 개폐로 인하여 형이 폐지되거나 변경된 경우를 뜻하는 것이고 법령의 개폐없이 단지 형을 감경하거나 면제할 수 있는 사유가 되는 사실이 발생한 것에 불과한 경우는 이에 포함되지 않는 것이다(대법원 2007.1.12, 2006도5696).

2024 - 2025
백광훈
통합 핵지총 OX
형법총론

03

형벌론

CHAPTER 01 | 형벌의 의의와 종류

🔗 **대표유형**

대형할인매장에서 수회 상품을 절취하여 자신의 승용차에 싣고 간 경우, 위 승용차는 몰수할 수 있다. [법원9급 12]

(○) 위 승용차는 형법 제48조 제1항 제1호에 정한 범죄행위에 제공한 물건으로 보아 몰수할 수 있다(대법원 2006.9.14, 2006도4075).

🔗 **대표유형**

주형을 선고유예하는 경우에 몰수의 선고유예도 가능하다. [법원9급 18]

(○) 대법원 1979.4.10, 78도3098

001 헌법재판소의 다수견해에 의하면 생명권 역시 대한민국헌법 제37조 제2항에 의한 일반적 법률유보의 대상이므로, 사형제도는 예외적인 경우에만 적용되는 한 기본권의 본질적 내용 침해금지를 규정한 대한민국헌법 제37조 제2항 단서에 위반되지 아니한다. [국가7급 12]

001 (○)

해설+ 사형이 비례의 원칙에 따라서 최소한 동등한 가치가 있는 다른 생명 또는 그에 못지 아니한 공공의 이익을 보호하기 위한 불가피성이 충족되는 예외적인 경우에만 적용되는 한, 그것이 비록 생명을 빼앗는 형벌이라 하더라도 憲法 제37조 제2항 단서에 위반되는 것으로 볼 수는 없다(헌법재판소 1996.11.28, 95헌바1).

002 징역 50년은 불가능한 선고형이다. [법원행시 11]

002 (✕)

해설+ 제42조【징역 또는 금고의 기간】징역 또는 금고는 무기 또는 유기로 하고 유기는 1개월 이상 30년 이하로 한다. 단, 유기징역 또는 유기금고에 대하여 형을 가중하는 때에는 50년까지로 한다.

003 유기징역은 1월 이상 30년 이하로 한다. [법원승진 10]

003 (○) 제42조

004 금고는 최장 45년까지 선고할 수 있다. [법원9급 14]

004 (×) '45' → '50'
유기징역 또는 유기금고에 대하여 형을 가중하는 때에는 50년까지로 한다(제42조 단서).

005 유기징역 또는 유기금고의 판결을 받은 자는 그 형의 집행이 종료하거나 면제될 때까지 공무원이 되는 자격이 정지된다. 다만, 다른 법률에 특별한 규정이 있는 경우에는 그 법률에 따른다. [법원행시 20]

005 (○) 제43조 제2항

006 징역 10년 형을 선고받은 甲은 그 형의 집행이 종료하거나 면제될 때까지 다른 법률에 특별한 규정이 있는 경우를 제외하고는 공무원이 되는 자격, 공법상의 선거권과 피선거권, 법률로 요건을 정한 공법상의 업무에 관한 자격이 정지된다. [경찰채용 22 2차]

006 (○) 유기징역을 선고받았으므로 형집행종료·형집행면제 시까지 공무원이 되는 자격, 공법상의 선거권과 피선거권, 법률로 요건을 정한 공법상의 업무에 관한 자격이 정지된다(자격의 당연정지, 제43조 제2항).

해설+ 제43조 【형의 선고와 자격상실, 자격정지】 ① 사형, 무기징역 또는 무기금고의 판결을 받은 자는 다음에 기재한 자격을 상실한다.
1. 공무원이 되는 자격
2. 공법상의 선거권과 피선거권
3. 법률로 요건을 정한 공법상의 업무에 관한 자격
4. 법인의 이사, 감사 또는 지배인 기타 법인의 업무에 관한 검사역이나 재산관리인이 되는 자격
② 유기징역 또는 유기금고의 판결을 받은 자는 그 형의 집행이 종료하거나 면제될 때까지 전항 제1호 내지 제3호에 기재된 자격이 정지된다. 다만, 다른 법률에 특별한 규정이 있는 경우에는 그 법률에 따른다.

007 금고형 이상의 형의 선고로 인하여 정지 또는 상실되는 자격에는 피선거권이 포함되지만 선거권은 포함되지 않는다. [법원행시 14]

007 (×) '포함되지만 선거권은 포함되지 않는다' → '포함되고 선거권도 포함된다'

해설+ 제43조 제1항(자격상실)과 제2항(자격의 당연정지)에 의하여 상실 또는 정지되는 자격에는, 공법상 피선거권뿐만 아니라 공법상 선거권도 포함된다.

008 처벌법규가 법정형으로 자격정지를 규정하고 있지 않은 경우에 자격정지를 병과할 수 없다. [법원행시 14]

보충 ㉠ 자격상실은 법정형에 규정되어 있지 않고, 사형·무기징역·무기금고의 형을 받으면 당연히 법에서 정한 자격이 상실되는 데 반하여(제43조 제1항), ㉡ 자격정지는 유기징역·유기금고의 형을 받으면 내려지는 자격의 당연정지(동조 제2항)와 개별적인 법정형으로 규정된 경우에 내려지는 판결선고에 의한 자격정지(제44조)가 있다. 후자의 자격정지는 법정형에 필요적으로 병과되는 경우와 임의적으로 병과되는 경우(보통의 경우)가 있는데, 임의적으로 병과되는 경우에는 자격정지만 단독으로 내려질 수도 있다. 위 지문은 자격정지를 병과하는 경우를 출제한 것으로서 판결선고에 의한 자격정지를 말하고, 이 경우 법정형에 해당 자격정지형이 규정되어 있어야 함은 당연하다.

008 (O) 자격정지가 병과되는 경우 중에서 낙태죄는 필요적으로 병과되는 경우이고(제270조 제4항), 나머지 범죄에 법정형으로서 규정된 자격정지는 모두 임의적으로 병과되는 경우이다.

009 유기징역은 1개월 이상 30년 이하로 하고, 자격정지는 1개월 이상 15년 이하로 한다. [법원행시 20]

해설+ 제42조【징역 또는 금고의 기간】징역 또는 금고는 무기 또는 유기로 하고 유기는 1개월 이상 30년 이하로 한다. 단, 유기징역 또는 유기금고에 대하여 형을 가중하는 때에는 50년까지로 한다.
제44조【자격정지】① 전조에 기재한 자격의 전부 또는 일부에 대한 정지는 1년 이상 15년 이하로 한다.

009 (X) 제42조, 제44조 제1항

010 현행「형법」상 유기징역 또는 유기금고에 병과되는 자격정지의 상한은 15년이다. [법원행시 14]

010 (O) 제44조 제1항

011 자격정지 15년은 가능한 선고형이다. [법원행시 11]

011 (O) 제44조 제1항

012 자격정지는 최장 20년까지 가능하다. [법원9급 14]

012 (X) 제44조 제1항

013 유기징역 또는 유기금고에 자격정지를 병과한 경우에는 형을 선고한 날로부터 그 정지기간을 기산한다. [국가7급 12]

> **해설+** 제44조 【자격정지】② 유기징역 또는 유기금고에 자격정지를 병과한 때에는 징역 또는 금고의 집행을 종료하거나 면제된 날로부터 정지기간을 기산한다.

013 (×) '형을 선고한' → '징역 또는 금고의 집행을 종료하거나 면제된'

014 자격정지를 병과한 경우에 병과된 자격정지기간은 자격정지와 병과된 형의 집행일부터 기산한다. [법원행시 14]

014 (×) '자격정지와 병과된 형의 집행일부터' → '징역 또는 금고의 집행을 종료하거나 면제된 날로부터'(제44조 제2항)

015 벌금 3만원은 가능한 선고형이다. [법원행시 11]

> **해설+** 제45조 【벌금】벌금은 5만원 이상으로 한다. 다만, 감경하는 경우에는 5만원 미만으로 할 수 있다.

015 (○) 제45조

016 법정형에 징역형과 벌금형이 선택형으로 규정되어 있는 범죄에서 벌금형을 선택하여 처벌하는 경우에 노역장유치기간은 법정형에서 정한 징역형의 상한을 초과하여 정할 수 없다. [국가9급 18]

> **해설+** 징역형과 벌금형 가운데에서 벌금형을 선택하여 선고하면서 그에 대한 노역장유치기간을 환산한 결과 징역형의 장기보다 유치기간이 더 길게 되더라도 위법한 것은 아니다(대법원 2000.11.24, 2000도3945).

016 (×) '없다' → '있다'

017 징역형과 벌금형이 병과된 경우에 벌금형이 환산유치기간이 징역형의 기간보다 긴 경우에는 위법하다. [사시 15]

> **해설+** 징역형과 벌금형이 병과된 경우에 벌금형의 환산유치기간이 3년을 넘지 않는 한 징역형의 기간보다 길다 하더라도 위법이라 할 수 없다(대법원 1971.3.30, 71도251).

017 (×) '위법하다' → '위법하지 않다'

018 징역형과 벌금형 가운데에서 벌금형을 선택하여 선고하면서 그에 대한 노역장 유치기간을 환산한 결과 징역형의 장기보다 유치기간이 더 길게 되더라도 위법한 것은 아니다. [사시 11]

018 (○) 대법원 1971.3.30, 71도251: 2000.11.24, 2000도3945

019 과료를 납입하지 아니한 자는 1일 이상 30일 미만의 기간 노역장에 유치하여 작업에 복무하게 한다. [국가9급 22]

019 (○) 제69조 제2항

해설+ 제69조【벌금과 과료】② 벌금을 납입하지 아니한 자는 1일 이상 3년 이하, 과료를 납입하지 아니한 자는 1일 이상 30일 미만의 기간 노역장에 유치하여 작업에 복무하게 한다.

020 '벌금'을 납입하지 아니한 자는 1일 이상 3년 이하, '과료'를 납입하지 아니한 자는 1일 이상 30일 미만의 기간 노역장에 유치하여 작업에 복무하게 한다. [법원승진 10] [법원행시 11 변형]

020 (○) 제69조 제2항

021 벌금과 과료는 판결확정일로부터 60일 내에 납입하여야 한다. 단, 벌금을 선고할 때에는 동시에 그 금액을 완납할 때까지 노역장에 유치할 것을 명할 수 있다. [법원9급 12]

021 (×) '60' → '30'

해설+ 제69조【벌금과 과료】① 벌금과 과료는 판결확정일로부터 30일 내에 납입하여야 한다. 단, 벌금을 선고할 때에는 동시에 그 금액을 완납할 때까지 노역장에 유치할 것을 명할 수 있다.

022 벌금을 선고할 때에는 납입하지 아니하는 경우의 유치기간을 정하여 동시에 선고하여야 한다. [국가9급 18]

022 (○) 제69조 제1항

023 벌금 또는 과료를 선고할 때에는 동시에 그 금액을 완납할 때까지 노역장에 유치할 것을 명할 수 있다. [법원승진 10]

024 벌금을 납입하지 아니하는 자에 대한 노역장 유치기간은 벌금액수가 아무리 많더라도 3년을 초과할 수 없다. [국가9급 18]

해설+ 제69조 【벌금과 과료】 ② 벌금을 납입하지 아니한 자는 1일 이상 3년 이하, 과료를 납입하지 아니한 자는 1일 이상 30일 미만의 기간 노역장에 유치하여 작업에 복무하게 한다.

025 벌금을 선고할 때에는 납입하지 아니하는 경우의 유치기간을 정하여 동시에 선고하여야 하고, 동시에 그 금액을 완납할 때까지 노역장에 유치할 것을 명할 수도 있다. [국가7급 12]

026 「형법」 제69조 제2항, 제70조 제1항에 의하면 벌금을 선고할 때에는 납입하지 아니하는 경우의 유치기간을 정하여 동시에 선고하여야 하고, 그 유치기간은 1일 이상 3년 이하의 기간 내로만 정할 수 있으며, 3년을 초과하는 기간을 벌금을 납입하지 아니하는 경우의 유치기간으로 정할 수 없다. [사시 11]

027 선고하는 벌금이 5억원 이상 50억원 미만인 경우에는 500일 이상의 유치기간을 정하여야 한다. [국가9급 18]

해설+ 제70조 【노역장 유치】 ② 선고하는 벌금이 1억원 이상 5억원 미만인 경우에는 300일 이상, 5억원 이상 50억원 미만인 경우에는 500일 이상, 50억원 이상인 경우에는 1천일 이상의 유치기간을 정하여야 한다.

028 법원이 피고인 甲에게 30억원의 벌금을 선고하는 경우, 이를 납입하지 아니하는 것을 대비하여 500일 이상의 노역장 유치기간을 정하여 동시에 선고하여야 한다. [경찰채용 22 2차]

> **해설+** 제69조【벌금과 과료】① 벌금과 과료는 판결확정일로부터 30일내에 납입하여야 한다. 단, 벌금을 선고할 때에는 동시에 그 금액을 완납할 때까지 노역장에 유치할 것을 명할 수 있다.
> ② 벌금을 납입하지 아니한 자는 1일 이상 3년 이하, 과료를 납입하지 아니한 자는 1일 이상 30일 미만의 기간 노역장에 유치하여 작업에 복무하게 한다.
>
> 제70조【노역장 유치】① 벌금이나 과료를 선고할 때에는 이를 납입하지 아니하는 경우의 노역장 유치기간을 정하여 동시에 선고하여야 한다.
> ② 선고하는 벌금이 1억원 이상 5억원 미만인 경우에는 300일 이상, 5억원 이상 50억원 미만인 경우에는 500일 이상, 50억원 이상인 경우에는 1천일 이상의 노역장 유치기간을 정하여야 한다.

028 (○) 5억원 이상 50억원 미만 벌금의 노역장 유치기간은 (1일 이상 3년 이하의 범위 내에서) 최소 500일 이상으로 한다(제70조 제2항).

029 구류 1일은 가능한 선고형이다. [법원행시 11]

029 (○) 제46조 – 구류는 1일 이상 30일 미만으로 한다(제46조).

030 과료는 1,000원 이상 50,000원 미만의 금전적 형벌을 가하는 재산형이다. [법원9급 14]

030 (×) '1,000' → '2,000' 과료는 2천원 이상 5만원 미만으로 한다(제47조).

031 과료 2천원은 가능한 선고형이다. [법원행시 11]

031 (○) 제47조

032 범인 외의 자의 소유에 속하지 아니하거나 범죄 후 범인 외의 자가 사정을 알면서 취득한 범죄행위에 제공하였거나 제공하려고 한 물건이나 범죄행위로 인하여 생겼거나 취득한 물건 그리고 위 물건들의 대가로 취득한 물건은 전부 또는 일부를 몰수할 수 있다. [법원승진 14 변형]

032 (○) 제48조 제1항

033 휴대전화로 촬영한 동영상은 일정한 저장매체에 전자방식이나 자기방식에 의하여 저장된 기록으로서 저장매체를 매개로 존재하는 물건이므로 몰수의 사유가 있는 때에는 그 전자기록을 몰수할 수 있다. [변호사 23]

033 (O)

> **해설+** 범죄의 대상이 된 피해자의 인격권을 현저히 침해하는 성격의 전자정보를 담고 있는 불법촬영물은 범죄행위로 인해 생성된 것으로서 몰수의 대상이기도 하므로 임의제출된 휴대전화에서 해당 전자정보를 신속히 압수·수색하여 불법촬영물의 유통 가능성을 적시에 차단함으로써 피해자를 보호할 필요성이 크다(대법원 2021.11.18, 2016도348 전원합의체).

034 몰수는 반드시 압수되어 있는 물건에 대하여만 하는 것이 아니므로 몰수대상물건이 압수되어있는가 하는 점 및 적법한 절차에 의하여 압수되었는가 하는 점은 몰수의 요건이 아니다. [국가9급 15] [법원행시 13·16]

034 (O) 대법원 2003.5.30, 2003도705; 2014.9.4, 2014도3263

035 집행을 종료함으로써 효력을 상실한 압수·수색영장에 기하여 다시 압수·수색을 실시하면서 몰수대상물건을 압수한 경우, 압수 자체가 위법하므로 그러한 압수물의 몰수 역시 효력이 없다.

035 (X) '몰수 역시 효력이 없다' → 몰수의 효력에는 영향을 미칠 수 없다(대법원 2003.5.30, 2003도705).

036 「형법」 제134조의 몰수나 추징을 선고하기 위하여는 몰수나 추징의 요건이 공소가 제기된 범죄사실과 관련되어 있어야 하므로, 법원으로서는 범죄사실에서 인정되지 아니한 사실에 관하여는 몰수나 추징을 선고할 수 없다고 보아야 한다. [법원9급 13 변형] [법원승진 12]

036 (O) 대법원 2009.8.20, 2009도4391

037 「형법」 제48조 제1항 제1호에 의한 몰수는 임의적인 것이므로 그 몰수의 요건에 해당하는 물건이라도 이를 몰수할 것인지의 여부는 형벌 일반에 적용되는 비례의 원칙에 의한 제한을 받는 외에는 법원의 재량에 맡겨져 있다. [법원행시 16]

037 (O) 대법원 2013.5.24, 2012도15805

038 「형법」 제134조는 뇌물에 공할 금품을 필요적으로 몰수하고 이를 몰수하기 불가능한 때에는 그 가액을 추징하도록 규정하고 있는바, 몰수는 특정된 물건에 대한 것이고 추징은 본래 몰수할 수 있었음을 전제로 하는 것임에 비추어 뇌물에 공할 금품이 특정되지 않았던 것은 몰수할 수 없고 그 가액을 추징할 수도 없다. [국가9급 17] [법원9급 13]

038 (○) 대법원 1996.5.8, 96도221

039 뇌물에 공할 금품이 특정되지 않았던 것은 몰수할 수 없고 그 가액을 추징할 수도 없다. [경찰간부 17]

039 (○) 대법원 1996.5.8, 96도221

040 「형법」 제48조 제1항 제1호의 "범죄행위에 제공한 물건"은, 가령 살인행위에 사용한 칼 등 범죄의 실행행위 자체에 사용한 물건에만 한정되는 것이 아니며, 실행행위의 착수 전의 행위 또는 실행행위의 종료 후의 행위에 사용한 물건이더라도 그것이 범죄행위의 수행에 실질적으로 기여하였다고 인정되는 한 위 법조 소정의 제공한 물건에 포함된다. [법원행시 11·13 변형]

040 (○) 대법원 2006.9.14, 2006도4075

041 피고인이 범죄행위에 이용한 웹사이트는 범죄행위에 제공된 무형의 재산에 해당하여 몰수할 수는 없지만, 범죄행위에 이용한 웹사이트 매각을 통하여 취득한 대가는 범죄행위로 인하여 생겼거나 이로 인하여 취득한 물건의 가액에 해당하므로 추징의 대상이 된다. [국가7급 23] [변호사 23 변형]

해설+ 피고인이 甲, 乙과 공모하여 정보통신망을 통하여 음란한 화상 또는 영상을 배포하고, 도박사이트를 홍보하였다는 공소사실로 기소되었는데, 원심이 공소사실을 유죄로 인정하면서 피고인이 범죄행위에 이용한 웹사이트 매각을 통해 취득한 대가를 형법 제48조에 따라 추징한 경우, 위 웹사이트는 범죄행위에 제공된 무형의 재산에 해당할 뿐 형법 제48조 제1항 제2호에서 정한 '범죄행위로 인하여 생(生)하였거나 이로 인하여 취득한 물건'에 해당하지 않으므로, 피고인이 위 웹사이트 매각을 통해 취득한 대가는 형법 제48조 제1항 제2호, 제2항이 규정한 추징의 대상에 해당하지 않는다(대법원 2021.10.14, 2021도7168).

041 (×)

042 살인행위에 사용한 칼 등 범죄의 실행행위 자체에 사용한 물건뿐만 아니라 실행행위의 착수 전의 행위에 사용한 물건도 몰수할 수 있지만, 실행행위의 종료 후의 행위에 사용한 물건은 그것이 범죄행위의 수행에 실질적으로 기여하였다고 인정되더라도 몰수할 수 없다. [경찰승진 23]

> **해설+** 형법 제48조 제1항 제1호의 "범죄행위에 제공한 물건"은, 가령 살인행위에 사용한 칼 등 범죄의 실행행위 자체에 사용한 물건에만 한정되는 것이 아니며, 실행행위의 착수 전의 행위 또는 실행행위의 종료 후의 행위에 사용한 물건이더라도 그것이 범죄행위의 수행에 실질적으로 기여하였다고 인정되는 한 위 법조 소정의 제공한 물건에 포함된다(대법원 2006.9.14, 2006도4075).

043 피해자로 하여금 사기도박에 참여하도록 유인하기 위하여 고액의 수표를 제시해 보인 경우에 그 수표가 직접 도박자금으로 사용되지 않았더라도 그 것을 몰수할 수 있다. [국가7급 13] [국가9급 17] [법원9급 12]

044 대형할인매장에서 수회 상품을 절취하여 자신의 승용차에 싣고 간 경우, 그 절취한 물품의 부피가 상당한 크기의 것이어서 대중교통수단을 타고 운반하기에 곤란한 수준이었다면, 위 승용차를 범죄행위에 제공한 물건으로 보아 몰수할 수 있다. [국가9급 20] [국가9급총론 20] [법원9급 16] [법원승진 12]

045 어떠한 물건을 '범죄행위에 제공하려고 한 물건'으로서 몰수하기 위해서는 그 물건이 유죄로 인정되는 당해 범죄행위에 제공하려고 한 물건임이 인정되어야 한다. [법원승진 12] [법원행시 11]

046 범죄행위에 제공된 사행성 게임기가 기판과 본체가 서로 물리적으로 결합하여야만 그 기능을 발휘할 수 있는 기계라도 그 게임기가 당국으로부터 적법하게 등급심사를 받은 것이라면, 본체는 직접 범죄행위에 제공된 것이 아니므로 몰수의 대상이 될 수 없다. [국가7급 22]

> **해설+** 사행성 게임기는 기판과 본체가 서로 물리적으로 결합되어야만 비로소 그 기능을 발휘할 수 있는 기계로서, 당국으로부터 적법하게 등급심사를 받은 것이라고 하더라도 본체를 포함한 그 전부가 범죄행위에 제공된 물건으로서 몰수의 대상이 된다(대법원 2006.12.8, 2006도6400).

047 체포될 당시 소지하고 있던 자기앞수표가 장차 실행하려고 한 외국환거래법 위반의 범행에 제공하려는 물건이라면, 이는 그 범행과는 별개로 이전에 범해진 외국환거래법위반죄의 '범죄행위에 제공하려고 한 물건'으로는 볼 수 없다. [법원행시 13 변형] [국가7급 22]

> **해설+** 체포될 당시에 미처 송금하지 못하고 소지하고 있던 자기앞수표나 현금은 장차 실행하려고 한 외국환거래법 위반의 범행에 제공하려는 물건일 뿐, 그 이전에 범해진 외국환거래법 위반의 '범죄행위에 제공하려고 한 물건'으로는 볼 수 없으므로 몰수할 수 없다(대법원 2008.2.14, 2007도10034).

048 범죄행위에 이용한 웹사이트 매각대금을 「형법」 제48조 제1항 제2호, 제2항에 따라 추징할 수 있다.

> **해설+** 형법 제48조 제1항은 '범죄행위로 인하여 생(生)하였거나 이로 인하여 취득한 물건'으로서 범인 이외의 자의 소유에 속하지 아니하거나 범죄 후 범인 이외의 자가 정을 알면서 취득한 물건의 전부 또는 일부를 몰수할 수 있다고 규정하면서(제2호), 제2항에서는 제1항에 기재한 물건을 몰수하기 불능한 때에는 그 가액을 추징하도록 규정하고 있다. 이와 같이 형법 제48조는 몰수의 대상을 '물건'으로 한정하고 있다. 이는 범죄행위에 의하여 생긴 재산 및 범죄행위의 보수로 얻은 재산을 범죄수익으로 몰수할 수 있도록 한 '범죄수익은닉의 규제 및 처벌 등에 관한 법률'이나 범죄행위로 취득한 재산상 이익의 가액을 추징할 수 있도록 한 형법 제357조 등의 규정과는 구별된다. 민법 제98조는 물건에 관하여 '유체물 및 전기 기타 관리할 수 있는 자연력'을 의미한다고 정의하는데, 형법이 민법이 정의한 '물건'과 다른 내용으로 '물건'의 개념을 정의하고 있다고 볼 만한 사정도 존재하지 아니한다. … 피고인이 범죄행위에 이용한 웹사이트는 형법 제48조 제1항 제2호에서 몰수의 대상으로 정한 '범죄행위로 인하여 생(生)하였거나 이로 인하여 취득한 물건'에 해당하지 않으므로, 그 웹사이트 매각을 통해 취득한 대가는 형법 제48조 제1항 제2호, 제2항이 규정한 추징의 대상에 해당하지 않는다(대법원 2021.10.14, 2021도7168).

> **유사** 피고인이 2013.4.15.부터 2014.1.30.까지의 기간 동안 질병의 예방 및 치료에 효능·효과가 있거나 의약품 또는 건강기능식품으로 오인·혼동할 우려가 있는 내용의 광고를 통해 식품을 판매한 대가 중 상당 부분을 은행 계좌로 송금·이체받거나 신용카드결제의 방법으로 수령한 경우(식품위생법 위반), 피고인은 은행에 대한 예금채권이나 신용카드회사에 대한 신용판매대금지급채권을 취득할 뿐이어서 이를 범죄수익은닉규제법에서 정한 '범죄수익'에는 해당한다고 볼 수 있으나 형법 제48조 제1항 각호의 '물건'에 해당한다고 보기는 어렵다. 따라서 피고인이 계좌이체나 신용카드결제를 통해 취득한 식품 등의 판매 대가는 형법 제48조 제1항 제2호, 제2항이 규정한 추징의 대상에 해당하지 아니한다(대법원 2021.1.28, 2016도11877).

049 장물을 매각하여 얻은 금전은 몰수의 대물적 요건에 해당되므로 몰수할 수 있다. 다만 장물을 매각하여 그 대가로 얻은 금전이지만 피해자에게 반환하여야 할 압수물은 몰수할 수 없고 피해자에게 교부해야 한다. [법원승진 14 변형]

050 장물을 처분하여 그 대가로 취득한 압수물은 몰수할 것이 아니라 피해자에게 교부하여야 한다. [법원승진 16]

051 「형법」 제48조 제1항의 범인에 해당하는 공범자는 반드시 유죄의 죄책을 지는 자에 국한된다고 볼 수 없고 공범에 해당하는 행위를 한 자이면 족하다. 따라서 유죄의 죄책을 지지 않는 공범자의 소유물을 몰수할 수 있다. [국가7급 14]

052 「형법」 제48조 제1항의 '범인' 속에는 공범자도 포함되므로 범인 자신의 소유물은 물론 공범자의 소유물도 그 공범자의 소추 여부를 불문하고 몰수할 수 있다. [법원행시 16]

053 「형법」 제48조 제1항 제1호, 제2항에 의하여 추징의 요건에 해당되는 물건이라면 법원은 이를 추징하여야 한다. [법원행시 14]

해설+ 형법 제48조 제1항 제1호, 제2항에 의한 몰수 및 추징은 임의적인 것이므로 그 추징의 요건에 해당되는 물건이라도 이를 추징할 것인지의 여부는 법원의 재량에 맡겨져 있다(대법원 2002.9.4, 2000도515).

054 추징은 형의 일종으로서 검사가 공소를 제기할 때 필요적 추징규정의 적용을 빠뜨렸다 하더라도 법원은 직권으로 이를 적용할 수 있다. [사시 14 변형]

해설+ 몰수의 요건이 있다면 법원은 직권으로 몰수할 수 있으므로, 검사가 추징을 구하는 의견을 진술하여야 선고할 수 있는 것이 아니라, 법원이 독자적으로 판단하여 몰수할 수 있다(대법원 1989.2.14, 88도2211).

055 몰수의 취지가 범죄에 의한 이득의 박탈을 그 목적으로 하는 것이고 추징도 이러한 몰수의 취지를 관철하기 위한 것이라는 점을 고려하면 몰수하기 불능한 때에 추징하여야 할 가액은 범인이 그 물건을 보유하고 있다가 몰수의 선고를 받았더라면 잃었을 이득상당액을 의미한다고 보아야 할 것이므로 그 가액산정은 재판선고시의 가격을 기준으로 하여야 할 것이다.

[국가9급 17] [법원9급 13·15] [법원행시 14]

055 (O) 대법원 2008.10.9, 2008도6944

056 몰수할 수 없는 때 추징하여야 할 가액은 범인이 그 물건을 보유하고 있다가 몰수의 선고를 받았더라면 잃었을 이득상당액을 의미하는 것이므로 외국에서 밀수한 마약을 몰수하기 불능한 때에는 취득가액에 의하여 추징금을 산정하여야 한다. [법원행시 16]

056 (✕) '취득가액' → '재판선고 시의 가격'

해설+ 몰수할 수 없는 때 추징하여야 할 가액은 범인이 그 물건을 보유하고 있다가 몰수의 선고를 받았더라면 잃었을 이득상당액을 의미한다고 보아야 하므로 그 가액산정은 재판선고 시의 가격을 기준으로 하여야 한다(대법원 2007.3.15, 2006도9314).

057 마약류관리법에 의한 메스암페타민의 추징의 가액은 교부범행에 대해서는 소매가격을 기준으로 삼아 산정하여야 한다.

057 (O)

해설+ 마약류 관리에 관한 법률 제67조에 따른 추징에서 추징할 메스암페타민의 가액은 매매알선 범행에 대하여는 실제 거래된 가격을, 교부범행에 대하여는 소매가격을, 투약범행에 대하여는 1회 투약분 가격을 기준으로 삼아 산정하는 것이 타당하다(대법원 2013.7.25, 2013도5971; 2021.4.29, 2021도1946).

058 몰수·추징의 대상이 되는지 여부나 추징액의 인정은 엄격한 증명을 필요로 하지 아니한다. [법원승진 14 변형·16]

058 (O) 대법원 2014.7.10, 2014도4708

059 범죄행위로 인하여 물건을 취득한 것은 물건 자체이고 이는 몰수되어야 할 것이나, 이미 처분되어 없다면 그 가액 상당을 추징할 것이고, 그 가액에서 이를 취득하기 위한 대가로 지급한 금원을 뺀 나머지를 추징해야 하는 것은 아니다. [국가7급 14]

059 (O) 범죄수익을 얻기 위해 범인이 지출한 비용은 그것이 범죄수익으로부터 지출되었다고 하더라도 이는 범죄수익을 소비하는 방법에 지나지 않아 추징할 범죄수익에서 공제할 것은 아니다(대법원 2006.6.29, 2005도7146).

060 범죄행위로 인하여 주식을 취득하면서 그 대가를 지급하였더라도 그 주식 자체가 몰수되어야 하지만, 주식이 이미 처분되고 없어 그 가액상당을 추징할 때에도 대가로 지급한 금원을 뺀 나머지를 추징하여야 하는 것은 아니다. [국가9급 15]

060 (O) 대법원 2005.7.15, 2003도4293

061 관세법 제198조 제2항에 따라 몰수하여야 할 압수물이 멸실, 파손 또는 부패의 염려가 있거나 보관하기에 불편하여 이를 형사소송법 제132조의 규정에 따라 매각하여 그 대가를 보관하는 경우에는, 몰수와의 관계에서는 그 대가보관금을 몰수 대상인 압수물과 동일시할 수 있다. [법원9급 12 변형]

061 (O) 대법원 1996.11.12, 96도2477

062 알선의뢰인이 알선수재자에게 공무원이나 금융기관 임직원의 직무에 속한 사항에 관한 알선의 대가를 형식적으로 체결한 고용계약에 터잡아 급여의 형식으로 지급한 경우에, 명목상 급여액에서 원천징수된 근로소득세 등을 제외하고 알선수재자가 실제 지급받은 금액을 몰수·추징하여야 한다. [법원행시 13]

062 (O) 알선수재자가 수수한 알선수재액은 명목상의 급여액이 아니라 원천징수된 근로소득세 등을 제외하고 알선수재자가 실제 지급받은 금액으로 보아야 한다(대법원 2012.6.14, 2012도534).

063 금품의 무상대여를 통하여 위법한 재산상 이익을 취득한 경우 범인이 받은 부정한 이익은 그로 인한 금융이익 상당액이므로 추징의 대상이 되는 것은 무상으로 대여받은 금품 그 자체가 아니라 위 금융이익 상당액이다. [경찰간부 17] [사시 10]

063 (O)

유사 금품의 무상차용을 통하여 위법한 재산상 이익을 취득한 경우 범인이 받은 부정한 이익은 그로 인한 금융이익 상당액이므로 추징의 대상이 되는 것은 무상으로 대여받은 금품 그 자체가 아니라 위 금융이익 상당액이다(대법원 2008.9.25, 2008도2590).

064 수뢰자가 금품의 무상차용을 통하여 위법한 재산상 이익을 취득한 경우, 추징의 대상이 되는 금융이익 상당액은 금융기관으로부터 대출받는 등 통상적인 방법으로 자금을 차용하였을 경우 부담하게 될 대출이율을 기준으로 하거나, 그 대출이율을 알 수 없는 경우에는 금품을 제공받은 피고인의 지위에 따라 민법 또는 상법에서 규정하고 있는 법정이율을 기준으로 하여 금융이익의 수액을 산정한 뒤 추징한다. [법원9급 15]

064 (O) 대법원 2014.5.16, 2014도1547

065 피고인은 공무원인 甲에게 부정한 청탁을 하면서 1억원을 교부하였는데, 甲은 피고인의 범행을 폭로하는데 증거로 활용하겠다는 의사로 피고인으로부터 위 금원을 수수받았으며, 위 1억원은 압수되었다. 이 경우 甲은 피고인에 대하여 필요적 공범에 해당하고, 압수된 1억원이 甲의 소유인 이상 이를 몰수할 수 있다. [국가9급 15] [법원9급 16] [법원행시 13]

065 (O)

유사 형법 제48조 제1항의 '범인'에는 공범자도 포함되므로 피고인의 소유물은 물론 공범자의 소유물도 그 공범자의 소추 여부를 불문하고 몰수할 수 있는 것이고 여기에서의 공범자에는 공동정범, 교사범, 방조범에 해당하는 자는 물론 필요적 공범관계에 있는 자도 포함된다(대법원 2006.11.23, 2006도5586).

066 형벌은 공범자 전원에 대하여 각기 별도로 선고하여야 할 것이므로 공범자 중 1인 소유에 속하는 물건에 대한 부가형인 몰수에 관하여도 개별적으로 선고하여야 한다. [법원행시 14]

066 (O)

해설+ 형벌은 공범자 전원에 대하여 각기 별도로 선고하여야 할 것이므로 공범자 중 1인 소유에 속하는 물건에 대한 부가형인 몰수에 관하여도 개별적으로 선고하여야 한다(대법원 2013.5.24, 2012도15805; 1979.2.27, 78도2246).

067 수뢰자가 뇌물을 그대로 보관하였다가 증뢰자에게 뇌물 그 자체를 반환한 때에는 증뢰자로부터 몰수·추징할 것이므로 수뢰자로부터 추징함은 위법하다. [국가7급 13·14] [국가9급 17] [사시 15]

067 (O) 수뢰자가 뇌물을 그대로 보관하다가 뇌물 그 자체를 증뢰자에게 반환한 경우 증뢰자로부터 몰수 또는 추징한다(대법원 1978.2.28, 77도4037; 1984.2.28, 83도2783).

068 수뢰자가 뇌물을 다시 제3자에게 뇌물로 공여한 경우에는 제3자로부터 그 가액을 추징하여야 한다. [국가7급 13]

> **해설+** 수뢰한 돈을 다른 사람에게 공여한 것은 수뢰한 돈을 소비하는 방법에 지나지 아니하므로 피고인으로부터 그 수뢰액 전부를 추징하여야 한다(대법원 1986.11.25, 86도1951).

069 뇌물을 수수한 자가 뇌물의 공동수수자가 아닌 교사범 또는 종범에게 뇌물 중 일부를 사례금 명목으로 교부하였다 하더라도, 뇌물수수자에게서 수뢰액 전부를 추징하여야 한다. [법원9급 15]

070 공무원의 직무에 속한 사항의 알선에 관하여 금품을 받을 때 타인의 동의 하에 그 타인 명의의 예금계좌로 입금받는 방식을 취한 경우에도 이는 범인이 받은 금품을 관리하는 방법의 하나에 지나지 않으므로 그 가액 역시 그 범인으로부터 추징하여야 한다. [사시 14 변형]

071 A주식회사 대표이사인 甲이 금융기관에 청탁하여 B주식회사가 대출을 받을 수 있도록 알선행위를 하고 그 대가로 용역대금 명목의 수수료를 A주식회사 계좌를 통해 송금받아 회사재산으로 귀속시켰다면 甲이 이 수수료 중에서 개인적으로 사용한 금품에 한해 甲으로부터 몰수 또는 그 가액을 추징할 수 있다. [경찰간부 17] [변호사 18]

> **유사** 수수료에 대한 권리가 甲회사에 귀속된다 하더라도 행위자인 피고인으로부터 수수료로 받은 금품을 몰수 또는 그 가액을 추징할 수 있으므로, 피고인이 개인적으로 실제 사용한 금품이 없더라도 마찬가지이다(대법원 2015.1.15, 2012도7571).

072 마약류 불법거래 방지에 관한 특례법(이하 마약거래방지법) 위반죄의 정범에게 유상으로 필로폰을 공급한 방조범이 정범과 공동으로 취득하였다고 평가할 수 없는 경우라 하더라도 방조범을 정범과 같이 추징할 수 있다.

> **해설+** 마약거래방지법 제6조를 위반하여 마약류를 수출입·제조·매매하는 행위 등을 업으로 하는 범죄행위의 정범이 그 범죄행위로 얻은 수익은 마약거래방지법 제13조부터 제16조까지의 규정에 따라 몰수·추징의 대상이 된다. 그러나 위 정범으로부터 대가를 받고 판매할 마약을 공급하는 방법으로 위 범행을 용이하게 한 방조범은 정범의 위 범죄행위로 인한 수익을 정범과 공동으로 취득하였다고 평가할 수 없다면 위 몰수·추징 규정에 의하여 정범과 같이 추징할 수는 없고, 그 방조범으로부터는 방조행위로 얻은 재산 등에 한하여 몰수·추징할 수 있다고 보아야 한다(대법원 2021. 4.29, 2020도16369).

073 군 피엑스(PX)에서 공무원인 군인이 그 권한에 의하여 작성한 월간판매실적보고서의 내용에 일부 허위기재된 부분이 있더라도 이는 공무소인 소관 육군부대의 소유에 속하는 것이므로 이를 허위공문서 작성의 범행으로 인하여 생긴 물건으로 누구의 소유도 불허하는 것이라 하여 「형법」 제48조 제1항 제1호를 적용, 몰수하였음은 부당하다. [법원9급 12 변형]

074 마약류 관리에 관한 법률 제67조에 의한 몰수나 추징은 범죄행위로 인한 이득의 박탈을 목적으로 하는 것이 아니라 징벌적 성질의 처분이므로, 그 범행으로 인하여 이득을 취득한 바 없다 하더라도 법원은 그 가액의 추징을 명하여야 한다. [법원9급 13] [법원승진 12]

> **보충** 따라서 그 추징의 범위에 관하여는 죄를 범한 자가 여러 사람일 때에는 각자에 대하여 그가 취급한 범위 내에서 의약품 가액 전액의 추징을 명하여야 한다(대법원 2010.8.26, 2010도7251).

075 향정신성의약품관리법 제47조 제1항에 의한 몰수나 추징은 범죄행위로 인한 이득의 박탈을 목적으로 하는 것이 아니라 징벌적 성질의 처분이므로 그 범행으로 인하여 이득을 취득한 바 없다 하더라도 법원은 그 가액의 추징을 명하여야 하지만, 다만 그 추징의 범위에 관하여는 피고인을 기준으로 하여 그가 취급한 범위 내에서의 약품 가액 전액의 추징을 명하면 되는 것이지 동일한 의약품을 취급한 피고인의 일련의 행위가 별죄를 구성한다고 하여 그 행위마다 따로 그 가액을 추징하여야 하는 것은 아니므로, 히로뽕을 수수하여 그 중 일부를 직접 투약한 경우에는 수수한 히로뽕의 가액만을 추징할 수 있고 직접 투약한 부분에 대한 가액을 별도로 추징할 수 없다. [국가7급 13 변형]

076 피고인이 필로폰을 수수하여 그중 일부를 직접 투약한 경우, 필로폰 수수죄와 필로폰 투약죄가 별도로 성립하므로 피고인이 수수한 필로폰의 가액에 피고인이 투약한 필로폰의 가액을 더하여 추징하여야 한다. [법원9급 23]

076 (×) 히로뽕을 수수하여 그 중 일부를 직접 투약한 경우에는 수수한 히로뽕의 가액만을 추징할 수 있고 직접 투약한 부분에 대한 가액을 별도로 추징할 수 없다(대법원 2000.9.8, 2000도546).

077 관세법이 규정하고 있는 추징은 징벌적 성격을 띠고 있어 여러 사람이 공모하여 밀수출행위를 한 경우에는 범칙자의 1인이 그 물품을 소유하거나 점유하였다면 그 물품의 범칙 당시의 국내도매가격 상당의 가액 전액을 그 물품의 소유 또는 점유사실의 유무를 불문하고 범칙자 전원으로부터 각각 추징할 수 있다. [법원행시 16]

077 (○) 대법원 2008.1.17, 2006도455

078 밀항단속법상의 몰수와 추징은 징벌적 제재의 성격을 띠고 있으므로, 여러 사람이 공모하여 죄를 범하고도 몰수 대상인 수수 또는 약속한 보수를 몰수할 수 없을 때에는 공범자 전원에 대하여 그 보수액 전부를 추징한다. [법원9급 15]

078 (○) 대법원 2008.10.9, 2008도7034

079 문서, 도화, 전자기록 등 특수매체기록 또는 유가증권의 일부가 몰수에 해당하는 때에는 그 부분을 폐기한다. [법원행시 11]

079 (○) 제48조 제3항

080 행위자에게 유죄의 재판을 아니할 때에도 몰수의 요건이 있는 때에는 몰수만을 선고할 수 있다. [법원9급 18]

080 (○) 제49조

081 몰수는 부가형이나, 행위자에게 유죄판결을 하지 않을 때에도 몰수요건이 있을 때에는 몰수만을 선고할 수 있다. [법원승진 16]

081 (○) 제49조

082 우리 법제상 공소의 제기 없이 별도로 몰수나 추징만을 선고할 수 있는 제도가 마련되어 있지 아니하므로 몰수나 추징을 선고하기 위하여서는 몰수나 추징의 요건이 공소가 제기된 공소사실과 관련되어 있어야 하고, 공소사실이 인정되지 않는 경우에 이와 별개의 공소가 제기되지 아니한 범죄사실을 법원이 인정하여 그에 관하여 몰수나 추징을 선고하는 것은 불고불리의 원칙에 위반되어 불가능하며, 몰수나 추징이 공소사실과 관련이 있다 하더라도 그 공소사실에 관하여 이미 공소시효가 완성되어 유죄의 선고를 할 수 없는 경우에는 몰수나 추징도 할 수 없다. [사시 14 변형]

082 (O) 대법원 1992.7.28, 92도700

083 우리 법제상 공소의 제기 없이 별도로 몰수만을 선고할 수 있는 제도가 마련되어있지 아니하므로 실체판단에 들어가 공소사실을 인정하는 경우가 아닌 면소의 경우에는 원칙적으로 몰수도 할 수 없다. [국가9급 15 변형]

083 (O) 대법원 2007.7.26, 2007도4556

084 「형법」 제49조 단서는 행위자에게 유죄의 재판을 하지 아니할 때에도 몰수의 요건이 있는 때에는 몰수만을 선고할 수 있다고 규정하고 있으므로 몰수뿐만 아니라 몰수에 갈음하는 추징도 위 규정에 근거하여 선고할 수 있다. 다만 공소사실이 인정되지 않는 경우에 이와 별개의 공소가 제기되지 아니한 범죄사실을 법원이 인정하여 그에 관하여 몰수나 추징을 선고하는 것은 불고불리의 원칙에 위배되어 불가능하다. [법원행시 14]

084 (O) 대법원 2010.5.13, 2009도11732; 1992.7.28, 92도700

085 몰수는 타형에 부가하여 과한다. 따라서 행위자에게 유죄의 재판을 아니할 때에는 어떤 경우에도 몰수만을 선고할 수는 없다. [법원9급 20]

085 (×) '는 어떤 경우에도' → '도 몰수의 요건이 있는 때에는', '는 없다' → '있다'(제49조)

086 주형의 선고를 유예하는 경우에 몰수의 요건이 있는 때에는 몰수만을 선고할 수도 있다. [법원9급 18]

086 (O) 대법원 1973.12.11, 73도1133

087 주형을 선고유예하는 경우 부가형인 몰수나 추징도 선고유예할 수 있고, 필요적 몰수의 경우에도 주형을 선고유예하는 경우에는 몰수 · 추징의 부가성의 성질 때문에 몰수 및 몰수에 대신할 추징도 선고유예 할 수 있다.

[사시 14 변형]

087 (O) 대법원 1978.4.25, 76도2262

088 주형의 선고를 유예하지 않으면서 몰수와 추징에 대하여만 선고를 유예할 수도 있다.

[법원9급 18]

해설+ 주형에 대하여 선고를 유예하지 아니하면서 이에 부가할 몰수 · 추징에 대하여서만 선고를 유예할 수는 없다(대법원 1988.6.21, 88도551).

088 (×) '도 있다' → '는 없다'

CHAPTER 02 | 형의 경중

001 '사형, 무기금고, 유기징역, 벌금, 자격상실, 자격정지, 구류, 과료, 몰수'는 형이 무거운 것부터 순서대로 나열한 것이다. [법원9급 20]

001 (×) 사형 > 무기금고 > 유기징역 > 자격상실 > 자격정지 > 벌금 > 구류 > 과료 > 몰수 순으로 형이 무겁다.

002 피고인에 대한 벌금형이 제1심보다 감경되었다고 하더라도 그 벌금형에 대한 노역장 유치기간이 제1심보다 더 길어졌고 그 기간이 선택형인 징역형의 장기를 초과한다면 전체적으로 보아 형이 불이익하게 변경되었다고 보아야 한다. [법원행시 13]

002 (×) '보아야 한다' → '할 수는 없다'

해설+ 피고인에 대한 벌금형이 제1심보다 감경되었다면 비록 그 벌금형에 대한 노역장 유치기간이 제1심보다 더 길어졌다고 하더라도 전체적으로 보아 형이 불이익하게 변경되었다고 할 수는 없다 (대법원 2000.11.24, 2000도3945).

CHAPTER 03 | 형의 양정

🔗 대표유형

형을 가중감경할 사유가 경합된 때에는 「형법」 각칙 본조에 의한 가중 → 「형법」 제34조 제2항의 가중 → 누범가중 → 경합범 가중 → 법률상감경 → 작량감경의 순서에 의하여야 한다. [법원9급 21]

(×) 제56조에 따르면, 형을 가중·감경할 사유가 경합된 때에는 각칙 조문에 따른 가중 → 제34조 제2항에 따른 가중 → 누범 가중 → 법률상 감경 → 경합범 가중 → 정상참작감경(2020.12.8. 개정)의 순서에 의하여야 한다.

🔗 대표유형

「형법」 제37조 후단 경합범에 대하여 「형법」 제39조 제1항에 의하여 형을 감경할 때에도 법률상 감경에 관한 「형법」 제55조 제1항이 적용되어 유기징역을 감경할 때에는 그 형기의 2분의 1 미만으로는 감경할 수 없다. [법원9급 21]

(○) 대법원 2019.4.18, 2017도14609 전원합의체

001 「형법」은 상대적 법정형을 원칙으로 하고, 여적죄에 관해서만 절대적 법정형을 두고 있다. [변호사 16]

001 (○) 제93조

002 「형법」 총칙은 일반적 가중사유로 경합범 가중, 누범 가중, 특수교사·방조의 세 가지 경우를 인정하고 있다. [변호사 16]

002 (○) 제38조, 제35조 제2항, 제34조 제2항

003 상습성을 인정하는 자료에는 아무런 제한이 없으므로 피고인이 과거에 소년법에의 한 보호처분을 받은 사실도 상습성 인정의 자료로 삼을 수 있다. [법원9급 12]

003 (○) 대법원 1990.6.26, 90도887

004 상습으로 도박개장죄를 범한 자는 그 죄에 정한 형의 2분의 1까지 가중한다.

[법원9급 12]

004 (×) '가중한다' → '가중하지 않는다'

> **해설+** 도박장소 등 개설죄는 상습범 처벌규정이 없다. 제247조는 영리의 목적으로 도박을 하는 장소나 공간을 개설한 사람은 5년 이하의 징역 또는 3천만원 이하의 벌금에 처한다고 규정되어 있을 뿐이다.

005 특수상해죄(「형법」 제258조의2 제1항)를 상습으로 범한 자에 대해서는 상습범 가중 규정(「형법」 제264조)에 따라 그 법정형의 단기와 장기를 모두 2분의 1까지 가중한다.

[국가7급 22]

005 (○)

> **해설+** 형법은 제264조에서 상습으로 제258조의2의 죄를 범한 때에는 그 죄에 정한 형의 2분의 1까지 가중한다고 규정하고, 제258조의2 제1항에서 위험한 물건을 휴대하여 상해죄를 범한 때에는 1년 이상 10년 이하의 징역에 처한다고 규정하고 있다. 위와 같은 형법 각 규정의 문언, 형의 장기만을 가중하는 형법 규정에서 그 죄에 정한 형의 장기를 가중한다고 명시하고 있는 점, 형법 제264조에서 상습범을 가중처벌하는 입법 취지 등을 종합하면, 형법 제264조는 상습특수상해죄를 범한 때에 형법 제258조의2 제1항에서 정한 법정형의 단기와 장기를 모두 가중하여 1년 6개월 이상 15년 이하의 징역에 처한다는 의미로 새겨야 한다(대법원 2017.6.29, 2016도18194).

006 상습범 중 인질강도죄, 장물죄는 별도의 법정형이 규정되어 있다.

[법원9급 12]

006 (○) 제341조, 제363조 제1항

> **해설+** 제341조 【상습범】 상습으로 제333조, 제334조, 제336조(인질강도죄) 또는 전조 제1항의 죄를 범한 자는 무기 또는 10년 이상의 징역에 처한다.
> 제363조 【상습범】 ① 상습으로 전조의 죄(장물죄)를 범한 자는 1년 이상 10년 이하의 징역에 처한다.

007 상습범은 같은 유형의 범행을 반복수행하는 습벽을 말하는 것인바, 절도와 강도는 유형을 달리하는 범행이므로 각 별로 상습성의 유무를 가려야 하며, 사회보호법 제6조 제2항 제2호에서 절도와 강도를 「형법」 각칙의 같은 장에 규정된 죄로서 동종 또는 유사한 죄로 규정하고 있다고 하여 상습성 인정의 기초가 되는 같은 유형의 범죄라고 말할 수 없다. [법원9급 12 변형]

007 (○) 대법원 1990.4.10, 90감도8

008 특수상해죄(「형법」 제258조의2)는 흉기를 휴대하거나 2인 이상이 합동하여 상해 또는 존속상해의 죄를 범한 경우를 처벌하는 규정이다.

[해경승진 23]

008 (×) 제258조의2

해설+ 제258조의2【특수상해】① 단체 또는 다중의 위력을 보이거나 위험한 물건을 휴대하여 제257조 제1항 또는 제2항의 죄를 범한 때에는 1년 이상 10년 이하의 징역에 처한다.
② 단체 또는 다중의 위력을 보이거나 위험한 물건을 휴대하여 제258조의 죄를 범한 때에는 2년 이상 20년 이하의 징역에 처한다.
③ 제1항의 미수범은 처벌한다.

보충 특수범죄에는 합동범이 포함된 특수범죄와 그렇지 않은 특수범죄가 있다. 특수상해죄는 후자에 속한다.

009 「형법」은 공무원이 직권을 이용하여 제7장 공무원의 직무에 관한 죄 이외의 죄를 범한 때에는 그 죄에 정한 형의 2분의 1까지 가중하도록 하는 규정을 두고 있다.

[법원행시 20]

009 (○) 제135조

해설+ 제135조【공무원의 직무상 범죄에 대한 형의 가중】공무원이 직권을 이용하여 본장 이외의 죄를 범한 때에는 그 죄에 정한 형의 2분의 1까지 가중한다. 단 공무원의 신분에 의하여 특별히 형이 규정된 때에는 예외로 한다.

010 「형법」 총칙상 필요적 감경사유에는 청각 및 언어장애인, 중지범 등이 있고, 임의적 감경사유에는 과잉방위, 과잉피난, 불능미수, 종범, 자수 또는 자복 등이 있다.

[변호사 16 변형]

010 (×) '종범' → 삭제
종범은 필요적 감경사유이다(제32조 제2항).

011 피고인이 위조한 예금통장 등을 보여주면서 외국회사에서 투자금을 받았다고 거짓말하고 자금대여를 요청하였으나, 그 입금 여부를 확인하기 위해 은행에 가던 중 범행이 발각될 것이 두려워 중지한 경우는 형의 필요적 감면사유에 해당한다.

[사시 14·16]

011 (×) '해당한다' → '해당하지 않는다' 피고인이 범행이 발각될 것이 두려워 범행을 중지한 것으로서 일반 사회통념상 범죄를 완수함에 장애가 되는 사정에 해당하여 자의에 의한 중지미수로 볼 수 없다(대법원 2011.11.10, 2011도10539).

012 「형법」은 범죄를 목적으로 하는 단체 또는 집단을 조직하거나 이에 가입 또는 그 구성원으로 활동한 사람은 그 목적한 죄에 정한 형으로 처벌하고, 다만 형을 감경할 수 있다는 조항을 두고 있다.　　　　　　　[법원행시 20]

해설+ 사형, 무기 또는 장기 4년 이상의 징역에 해당하는 범죄를 목적으로 하는 단체 또는 집단을 조직하거나 이에 가입 또는 그 구성원으로 활동한 사람은 그 목적한 죄에 정한 형으로 처벌한다. 다만, 형을 감경할 수 있다(형법 제114조). 즉, 모든 범죄가 아닌 '사형, 무기 또는 장기 4년 이상의 징역에 해당하는 범죄'를 목적으로 하는 단체 또는 집단에 대하여 적용되는 조항이다.

012 (×)

013 「형법」상 추행 목적 약취유인죄를 범한 자가 그 약취유인된 사람을 안전한 장소로 풀어준 때에는 필요적 감경 또는 면제 사유에 해당한다.　　　　　　　　[법원9급 18]

해설+ 제295조의2 【형의 감경】 제287조부터 제290조까지, 제292조와 제294조의 죄를 범한 사람이 약취, 유인, 매매 또는 이송된 사람을 안전한 장소로 풀어준 때에는 그 형을 감경할 수 있다.

013 (×) '해당한다' → '해당하지 않는다'

014 장기적출을 목적으로 매매된 사람을 안전한 장소로 풀어준 경우는 형의 필요적 감면사유에 해당한다.　　　　　　　　　[사시 16]

014 (×) '필요적 감면사유' → '임의적 감경사유'(제295조의2)

015 범죄실행의 수단 또는 대상의 착오로 인하여 결과의 발생이 불가능하더라도 위험성이 있는 경우는 형의 임의적 감면사유에 해당한다. [사시 14 변형]

해설+ 제27조 【불능범】 실행의 수단 또는 대상의 착오로 인하여 결과의 발생이 불가능하더라도 위험성이 있는 때에는 처벌한다. 단, 형을 감경 또는 면제할 수 있다.

015 (○) 불능미수(제27조)

016 「형법」 총칙상 자수에 대한 형의 감경 또는 면제는 법원의 자유재량에 따른다.　　　　　　　　　[국가9급 11]

016 (○) 대법원 1984.11.13, 84도1897

017 타인을 협박한 사람이 피해자에게 자복한 경우는 형의 임의적 감면사유에 해당한다. [사시 14 변형]

017 (○)

> **해설+** 협박죄는 반의사불벌죄이고, 반의사불벌죄는 제52조 제2항에 따라 (피해자의 의사에 반하여 처벌할 수 없는 범죄에 있어서) 피해자에게 죄를 자복(自服)하였을 때에도 그 형을 감경하거나 면제할 수 있다.

018 경합범 중 판결을 받지 아니한 죄에 대하여 형을 선고하는 경우는 형의 임의적 감면사유에 해당한다. [사시 14 변형]

018 (○) 제39조 제1항

> **해설+** **제39조【판결을 받지 아니한 경합범, 수개의 판결과 경합범, 형의 집행과 경합범】** ① 경합범 중 판결을 받지 아니한 죄가 있는 때에는 그 죄와 판결이 확정된 죄를 동시에 판결할 경우와 형평을 고려하여 그 죄에 대하여 형을 선고한다. 이 경우 그 형을 감경 또는 면제할 수 있다.

019 농아자(청각 및 언어장애인)의 행위는 형을 감경 또는 면제할 수 있다. [법원9급 12] [법원행시 11]

019 (×) '또는 면제할 수 있다' → '한다'
농아자(제11조)의 행위는 그 형을 감경한다(필요적 감경사유).

020 죄를 지어 외국에서 형의 전부 또는 일부가 집행된 사람에 대해서는 그 집행된 형의 전부 또는 일부를 선고하는 형에 산입한다. [법원9급 12 변형]

020 (○) 제7조

021 범인이 자의로 실행에 착수한 행위를 중지하거나 그 행위로 인한 결과의 발생을 방지한 때에는 형을 감경 또는 면제할 수 있다. [법원9급 17]

021 (×) '할 수 있다' → '한다'
중지범(제26조)은 그 형을 감경 또는 면제한다(필요적 감면사유).

022 내란죄를 범할 목적으로 예비 또는 음모하였다가 내란죄의 실행에 이르기 전에 자수한 때에는 그 형을 감경 또는 면제한다. [법원9급 12]

022 (○) 제90조 제1항

023 내란목적살인의 죄를 범할 목적으로 예비하였으나 그 목적한 죄의 실행에 이르기 전에 자수한 경우는 형의 필요적 감면사유에 해당한다. [사시 16]

023 (O) 제90조 제1항

024 현주건조물방화예비죄를 범한 자가 그 목적한 죄의 실행에 이르기 전에 자수한 것은 필요적 감경 또는 면제 사유에 해당한다. [법원9급 18]

024 (O) 제175조

025 위증죄를 범한 사람이 그 허위 진술을 한 사건의 재판 또는 징계처분이 확정되기 전에 자백 또는 자수한 때에는 그 형을 필요적으로 감경 또는 면제한다. [법원9급 18] [법원행시 11]

025 (O) 제153조

026 타인을 모해할 목적으로 위증한 자가 그 공술한 사건의 재판이 확정되기 전에 자백 또는 자수한 경우는 형의 필요적 감면사유에 해당한다. [사시 16]

026 (O) 제153조

027 타인을 무고한 사람이 그 무고한 사건의 재판이 확정되기 전에 수사기관에 자수한 경우는 형의 임의적 감면사유에 해당한다. [사시 14 변형]

해설+ 위증죄 또는 무고죄를 범한 자가 그 공술한 사건의 재판 또는 징계처분이 확정되기 전에 자백 또는 자수한 때에는 그 형을 감경 또는 면제한다(필요적 감면사유, 제157조).

027 (X) '임의적' → '필수적'

028 타인으로 하여금 징계처분을 받게 할 목적으로 공무소에 허위의 사실을 신고한 자가 그 신고한 사건의 징계처분이 확정되기 전에 자백 또는 자수한 경우는 형의 필요적 감면사유에 해당한다. [사시 16]

028 (O) 제157조

029 장물취득죄를 범한 자가 본범과 동거친족인 때에는 형을 감경 또는 면제한다.　[법원9급 18]

029 (○) 제365조 제2항

030 별거 중인 법률상 배우자가 절취해 온 물건임을 알면서도 '불쌍하다'는 이유로 이를 보관해 준 경우는 형의 필요적 감면사유에 해당한다　[사시 16]

030 (○) 제365조 제2항

031 자신의 아버지의 물건을 훔친 절도범이 친구라는 사실을 알고 의리상 장물을 운반해준 경우는 형의 필요적 감면사유에 해당한다.　[사시 16]

031 (×) '해당한다' → '해당하지 않는다'
필요적 감면사유가 아니라 필요적 면제사유에 해당한다(제365조 제1항, 제328조 제1항).

032 죄를 범한 후 수사책임이 있는 관서에 자수한 때에는 그 형을 감경 또는 면제하여야 한다.　[법원승진 16]

해설+ 제52조 【자수, 자복】 ① 죄를 지은 후 수사기관에 자수한 경우에는 형을 감경하거나 면제할 수 있다.

032 (×) '하여야 한다' → '할 수 있다'

033 「형법」상 피해자의 의사에 반하여 처벌할 수 없는 죄에 있어서 피해자에게 자복한 경우에는 필요적 감면사유에 해당한다.　[해경채용 2차 23]

해설+ 제52조 【자수, 자복】 ② 피해자의 의사에 반하여 처벌할 수 없는 범죄의 경우에는 피해자에게 죄를 자복(自服)하였을 때에도 형을 감경하거나 면제할 수 있다.

033 (×) 「형법」상 피해자의 의사에 반하여 처벌할 수 없는 죄에 있어서 피해자에게 자복한 경우에는 임의적 감면사유에 해당한다(제52조 제2항).

034 B가 강도치상 범행 후 범행 현장을 이탈하여 도주하다가 마음을 바꾸어 공중전화로 경찰에게 자신의 위치를 알려주었고, 당시 범죄신고를 받고 출동한 경찰은 범행 현장으로부터 상당히 떨어진 곳에 위치한 공중전화 앞에서 B를 발견하고 B에게 범행 여부를 묻자 B는 그 범행사실을 순순히 시인하였으며 B가 피의자신문과정에서 위 강도치상범행을 자백한 경우는 자수에 해당한다.　[법원행시 16]

034 (○) 자발성이 인정된다.

035 C가 경찰관에게 전화통화로 자수의사를 표시하고 함께 만날 시간을 정하였으나 자신이 어디에 있는지는 밝히지 아니하였는데 자신의 소재를 파악하고 함께 찾아온 경찰관이 약속시간보다 일찍 경찰서를 가자는 요청에 순순히 응하여 검거되었고 뒤이어 피의자신문과정에서도 범행을 자백한 경우는 자수에 해당한다. [법원행시 16]

035 (O) 자발성이 인정된다.

036 D가 수사기관에서 조사를 받는 과정에서 뇌물수수의 범죄사실은 수사대상이 아니었고 수사관이 이에 대하여 전혀 인식하지 못하여 이를 추궁하지도 않는 상황에서 D가 뇌물수수 사실을 자발적으로 진술하여 수사기관의 소추를 구한 경우는 자수에 해당한다. [법원행시 16]

036 (O) 자발성이 인정된다.

037 자수서를 소지하고 수사기관에 자발적으로 출석하였으나 자수서를 제출하지 아니하고 범행사실도 부인하였다면 자수가 성립하지 않는다. [법원행시 14 변형]

037 (O) 대법원 2004.10.14, 2003도3133

038 수사기관에의 신고가 자발적인 이상 그 신고의 내용이 자기의 범행을 명백히 부인하는 등의 내용으로 자기의 범행으로서 범죄성립요건을 갖추지 아니한 사실이라고 하더라도 자수는 성립한다. [법원9급 23]

038 (×)

해설+ 수사기관에의 신고가 자발적이라고 하더라도 그 신고의 내용이 자기의 범행을 명백히 부인하는 등의 내용으로 자기의 범행으로서 범죄성립요건을 갖추지 아니한 사실일 경우에는 자수는 성립하지 않고, 수사과정이 아닌 그 후의 재판과정에서 범행을 시인하였다고 하더라도 새롭게 자수가 성립할 여지는 없다고 할 것이다(대법원 1999.9.21, 99도2443).

039 수사기관의 직무상 질문 또는 조사에 응하여 범죄사실을 인정한 경우는 자수에 해당하지 않는다. [국가9급 11]

039 (O) 대법원 2006.9.22, 2006도4883

040 A가 수사기관에 자진출석하여 처음 조사를 받으면서는 돈을 차용하였을 뿐이라며 범죄사실을 부인하다가 제2회 조사를 받으면서 비로소 업무와 관련하여 돈을 수수하였다고 자백한 경우는 자수에 해당한다. [법원행시 16]

해설+ 피고인이 수사기관에 자진출석하여 처음 조사를 받으면서는 돈을 차용하였을 뿐이라며 범죄사실을 부인하다가 제2회 조사를 받으면서 비로소 업무와 관련하여 돈을 수수하였다고 자백한 행위를 자수라고 할 수 없다(대법원 2011.12.22, 2011도12041).

040 (×) '해당한다' → '해당하지 않는다'

041 F가 대마초를 은박지에 포장하여 운동화 1켤레의 각 안창 밑에 넣은 다음 이를 신은 채 김포세관 문형 검색장치를 통과하려고 할 때 금속탐지음이 울리자, 세관 소속 공무원이 휴대용 금속탐지기로 F의 몸을 검색하였는데, 그래도 계속 금속탐지음이 나므로 위 세관 소속 공무원이 F에게 무엇이냐고 묻자 F가 담배라고 대답하였다가, 이에 대마초인 것을 직감한 위 세관 소속 공무원이 다시 대마초냐고 되묻자 F가 그때서야 대마초를 은닉 소지한 사실을 시인한 경우는 자수에 해당한다. [법원행시 16]

041 (×) '해당한다' → '해당하지 않는다'
자발성이 결여되어 자수에 해당하지 않는다(대법원 1999.4.13, 98도4560).

042 수사기관에 뇌물수수 사실을 축소 신고하여 적용법조와 법정형이 달라지게 한 경우 자수는 성립하지 아니한다. [국가9급 11]

042 (○) 대법원 2004.6.24, 2004도2003

043 피고인들이 검찰에 조사 일정을 문의한 다음 지정된 일시에 검찰에 출두하는 등의 방법으로 자진출석하여 범행을 사실대로 진술하였다면 자수가 성립되었다고 할 것이고, 그 후 법정에서 범행 사실을 부인한다고 하여 뉘우침이 없는 자수라거나, 이미 발생한 자수의 효력이 없어진다고 볼 수 없다. [국가9급 11 변형]

043 (○) 대법원 2005.4.29, 2002도7262

044 E가 검찰의 소환에 따라 자진출석하여 검사에게 직무관련성을 포함한 금품수수 사실에 관하여 자백하였으나, 그 후에 검찰이나 법정에서 범죄사실을 일부 부인한 경우는 자수에 해당한다. [법원행시 16]

044 (○) 자수의 효력이 발생하였다면, 그 후에 검찰이나 법정에서 범죄사실을 일부 부인하였다고 하더라도 일단 발생한 자수의 효력이 소멸하는 것은 아니다(대법원 2002.8.23, 2002도46).

045 수개의 범죄사실 중 일부에 관하여만 자수한 경우에는 그 부분 범죄사실에 대하여만 자수의 효력이 있다. [법원행시 14 변형]

045 (○) 대법원 1994.10.14, 94 도2130

046 형을 가중·감경할 사유가 경합하는 경우에는 각칙 조문에 따른 가중, 형법 제34조 제2항에 따른 가중, 누범 가중, 경합범 가중, 법률상 감경, 정상 참작 감경의 순으로 한다. [국가9급 23]

046 (×) 경합범 가중과 법률상 감경의 순서가 틀렸다.

> **해설+** **제56조【가중·감경의 순서】** 형을 가중·감경할 사유가 경합하는 경우에는 다음 각 호의 순서에 따른다.
> 1. 각칙 조문에 따른 가중
> 2. 제34조 제2항에 따른 가중
> 3. 누범 가중
> 4. 법률상 감경
> 5. 경합범 가중
> 6. 정상참작 감경

047 누범이 경합범인 경우에는 각 죄에 대하여 먼저 누범 가중을 한 후에 경합범 가중을 하여야 한다. [사시 14]

047 (○) 각칙 조문에 따른 가중 → 제34조 제2항에 따른 가중 → 누범 가중 → 법률상 감경 → 경합범 가중 → 정상참작감경(2020. 12.8. 개정) 제56조 참조.

048 乙이 乙 자신의 아버지를 살해한 경우, 이를 방조한 甲에 대하여 법원이 형의 종류를 유기징역으로 선택할 경우 처단형의 범위는 2년 6월 이상 15년 이하의 징역이다(존속살해죄의 법정형은 사형, 무기 또는 7년 이상의 징역이요, 보통살인죄의 법정형은 사형, 무기 또는 5년 이상의 징역이다). [사시 13]

048 (○)

> **해설+** 신분 때문에 형의 경중이 달라지는 경우에 신분이 없는 사람은 무거운 형으로 벌하지 아니한다(제33조 단서). 따라서 甲은 보통살인죄의 방조범에 정한 형으로 처벌된다. 제32조 제2항에 의하면 종범은 정범의 형보다 필요적으로 감경하고, 유기징역을 선택할 경우에는 제55조 제1항 제3호에 따라 그 형기의 2분의 1로 한다(5년 이상 30년 이하 → 2년 6월 이상 15년 이하).

049 「형법」은 제264조에서 상습으로 제258조의2의 죄를 범한 때에는 그 죄에 정한 형의 2분의 1까지 가중한다고 규정하고, 제258조의2 제1항에서 위험한 물건을 휴대하여 상해죄를 범한 때에는 1년 이상 10년 이하의 징역에 처한다고 규정하고 있다. 위와 같은 「형법」 각 규정의 문언, 형의 장기만을 가중하는 「형법」 규정에서 그 죄에 정한 형의 장기를 가중한다고 명시하고 있는 점, 「형법」 제264조에서 상습범을 가중처벌하는 입법 취지 등을 종합하면, 「형법」 제264조는 상습특수상해죄를 범한 때에 「형법」 제258조의2 제1항에서 정한 법정형의 단기와 장기를 모두 가중하여 1년 6개월 이상 15년 이하의 징역에 처한다는 의미로 새겨야 한다.   [법원행시 19]

049 (○) 대법원 2017.6.29, 2016도18194

050 甲은 2000.3.2. 특정경제범죄가중처벌등에관한법률위반(사기)죄로 징역 10년을 선고받아 그 형의 집행 중 2008.8.15. 광복절에 특별사면으로 출소하였다. 그러나 甲은 2011.7.15. 특수강도의 범행 중에 강간죄를 범하여 성폭력범죄의 처벌 등에 관한 특례법 제3조 제2항 위반으로 기소되었다. 법원은 제1심 판결을 선고할 예정이고, 위 법률조항의 법정형은 사형, 무기 또는 10년 이상의 징역이다. 사형을 선택하면, 작량감경을 할 경우에 처단형은 무기 또는 20년 이상 50년 이하의 징역이다.   [사시 15 변형]

050 (○) 사형을 선택할 경우에는 누범에 해당한다고 하여 그 형을 가중할 수 없다. 한편, 사형을 선택한 후 정상참작감경을 할 경우에는 제55조(법률상의 감경)에 따라 '무기 또는 20년 이상 50년 이하의 징역 또는 금고'로 한다(동조 제1항 제1호).

051 무기징역 또는 무기금고를 감경할 때에는 10년 이상 50년 이하의 징역 또는 금고로 한다.   [법원승진 10]

051 (○) 제55조 제1항 제2호

052 甲은 2000.3.2. 특정경제범죄가중처벌등에관한법률위반(사기)죄로 징역 10년을 선고받아 그 형의 집행 중 2008.8.15. 광복절에 특별사면으로 출소하였다. 그러나 甲은 2011.7.15. 특수강도의 범행 중에 강간죄를 범하여 성폭력범죄의 처벌 등에 관한 특례법 제3조 제2항 위반으로 기소되었다. 법원은 제1심 판결을 선고할 예정이고, 위 법률조항의 법정형은 사형, 무기 또는 10년 이상의 징역이다. 무기징역을 선택하면, 작량감경을 할 경우에 처단형의 단기는 10년의 징역이다.   [사시 15]

052 (○) 무기징역을 선택할 경우에도 누범에 해당한다고 하여 그 형을 가중할 수 없다(대법원 1992. 10. 13, 92도1428). 한편, 무기징역을 선택한 후 정상참작감경을 할 경우에는 제55조(법률상의 감경)에 따라 '10년 이상 50년 이하의 징역 또는 금고'로 한다(동조 제1항 제2호).

053 법정형에 하한이 설정된 「형법」 제37조 후단 경합범에 대하여 「형법」 제39조 제1항 후문에 따라 형을 감경할 때에는 「형법」 제55조 제1항이 적용되지 아니하여 유기징역의 경우에는 그 형기의 2분의 1 미만으로도 감경할 수 있다. [경찰채용 21 2차]

054 형법 제37조 후단 경합범에 대하여 형법 제39조 제1항에 의하여 형을 감경할 때에도 법률상 감경에 관한 형법 제55조 제1항이 적용되어 유기징역을 감경할 때에는 그 형기의 2분의 1 미만으로는 감경할 수 없다. [변호사 22]

054 (○) 대법원 2019.4.18, 2017도14609 전원합의체

055 「형법」 제55조 제1항 제6호에서 벌금을 감경할 때의 다액의 2분의 1이라는 문구는 그 상한과 함께 하한도 2분의 1로 내려가는 것으로 해석하여야 한다. [경찰채용 19 1차]

055 (○)

해설+ 형법 제55조 제1항 제6호의 벌금을 감경할 때의 「다액」의 2분의 1이라는 문구는 「금액」의 2분의 1이라고 해석하여 그 상한과 함께 하한도 2분의 1로 내려가는 것으로 해석하여야 한다(대법원 1978.4.25, 78도246 전원합의체).

056 「형법」 제25조 제2항에 따른 미수범에 대한 형의 감경은 법률상 감경이므로 재판상 감경인 정상참작감경과는 구별된다.

056 (○)

해설+ 형의 양정은 법정형 확인, 처단형 확정, 선고형 결정 등 단계로 구분된다. 법관은 형의 양정을 할 때 법정형에서 형의 가중·감경 등을 거쳐 형성된 처단형의 범위 내에서만 양형의 조건을 참작하여 선고형을 결정해야 한다(대법원 2008.9.11, 2006도8376 등). 형법 제25조는 범죄의 실행에 착수하여 행위를 종료하지 못하였거나 결과가 발생하지 아니한 때에는 미수범으로 처벌하고(제1항), 미수범의 형은 기수범보다 감경할 수 있다(제2항)고 규정하고 있다. 형법 제25조 제2항에 따른 형의 감경은 법률상 감경의 일종으로서 재판상 감경인 작량감경(형법 제53조)과 구별된다(대법원 2021.1.21, 2018도5475 전원합의체).

057 필요적 감경의 경우에는 감경사유의 존재가 인정되면 반드시 형법 제55조 제1항에 따른 법률상 감경을 하여야 함에 반해, 임의적 감경의 경우에는 감경사유의 존재가 인정되더라도 법관이 형법 제55조 제1항에 따른 법률상 감경을 할 수도 있고 하지 않을 수도 있다. [법원9급 22]

057 (○) 대법원 2021.1.21, 2018 도5475 전원합의체

058 형법은 형의 가중 · 감경할 사유가 경합된 때에 그 적용 순서에 관하여, 각칙 조문에 따른 가중, 제34조 제2항에 따른 가중, 누범 가중, 법률상 감경, 경합범 가중, 정상참작감경 순으로 규정하고 있으므로, 법관이 처단형을 결정하는 과정에서 최종선고형을 머릿속에 그리면서 임의적 감경 여부를 결정하는 것은 법리적 · 논리적 순서에 부합한다고 볼 수 없다. [법원9급 22]

058 (×) 법관이 처단형을 결정하는 과정에서 피고인에 대한 양형조건들을 참작하여 최종선고형을 머릿속에 그리면서 임의적 감경 여부를 결정하는 것이 법리적·논리적으로 잘못이라 할 수도 없다(대법원 2021.1.21, 2018도5475 전원합의체).

059 형법이 '형을 감경할 수 있다.'고 규정하고 있는 것은 임의적 감경사유가 인정되더라도 그에 따른 감경이 필요한 경우와 필요하지 않은 경우가 모두 있을 수 있으니 임의적 감경사유로 인한 행위불법이나 결과불법의 축소효과가 미미하거나 행위자의 책임의 경감 정도가 낮은 경우에는 감경하지 않은 무거운 처단형으로 처벌할 수 있도록 한 것이다. [법원9급 22]

059 (○) 대법원 2021.1.21, 2018 도5475 전원합의체

060 임의적 감경의 사유가 존재하고 법관이 그에 따라 징역형에 대해 법률상 감경을 하는 이상 「형법」 제55조제1항제3호에 따라 상한과 하한을 모두 2분의 1로 감경한다. [국가7급 22]

060 (○)

해설+ 법률상 감경에 관하여 형법 제55조 제1항은 형벌의 종류에 따른 감경의 방법을 규정하고 있다. 법률상 감경사유가 무엇인지와 그 사유가 인정될 때 반드시 감경을 하여야 하는지는 형법과 특별법에 개별적이고 구체적으로 규정되어 있다. 이와 같은 감경 규정들은 법문상 형을 '감경한다'라거나 형을 '감경할 수 있다'라고 표현되어 있는데, '감경한다'라고 표현된 경우를 필요적 감경, '감경할 수 있다'라고 표현된 경우를 임의적 감경이라 한다. 형법 제25조 제2항에 따른 형의 감경은 임의적 감경에 해당한다. 필요적 감경의 경우에는 감경사유의 존재가 인정되면 반드시 형법 제55조 제1항에 따른 법률상 감경을 하여야 함에 반해, 임의적 감경의 경우에는 감경사유의 존재가 인정되더라도 법관이 형법 제55조 제1항에 따른 법률상 감경을 할 수도 있고 하지 않을 수도 있다. 나아가 임의적 감경사유의 존재가 인정되고 법관이 그에 따라 징역형에 대해 법률상 감경을 하는 이상 형법 제55조 제1항 제3호에 따라 상한과 하한을 모두 2분의 1로 감경한다. 이러한 현재 판례와 실무의 해석은 여전히 타당하다(대법원 2021.1.21, 2018도5475 전원합의체).

061 유기징역형에 대한 법률상 감경을 하면서 형법 제55조 제1항 제3호에서 정한 것과 같이 장기와 단기를 모두 2분의 1로 감경하는 것이 아닌 장기 또는 단기 중 어느 하나만을 2분의 1로 감경하는 방식이나 2분의 1보다 넓은 범위의 감경을 하는 방식 등은 죄형법정주의원칙상 허용될 수 없다.

[법원9급 22]

061 (○) 대법원 2021.1.21, 2018 도5475 전원합의체

062 법원이 중상해죄(1년 이상 10년 이하의 징역)로 유죄가 인정된 甲에게 형의 가중·감경사유 중 「형법」 제10조 제2항(심신미약)과 제35조(누범)만을 적용하여 형을 선고할 경우, 甲에게 선고할 수 있는 형의 최하한은 징역 6월이다.

[경찰채용 22 2차]

062 (○)

해설+ 심신미약은 법률상 감경사유이므로 누범 가중을 우선 적용한다(제56조). 누범 가중을 하면 그 형의 장기의 2배까지 가중하므로 1년 이상 20년 이하의 징역이 되고(제35조 제2항), 여기에 심신미약 감경을 하면 그 형의 단기와 장기를 모두 2분의 1로 감경하므로(제55조 제1항 제3호, 대법원 2021.1.21, 2018도5475 전원합의체) 6월 이상 10년 이하의 징역이 처단형이 된다.

063 임의적 감경사유의 존재가 인정되고 법관이 그에 따라 징역형에 대해 법률상 감경을 하는 경우에는 법정형의 하한만 2분의 1로 감경한다.

[경찰채용 21 2차]

063 (×)

해설+ 임의적 감경사유의 존재가 인정되고 법관이 그에 따라 징역형에 대해 법률상 감경을 하는 이상 형법 제55조 제1항 제3호에 따라 상한과 하한을 모두 2분의 1로 감경한다(대법원 2021.1.21, 2018도5475 전원합의체).

064 법률상 감경사유와 작량감경사유가 있는 때에는 법률상 감경보다 작량감경을 우선하여야 한다.

064 (×) '법률상 감경'과 '작량감경(정상참작감경)'이 서로 바뀌었다.

해설+ 법률상 감경을 먼저하고 마지막으로 작량감경을 하게 되어 있으므로, 법률상 감경사유가 있을 때에는 작량감경보다 우선하여 하여야 할 것이고, 작량감경은 이와 같은 법률상 감경을 다하고도 그 처단형보다 낮은 형을 선고하고자 할 때에 하는 것이 옳다(대법원 1994.3.8, 93도3608).

065 작량감경을 할 때 작량감경사유가 수개 있는 경우에는 거듭 감경할 수 없지만, 법률상 감경을 한 후에 다시 작량감경을 할 수는 있다. [변호사 16]

066 경합범에 대하여 「형법」 제38조 제1항 제3호에 의하여 징역형과 벌금형을 병과하는 경우 징역형에만 작량감경을 하고 벌금형에는 작량감경을 하지 아니하는 것은 위법하다. [경찰채용 21 2차]

> **해설+** 형법 제38조 제1항 제3호에 의하여 징역형과 벌금형을 병과하는 경우에는 각 형에 대한 범죄의 정상에 차이가 있을 수 있으므로 징역형에만 작량감경을 하고 벌금형에는 작량감경을 하지 아니하였다고 하여 이를 위법하다고 할 수 없다(대법원 2006.3.23, 2006도1076).

067 「형법」 제38조 제1항 제3호에 의하여 징역형과 벌금형을 병과하는 경우 징역형에만 작량감경을 하고 벌금형에는 작량감경을 하지 아니할 수 있다. [법원행시 13]

068 범죄의 불법과 책임을 근거지우거나 가중·감경사유가 된 상황은 다시 양형의 자료가 될 수 없는데, 이를 '이중평가의 금지'라고 한다. [변호사 16]

069 유기징역이나 유기금고를 선고하는 때에 판결선고 전의 구금일수가 있는 경우 그 전부를 형기에 산입하여야 한다. [국가7급 12]

070 무죄의 판결을 선고하는 경우, 피고인이 무죄판결공시 취지의 선고에 동의하지 아니하거나 피고인의 동의를 받을 수 없는 경우를 제외하고 무죄판결공시의 취지를 선고하여야 한다. [경찰채용 19 1차]

> **해설+** 제58조 【판결의 공시】 ② 피고사건에 대하여 무죄의 판결을 선고하는 경우에는 무죄판결공시의 취지를 선고하여야 한다. 다만, 무죄판결을 받은 피고인이 무죄판결공시 취지의 선고에 동의하지 아니하거나 피고인의 동의를 받을 수 없는 경우에는 그러하지 아니하다.

CHAPTER 04 | 누범

누범이 성립하기 위해서는 누범에 해당하는 전과사실과 새로이 범한 범죄 사이에 일정한 상관관계가 있을 것이 요구된다. [국가7급 16]

(×) '요구된다' → '요구되는 것은 아니다'

해설+ 형법 제35조가 누범에 해당하는 전과 사실과 새로이 범한 범죄 사이에 일정한 상관관계가 있다고 인정되는 경우에 한하여 적용되는 것으로 제한하여 해석하여야 할 아무런 이유나 근거가 없고, 위 규정이 헌법상의 평등원칙 등에 위배되는 것도 아니다(대법원 2008.12.24, 2006도1427).

형의 선고를 받은 자가 특별사면을 받아 형의 집행을 면제받고 복권까지 되었다고 하더라도 형의 선고의 효력마저 상실되는 것은 아니므로 실형을 선고받아 복역하다가 특별사면으로 출소한 후 3년 이내에 다시 범죄를 저지르면 누범가중이 가능하다. [법원행시 10 변형]

(○) 대법원 1981.4.14, 81도543

001 금고 이상의 형을 받아 그 집행을 종료하거나 면제를 받은 후 3년 내에 금고 이상에 해당하는 죄를 범한 사람을 누범으로 처벌한다.
[법원9급 18] [법원행시 11]

001 (○) 제35조 제1항

002 상습범과 누범은 서로 다른 개념으로서 누범에 해당한다고 하여 반드시 상습범이 되는 것이 아니며, 반대로 상습범에 해당한다고 하여 반드시 누범이 되는 것도 아니다. [법원9급 12 변형·18 변형]

002 (○) 대법원 2007.8.23, 2007도4913

003 누범에 있어서 후범은 전범과 동종의 범죄일 것을 요하지 않는다.
[법원승진 10]

003 (○) 후범(누범)은 전범과 같은 죄명이거나 죄질을 같이하는 동종의 범죄일 것을 요하지 않는다.

004 「형법」제35조 제1항에 규정된 "금고 이상에 해당하는 죄"라 함은 유기금고형이나 유기징역형으로 처단할 경우에 해당하는 죄를 가리키는 것이지, 법정형을 가리키는 것은 아니다. [사시 14 변형]

004 (O) 대법원 1982.7.27, 82도1018

005 「형법」제35조 제1항에 규정된 "금고 이상에 해당하는 죄"라 함은 유기금고형이나 유기징역형으로 처단할 경우에 해당하는 죄를 의미하는 것으로서 법정형 중 벌금형을 선택한 경우에는 누범가중을 할 수 없다. [국가7급 16 변형] [법원승진 10] [법원행시 10]

005 (O) 대법원 1982.9.14, 82도1702

006 도로교통법위반죄에 대하여 당해 법조가 정하고 있는 징역형과 벌금형 가운데에서 벌금형을 선택한 경우, 피고인이 금고(禁錮) 이상의 형을 선고받아 그 집행이 종료된 후 3년이 경과하기 전이라면 누범가중을 할 수 있다. [국가7급 22]

006 (×)

해설+ 형법 제35조 제1항에 규정된 "금고 이상에 해당하는 죄"라 함은 유기금고형이나 유기징역형으로 처단할 경우에 해당하는 죄를 의미하는 것으로서 법정형 중 벌금형을 선택한 경우에는 누범가중을 할 수 없다(대법원 1982.9.14, 82도1702).

007 누범의 성립과 관련하여 다시 금고 이상에 해당하는 죄를 범하였는지 여부는 그 범죄의 실행행위를 하였는지 여부를 기준으로 결정하여야 하므로 3년의 기간 내에 실행의 착수가 있으면 족하고, 그 기간 내에 기수에까지 이르러야 되는 것은 아니다. [국가7급 16] [법원행시 11]

007 (O) 대법원 2006.4.7, 2005도9858 전원합의체

008 형법 제35조 소정의 누범이 되려면 금고 이상의 형을 받아 그 집행을 종료하거나 면제를 받은 후 3년 내에 다시 금고 이상에 해당하는 죄를 범하여야 하는데, 이 경우 다시금고 이상에 해당하는 죄를 범하였는지 여부는 그 범죄가 기수에 이르렀는지 여부를 기준으로 결정하여야 하므로, 3년의 기간 내에 기수에 이르러야 누범 가중이 가능하다. [법원9급 23]

해설+ 형법 제35조 소정의 누범이 되려면 금고 이상의 형을 받아 그 집행을 종료하거나 면제를 받은 후 3년 내에 다시 금고 이상에 해당하는 죄를 범하여야 하는바, 이 경우 다시 금고 이상에 해당하는 죄를 범하였는지 여부는 그 범죄의 실행행위를 하였는지 여부를 기준으로 결정하여야 하므로 3년의 기간 내에 실행의 착수가 있으면 족하고, 그 기간 내에 기수에까지 이르러야 되는 것은 아니다(대법원 2006.4.7, 2005도9858).

009 「형법」 제35조에서 '금고 이상의 형을 받아 그 집행을 종료하거나 면제를 받은 후 3년 내에 금고 이상에 해당하는 죄를 범한 자'를 누범이라 하는데, 금고 이상의 형이란 유기징역 · 유기금고를 의미한다. 여기에는 사형 또는 무기형을 선고받은 자가 감형으로 인하여 유기징역 · 유기금고로 되거나, 특별사면 또는 형의 시효의 완성으로 인하여 형집행이 면제된 경우도 포함된다. [법원승진 10 변형]

010 특별사면에 의하여 형의 집행이 면제된 후 3년 이내에 다시 금고 이상에 해당하는 죄를 범한 경우 누범가중사유에 해당한다. [사시 11]

011 복권은 사면의 경우와 같이 형의 언도의 효력을 상실시키는 것이 아니고, 다만 형의 언도의 효력으로 인하여 상실 또는 정지된 자격을 회복시킴에 지나지 아니하는 것이므로 복권이 있었다고 하더라도 그 전과사실은 누범가중사유에 해당한다. [법원행시 13 변형]

012 집행유예의 선고를 받은 후 그 선고의 실효 또는 취소됨이 없이 유예기간을 경과한 경우 그 전과사실은 누범가중의 사유에 해당하지 않는다.

[사시 14]

012 (○)

> **해설+** 누범에 있어서 전범에 대한 금고 이상의 형선고는 유효하여야 한다. 따라서 일반사면을 받거나(대법원 1965.11.30, 65도910), 집행유예기간의 경과로 형선고의 효력이 상실된 경우(대법원 1970.9.22, 70도1627)에는 누범전과가 인정되지 않는다.

013 집행유예기간 중에 금고 이상에 해당하는 범죄를 범하였다고 하더라도 이는 누범가중의 요건이 되지 못한다. [법원승진 10] [법원행시 10 변형·11]

013 (○) 대법원 1983.8.23, 83 도1600

014 전범(前犯)의 가석방 기간 중에 후범(後犯)을 범한 때에는 누범에 해당하지 않는다. [법원승진 10]

014 (○) 가석방기간 중의 재범은 누범이 될 수 없다(대법원 1976. 9.14, 76도2071).

015 포괄일죄의 일부 범행이 누범기간 내에 이루어지고 나머지 범행이 누범기간 경과 후에 이루어진 경우 누범기간 내에 이루어진 범행만이 누범에 해당한다. [국가7급 16] [법원9급 18]

015 (×) '해당한다' → '해당하는 것은 아니다'

> **해설+** 포괄일죄의 일부 범행이 누범기간 내에 이루어진 이상 나머지 범행이 누범기간 경과 후에 이루어졌더라도 그 범행 전부가 누범에 해당한다고 보아야 한다(대법원 2012.3.29, 2011도14135).

016 상습범 중 일부 행위가 누범기간 내에 이루어진 이상 나머지 행위가 누범기간 경과 후에 행하여졌더라도 그 행위 전부가 누범관계에 있다.

016 (○) 대법원 1982.5.25, 82 도600

017 집행유예가 실효되는 등의 사유로 인하여 두 개 이상의 금고형 내지 징역 형을 선고받아 각 형을 연이어 집행 받음에 있어 하나의 형의 집행을 마치 고 또 다른 형의 집행을 받던 중 먼저 집행된 형의 집행종료일로부터 3년 내에 금고이상에 해당하는 죄를 저지른 경우에, 집행 중인 형에 대한 관계 에 있어서는 누범에 해당하지 않지만 앞서 집행을 마친 형에 대한 관계에 있어서는 누범에 해당한다. [법원9급 23]

> **해설+** 형법 제35조 제1항은 "금고 이상의 형을 받아 그 집행을 종료하거나 면제를 받은 후 3년 내에 금고 이상에 해당하는 죄를 범한 자는 누범으로 처벌한다."라고 규정하고 있다. 따라서 집행유 예가 실효되는 등의 사유로 인하여 두 개 이상의 금고형 내지 징역형을 선고받아 각 형을 연이어 집행받음에 있어 하나의 형의 집행을 마치고 또 다른 형의 집행을 받던 중 먼저 집행된 형의 집행종 료일로부터 3년 내에 금고 이상에 해당하는 죄를 저지른 경우에, 집행 중인 형에 대한 관계에 있어서 는 누범에 해당하지 않지만 앞서 집행을 마친 형에 대한 관계에 있어서는 누범에 해당한다(대법원 2021.9.16, 2021도8764).

018 누범가중을 하는 경우에는 「형법」 제35조 제2항에 의하여 그 죄에 정한 형 의 장기의 2배까지 가중할 수 있는 것이고 그 형의 단기에 관하여도 2배로 가중할 수 있는 것은 아니다. [법원행시 10 변형·11]

019 유기징역을 선고하면서 누범가중을 하는 경우 장기의 2배까지 가중할 수 있으나, 유기징역형의 상한인 30년을 초과할 수 없다. [사시 14]

> **해설+** 제35조 【누범】 ② 누범의 형은 그 죄에 대하여 정한 형의 장기(長期)의 2배까지 가중한다.
> 제42조 【징역 또는 금고의 기간】 징역 또는 금고는 무기 또는 유기로 하고 유기는 1개월 이상 30년 이하로 한다. 단, 유기징역 또는 유기금고에 대하여 형을 가중하는 때에는 50년까지로 한다.

020 甲은 2000.3.2. 특정경제범죄가중처벌등에관한법률위반(사기)죄로 징역 10 년을 선고받아 그 형의 집행 중 2008.8.15. 광복절에 특별사면으로 출소하 였다. 그러나 甲은 2011.7.15. 특수강도의 범행 중에 강간죄를 범하여 성폭력 범죄의 처벌 등에 관한 특례법 제3조 제2항 위반으로 기소되었다. 법원은 제1심 판결을 선고할 예정이고, 위 법률조항의 법정형은 사형, 무기 또는 10년 이상의 징역이다. 유기징역을 선택하면, 정상참작감경을 할 경우에 처 단형의 장기는 25년 이하의 징역이다. [사시 15]

021 누범으로 인하여 가중되는 형은 선고형을 의미하므로, 누범가중을 하는 경우 그 죄의 법정형을 초과하여 선고하여야 한다. [사시 14]

> **해설+** 누범가중에 의하여 가중되는 장기의 형은 선고형이 아닌 법정형이고, 단기의 형과 가중된 장기의 형의 범위 내에서 선고할 수 있으므로, 선고형이 반드시 법정형을 초과할 필요는 없다.

022 판결선고 후 누범인 것이 발각된 때에는 선고한 형의 집행을 종료하거나 그 집행이 면제된 경우가 아니라면 그 선고한 형을 통산하여 다시 형을 정할 수 있다. [법원9급 13] [법원행시 11]

022 (○) 제36조

023 판결선고 후 누범인 것이 발각된 때에는 그 선고한 형을 통산하여 다시 형을 정하여야 한다. 단, 선고한 형의 집행을 종료하거나 그 집행이 면제된 후에는 예외로 한다. [국가9급 21]

023 (×) 제36조

> **해설+** 제36조 【판결선고 후의 누범발각】 판결선고 후 누범인 것이 발각된 때에는 그 선고한 형을 통산하여 다시 형을 정할 수 있다. 단, 선고한 형의 집행을 종료하거나 그 집행이 면제된 후에는 예외로 한다.

024 판결선고 후 누범이 발각된 경우라고 하더라도 그 선고한 형의 집행을 이미 종료하였다면, 그와 같은 누범 발각을 이유로 선고한 형을 통산하여 다시 형을 정할 수 없다. [법원행시 10 변형]

024 (○) 일사부재리의 원칙에 반하므로 선고한 형을 통산하여 다시 형을 정할 수 없다(제36조 단서).

025 반복된 음주운전행위에 대해 도로교통법(2011.6.8. 법률 제10790호로 개정) 제148조의2 제1항 제1호를 적용하고 다시 「형법」 제35조에 의한 누범가중을 하는 것은 헌법상 일사부재리나 이중처벌금지에 반하지 아니한다. [경찰채용 21 2차]

025 (○) 대법원 2014.7.10, 2014도5868

026 「폭력행위 등 처벌에 관한 법률」 제2조 제3항은 2회 이상 징역형을 받은 사람에 대해서 누범으로 가중 처벌하도록 하고 있는데, 집행유예의 선고를 받은 후 그 선고가 실효 또는 취소됨이 없이 유예기간을 경과하여 형의 선고가 효력을 잃은 경우는 위 조항의 '징역형을 받은 경우'에 해당하지 않는다.

[변호사 23]

> **해설+** 폭력행위 등 처벌에 관한 법률(이하 '폭력행위처벌법'이라 한다) 제2조 제3항은 "이 법(형법 각 해당 조항 및 각 해당 조항의 상습범, 특수범, 상습특수범, 각 해당 조항의 상습범의 미수범, 특수범의 미수범, 상습특수범의 미수범을 포함한다)을 위반하여 2회 이상 징역형을 받은 사람이 다시 제2항 각 호에 규정된 죄를 범하여 누범으로 처벌할 경우에는 다음 각 호의 구분에 따라 가중처벌한다."라고 규정하고 있다. …… 형법 제65조에 따라 형의 선고가 효력을 잃는 경우에도 그 전과는 폭력행위 등 처벌에 관한 법률 제2조 제3항에서 말하는 '징역형을 받은 경우'라고 할 수 없다(대법원 2016.6.23, 2016도5032).

027 반복적인 절도 범행 등에 대한 누범가중 처벌규정인 특정범죄 가중처벌 등에 관한 법률 제5조의4 제5항 제1호 중 '세 번 이상 징역형을 받은 사람'은 그 문언대로 「형법」 제329조 등의 죄로 세 번 이상 징역형을 받은 사실이 인정되는 사람을 의미하나, 전범 중 일부가 나머지 전범과 사이에 「형법」 제37조 후단 경합범의 관계에 있는 경우 이를 처벌조항에 규정된 처벌받은 형의 수를 산정할 때 제외하여야 한다.

[법원행시 20]

> **해설+** 특정범죄 가중처벌 등에 관한 법률 제5조의4 제5항 제1호(이하 '처벌조항'이라 한다)의 문언 내용 및 입법 취지, 형법 제37조 후단과 제39조 제1항의 규정은 법원이 형법 제37조 후단 경합범(이하 '후단 경합범')인 판결을 받지 아니한 죄에 대한 판결을 선고할 경우 판결이 확정된 죄와 동시에 판결할 경우와의 형평을 고려하여야 한다는 형의 양정(형법 제51조)에 관한 추가적인 고려사항과 형평에 맞지 않는다고 판단되는 경우에는 형의 임의적 감면을 할 수 있음을 제시한 것일 뿐 판결이 확정된 죄에 대한 형의 선고와 그 판결확정 전에 범한 죄에 대한 형의 선고를 하나의 형의 선고와 동일하게 취급하라는 것이 아닌 점 등을 고려하면, 처벌조항 중 '세 번 이상 징역형을 받은 사람'은 그 문언대로 형법 제329조 등의 죄로 세 번 이상 징역형을 받은 사실이 인정되는 사람으로 해석하면 충분하고, 전범 중 일부가 나머지 전범과 사이에 후단 경합범의 관계에 있다고 하여 이를 처벌조항에 규정된 처벌받은 형의 수를 산정할 때 제외할 것은 아니다(대법원 2020.3.12, 2019도17381).

530 PART 03 형벌론

028 절도죄로 3차례에 걸쳐 징역형을 선고받고 그 형의 집행을 종료한 후, 누범기간 내에 수회의 절도 범행을 저지른 경우에는 반복적으로 범행을 저지르는 절도 사범에 관한 법정형을 강화한 특정범죄 가중처벌 등에 관한 법률(2016.1.6. 법률 제13717호로 개정·시행) 제5조의4 제5항 제1호가 적용되므로 별도로 「형법」 제35조의 누범가중한 형기범위 내에서 처단형을 정할 필요는 없다. [경찰채용 21 2차]

028 (×)

해설+ 이 사건 법률 규정은 형법 제35조(누범) 규정과는 별개로 '형법 제329조부터 제331조까지의 죄(미수범 포함)를 범하여 세 번 이상 징역형을 받은 사람이 그 누범기간 중에 다시 해당 범죄를 저지른 경우에 형법보다 무거운 법정형으로 처벌한다'는 내용의 새로운 구성요건을 창설한 것으로 해석해야 한다. 따라서 이 사건 법률 규정에 정한 형에 다시 형법 제35조의 누범가중한 형기범위 내에서 처단형을 정하여야 한다(대법원 2020.5.14, 2019도18947).

CHAPTER 05 | 집행유예 · 선고유예 · 가석방

🔗 대표유형

집행유예의 선고를 받은 자가 유예기간 중 벌금 이상의 형을 선고받아 그 판결이 확정된 때에는 집행유예의 선고는 효력을 잃는다.　　　　　　　　　　　　[국가9급 21]

(×)

해설+ 제63조【집행유예의 실효】집행유예의 선고를 받은 자가 유예기간 중 고의로 범한 죄로 금고 이상의 실형을 선고받아 그 판결이 확정된 때에는 집행유예의 선고는 효력을 잃는다.

🔗 대표유형

선고가 유예된 형에 벌금형을 선택하면서 그 금액을 정하지 않은 채 선고유예판결을 하는 것은 위법이다.　　　　　　　　　　　　　　　　　　　　　　[사시 13]

(○) 대법원 1975.4.8, 74도618

🔗 대표유형

가석방 중 금고 이상의 형의 선고를 받아 그 판결이 확정된 때에는 가석방처분은 효력을 잃지만, 과실범으로 형의 선고를 받은 경우에는 그러하지 아니하다.　　　[국가7급 09]

(○) 제74조

001 3년 이하의 징역이나 금고의 형을 선고할 경우 집행유예를 선고할 수 있지만, 벌금형을 선고할 경우 집행유예를 선고할 수 없다.　　　[국가9급총론 18]

001 (×) '지만' → '고', '없다' → '있다'

　　해설+ 제62조【집행유예의 요건】① 3년 이하의 징역이나 금고 또는 500만원 이하의 벌금의 형을 선고할 경우에 제51조의 사항을 참작하여 그 정상에 참작할 만한 사유가 있는 때에는 1년 이상 5년 이하의 기간 형의 집행을 유예할 수 있다. 다만, 금고 이상의 형을 선고한 판결이 확정된 때부터 그 집행을 종료하거나 면제된 후 3년까지의 기간에 범한 죄에 대하여 형을 선고하는 경우에는 그러하지 아니하다.

002 징역형에 대해서만 집행유예를 선고할 수 있다.　　　　　　　[법원행시 11]

002 (×) '있다' → '있는 것은 아니다'

　　해설+ 3년 이하의 징역뿐 아니라, 3년 이하의 금고 또는 500만원 이하의 벌금의 형을 선고할 경우에도 집행유예를 선고할 수 있다(제62조 제1항).

003 집행유예의 요건 중 '3년 이하의 징역이나 금고 또는 500만원 이하의 벌금의 형'이라 함은 법정형이 아닌 선고형을 의미한다. [국가9급 14 변형]

003 (○) 형법 제62조 제1항에서 집행유예의 요건을 '형을 선고할 경우'라고 규정하고 있기 때문에 이는 법정형이 아닌 선고형을 일컫는다(대법원 1989.11.28, 89도780).

004 집행유예의 요건이 구비되면 법원은 재량으로 1년 이상 5년 이하의 기간 형의 집행유예의 선고를 할 수 있다. [법원승진 16]

004 (○) 제62조 제1항 본문

005 500만원의 벌금형을 선고할 경우, 금고 이상의 형을 선고한 판결이 확정된 때부터 그 집행을 종료한 후 3년까지의 기간에 범한 죄가 아니고 「형법」 제51조의 사항을 참작하여 그 범죄의 정상에 참작할 만한 사유가 있더라도 그 형의 집행을 유예할 수 없다. [경찰채용 19 1차]

005 (×) 제62조 제1항

해설+ 제62조 【집행유예의 요건】 ① 3년 이하의 징역이나 금고 또는 500만원 이하의 벌금의 형을 선고할 경우에 제51조의 사항을 참작하여 그 정상에 참작할 만한 사유가 있는 때에는 1년 이상 5년 이하의 기간 형의 집행을 유예할 수 있다. 다만, 금고 이상의 형을 선고한 판결이 확정된 때부터 그 집행을 종료하거나 면제된 후 3년까지의 기간에 범한 죄에 대하여 형을 선고하는 경우에는 그러하지 아니하다.

006 벌금형의 경우에 선고유예는 물론이고 그 액수에 상관없이 집행유예를 할 수 있다. [국가9급 22]

006 (×) 벌금형의 집행유예는 500만원 이하의 벌금의 형을 선고할 경우에만 할 수 있다(제62조 제1항 본문).

007 「형법」 제62조 제2항은 '형을 병과할 경우에는 그 형의 일부에 대하여 집행을 유예할 수 있다.'고 규정하고 있기 때문에 2가지 이상의 형을 병과 시 일부에 대해 집행유예가 가능할 뿐, 하나의 형의 일부에 대해서는 집행유예가 불가능하다. [국가9급 14 변형] [법원행시 13]

007 (○) 대법원 2007.2.22, 2006도8555

008 집행유예의 요건에 관한 「형법」 제62조 제1항의 '형'의 집행을 유예할 수 있다고만 규정하고 있다고 하더라도, 하나의 자유형 중 일부에 대해서는 실형을, 나머지에 대해서는 집행유예를 선고하는 것은 허용되지 않는다.

[법원9급 12] [법원행시 13]

008 (○) 대법원 2007.2.22, 2006 도8555

009 형을 병과할 경우에는 그 형의 일부에 대하여 집행을 유예할 수 있다.

[법원행시 11]

009 (○) 제62조 제2항

010 징역형과 벌금형을 병과하는 경우 징역형에 대하여 그 집행을 유예하면서 벌금형에 대하여는 그 선고를 유예할 수 있다. [사시 11]

010 (○) 형을 병과하는 경우에는 형의 일부에 대한 집행유예가 가능하다(제62조 제2항)(대법원 1976.6.8, 74도1266).

011 금고 이상의 형을 선고한 판결이 확정된 때부터 그 집행을 종료하거나 면제된 후 3년까지의 기간에 범한 죄에 대하여는 집행유예를 선고할 수 없다.

[법원9급 14]

011 (○) 제62조 제1항 단서

012 형의 집행유예를 선고받고 그 유예기간이 경과되지 아니한 사람에게는 그 사람이 「형법」 제37조의 경합범 관계에 있는 수죄를 범하여 같은 절차에서 동시에 재판을 받았더라면 한꺼번에 집행유예의 선고를 받았으리라고 여겨지는 특수한 경우가 아닌 한 다시 형의 집행유예를 선고할 수 없다.

[법원행시 10 변형]

012 (○) 대법원 2002.2.22, 2001 도5891

013 집행유예기간 중에 범한 피고인의 범죄에 대하여 형을 선고함에 있어, 그 집행유예기간이 경과하기 전에 보호관찰준수사항 위반 등을 이유로 이미 위 집행유예의 취소 판결이 확정된 상태라면, 이는 「형법」 제62조 제1항 단서 소정의 집행유예의 결격사유에 해당되므로, 피고인에 대하여 형의 집행유예를 선고할 수 없다. [법원행시 13]

013 (○) 형을 선고함에 있어, 범죄 당시 집행유예기간 중이었고 그 유예기간 경과 전에 집행유예 취소결정이 확정되었다면 집행유예의 결격사유에 해당한다(대법원 2007.7.27, 2007 도768).

014 집행유예기간 중에 범한 범죄라고 할지라도 집행유예가 실효·취소됨이 없이 그 유예기간이 경과한 경우에는 이에 대해 다시 집행유예의 선고가 가능하다.

[법원9급 14]

014 (○) 대법원 2007.2.8, 2006 도6196

015 집행유예기간 중에 범한 죄에 대하여 공소가 제기된 후 그 재판 도중에 집행유예기간이 경과한 경우에는 그 집행유예기간 중에 범한 죄에 대하여 다시 집행유예를 선고할 수 있다.

[경찰간부 18] [국가7급 17] [사시 11]

015 (○) 집행유예기간 중에 범한 범죄라고 할지라도 집행유예가 실효 또는 취소됨이 없이 그 유예기간이 경과한 경우에는 이에 대해 다시 집행유예의 선고가 가능하다 (대법원 2007.7.27, 2007도768).

016 2020.7.1. 무고죄로 징역 1년에 집행유예 2년을 선고받고 그 판결이 같은 달 9. 확정된 甲이 2021.6.1. 상습도박죄를 범하여 같은 해 11.1. 유죄판결을 선고받는 경우, 법원은 甲에게 상습도박죄에 대한 집행유예는 선고할 수 없다.

[변호사 22]

016 (○) 집행유예기간 중 범한 죄에 대하여 집행유예기간 중 재판을 하는 경우에는 이에 대해 집행유예를 선고할 수는 없다(대법원 2007.7.27, 2007도768).

017 집행유예의 결격사유를 정하는 「형법」 제62조 제1항 단서의 요건에 해당하는 경우는 유예기간이 경과하지 아니하여 형 선고의 효력이 실효되지 아니한 채로 남아있는 경우로 국한되기 때문에, 집행유예가 실효 또는 취소됨이 없이 유예기간을 경과한 때에는 형의 선고가 이미 그 효력을 잃게 되어 '금고 이상의 형을 선고'한 경우에 해당하지 않게 되고, 집행의 가능성이 존재하지 않게 되기 때문에 다시 집행유예의 선고가 가능하다.

[국가9급 14 변형]

017 (○) 대법원 2007.2.8, 2006 도6196

018 하나의 판결로 두 개의 징역형을 선고하는 경우에 그중 하나의 징역형에 대하여만 집행유예를 선고할 수 있다.

[법원9급 12]

018 (○) 두 개의 징역형 중 하나의 징역형에 대하여는 실형을 선고하면서 다른 징역형에 대하여 집행유예를 선고하는 것도 허용되는 것으로 보아야 한다(대법원 2001.10.12, 2001도3579).

019 「형법」제37조 후단의 경합범 관계에 있는 두 개의 범죄에 대하여 하나의 판결로 두개의 자유형을 선고하는 경우, 하나의 징역형에 대하여는 실형을 선고하면서 다른 징역형에 대하여 집행유예를 선고할 수 있다.

[국가9급 14] [법원9급 20] [변호사 14] [사시 11]

019 (O)

해설+ 사후적 경합범 관계에 있는 죄에 대하여는 제39조 제1항에 의하여 따로 형을 선고하여야 하기 때문에 하나의 판결로 두 개의 자유형을 선고하는 경우 그 두 개의 자유형은 각각 별개의 형이기 때문에 그 각 자유형에 대하여 각각 집행유예를 선고할 수 있다(대법원 2002.2.26, 2000도4637). 또한 두 개의 징역형 중 하나의 징역형에 대하여는 실형을 선고하면서 다른 징역형에 대하여 집행유예를 선고하는 것도 우리 형법상 이러한 조치를 금하는 명문의 규정이 없는 이상 허용되는 것으로 보아야 한다(대법원 2001.10.12, 2001도3579).

020 「형법」제37조 후단의 경합범(금고 이상의 형에 처한 판결이 확정된 죄와 그 판결확정 전에 범한 죄)에 대하여는 하나의 판결로 두 개의 자유형을 선고하는 경우 하나의 자유형에 대하여 실형을 선고하면서 다른 자유형에 대하여 집행유예를 선고할 수도 있으나, 「형법」제37조 전단의 경합범(판결이 확정되지 아니한 수개의 죄)에 대하여 하나의 판결로 1개의 죄에 대하여 자유형의 실형을 선고하고 그 나머지 다른 죄에 대하여 자유형의 집행유예를 선고할 수는 없다. [법원행시 10 변형]

020 (O) '사후적 경합범'의 경우에는 실형과 집행유예가 하나의 판결로 선고될 수 있다(엄밀히는 사후적 경합범과 판결확정 후의 범한 죄에 대하여 하나의 판결로 두 개의 자유형을 선고하는 경우, 대법원 2001.10.12, 2001도3579). 그러나 '동시적 경합범'에 대해서는 위와 같은 판결이 허용되지 않는다(대법원 2007.2.22, 2006도8555).

021 형사소송법 제459조가 "재판은 이 법률에 특별한 규정이 없으면 확정한 후에 집행한다."라고 규정한 취지나 집행유예 제도의 본질 등에 비추어 보면 집행유예를 함에 있어 그 집행유예 기간의 시기(始期)는 집행유예를 선고한 판결 확정일로 하여야 한다. [법원9급 21]

021 (O) 대법원 2019.2.28, 2018도13382

022 우리 「형법」이 집행유예기간의 시기(始期)에 관하여 명문의 규정을 두고 있지는 않지만 형사소송법 제459조가 "재판은 이 법률에 특별한 규정이 없으면 확정한 후에 집행한다."고 규정한 취지나 집행유예제도의 본질 등에 비추어 보면 집행유예를 함에 있어 그 집행유예기간의 시기는 집행유예를 선고한 판결 확정일로 하여야 하고 법원이 판결 확정일 이후의 시점을 임의로 선택할 수는 없다. [사시 14]

022 (O) 대법원 2002.2.26, 2000도4637

023 「형법」제62조의2 제1항은 "형의 집행을 유예하는 경우에는 보호관찰을 받을 것을 명하거나 사회봉사 또는 수강을 명할 수 있다."고 규정하고 있으나, 「형법」제62조에 의하여 집행유예를 선고할 경우에는 제62조의2 제1항에 규정된 보호관찰과 사회봉사 또는 수강을 동시에 명할 수 있다.

[경찰간부 18] [사시 15]

023 (○) 대법원 1998.4.24, 98도98

024 형의 집행을 유예하면서 사회봉사명령 또는 수강명령을 선고하려면 유예기간의 범위 내에서 보호관찰을 받을 것도 함께 명하여야 한다.

[법원9급 15] [법원행시 11]

024 (×) '한다' → '하는 것은 아니다'
보호관찰 또는 사회봉사명령 또는 수강명령을 할 수 있으며, 반드시 함께 해야 하는 것은 아니다(대법원 1998.4.24, 98도98).

025 집행유예를 선고하면서 재범방지를 위한 지도 및 원호가 필요하여 보호관찰을 명하는 경우에는 그 보호관찰의 기간이 집행유예기간을 초과할 수 있다.

[사시 14]

025 (×) '있다' → '없다'

해설+ 제62조의2【보호관찰, 사회봉사·수강명령】② 제1항의 규정에 의한 보호관찰의 기간은 집행을 유예한 기간으로 한다. 다만, 법원은 유예기간의 범위 내에서 보호관찰기간을 정할 수 있다.

026 「형법」제62조의2의 규정에 의하여 형의 집행을 유예하는 경우에 명하는 사회봉사명령은 형벌 그 자체가 아니라 보안처분의 성격을 가진다.

[법원행시 07]

026 (○) 대법원 2008.7.24, 2008어4

027 사회봉사명령 또는 수강명령은 집행유예기간이 경과한 후에는 이를 집행할 수 없다.

[법원9급 15]

027 (○) 사회봉사명령 또는 수강명령은 집행유예기간 내에 이를 집행한다(제62조의2 제3항).

028 형의 집행을 유예하면서 내린 사회봉사명령 또는 수강명령은 집행유예기간 내에 이를 집행한다.

[국가9급 22]

028 (○) 제62조의2 제3항

029 집행유예를 선고하면서 사회봉사명령으로서 일정액의 금전출연을 주된 내용으로 하는 사회공헌계획의 성실한 이행을 명하는 것은 허용될 수 없다.

[변호사 14]

029 (○)

해설+ 법원이 형의 집행을 유예하는 경우 명할 수 있는 사회봉사는 자유형의 집행을 대체하기 위한 것으로서 500시간 내에서 시간 단위로 부과될 수 있는 일 또는 근로활동을 의미한다(대법원 2008.4.11, 2007도8373).

030 집행유예를 선고하면서 피고인에게 유죄로 인정된 범죄행위를 뉘우치거나 그 범죄행위를 공개하는 취지의 말이나 글을 발표하도록 하는 내용의 사회봉사를 명하는 것은 위법이다.

[국가7급 17] [국가9급총론 18] [사시 11]

030 (○) 이러한 사회봉사명령은 위법하다(대법원 2008.4.11, 2007도8373).

031 집행유예의 선고를 받은 자가 유예기간 중 고의로 범한 죄로 금고 이상의 실형을 선고받아 그 판결이 확정된 때에는 집행유예의 선고를 취소한다.

[국가9급총론 18] [법원행시 11] [사시 14]

031 (×) '를 취소한다' → '는 효력을 잃는다'
집행유예의 취소가 아닌 실효조항이다(제63조).

032 집행유예의 선고를 받은 자가 유예기간 중 고의 또는 과실로 범한 죄로 금고 이상의 실형을 선고받아 그 판결이 확정된 때에는 집행유예의 선고는 효력을 잃는다.

[해경승진 23]

032 (×) 집행유예 실효사유는 고의로 범한 죄이어야 한다(제63조).

해설+ 제63조【집행유예의 실효】집행유예의 선고를 받은 자가 유예기간 중 고의로 범한 죄로 금고 이상의 실형을 선고받아 그 판결이 확정된 때에는 집행유예의 선고는 효력을 잃는다.

033 형의 집행유예를 선고받은 자가 그 선고 이전의 범죄로 유예기간 중에 금고 이상의 실형을 다시 선고받고 그 판결이 확정되었다면 집행유예 선고는 그 효력을 잃는다.

[사시 11]

033 (×) '잃는다' → '잃지 않는다'

해설+ 집행유예가 실효되기 위하여는 ㉠ 집행유예기간 중 ㉡ 고의로 범한 죄로 ㉢ 금고 이상의 실형을 선고받아 그 판결이 확정되어야 한다(제63조).

034 집행유예의 선고를 받은 자가 유예기간 중 고의 또는 과실로 범한 죄로 벌금 이상의 실형을 선고받아 그 판결이 확정된 때에는 집행유예의 선고는 효력을 잃는다. [경찰간부 18] [국가7급 13]

해설+ 집행유예의 실효사유는 고의범에 한하고, 과실범은 포함되지 않는다. 또한 벌금 이상이 아닌 금고 이상의 실형을 선고받아 그 판결이 확정되어야 한다(제63조).

034 (×) '또는 과실' → 삭제, '벌금' → '금고'

035 「형법」 제64조의 규정에 의하면 집행유예의 선고를 받은 후 「형법」 제62조 단행의 결격사유가 발각된 때에는 집행유예의 선고를 취소하도록 규정되어 있으나, 다만 그 결격사유가 집행유예 선고의 판결이 확정되기 전에 발각된 경우에는 집행유예의 선고를 취소할 수 없다. [법원행시 10 변형]

035 (○) 집행유예 선고의 판결확정 전에 이미 수사단계에서 검사가 집행유예 결격사유가 되는 전과의 존재를 당연히 알 수 있는 객관적 상황이 존재하였음에도 부주의로 알지 못한 경우에 해당한다고 하여 집행유예의 선고를 취소할 수 없다 (대법원 2001.6.27, 2001모135).

036 집행유예 선고의 판결확정 전에 이미 수사단계에서 검사가 집행유예 결격사유가 되는 전과의 존재를 당연히 알 수 있는 객관적 상황이 존재하였음에도 부주의로 알지 못한 경우에는 집행유예의 선고를 취소할 수 있다. [국가7급 17]

036 (×) '있다' → '없다'
집행유예의 선고를 취소할 수 없다 (대법원 2001.6.27, 2001모135).

037 「형법」 제62조의2 규정에 의하여 보호관찰이나 사회봉사 또는 수강을 명한 집행유예를 받은 자가 준수사항이나 명령을 위반한 경우 그 위반사실이 동시에 범죄행위로 되더라도, 그 기소나 재판의 확정 여부 등 형사절차와는 별도로 법원이 보호관찰 등에 관한 법률에 의한 검사의 청구에 의하여 「형법」 제64조 제2항에 규정된 집행유예 취소의 요건에 해당하는가를 심리하여 준수사항이나 명령 위반사실이 인정되고 위반의 정도가 무거운 때에는 집행유예를 취소할 수 있다. [사시 15] [경찰채용 23 1차]

037 (○) 대법원 1999.3.10, 99모33

038 보호관찰이나 사회봉사 또는 수강을 명한 집행유예를 받은 자가 준수사항이나 명령을 위반하고 그 정도가 무거운 때에는 집행유예의 선고를 취소할 수 있다. [법원9급 15]

038 (○) 제64조 제2항

039 보호관찰을 명한 집행유예를 받은 자가 준수사항을 위반하고 그 정도가 무
거운 때에는 집행유예의 선고를 취소하여야 한다.   [국가9급 22]

039 (×) 임의적 취소(제64조 제2항)

　해설+　제64조【집행유예의 취소】② 제62조의2의 규정에 의하여 보호관찰이나 사회봉사 또는
수강을 명한 집행유예를 받은 자가 준수사항이나 명령을 위반하고 그 정도가 무거운 때에는 집행유
예의 선고를 취소할 수 있다.

040 집행유예기간이 경과함으로써 형의 선고가 효력을 잃은 후에는「형법」제
62조 단행의 사유가 발각되었다고 하더라도 그와 같은 이유로 집행유예를
취소할 수 없고 그대로 유예기간경과의 효과가 발생한다.
                                               [국가9급총론 18] [법원9급 14]

040 (○) 이렇듯 집행유예의 필요적 취소사유는 집행유예기간 중 발견되어야 한다(대법원 1999.1.12, 98모151).

041 집행유예의 선고를 받은 후에 그 선고가 실효 또는 취소됨이 없이 유예기
간이 경과 하더라도 형의 선고가 있었다는 사실 자체가 없어지는 것은 아
니다.   [변호사 14]

041 (○) 형의 선고의 법적 효과가 없어질 뿐이고 형의 선고가 있었다는 기왕의 사실 자체까지 없어지는 것은 아니다(대법원 2012.6.28, 2011도10570).

042 1년 이하의 징역이나 금고, 자격정지, 벌금 또는 구류의 형을 선고할 경우
에「형법」제51조의 사항을 고려하여 뉘우치는 정상이 뚜렷할 때에는 그
형의 선고를 유예할 수 있지만, 자격정지 이상의 형을 받은 전과가 있는
사람에 대해서는 그러하지 아니하다.   [경찰채용 23 1차]

042 (×) 구류에 대한 선고유예는 불가함(제59조 제1항).

　해설+　제59조【선고유예의 요건】① 1년 이하의 징역이나 금고, 자격정지 또는 벌금의 형을 선고
할 경우에 제51조의 사항을 고려하여 뉘우치는 정상이 뚜렷할 때에는 그 형의 선고를 유예할 수
있다. 다만, 자격정지 이상의 형을 받은 전과가 있는 사람에 대해서는 예외로 한다.

043 형의 선고를 유예할 수 있는 경우는 선고할 형이 1년 이하의 징역이나 금
고 자격정지 또는 벌금의 경우에 한하고 구류형에 대하여는 선고를 유예할
수 없다.   [경찰승진 07] [법원9급 12] [사시 06 변형]

043 (○) 형의 선고를 유예할 수 있는 경우는 선고할 형이 1년 이하의 징역이나 금고, 자격정지 또는 벌금의 형인 경우에 한하고, 구류형에 대하여는 그 선고를 유예할 수 없다(대법원 1993.6.22, 93오1).

044 구류 20일의 선고유예는 불가능하다. [법원9급·14]

044 (○) 구류나 과료에 대한 선고유예는 할 수 없다.

045 주형과 부가형이 있는 경우 주형을 선고유예하면서 부가형도 선고유예할 수 있지만, 주형을 선고유예하지 않으면서 부가형만을 선고유예할 수는 없다. [사시 11·13]

045 (○) 주형에 대하여 선고를 유예하지 아니하면서 이에 부가할 추징에 대하여서만 선고를 유예할 수는 없다(대법원 1979.4.10, 78 도3098).

046 「형법」 제59조에 의하여 주형을 선고유예하는 경우에 부가형인 몰수나 몰수에 갈음하는 부가형적 성질을 띠는 추징을 선고유예하여서는 안 된다고 해석할 수는 없는 것이라고 할 것이므로, 주형을 선고유예하는 경우에는 몰수나 추징에 대해서도 선고유예를 할 수 있다. [국가7급 13 변형]

046 (○) 대법원 1980.3.11, 77도2027

047 선고유예의 요건 중 '개전의 정상이 현저한 때'라고 함은 반성의 정도를 포함하여 널리 「형법」 제51조가 규정하는 양형의 조건을 종합적으로 참작하여 볼 때 형을 선고하지 않더라도 피고인이 다시 범행을 저지르지 않으리라는 사정이 현저하게 기대되는 경우를 가리킨다고 해석할 것이고, 이와 달리 여기서의 '개전의 정상이 현저한 때'가 반드시 피고인이 죄를 깊이 뉘우치는 경우만을 뜻하는 것으로 제한하여 해석하거나 피고인이 범죄사실을 자백하지 않고 부인할 경우에는 언제나 선고유예를 할 수 없다고 해석할 것은 아니다. [경찰채용 18 1차] [국가9급 16 변형]

047 (○) 대법원 2003.2.20, 2001도6138

048 선고유예의 요건과 관련하여, 피고인이 범죄사실을 자백하지 않고 이를 부인하는 때에도 개전의 정상이 현저할 수 있는 경우에서 배제되지 않는다. [국가7급 13 변형] [변호사 14]

048 (○) 선고유예를 할 수 있다(대법원 2003.2.20, 2001도6138).

049 「형법」제51조의 사항과 개전의 정상이 현저한지에 관한 사항은 형의 양정에 관한 법원의 재량사항에 속하므로, 상고심으로서는 형사소송법 제383조 제4호에 의하여 사형·무기 또는 10년 이상의 징역·금고가 선고된 사건에서 형의 양정의 당부에 관한 상고이유를 심판하는 경우가 아닌 이상, 선고유예에 관하여 「형법」제51조의 사항과 개전의 정상이 현저한지에 대한 원심판단의 당부를 심판할 수 없다. [법원9급 21]

049 (○) 대법원 2016.12.27, 2015 도14375

050 벌금형을 받은 전과가 있는 자에 대하여는 선고유예를 할 수 없다. [법원행시 11]

050 (×) '없다' → '있다'

해설+ 제59조【선고유예의 요건】① 1년 이하의 징역이나 금고, 자격정지 또는 벌금의 형을 선고할 경우에 제51조의 사항을 고려하여 뉘우치는 정상이 뚜렷할 때에는 그 형의 선고를 유예할 수 있다. 다만, 자격정지 이상의 형을 받은 전과가 있는 사람에 대해서는 예외로 한다.

051 1천만 원의 벌금형을 선고할 경우, 「형법」제51조의 사항을 참작하여 개전의 정상이 현저하고 자격정지 이상의 형을 받은 전과가 없다면, 그 선고를 유예할 수 있다. [경찰채용 19 1차]

051 (○) 제59조 제1항

052 형의 집행유예를 선고받은 자는 「형법」제65조에 의하여 그 선고가 실효 또는 취소됨이 없이 정해진 유예기간을 무사히 경과하여 형의 선고가 효력을 잃게 되었다고 하더라도 형의 선고의 법률적 효과가 없어진다는 것일 뿐, 형의 선고가 있었다는 기왕의 사실 자체까지 없어지는 것은 아니므로, 「형법」제59조 제1항 단행에서 정한 선고유예 결격사유인 '자격정지 이상의 형을 받은 전과가 있는 자'에 해당한다고 보아야 한다. [법원행시 10 변형]

052 (○) 대법원 2008.1.18, 2007 도9405

053 집행유예를 선고받은 사람이 그 선고가 실효 또는 취소됨이 없이 집행유예기간을 경과하여 형의 선고가 효력을 상실한 경우에는 선고유예 결격사유인 '자격정지 이상의 형을 받은 전과가 있는 자'에 해당한다. [경찰간부 18] [국가7급 17]

053 (○) 형의 선고가 있었다는 기왕의 사실 자체까지 없어지는 것은 아니므로, 형법 제59조 제1항 단행에서 정한 선고유예 결격사유인 "자격정지 이상의 형을 받은 전과가 있는 자"에 해당한다(대법원 2003.12.26, 2003도3768).

054 「형법」제39조 제1항에 의하여 「형법」제37조 후단 경합범 중 판결을 받지 아니한 죄에 대하여 형을 선고하는 경우에, 「형법」제37조 후단에 규정된 '금고 이상의 형에 처한 판결이 확정된 죄'의 형은 선고유예의 결격사유인 '자격정지 이상의 형을 받은 전과'에 포함되지 않는다. [변호사 14]

해설+ 이미 판결이 확정된 죄에 대하여 금고 이상의 형이 선고되었다면 나머지 죄가 위 판결이 확정된 죄와 동시에 판결되었다고 하더라도 선고유예가 선고되었을 수 없을 것인데 나중에 별도로 판결이 선고된다는 이유만으로 선고유예가 가능하다고 하는 것은 불합리하다(대법원 2010.7.8, 2010도931).

054 (×) '포함되지 않는다' → '포함된다'

055 피고인에게 이 사건 공소제기 된 범죄의 범행 이후에 금고 이상의 형을 선고받아 판결이 확정된 전과가 있으나, 위 범행 당시에는 벌금형 외에 처벌받은 전력이 없었다면 피고인에 대한 형의 선고를 유예한 조치는 정당하다. [법원9급 14]

해설+ 선고유예를 내리기 위해서는 자격정지 이상의 형을 받은 전과가 없어야 한다(제59조 제1항 단서). 이 경우 자격정지 이상의 형을 받은 전과에는 사후적 경합범에 있어서 판결이 확정된 죄도 포함되는 것이다(대법원 2010.7.8, 2010도931).

055 (×) '정당하다' → '정당하지 않다'

056 자격정지 이상의 형을 받은 전과가 있는 때에는 선고유예를 할 수 없으므로 징역형의 선고유예를 받았던 자에 대하여는 선고유예를 할 수 없다. [경찰승진 07] [사시 06 변형]

056 (×) '없다' → '있다'
선고유예를 받은 것은 형을 받은 전과가 있는 것이 아니다. 따라서 선고유예를 받은 자에 대하여도 재차 선고유예가 가능하다.

057 선고유예는 집행유예와 마찬가지로 법원이 유예기간을 정하여야 한다. [경찰채용 18 1차] [사시 13]

057 (×) '한다' → '하는 것은 아니다'
선고유예의 선고 여부는 법원의 재량이지만, 유예기간은 언제나 2년으로서 단축이 허용되지 않는다(제60조).

058 형의 선고유예를 받은 날로부터 2년을 경과한 때에는 면소된 것으로 간주한다. [법원승진 10]

058 (○) 제60조

059 형의 선고유예를 받은 날로부터 1년을 경과한 때에는 면소된 것으로 간주한다. [국가9급 16]

059 (×) '1' → '2'

> **해설+** 제60조【선고유예의 효과】형의 선고유예를 받은 날로부터 2년을 경과한 때에는 면소된 것으로 간주한다.

060 집행유예의 선고를 받은 후 그 선고의 실효 또는 취소됨이 없이 유예기간을 경과한 때에는 형의 선고는 효력을 잃는 것임에 반하여, 형의 선고유예를 받은 날로부터 2년을 경과한 때에는 형의 집행이 면제된다. [사시 14]

060 (×) '형의 집행이 면제된다' → '면소된 것으로 간주한다'

> **해설+** 제65조【집행유예의 효과】집행유예의 선고를 받은 후 그 선고의 실효 또는 취소됨이 없이 유예기간을 경과한 때에는 형의 선고는 효력을 잃는다.
>
> 제60조【선고유예의 효과】형의 선고유예를 받은 날로부터 2년을 경과한 때에는 <u>면소된 것으로 간주한다</u>.

061 집행유예의 선고를 받은 후 그 선고의 실효 또는 취소됨이 없이 유예기간을 경과한 때에는 형의 집행을 종료한 것으로 본다. [국가9급 22]

061 (×) 제65조

> **해설+** 제65조【집행유예의 효과】집행유예의 선고를 받은 후 그 선고의 실효 또는 취소됨이 없이 유예기간을 경과한 때에는 <u>형의 선고는 효력을 잃는다</u>.

062 선고유예 판결을 할 경우에 그 판결이유에서는 선고할 형의 종류와 양, 즉 선고형을 정해 놓아야 하고 그 선고를 유예하는 형이 벌금형일 경우에는 그 벌금액뿐만 아니라 환형유치처분까지 해 두어야 한다. [법원9급 13]

062 (○) 대법원 1988.1.19, 86도2654

063 선고유예 판결에서도 그 판결이유에서는 선고할 형의 종류와 양, 즉 선고형을 정해 놓아야 하고 그 선고를 유예하는 형이 벌금형일 경우에는 그 벌금액 뿐만 아니라 환형유치처분까지 해 두어야 한다. [국가9급 16]

063 (○) 대법원 1988.1.19, 86도2654

064 형을 병과할 경우에도 「형법」 제59조에 따라 형의 전부 또는 일부에 대하여 그 선고를 유예할 수 있다.

[법원9급 21]

064 (○) 제59조 제2항

065 징역형과 벌금형을 병과하면서 징역형에 대하여는 집행을 유예하고 벌금형에 대하여는 선고를 유예하는 것은 허용되지 않는다.

[경찰승진 07] [국가7급 13] [사시 06 변형]

065 (×) '되지 않는다' → '된다'

해설+ 형을 병과할 경우에도 형의 일부에 대한 선고유예가 가능하다(제59조 제2항). 따라서 징역형과 벌금형을 병과하는 경우, 징역형의 집행을 유예하고 벌금형의 선고만을 유예하는 것도 가능하다(대법원 1976.6.8, 74도1266).

066 형의 선고를 유예하는 경우 재범방지를 위하여 필요한 때에는 보호관찰을 받을 것을 명할 수 있고 그 기간은 법원이 「형법」 제51조의 사항을 참작하여 재량으로 한다.

[사시 13 변형] [국가9급 22 변형] [해경승진 23]

066 (×) 형의 선고를 유예하는 경우에 재범방지를 위하여 지도 및 원호가 필요한 때에는 보호관찰을 받을 것을 명할 수 있다. 그 기간은 1년으로 한다.

해설+ 제59조의2【보호관찰】① 형의 선고를 유예하는 경우에 재범방지를 위하여 지도 및 원호가 필요한 때에는 보호관찰을 받을 것을 명할 수 있다.
② 제1항의 규정에 의한 보호관찰의 기간은 1년으로 한다.

067 법원이 선고유예 또는 집행유예를 하는 경우에는 보호관찰을 받을 것을 명하거나 사회봉사 또는 수강을 명할 수 있다.

[법원9급 22]

067 (×) 선고유예 시에는 사회봉사 또는 수강을 명할 수 없다(제59조의2 제1항).

해설+ 제59조의2【보호관찰】① 형의 선고를 유예하는 경우에 재범방지를 위하여 지도 및 원호가 필요한 때에는 보호관찰을 받을 것을 명할 수 있다.
제62조의2【보호관찰, 사회봉사·수강명령】① 형의 집행을 유예하는 경우에는 보호관찰을 받을 것을 명하거나 사회봉사 또는 수강을 명할 수 있다.

068 선고유예의 조건으로 사회봉사명령 또는 수강명령을 부과할 수는 없다.

[법원9급 15] [사시 13]

068 (○)

해설+ 형의 선고를 유예하는 경우에는 보호관찰을 받을 것을 명할 수 있으나(제59조의2 제1항), 선고유예의 조건으로 사회봉사명령이나 수강명령을 부과할 수 있는 규정은 없다.

069 선고유예의 실효사유인 '형의 선고유예를 받은 자가 자격정지 이상의 형에 처한 전과가 발견된 때'란 형의 선고유예의 판결이 확정된 후에 전과가 발견된 경우를 말한다. [경찰채용 18 1차] [국가9급 16]

069 (O) 그 판결확정 전에 이러한 전과가 발견된 경우에는 이를 취소할 수 없다(대법원 2008.2.14, 2007모 845).

070 징역 또는 금고의 집행 중에 있는 자가 그 행상이 양호하여 개전의 정이 현저한 때에는 무기에 있어서는 20년, 유기에 있어서는 형기의 3분의 1을 경과한 후 행정처분으로 가석방을 할 수 있다. [법원9급 21] [법원승진 11]

070 (O) 제72조 제1항

해설+ 제72조 【가석방의 요건】 ① 징역 또는 금고의 집행 중에 있는 자가 그 행상이 양호하여 개전의 정이 현저한 때에는 무기에 있어서는 20년, 유기에 있어서는 형기의 3분의 1을 경과한 후 행정처분으로 가석방을 할 수 있다.

제72조 【가석방의 요건】 ① 징역이나 금고의 집행 중에 있는 사람이 행상(行狀)이 양호하여 뉘우침이 뚜렷한 때에는 무기형은 20년, 유기형은 형기의 3분의 1이 지난 후 행정처분으로 가석방을 할 수 있다. 〈개정 2020.12.8.〉

보충 2020.12.8. 개정으로 2021.12.9.부터 표현이 달라졌다.

071 징역 또는 금고의 집행 중에 있는 자가 그 행상이 양호하여 개전의 정이 현저한 때에는 무기에 있어서는 20년, 유기에 있어서는 형기의 3분의 1을 경과한 후 법원의 결정으로 가석방을 할 수 있다. [법원행시 11]

071 (×) '법원의 결정' → '행정처분'(제72조 제1항)

072 사형이 무기징역으로 특별감형된 경우 구금된 사형집행대기기간을 처음부터 무기징역을 받은 경우와 동일하게 가석방요건 중의 하나인 형의 집행기간에 다시 산입할 수 없다. [국가7급 09] [사시 15]

072 (O) 대법원 1991.3.4, 90모 59

073 벌금 또는 과료에 관한 유치기간에 산입된 판결선고 전 구금일수는 「형법」 제72조 제2항(가석방의 경우에 벌금 또는 과료의 병과가 있는 때에는 그 금액을 완납하여야 한다)의 경우에 있어서 그에 해당하는 금액이 납입된 것으로 간주한다. [법원행시 20]

073 (O) 제73조 제2항

074 가석방은 법원에 의하여 확정된 형기를 소멸시키는 것이 아니라 형의 집행을 포기하는 행정처분이다.　　　　　　　　　　　　　　　[국가7급 09]

> **해설+** 가석방은 실질적으로 형의 집행유예제도와 특별예방적 목적을 같이 하면서도, 행정처분에 의하여 수형자를 석방한다는 점에서 특별예방적 목적을 위한 형집행의 변형이라는 성격을 가진다 (통설).

074 (O)

---

075 가석방의 기간은 무기형에 있어서는 10년으로 하고, 유기형에 있어서는 남은 형기로 하되 그 기간은 10년을 초과할 수 없다.　　　　　　　[국가7급 09]

075 (O) 무기형은 10년, 유기형은 남은 형기로 하되 10년을 초과할 수 없다(제73조의2 제1항).

---

076 가석방기간 중 과실로 인한 죄로 금고 이상의 형의 선고를 받아 그 판결이 확정된 때에도 가석방처분은 효력을 잃는다.　　　　　　　[법원9급 13]

> **해설+** 제74조【가석방의 실효】가석방기간 중 고의로 지은 죄로 금고 이상의 형을 선고받아 그 판결이 확정된 경우에 가석방처분은 효력을 잃는다.

076 (×) '도' → '는', '잃는다' → '잃지 않는다'

---

077 가석방기간 중 고의 또는 과실로 지은 죄로 금고 이상의 형의 선고를 받아 그 판결이 확정된 때에는 가석방처분은 효력을 잃는다.　　　　　[국가9급 22]

077 (×) '또는 과실' → 삭제(제74조)

---

078 가석방기간 중 고의로 지은 죄로 금고 이상의 형을 선고받아 그 판결이 확정된 경우에 가석방처분을 취소할 수 있다.　　　　　　　[군무원9급 22]

> **해설+** 제74조【가석방의 실효】가석방기간 중 고의로 지은 죄로 금고 이상의 형을 선고받아 그 판결이 확정된 경우에 가석방처분은 효력을 잃는다.

078 (×) 가석방 기간 중 고의로 지은 죄로 금고 이상의 형을 선고받아 그 판결이 확정된 경우에 가석방처분은 효력을 잃는다(제74조).

---

079 가석방의 처분을 받은 자가 감시에 관한 규칙을 위배하거나 보호관찰의 준수사항을 위반한 때에는 가석방처분을 취소한다.　　　　　　[국가9급 21]

> **해설+** 제75조【가석방의 취소】가석방의 처분을 받은 자가 감시에 관한 규칙을 위배하거나, 보호관찰의 준수사항을 위반하고 그 정도가 무거운 때에는 가석방처분을 취소할 수 있다.

079 (×) 제75조

CHAPTER 06 | **형의 시효 · 소멸 · 기간**

 대표유형

벌금, 과료, 몰수와 추징에 있어서는 강제처분을 개시함으로 인하여 형의 시효가 중단된다.
[경찰채용 17 2차] [법원9급 13]

(○) 제80조

해설+ **제80조 【시효의 중단】** 시효는 징역, 금고와 구류의 경우에는 수형자를 체포한 때, 벌금, 과료, 몰수 및 추징의 경우에는 강제처분을 개시한 때에 중단된다.

---

001 5년 미만의 자격정지, 벌금, 몰수 또는 추징의 형의 시효는 3년이다.

001 (×) 3년이 아니라 5년이다 (제78조 제6호).

---

002 3년 미만의 징역이나 금고 또는 5년 이상의 자격정지의 형을 선고하는 재판이 확정된 후 그 집행을 받지 아니하고 7년의 기간이 지나면 형의 시효는 완성된다.
[경찰간부 23]

002 (○) 제78조 제5호

> **해설+** **제78조 【형의 시효의 기간】** 시효는 형을 선고하는 재판이 확정된 후 그 집행을 받지 아니하고 다음 각 호의 구분에 따른 기간이 지나면 완성된다.
> 5. 3년 미만의 징역이나 금고 또는 5년 이상의 자격정지: 7년

> **보충** 2023.8.8. 형법 개정에 의하여 사형의 형의 시효는 폐지되었다.

---

003 형을 선고받은 사람에 대해서는 시효가 완성되면 그 집행이 면제된다.
[국가9급 22]

003 (×) 제77조

> **해설+** **제77조 【형의 시효의 효과】** 형(사형은 제외한다)을 선고받은 자에 대해서는 시효가 완성되면 그 집행이 면제된다.

004 형의 시효의 정지사유는 형집행의 유예, 정지, 가석방, 수형자 체포, 기타 천재지변으로 집행할 수 없는 경우 등이다. [법원행시 13]

> **해설+** 제79조【시효의 정지】① 시효는 형의 집행의 유예나 정지 또는 가석방 기타 집행할 수 없는 기간은 진행되지 아니한다.

004 (×) '수형자 체포' → 삭제

005 시효는 형이 확정된 후 그 형의 집행을 받지 아니한 사람이 형의 집행을 면할 목적으로 국외에 있는 기간 동안은 진행되지 아니한다. [경찰채용 17 2차]

005 (○) 제79조 제2항

006 甲에게 징역 12년 형이 확정된 후 그 집행을 받지 아니하고 15년이 경과했다면, 그 기간 내에 형의 집행을 면할 목적으로 국외에 3년 동안 나가 있던 것이 확인된 경우라도 형의 시효는 완성된다. [경찰채용 22 2차]

> **해설+** 제79조【시효의 정지】① 시효는 형의 집행의 유예나 정지 또는 가석방 기타 집행할 수 없는 기간은 진행되지 아니한다.
> ② 시효는 형이 확정된 후 그 형의 집행을 받지 아니한 사람이 형의 집행을 면할 목적으로 국외에 있는 기간 동안은 진행되지 아니한다.

006 (×) 국외도피기간은 형의 시효의 정지사유에 해당한다(제79조 제2항).

007 수형자가 벌금의 일부만을 납부한 경우에는 그 벌금형의 시효가 중단되지 않는다.

> **해설+** 수형자가 벌금의 일부를 납부한 경우에는 이로써 집행행위가 개시된 것으로 보아 그 벌금형의 시효가 중단된다. 수형자 본인의 의사와는 무관하게 제3자가 이를 납부한 경우는 포함되지 아니한다(대법원 2001.8.23, 2001모91).

007 (×) '중단되지 않는다' → '중단된다'

008 징역형의 집행유예와 추징의 선고를 받은 사람에 대하여 징역형 선고의 효력을 상실케하는 동시에 복권하는 특별사면이 있은 경우에 추징에 대하여도 형 선고의 효력이 상실된다고 볼 수는 없다. [국가7급 14 변형]

008 (○) 대법원 1996.5.14, 96모14
특별사면은 해당 형벌의 집행만 면제할 뿐이다.

009 징역형의 집행유예와 벌금형의 병과를 선고받은 자에 대하여 징역형의 집행유예의 효력을 상실케 하는 특별사면이 있었다면 그 벌금형 역시 선고의 효력이 상실된다. [사시 11] [경찰간부 23]

> **해설+** 여러 개의 형이 병과된 사람에 대하여 그 병과형 중 일부의 집행을 면제하거나 그에 대한 형의 선고의 효력을 상실케 하는 특별사면이 있는 경우, 그 특별사면의 효력이 병과된 나머지 형에까지 미치는 것은 아니므로 징역형의 집행유예와 벌금형이 병과된 신청인에 대하여 징역형의 집행유예의 효력을 상실케 하는 내용의 특별사면이 그 벌금형의 선고의 효력까지 상실케 하는 것은 아니다(대법원 1997.10.13, 96모33).

010 징역 또는 금고의 집행을 종료하거나 집행이 면제된 자가 피해자의 손해를 보상하고 자격정지 이상의 형을 받음이 없이 7년을 경과한 때에는 본인 또는 검사의 신청에 의하여 그 재판의 실효를 선고할 수 있다.

[국가9급 21] [법원9급 21]

011 징역 또는 금고의 집행을 종료하거나 집행이 면제된 자가 피해자의 손해를 보상하고 자격정지 이상의 형을 받음이 없이 5년을 경과한 때에는 본인 또는 검사의 신청에 의하여 그 재판의 실효를 선고할 수 있다.

[경찰채용 17 2차]

> **해설+** 제81조【형의 실효】징역 또는 금고의 집행을 종료하거나 집행이 면제된 자가 피해자의 손해를 보상하고 자격정지 이상의 형을 받음이 없이 7년을 경과한 때에는 본인 또는 검사의 신청에 의하여 그 재판의 실효를 선고할 수 있다.

012 형의 집행종료 후 7년 이내에 징역·금고형의 집행유예의 판결을 받고 그 기간을 무사히 경과하여 7년을 채우더라도 「형법」 제81조의 "형을 받음이 없이 7년을 경과"하는 때에 해당하지 아니하여 형의 실효를 선고할 수 없다.

[법원행시 13 변형]

> **해설+** 형법 제65조 소정의 "형의 선고는 효력을 잃는다"는 취지는 형의 선고의 법률적 효과가 없어진다는 것일 뿐 형의 선고가 있었다는 기왕의 사실 자체까지 없어진다는 뜻이 아니다(대법원 1983. 4.2, 83모8). 따라서 이 경우 재판상 실효의 결격사유에 해당한다.

013 징역 3년을 선고받은 사람이 자격정지 이상의 형을 받음이 없이 형의 집행이 면제된 날부터 5년이 경과하면 당연히 형이 실효한다. [법원행시 13]

013 (O) 형실효법 제7조 제1항

> **해설+** 형실효법 제7조 【형의 실효】 ① 수형인이 자격정지 이상의 형을 받지 아니하고 형의 집행을 종료하거나 그 집행이 면제된 날부터 다음 각 호의 구분에 따른 기간이 경과한 때에 그 형은 실효된다. 다만, 구류(拘留)와 과료(科料)는 형의 집행을 종료하거나 그 집행이 면제된 때에 그 형이 실효된다.
> 1. 3년을 초과하는 징역·금고: 10년
> 2. 3년 이하의 징역·금고: 5년
> 3. 벌금: 2년
> ② 하나의 판결로 여러 개의 형이 선고된 경우에는 각 형의 집행을 종료하거나 그 집행이 면제된 날부터 가장 무거운 형에 대한 제1항의 기간이 경과한 때에 형의 선고는 효력을 잃는다. 다만, 제1항 제1호 및 제2호를 적용할 때 징역과 금고는 같은 종류의 형으로 보고 각 형기(刑期)를 합산한다.

014 자격정지의 선고를 받은 자가 피해자의 손해를 보상하고 자격정지 이상의 형을 받음이 없이 정지기간의 2분의 1을 경과한 때에는 본인 또는 검사의 신청에 의하여 자격의 회복을 선고할 수 있다. [경찰채용 17 2차]

014 (O) 제82조

015 자격정지를 선고받은 자가 피해자의 손해를 보상하고, 자격정지 이상의 형을 받음이 없이 정지기간의 3분의 1을 경과한 때에는 본인 또는 검사의 신청에 의하여 자격의 회복을 선고할 수 있다. [법원행시 14]

015 (×) '3' → '2'

> **해설+** 제82조 【복권】 자격정지의 선고를 받은 자가 피해자의 손해를 보상하고 자격정지 이상의 형을 받음이 없이 정지기간의 2분의 1을 경과한 때에는 본인 또는 검사의 신청에 의하여 자격의 회복을 선고할 수 있다.

016 년 또는 월로써 산정한 기간은 역수에 따라 계산한다. [법원9급 12]

016 (O) 제83조

017 형기는 판결이 확정된 날로부터 기산한다. [법원9급 12]

017 (O) 제84조

018 형의 집행과 시효기간의 초일은 시간을 계산함이 없이 1일로 산정한다.
[법원9급 12]   018 (O) 제85조

019 석방은 형기종료일에 하여야 한다.   [법원9급 12]   019 (O) 제86조

CHAPTER 07 | 보안처분

대표유형

보안처분은 책임원칙을 그 한계원리로 한다. [법원행시 07]

(×) '책임원칙' → '비례성의 원칙'

해설+ 보안처분에는 책임원칙이 그 한계원리로 적용되지 아니하고, 비례성원칙이 그 한계원리로 적용된다.

---

001 보안처분은 범죄자의 사회적 위험성에 초점을 두고 사회방위와 범죄인의 개선을 주 목적으로 한다. [법원행시 07]

001 (○) 보안처분이라 함은, 재범방지와 사회방위를 위하여 형벌을 대체하거나 보완하기 위한 예방적 성질의 목적적 조치를 말한다.

---

002 형벌과 보안처분의 일종인 보호감호를 서로 병과하여 선고하는 것이 실질적으로 징역형을 가중한 것이라고 할 수 없다. [법원행시 07]

002 (○) 대법원 1984.5.15, 84도529

---

003 신파(新派)의 이론에서는 형벌과 보안처분의 일원론을 주장하고 있다. [법원행시 07]

003 (○) 일원론에 의하면 형벌을 집행하면 보안처분을 집행할 수 없게 되고, 보안처분을 집행하면 형벌을 집행할 수 없게 된다.

---

004 검사는 ㉠ 피의자가 「형법」 제10조 제1항의 규정에 해당되어 벌할 수 없는 때, ㉡ 고소 · 고발이 있어야 논할 수 있는 죄에서 그 고소 · 고발이 없거나 취소된 때 또는 피해자의 명시한 의사에 반하여 논할 수 없는 죄에서 처벌을 희망하지 아니하는 의사표시가 있거나 처벌을 희망하는 의사표시가 철회된 때, ㉢ 피의자에 대하여 형사소송법 제247조 제1항의 규정에 의하여 공소를 제기하지 아니하는 결정을 한 때에 해당하는 때에는 공소를 제기함이 없이 치료감호청구만을 할 수 있다.

004 (○) 치료감호법 제7조

005 치료감호의 요건에 해당하는가 여부는 범죄행위 시가 아니라 판결선고 시를 기준으로 하여 판단하여야 한다.

005 (○) 대법원 1996.4.23, 96감도21

006 범행 당시에는 물론 재판 시까지도 정신분열병으로 인한 심신미약상태에 있어 치료감호시설에서의 치료가 필요하고, 적절한 정신과적 치료를 받지 아니하는 경우 다시 강제추행이나 상해 등의 범행을 저지를 (상당한) 개연성(蓋然性)이 높다면 재범의 위험성이 있다고 하지 않을 수 없다.

006 (○) 대법원 2005.9.30, 2005도4208, 2005감도16

007 치료감호법에서 법원에 대하여 치료감호청구 요구에 관한 의무를 부과하고 있는 것으로 볼 수 없으므로, 상고이유의 주장과 같이 피고인에게 알코올중독의 증세가 있다고 하더라도, 법원이 피고인에 대하여 정신감정 등을 실시하여 검사에게 치료감호청구를 요구하지 않은 것에 어떠한 위법이 있다고 할 수 없다.

007 (○) 알코올중독의 증세가 있는 피고인에 대하여 법원이 정신감정 등을 실시하여 검사에게 치료감호청구를 요구하지 않은 것은 위법하지 않다(대법원 2007.4.26, 2007도2119).

2024 - 2025
백광훈
통합 핵지총 ○×
형법총론

판례색인

판례색인